JN232903

庭園・植栽用語辞典

吉河 功[監修]／日本庭園研究会[編]

井上書院

まえがき

　本書は一般的な造園用語に関する辞典とは異なり，もう少し内容を絞り込んで，伝統的な日本庭園と植栽関係の用語に焦点を当てたものとして計画された。

　今日の造園業界では，次第に造園土木的な色彩が強くなってきており，土木関係の用語がかなり使われる傾向にあるため，そのような用語辞典の出版も増加しているのが現状である。しかしその反面，日本庭園関係の用語については，次第に忘れられてゆく一面も否定できない。

　日本庭園研究会では，日本庭園の専門研究団体として，このような現状に危惧を抱いていたので，ここでは伝統的な各種の庭園関係用語を広く集録した。特に，石組・石燈籠・手水鉢・竹垣・その他，庭園の構成物については，可能な範囲で詳しく記述したのが特色といえる。また現場で用いられる道具，さらには庭師用語なども，おもなものについては記載することにつとめた。

　さらに，住宅建築に従事する設計者等が，容易に植栽の基本知識を得られるように配慮しており，樹種についても主要な樹木については，その性質や用途などを具体的に広く解説している。

　また，専門家だけでなく庭園愛好者にも積極的に活用していただくため，庭園や露地の見学に必要な基本用語をかなり採り上げ，全国の主要名園の紹介も掲載しているのが大きな特色となっている。

　内容はできるだけ分かりやすい記述に努力し，写真図版の類を用いて具体的に見ていただけるような編集方針をとった。

　多忙な中，時間を割いて原稿執筆に努力していただいた高橋一郎，小菅新一，三橋一夫の各氏に，心から御礼を申し上げる次第である。また，井上書院の関谷勉社長，編集の主力となって下さった新野智美さんの御苦労にも感謝の意を表したいと思う。

　　　　　　　　　　　2000 年 10 月 1 日　　日本庭園研究会会長　吉河　功

［凡 例］

●見出し語

1. 見出しは五十音順に配列し，太字で表記した。
2. 長音を示す「ー」は，直前に含まれるかなの母音（ア・イ・ウ・エ・オのいずれか）を繰り返すものとして，その位置に配列した。
   〔例〕 アーチ＝ア・アチ　　カスケード＝カスケ・エド
3. 同一音の配列は，清音・濁音・半濁音の順にした。
4. 一般的な発音として使われていると判断できる用語については，「ヴァ・ヴィ・ヴ・ヴェ・ヴォ」を用いた。
5. 一つの見出し語に，別の言い方がある場合は，解説の中で「　」で囲んで示した。

●解説

1. 解説文は現代仮名遣いとし，原則として常用漢字によった。
2. 外国語・外来語・外国人名は片仮名を用いた。
3. 語義がいくつかに分かれる場合は，①②の番号を付した。

●参照記号

　　⇨　解説はその項を見よ
　　→　その項を参照せよ

●アルファベット文字

A	エ	ー	H	エッチ	O	オー	V	ブイ
B	ビー	I	アイ	P	ピー	W	ダブリュー
C	シー	J	ジェー	Q	キュー	X	エックス
D	ディー	K	ケー	R	アール	Y	ワイ
E	イー	L	エル	S	エス	Z	ゼット
F	エフ	M	エム	T	ティー		
G	ジー	N	エヌ	U	ユー		

[目 次]

庭園・植栽用語 — 1
代表的な日本庭園 — 254
著名な作庭家・庭園関係者 — 293
主要樹木 — 299
その他の樹木(抄) — 352

巻末図表 — 360
おもな花木の開花期 — 360
配植の基本パターン — 361
庭のゾーニングと樹種 — 362
自然樹形 — 363
樹木の表示記号例 — 364
葉の種類 — 366
葉の標準のつくり — 366
葉形 — 367
葉の着き方 — 368
葉縁の形 — 368
葉先の形 — 368
葉基の形 — 368
花序の種類 — 369
植物の分類 — 370
樹高による分類(庭木・公共用樹木としての利用別による) — 371
代表的なつる植物 — 372
代表的なタケ類 — 374
代表的なササ類 — 375
代表的な下草類・地被類 — 377
代表的なコケ類 — 380
代表的なシバ類 — 382
住宅によく使われる樹木 — 388
生垣に向く樹木 — 388
雑木の庭によく使用される樹木 — 389

和風庭園の利用別樹木	390
生長の早い樹木・遅い樹木	390
目隠し・背景に適する常緑樹	392
花の目立つ樹木	392
新緑の美しい樹木	392
紅葉・黄葉の美しい樹木	393
果実を楽しむ樹木	393
香りのよい樹木	394
悪条件の土地でも育つ樹木	394
日向がよい樹木（陽樹）	395
防火性の強い樹木・弱い樹木	396
耐火性の強い樹木・弱い樹木	396
日陰地に耐える樹木	397
潮風に耐える樹木	398
潮風に弱い樹木	399
排気ガスに強い樹木・弱い樹木	399
煙害に耐える樹木	400
成木の移植が難しい樹木	400
整枝剪定を最小にとどめたい樹木	401
狭い住宅庭園に向かない樹木	401
手間のかからない樹木	401
人工地盤（屋上）の緑化に利用できる樹木	402
壁面緑化に向いている植物	402
樹木のおもな病気とその防除	403
おもな害虫とその防除	405
病気にかかりいやすい樹木	406
虫害を受けやすい樹木	407
土壌改良剤一覧	408

あ

アーチ [arch] 広い意味ではアーチ構造のことをいう。また，庭門の一種にも分類されており，木材や鉄材を湾曲させて固定したものもいうが，石造りアーチ門の例もある。通常，庭の入口や園路の途中に造られ，ツルバラ，ツルウメモドキ，ビナンカヅラ，ツタ類などを繁茂させると，添景物として一層の効果がある。門以外では，アーチ橋などもある。

アーチばし [－橋] アーチ構造を応用した橋。古いものではローマ時代のものが最古で，日本では江戸時代に中国からその技術が伝わり，長崎に今も残っている。レンガ，石造りが多いが，岩国の錦帯橋は木造のアーチ建築物として有名。

RC [reinforced concrete] ⇒てっきんコンクリート

あいおい [相生] ①相生立ちの略で，同一の根元から幹が2本に分かれて立ち上がったさま。またはその樹木のこと。②同種類で同じような形態をした2本の樹木を寄せて，一株のように見えるように植えること。

あいおいつくり [相生作り] 根元から2本の幹が分岐して一つの樹形となるように作ること。異なった要素の植物がともに生えるということ，アカマツとクロマツとが幹で一つになり1本の樹形になった相生のマツなどがある。→そうかんしたて

あいくち [合口] 石積み，石張り，飛石打ちをする場合に，石材同士の接する部分をいう。「合端（ぽ）」のこと。

あいば [合端] 主として石工事のときに用いられる語で，石と石とを合わせる場合，その合い具合をいう。「合端がよい」「合端が悪い」などと表現される。飛石のように少々離して打つときでも，その合い具合をいうことがある。

あいばぎれ [合端切れ] 石積みをしたときに，石と石との合端がなじまないこと。

あいもち [相持ち] 植栽する樹木や石組の石，あるいは道具や機器などを運搬したり移動する場合に，2人以上の人の手によって両側から向かい合うように持ち上げて行うやり方をいう。

あおいし [青石] 全国各地より産する青色をした石の総称。その地名からとって命名されることが多い。石質としては変成岩に属する結晶片岩中，緑泥変岩系統のものが良良とされ，庭石にも愛好されている。四国の青石が最もよく知られ，阿波青石（徳島県産），伊予青石（愛媛県産）は優品とされる。また紀州青石（和歌山県産）も古来京都の名園などで用いられている。ほかに鮫川青石（福島県産），三波青石（群馬県産），秩父青石（埼玉県産）などがある。

あかい [閼伽井] 閼伽とは仏に供えるものを意味する梵語（ぼん）の音訳で，閼伽水というと，仏に供える水を意味する。この閼伽水を汲む神聖な井戸を閼伽井といい，これに石を組んで造形美を見せたものが，園城寺（大津市）の

閼伽井屋にある。

あかいし［赤石］　赤色をした石の総称だが，その産量は少ない。古来佐渡島より産する赤玉石が名高いが，現在では本物はほとんど産出しなくなった。その他各地の石の中から，一部に赤石を産するものがあり，日高石（北海道産），三波石（群馬県産），秩父石（埼玉県産），加茂川石（京都府産）などがあるが，産量は少ない。

あかだまいし［赤玉石］　石英質の中にある鉄分が酸化変色して深い赤色となる石で，新潟県佐渡島の両津市赤玉部落より産したもの。庭石ではなく，水石，宝石として尊重されるもので，庭に置いても飾り石とする以外にないがそのように大きなものは珍しく，また非常に高価である。現在では小さな石片がときおり採取されるだけで，ほとんど入手困難といえる。別に「佐渡赤玉石」ともいわれる。

あかつち［赤土］　⇒かんとうローム

あかみ［赤身，赤味］　原木（樹幹）の樹心に近い色の濃い部分，またはそれを製材した木材をいい，比較的伸縮が少なく，腐りにくい特色がある。樹種により，その色や濃淡などに違いがある。「心材」ともいう。➡しらた，じゅかん（図）

あかれんが［赤煉瓦］　⇒ふつうれんが

あげすど［揚げ簀戸］　露地に用いられる特色ある小門の一種。左右に高い丸太柱を立て，その上方に渡した細竹に簀戸を吊ったもの。使わないときは簀戸を吊ったままにしておくが，茶会で客を迎えるときには，簀戸の片側を長い竹で突き上げて使用する。この竹を簀戸に固定した形式のものもあり，これを「戸杖（とじょう）の竹」という。このような用法の戸は，古く鎌倉時代にはすでに使われていたが，後に露地用となった。現在簀戸には，枝折戸（しおり）形式のものが多く用いられている。

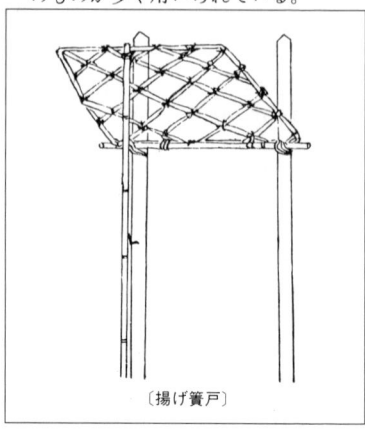

［揚げ簀戸］

あげまき［揚げ巻き］　移植しようとする樹木は，一般に根鉢を傷めないように根巻きを行う。その場合，1人で持てない中高木〜大高木では，植えられている位置で周囲を掘り下げた側面に，初め円周に従って水平に縄を巻く（樽巻き）。次いで上下方向に縄を一定のやり方で掛けていき，根鉢をしっかりと締め上げる。この上下方向に巻く工程を揚げ巻きという。また，1人で持てる程度の小高木で根鉢のしっかりしているものでは，根鉢を掘り上げて，地上で樽巻きの工程を省いて上下方向に根巻きを行うことも多い。このやり方も揚げ巻きと呼んでいる。

あこうぼく［亜高木］　⇒ちゅうぼく

あさうえ［浅植え］　樹木を植え付ける際に，根鉢の上部（幹と根鉢との接する地際部分）の高さを，従来植えられていた高さより地表面上に出るように植えること。または一時的な仮植えの

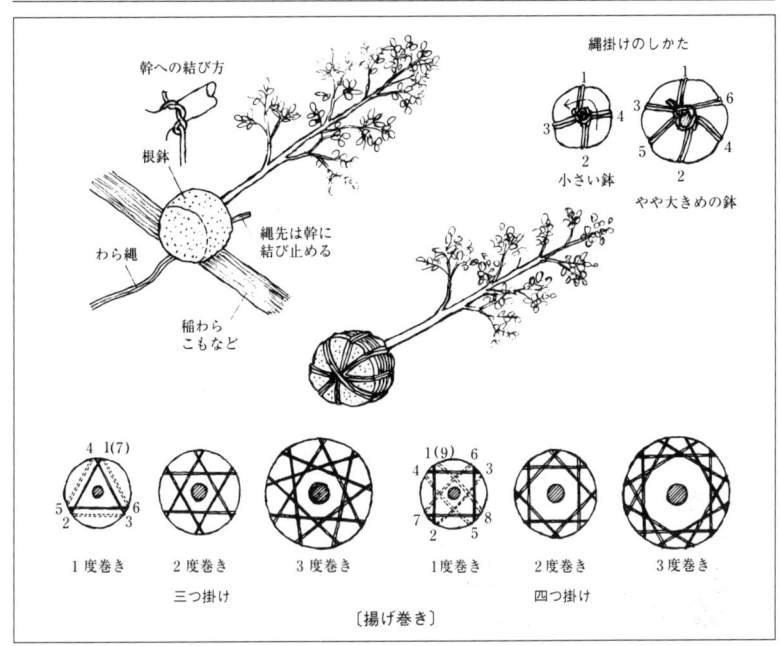

図:幹への結び方／根鉢／わら縄／縄先は幹に結び止める／稲わらこもなど／縄掛けのしかた／小さい鉢／やや大きめの鉢／1度巻き／2度巻き／3度巻き／三つ掛け／1度巻き／2度巻き／3度巻き／四つ掛け／〔揚げ巻き〕

ときに根鉢を1/2程度埋まるように植えること。→たかうえ,ふかうえ(図)

あさまぼく [浅間朴] 浅間朴石のことで,長野県と群馬県にまたがる浅間山から産出する火山岩。流れ出した溶岩の一種で,火山弾が主であると考えられている。今日では入手が困難となっている。→ぼくいし

あじいし [庵治石] 花崗岩の一種で,香川県木田郡庵治町から産する。目の細かい良質の石で,産量が少ないので花崗岩の中でもかなり高価である。庭石よりも加工石材として多く用いられている。「庵次御影(あじみかげ)」「白御影」ともいわれる。

あししろ [足代] 作業用足場の別称。

あしつきどうろう [脚付き燈籠] 庭燈籠の分類名称で,基礎と竿がなく,中台(ちゅうだい)下に脚を用いる形式の総称。脚は2本から4本までの例が多い。雪見形,琴柱形(ことじ)などがその代表的なもの。

あしばまるた [足場丸太] 建築工事や土木工事などで,作業をしやすくする足掛かりや通路などの仮設の工作物(足場)を組み立てるために用いる丸太のこと。通常は目通り幹径10cm内外,長さ6～8mの杉丸太をいう。なまし鉄線で結合しながら組み立てていく。短期の軽量工事や比較的低所の作業に向いている。長期の規模の大きい高さのある工事では,近年単管や鋼管を主材とした専用のものが使われている。

あしもとがき [足下垣] 竹垣の分類名称の一つで,人の脚付近から下位の高

さの低い垣を総称する。おもに仕切りと飾りを兼ねて用いられるもので、前庭などに多く使われている。金閣寺垣、龍安寺垣、魚子(ななこ)垣などが代表であるが、四つ目垣を低く造った形式のものも見られる。→かき(写真)

あじろ［網代］ 網代編みの意味で、檜板、杉板、割竹、細竹、葦(よし)などを、斜め編みや縦横編みとしたもの。漁師の網のように見えるところから、この名が出たものと思われる。これを用いた竹垣に網代垣がある。

あじろがき［網代垣］ 竹垣の一種で、割竹や細竹を網代編みにした垣の総称。広い意味では、大津垣や沼津垣も網代垣の分類に入る。ただし、古くはヒノキの薄板を網代編みにした垣が多く使われており、これを檜垣(ひがき)、あるいは網代垣と称していた。その実例は平安、鎌倉時代の絵巻物等に多く描かれている。→かき

あじろじき［網代敷き］ 敷石の意匠の一種で、平面が網代紋様となるものをいう。切石が主となるが、小判石のような一定の大きさの自然石を用いた例も見られる。

あじろど［網代戸］ ヒノキの薄板を編んだ網代をはめ込んで作った戸で、通常、縁には細丸太が使われるが、竹を縁としたものも見られる。おもに庭木戸や茶庭(ちゃてい)の中門など、正面よりは少し崩した感覚の門に用いられることが多い。『石組園生八重垣伝』にその図が載せられている。

あずまや［四阿］ 東屋、吾妻屋などの文字も当てられており、原則として平面が四角で、四方が吹き放ちとなっている小亭をいう。四方が開いているところから、口を開いた状態に見立てて「四阿」という。おもに庭園内の眺めのよい高台に建てられることが多い。このほかに六角、八角、円形などの例もあるが、特に中国庭園では、六角亭や八角亭とされるのが通例である。→えんてい

あたま［頭］ 石の部分をいう現場用語で、山形や上部に丸みのある石の場合、その上になる先端部をいう。

あつじょう［圧条］ 取り木の一手法で樹木の新しい枝を枝折って地中に入れそこから芽吹かせる方法。→とりき

あてもの［当て物］ 樹木や石などを移動や運搬あるいは立て込む場合に、幹や石の表面等に傷がつかないように、保護の目的でロープなどの間に差し込むもの。板片、細丸太、割竹、わら、こも、毛布などが使われる。また樹木の支柱では、丸太や竹を結び留める幹枝の部分に杉皮などの保護材を巻くが、これも当て物という。

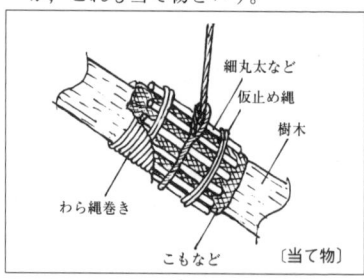

［当て物］

アトリウム［atrium］ 本来は、古代ローマ時代の住宅に設けられた、建物や回廊で囲まれた天窓を有する吹抜けの空間のこと。今日では、公共建物やオフィスの玄関ホールなどで、吹抜けでガラス張りの天井をもつ広い空間をいう。

あぶらかす［油粕］ 菜種、大豆、亜麻、落花生などの油をしぼった残りかす。

窒素を含み，肥料や飼料に使われる。
あぶりいし［焙石］　石積みの石の表面を大きく見せるために，控えより面の寸法を大きく使って積む方法。避けたい石積みの一つ。
アプローチとう［－灯］　門から玄関に至る通路の足元を照らす低いライト。小さな灯りをつなげるようにしたほうが，効果的な景を創り出す。
あべ　⇒とけいまわり
あぼしがき［網干垣］　網干模様を竹垣に応用した創作垣の一種。立子を建仁寺(けんにんじ)垣のように張った面に，斜め手法の太めの押縁(おしぶち)を数本下に開くような形で掛けるものが多い。→あぼしもよう，かき(写真)
あぼしもよう［網干模様］　古くからある模様の一つで，漁夫が海岸で網を干しているさまを取り入れた意匠。網は下に開いた形に干すために三角形に表現されることが多い。この模様を勾欄(こうらん)に用いたものが修学院離宮（江戸初・京都市）中の茶屋客殿にある。
あまおち［雨落ち］　雨樋のない屋根の場合，雨だれの落ちる部分に長く溝を設けて排水の便とするが，これを雨落ち，または雨落ち溝という。溝の内部には，栗石などを敷いて水はねを防ぐことが多い。

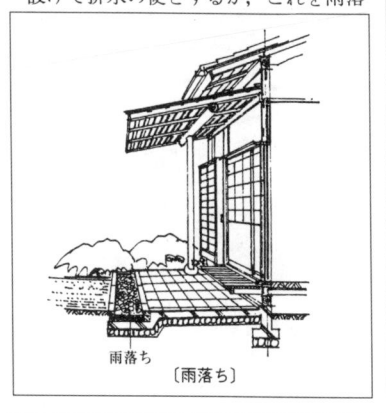

雨落ち
〔雨落ち〕

あまついわくら［天津磐座］　⇒いわくら
あまついわさか［天津磐境］　⇒いわさか
あまぶた［雨蓋］　⇒かさだけ
あみがき［編垣］　竹垣をその構造から分類した名称の一つで，立子や組子を編んだ形式のものをいう。網代(あじろ)垣，大津垣，沼津垣などはその代表的な垣といえる。
あみがさもん［編笠門］　屋根をかけた門の一種で，屋根の全体を大きく起(むく)り形式とし，さらに四隅を下げた形とする。その姿が編笠に似ているというところからこの名が出た。瓦は載せず，檜皮(ひわだ)葺きか柿(こけら)葺きとされる。その風雅な姿が愛され，おもに庭門に使われるが，露地の中門とされている例もある。官休庵（京都市），渉成園（京都市），孤篷庵（京都市）などに実例が見られる。
あめふり［雨降り］　竹垣，特に建仁寺(けんにんじ)垣などの立子をかきつけてゆくとき，割竹の元と末を交互にしながら並べて調整してゆかないと，次第に斜めになってしまう。その状態を指して「雨降り」と言う。
あやがけ［綾掛け］　縄や針金（鉄線）などの結び方の一種。2本以上の縄（または針金など）を寄せて使い，十字あるいは斜め十字に，縄が交互に重なるように掛けていくやり方をいう。おもに支柱などの取付けに使われている。ほかに，玉掛けのときに用いられるロープの掛け方の一方法で，荷物の底部で十字に交差するように掛けるや

り方のことをいう。

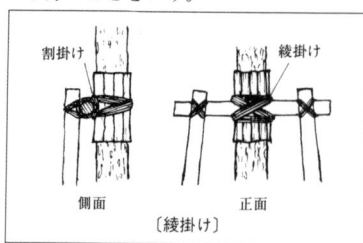

[図：割掛け／綾掛け　側面／正面　〔綾掛け〕]

あゆみいた［歩み板］　工事現場で使われる仮設の足場用道板のこと。足場丸太に番線で固定する。幅30 cm，長さ3 m程度，ラワン材が多い。

あらいし［荒石，粗石］　①土中から採取したままの，人の手を加えていない石。「野石」ともいう。②採石場から切り出したままの未加工の不整形な石。

あらいじゃり［洗い砂利］　砂利を採取している現場において，砂利のふるい分けを行うほかに，混入している泥やゴミなどの夾雑物(きょうざつ)を水で洗い流し出して処理したもの。

あらいだし［洗い出し］　⇒あらいだししあげ

あらいだししあげ［洗い出し仕上げ］　モルタルの壁，コンクリートの床を金ごてで一度平らに仕上げてからしばらく間をおき，硬化しないころを見はからって骨材を水で洗い出し，表面を仕上げる工法。使う骨材によって，錆砂利，大磯，深草などの洗い出しと呼ばれる。

あらき［新木］　庭木として用いるために，山野に自生する樹木を掘り採ってきたままのもので，いまだ形をつくったり，剪定(せんてい)などの手が加えられていない樹木のこと。

あらきだ［荒木田］　⇒あらきだつち

あらきだたたき［荒木田叩き］　荒木田土を用いた叩き仕上げをいう。

あらきだつち［荒木田土］　もともとは江戸時代，江戸の荒川沿岸で採取された粘着力の強い茶褐色の粘土で，仕切り壁や土壁の下塗り用として用いられたもの。粘土に適度の砂を含む。最近では水田などから採取される粘土質の土を総じて「荒木田」と呼んでいる。おもに運動場の舗装材や園芸用土に用いられ，今では壁材としての利用は少ない。

あらすかし［荒透かし］　庭園用樹木の手入れ法の一つ。樹形全体を手早く大まかに整えるもので，密生した枝や葉を，鋸(のこぎり)と剪定鋏(せんていばさみ)を使い切り落とす方法。正式には「野透かし」という。→のずかし

あらずな［粗砂］　⇒さいこつざい

あらぞうせい［粗造成］　大ざっぱな造成。全体の雰囲気や土地の起伏を見る程度の造成をいう。

あらなみもん［荒波紋］　砂紋の種類で海に打ち寄せる荒波のように力強く描かれたものをいう。線の間隔も広めにするのが特色といってよい。

〔荒波紋〕

あらめすな［粗目砂，荒目砂］　比較的粒径の大きい砂。一般的には5 mm以下で，粒径の大きいものを多く含む

砂をいう。

あられいし［霰石］ 玉石の一種で、その小さなものをいう。また、別に小さめの飛石を指すこともある。

あられくずし［霰崩し］敷石の一種で、自然石敷石に分類される。霰石の中に大ぶりの玉石を混じえて、不規則な形式に敷き込んでいくもので、目地なども粗く広めに取るのが特色となっている。侘(わ)を強調した敷石であり、別名を「大崩し」などともいう。

あられこぼし［霰零し］敷石の一種で、自然石敷石に分類される。霰石を用いて、目地も細くそろえて敷く形式で、側面を一定の線にそろえるものと、不規則にするものがある。侘(わ)の中にも整然とした美しさがあるので、露地において好まれる敷石といえる。別名を「小零(こぼ)し」ともいう。→しきいし(図)

アリダード［alidade］ 平板測量に使う最も重要な器具の一つ。前方視準板（垂直に一本の細毛が張られている）、後方視準板（前方の目的物を見通すための小孔があけられている）と、基部（平板を水平に設定するための気泡管、方向線を引き、縮尺距離を図上にとるための縮尺目盛付きの定規が付いている）から構成される。平(図)板上にのせて、目的物や測点などの方向を定め、縮尺定規により一定の縮尺で図上にその位置を決めていくための機能をもっている。木製と金属製とがあり、また望遠鏡付きのものもある。「方向示準器」「視(指)方規」などともいう。

あるかせる［歩かせる］板石などを現場内で一人で運搬するときに、地面に立てて持ち、左右にジグザクに振って移動させること。

アルカリせいどじょう［－性土壌］土を水に溶かしたとき、pH（ペーハー：水素イオン濃度）値が7（中性）より大きい、アルカリ性反応を示す土壌のこと。アルカリ金属（ナトリウム、カリウム）およびアルカリ土類金属（マグネシウム、カルシウム）の水酸化物、アルカリ土類の塩化物（硫酸塩、硝酸塩、炭酸塩類）を多く含んでいる。一般的にpH 8以上の土壌では、植物の生育は悪くなる。

アルカリせいひりょう［－性肥料］これには化学的アルカリ性肥料と生理的アルカリ性肥料とがある。前者は、肥料自体を蒸留水に溶かしたときの性質がアルカリ性を示すもので、堆肥、草木灰、石灰質肥料などである。後者は、主成分が根から吸収された後に示すもので、チリ硝石、骨粉、魚粉などがこれにあたる。

アルペンガーデン［alpine garden］ 一般には、石を組みながら、あるいは適当な間隔で石を配して、その間に高山植物を植え込んでつくられた庭園のこと。

あわあおいし［阿波青石］変成岩の一種で、緑泥片岩に属する。徳島県の各地から産したが、今日では天然の青石

〔阿波青石〕

は少なくなり，山石を加工して角を取ったものが多い。しかし鮎喰川の上流付近では，まだ一部で良石が産している。当県の古庭園には青石を用いた名園が多い。この石の一種には，薄く板石状になる石があり，おもに橋石や碑石に多用されている。阿波国分寺庭園（桃山時代・徳島市）ではこの板状青石を用いた見事な石組造形が見られる。

あわじじゃり［淡路砂利］ 以前兵庫県の淡路島から産した花崗岩の砂利だが今日では採石されていない。天然の滑らかな石肌を持ち，特に栗石は味わい深いものであった。現在ではこれに似た石が人工的に造られ，同じ名称で販売されているが，品質は劣る。

あわせ［袷せ］ 竹垣の構造をいったもので，割竹を立子や組子とした垣では，片面だけ造ると表裏がはっきりと定まってしまう。そんなときに裏側にも同じ垣を造って両面から見られる垣とした場合，それを袷せという。片面だけ造っても，裏から見られる構造の垣（例えば御簾（みす）垣など）は袷せとはいわない。袷せとする垣の代表は，建仁寺（けんにん）垣である。

あんきょ［暗渠］ 地中に埋められた上部を閉じた排水路。これに対して，上部を開放し，地表に出ているものを「開渠（かいきょ）」という。→かいきょはいすい

あんこ［餡子］ 光悦垣，穂垣などの竹垣の下地として入れる竹の穂先の束などの総称。

あんこうがたちょうずばち［鮟鱇形手水鉢］ 自然石手水鉢の一種で，魚の鮟鱇の口のように大きく開いた形をなすものという説と，その姿が鮟鱇に似ているからという説がある。『築山庭造伝後編』にその図がある。→ちょうずばち

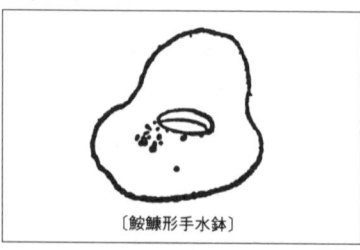

〔鮟鱇形手水鉢〕

あんざんがん［安山岩］ 火山岩の一種で，溶岩が早く硬く固まったもの。輝石安山岩，角閃（かくせん）安山岩，雲母（うんも）安山岩，石英安山岩などがある。色はおもに赤黒系と青黒系があり，地味ではあるが質は緻密で，摩滅風化に強い性質がある。庭石としても使われるが，おもに加工石材として各地で利用されている。最も良質のものが，神奈川県真鶴より産する小松石で，別に「本小松」ともいう。鎌倉時代から鎌倉を中心に多数造立された石塔類には，ほとんどこの石が使われている。飛石や碑石として用いられる根府川石（ねぶかわ）もこの安山岩である。

あんそくかく［安息角］ 切土や盛土を計画するとき，水平面と山の斜面との成す角度を息角という。土質によっておのおのの崩れない安定した角度が異なるが，この法面（のりめん）勾配の決定に利用する値をいう。

アンツーカー［en tout cas］ 運動競技場の舗装として多く用いられる赤褐色の人工土で，排水がよく，滑りにくい特長がある。花崗岩を焼いて作るため別に「焼成土」ということもある。語源はフランス語。

い

いかだうち［筏打ち］ 短冊(たんざく)石を2枚並べ、それをかなりずらして合わせる造形をいう。江戸時代には「やりちがひ」などとも言っており、飛石中に用いて変化を出すことが今日でも広く行われている。

〔いかだ打ち〕

イギリスしきていえん［一式庭園］ イギリスにおいて伝統的に造られてきた庭園の総称。自然風景式の庭園と、花や灌木を組み合わせた今日ガーデニングといわれているような庭園形式が知られている。しかし、日本庭園のように一定の様式的特色があるわけではなく、中国庭園などの影響を受けた時期もあった。

いけ［池］ 水をたたえた池泉(ちせん)の総称。古くから日本庭園の主体となってきたが、室町時代後期に枯山水庭園が出現すると、実際には水を用いない枯池も多く造られるようになった。

いけがき［生垣］ 樹木や竹などを生きたままに長く植え込んで垣としたもの。多くは刈り込んで形を保つようにする。江戸時代頃には「生木垣(いきぎがき)」ともいい、また「生籬(いけがき)」とも記されたが、古くは「籬(まがき)」とも表記された。通常、生垣には刈込みに強く萌芽力のある常緑樹が用いられるが、枝の細かい落葉樹が使われることもある。代表的な生垣樹としては、ヒノキ、サワラ、スギ、マキ、カナメモチ、シラカシ、ウバメガシ、キャラボク、イヌツゲ、マサキ、ツバキ、サザンカ、ツツジ類、サンゴジュ、カイヅカイブキがあるが、地方色も多い。➡巻末表（388頁）

〔生垣〕

いけきがき［生木垣］ ⇒いけがき

いけこみどうろう［生込み燈籠］ 庭燈籠の分類名称で、基礎がなく竿を直接

地面に埋め込んで立てる形式の総称。織部燈籠や道標(みちしるべ)形燈籠などはその代表的なものである。→いしどうろう(写真)

いげた［井桁］ 井戸の木製の四角い囲いをいう。井戸側のこと。また、いわゆる井の字型に組むことも指す。

いけどり［生け捕り］ 作庭に際し、外部の景を自庭の景として取り込み、外部の景と自庭との結びつきを計ること。

いけのこうぞう［池の構造］ プールのようにコンクリートを打ち、石を据えていく手法を「袋打ち工法」と呼ぶ。水漏れの心配が少ない。最近はこの下に防水シートを敷く方法も多く使われる。

いこまいし［生駒石］ 花崗岩に近い斑糲岩(はんれいがん)で、奈良県生駒市の山間部から産する。筑波石に似て表面に細かい凹凸があり、灰緑色をなす。その形の雅味を愛して関西地方で庭石として好まれるが、現在では産量が少なくなっている。

いしうす［石臼］ 穀物などを細かくするために用いる石製の臼で、搗臼(つきうす)と碾臼(ひきうす)に分けられる。搗臼は餅搗臼と同じ形を石で造ったもので、鉢形の穴を掘っているため、そのまま見立物手水鉢(ちょうずばち)とされることが多い。碾臼は、厚みのある円形の石に目を切ったものを二つ重ね合わせ、上の小穴から穀物を入れ、上石を回転させて粉状にする用具で、その廃物がよく飛石や沢渡石として用いられている。

いしうすがたちょうずばち［石臼形手水鉢］ 見立物手水鉢の一種で、石臼を利用した手水鉢の総称。これには搗臼(つきうす)と碾臼(ひきうす)とがあり、搗臼の場合は、臼の鉢形の穴をそのまま用いて手水鉢とする。碾臼の場合は、上面に水穴を掘って手水鉢とする。単に「臼形手水鉢」ともいう。→ちょうずばち(写真)

いしがき［石垣］ 石を積み上げて作った垣の総称。

いしく［石工］ 石切りや石の加工製作に従事する職人の総称。

いしぐみ［石組］ ⇒いわぐみ

いしさく［石柵］ 石によって作られた柵の総称で、木柵、竹柵などに対していうもの。同じ形に加工した切石の柱を立て、貫でつなぐのが原則であり、神社の玉垣などに多く見られる。

いしじきちてい［石敷き池底］ 古庭園の池造り手法。池底に玉石を敷いて粘土で固めたもの。奈良時代に造られた奈良の平城宮の池にこの手法が見られる。

いしぜっちん［石雪隠］ ⇒すなせっちん

いしたて［石立て］ 古く石組の意味として用いられた語で、この場合の「立て」は立石(たていし)の意ではなく、石を生

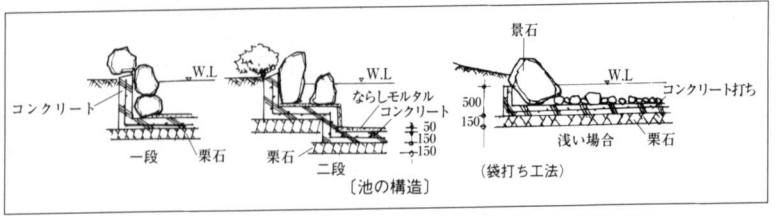

〔池の構造〕

かして用いる意とされる。これが転じて，石立ては「庭造り」と同意としても使われており，作庭の専門技術をもった僧侶を「石立僧」などとも称している。

いしだん［石段］　石で造られた階段のことで，切石，自然石ともに用いられている。それぞれの段の高さを蹴上げといい，平らな面を踏面というが，この踏面の長さによって各種の形式がある。また，飛石を用いて段としたものを「飛石段」ともいっている。なお，江戸時代までは石段という語は，いわゆる敷石を意味しており，今日いう石の階段は「石階（せっかい）」と称されていたので注意が必要である。

いしづみ［石積み］　石を重ね上げて強固な垣とする技法や，その形態をいう。おもに技術的な名称なので，「石積み法」などの表現が行われており，完成したものに対しては「石垣」という名称が多く用いられている。

いしづみそっこう［石積み側溝］　側面に石を積み上げて造られた側溝で，底は石張りとされることが多い。

いしどうろう［石燈籠］　屋外に火をともす目的で造られた石製の燈籠で，中国で成立し，朝鮮半島を経由して飛鳥時代頃に日本に伝えられた。仏に捧げる明かりとして，仏堂の前に一基献燈されたのが始まりで，現存のものでは，平安末期の柚ノ木形石燈籠などが古い。特に鎌倉時代には多数の名品が造立されている。桃山時代からは露地の明かりとして流用され，江戸初期からは一般の庭園内にも用いられて，庭園に合わせた小さめの燈籠も造られるようになった。それを「庭燈籠」といい，伝統的な燈籠は「古社寺燈籠」ともいう。石燈籠の構造は，下から基礎，竿，中台（ちゅうだい），火袋，笠，請花（うけばな），宝珠（ほうじゅ）からなっている。

いしのいきおい［石の勢い］　石組を行うとき，最も重要なのはそれぞれの石の力関係であり，据えた石であってもそこに力の移動が生じる。その力を感じさせるのが石の勢いであり，別に「石の気勢」ともいわれている。

いしのきせい［石の気勢］　⇒いしのいきおい

いしのね［石の根］　庭石を地面に据えた場合，地中に入って見えなくなる部分を根という。ただし，石の周辺にコケなどを張ったときは，それによって隠される部分から下が根ということになる。石組においては，この根をなるべく浅く据えるのが原則とされる。

いしのひじゅう［石の比重］　異なる石質をもつ石の体積の質量をいうもので摂氏4度の水に入れて計測する。通常硬質の石は比重が高く，軟質の石は比重が低い。一例として，花崗岩は2.68前後であるのに対して，凝灰岩で軟質のものは2.35前後である。

いしばし［石橋］　庭園内に架けられる石を用いた橋の総称。自然石橋と切石橋とに分けられる。また，構造的な大規模な石橋も含まれる。日本の庭では，鎌倉時代に禅宗の影響で北宋山水画式庭園が作られるようになり，橋の造形は橋石組という形式が発達したほど重要視されている。→しぜんせきいしばし，きりいしばし

いしはま［石浜］　池泉（ちせん）庭園の池畔に設けられる洲浜の一種で，石を美しく敷き詰めたもの。ほとんどの洲浜はこの形式とされている。

いしばり［石張り］　自然石，切石を問

いしはり

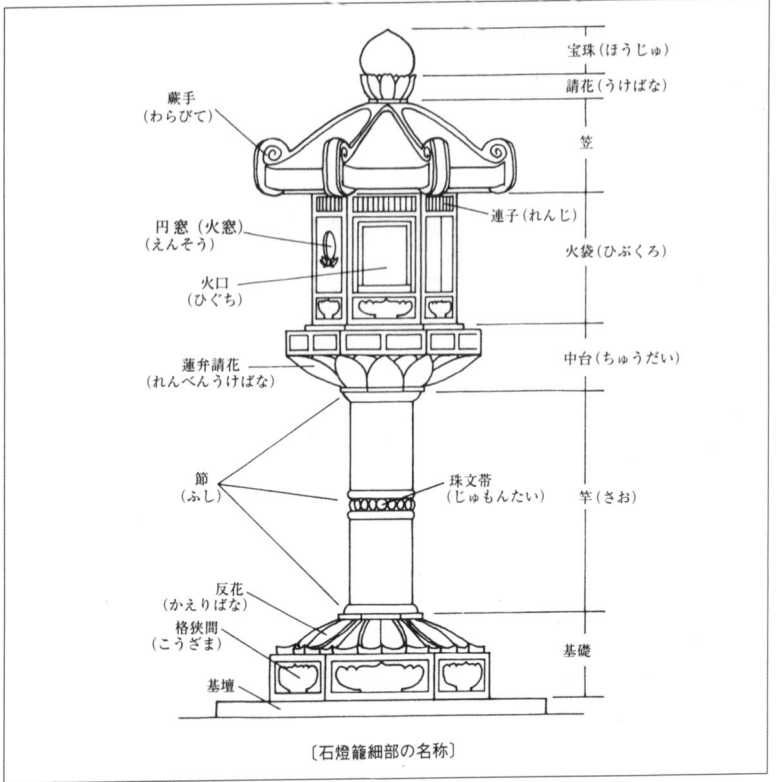

[石燈籠細部の名称]

- 宝珠（ほうじゅ）
- 請花（うけばな）
- 笠
- 蕨手（わらびて）
- 連子（れんじ）
- 円窓（火窓）（えんそう）
- 火袋（ひぶくろ）
- 火口（ひぐち）
- 蓮弁請花（れんべんうけばな）
- 中台（ちゅうだい）
- 節（ふし）
- 珠文帯（じゅもんたい）
- 竿（さお）
- 反花（かえりばな）
- 格狭間（こうざま）
- 基礎
- 基壇

わず，石を張って美しく仕上げる技法の総称。門，塀，敷石などに用いられることが多い。別に，「張石」「貼石」とも記されている。

- **いしばりそっこう**［石張り側溝］ 側溝の全体にごろた石等を張り込んだもので，公園などに装飾を兼ねて用いられることが多い。
- **いしめ**［石目］ 石が形成される時にできる一種の重なった線であり，表面に見えるものと，見えないものとがある。表面に現れた線は石に勢いを与え，また景ともなるので庭石を選ぶときの大きな要素の一つとなっている。特に青石系の石は，この石目がよく出ることが多い。目に見えない石目は花崗岩などに多く，石工は石を割るときにこの石目を見極めて矢を打ち込む。
- **いしょく**［移植］ 樹木や草花を掘り上げて，敷地内の他の場所または敷地外の所定の場所に運んで植え付けること。樹木や草花の種類により，その適期がある。長年庭に植えられている樹木で，移植の日程に半年以上余裕のある場合は，あらかじめ根回しを行っておくと活着率が良くなる。→ねまわし，

いしよく

〔生込燈籠〕　〔置燈籠〕　〔寄燈籠〕

〔塔燈籠〕　〔釣燈籠〕　太秦形石燈籠

瓜実形石燈籠　御間形石燈籠　大宮売神社石燈籠

〔石燈籠①〕

いしよく

織部燈籠	河桁御河辺神社石燈籠	高桐院形石燈籠
小町形石燈籠	西円堂形石燈籠	三角燈籠
三角雪見燈籠	三月堂形石燈籠	浄瑠璃寺形石燈籠

〔石燈籠②〕

いしよく

袖形石燈籠	滝見形石燈籠	橘寺形石燈籠
燈明寺形石燈籠	祓戸形石燈籠	平等院形石燈籠
報恩寺形石燈籠	岬形置燈籠	柚ノ木形石燈籠

〔石燈籠③〕

いしょく

勧修寺形石燈籠

琴柱形石燈籠

後楽園形石燈籠

三光燈籠

寸松庵形石燈籠

泉湧寺形雪見燈籠

水蛍形石燈籠

雪見燈籠

〔石燈籠④〕

〔石浜〕

〔石目〕
巻末表(400頁)

いしょくごて［移植鏝］　園芸用品。草花や下草を植えたり，掘ったりするときに使う小型のシャベル。

いしょくてきき［移植適期］　樹木などを枯らすことのないよう安全に移し植えることのできる，最適あるいは可能な時期をいい，種類によりおおよそ決まっている。一般的には，発芽(萌芽)直前が最適である。ここで注意しておきたいことは，移植の最適期に行ったからといっても必ず活着するとは限らず，樹木の樹齢や根の状態および植付け方など，そして植付け後の管理（水やりなど）のいかんによっても左右されるので，特に植付けはきちんと行い，その後の水やりなどを怠らないようにすることが大切である。

いしわりず［石割図］　石材の大きさ，据付けの位置，目地の割付けなど，石の配置に従い石の形状，寸法，仕上げ

樹木移植工事手順（参考例）

```
樹木移植工事 → 施工計画 → 工程計画 → ①施工計画 ②細部工程
                     → 材　料 → ①根巻き材料 ②幹巻き材料 ③客土 ④風よけ支柱 ⑤樹名札
                     → 現地調査 → 現地調査
            → 施工監理 → 根回し → 工　法
                     → 掘り取り → 工　法
                     → 運　搬 → 工　法
                     → 植付け等 → ①植穴 ②植付け ③風よけ支柱 ④樹名札
```

〔移植〕

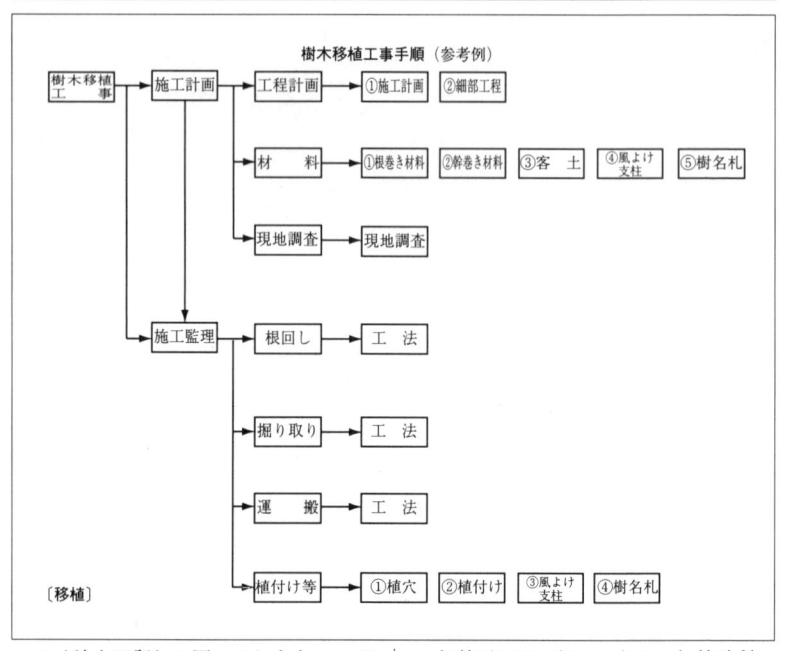

の寸法を明記した図。これをもとに石積みの面積を割り出し，配石工事を行う。

いずみさがん［和泉砂岩］　砂岩の一種で，硬質砂岩に属する。大阪府の南，和歌山県の北，今の泉南地方から産した石で，古くから石造品の加工に使われていたが，現在ではあまり採石されていない。

いせごろた［伊勢ごろた］　天然のごろた石として最もよく知られている石で，「伊勢御影（いせみかげ）」といわれる花崗岩の丸石。三重県菰野（こもの）付近より多く産するために「菰野ごろた」ともいう。錆色が強めで，表面が粗いのが特色であり，露地などにもよく合う。敷石，差石，縁石，水掛石として多く用いられている。この石の大きなものが伊勢玉石で，細かいものが伊勢砂利で

〔伊勢ごろた〕

造園樹木，芝等の移植適期 （東京地方）

			樹種	1月	2	3	4	5	6	7	8	9	10	11	12
高木	常緑樹	針葉樹	アカマツ												
			クロマツ												
			カイヅカイブキ												
			ヒマラヤスギ・カヤ・モミ												
			ヒバ・サワラ												
			マキ												
			ダイオウショウ・ヒロハスギ												
中木		広葉樹	クス・ヤマモモ・カシ類												
			マテバシイ・シイ・ツバキ・サンゴジュ												
			モッコク・モクセイ・ネズミモチ・モチ												
		ヤシ類	カナリーヤシ・ワシントンヤシ												
		シュロ・タケ	シュロ・タケ類												
	落葉樹	針葉樹	ラクウショウ・メタセコイア												
		広葉樹 移植に強い	イチョウ												
		普通	サクラ・ヤナギ・プラタナス・ウメ												
		やや暖	ハクモクレン・センダン												
		暖地性	サルスベリ・ザクロ												
低木	常緑樹	針葉樹	キャラボク・ソナレ												
			タマイブキ												
		広葉樹	キョウチクトウ												
			アオキ・ヤツデ・カンツバキ												
			トベラ・ウバメガシ・ツゲ・ハマヒサカキ・シャリンバイ・クチナシ・ジンチョウゲ												
			ツツジ・アベリア												
	特殊樹		ユッカ・リュウゼツラン												
	広葉樹		ユキヤナギ・レンギョウ・ハギ												
地被			ヘデラ（鉢作り品）												
			コウライシバ植付け												

① 不適期　準適期　最適期　を示す。

② 上記のように概要を示したが，根の良否により，活着するか否かも，適期も変わってくることに注意を要する。

ある。

いせじゃり［伊勢砂利］ 伊勢御影(いせみかげ)の風化した砂利で，天然の砂利としては最も産量が多い。白砂利と錆砂利の中間的な色調であり，やや軟質であるが味わい深いものである。

いせたまいし［伊勢玉石］ ⇒いせごろた

いせみかげ［伊勢御影］ 花崗岩の一種で，三重県尾鷲市付近の山間部から産するが，その他からも産出があり，地名をとって「菰野(こもの)石」などといわれる。別称を「紀州鬼御影」という場合もある。この石のごろた石を，一般に伊勢ごろたと称している。軟質の花崗岩で，錆色が濃いのが特色。

いそいし［磯石］ 産出場所による石の大まかな分類名称で，おもに海辺から採石される石をいう。別に「海石」ともいわれる。波に洗われて変化のある姿になるものが多く，江戸時代の大名庭園等で好まれた。

［磯石］

いた［板］ ①木材または石を楔(くさび)などを使って割るか，鋸(のこ)などで比較的薄く挽いた，平らなものをいう。②木材の形状を表す規格の一つ。「製材の日本農林規格」(農林省告示第1892号-1972号〈1988改定〉)では，針葉樹類で，厚さが7.5cm未満，幅が厚さの4倍以上のものをいう。厚さや幅により，板(厚さが3cm未満で，幅が12cm以上のもの)，小幅板(厚さが3cm未満で，幅が12cm未満のもの)，厚板(厚さが3cm以上のもの)がある。

いたいし［板石］ 石材の形による分類名称の一つで，一般に，幅に対する厚さの割合が小さい(すなわち薄い)石材をいう。板状に割って，あるいは挽いて，周囲や表面を加工したものと，天然に薄板状にはがれる性質を利用したもの，および原石を石材用カッターで挽いて板状にしたものなどがある。庭園の敷石や石張りなどに用いる秩父青石，丹波石(たんばいし)，鉄平石などは，天然のはがれる性質を利用して採石されたもの。建築用材としては，花崗岩・安山岩・大理石などを板状に挽いたものが多く使われている。

いたがき［板垣］ 板を立て並べて作られた垣の総称。

いたじょうせつり［板状節理］ 岩石の組成上の性質で，板状に剥がれるような石目を持っているもの。結晶片岩としての青石の類に例が多い。

いたび［板碑］ 薄い板状の石に，仏の図像，梵字(ぼんじ)などを彫り，これを立てて信仰の対象としたもの。弥陀信仰につながるものが最も多い。薄い石となりやすい青石が採石される地方，特に武蔵地方や阿波地方で発達した。上

部を三角とするのも特徴の一つ。青石以外の自然石を用いたものもあり，これは自然石板碑と称している。庭園に飾りとして立てる例もある。

いため［板目］ 丸い木材を板に挽いたときに生じる年輪のつくる模様（木目）が，直線状でなく乱れているもの。年輪に対して接するように挽き割ったときに表れる。→まさめ，じゅかん（図）

イタリアしきていえん［―式庭園］ おもに傾斜地を利用して造られ，上方の壁泉(へきせん)などから水を流してカスケードを作り，また噴水や彫刻物を多く配置した庭園様式。庭の一部にさらにセグレートという秘園を作る例もある。

いちねんえだ［一年枝］ 枝芽から生長した一年目の枝。

いちねんそう［一年草］ 通常，春に蒔いた種から生長し，その年の内に花や種をつけ，冬には枯死する草本をいう。絶やさないためには毎年種を蒔くことが必要となる。多年草に対していう。→たねんそう

いちのいし［一の石］ ⇒ふみいし

いちばんせき［一番石］ ⇒ふみいし

いちまつもよう［市松模様］ 二種類の正方形が，互い違いに重ねられた模様。市松は本来，紺と白による模様であるが，今ではその形式をとって広い意味で使われている。

いちまつもん［市松紋］ 砂紋の種類で全体が市松模様に見えるように描くもの。例はあまり多くない。

いちもんじ［一文字］ 石積みの目地が単純に横一線になるもの。強度や安定性の確保，石垣の美観上からは避けたい石積みの一つ。

いちもんじがたちょうずばち［一文字

〔市松紋〕

形手水鉢］ 自然石手水鉢の一種で，平らで長い石の上部を水平に切り，そこに横長の水穴を掘ったもの。おもに書院の縁先に配して，数人が一度に手水を使えるようにしており，その水穴を一の字に見てこの名称がある。京都市の青蓮院，養源院にあるものが名高い。→ちょうずばち（写真）

いちりんしゃ［一輪車］ 作業現場で土砂，セメント，モルタル，コンクリートなどの資材を運搬する時に使う。足場等の狭い場所での小運搬に便利。別称「ねこ」「ねこ車」といわれる。→カート

いっさい［一切，一才］ 石材の量の単位。一立方尺をいう。

いっすいこう［溢水溝］ 池などの水が増えて，オーバーフローから出た水を外部に排水するための溝。

いっせきずえ［一石据え］ 石を組み合わせることなく、一石だけを据えて景とするもので、これも石組の一種といえる。遠山石(えんざん)や岩島(がとう)などに例が多い。

いづつ［井筒］ 井戸側の一種で、まるく筒形をなすものの総称。

いっぽんだちづくり［一本立作り］ 樹木の幹が根元から何本も立ち上がらないで、1本だけの幹に仕立てること。

いどうしきクレーン［移動式―］ 自走して移動可能なクレーンで、ほとんどはトラックに積載されるトラッククレーンである。通常は「ユニック車」ということが多い。

いどがわ［井戸側］ 井戸の内部に、土や石や雨水などの異物が入らないように、それを囲んで高さのある枠を造ったもの。円形、正方形が多く、まれに六角、八角のものもある。木製、石製、レンガ製などの種類がある。また円形のものを「井筒(いづつ)」という。

いとのこぎり［糸鋸］ 枝引き鋸。密生した枝を切るために細く、長めに作られている剪定(せんてい)鋸。

いないいし［稲井石］ 粘板岩の一種で宮城県石巻市稲井町より産する。別に「井内石」とも書くが、主として「仙台石」の名で広く知られる。硬く、灰色をなす石で、平らな板状として産するため、おもに碑石や橋石として多用されている。

いなだみかげ［稲田御影］ 花崗岩の一種で、茨城県笠間市の稲田地区から産する。目の細かい硬質の花崗岩で、関東を代表する良品質の石であるが、採石は意外に新しく、明治後半からであった。おもに加工石材として使われている。

いなづまめじ［稲妻目地］ 石張りの目地のうち、縦、斜めの目地がつながり、その線が稲妻型に見えるのでこう呼ばれる。美観上からは避けたい目地である。

いなむら［稲叢］ 本来の意は、農村の稲田で、稲を刈ったものを積み重ねたさまをいうが、庭園では冬の防寒を兼ねて、修景のために下草やごく低い樹木（マンリョウ、センリョウ、ボタンなど）に、多く傘状に稲わらを覆い囲ったもの。一般には「藁ぼっち」というが、地方の方言によって呼び名がいくつかある。

いぬばしり［犬走り］ 本来は、城郭や武家屋敷などで、石垣または築地(ついじ)塀と堀との間に設けられた細長い空間をいう。犬が通るほどの通路という意味から出たもので、別に「犬行き」「犬戻り」などということもある。これが転じて、建物の軒内の俗称としても使われるようになった。

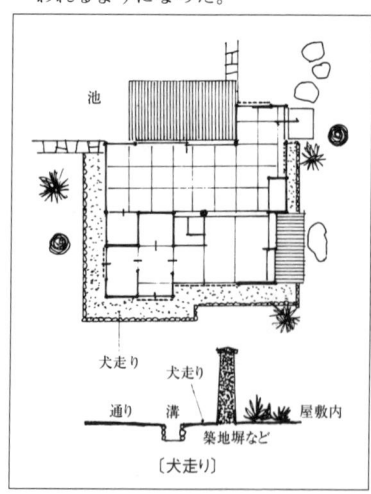

〔犬走り〕

いばらがき［茨垣］ 生垣(いけがき)の分類法

の一つで，動物などの侵入を防ぐために，枝にとげのある樹木を植えて垣としたものの総称。カラタチの生垣などはその代表的なもの。茨とはとげを意味している。

いぼ［疣］ ⇨いぼむすび

いぼい［疣結］ ⇨いぼむすび

いぼむすび［疣結び］ 竹垣などを結びとめる最も基本的な結び方。すべての結びの基本となる方法で，しっかりと結べば緩むことがない。四つ目垣の結びに使われるために，「四つ目の男結び」ともいう。別称も多く，「男結び」「いばい」「ゆいば」などともいわれるが，庭師は略して単に「いぼ」ということが多い。

〔いぼ結び〕

いみえだ［忌枝］ 樹木の美観を損ねたり，健全な生育を阻害するような枝で，剪定(芳芝)しなくてはならない枝。

いみき［忌木］ 古来より，その木を植えると家運が下がるとか，よくないことが起きるなどの言い伝えがある樹木をいい，庭園に植えてはいけないとされた。一般的には，毒やとげ，あるいは異臭のあるものが多いが，ツバキなど花後の花がらの落ち方に由来するもの，フジなどのように垂れ下がるもの，寺院に多く植えられているものといった理由もある。

おもな忌木

樹　種	要　　　因
アセビ	有毒
クチナシ	果実が熟しても割れて開かないところに由来
シキミ	葬時に関係・寺院に植栽
コウヤマキ	
フジ	花穂が垂れ下がる
イチョウ	寺院に多く植栽
サルスベリ	

いもつぎ［芋継ぎ］ 石積み，レンガ積み，ブロック積みなどで，目地が縦にそろう積み方を指す。「芋目地」ともいう。

いもめじ［芋目地］ 目地が上下に一直線に通ることを芋継ぎと呼び，この目地を芋目地という。避けたい目地の一つだが，ブロック積みでは使われる。→しょうほせき(図)

いよあおいし［伊予青石］ 変成岩の一種で，緑泥片岩に属する。愛媛県の海岸地区から産した海石が主流であったが，今日では採石が禁止されているために，山から出る青石を加工して角を取ったものが多く市販されている。保国寺庭園（室町時代・西条市）は，伊予青石を用いた古い作例。

いりふね［入船］ 一般的には港に帰ってくる船をいうが，庭園の場合では蓬

莱山より金銀財宝を積んで帰港する縁起のよい宝船を意味することが多い。水面に対して低く据える舟石をいうのが約束となっている。

〔入船〕

いろいし［色石］ 花崗岩の庭石のような茶褐色の石以外の青，赤などの色を持った庭石の総称。

いろめじ［色目地］ モルタルに顔料などを入れ，色付き仕上げとした目地の総称。

いわぐみ［石組］ 自然石を単独で据えるのではなく，二石以上を組み合わせて，造形的，芸術的に表現することをいい，日本庭園の最も重要な景となるもの。一定の造形意図をもって据えられる石は，一石であっても石組としてよい。要は石を生かして用いることであり，素材としての石以上の美を発揮させることをいう。古くは，「石を立てる」「石を畳む」などと言っており，その形態や役割，用いる位置などによってさまざまな名称がある。代表的なものには，滝石組，護岸石組，三尊石組，蓬莱石組，鶴石組，亀石組，築山(つきやま)石組などがある。別に，「いしぐみ」と読むこともあり，また「岩組」と書く場合もある。

いわくら［磐座］ 古代における巨石信仰の一つで，里の近くにある形の良い山を神山と考え，その山上にある巨石等を神の降りる座としたもの。磐座の名称は『日本書紀』にあり，別に「天津磐座(あまついわくら)」ともいうが，この天津とは「天の」という意味である。『古事記』では「石位」という文字をあてている。この巨石信仰は，当初は天然のままの石の信仰であったが，やがてそれに人工が加えられるようになり，神格化された力強い姿が求められるようになった。これが日本庭園の石組の一源流となったことは否定できない。また神社信仰の源でもある。なお，磐境(いわさか)もこの磐座の一種とする説が強い。➡いわさか

〔いわくら〕

いわさか［磐境］ 磐座(いわくら)の一形態と考えられるもので，境という文字は石で神域を作るように囲う形式と考えられるが，様々な形のものがあって磐座と区別ができないものも数多い。大規模なものでは，石を並べて三重以上に囲った例もある。このように囲う形式であったため，より人工的な造形が多かったと考えられている。「天津磐境(あまついわさか)」ともいい，『日本書紀』にその記載がある。➡いわくら

いんじゅ［陰樹］ 光量の少ない日陰地でも効率よく同化作用を行って生育していく樹木のこと。または通常は弱い

いんしゅ

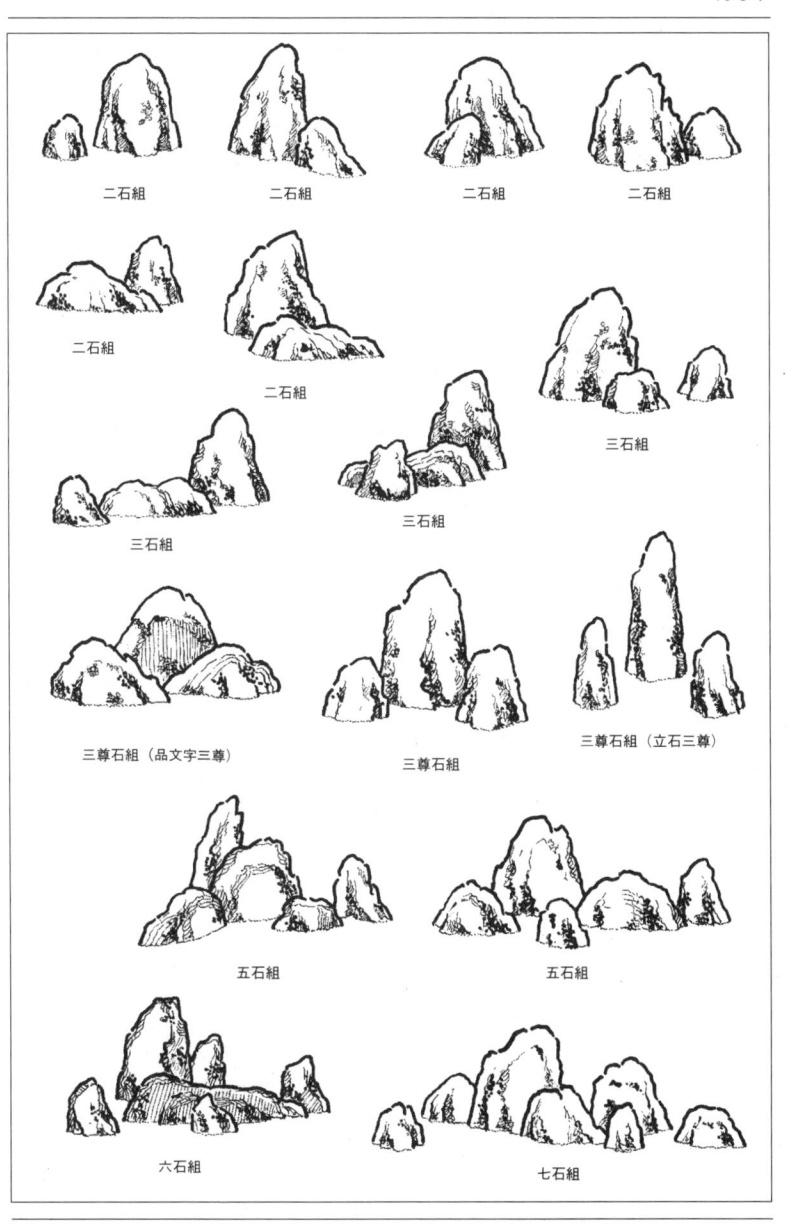

二石組　　　二石組　　　二石組　　　二石組

二石組

二石組

三石組

三石組

三石組

三尊石組（品文字三尊）　　　三尊石組　　　三尊石組（立石三尊）

五石組　　　五石組

六石組　　　七石組

いんしゅ

亀石組

鶴石組

洞窟石組

岩島

枯滝石組

滝石組

橋石組

〔石組〕

日陰地を好むが，それより強い日陰地でも生育できるもの。なお，もともとは陽光地でよく生育するが，弱い日陰地でも耐えるもの，強い日陰地で反射光の入らない所では育たないものは「耐陰樹」と呼ぶ。→ようじゅ

陰樹

おもな陰樹	ヒバ，コウヤマキ，アオキ，ヤツデ，イチイ，カクレミノ，ツバキ，サザンカ，ヒイラギ，ヒサカキ，ヒメユズリハ，フッキソウ，マサキ，マンリョウ，ヤブコウジ
耐陰樹	アセビ，オガタマノキ，クチナシ，クロガネモチ，ジンチョウゲ，モチノキ

いんせき［陰石］⇒いんようせき

いんようせき［陰陽石］　中国に起こった陰陽思想の影響で，庭園内に女陰を意味する陰石と，男根を意味する陽石を配したもの。陰陽和合ということから子孫繁栄を祈ったもので，桃山時代頃から用いられるようになり，特に江戸時代の大名庭園に例が多い。当初はあまり目立たない所に配したが，江戸中期以降になると庭の中央など，目立つ場所にも用いられるようになった。

［陰陽石］

う

ウインチ［winch］　ワイヤーロープを巻き取ることによって，荷の運搬や移動をする道具。電動のものと手巻きのものがある。滑車，ころ，トラ縄などとともに使う。

うえあな［植穴］　樹木や草花を植え付けるために掘る穴のこと。植穴は，根鉢より大きく，やや深めに掘ることが大切である。植付けの際に，埋戻しの土が十分に入り，かつよく密着させることができるようにすることが，その後の生育のためにも有効である。ただし，根鉢を深くして植えること（深植え）は厳禁である。

うえき［植木］　庭園などに植栽するために，商品として栽培されている樹木のこと。あらかじめ，移植に耐えられるように根づくりをしたり，剪定(せんてい)をして樹形を整えるなどの手を加えられたもの。山野などから採取して，それを栽培していくものと，種をまいたり，挿木などをして，それを育てていく方法とがある。

うえこみ［植込み］　庭園などで，修景および実用目的（防風・防火・目隠しなど）で樹木の配されている一群の植

栽区域をいう。景づくりにあたってはその目的などにより樹木の配植をランダムな自然式にするか、列植などの整形式にするかを決める。また、樹木を植え付ける作業をいうこともある。

うえしば［植芝］ 日本芝および一部の西洋芝（バーミューダグラスなど）に行われる芝生づくりの方法。市販の芝苗などを利用し、ほぐして土を落としその匍匐茎（ほふく）を10〜15cmの長さに切って材料ごしらえをする。それを15〜20cm間隔に1/2程度茎を土中に埋めて押さえていく。他の方法より労力を要するが、少ない材料で広い面積の植付けが可能。全面一様な芝生になるまでには時間がかかる。

うえだめ［植溜め］ 造園業者または植木栽培業者が商品として植木などを植え込んでおく所。また、植木を仮植えしておく所。

うえつけ［植付け］ 樹木や草花を設計図その他に基づいて所定の場所に植えること。工程としては、樹木を例にとれば、①枝葉の剪定（せんてい）（不要枝、折れた枝、徒長枝（とちょうし）などを剪定し除去する）や切詰めを行う。②必要に応じて幹巻きを行う（植付け後に行う場合もある）。③掘り取りによる根の切り口の損傷した部分をなめらかになるように切直ししたり、腐朽防止剤などの塗布を行う。④植穴掘り（所定の大きさに掘る）。⑤底部に客土および必要に応じて遅効性肥料を（根に直接触れないように）入れる。⑥樹木の立込みをする。⑦埋戻し（根鉢の周りに掘り上げた土または土質の悪い所では新たに畑土などを用いて埋戻しする）。⑧水鉢を設ける（植穴の円周に沿う部分に盛土をして、根鉢上に水が溜まるようにする）。⑨支柱（控え木）を取り付ける。⑩仕上げ（周囲の整地、片付けなどを行う）。

うえつぶし［植潰し］ 修景上必要な背景あるいは目隠し、防風などの目的で、単一またはいろいろな種類の樹木をある程度密植して、一塊の緑に見せたり、または緑の壁のように植栽すること。おのおのの樹木の有機的なつながりを重視するのではなく、全体で目的にかなうように植栽する方法。

うえます［植桝］ 道路沿い、広場、建物回り、あるいは塀・階段・通路に沿って、樹木や草花を植え込むために、縁石（コンクリート製、自然石の切石など）、レンガ、自然石（玉石、ごろた）、などで区画された場所。または舗装されている一部をくり抜いた場所をいう。このほかに移動可能な形につくられた既製品（一般にプランターなどと称する）の桝もある。

うおだまり［魚溜り］ 浅い池で魚を飼育するとき、冬場の水温低下や外敵から保護するために、カメを生けたり、掘り下げて設けた深みのこと。

うきいし［浮石］ 岩島（がんとう）の一種で、丸みのある川石を浅い池や流れの中に配し、いかにも軽く水に浮いているように見せたもの。江戸時代以降に好まれた景といえる。

うぐいすがき［鶯垣］ 柴垣の一種で、クロモジの枝を用いるために、黒文字垣と同じものと考えてよい。この垣は上部の枝を自然な形で開かせるのが特色で、いかにも鶯が巣をかけそうだ、というところから名付けられたものと思われる。『石組園生八重垣伝』には、「鶯箔」として図が載せられている。→くろもじがき、しばがき、かき（写

［鶯垣］

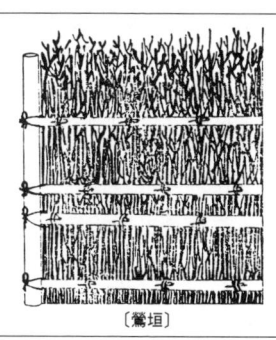

うけばな［請花］ 石造美術品などの細部名称で、仏像の蓮華座に見られるように、上向きの蓮弁を彫り出したものをいう。石燈籠の中台(ちゅうだい)下や宝珠(ほうじゅ)下に用いられることが多い。→いしどうろう(図)

うしごろし コヤスケなどの柄にする堅い木。材が堅くてねばりがあり、折れにくいので鎌の柄などに使われた。木を曲げて牛の鼻輪を作ったことからこの名がある。

うすいます［雨水桝］ 雨水を受ける排水桝。広い庭では、水勾配を設け、低所に桝を設けて外部に流出させるか、地中に浸透させてしまう方法がある。

うすがたちょうずばち［臼形手水鉢］ ⇒いしうすがたちょうずばち

うずまきしきいわぐみ［渦巻式石組］ 古式石組の一種で、中央に立石(りっせき)を立て、それを中心にして渦を巻くように五石以上の石を配した組み方。平面の曲線美と、立体的な大小の石の変化ある構成が見所で、高度な造形感覚が要求される。おもに室町時代庭園の一部に出現する。代表作は北畠神社庭園(室町・三重県)、旧玄成院庭園(室町・福井県)に見られる。なお、現代庭園に応用した作も知られている。

［渦巻式石組］

うずまさがたいしどうろう［太秦形石燈籠］ 古社寺燈籠の六角形に属するもので、京都太秦の広隆寺本坊にあり、鎌倉時代中期の作品。基礎の薄い反花(かえり)や大きな火袋、笠の軒反りなどに古式を示している。古来名物燈籠として書物にも記載されており、本歌(ほんか)として模刻も多い。ただし、請花(うけばな)と宝珠(ほうじゅ)は後補となっている。→いしどうろう(写真)

うちあわせいたがき［打合せ板垣］ 板垣の一種で、板の胴縁を渡して、そこに表裏から板を縦に打ち付けていくもの。この方式を「大和張り」といい、そこからこの板垣を「大和塀(やまと)」ともいっている。『石組園生八重垣伝』には「板垣打合」として図と解説がある。→やまとばり、かき(写真)

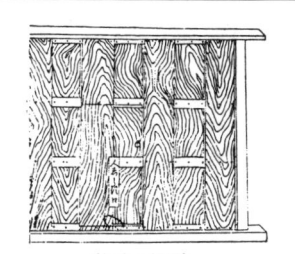

［打合せ板垣］

うちこしかけ［内腰掛］⇒こしかけまちあい

うちだにいし［内谷石］　阿波青石の一種で，かつて徳島県名西郡石井町の字内谷より産した板石。大きな板石が採れたので，近くの名園阿波国分寺庭園（桃山時代・徳島市）では，この石を用いた力強い巨石の石組が見られる。ただし，今日ではまったく採石されていない。

うちつくばい［内蹲踞］　蹲踞の一種で軒内(のきうち)の部分を壁などで囲んで，そこに造ったものをいう。おもに雪国で茶会を行うための設備で，雪や雨を防いで使用することが目的とされている。北陸地方の金沢などに例が多いが，雪国以外で造られる場合もある。→つくばい

うちっぱなしあげ［打放し仕上げ］　車庫の床などを仕上げるとき，コンクリートを打って，金ごてで仕上げたままのもの。他に犬走り，アプローチ，テラスの仕上げにも使われる。水が溜まらないように勾配をつけることに注意する。

うちろじ［内露地］　露地の全体構造をいったもので，二重に構成され外露地がある場合，茶席側の露地を内露地という。外露地とは通常，竹垣（おもに四つ目垣等）で仕切り，その一部に中門を設ける。内露地には入席の前に身心を清めるための手水鉢(ちょうずばち)が配され，また時には内腰掛が作られることもある。例は少ないが三重露地の場合は，内露地に続いて中露地が設けられる。→そとろじ，なかろじ

うつし［写し］　創作品の実物である本歌(ほんか)に対して，その意匠を同じように模したものをいう。

ウドンコびょう［―病］⇒巻末表(403頁)

うのくびむすび［鵜の首結び］⇒とっくりむすび

うま［馬］　高所で作業するための足場板などを渡す台のこと。トラックなどで大きな木の運搬をするときに，枝が道路につかないように，幹を支える台のこともいう。→こした(図)

うまのりめじ［馬乗り目地］　目地の種類の一つ。タイル張りやレンガ積み・大谷石積みなどで，上下（または左右）に目地が通らずに，食い違いを見せているもの。「破れ目地」ともいう。→しょうほせき(図)

うみ［海］　蹲踞(つくばい)の細部名称で，流しの部分の名称。→つくばい

うみいし［海石］⇒いそいし

うみじゃり［海砂利］　海から産出する砂利の総称。

うめがえのちょうずばち［梅ヶ枝手水鉢］　背の高い手水鉢の一部が枝のように突き出た形式のもの。この形では，見立物手水鉢と創作形手水鉢の双方に実例があり，見立物としては古墳にある石棺を用いたものがある。創作形としては，和歌山県の根来寺本坊にあるものがよく知られている。→ちょうずばち(写真)

うら［裏］　木や竹の根元を「元(もと)」というのに対し，先端部分を「うら，末(すえ)」と呼ぶ。唐竹の先の細い部分を「うらっぽ」と呼ぶのはこれによる。また，木の見栄えの良い面を「表」と呼ぶのに対して，「裏」は反対側のことを指す。

うらごめ［裏込め］　石積みや石垣の施工に際し，石の裏側に割栗石，砂利，生コンなどを詰めて，水はけをよくしたり，強度を増すこと。

うらにわ［裏庭］　主庭(しゅてい)に対していう裏側の庭の意であるが，主庭がおもに南側に作られるため，北庭を指すことが多い。しかし，中世の庭は北庭が主庭となることも多いので，その場合は裏庭とはいわないのが普通である。また一般的には，造形的な庭園がなくても家の裏側にある空間を指していうことが広く行われている。→しゅてい

うりざねがたいしどうろう［瓜実形石燈籠］　庭燈籠のうちの改造燈籠に属するもので，江戸時代初期頃の単制無縫塔(むほうとう)を改造して石燈籠に仕立てたもの。その塔身には，花頭窓を上下反対にした形の火袋が掘られており，その形が瓜の種に似ているところから「瓜実形」の名称が出た。→むほうとう，いしどうろう(写真)

うろこいし［鱗石］⇒うろこじき

うろこがき［鱗垣］⇒ななこがき

うろこじき［鱗敷き］　敷石の一種で，平面が魚の鱗のように見える敷き方。あるいは平面が三角形の切石を「鱗石」ともいい，これを用いたものを鱗敷きと称することもある。実例は少ない。

うわおおい［上被い］　木や石の養生のために，上にかける薦(こも)や筵(むしろ)，布を指す。夏場の日除け，幹かけ，冬場の霜除けを目的とする。

〔上おおい〕

うわぎ［上木］　樹木の配植にあたって高木(こうぼく)と中木(ちゅうぼく)・低木とによって構成する場合に，その樹冠を形づくる上層の高木類を指す。中段の景をなすものは中木，株ものなどの低木類を下木という。→したき

うわっぱち［上鉢］　木の根鉢の上の部分。掘り上げる前に，この部分の土を取る必要があり，これを「上鉢のかき取り」という。

うわば［上端］　石や垣根などの構築物の上の部分を指す。「天端(てんば)」と同意語。

え

えきひ［液肥］　水に溶かして施す肥料のこと。化成肥料以上に速効的で濃度が薄く一定であるため，多く施し過ぎても心配がない。土壌施肥用と葉面散布用がある。

えだおろし［枝下ろし］　比較的太い枝をその付け根から切り落とすこと，またはその作業をいう。おもに鋸(のこ)を用いて行うところから「鋸透かし」ともいう。一般的には数年以上放任されたもの，大きくなりすぎたもの，または庭木の移植時などに行われることが

多い。時期は、針葉樹・落葉樹では冬期から春の萌芽前までに、なおカエデなど一部の種類は、落葉後早い時期に行う。常緑樹では春四月の萌芽前に行うのがよい。作業で注意したいポイントは、鋸で上から一気に切らずに、はじめに枝の付け根より少し離れたところの下側に少し切れ目を入れてから、それより少し先のところで上から切り下ろすようにすること。その後再度付け根より残りの部分を切り落とすようにする。できれば切り口に保護剤を塗布するのが好ましい。

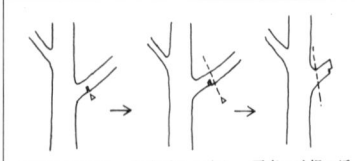

つけ根より少し上の下側に切り込みを入れる　切り込みの少し上のところから切断する　再度つけ根の近くで切断する

〔太い枝の切り方〕

えだした［枝下］　地面上から、主要な枝が最初に出ているところまで、または落葉樹などで幹の途中から分かれているところまでの高さのこと。門かぶりのマツやマキなどでは、この高さを指示することが必要である。

えだしん［枝心］　⇒しん

えだすかし［枝透かし］　樹木の枝が密生することによる樹形の乱れや、枝枯れをなくすために、密生した枝を鋸（のこ）によって切り落とし、美しい姿に整えることをいう。ふところ枝を切り落とす場合、「ふところ透かし」などともいう。

えだね［枝根］　⇒そっこん

えだはみつど［枝葉密度］　枝と葉がよく密生して茂っている割合。

えだばり［枝張り］　樹木の幹を中心として、放射状に展開される枝の先端を地面に垂直に下ろして投影された輪郭線のこと。一般には、樹木の枝葉によって形づくられる樹冠線の横幅の平均直径を指し、徒長枝（とちょうし）などの樹冠から飛び出した部分は含めない。なお、仕立てものなどで一部の枝を長く伸ばしたものでは、長径と短径で示す場合がある。「葉張り」ともいう。

えだぶり［枝振り］　樹木の形は枝の様子によって成り立ち、方向や曲がりなどの様子、姿などを総称して枝振りという。庭木では一般的に、「枝振りがよい」ということがほめ言葉となっている。

えだめ［枝芽］　樹木の幹や枝、あるいは竹の桿（かん）から、新しい芽が出て枝になる部分をいう。

FH［floor height］　基準となる地盤面、または基準面から床上面、または設計地盤面までの高さを示す数字の前に付される。➡じばんだか、きじゅんめん

FL　①floor level の略。床面の高さを示す数字の前に付される。②formation level の略。⇒せこうきめんだか

えもちいし［江持石］　⇒すががわいし

えん［苑］　庭園を意味する文字の一つで、囲いを設けてその中に禽獣を養う地の意から、草木を植える畑や庭を指すようになった。後には「園」とほとんど同意として用いられており、苑地は園地と同じことである。ただし、古く中国では苑と同じ意味として「囿（ゆう）」が多く使われていた。奈良・平安時代には、庭園名として苑字が多く用いられており、平安初期の禁園神泉苑（京都市）などはその好例である。➡えん（園）、ゆう

えん［園］広く庭園を示す文字であるが、本来の意味は囲いの中に果物等を植えた土地を示すものであった。後には、草花や野菜を栽培する地となり、さらには広い別荘などの庭を意味するようになる。奈良時代には、皇室の庭に対して禁園の文字も用いられている。→えん（苑）

えんぎぼく［縁起木］古来より庭園内に植えておくと幸福などをもたらすと言い伝えられている樹木のこと。長寿を祝うものとしてマツ、タケ、ウメ、多幸はモモノキ、出世はエンジュ、家運や子孫繁栄が代々続くことを願うものとしてユズリハ、カシワ、ダイダイなど、難を転ずるという語呂からナンテン、金運を願うものにマンリョウ、センリョウ、キンカンなどがある。→ずいしょうぼく

えんぎり［縁切り］石張り、タイル張り、石積みなどを、乱張り、乱積みとするときの目地の付け方で、目地の一部を一定の位置で直線的に区切る方法。そこからまた続けて乱れ形式の目地とする。

えんさきちょうずばち［縁先手水鉢］建物の縁先に用いる手水鉢の総称で、歴史は最も古く、鎌倉時代頃から使用されていた。古くは木製の台上に、桶などを置いたものが多く、実用的な手洗いとして用いられていたが、桃山時代以降、茶の湯の流行とともに、書院式茶席の必需品ともなった。近世のものは大部分が石製で、背の高い手水鉢を用いるものと、高い石の台の上に低い手水鉢を乗せて使う場合とがある。江戸中期頃からは役石も定められるようになり、それには清浄石（ちょうせき）、覗石（のぞきいし）、水汲石、水揚石、蟄石（かがみいし）などがある。俗にこの構成を「鉢前」ともいっているが、本来は誤りである。→はちまえ、ちょうずばち（写真）

〔縁先手水鉢〕

えんざんせき［遠山石］水墨山水画式庭園において、築山（つきやま）の背後や滝の後方に景として組まれる石で、その名のように遠景の山を表現したもの。山形石や立石（りゅうせき）が用いられることが多く、一石だけの例が一般的だが、なかには二石以上を組んだ例もある。この石によって庭に奥行を見せる効果があり、特に滝石組においては役石のように扱われることが多い。

〔遠山石〕

えんざんみかげ［塩山御影］⇒こうし

えんすいけい［円錐形］ 樹形の樹冠を言ったもので，刈込みなどの剪定（せんてい）で樹形を円錐形に仕立てる物としてはヒバ，イチイ，マキなどがある。自然樹形ではヒマラヤスギ，ヒノキなど。

えんせいしゅくがたちょうずばち［円星宿形手水鉢］ 創作形手水鉢の一種で，円柱形手水鉢の側面に「星」の文字を彫ったもの。『築山庭造伝後編』に図があり，そこでは「えんしょうしゅく」と読ませている。→ちょうずばち

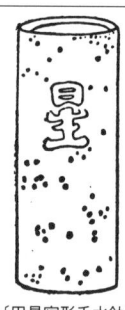

〔円星宿形手水鉢〕

えんせき［縁石］ 敷石やたたきなどの縁に一定幅で用いられる石で，多くは切石とされる。公園などではコンクリート製のものも使われる。「ふちいし」，また「耳石」ということもある。

えんそう［円窓］ 石燈籠の細部名称で火袋（ひぶくろ）に穿（うが）たれた円い穴をいう。一種の空気取入口であるが，景としても重視されており，江戸時代頃からはこれを太陽の表現と見て，三日月形の窓と組み合わせ，日月の窓とすることも行われだした。別に「まるまど」という場合もある。→いしどうろう（図），ひまど

エンタシス［entasis］ 本来はギリシア

〔円窓〕

やローマの古代神殿の柱などに用いられている独特の胴張りのことをいう。しかし庭園関係では，柱にある膨らみを総称している。石燈籠の竿などにこの胴張りを見せるものがある。

えんち［園池］ 池泉を指す語であるが，狭い池ではなく，かなり広い池を総称していう。平安時代を中心に多数作庭された皇室や貴族，または大寺院の庭園は，広い池に船を浮かべて楽しんだ池泉舟遊式の様式であって，このような池泉こそ園池というにふさわしい。なお「苑池」と記されることも多い。→ちせんしゅうゆうしき

えんちゅうがたちょうずばち［円柱形手水鉢］ 全体が円柱形を成す手水鉢の総称。橋脚や鳥居の柱を流用したものも多い。

えんちゅうけい［円柱形］ 樹木を刈込みなどで人工的に円柱形に仕立てた樹冠を言う。チャボヒバなどによく見られる。

えんてい［園亭］ 広い意味では，庭園内にある建物のことであるが，おもに小亭や四阿（あずまや）を指す語と考えてよい。→あずまや

エンピ ⇒ショベル

えんや［園冶］ 中国庭園の作庭法について詳記された，最も古く完備された書物で，明代末期の崇禎7年（1634），蘇州呉江同里の人，計成（字無否）の編著である。初め『園牧』とし，後に『園冶』と改められたが，また別名を『奪天工(だつてんこう)』とも『木経全書』とも称された。同書は3巻よりなり，当時中国江南地方で行われていた作庭法を実に細かく記載しており，現存する庭園の研究には不可欠の書とされている。図解も多く，特に園林建築について詳しく筆記しているのはいかにも中国らしい。なお，同書は中国で発禁本となった歴史があり，古い写本は日本に伝えられたものが残されているのみという。

えんゆう［園囿］ 古く庭園を意味する言葉として用いられたもので，園と囿とを結合させた語。別に「苑囿」と書かれることも多かった。→えん，ゆう

えんりん［園林］ 庭園の別称で，特に中国において用いられている語。

えんりんけんちく［園林建築］ 中国庭園において，住居部分とは別に，庭園内に多く配される建築群をいう。亭台楼閣のほかに，堂，館，屋，房，軒，榭(しゃ)，斎などと称する建物がある。また，それらを結ぶ廊の景にも特色がある。中国庭園の美の要素として，なくてはならぬ存在となっている。

〔園林建築〕

えんろ［園路］ 庭園や公園などに用いられる通路の総称で，おもに回遊式庭園に対していわれることが多い。敷石路や飛石路とされるのが普通だが，砂敷き，砂利敷きや土のままの園路もある。別に「苑路」と記すこともある。

お

おあいがたいしどうろう［御間形石燈籠］ 古社寺燈籠の四角形に属するもので，今は奈良春日大社の宝物館入口に立てられている。基礎は側面に，龍，孔雀，鹿の文様を彫り，上には美しい反花(かえりばな)がある。竿は長い方柱で，一面に鎌倉時代元亨三年(1323)の銘を刻んでいる。中台(ちゅうだい)は側面を2区に分けて走獅子(はししし)を彫っており，請花(うけばな)も美しい。火袋は木製の後補であるが，上の笠以上もよく保存されている。元，同社内の御間道に立てられていたところから，「御間形」の名が出た。→いしどうろう（写真）

おいぼり［追い掘り］ 根を切られることを嫌う樹種に行われる掘り取りの方法。放射状に伸びている根をなるべく傷めないように，先端まで掘り進めて

(フジなどのように長く伸びるものはできるだけ長く掘り取り）掘り上げる。なお，このとき根が乾燥しないように，こもや水ごけなどで巻いて保護しておくことが肝要である。ミカン類，ジンチョウゲ，フジなどの移植の際に行われる。

おうぎがき［扇垣］ 竹垣の一種で，組子を扇のように開いた形に取り付ける垣の総称。短い隙間などをふさぐために用いられることが多い。→かき（写真）

おうぎだち［扇立ち］ 樹木の幹枝が根元から扇の骨のように数本立ち上がった形のものをいう。

おうみもんよう［近江文様］ 石造美術品にみられる地方色で，滋賀県を中心として行われている特色ある文様。孔雀（くじゃく）文様，三茎蓮華（れんげ），開蓮華（かいれんげ），散蓮華などが代表的な文様であり，石塔などの細部に表現されることが多い。

おおいそじゃり［大磯砂利］ かつて，神奈川県大磯付近の海岸から産した小粒の砂利であったが，今日では採石されていない。黒いものと青黒いものとがあり，黒に近いほど品質が高かった。現在では似たものが同名で販売されていることがあるが，輸入品もある。化粧の砂敷きとして関東方面で多く使われたほか，洗い出し用としても広く用いられた。

おおうらがき［大裏垣］ ⇒しおりがき

おおがね［大矩］ 現場用の器具の一つ。遣方（やりかた）や縄張りなどを行うときに，水糸や縄を直角に張るために用いる大きな直角三角定規（大定規ともいう）のこと。多くは現場で貫用板材（小幅板で厚さ13～15 mm，幅90 mm 内外）などを使い，三辺の比を3：4：5にすることにより作っている。

おおかりこみ［大刈込み］ 刈込み手法の一つで，樹木を大きく一定の造形に刈り込んだもの。桃山時代頃から用いられたものと考えられているが，確立的ではない。基本的に古いものは保存されていないので，現存するどの庭園のものが古いかは明らかではないが，大刈込みの実例としてよく知られているものに，頼久寺（らいきゅうじ）庭園（江戸初・高梁市），修学院離宮庭園（江戸初・京都市），大池寺庭園（江戸中・滋賀県）等がある。樹種としては，サツキ，ツツジ類が中心だが，イヌツゲ，マキ，ツバキ，サザンカ等も使われている。形式としては，大波刈込み，波刈込み，段刈込み，山刈込み，籠刈込み，平刈込み等がある。→かりこみ

おおくずし［大崩し］ ⇒あられくずし

おおずかし［大透かし］ 樹木の手入れ方法の一つで，太い枝を鋸（のこ）で枝元から切り，枝振りを大まかに整える方法。

おおだこ［大蛸］ ⇒たこ

おおたまいし［大玉石］ 玉石の大振りのもの。重く人力では持てないものも少なくない。

おおつがき［大津垣］ 竹垣の一種で，構造的には網代（あじろ）垣の一形式といえる。細割竹や通常の山割竹を立子として，数段に渡した胴縁に交互に差し込んでいき，上部に玉縁（たまぶち）を掛けたもの。『石組園生八重垣伝』にも図とともに解説されているが，そこでは別名を「朝鮮馬行（ばこう）」または「組垣根」ともいうように主張されている。これと同じ構造で胴縁や立子に篠竹を使ったものもあるが，これは網代垣とすべ

〔大刈込み〕

きであろう。→かき(写真)

おおとび［大飛］　飛石の大きさをいったもので，特別に大ぶりの飛石や，それを打った状態をいう。

オーバーフロー［overflow］　池の水位を保つため，必要以上に増加した水を池の外に流し出す排水口。池の縁より少し下げた位置に設ける。

おおまがり［大曲り］　飛石の打ち方の一種で，広い空間に多数の石を大きく曲線を見せて打つもの。

おおみやのめじんじゃいしどうろう［大宮売神社石燈籠］　古社寺燈籠の八角形に属するもので，山城丹後形式の代表作。京都府中郡の大宮売神社に2基が保存されており，拝殿前向かって右のものには，徳治二年(1307)の銘文がある。左のものは無銘ながら，やや古式と考えられる。基礎上の反花(なげり)を段の上に彫り，太めの竿には連珠文を入れ，中台(ちゅうだい)下に大きな請花(うけばな)を見せる。火袋は八角の大面取り式で，四面火口とされ，笠を山形の高いものとするなど，この系統の特色をよく伝えている。→いしどうろう(写真)

おおやいし［大谷石］　凝灰岩の一種で栃木県宇都宮市大谷町から産する。地表面とそれに近い所にある石には硬度があるが，地中深くから切り出したものは特に軟質で風化が早い。以前は石塀や土留めなどとして多用されていたが，最近ではあまり使われなくなった。地元では硬い花崗岩などを「男石」というのに対して，大谷石を「女石」ということもある。

おかついし［雄勝石］　⇒げんしょうせき

おきどうろう［置燈籠］　庭燈籠の分類名称で，基礎と竿がなく，中台(ちゅうだい)以上を直接庭石などの台の上に乗せて使う燈籠の総称。したがって，特に小型のものが多く，一部には火袋以上だ

けの作もある。岬形, 寸松庵(すんしょうあん)形, 三光形などがその代表例。→いしどうろう(写真)

〔置燈籠〕

おくにわ [奥庭] 広い屋敷などの場合庭がいくつも造られるので, 主庭(しゅてい)のさらに奥にある庭をこう称することがある。この名称は庭の方位に関係なくいわれるのが普通であり, 裏庭とは異なった表現と考えてよい。

おさまり [納まり] 形や大きさ, 合端(あいば), 仕口などがきれいにいってる仕事の仕上がり具合をいう。「納まりが良い, 悪い」などと使う。

おしがく [押角] 小径の丸太を角(四隅)に丸味を残して製材した角材のことで, 一般に正方形を想定した場合の一辺が12 cm以下のもの。「押し杣角(おしそまがく)」, あるいは「端太角(ばたがく)」などともいう。

おしそまがく [押杣角] ⇒おしがく

おしぶち [押縁] 竹垣の細部名称で, 垣の表面に渡して立子や組子などを押さえる竹をいう。通常は胴縁の位置に表裏から渡して染縄でしっかりと結びとめるが, 垣によっては胴縁のない部分に掛ける場合もある。垣のバランスをとる目的もあって, 造形的にも重要な存在となる。丸竹を半割りにしたものを用いる例が最も多いが, 唐(から)竹, 篠竹, 晒(さらし)竹などをそのまま渡すこともある。親柱から親柱へ横に渡すのが普通であるが, 垣によっては御簾(みす)垣や桂垣のように縦押縁とされる例もある。また例は少ないが, 袖垣などの場合, クロモジや藤蔓(ふじづる)などを束ねたものを押縁とすることもある。

〔押縁〕

おすいます [汚水枡] 汚水を流す専用の排水枡。→はいすいます

おとこむすび [男結び] ⇒いぼむすび

おとしいし [落石] 茶席躙口(にじりぐち)前の軒内(のきうち)に打たれる三石の役石のうち, 躙口下に据える踏石の次に一段落として打つ中間の石をいう。その次の乗石よりは必ず高く打たなければならない。別に, 「二番石」「二の石」などともいう。また, 「おちいし」と読む場合もある。

おとしづみ [落し積み] 下の縦目地を上に積んだ石の突角が突く形になる積

み方。誤積みの一つ。

おの［斧］　丸太を割る道具。大型のものは鉞($\substack{まさ\\かり}$)という。

オフセット［offset］「支距」ともいい，求めたい建物や地形の各点から，基準となる線（基線，測線）に対して垂直あるいは直角に下ろした線のこと。またはその線の距離をいう。なお直角ではなく基線上にとった任意の点まで斜めに下ろす場合があるが，これは「斜めオフセット」と呼ぶ。

オフセットそくりょう［―測量］offset method, offset survey　基準となる線（基線，測線）の起点から，求める建物の角（地物点）などに出したオフセットまでの距離と，オフセットの長さによって位置を決める測定方法。オフセットはおおかた基線に対して垂直にとるが，場所により斜め（斜めオフセット）にとることもある。「支距測量」ともいう。

おもいし［主石］⇒しゅせき

おやばしら［親柱］　竹垣の構造を支える太い柱で，多くの場合，垣の両側に立て，その間に数段に胴縁を渡す。また，押縁(ぶち)もこの柱で止めるので，別に「留柱」あるいは「力柱」ということもある。腐りにくいクリ材やヒノキ材を使うのが原則であるが，現在では垣によってはパイプなども用いられている。なお，親柱は保存とともに美しく見せるために，表面を焼いた焼丸太とすることが多い。

おりつくばい［降蹲踞］　蹲踞の一種で地面を掘り下げて低い位置に構成したもの。排水に便利であるとともに，低い所に下りて使うのが，清水を汲むような風情として愛されたものである。

おりべどうろう［織部燈籠］　生込み燈籠の代表作。古田織部の作とされるが，現存最古のものには慶長20年(1615)の銘がある。基本的には四角形の燈籠で，最大の特色は竿の上部が左右にまるく張り出していることであり，この点から五輪卒塔婆($\substack{そとば}$)の形を取り入れて創作されたと考えられている。古いものは竿の膨らみが美しい曲線を見せ，他に彫刻はないが，後になって竿の下に地蔵のような姿が彫られ，上には文字のような文様が入るようになった。中台($\substack{ちゅう\\だい}$)以上では，笠が草葺きのような起(む)り屋根となり，宝珠($\substack{ほう\\じゅ}$)

［オフセット測量］

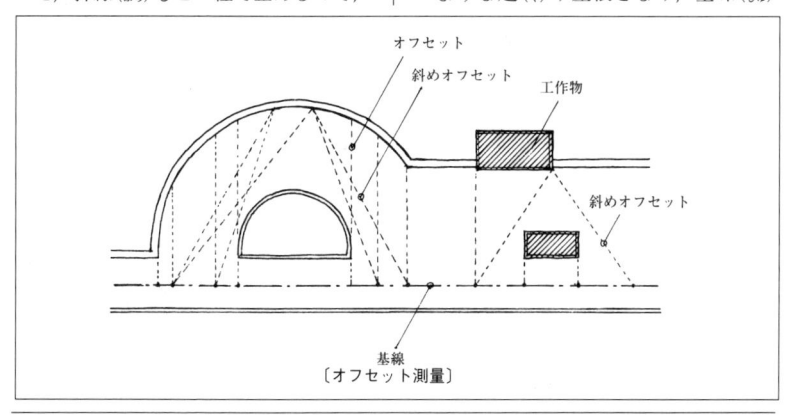

が筒形に近いものになっている。俗に「キリシタン燈籠」などと言われるが、まったく誤った名称で、キリシタンとは無関係である。→いしどうろう（写真）

おれいごえ［御礼肥］　秋肥の一種で、果樹などを収穫した後に感謝を込めて行う施肥のこと。施用量は少なめで、窒素肥料を主として施し、緩効性肥料や有機質を主体にした肥料を用いる。

おれくぎ［折釘］　通常の折釘は、茶室建築などの細部に用いられる鍵形の釘のことであるが、竹垣では普通の釘をペンチなどで折り曲げて柱に打ち、縄からげの起点とすることがある。

か

ガーデニング［gardening］　広く園芸をさす。公園、家庭で草花を育成したり楽しんだりすることを総称してガーデニングと呼ぶが、草花を中心にした庭造りの意にも使われている。

ガーデンオーナメント［garden ornament］　⇒ていえんちょうこく

ガーデンテラス［garden terrace］　⇒テラス

ガーデンファニチュア［garden furniture］　庭園家具。庭を戸外の部屋として利用し楽しむためのもので、これらを置くことにより庭の一隅が憩いの場となる。テーブル、イス、野外炉、ベンチなど、実用を兼ねた添景物。石材、鋳物、コンクリート、木材などを素材とする。

ガーデンライト［garden light］　昼間の庭に対して、夜の庭を楽しむには照明の役割が大きい。器具は多くのデザインのものがあるが、大切なのは個々の器具をいかに組み合わせて、庭の構成をライトアップするかにある。

カート［cart］　運搬車。作業現場で使う二輪のついた台車。重量物の運搬に便利。四輪のものもある。→いちりんしゃ

かいがたちょうずばち［貝形手水鉢］　自然石手水鉢の一種で、全体が三角形をなし、また水穴もほぼ同じような形となったものをいう。これにも、実際の貝のように薄いものと、背は高くても上部の平面が三角となっているものとがある。京都市の勧修寺にあるものが名高い。→ちょうずばち（写真）

かいきょ［開渠］　⇒かいきょはいすい

かいきょはいすい［開渠排水］　側溝などの上部に蓋を設けず、雨水などが流入するように造られる排水。これに対するのが「暗渠」である。→あんきょ

がいじゅひ［外樹皮］　樹木の外側を覆っている表皮の別称。

かいずかからげ　⇒からげしゅほう

かいせき［怪石］　変化に富んだ形をした石や、霊力があると信じられている石などをいう。「奇岩怪石」と表現されることが多く、太湖石(たいこせき)などはその代表的なもの。

かいぞうどうろう［改造燈籠］　庭燈籠の分類名称で、他の石造品をほとんどそのまま利用し、改造して火袋を設けたものをいう。最も多いのは石幢(せきどう)

の塔身を改造して火袋としたものであるが，珍しいものでは無縫塔に火袋を掘った瓜実形（うりざねがた）石燈籠がある。

がいちゅう［害虫］ 樹木の枝や葉を食し，被害を及ぼす虫。被害部位による分類と害虫の口器による分類とに分けられる。被害部位には地上部と地下部に大別できる。おもな害虫はアブラムシ，カイガラムシ，ハダニ，ハマキムシ，カミキリムシなど。→巻末表(405頁)

かいつくり［貝作り］ 庭木の仕立て方の一種。枝の先に薄く貝を伏せたように葉を付ける仕立て方で，全体は半円形となるので，玉作りの一種に入る。チャボヒバの類に仕立てることが多い。イヌツゲ，キャラボク，ラカンマキなどにも見られる。→たまつくり

かいつめ［飼詰］ ころを使って樹や石を運搬するとき，後退するのを防ぐために丸太や角材を使うこと。

かいもの［飼物］ 石や樹木を仮置きしたり，据え付けるとき，それらを安定させるためにかませる丸太や角材，石などを指す。

かいゆうしきていえん［回遊式庭園］ ⇒ちせんかいゆうしき

がいろじゅ［街路樹］ 道路沿いに列植される樹木の総称。都市に美観を添えると同時に，夏に木陰を作る効果があり，すでに奈良時代から用いられていた。

かえりばな［反花］ 石造美術品などの細部名称で，蓮弁が下に反りかえった形を彫り出したものをいう。石塔類の基礎に多く用いられており，特に石燈籠や宝篋印塔（ほうきょういんとう）の基礎には用例が多い。→いしどうろう（図）

かがくひりょう［化学肥料］ 19世紀の

〔かえりばな〕

中頃，化学工場で作られたのが始まりで，その後化学の進歩で多くの種類の化学肥料が作られている。窒素質，リン酸質，カリ質，石灰質肥料などの単肥と，複合肥料がある。日本は世界でも第一級の多肥農業国である。

かがみいし［蟄石］ 縁先手水鉢（えんさきちょうずばち）に対して組まれる役石の一つで，江戸中期頃から用いられるようになった。背の高い手水鉢に配するのが基本で，鉢の手前の縁下に横石として組む。落とした水が縁下へはねて入らないようにする目的があり，一名を「水返し石」ともいう。『築山庭造伝後編』によれば，縁下にかがんでいる石といった意味の命名で，青石の板石状のものを用いるのがよいとされている。

かがり 樹木の移植に際し，根鉢の土が落ちないように，根鉢の上下に縄巻きをすること。→あげまき

かき［垣］ 何かの周囲にめぐらして仕切ったり，囲ったりする構造物の総称。広い意味では，塀なども垣の一種である。用いられる素材により，石垣，板

かき

足下垣　　　網干垣

扇垣　　　桂垣

金閣寺垣　　　銀閣寺垣

黒文字垣　　　建仁寺垣

〔垣①〕

かき

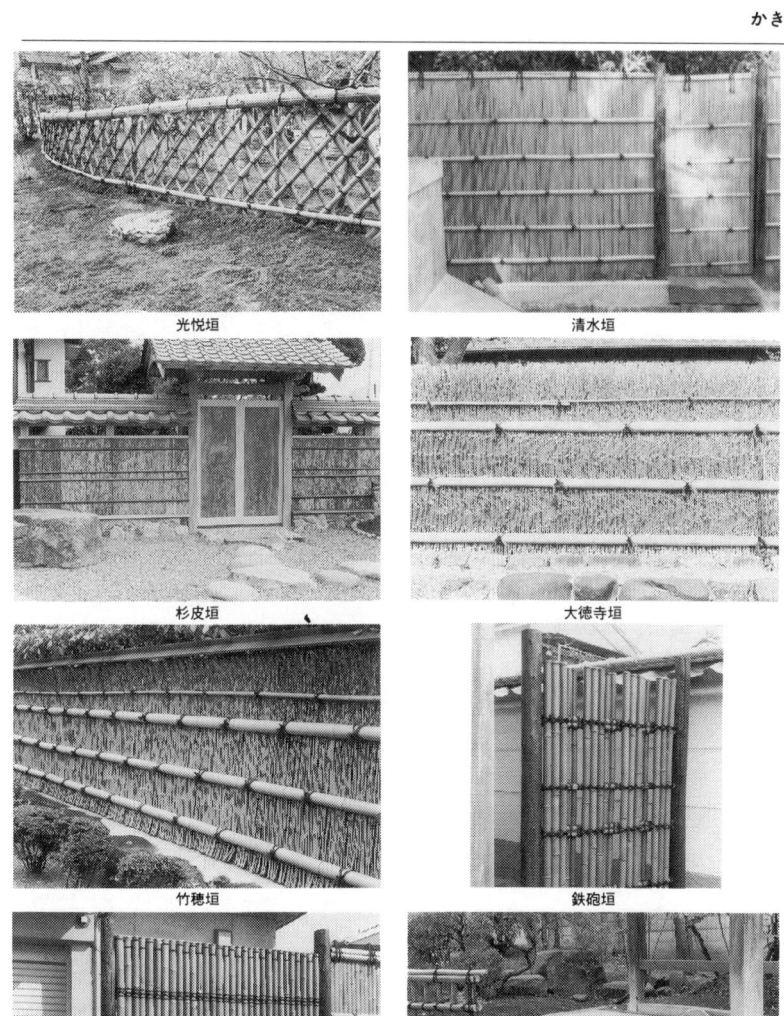

光悦垣 清水垣

杉皮垣 大徳寺垣

竹穂垣 鉄砲垣

木賊垣 魚子垣

〔垣②〕

かき

南禅寺垣

蓑垣

御簾垣

矢来垣

四つ目垣

鎧垣

龍安寺垣

〔垣③〕

垣，竹垣，生垣（いけがき）などの区別があり，また堀に水をめぐらしたものを水垣ともいった。江戸時代からそれ以前には，牆，墻，屛，籬の文字も「カキ」と読ませている。垣根も同じような意であるが，今日では生垣や竹垣を表すことが多い。

かきいた［笄板］　庭仕事で仕上げのときなどに使う，長さ25〜30 cm，幅10 cm位の台形の板片。地ならしや，土や砂を叩きならしたり，土粒をつぶすのに用いる。また，石や飛石のまわりをきれいに縁取りをしてならしたり，灌木類の植込みの中をならし美しくする。別名「こうがいいた」ともいう。

かきせんてい［夏期剪定］　6〜8月に行う手入れで，暖地を好む常緑広葉樹はこの時期に剪定するのが望ましい。強い剪定は避けて，何回か目的に合わせて軽く行うようにする。また，この時期は多くの花木が花芽分化期になることを考え剪定する。落葉樹は樹形を整えるくらいで軽く行う。→とうきせんてい

かきつけ［搔き付け］　竹垣の工程作業の一つで，建仁寺（けんにんじ）垣などを造る時，親柱側から一本の縄で胴縁に立子を次々とからげ付け，固定してゆく方法をいう。結び止めるのではなく，簡単に仮止めのようにするのが特色といえる。

かきどめのき［垣留の木］　江戸時代に著された作庭書『築山庭造伝前編の下』に記されている役木（やくぼく）の一つ。袖垣や仕切り垣の一端の柱（親柱）近くに，それに添えるかのように植えられる樹木をいい，使い方によって景が生きてくる。ウメ，ザクロ，サルスベリ，ナツツバキなどが一般的である。なお，ウメを植えた場合には「袖が香」（上記書に記載）と特別に呼んでいる。

かきね［垣根］⇒かき

がぎゅうがき［臥牛垣］⇒こうえつがき

かくいし［角石］　①形からの石の分類名称の一つで，方形をした石の総称。②石材の規格の一つで，横断面の幅が厚さの3倍未満，一定の長さをもつ直方体につくられた石材をいう。仕様では厚さ×幅の寸法で表される。12×15 cm，15×18 cm，15×21 cm，15×24 cm，15×30 cm，18×30 cmなどの種類があり，長さは91 cm内外のものが普通である。

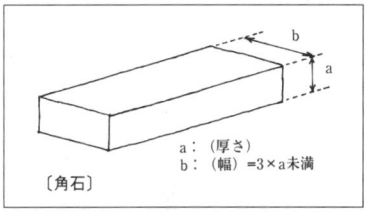

a：（厚さ）
b：（幅）=3×a未満
〔角石〕

かくしゅせき［鶴首石］　鶴島や鶴石組において，鶴の長い首を象徴して組まれる石。

〔鶴首石〕

かくそくりょう［角測量］⇒トランシットそくりょう

がくみいし［額見石］内露地に据える役

石の一つで，客が席名を記した茶席の扁額を眺めるのに最適な位置に，飛石に続けて大ぶりの石を打ったもの。席名やその書体，筆者等を確かめるのは客の礼儀とされる。同じ役石である物見石と共用されている場合もある。→ものみいし

かくやらい［角矢来］ ⇒やらい

かぐらさん［神楽桟］木製の巻上げ機。太い柱を軸とし，これに綱を巻き，2〜4人の人力によって軸を回し軸にロープを巻き付けながら，木や石の重量物をゆっくりと引く装置。海岸では舟などを浜に引き上げるのに使う。

かけどい［掛樋］ ⇒かけひ

かけひ［筧］竹や木材を用いて手水鉢（ちょうずばち）などに水を引く装置をいう。本来は，川の流れや山中の涌水などを庭中に引く長い樋であって，「掛樋」，「懸樋」などとも称した。今日では，水道や井戸の水を用いるのが普通であり，おもに竹を使用して水を引く例が多い。直角に曲がる部分に丸太や角材を用いた駒頭というものを造り，そこに細い竹を差し込むような形式の筧もよく見られる。

［かけひ］

かけや［掛矢］大型の木槌（きづち）。丸太や杭を地中に打ち込むときに使う。カシなどの堅い木で作られている。

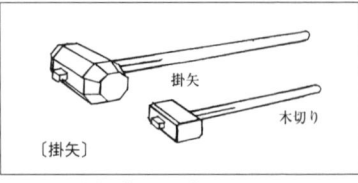

［掛矢］

かこいがき［囲い垣］垣根を用法から分類した名称で，敷地などを囲うように造るものをいう。おもに竹垣についていうが，その種類は問わない。仕切り垣に対していう用語である。→しきりがき

かこうがん［花崗岩］火成岩の一種の深成岩を代表する石で，石英，長石，雲母（うんも）などを含み，白色に黒い点の混じった石。通常は硬度が大であるが，種類によっては軟質の石もある。一般に御影石として知られるのは，兵庫県神戸市御影町から良質の石が産したことによる。全国各地から産し，それぞれの地域の名称をとって呼ばれる。石質によって白系，薄茶系，薄紅色系，黒系などがある。加工石材として用途が広く，石造美術品の多くは花崗岩で造られた。庭石としても広く使われているが，立石（たていし）として使えるものはかなり少ない。庵治石（あじ），万成石（まんなり），摂津御影，伊勢御影，稲田御影など，種類は特に多い。

かさ［笠］石造美術品の細部名称で，屋根に当たる部分をいう。石仏などを除けば，多くの石塔類にこの笠が用いられている。→いしどうろう（図）

かさいし［笠石］通常は切石積みの最上部に用いる石や，石塀の上部に用いる石をいう。別に石燈籠の笠を，この

ように表現することが石屋などで行われている。

かさがたちょうずばち［笠形手水鉢］見立物手水鉢の分類名称の一つで、石塔類の笠を利用して手水鉢としたものの総称。必ず裏返しにして水穴を掘るのが特色となっている。使われるのは、五輪塔、宝塔、宝篋印塔(ほうきょういんとう)、層塔、石燈籠などの笠である。→ちょうずばち(写真)

かさぎ［笠木］構造物の最上部に用いられる横木の総称で、板塀の上に渡すような例がある。また、竹垣の笠竹を笠木と称する場合もあるが、正しい名称とはいえない。→かさだけ

かさだけ［笠竹］竹垣の細部名称で、上部に割竹による玉縁(たまぶち)を用いる垣の場合、その最上部にかぶせる割竹をいう。これを笠木という場合もある。また地方によっては、「雨蓋(あまぶた)」「がんぶり」などということもある。→かさぎ

かさとうば［笠塔婆］石塔の一種で、方形の基礎に、方柱形の長い塔身を差し込み、その上部に平面長方形の屋根をかけ、宝珠を乗せた形の塔婆。塔身の表面に仏像、梵字(ぼん)、経文、裏に年号や寄進者などを刻むものが多い。

かさなりえだ［重なり枝］樹木の剪定(せんてい)用語で、同じ方向に枝が上下に重なって出ていること。見た目にも、また将来的にもよくないので、どちらかを剪定する。→せんてい(図)

かさねいし［重ね石］石積みの中で、上下に同じサイズの石を積み重ねた状態。誤積みの一つ。

かぜよけ［風除け］⇒かざよけしちゅう

かざよけしちゅう［風除け支柱］植栽や移植の際に、強風によって樹木が傾倒しないように施される支えのこと。取付けの形式により、八ツ掛け、鳥居、布掛け、添え柱などがある。単に「風除け」ともいう。

かざりいし［飾り石］庭園中に石組として用いるのではなく、単独の一石の形やその稀少価値を好んで飾る石をいう。趣味的要素の濃いもの。

かざりせっちん［荘り雪隠、飾り雪隠］⇒すなせっちん

かざりちょうずばち［飾り手水鉢］おもに縁先(えんさき)手水鉢において、実用を主とせず、ほとんど書院に対する飾りとして用いられている手水鉢構成の総称。「飾り鉢」、「飾り手水石組」ともいい、『築山庭造伝後編』や『石組園生八重垣伝』に記載されている。

かざりむすび［飾り結び］竹垣などに用いられる染縄による縄掛けをいう。通常は、いぼ結びなどの基本的な結びをベースとして様々な結び方があり、それを総称して飾り結びという。最も

〔飾り結び〕

多く用いられるのは、玉縁(たまぶち)の飾り結びであろう。

かさん [仮山] ⇒つきやま

かざんじゃり [火山砂利] 火山の噴火により生じた多孔質で軽量の砂利のこと。軽量コンクリートの骨材として用いられるほか、造園・庭園では、おもに化粧用敷砂利や人工地盤上の植栽土壌の排水をよくするため、その最下層に敷き詰めるなどの利用がある。

かざんずな [火山砂] 火山砂利と同じ成因で生じた砂で、軽量コンクリートの細骨材として用いられる。

かじゅじがたいしどうろう [勧修寺形石燈籠] 庭燈籠のうちの変形燈籠に属するものであり、京都市の勧修寺客殿前の庭にある。平らな方形の基礎に大きな角穴を穿(うが)った薄い方形の竿を立て、そこに長方形の平たい中台(ちゅうだい)を乗せる。火袋も長方形で四面を火口とし、その上の笠は編笠門の屋根のような起(むく)りを持った大きなものとなっている。請花(うけばな)、宝珠(ほうじゅ)もつぶれたような特殊なものとなっており、その形式から見て江戸時代後期の作と思われる。→いしどうろう(写真)

かじょ [花序] ⇒巻末図(369頁)

かしょく [仮植] 移植の樹木を、設計図などに基づく位置ではなく、一時的に敷地内の別の場所や敷地外の適切な場所に植えること、または植えておくこと。期間に特に決まりはないが、一般的には長くて1〜2年程度である。家を建てるときや庭の模様替えなどで支障の出る樹木を、工事の諸事情(材料の積置き、足場、その他)により所定の位置に植えられない場合に行うことが多い。また植栽工事の際に、搬入された樹木を、天候や別の工事などの都合で当日に植えられない場合に、根鉢の乾燥を防ぐ目的で適切な場所に穴を掘り、根鉢を埋めておくことも仮植である。「かりうえ」とも読む。→いしょく

かすがどうろう [春日燈籠] 六角形石燈籠の総称として一般に用いられているが、本来は春日大社祓戸社の前にある祓戸形(はらいどがた)石燈籠から出た名称と思われる。この燈籠火袋には、牡牝の鹿の彫刻があり、そこから春日形といわれるようになったものであろう。→はらいどがたいしどうろう

カスケード [cascade] イタリア式庭園に多く見られる階段状の滝。傾斜地を利用して多く造られるイタリア式庭園において、壁泉(へきせん)、噴水、水盤などとともに、水の動きや景観は建築、彫刻と一体となって躍動感のある庭を構成している。水の装飾、水の演出が感じられる。

かせいひりょう [化成肥料] 無機質の原料に化学操作を加えて製造したもので、窒素、リン酸、カリのいずれか2つ以上を保証するものをいい、一般に3要素の合計が30％以下のものを低度化成肥料、30％以上のものを高度化成肥料と呼んでいる。

かせきがたちょうずばち [化石形手水鉢] 自然石手水鉢の一種で、化石を用いて手水鉢としたものの総称。珍しいものとしては、古代ヤシの化石の中空の穴をそのまま水穴としたものが、金沢市兼六園の夕顔亭露地にある。→ちょうずばち(写真)

かそうぼく [下層木] ⇒ていぼく

かた [肩] 石の部分をいう現場用語で石を据えた形がやや角ばっている場合

に，その上角の両端を肩という。
- **がた** ものの納まりが悪い状態をいう。ガタガタと動く様子。
- **かたえだ** [方枝] 樹木が生長する過程で，片側が他の樹木や塀などで日陰になり，一方だけに枝が生長している樹形のこと。
- **かたくちいし** [片口石] ⇒ゆおけいし
- **かたしもの** 仮植えしておいた庭木などをいう。片付けることを「かたす」ということから出た造園用語。
- **かたなかけいし** [刀掛石] おもに草庵式茶席の外部に設けられる刀掛けの下に配される石。昔は武士が入席するとき，この刀掛けに刀を置いたが，そのときにこの石に上がって刀を掛けたものである。多くは軒内(のきうち)のたたきの中に据えられ，飛石よりは高く打つのが特色となっている。江戸時代には，二段になった自然石が好まれるようになり，「二段石」という語が刀掛石を意味するようにもなった。また，ときには化石が用いられることもある。

〔刀掛石〕

- **かだん** [花壇] 庭園を構成する要素の一つ。多くは自然石の小石，丸太，レンガなどでいろいろデザインされ，区画されたところに草花などの花卉(かき)を植え込んだ形のもの。種類・呼称は，一般に様式による分類が採られ，これには境栽花壇，寄植花壇，毛氈花壇，リボン花壇，沈床(ちんしょう)花壇（サンクガーデン），ロックガーデン，模様花壇などがある。この他の分類によるものでは，季節別（春花壇など），材料別（バラ花壇，一年草花壇など），形状別（円形，多角形など）などがあげられる。
- **かっしゃ** [滑車] 樹木や石などの重量物をワイヤーロープで引っ張る時や，吊り上げたり，吊り降ろすのに用いる道具。同種のうちで，枠をはずしてどこからでもロープを入れられる鉄製のものは，特に「キンネン」と呼ぶ。
- **かっしょくしんりんどじょう** [褐色森林土壌] 温暖多湿の温帯落葉広葉樹林に形成される土壌。日本では本州中部以北から北海道にかけての低山地帯，四国・九州の山地や丘陵地に広くみられる。腐植中の塩基は多少容脱されて，表層土は弱酸性である。
- **かっちゃくりつ** [活着率] 移植された樹木や草花が枯れずに，根を伸ばして生育を始める成功率のこと。
- **かつようじゅ** [闊葉樹] 広葉樹のこと。一時期使用された用語であるが，現在は「広葉樹」に改められた。→こうようじゅ
- **かつらいし** [葛石] 本来は寺などの石造基壇において，羽目石の上方に据える長い切石の縁石をいう。これから転じて敷石の縁石として用いる切石も葛石というようになった。

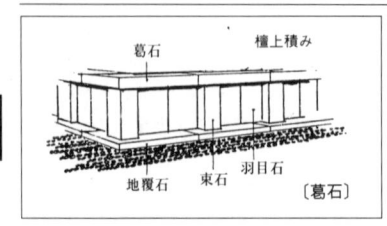

[図：葛石　檀上積み　地覆石　束石　羽目石　［葛石］]

かつらがき［桂垣］桂離宮（江戸初期・京都市）の正門付近から，桂川方向に長く造られている竹垣を本歌（ほん）とする垣で，分類上は竹穂垣の一種である。芯には竹のくず枝を詰め，組子としては枝付きの竹穂を横に入れる。その表面に太竹半割りの押縁（おし）を縦に掛け，その上部を上に突き出して，裏側を斜めに削ぐのが特色である。別称を「穂垣」「桂穂垣」「離宮垣」などともいう。以前は同離宮の桂川に面した道沿いにあるハチクを枝折った独特の竹の生垣を桂垣といっていたが，今日では竹垣のほうを桂垣というようになった。➡かき（写真）

かつらほがき［桂穂垣］⇨かつらがき

かどいし［角石］⇨すみいし

かなごろ［金転子］⇨きごろ

かなてこ［金挺子］鉄製の挺子棒のこと。石を移動させたり，持ち上げるときに使う。➡きでこ

かなどうろう［金燈籠］金属製燈籠の総称で，石燈籠と同じく奈良時代以前から用いられていた。奈良東大寺大仏殿前の天平時代のものなどが古い実例。古くは基礎だけを石造として，これに金属製の竿を差し込んだものもあった。中世には名品が多く造られている。

かなのこ［金鋸］金属の切断に使う細く目のこまかい鋸。つるかけに着け，刃は交換する。

かなめいし［要石］庭に据えられたすべての石の中で，その中心となり最もよく利いている石を，扇の要にたとえていう。これが転じて，露地の飛石中，最も大切な役石に対してこの語を用いることもあるが，あまり一般的な名称とはいえない。

かぬまつち［鹿沼土］園芸用土として広く知られている土で，火山噴出物の軽石質砂礫の風化した黄色土壌のこと。栃木県鹿沼地方に産するところからこの名がある。有機物をほとんど含まず，通気性・保水性のあるところが特性で，また酸性土でもある。サツキなどの酸性を好む植物や，土壌改良用として広く用いられている。

かね［矩］直角のこと。またほぼ直角の状態を「なまがね」という。

かねききいし［鐘聞石］外露地の腰掛待合のすぐ近くに配される役石の一つで，席入りを待つ客が，茶席からの亭主の席入りの合図である銅鑼（どら）や鐘の合図を聞くために出る石。他の飛石よりは大きめの石を打ち，客はこの石上で腰を低くしてその音を聞くことになっている。ただし，この役石を用いない露地もある。

かねじゃく［曲尺］大工や石工（いしく）の使う直角に曲がった物差しで，矩尺とも書く。別名も多く「指し曲」「曲指し」「矩指し」「まがりじゃく」「大工金」ともいう。本来は，「まがりがね（曲金）」といったものらしい。

かぶきもん［冠木門］門の一種で，左右に角材あるいは丸太の柱を立て，その上部に冠木と称する横木を渡した門。この冠木は貫形式となるものも多い。この冠木だけで屋根をかけないのが普通であるが，後には屋根のある例

も出現した。丸太柱の簡略化された冠木門は、露地の中門や、庭門などにもよく使われている。

かふくせっちん［下腹雪隠］⇒したばらせっちん

かぶだち［株立ち］　広義には低木あるいは低木性の樹木で、根元から多数の比較的細い幹が叢状に立ち上がる性質をもつものを総称して呼ぶ。狭義には庭園樹木の樹形名称の一つで、一般的には樹高が比較的高く、同一の根株の地際から数本の幹が立ち上がった形のもの、またはそのように仕立てられたものをいう。今日では「武者立ち」の同義語として用いられることが多い。➡むしゃだち

かぶだちつくり［株立作り］　根元から多数の細い幹が叢状に分岐するように仕立てた樹木。自然の林によく見られたものを庭木として利用していたものが、最近では苗木から寄せ植えして生産している。株立ち状で幹数の少ないものを「株立ち」、幹数の多いものを「武者立ち」と呼ぶ。株立ちにシャラノキ、カシ類などがある。

かぶともん［兜門］兜に似た形の兜屋根を持っている門。平唐門（ひらからもん）の形式で、軒の中央を兜形の曲線に切ったような形となるもの。龍光院（京都市）表門、裏千家今日庵（京都市）表門などが名高い。

かぶもの［株物］　樹木を形態上から分けた名称の一つ。幹の立上り方が直幹的でなく、主幹がはっきりせずに地際から多数叢状に、かつ枝分かれしていく性質のもの。樹高については特に定めはないが、おおかたは3m以下の低木で、高さに比べて枝張りが大きいもの。

かぶわけ［株分け］　植物を繁殖させるときに行われる一つの方法。実生（みしょう）と異なり、親と同じものを増やすことができる。株分けの時期は、その植物の植替えの適期を目安とする。ユキヤナギ、コデマリ、ニワウメなどは容易である。➡みしょう

かぼく［花木］　花の美しさを観賞の主体としている木本植物の総称。配植は独立木とするもの（タイサンボク、ハナミズキ、サルスベリ、シダレザクラ、モクレン類など）、群植とするもの（ツツジ類、レンギョウ、ユキヤナギ、ハギ、ウメなど）、並木などのような列植とするもの（ハナミズキ、モクレン類、サルスベリなど）がある。➡巻末表（360頁，392頁）

かまがたちょうずばち［鎌形手水鉢］　自然石手水鉢の一種で、鍵形で鎌のような形をしたもの。鎌の刃にあたる部分に水穴を掘るのが特色となっている。京都市の桂離宮月波楼露地にあるものが名高い。➡ちょうずばち（写真）

かましいし［噛まし石］⇒かませいし

かます［叺］　藁（わら）で編んだ蓆（むしろ）を素材として袋状につくったもの。

かます［噛ます］　間にはさんで安定をよくすること。「石をかます」「丸太をかませる」などと使う。

かませいし［噛ませ石］　庭石等を据えるとき、その石が後で動かぬようにしたり、またわずかな角度を調節したりする目的で、地中でしっかりと噛み合わせ、固定させるために用いる小さめの石。この石の用法によって、庭石を深く埋めなくても十分な強度を保つことが可能となる。硬く角のある石がよく、石を据えた後には隠れるように施工するのが原則。別に「かまし石」と

も呼ばれる。→つめいし

かまぼこ［蒲鉾］ 石敷きやコンクリート打ちで通路を仕上げる際、排水を考え中高にする。その断面の形からこう呼ばれる。

かむろつくり［禿作り］ 樹木の下枝がなく、頭部に残った枝を傘状に仕立てる作り方をいう。盆栽の仕立て、特に松の木の樹形によく見られる。竹の枝を刈り上げ、最上部に残った樹形からこの名前が付けられた。

かめいわぐみ［亀石組］ 蓬莱様式の庭園に組まれる石組で、神秘的な巨鼇（きょう）の姿を象徴して組んだもの。亀島と異なり、石組だけで構成したものをいうのが原則であるが、亀島の石組を指すこともある。亀石組といった場合は、さらに範囲が広く、枯山水庭園中に組んだり、他の石組と兼用して亀を象徴したものも含まれる。→いわぐみ（図）

〔亀石組〕

かめじま［亀島］ 庭園内の島で亀を表現したものだが、この亀とは本来大海中に住むという巨大な伝説上の生物、鼇（ごう）を意味している。この鼇は蓬莱山を背負っていると信じられており、庭園の島としては古くから好まれ、中国においてもすでに作られていた記録がある。その特色は頭と首を表現した亀頭石を組むことで、さらには、両脚石、亀尾石、亀甲石が組まれる例もある。島の中心には蓬莱山を意味する中心石を立てたり、仙木であるマツを植えたりする。池泉（ちせん）庭園、枯山水庭園ともに造られており、毛越寺庭園（平安・岩手県）のものなどは最古に属する。鶴島と比べると作例も特に多い。→つるじま

〔亀島〕

かもがわいし［加茂川石］ 京都市の東を流れる鴨川の上流加茂川から、かつて産した庭石。賀茂川石とも書く。

かもがわごろた［加茂川ごろた］ 京都市を流れる鴨川の上流加茂川より産する加茂川石のごろた石で、最高級品とされているが、現在では入手困難となっている。

かもがわまぐろ［加茂川真黒］ 代表的な真黒石の一つで、京都市を流れる加茂川から産したもの。古庭園に用いられているのを見るが、今日では貴重品となっている。別に「鴨川真黒」と書くこともある。

かやもん［茅門］ 茅葺き屋根をかけた簡素な形式の門の総称。本来は茅葺き門というべきもので、別に「萱門」と書くこともある。多くは露地門として用いられており、侘（わび）茶とともに愛されたものといえよう。屋根の形式は

切妻(㌍),入母屋(㌍),寄棟(㌍)など様々である。『石組園生八重垣伝』には「萱門之図」が載せられている。

〔茅門〕

がら コンクリートやブロックの残材などを指す。

からぎめ［空極め］ ⇒つちぎめ

からげしゅほう［からげ手法］ 竹垣の縄掛け法の一種で、数個所を別々に結ぶのではなく、1本か2本の染縄を用いて、連続してからげてゆく方法をいう。おもに四つ目垣に用いられることが多く、胴縁(㌍)の段によって、通常のいば結びと、このからげ手法の双方を見せる。その手法には簡略な形式の「かいずかからげ」と、手順の多い「四つ目からげ」とがある。からげ手法を用いると、四つ目垣の立子の横ぶれを防ぐことができる。なお、木賊(㌍)垣では、これとは別のからげ手法が用いられる。別に「縄からげ」ともいう。

がらだけ［唐竹］竹垣の素材名称の一つで、マダケの細竹をいう。マダケは通常6〜10cmほどの太竹に生長するが、母竹が老化している地下茎から育った若竹は、すべて細竹となるので、それを生かして竹垣材とする。唐竹を用いる代表的な垣が四つ目垣である。一般に、一定の大きさに束ねられた形で販売され、その本数により「○本束」または「○本〆(㌍)」などと呼ぶ。風除け支柱や四つ目垣などでは、10本〜16本束ぐらいのものが使われる。

がらだけどうぶち［唐竹胴縁］ マダケの細竹である唐竹を用いた胴縁の総称。

がらだけしちゅう［唐竹支柱］唐竹を用いた支柱。→がらだけ,しちゅう

からづみ［空積み］ 石積みの際、目地にモルタル、コンクリートを使わずに割栗石や砂利を裏込めに使い、石と石のかみ合せでもたせる工法。水はけが良く堅固な石積みとなる。

からねり［空練り］ セメント、砂を水を使わずに混ぜ合わせたもの。これに対し、水を使って練ったものをモルタルという。

からふねがたちょうずばち［唐船形手水鉢］ 創作形手水鉢の一種で、また船形手水鉢に属する。全体を船形に造り、上部に円形の水穴を掘ったもの。この名称と図は『築山庭造伝後編』にあり、別名「船瓶(㌍)」とも記載されている。→ちょうずばち

〔唐船形手水鉢〕

からみえだ［絡み枝］ 樹木の一枝が他

のおもな枝に絡み合っていることで，見苦しいので切り落として形を整えてやる必要がある。→せんてい(図)

からめじ［空目地］ 石積み技法の一つで，石を積むとき，互いの石を嚙み合わせて目地にモルタルなどを用いないものをいう。伝統的な強度に富んだ石積みに用いられる。

がらんせき［伽藍石］ 広い意味では古い寺院の柱下に使われている礎石を指すが，庭園関係では円形で上部が平らな天平時代形式の礎石をいう。これを「天平伽藍石」ともいい，奈良石で作られた当初の作が好まれたが，本物は数が少ないために，今では模作品が多く出まわっている。これを飛石中の踏分け石としたり，礼拝石とするが，水穴を掘って手水鉢とした例もあり，伽藍石の手水鉢として特に尊重されている。→らいはいせき

〔伽藍石〕

がらんせきのちょうずばち［伽藍石の手水鉢］ 伽藍石を用いて作った見立物手水鉢の一種。奈良石で作られた古い伽藍石の中でも，特に法華寺伽藍石などが名品として好まれた。礎石であるから低く据えるのが特色となっている。→がらんせき，ちょうずばち(写真)

かりうえ［仮植え］ ⇒かしょく

かりがねいし［雁石］ ⇒かりがねうち

かりがねうち［雁打ち］ 飛石の打ち方の一種で，雁が飛ぶ姿のように三石以上を交互に折って打つもの。雁の文字は別に「がん」とも読むため別称も多い。「かり」と読ませるものには，「雁金打ち」「雁方」「雁形」があり，「がん」と読むものには，「雁掛(がんかけ)」「雁行(がんこう)」などが知られている。なお，古くは「雁石」ともいったらしい。→とびいし(図)

かりこみ［刈込み］ 刈込み鋏などで，植物を人工的に一定の形に，多数の枝葉をまとめて刈り整えること。目的やデザインにより様々な形があるが，刈込みに適した樹木（萌芽力のある）を選ぶことが大切である。イヌツゲ，イ

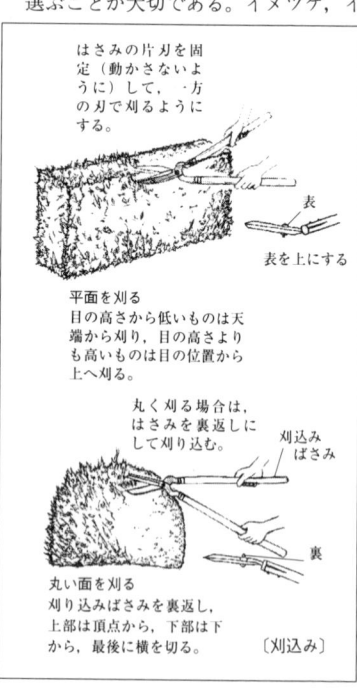

はさみの片刃を固定（動かさないように）して，一方の刃で刈るようにする。

表
表を上にする

平面を刈る
目の高さから低いものは天端から刈り，目の高さよりも高いものは目の位置から上へ刈る。

丸く刈る場合は，はさみを裏返しにして刈り込む。

刈込みばさみ

裏

丸い面を刈る
刈り込みばさみを裏返し，上部は頂点から，下部は下から，最後に横を切る。

〔刈込み〕

チイ，モクセイなど芽吹きのよい木に行う。→おおかりこみ

かりこみばさみ［刈込み鋏］　生垣(いけがき)や仕立物，玉物の刈込みに使う。両手で大きく扱う柄の長い鋏で，刃の表，裏を使い分けて丸く刈ったり，まっすぐに刈ったりする。→かりこみ(図)

かりこみもの［刈込み物］　枝葉の先端を刈りそろえて，丸形や角形などの人工的な形に樹姿をつくったもの。ヨーロッパの庭園ではトピアリーと呼ぶ，動物や鳥などの形に刈り込んだものも見られる。→じんこうじゅけい

かりしちゅう［仮支柱］　移植終了直後に樹木を支える本格的な支柱でなく，掘り取り作業中などに一時的に倒れを防止するために取り付ける支柱。

カリしつひりょう［―質肥料］　カリウム(カリ)を主成分とする肥料。おもな原料はカリ鉱石で，ほとんどが外国から輸入されている。代表的なカリ質肥料には，塩化カリや硫酸カリがあり，どんな土地にも向き，どんな肥料とも混ぜることができる。長い間貯蔵しても不変で，水に溶けやすく植物にとって吸収しやすい肥料である。果樹などに使われる。

カリひりょう［―肥料］　肥料の三要素の一つで，砂質土や火山灰土には含量が少ない。カリ肥料を施すと，根や茎を強固にし生理作用の活動をスムーズにする。

かりベンチマーク［仮―］　temporary bench mark　TBMと略記。建築や造園工事の計画，設計あるいは施工の際に，一時的に設けられる仮設の水準または基準点のこと。一般的な工事現場では，道路上に設けられているマンホール(人孔)の蓋の天端(てっぺん)や敷地境界杭の天端，L型側溝の縁石(ふちいし)天端などを仮のベンチマークとすることが多い。→ひょうこう，ベンチマーク

かりむすび［仮結び］　縄掛け手法の一つで，いば結びの最後を固い結び玉とせずに，縄で輪をつくって締めておき，輪の一方の縄を引くと簡単にほどける結び方をいう。

かりやつ［仮八ツ］　樹木を植え付ける際に，立て込んだ樹木が倒れないように，あるいは根回しの際，根鉢の周囲の掘り下げを行っていく過程で樹木が倒れないように，丸太などの支柱を仮結びにして幹枝に取り付けたもの。なお正式に取り付ける支柱を「本八ツ」という。→ほんやつ

かるいし［軽石］　溶岩が地表に出て固まるとき，内部より多量のガスが抜けることにより多数の穴ができ，ごく軽く水に浮く性質をもった石の総称。庭園素材としては抗火石がよく知られている。→こうかせき

かれいけ［枯池］　枯山水庭園において造られる，水を入れない形式の池泉(ちせん)。室町時代から作例がある。→かれいけ(涸池)

かれいけ［涸池］　当初は水を入れる池泉(ちせん)庭園であったが，後になんらかの理由で水源を失い，水のない状態になっている池をいう。枯池とは異なるので注意したい。→かれいけ(枯池)

かれいけごがん［枯池護岸］　⇒ごがんいわぐみ

かれいけしきかれさんすい［枯池式枯山水］　枯山水庭園の分類名称で，水を用いないで池泉(ちせん)庭園に近い枯池を造ったものをいう。造形的には，池泉といってもおかしくないほどに実際

の池と共通している「池泉式枯池」と、それを簡略化して準平庭式枯山水に近い形式とした「象徴式枯池」とがある。前者の実例としては、徳島城庭園（桃山・徳島市），青岸寺庭園（江戸初・滋賀県）などがあり，後者には退蔵院庭園（室町・京都市），曼殊院庭園（江戸初・京都市），西本願寺庭園（江戸初・京都市）等がある。

かれきど［枯木戸］ 丸太柱を立て，上部に枯木を取り付けた侘(わび)本位の木戸。『石組園生八重垣伝』にその図がある。その一種に利休木戸がある。

〔枯木戸〕

かれさんすい［枯山水］ 現在，一般的には枯山水庭園と同じ意味に用いられているが，歴史的には『作庭記』に記載されているのが初見であり，池や遣水(やりみず)から離れた場所に石を組むことをいった。したがって，池泉(ちせん)庭園の一部分に表現されるものであったが室町時代後期になると，一切水を使わない庭園様式として発展していった。今日では枯山水庭園と同じく白砂などで水を象徴し，石を組んだ庭として扱われるようになり，『作庭記』に記すようなものは，古式枯山水と称している。また，それを前期式枯山水とし，室町時代からのものを後期式枯山水とする説もある。なお，古くは「かれせんずい」とも読んだ。➡かれさんすい

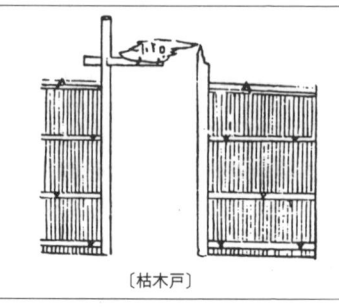

〔枯山水〕

ていえん，こしきかれさんすい

かれさんすいていえん［枯山水庭園］
全庭に水を用いず，白砂などを敷き詰めて水景を象徴し，そこに石を組んだ様式の庭園を総称する。室町時代中期の応仁の大乱後，復興した京都の禅寺から発祥したと考えられるもので，桃山時代以降には地方にも伝わっている。当初は平面的なものであったが，次第に立体化し，中国の水墨山水画を見るような景に変化していった。様式的には，平庭式枯山水，準平庭式枯山水，枯池式枯山水，枯流れ式枯山水，築山式枯山水，特殊形式枯山水に分類される。水を使わないだけに自由な造形が可能で，現代でも大いに発展性をもっている。別に「後期式枯山水」という場合もある。➡ちせんていえん

かれたき［枯滝］⇒かれたきいわぐみ

かれたき［涸滝］ 本来水を落としていた落水の滝が，後に水源を断たれ水を落とさなくなったものをいう。

かれたきいわぐみ［枯滝石組］ 庭に造られる滝の大分類で，当初から水を使わずに象徴的に表現された滝をいう。枯山水庭園に造られるほか，池泉(ちせん)庭園にもよく用いられている。水落石(みずおちいし)を組んで，落水の滝とほとんど同じように造られるものと，数石で抽象表現としたものが見られる。単に「枯滝」ともいう。➡いわぐみ(図)

かれながれ［枯流れ］ 実際に水を流さず，白砂や小石等を敷いて流水を象徴した流れをいう。枯山水庭園に用いられるが，時には池泉(ちせん)庭園にも造られることがある。枯流れを主体とした枯流れ式枯山水の基本構造となっているが，枯池式枯山水でも，枯滝から枯池までを枯流れとしている例は少なく

〔枯滝石組〕

ない。➡かれながれ(涸流れ)

かれながれ［涸流れ］ 当初は実際に水を流していた流れが，後世に水源を失ってしまった状態をいう。最初から水を流さない流れとして造られた枯流れと区別するための名称である。➡かれながれ(枯流れ)

かれながれしきかれさんすい［枯流れ式枯山水］ 枯山水庭園の分類名称で水の流れを白砂や小石敷きによって象徴した枯流れを主体とする枯山水をいう。この様式では枯池を造らないのが特色となっており，傾斜地を生かした作庭法といえる。古庭園中では例の少ないもので，代表作としては大仙院庭園(室町・京都市)，南宗寺庭園（江戸初・堺市)等が名高い。

かれほしょう［枯れ補償］ 造園工事を請け負ったとき，植え込んだ樹木が枯れた場合に新たに植え替えること。契

約書または仕様書などを交わし、枯れ補償の対象となる樹木・期間をはっきりさせておく。

かわ［皮］ 石の部分をいう現場用語で石の表面が一見はがれそうな皮のように見えるもの。飛石などにはこの皮つき石が好まれている。

かわいし［川石］ 産出場所による石の大まかな分類名称で、川の中流から下流域にかけて産する石。表面が丸く滑らかになっているのが特色といえる。

かわげたみかべじんじゃいしどうろう［河桁御河辺神社石燈籠］ 古社寺燈籠の六角形に属するもので、近江形式の代表作。八日市市の河桁御河辺神社本殿の玉垣内に立っており、火袋の一部に傷みがあるが、他はよく保存されている。基礎は壇上積み式となり、上部は見事な単弁反花(はんか)として、側面には、獅子、孔雀(くじゃく)、三茎蓮華(れんげ)を彫る。竿は節に連珠文を巻き、中台(ちゅうだい)の側面は二区として格狭間(こうざま)を入れる。火袋は二面が火口となり、他の面に鎌倉時代延慶4年(1311)の銘を入れている。笠にある蕨手(わらびて)は穴を開けた特色あるもので、その上の宝珠(ほうじゅ)も火炎付きとするなど、細部に優れた装飾を見せた名品といえる。→いしどうろう(写真)

かわじゃり［川砂利］川から産出する砂利の総称。

かわずな［川砂］川から産出される砂の総称。

かわつきいし［皮付き石］自然石の表面に皮があって、剥がれかけたように見える石の総称。

かわやけ［皮焼け］ 強い日差しを受けて幹の樹皮が傷み、割れたりすること。これを防ぐには、藁(わら)、薬(くすり)、麻布などで幹巻きをする。

かわらどべい［瓦土塀］⇒ねりべい

かわらべい［瓦塀］ ⇒ねりべい

かん［稈］ 本来は稲の茎のことをいうが、竹類はイネ科であるところから、竹の幹に当たる部分を稈あるいは竹稈(ちくかん)という。

がんがけ［雁掛］⇒かりがねうち

かんきょうほぜんしょくさい［環境保全植栽］ 都市緑化の目的別分類で、その土地の環境をよりよく安全な状態に保つために植えられる植栽。

がんこう［雁行］⇒かりがねうち

かんこうせいひりょう［緩効性肥料］ ゆっくりと、徐々に効き目が現れる肥料。追肥がある程度省略でき、多量に施用しても害などが起こりにくい利点がある。石灰窒素、溶性リン肥、堆肥などがある。→そっこうせいひりょう、ちこうせいひりょう

かんごえ［寒肥］ 1～2月の寒中に肥料を施すことで、有機質肥料、遅効性肥料を主体に施肥する。樹木の休眠期なので、施肥のため多少の断根で根を傷めても樹木への影響が少ない。

かんざし 「ひら」の構造材で、おもに角材を用いて樹木の鉢が動かぬように固定する一種のすじかいをいう。

かんしょうしきていえん［観賞式庭園］ 主として建物の内部から観賞する様式の庭園で、池庭では池泉(ちせん)観賞式庭園という。枯山水庭園の場合は、原則としてこの観賞式庭園が主体となる。

かんじょうはくひ［環状剥皮］ 根回しや取り木などで、太い根や幹に行われていることで、表皮の全周を一定の幅で形成層の部分まで環状にはぎ取ること。剥皮上部から、細根の発生を促すことになる。果樹園芸などでは、果実

のつきを良くするときなどに行う。

かんすい［灌水］水を注ぐことの総称。

かんすいじゃり［寒水砂利］⇒かんすいせき

かんすいせき［寒水石］石灰岩の一種で、茨城県常陸太田市真弓地区から産する。白色の強い石灰岩で、景石として用いることは少ないが、これを細かく加工したものが寒水砂利として多く使われている。室内の敷砂としてはよいが、外部に用いると反射が強すぎるきらいがある。

かんせつひりょう［間接肥料］植物の生育に必要な養分としてではなく、施すことにより、土壌の性質を変えたり生育などを促進する働きをもつもの。例に消石灰、炭酸石灰などがある。

かんたんのちょうずばち［邯鄲の手水鉢］⇒はくがたちょうずばち

かんちゅうざい［灌注剤］土壌中に生息している病原菌、害虫を死滅ないし密度を低下させるために、水和剤や液剤を土壌に注入すること。

がんとう［岩島］池泉（ちせん）中に用いられる島の一種で、石だけで表現されたものの総称。古くから池泉の景として行われており、一石だけで水面のポイントとしたり、数石を組んで主要な造形とする。横石（よこいし）による岩島もあるが、通常は立石（りっせき）や斜石（しゃせき）手法として表現される例が目立つ。蓬莱神仙の険しい島を表したものは、「蓬莱岩島」ともいっている。また、かなり多くの島が集まったものを「岩島群」とも称している。なお、今日では岩島に見えるものでも、島の土が崩れた例もあるので注意したい。枯山水の枯池中に用いられることもある。平安時代から用例があり、大沢池庭園（平安・京都市）にある「庭湖石」と称する岩島は古くから名高い。また、造形的に特に傑出した作として、天龍寺庭園（鎌倉・京都市）の岩島もよく知られている。→いわぐみ（図）

〔岩島〕

かんとうローム［関東－］火山が噴出した火山灰や火山砂が風に運ばれて堆積し、それが風化してできた土の層をローム（loam）という。関東ロームは、関東地方のおもに台地や丘陵地に分布している黄褐色ないし赤褐色の火山灰土層のこと。通称「赤土」と呼ばれ、細粒の砂・シルト・粘土をほぼ等量に含む壌土質の土で、水分を吸収すると粘性を示し、乾燥すると粉状になり風によって飛散する。赤玉土はこのローム層を採取し、乾燥させてから砕き、大きさの異なるふるいにかけて分けたもので通常、大粒・中粒・細粒と表示されて市販されている。

かんな［鉋］板や柱を滑らかに削るための道具。庭仕事では竹垣の立子、柱の天端（てんば）、竹細工などに対し使う。

かんぬき［閂］門の観音開きの扉に戸締まりをするために渡す角材の横木をいう。通常は門の桟などに取り付けた正方形の空間をもった金属の閂かすがいに、横からこの閂を通すが、上から落とし込むようにしたものもある。

- **かんばつざい**［間伐材］ 人工林の各樹木への日照不足や通風不良などによる生育阻害を防ぐため、また地表面に日が当たるようになると、それを覆う草木が繁茂して、土の流出を防ぐことができるなどの理由から、樹木の生長樹齢に見合った適切な間隔を保つため定期的に間引かれた樹木のこと。または、枝葉などを払って仕上げられた丸太材のこと。
- **かんぷうがい**［寒風害］ 冬季、地温の低下や土壌水分の凍結などによって根からの吸水が減少傾向にあるとき、強風や空中湿度の低下による乾燥などの気象条件がおもな原因となって、蒸散作用が半ば強制的に行われ、その結果、落葉現象が見られるようになることをいう。あるデータでは、瞬間最大風速が $6 \sim 8$ m/秒以上になると急激に増えるという。この落葉が一定限度を超えて多くなると、光合成に影響が出るようになり、花芽の分化、新芽の形成などが不良となる。
- **がんぶり** ⇒かさだけ
- **がんぶりがわら**［雁振瓦］ 大棟（おおむね）や降（くだ）り棟などの最上部に載せられる瓦のこと。
- **かんぼく**［灌木］ 喬木（きょうぼく）に相対する用語。しかし現在では意味合いに多少違いがあるが、灌木を低木（喬木は高木）と称して用いている。生長による樹高が比較的に低い樹木（おおよその目安は 3 m 以下）で、普通幹枝の区別がはっきりせず、地際近くの根元から多数分枝した枝が放射状に出て一定の樹形をつくるもの。なお、なかには主幹と枝の区別のはっきりしたものもみられる（ナンテン、ヒイラギナンテン、ドウダンツツジなど）。→きょうぼく

- **きうま**［木馬］ トラックで荷台より外に出るほどの大きな木を運ぶ際に、枝先が地面に着かないように、幹をのせる木製の台をいう。四脚の馬形の台であることからこの名がつけられた。
- **きうら**［木裏］ 木の枝振りが悪く見栄えのしない面を「裏」という。→きおもて
- **きおもて**［木表］ 樹木の枝振りがよく、見栄えのするほうを木表と呼び、これに対して木裏がある。石なども姿、形のよい面を「表」と称している。→きうら
- **きかす**［利かす］ 道具類がもっている能力を最大限に発揮させること。「利きロープ」なども同義。
- **ぎがん**［擬岩］ 天然の石肌に似せて人工に造作した岩のこと。一般的にはコンクリートを主体に下地をつくり、表面を岩石の風合いや色調に仕上げていく。大型のものでは、おおかたの形を鉄骨などでつくり、その上に金網を張り、モルタルなどを塗って岩状に仕上げる。最近ではガラス繊維で強化したプラスチック製のものも市販されている。
- **ききえだ**［利き枝］ 樹木の形の中で、最も重要な役割を果たしている太枝の

きくがたちょうずばち［菊形手水鉢］
⇒きくばちがたちょうずばち

きくばちがたちょうずばち［菊鉢形手水鉢］　創作形手水鉢の一種で、全体が菊の花形をしたものをいう。一名を「菊形手水鉢」ともいう。➡ちょうずばち

きごろ［木転子］　重量物を移動する際に、荷を乗せた板の下に並べて動きをよくするための堅い丸太のこと。カシの木製が多い。鉄製のものは「金ごろ」という。

きしゅうあおいし［紀州青石］　変成岩の一種で、緑泥片岩に属する。和歌山市を中心とした地域から産する良質の青石であるが、現在では特に採石はされていない。古来その青色が好まれ庭石として愛されたが、中世の京都の名園において珍重された史料がある。和歌山地方では多くの庭に使われているが、粉河寺庭園（桃山・那賀郡）は豪華な石組の庭として知られている。

きじゅんてん［基準点］　地形測量や工事の施工にあたって設けられる遣方（やりかた）を出すときなどの基準となる定点や、図面作成上のもとになる点をいう。

きじゅんめん［基準面］　①地形測量等を行うときの高さの基準となる水準面のこと。わが国では、東京湾中等潮位（平均海面の高さ）を基準としている。②建築物や工作物の設置あるいは地盤の造成にあたって、その高さの指示や調整のために定められた基準となる水準面をいう。➡FH

きせい［気勢］　石組の時に用いられる現場用語の一つで、石の勢いをいう。「気勢がよい」「気勢をつける」というように用いられる。

ぎせき［擬石］　擬岩と同じ方法で作られた比較的小規模の景石（けいせき）などをいう。最近では、ポリエステルなどの樹脂で作られたものも多くみられる。

きそ［基礎］　①構造物を作るとき、砕石、栗石を突き固めた上にコンクリートまたは鉄筋コンクリートを打ち、建物や塀などの構造物を支える一種の土台。②石塔類において、その塔本体の最も下の部分を基礎ということが多い。大部分はこの基礎の上に塔身を乗せるが、石燈籠の場合はこれに竿を差し込むことになる。➡いしどうろう（図）

きそいし［木曽石］　花崗岩の一種で、岐阜県恵那郡から産する。表面が茶褐色で雅味があり、庭石としても使われるが、立石（たていし）はほとんどなく、平天石（ひらてんいし）や直角に近い面が多いので、石積みなどに適している。現在関西で庭石として好まれているが、本格的な採石は昭和40年代からである。

きそがたちょうずばち［基礎形手水鉢］　見立物手水鉢の分類名称の一つで、石塔類の基礎を利用して手水鉢としたものの総称。最も実例が多いのは宝篋印塔（ほうきょういんとう）の基礎であるが、ほかに石燈籠、宝塔、五輪塔などの基礎も使われることがある。➡ちょうずばち（写真）

きそじぎょう［基礎地業、基礎地形］　基礎造りをするのに、根切りをしたところに割栗石などで突き固めた部分。割栗地業、杭打ち地業などという。

きたぎいし［北木石］　⇒きたぎみかげ

きたぎみかげ［北木御影］　花崗岩の一

種で，岡山県笠岡市の南，瀬戸内海に浮かぶ北木島，白石島，高島より産する花崗岩の総称。別に「北木石」ともいい，むしろこの名称のほうが広く知られている。庭石としては用途が少なく，もっぱら加工石材の良石として名高い。白系，薄紅系，錆石系などがある。

きだん［基壇］ 石造美術品の細部名称で，特に石塔類の場合，その塔本体の下にあって台となる部分をいうことが多い。これにも，その塔の造形とは無関係のものと，塔造形と一体化しているものとがある。特に関東方面で造立された宝篋印塔(ほうきょういん)や五輪塔は，基壇と本体が切り離せない関係となっており，これを「反花座(かえりばなざ)」ともいう。反対に石燈籠の基壇は，単なる台とされるのが普通である。→いしどうろう（図）

きづがわじゃり［木津川砂利］ 淀川の支流木津川から採れる錆色の砂。

きっこうじき［亀甲敷き］ 最も凝った切石敷きで，亀甲形に切った石を合わせ敷き詰めていくもの。

きっしょうぼく［吉祥木］⇒ずいしょうぼく

きづち［木槌］ ケヤキ，カシなど堅木(かた)で作られた小型の槌。支柱の丸太，仮枠や遣方(やりかた)の杭，竹垣の柱を打ち込むときや植木の根巻きをするときに荒縄を叩き締めるのに使う。「このきり」ともいう。→かけや（図）

きでこ［木挺子］ 木製の挺子棒。石の移動や据付け，植木の植付けのときに動かすための道具。使い方によって追い挺子，持ち挺子，はね挺子などの言葉がある。

きど［木戸］ 門の一種で，屋根を用いない簡略化した門をいうことが多い。『石組園生八重垣伝』には，真之大木戸，行之木戸，枯木戸，利休木戸などが図解されている。

きとうせき［亀頭石］ 亀島や亀石組において，亀の頭を表現して組まれる石。

きどうろう［木燈籠］ 燈籠を形成する素材からいう種類名称で，木製の燈籠を指す。おもに釣燈籠や置燈籠として臨時に用いられることが多い。石燈籠や金燈籠に対していうもの。

きにんいし［貴人石］⇒きにんせき

きにんぐち［貴人口］ 草庵式茶席の出入口の一種。通常草庵では，狭い躙口(にじり)が出入口とされるが，貴人を迎える場合，それでは礼を失するという考え方から，別に明り障子の引違い戸を設けたものをいう。貴人はここから立ったままで入席するが，それでも普通の障子よりは高さを低くして用いられている例が多い。

きにんせき［貴人石］ 露地に設けられる腰掛待合に打たれる役石で，正客(しょうきゃく)の座す位置に配されるもの。他の連客石(れんきゃくせき)よりはやや高く大きめの石を用いるのが基本となっている。昔は正客には貴人が選ばれることが多かったのでこの名があり，また別名を「正客石」ともいう。なお「きにんいし」と読むこともある。→こしかけまちあい，れんきゃくせき

きのうしょくさい［機能植栽］ 樹木の配植を行う際に，修景（景趣をつくる）だけではなく，防風，防音，目隠し（遮蔽），緑陰などの機能・目的を意図してそれにふさわしい樹種の選択や配置を考え，その効果を期待して行う植栽のこと。「実用植栽」ともいう。

きばさみ［木鋏］ 樹木の剪定(せんてい)に一

[露地の役石他]

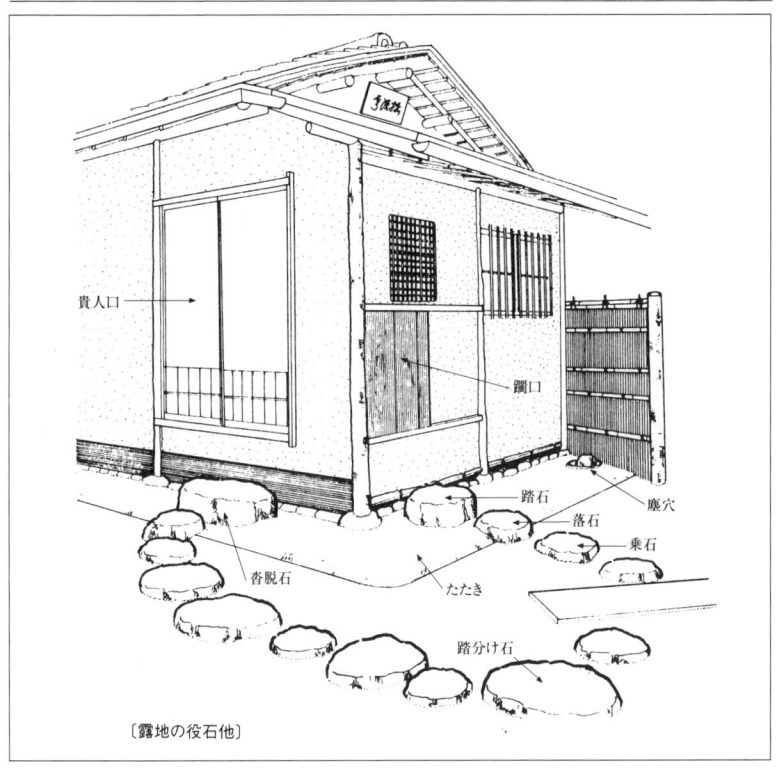

図中ラベル: 貴人口、躙口、踏石、塵穴、落石、乗石、沓脱石、たたき、踏分け石

番よく使われる。別名「植木鋏」。指を入れる柄のところに蕨手(わらびて)のあるのが特色だが、大きさや形には地方色が出る。

きはだ［樹肌］ 表皮のことであるが、その風合いをいうときに使われる。樹の肌合いの善し悪しをいうとき、「樹肌が良い、悪い」などという。別に「幹肌」ともいう。

きぶねごろた［貴船ごろた］ ごろた石の名石とされているもので、京都市左京区の鞍馬川の支流貴船川付近から産する。当所の名石で景石(けいせき)としても好まれる貴船石のごろたで、各種の色がある。ただ、今日ではほとんど産出していない。

きぶり［樹振り］ 樹全体の様子、姿、形をいう。「枝振りがよい」などの表現と同じ。

ぎぼく［擬木］ 擬岩と同じように、コンクリートを芯材にして鉄筋などで補強したものの表面に、モルタルやプラスターなどを塗り、色付けや彫刻などの手を加えて、樹木の幹肌や木目に似せて仕上げたもの。最近ではプラスチックなどの樹脂を型に入れて下地をつくり、それに着色加工したものも市販されている。種類としては、丸太状、

板状，樹木の幹や枝状のものなど多様である。一般には既製品を使用するが，デザインにより現場で形をつくり所定の幹肌に仕上げる場合もある。個人庭園では花壇の縁取りや流れの護岸などに使う程度で，おもに公共の公園や遊園地のベンチ，水飲み場，柵，パーゴラ，池の乱杭，階段，日除け棚などに用いることが多い。

ぎぼし [擬宝珠] ⇒ほうじゅ

きほんせんてい [基本剪定] 樹木の本来の姿，形を表すような基本樹形を作りそろえるための，骨格を形成する剪定をいう。落葉樹の基本剪定は，冬に行うようにする。常緑樹は少し暖かくなった4月以降に行う。

きゃくいし [客石] 露地の中門あるいは中潜(なかくぐ)りの外露地側に打たれる役石。茶会で亭主の迎付(むかえつけ)が中門をはさんで行われる時，正客(しょうきゃく)が外露地の中門の所まで出て亭主と礼を交すために乗る石。他の飛石よりもやや高く，大きめの石を打つ。「きゃくせき」ともいい，また「客人石(きゃくじんせき)」といわれることもある。→なかくぐり

きゃくじんせき [客人石] ⇒きゃくいし

ぎゃくてんと [逆天道] ⇒とけいまわり

きゃくど [客土] ⇒きゃくどこう

きゃくどこう [客土工] 植物の生育にふさわしくない土壌の性質を改良するため，または適した土壌と入れ替えるため，あるいは，地下水位の高い土地で排水を良好にするための盛土などの目的で，他の場所より新たに適切な土壌（畑土，堆肥，人工土壌など）を運び入れる作業のこと。単に「客土」ともいう。

きゃくどふきつけこう [客土吹付工] 客土の中に芝生等の種を平均的に混入し，これを法面(のりめん)などに吹き付ける緑化の工法。

きゃたつ [脚立] 樹木の剪定(せんてい)，刈込み，整姿を行うときに使われる道具。ヒノキなどの柱を三角形に組み，それに横桟をはしご状に打ち付けたものと，支えの竹とで構成される。前後の動きは安定性があるが，横方向には不安定なので，作業中の体の重心の移動によっては倒れる危険性もある。軟弱な地盤では脚が沈まないように注意する。

きゅうこんしょくぶつ [球根植物] 地中の球根によって生長する植物の総称で，スイセン，チューリップ，ユリ等の花ものに例が多い。

きゅうすいのうりょく [吸水能力] 樹木の場合は，根がどの程度の水を吸い上げるかという，その能力をいう。

きゅうていていえん [宮廷庭園] 天皇家関係の御所や離宮などに造られた庭の総称で，奈良，平安時代に多数作庭され，江戸時代に及んでいる。時代は降っても古い池泉舟遊(ちせんしゅうゆう)式の様式を留めているのが特色で，京都御所にある庭園などはその代表作といってよい。

ぎょうかいがん [凝灰岩] 水成岩の一種で，火山の噴火によって地上に吹き出された火山灰，砂などが堆積して固まった岩石の総称。特に軟質で加工に適するために，鎌倉時代初期以前の石造美術品には，この石で造られたものが多い。ただし風化が激しく，保存には難がある。石材としては耐火性に優れているので，以前は蔵などに切石積みとして使われていた。大谷石，豊島石(としま)などはよく知られている。

きょうこうちょっけい [胸高直径] 樹

木の形状寸法等の指示または表示をする尺度の一つ。だいたい大人の胸の高さの位置（日本の規定によれば地上1.2m）で測定した幹の直径をいう。なお，一般的には「目通り直径」あるいは「目通り径」と称している。

- **きょうさいかだん**［境栽花壇］道路や建物に沿って長く境のように造られた花壇。
- **きょうじせき**［脇侍石］「わきじせき」と読むこともある。三尊石組（さんぞんいし）において，中尊石（ちゅうそんせき）の左右に据える添石で，必ず低く組まれる。→さんぞんいわぐみ
- **ぎょうのけんにんじがき**［行の建仁寺垣］⇒けんにんじがき
- **ぎょうのしきいし**［行の敷石］切石を用いて敷く真（しん）の敷石に対して，自然石の一部を切ったり，欠き取ったりして合わせて敷くような形式の敷石。切石と自然石の組合せもいう。
- **きょうぼく**［喬木］植物学的にその高さによって樹木を分けたときに，ふつう3～5m以上に直立して大きく生育し，かつ幹・枝の区別が明らかなものをいう。現在では漢字制限により「高木（こうぼく）」と称するように改められた。なお分類上で5m以上に生育するものを高木，3～5m程度にしか生育しないものを小高木（または亜高木）とする場合もある。相対語は灌木（低木）である。→かんぼく
- **きょくすい**［曲水］曲水宴を行うための曲がりくねった緩やかな流れをいう。通常は地面にわずかな高低差をつけて掘り，各所に人が座すことのできる場所を設ける。杯がゆっくりと流れるようにすることが必要条件とされ，それだけにかなりの長さが要求される。ただし，中国や韓国では，この曲水を石に掘った流れとする例があり，石に流杯渠（りゅうはいきょ）を掘った複雑なものも知られている。この石造流杯渠の例は日本では出現していない。現存する曲水としては，毛越寺庭園（平安・岩手県）のものが古いが，平城京曲水庭（奈良・奈良市）の流れも曲水宴を行った可能性が大きい。→きょくすいえん
- **きょくすいえん**［曲水宴］緩やかに曲がりくねった流水の数個所に座し，上流から酒を注いだ杯を流して，自分の所まで流れてくる間に漢詩や和歌を詠む遊び。それができなかった場合は，その杯の酒をすべて飲み干さねばならず，これを罰酒という。古く中国で行われていた疫病などをはらう行事が風流の遊びに変化したもので，東晋の王羲之が文人を会稽の蘭亭に集めて行った永和9年(353)の曲水宴が最初であるともいわれる。当初は3月上巳の日に行われたが，後に3月3日の行事となった。日本にも古く伝えられ，顕宗天皇元年(485)に行われたことが『日本書紀』にある。庭園内に造られた流れの古い実例といえよう。
- **きょくすいしきちせん**［曲水式池泉］曲水宴を行うための曲水の流れのような緩やかな曲線を池泉（ちせん）に応用したもので，流れに近い形式の池を掘ったものである。室町時代の池泉観賞式庭園に例があり，旧秀隣寺庭園（室町・滋賀県），旧亀石坊庭園（室町・福岡県）などはその代表作といえる。
- **きり**［錐］木材や竹に釘を打つ際に柄を手でもんで，小さな穴をあけるための道具。竹垣の製作には欠かせない。用途によって使い分けるが，刃先の形により，四ツ目錐，三ツ目錐，坪錐，ネ

きり

〔曲水〕

ズミ歯錐などの種類がある。

きりいし［切石］ 人工的に石を直線状に切った製品をいう。現在では石切りの機械で切るが，庭に用いる場合は，こやすけなどの道具で切るのが普通とされている。

きりいしじき［切石敷き］ 敷石の大分類で，自然石敷石に対して，加工した切石を用いて敷いたものの総称。別に「真(しん)の敷石」ともいい，縦布敷き，横布敷き，亀甲敷き，四半敷き，矢羽敷き，その他多数の造形がある。

〔切石敷き〕

きりいしづみ［切石積み］ 天然の石をそのまま積む野面(のづら)積み，崩れ積み，玉石積みに対し，矩形に切りそろえた切石を積んだもの。おもに建築構造物の装飾的な部分に用いられる。

きりいしばし［切石橋］ 人工的に石を加工して造った石橋のことで，おもに花崗岩が使われている。自然石石橋よりも歴史は新しく，桃山時代後期から出現したと思われ，現在最古のものは徳島城庭園（桃山・徳島市）にある。上部に緩やかな反りをもたせた反橋(そりはし)が主体であり，これは強度を増すためでもあった。江戸時代になると直線の切石橋も出現してくる。なお江戸時代からは，これとは別に多数の石を組み合わせた構造的な切石橋も庭園内に架けられた。なかでも中国的なアーチ橋は最も特色あるもので，その最古の例は後楽園庭園（江戸初・東京都）内にある「円月橋」である。

〔切石橋〕

きりかえし［切り返し］ 樹木の手入れ方法で，枝の先を切り詰めて縮める方法をいう。

きりこみさいせき［切込み砕石］ ⇒クラッシャーラン

きりこみじゃり［切込み砂利］ 山中の砂利層や河川などから採取したそのままの状態の砂利をいう。ふるい分けや水洗いなど，手を加えていない土砂混じりの砂利で，おもに道路舗装の下層路盤や石積みなどの地業（もとの地盤上に施される基礎の部分），工作物などのコンクリート打ち基礎の地業などに用いられる。

キリシタンどうろう［―燈籠］ ⇒おりべどうろう

きりしば［切芝］ 市販商品として流通できるように，栽培圃場(ほじょう)や自生地

などで，一定の厚さに土をつけて所定の大きさに切りはがした芝草のこと。切芝の寸法については地方により違いがあるが，一般には，コウライシバは36×14cm切り20枚1束（実面積1m²分）を2束で1.8m²（約1坪）を貼る。ノシバでは36×28cm切り10枚1束を2束で約1坪を貼る。なお，関東では芝坪（5尺＝約1.5m²）を40枚（1枚37.5×15cm：1束20枚，実面積約1.12m²）に切ったものを，目地をとって1坪（約1.8m²）に貼るやり方が一般的である。このほか24～30cm幅で細長く切りはがしてロール状にしたもの（ロール芝という）もある。

きりつぎ［切り接ぎ］　植物の繁殖法の一つ「接木（つぎき）」の一方法。接木は台木の一部分を切り割り，接ぎ穂をお互いの形成層が密着するように合わせて，ひもなどで巻いて固定した上で，土を盛って接いだ部分を覆う方法である。→わりつぎ

きりどこう［切土工］　地山を切り崩して造成すること。安息角（あんそく），段切り，小段，法肩（のりかた）のラウンディングなどの関連事項がある。

きりなおし［切直し］　樹木の根や枝などを一時的に切っておき，後にさらに短く切ることをいう。根の場合は，移植の時に先端が傷むことがあるので，そこからの病原菌などの侵入を防ぐ意味でも鋭いはさみなどで切り落としておく必要がある。枝の場合は，枝芽の位置や樹木全体のバランスを考えて，最も適切な位置で切るのであり，これを「切戻し」ともいう。

きりまるた［切丸太］　おもにスギまたはヒノキの間伐材などで，細目の幹の剥皮したもの（長丸太）を，所定の寸法に切りそろえた丸太のこと。庭園では樹木を新植や移植したときの風除け支柱用や竹垣・生垣（いけがき）の柱用などとして，末口径6～9cm，長さ0.6～4.0mくらいのものが使われている。→ながまるた

きりもどし［切戻し］　樹木の高さや葉張りを詰めるときに，枝の途中で切ること。芽のすぐ上（3mm程度）で切るのがよく，枝を残しすぎても，あまり芽に近いところでもよくない。

きりよけ［霧除け］　出入口や窓などの上部に，持ち送りによって簡単に短く取り付けた庇。雨除けとともに，建物に変化をつける目的もある。「霧除け庇」ともいう。

きんかくじがき［金閣寺垣］　京都の禅寺鹿苑寺（金閣寺）の境内北部に造られているものを本歌とする竹垣。低い透かし垣で，いわゆる足下（あしもと）垣の代表作とされている。本歌（ほんか）にも，背の低いものと高めのものの二種があるが，一般には低いものが多く造られている。この垣の特色は胴縁を用いないことで，親柱と間柱の間に，丸竹の立子を等間隔に立て，その下側と上部に表裏から太竹半割りの押縁（おしぶち）を掛ける。上にはさらに太い笠竹をかぶせて全体を玉縁（たまぶち）とするが，この玉縁も胴縁も，親柱と立子の双方をはさんで掛けるのが大きな特色となっている。→かき（写真）

ぎんかくじがき［銀閣寺垣］　京都の禅寺慈照寺（銀閣寺）の総門前から参道にかけて造られている垣を本歌（ほんか）とする竹垣。この垣の構造は，ほとんど建仁寺（けんにんじ）垣と同様の遮蔽垣であるが，かつては立子に太竹の半割りを用いていた。そして，背を1m前後と

低くして石垣の上に造るのが銀閣寺垣の特色とされる。しかし、現在では建仁寺垣を低く造り、押縁(おしぶち)を2段ほど掛けた垣も通常銀閣寺垣と称している。→かき(写真)

ぎんかくじがたちょうずばち［銀閣寺形手水鉢］　創作形手水鉢の一種で、京都の慈照寺（銀閣寺）東求堂外の廊下に面して置かれているものを本歌(ほんか)とする。正方体の大きな手水鉢で、その側面の四方にそれぞれ異なった格子や連子の文様を彫り、上部には円形の水穴を掘ったもので、江戸時代の作。その意匠から「袈裟形(けさがた)」の別称もあるが、見立物手水鉢の名称とまぎらわしいので、今日では銀閣寺形と称している。→ちょうずばち(写真)

キンネン　⇒かっしゃ

く

くいがけ［杭掛け］　竹垣などの施工用語で、間柱に胴縁を釘止めした場合、柱の裏側から胴縁に縄を掛け、しっかりと結び止めることをいう。丸太などに打った釘は、竹のしなりなどのために、時間がたつと抜けてくることが多いので、それを防ぐために掛ける縄結びである。

くいきり　⇒こやすけ

くうどうれんが［空胴煉瓦］　内部が空胴になっているレンガで、断熱・防音などに効果があるため、壁面などに適している。

くぐりぐち［潜り口］　⇒にじりくち

くぐりど［潜り戸］　広い意味では潜って入る形式の戸の総称であるが、露地においては、蹲口(にじり)の戸や、中潜りの戸を意味する。多くは引戸として用いられている。

くずし［崩し］　本来、伝えられた作り方、デザインを現場に即して変化、省略して作ること。規則的なものに遊びを入れて、自由に寸法などを変えること。竹垣などに多い。

くずやがたいしどうろう［草屋形石燈籠］　庭燈籠のうちの生込み燈籠に属するもので、本歌(ほんか)は不明。各部分は四角であるが、笠を草葺きの形とする。「くさやがた」とも読み、また別に「葛屋形」とも書く。

くずれづみ［崩れ積み］　自然石の積み方。大小の石を互いにはさみ込むように、修景的技術をもって崩れたような雰囲気を表現するのがコツ。石と石がかみ合うので、地震などで揺れても丈夫である。関西方面で発達した。

くせんはっかい［九山八海］　⇒しゅみせんしきいわぐみ

くついし［沓石］　建築や石工(いしく)関係の用語では、柱受けとして据える礎石の別称として用いられているが、庭園関係では「沓脱石(くつぬぎいし)」の別称としても使われている。

くつぬぎいし［沓脱石］　建物に出入りする時に、履物をそろえて脱いでおくための石で、建物の縁や床の高さによってさまざまな高さとされる。沓とは履物の総称で、古くは厚みのある長い板を用いたが、桃山時代頃から石が使われるようになった。沓脱石の種類に

は，切石，半加工石，自然石があるが，玄関などの格式ある場所には，花崗岩の切石を用いることが多い。数寄屋などの侘(わび)好みの場所には自然石が好ましい。茶席の躙口(にじりぐち)にも用いられるが，それは別に「踏石」と呼ばれる。沓脱石には別名が多く，「沓抜石」「沓解石」「履脱石」と書いて「くつぬぎいし」と読ませる。また，「沓石」ともいう。→きにんぐち(図)

〔沓脱石〕

くど［苦土］ 酸化マグネシウムのこと。植物の生育に不可欠の成分で，葉緑素の構成分。

くみこ［組子］ 竹垣の細部名称で，その表面に用いる素材の総称であるが，縦に使うものは通常立子といい，それ以外の斜め使いや，横使いのものを組子という。かつては，横使いとするものは寝かせるというところから「寝子(ねこ)」ということもあったが，最近ではあまり使われていない。組子の素材としては，山割竹，晒(さらし)竹，篠竹，竹穂，ハギ，クロモジなどがある。なお，幅の広い杉皮などは普通，組子とはいわない。

グラウンドカバープランツ［ground cover plants］ ⇨ちひしょくぶつ

グラウンドライン［ground line］ ⇨ GL ①

グラウンドレベル［ground level］ ⇨ GL ②

クラッシャーラン［crusher run］「切込み砕石」ともいい，クラッシャー(砕石機)で岩石を割り砕いたままの状態の砕石のこと。ふるい分けしていないため，粒度は一定していない。用途は切込み砂利に準じる。なお道路路盤用・工作物の基礎地業などでは，ふるいにかけられた，粒度を調整したもの(JIS A 5001-1977「道路用砕石」の規定による)を使う。これにはC-40, C-30, C-20などがある。

くらまいし［鞍馬石］ 花崗岩の一種で京都市北部の鞍馬山周辺から産出する。鉄分を大量に含んでいるため，石中に錆色が目立つが，それが表面に出ると黒茶色に変色し，独特の味わいが生まれる。また，表面が皮のような状態になるのも特色で，「皮付き」といって尊重される。景石(けいせき)としても使われるが，おもに飛石や沓脱石(くつぬぎいし)，ごろた石などの良材として知られており，現在では産出量が限られているので非常に高価である。しかし歴史はそれほど古くはなく，明治初年頃から特に愛好されるようになった。

くらまごろた［鞍馬ごろた］ 飛石や沓脱石(くつぬぎいし)の高級品として知られる鞍馬石のごろたで，黒茶色の錆がよくのっているので，露地用の素材として特に好まれている。今も産出しているが量は少ない。

くりいし［栗石］ 石の大きさによる分類名称で，ごろた石よりも小さく，砂利よりも大きい石をいう(庭園用材として天然に産する直径10～15cmぐらいの丸い小石)。おおよそ栗の実く

らいの大きさという意味で使われており，原則として表面の滑らかな石である。角ばった割石は，「割栗石」といわれる。「ぐりいし」と呼ばれることも多い。→わりぐりいし

くりばり［繰り針］　竹垣造りに用いられる道具の一つ。大きく曲線を持たせた平らな針の一方に縄を通す穴を開けたもので，これに染縄を通して竹垣の立子の間に差し込み回転させると，裏に通した縄を再び手前に引き出すことができる。1人で縄掛けを行うときに便利な道具で，おもに建仁寺(けんにんじ)垣の製作には欠かせない。

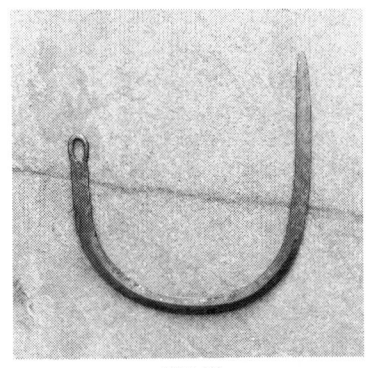

〔繰り針〕

くりまるた［栗丸太］　栗の丸太材で，庭園用には，皮付きのままのものを用いる場合と，釿(ちょうな)で削って加工したものを用いる場合とがある。

くりん［九輪］　石造美術品などに用いられる相輪の細部名称で，上下の請花(うけばな)間にある9つの輪をいう。

くるまえだ［車枝］　樹木の枝の形式をいったもので，幹の同じ位置から四方八方に枝の出ている状態を車輪にたとえたもの。好ましくない姿として剪定(せんてい)の対象となる。

クレー［clay］　⇒クレーほそう

クレーほそう［―舗装］　運動場に用いられる土による舗装で，各種の土を混ぜ合わせて，適度の保水性がありながら透水率も高い土としたもの。

クレーン［crane］　石や植木などの重量物を移動したり，吊り上げたりする目的で使う機械。トラックに積んだ積載型クレーン，自走型のクレーン，ラフターなど，現代の土木・庭工事には不可欠のものとなっている。

くろいし［黒石］　全体が黒や濃い褐色をなす石の総称で，特に産地を問わずにいう。那智黒(なちぐろ)や朴石(ほおいし)などはその代表的なもの。

くろうんも［黒雲母］　石を形成する成分の一つである雲母が黒色をなしたもの。花崗岩の中にもこれが特に目立つものがあり，黒雲母花崗岩といわれ，加工すると黒色の石となるので，墓石などに多用されている。

くろちく［黒竹］　おもに垣根用材料の一種で，稈(かん)の色が，黒紫色，黒褐色，黒色をしている。稈の部分は御簾垣(みすがき)などの組子に用い，はらった枝の部分は竹穂（一般に「黒穂」という）と呼び，竹穂垣や蓑垣(みのがき)などに利用されている。→巻末表（375頁）

くろつち［黒土］　黒色をした肥料分の多い土の総称。植木には特に適している。→くろぼか

くろなちいし［黒那智石］　⇒なちぐろ

くろほ［黒穂］　竹穂垣の素材である竹穂の一種で，クロチクの枝をいう。おもに関東方面の竹穂垣に好んで使われている。→しろほ

くろぼか　一般的に黒土，畑土をいう。関東ロームの腐植質によって黒くなった土の意。「くろぼく」「くろ土」とも

くろぼく [黒朴] ⇒ぼくいし

くろぼくど [黒ぼく土] 火山灰起源の風化生成物で，火山堆積土の表層にあって有機物（動植物に由来するもの）の分解した腐植を多量に含み，真っ黒に見える土壌。「黒ぼく」または「黒土」ともいう。また畑として多く植物の栽培に利用されているので，一般に「畑土」とも称する。化学性は酸性で，リン酸分（P）を吸着するため，石灰やリン酸を多く含む肥料を与える必要がある。物理性は間隙が多いため，保水性があり，かつ排水性もあるが，長年を経過すると排水性や通気性が悪くなる傾向があるので，数年ごとに耕うんなどを行ったり，腐葉土や堆肥などを混入してその改善をはかるのがよい。

くろみかげ [黒御影] 花崗岩の一種をいう別称で，白地の中にある黒点が多く，かなり黒っぽく見える石の総称。

くろもじえだ [黒文字枝] 垣根用材料の一種。クスノキ科に属する落葉低木のクロモジの幹枝を刈り取り，雨のあたらない場所に保管して自然乾燥させる。柴垣の一種である鶯垣（うぐいすがき）は，このクロモジの枝を用いてつくられる。

くろもじがき [黒文字垣] 柴垣の一種で，クスノキ科の落葉灌木であるクロモジの枝を用いた垣の総称。この枝を立子として入れ，上部を自然な感じに開かせたものを「鶯垣（うぐいすがき）」ということもある。クロモジは長期間の保存に耐えるが，かなり高価であるため，今日では短い袖垣などに用いられることが多い。→うぐいすがき，しばがき，かき（写真）

ぐんしょく [群植] 多数の樹木を一つのまとまりとして見せるように配植する植栽方法。これには灌木類を間をあけずに寄せて植えるもの，背景としての樹林などをつくるもの，小規模な樹木数の少ない配植のものなど，様々なパターンがある。群植には，単一樹種を植栽する純林植栽と，異種の樹木を混ぜ合わせて植栽する混交植栽とがある。

け

けいき [景気] ⇒わたり

けいせいそう [形成層] 樹木の表皮の下，木部との境にある重要組織で，ここで細胞分裂が行われ，木が太く生長する。年輪はそれによって形成される。

けいせき [景石] 庭園石組の一部にいう名称で，景として据えられた石の総称であるが，特に滝などのように一定の造形意図をもつもの以外の石に対していう場合が多い。三尊石組（さんぞんいしぐみ）とされるものもあり，これを「景石三尊」などともいう。

けいようぼく [景養木] 『築山庭造伝後編の上』に載る「真之築山之全図」に描かれている樹木につけられた役木（やくぼく）名称の一つ。同書の説明は次の通りである。「木の二：中島に有る松をいう。此の樹は一庭の景を養い保つ木なれば，実木の風流，枝々の恰好能く能く吟味して植べし。滝口，手水鉢，

正真木等に能く枝振りを見合せて植るなり，正真木松ならば葉物，正真木葉物ならば松をもって養うなり。」

けこみ［蹴込み］階段の蹴上げ部分が少々奥に入った形式をいう。踏面(とぅ)部分の奥行が少ないときにふさわしいもので，石段の場合は張石構造のときに用いられることがある。また，蹴上げと同意とする説もある。

けさがたちょうずばち［袈裟形手水鉢］見立物手水鉢の一種で，石造宝塔の塔身を利用したものの総称。宝塔塔身は筒形に近く，上部が細い首のようになっており，また側面には衣形のような線の入っているものがある。この文様から袈裟形の名称が出たが，文様のないものでも，宝塔塔身の見立物は，すべて袈裟形ということになっている。大きな塔身では，上の首の部分に円形の水穴を掘り，小さな塔身では上下を逆にして，広いほうに水穴を掘る。京都の渉成園にあるものなどが名高い。なお数は少ないが，創作形手水鉢として造られた袈裟形の例もある。→ちょうずばち(写真)

けしょうじゃり［化粧砂利］仕上げのために地面の上に敷き詰める砂利。

けしょうめじ［化粧目地］石張り，石積みの目地を，特に美しく仕上げること。山目地，丸目地，平目地にべんがらなどで色をつけたものもある。目地ごてを使い分けて表現する。

げた［下駄］チェーンブロックを使って樹や石を運搬するとき，その三脚の先が土にめり込まないようにあてがう角材や板のこと。クレーン車，ユニック車のアウトリガーの下に敷く厚板も同じ。

けたばし［桁橋］桁によって橋面を支えている橋。丸木橋が最も簡単な例。

けっかい［結界］文字の意味としてはなんらかの特別の区域を他の地区と仕切る境の標識をいうが，庭園関係でいう場合は，庭の園路の一部に，簡単に一本の竹などを渡して，そこから先には進めないことを示したものをいっている。

〔結界〕

けっしょうへんがん［結晶片岩］変成岩の一種で，火成岩が再結成してできたもの。板状の層になるのが特色で，一般に青石といわれるものは，いずれもこれに属する。特に良質の青石である緑泥片岩もその一つである。単に「片岩」ということもある。

けぬきあいば［毛抜き合端］石積みにおいて，毛抜きの合口のように石と石が互いに薄く接している合端をいう。石の安定性が悪く，誤積みの一つである。

げんかいがたちょうずばち［厳海形手水鉢］創作形手水鉢の一種で，反り

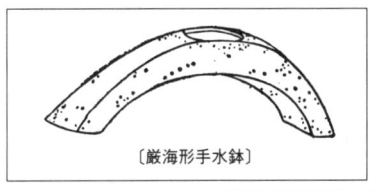

〔厳海形手水鉢〕

の強い切石橋のようなアーチ形の石の頂上に水穴を掘ったもの。『築山庭造伝後編』にその図が見える。→ちょうずばち

けんがいしたて [懸崖仕立て] 盆栽で行われる樹木の仕立て方。主幹が斜めになり、その先端が根元や地面よりも下に垂れ下がった形態をいう。景勝地などの崖下に向かって生長している樹木の姿から名付けられている。マツの懸崖作りなどがある。

げんじべい [源氏塀] 書院や数寄屋建築の塀として造られる木造の塀で、高さの下2/3ほどを横板張りの下見板とし、屋根との間の長押(なげし)上は空間として、そこに斜めのたすき木を入れたもの。屋根は瓦とせずに板葺きとするのが基本形となっている。

げんしょうせき [玄昌石] 粘板岩の一種で、宮城県登米郡より産する。黒灰色で薄くはがれる性質をもっているため、貼石やスレート材として広く活用されている。この付近の山は、ほとんどが同質の石で、牡鹿半島の先端に及んでおり、そこから産する石は、雄勝石(おがつ)、雄勝スレートなどと呼ばれているが、玄昌石とは少し石質も異なっている。

げんすん [原寸] 実物と同じ大きさ。「原寸大」などと使う。

けんちいし [間知石] 単に「間知」ともいい、見付きの面が多くは四角形で、控え部分が角錐台形状に加工された石材のこと。JISの規定では、面がほぼ方形(四角形)で、控えは四方落としとし、控え長は、表の面(これを「つら」という)の一辺の最小長さの1.5倍以上でなければならない。なお、取引上の呼び名は控え長によって示され、控え長が35cm以上のものは「35間知」、同じく45cm以上のものは「45間知」などと呼ぶ。原石としては花崗岩、安山岩、硬質砂岩などが使われている。

間知石 (JISによる規格)

種類	控え長(cm)	表面積(cm²)
35間知	35以上	620以上
45間知	45以上	900以上
50間知	50以上	1,220以上
60間知	60以上	1,600以上

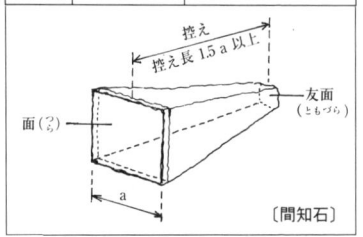

〔間知石〕

けんにんじがき [建仁寺垣] 京都の禅寺建仁寺につくられていたという竹垣で、現在最も一般に作例の多い遮蔽垣である。竹垣の基本的な構造をもっており、親柱間に数段に胴縁を渡し、そこに山割竹の立子をかき付け、胴縁の位置に押縁(おしぶち)を掛けたもので、その段数には地方によって好みがある。真行草の区別もあって、上部に玉縁(たまぶち)を掛けたものを「真の建仁寺垣」、玉縁を掛けず立子の上を平らにしたものを「行の建仁寺垣」、立子の上部を乱れ手法としたものを「草の建仁寺垣」という。この形式の竹垣は、すでに中世以前から造られていたことが絵図などによってわかっている。→かき(写真)

げんのうばらい [玄能払い] 石道具の玄能によって、石の表面を荒割りにし

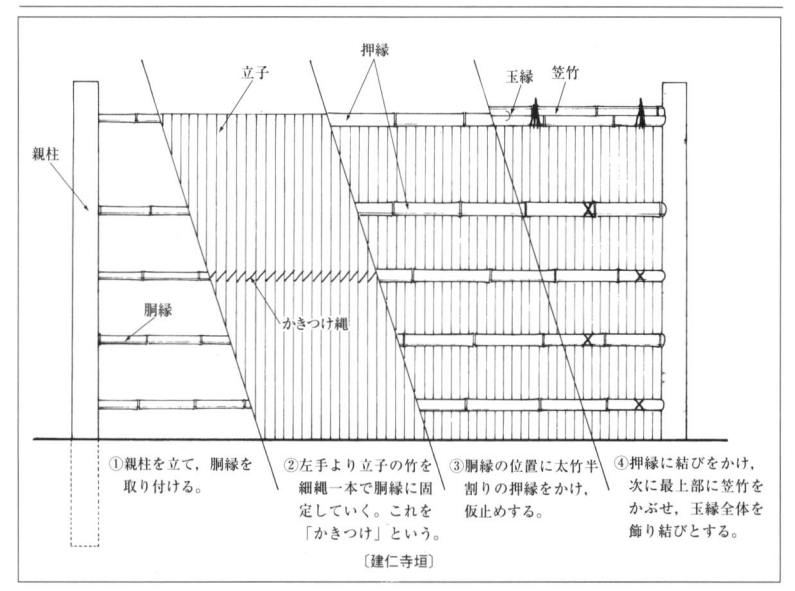

```
       立子        押縁      玉縁  笠竹
親柱                                                    胴縁                かきつけ縄

①親柱を立て，胴縁を取り付ける。
②左手より立子の竹を細縄一本で胴縁に固定していく。これを「かきつけ」という。
③胴縁の位置に太竹半割りの押縁をかけ，仮止めする。
④押縁に結びをかけ，次に最上部に笠竹をかぶせ，玉縁全体を飾り結びとする。

〔建仁寺垣〕
```

ていく方法。

げんぶがん［玄武岩］ 火山岩の一種で組成は一定ではないが，輝石，斜長石（しゃちょうせき），橄欖石（かんらんせき）などからなるものが多い。質は硬く緻密であり，加工品ではなくおもに砕石や土木石材として使われる。玄武の名は，この石が黒色であるところから名付けられた。

げんぼく［原木］ 建築用材関係の用語で，製材する前の樹幹をいう。

こ

こうえつがき［光悦垣］ 京都の日蓮宗寺院光悦寺境内に造られているものを本歌（ほんか）とする透かし垣。一方だけに親柱を立て，組子は矢来（やらい）垣と同様に斜めの格子組みとするが，その上部を曲線状として，太い玉縁（たまぶち）を掛ける。この玉縁が地面に至って終わるのがこの垣独自の造形といえる。親柱，玉縁ともに細く割った竹をかぶせるのが大きな特色といってよい。押縁（おしぶち）は地面に近い位置に一本だけ掛けるのが原則である。別に「光悦寺垣」ともいい，その形から「臥牛垣（がぎゅうがき）」の別称もある。→かき（写真）

こうえつじがき［光悦寺垣］ ⇒こうえつがき

こうおうせき［高横石］ 横石（よこいし）の中でも，特に高さのあるものに対していう。横幅を10としたとき，高さが6〜8程度の比率の石を基本とする。

こうがいいた［笄板］ ⇒かきいた

こうかえんりん［皇家園林］ ⇒ちゅうごくていえん

こうかせき［抗火石］ 火成岩の一種で石英粗面岩に属する。火山の噴火によって生じた石で、内部からガスを放出し急激に冷やされたもの。そのため軟質で、水に浮く性質があり、別に「浮石」、「軽石」、「水孔石」ともいわれている。火に強いところから抗火石の名が出た。東京都の新島から産するものが良質として名高い。切石としても使われるが、庭石としては近年テラスや屋上など重量制限のある場所の石組に利用されている。

〔抗火石〕

こうきしきかれさんすい［後期式枯山水］ ⇒かれさんすいていえん

こうきょうりょっかじゅもく［公共緑化樹木］ 公園、街路樹等、公共緑化に適している樹木の総称。地方の気候風土によって違いもかなりある。

こうさえだ［交差枝］ 一本の樹木の中で、幹から出た枝と枝が交差して見えることをいう。

こうざま［格狭間］寺院建築の須弥（しゅみ）壇や石造美術品の基礎など、何かの台となる部分に用いられる一種の模様で、本来は空間となる部分を意味し、その左右は脚として表現される。この格狭間の形には時代的な好みがあり、時代判定の一つの基準とされることが多い。➡いしどうろう（図）

〔格狭間〕

こうしつさがん［硬質砂岩］ 砂が堆積して固まった岩石である砂岩のうちでも、特に硬い組成をもつ石をいう。用途はおもに加工石材であるが、庭石としても用例がある。➡さがん

こうじゃく［鋼尺］ ⇒こうまきじゃく

こうしゅうくらまいし［甲州鞍馬石］ 花崗岩の一種で、山梨県東山梨郡大和村から産する。鉄分を多く含んだ花崗岩のため、表面が濃い茶色に変色するので、京都の名石である鞍馬石の代用品とされ、別に「新鞍馬」ともいわれている。良品は鞍馬石のように皮付きとなり風情があるが、近年は産量が少なくなった。おもに飛石、沓脱石（くつぬぎいし）、ごろた石として用いられる。

こうしゅうごろた［甲州ごろた］ 甲州鞍馬石のごろた石で、山梨県東山梨郡大和村より産する。大きなものは「甲州玉石」ともいう。

こうしゅうたまいし［甲州玉石］ ⇒こうしゅうごろた

- **こうしゅうみかげ**［甲州御影］ 花崗岩の一種で，山梨県塩山市から大菩薩峠方面にかけて産する。場所によって石質は多少異なるが，塩山周辺から切り出されたために，別名を「塩山御影」とも称している。切石としての用途が主であるが，一部が飛石や沓脱石（くつぬぎ）としても使われている。

- **こうしょさぎょうようきかい**［高所作業用機械］ 庭仕事において，高木の剪定（せんてい），枝下ろしなど高い所の作業には，安全カゴや，馬と称する台をブームの先端に取り付け，それに乗り，ブームを所定の高さにまで伸ばして行う。作業にあたっては，必ずアウトリガーを出して十分に車体を固定して行なわなければならない。

- **こうせき**［黄石］ 中国庭園に多く使われている茶色い硬質の石で，平天（へいてん）風の姿となるものが多い。江南地方の各地から産出し，明代にはすでに築山石組（つきやま）としての作例があった。

- **こうていそくりょう**［高低測量］ ⇒すいじゅんそくりょう

- **こうとういんがたいしどうろう**［高桐院形石燈籠］ 古社寺燈籠の六角形に属するもので，京都の大徳寺高桐院にあり細川三斎の墓塔となっている。基礎上に大きく複弁の反花（かえりばな）を彫り，竿はやや長く太め。中台（ちゅうだい）は側面の一区の枠取り内に走獅子（はしりじし）を2匹入れ，火袋は二面火口で，他に円窓を見せる。笠は上品で蕨手（わらびて）の立上りも美しいが，裏側が大きく欠けているのは惜しい。全体的に大和形式といえる作であって，南北朝時代のものと思われる。かつて千利休より細川三斎に形見として贈られたもので，江戸時代より名物燈籠として諸書にも紹介されている。→いしどうろう（写真）

- **ごうどうぶね**［合同船］ ⇒よどまりいわぐみ

- **こうぼく**［高木］ 植栽樹木を高さによって分類したときの名称の一つ。公共工事などで用いられているもので，規定によれば植栽時3m以上で，成木では5m以上に生長する樹種をいう。→きょうぼく，ていぼく，巻末表（371頁）

- **こうまきじゃく**［鋼巻尺］ 測量や各種工事に用いられる，鋼製の距離を測定する用具で，一般にケースやリールに巻いて収納する型式になっているもの。幅12mm内外の帯状の鋼材に防錆被覆して，その上に1mm目盛がつけられている。温度や張力による伸縮が少ないので，精密を要する距離の測定に使用される。ただし，重量が重いことや，折り目をつけたりすると破損しやすくなるなどの欠点があり，取扱いには注意が必要である。製品には10，20，30，50m等がある。

- **こうようじゅ**［広葉樹］ 葉の幅が比較的広く，葉脈が網目状になっている葉をつける樹木の総称。植物分類学上は被子植物の中の双子葉植物に属する。常緑性のものと落葉性のものがある。葉形は，楕円形，円形，卵形，ハート形などのほか，モミジやプラタナスのように切れ込みの入るものもある。→しんようじゅ，巻末表（371～372頁）

- **こうようじゅりん**［広葉樹林］ 広葉樹により構成される樹林のこと。これには常緑広葉樹林と落葉広葉樹林とがあり，前者はおおむね熱帯地方から暖帯地方（日本では中部地方以南の近海地域）に分布し，後者は温帯（前者以外の地域）に分布している。

こうらいがき［高麗垣］　袖垣の一種で柱と玉縁(たまぶち)はハギの枝で巻き，組子は細竹の菱格子とした透かし垣。菱の交点は藤蔓(うじ)で結び，巻柱と巻玉縁は蕨縄(わらびなわ)で結ぶのが基本形とされている。『石組園生八重垣伝』には図とともに解説が載せられている。これに腰をつけた「腰高麗袖垣」というものもある。→かき

こうらくえんがたいしどうろう［後楽園形石燈籠］　庭燈籠のうちの脚付き燈籠に属するが，また変形燈籠ともいえる。岡山後楽園の流れの近くに置かれているもので，脚は奥行の広い二脚となり，中台(ちゅうだい)を用いずに，そこに直接円形の輪のような大きな火袋を乗せる。笠は本瓦葺きの表現を見せた長方形の薄いものとされ，下とは不思議なバランスを保っている。江戸時代中期頃の作であろう。→いしどうろう（写真）

〔高麗袖垣〕

こかりこみ［小刈込み］　刈込み手法の一つで，大刈込みに対していい，樹木

〔小刈込み〕

を単独で小さく刈り込んだものをいう。江戸中期以降に石組に添えるような形式で多く用いられるようになったもので，これが生長して石組を隠しているような古庭園の例もかなり見受けられる。樹種としては，サツキ，ツツジ類が主体であり，イヌツゲ，イチイなどがこれにつづく。丸刈込み，角刈込みなどもあるが，前者が最も多い。

ごがん［護岸］　池の岸が崩れないようにした構造物の総称。石組のほかに，張石やコンクリートを用いる例もある。→ごがんいわぐみ

ごがんいわぐみ［護岸石組］　石組の一種で，池泉(ちせん)や流れの岸に石を組んで岸の土が崩れないようにし，同時に変化ある池の線を形成して庭園美の一つとしたもの。この組み方で池泉の美が決定する面があり，施工的にも造形的にも重要なものとなっている。なお，枯山水庭園の枯池にも用いられる例があり，これを「枯池護岸」などと称している。

〔護岸石組〕

ごぎょうせき［五行石］　江戸末期に起こった一種の石組法で，石の形を5種類に分け，その組合せで石組を解説したもの。籠島軒秋里によって『石組園生八重垣伝』中に図とともに示されたものであるが，現実的なものではない。五行石の名は，古代中国で説かれた五行思想にちなんだものであり，秋里は5種の石を，霊象石(れいしょうせき)，体胴石(たいどうせき)，心体石(しんたいせき)，枝形石(しけいせき)，寄脚石(きゃくせき)と命名している。

こく［石］　木材の取引で用いられる材積（容積量）を表す旧制の単位で，1尺×1尺×10尺の容積10立方尺をいう。メートル法では一石を0.278m³，1m³を3.6石として換算する。→さい

こぐ［漕ぐ］　てこを使い，2人くらいで舟を漕ぐような形で，石などを移動させること。沓脱(くつぬぎ)石の据付けなどによく使う。

こぐちづみ［小口積み］　石の側面を小口，小端(こば)，小面(こづら)と呼ぶ。板石状の細長い石の平面を上にして，モルタルをはさんで小口を見せて積み重ねる方法。深目地にするのがコツ。「小端積み」ともいう。

ごくちょうりっせき［極長立石］　立石の中でも特に高く細長いバランスを示す石で，高さを10としたとき，横幅が3以下の比率を示す石を基本とする。

こけいひりょう［固形肥料］　豆炭状または粒状に固めた特殊配合肥料で，カリン酸石灰，カリ塩，硫安などをおもな原料として，これに泥灰を加えて混合したもの。

こけらいた［柿板］屋根を葺く葺板(ふきいた)の一種。原材料はスギ，サワラ，ヒノキなどの赤身部分を使い，厚味は1.2mm以上（普通は3mm前後），幅9～12cm，長さ20～40cm程度に薄く削るか，または剥いでつくる。一般には社寺建築などに用いられ，個人的に用いる例は少ないが，屋根付き門，庭門，茶席などに使われている。

ここぼし［小零し］⇒あられこぼし

こしかけまちあい〔腰掛待合〕 茶会の時，客が寄付(よりつき)から露地に入って亭主の迎付(むかえ)を待つ間，腰掛けて待つための屋根を架けた小建築。多くは正客(しょうきゃく)と連客合わせて4，5人が座れる程度の広さのものであり，足を置く位置には貴人石(きにんせき)や連客石(れんきゃくせき)などの役石が配置される。二重露地の場合は，大部分が外露地に設けられる外腰掛であるが，時には中立ち後に使う目的で内露地につくられることもあり，これを「内腰掛」あるいは単に「腰掛」と称する。→まちあい

〔腰掛待合と役石〕 下地窓／貴人石（正客石）／連客石

こしきかれさんすい〔古式枯山水〕 室町時代後期に枯山水庭園が出現する以前に行われていた古い枯山水をいう。『作庭記』に述べられているような枯山水がそれで，池も遣水(やりみず)もない所に石を組む手法であり，低い築山(つきやま)などを造ってそこに石組を配する。池泉(ちせん)庭園の池から離れた位置に造られるのが特色で，全庭に水を用いない枯山水庭園とは明らかに異なっている。別に「前期式枯山水」と称する場合もある。毛越寺庭園（平安・岩手県），西芳寺庭園（鎌倉・京都市），摩

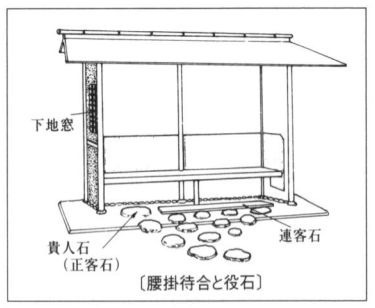

〔腰掛待合〕

訶耶寺庭園（鎌倉・静岡県）などに実例が見られる。

ごしきじゃり［五色砂利］　各種の色石が混じった砂利のことで，かつては各地から産したが，今はその大部分が採石禁止となっている。その代表例が兵庫県淡路島西岸に見られる五色浜の石で，「淡路五色砂利」といわれる。現在では外国産などの各種の石を混ぜたものが販売されている。

こしこうらいそでがき［腰高麗袖垣］⇒こうらいがき

こした　ころを使って，石や植木など他の重量物を運搬する際に，荷を直接乗せる板のこと。ケヤキ，マツ，カシなどの堅木を使う。→ころ

こしゃじどうろう［古社寺燈籠］　石燈籠の大分類名称で，桃山時代以降に出現した「庭燈籠」に対して，寺院や神社に献燈されてきた伝統的な石燈籠をいう。名品は鎌倉時代に集中しており，名物燈籠の多くがこの時期に造立された。八角形，六角形，四角形などに分類され，また様式から，大和形式，近江形式，山城丹後形式に分けることができる。→にわどうろう

こずえまるた［梢丸太］　スギまたはヒノキの切丸太のうち，樹幹の先端に近い細い部分のものをいう。市販品は末口径約2～3cm(元口径では6cm以下)，長さ3～4m内外である。

こずかし［小透かし］　樹木の剪定の方法で，すでに樹形の整った木を維持する目的で，小枝，葉などを植木鋏で透かすこと。「樹透かし」，「木透かし」とも書く。

ごせいし［互生枝］　樹木の枝が互い違いに出ていること。ウメ，ツバキなど。→たいせいし

こたたき［小叩き］　石造物の面の仕上げ方法の一つ。のみ切り，びしゃん叩きの順で荒仕上げをしたものを，さらに両刃で仕上げるもので，回数多く繰り返すほど，ていねいな仕事となる。

こだん［小段］　高い法面を設けるときは，数段に区切るのが普通であるが，その区切り部分に設けられる幅の狭い段をいう。

こっかくせんてい［骨格剪定］　庭木を仕立てる場合，目的とする形を考え，基本的な枝作りをする作業。

ごづみ［誤積み］　石積みなどの施工用語で技法的に好ましくない積み方をいう。

こていえん［古庭園］　古い庭園の総称であるが，通常は現代庭園に対していわれる語で，江戸時代末期までの庭を

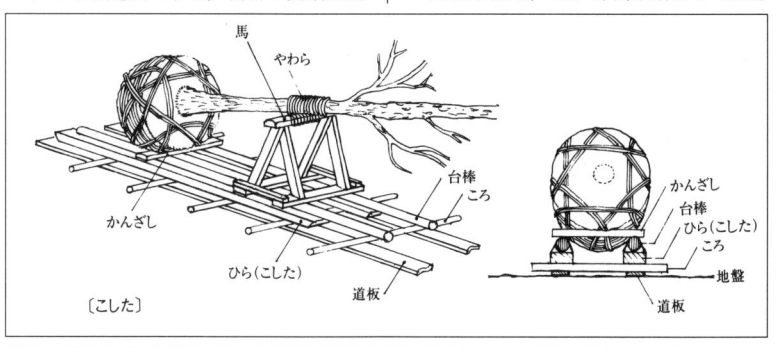

〔こした〕

こう称することが多い。日本庭園の歴史や伝統を知る上で，古庭園の研究は必要不可欠のものといえる。

こてるい［鏝類］ モルタル，コンクリートをならしたり，塗ったりする左官道具。造園工事で使うものは，目地ごて，レンガごて（オカメごて），木ごてなど。庭仕事独特のものに，土を締めたり，叩いたり，ならしたりする地ごてがある。

ことじがたいしどうろう［琴柱形石燈籠］ 庭燈籠のうちの脚付き燈籠に属するもので，金沢市兼六園の池際にあるものが名高い。脚は 2 本の長い造りとなるが，その形が琴の弦を支える琴柱に似ているところからその名が出た。中台（ちゅうだい）以上は六角で，ほとんど雪見燈籠と共通している。兼六園のものは，脚の一方を短くして平天石（ひらてんせき）の庭石上に乗せ，変化をつけている。➡いしどうろう(写真)

こにわ［小庭］ 規模の大きな庭園に対して，小面積の庭を総称していう。必ずしも一定の面積があるわけではなく，都会と地方でも認識の差はあるが，総じて 20 坪以下の庭園であれば小庭といってよい。また，この小庭には，中庭や坪庭も含まれる。

このきり ➡きづち

こば［小端］ 石，レンガなどの広い面，平面に対しての側面，断面を指す。「小口」，「小面（こづら）」ともいい，この面を出して積む鉄平石，丹波石などの石積みを小端積み，小口積みと呼ぶ。

こばづみ［小端積み］ ➡こぐちづみ

こばな［小花］ 石造美術品などによく用いられる蓮弁の細部名称で，周囲を取り巻く主弁の間に，下に重なった形で表現される弁をいう。例えば，八葉

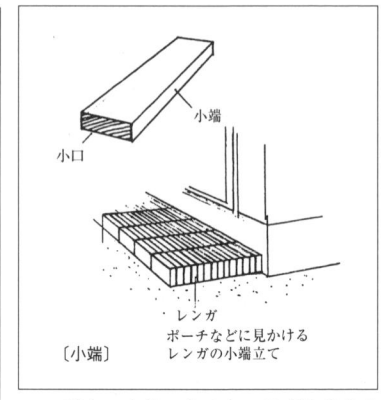

［小端］
ポーチなどに見かけるレンガの小端立て

の連弁に小花のあるものは「八葉小花付き」と称する。

こばんいし［小判石］ 天然の状態で厚みが少なく，小判形になった石の総称。青石系の石に例があるが，あまり多く産することがないので今では貴重なものとなっている。最近では加工されたものも販売されており，敷石の材料などとして使われている。

ごばんじき［碁盤敷き］ 切石敷きの一種で，四角い切石を碁盤の目のように縦横に並べて敷いていくもの。➡しはんじき

こぶだし［瘤出し］ 切石の面の仕上げ方法の一つ。石の端を叩き落として，中央が山型に盛り上がりこぶが出ているように仕上げる。階段の蹴上げ，塀の笠などに使われる。

こぶとり［瘤取り］ 石の表面の仕上げ方法の一つ。中央を玄能払いにして面にこぶが出ているように仕上げ，一種の化粧にする方法。階段の蹴上げなどによく使われる。

こまいがき［小舞垣］ 木舞垣とも書き四つ目垣を簡略化して作った竹垣。一説には四つ目垣の別称ともいう。

こまがしら［駒頭］筧(かけ)の細部に用いられることのある構造物で、本来は木製の角材の2個所に穴を開け、丸竹による筧の連結部分や、折れる部分に用いたもの。水道ができてからは、これを景として蹲踞(つくばい)などの筧にも用いるようになり、角材や丸太材が使われるようになった。しかしこれを用いない形式の筧も多い。➡かけひ

ごまたけ［胡麻竹］黒竹の一種で、黒紫色の稈(かん)に黒色の斑点が見られるもの。「錆竹」ともいう。➡くろちく

こまちがき［小待垣］竹垣の一種で、移動が可能な衝立(ついたて)垣形式のもの。台は厚味のある木材とし、そこに柱を立て、腰は木賊(とくさ)張りとする。中央部は葭(よし)の立子とするが、その中に視窓(のぞきまど)を設けるのが特色となっている。その形式からして、古くから用いられていた竪蕀(たてだみ)と共通するものといえよう。『石組園生八重垣伝』にその図と解説があり、一名を「忍垣(しのぶがき)」というと記されている。

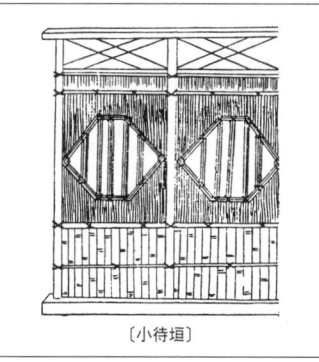

〔小待垣〕

こまちがたいしどうろう［小町形石燈籠］古社寺燈籠の八角形に属するもので、山城丹後形式の名品。以前京都の小町寺にあったところから命名されているが、現在は金沢市の林屋邸にある。大きく堂々たる石燈籠で、この様式の典型作といえるが、火袋の大面取り部分に四天王の彫刻を入れており、鎌倉時代末期の作として特に優れた燈籠といえる。➡いしどうろう(写真)

こまついし［小松石］安山岩の一種で神奈川県足柄下郡真鶴町付近より産する。最も良質の石として古くから知られており、鎌倉時代からは石塔などの石造美術品に多く加工されている。石質は硬いが赤黒系のものはやや軟質で、これが古くから使われた。また青系の石は、硬度が高く最高級材とされている。この石材が良材であるため、小松石という名称は安山岩の別称としても使われるようになり、これに似た石を、各地で○○小松石と称するようになった。そのため、後に真鶴の小松石は「本小松」ともいわれるようになった。高価であり、大部分が加工石材とされている。

ごまほ［胡麻穂］黒竹の切り取った枝で黒い斑点の見られるもの。➡くろちく

こまむすび［こま結び］最も一般的な本結びのことで、強く締めるとほどけにくい結び方。「真結び」ともいい、「細結び」とも書く。

こまよせ［駒寄せ］人馬が中に入らな

〔駒寄せ〕

いように設ける柵の総称だが，一部には竹垣として造られるものもある。今日最も多く見られるものは，塀の下側に斜めに用いる形式の一種の竹の簀子(すの)である。これによっていたずらを防いだり，雨だれによる泥はねを防止する役割をもたせるとともに，美観を高める効果もある。

こも［菰，薦］　むしろの別称で，敷物の一種。→むしろ

こもまき［菰巻き］　市販されている菰を使い，移植樹木や植栽樹木の幹枝の保護養生（日光による陽焼け，寒害による樹皮割れなどを防ぐ）のために巻きつけてしゅろ縄などで止める幹巻きの一方法。またはマツ類を食害するマツケムシを駆除するために，冬季の初めに地上高1.2～1.5m位のところに巻くこと。ここの中に上から下りてきて地中で越冬しようとするマツケムシを籠らせた後，それをはずして焼却することによって駆除する。→わらまき

こや［小屋］　樹木を掘り取って巻いた状態で，下の部分を根鉢といい，それに対して幹と枝葉の全体を小屋という。「小屋が重い」などと表現される。

こやすけ　石を割るのに使う道具。石積みをする際，合端(あいば)を合わせるのに石を割ったり，敷石工事で平石を所定の大きさに割るのに使う。石頭(せっとう)というハンマーとともに用いる。「おしきり」「くいきり」ともいう。

ごりんとう［五輪塔］　古くから造られた塔婆(とうば)の一種で，石造五輪塔は平安時代から出現している。日本で成立した形と考えられ，側面は下から四角，円，三角，半円，宝珠(ほうじゅ)の形となる。これは基礎，塔身，笠，請花(うけばな)，宝珠にあたり，それぞれを地輪，水輪，火輪，風輪，空輪ということから五輪塔と称する。各部分に梵字(ぼんじ)を配することも多く，上から「キャ，カ，ラ，バ，ア」と陰刻するが，入れないものもある。墓塔や供養塔として鎌倉時代から多数造立された。水輪の廃物を手水鉢(ちょうずばち)としたものが鉄鉢(てっぱつ)形手水鉢である。

〔五輪塔〕

ころ［転子］　重量物の運搬をする際に荷を乗せた板（こした）と道板の間に入れて転がし，運搬するための道具。近年までは木製（材はカシやケヤキなど）のもの（木ごろ）が使われていたが，最近では鋼管（金ごろ）を使うことが多い。→こした（図）

ごろ　⇒ごろたいし

ごろた　⇒ごろたいし

ごろたいし［呉呂太石，五呂太石，五

郎太石］ 石材の大きさの種別による名称の一つ。明確な規定はなく，産出地によりその寸法には幅がみられる。一般的にはおおむね球形をした，長径が5～15cm程度の石をいう。単に「ごろ」あるいは「ごろた」ともいう。おもに庭園用で，花崗岩や安山岩のものが多く，伊勢ごろた，甲州ごろた，相州ごろたなどが著名である。池泉(ちせん)の洲浜(すはま)敷きや延段(のべだん)，敷石，差石，縁石，石積みなどに使われる。また，手水鉢(ちょうずばち)の流し排水孔に置く水掛石に多く用いるので，その別名ともなっている。

ころび［転び］ 垂直に対し，傾斜している度合いをいう。石垣や柱の建て込み施工の際などで使用する。

コンクリート［concrete］ 一般的にセメントと骨材（砂利・砂など）を適切な割合で調合し，それに適量の水を加えながら練り合わせ，型の中に流し込んで固化させたもの。セメントと水の化学作用により，強固なものができあがる。利点は，製造や成型が比較的容易にでき，耐火性・耐水性・耐久性・経済性が大であること。欠点としては，引張り強度が小さく，亀裂が生じやすいこと。それを補う方法として，引張りに強い鉄筋を使う鉄筋コンクリートが考案された。庭園工事などで，小規模の場合は手練りまたは小型のミキサーを使って作っている。この場合は容積比による配合が多い。

こんけい［根系］ 樹木の地下部を占める根の張っている部分全体を示す用語。根系は主根，側根，支持根などからなり，これらの形態は樹種により違いがある。なお，同じ樹種であっても，生育場所の環境（おもに土性，水分の多少など）によっても変化するので，掘り取りの場合にはよく見きわめる必要がある。また，地中に展開される根の状態により浅根性，中間性，深根性とに分けられる。

こんこうしょくさい［混交植栽］ ⇒ぐんしょく

こんしょくかりこみ［混植刈込み］ 刈込みに適したいろいろな樹木を植え込み，枝葉を刈り込んだもの。生垣(いけがき)などでは「混ぜ垣」，「吹寄せ垣」と呼ぶこともある。

コンテナ 樹木を植える植桝(うえます)の一種。大きめで角形のものをいい，現在では別に「プランター」ともいっている。

コンテナさいばい［―栽培］ 各種の容器内で根が容器から出ない状態で，一定期間育成された植物。移植時の活着が良く，時期を選ばない，掘り上げる手間がいらないなど，様々な利点がある。

コンパネ 生コン打ちの仮枠。コンクリートパネルの略。現場養生などにも使用する。

こんぴ［根肥］ 植物の根を育てるのに必要な肥料で，おもにカリ肥料をいう。

コンベックス［convex］ 小型の容器に巻き取って収納できる型式の帯状鋼製の距離測定用道具の一つ。測定長は1～7.5m位まで，また幅は12～25mmまで各種の製品があり，いずれも1mm単位の目盛が打たれている。

こんりゅうきん［根粒菌］ おもに豆科植物の根に侵入して根粒を形成する細菌のこと。この菌は窒素固定を行って宿主に供給し，宿主からは養分やエネルギーを得て共生関係を作っている。なお，窒素は生体内で重要な働きをしている葉緑素などの有機化合物の構成元素である。

少数の太径の
垂下根によるもの

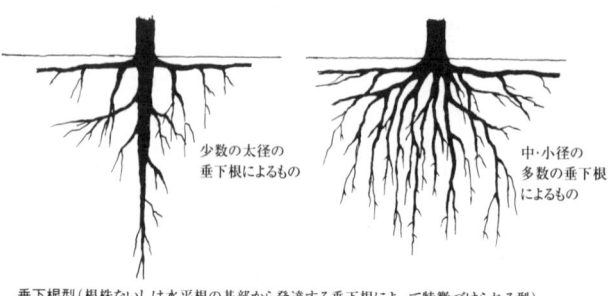

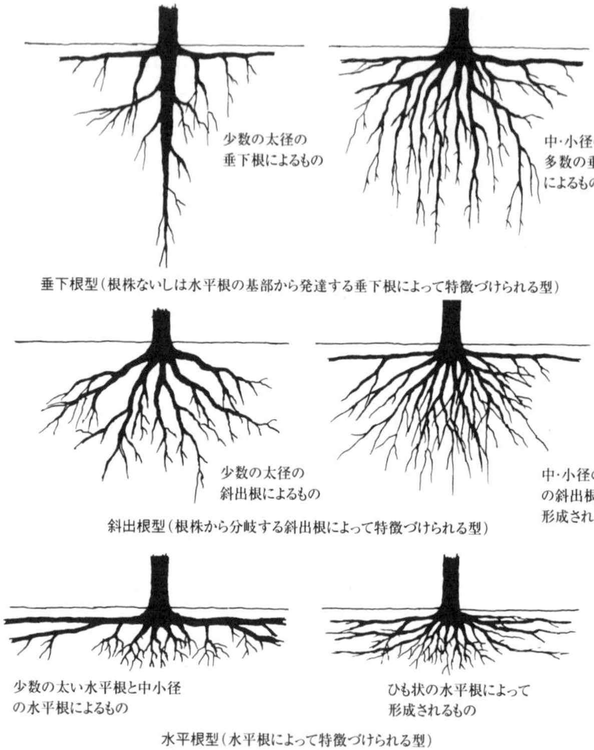

中・小径の
多数の垂下根
によるもの

垂下根型(根株ないしは水平根の基部から発達する垂下根によって特徴づけられる型)

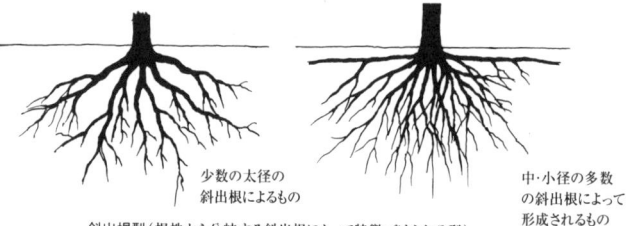

少数の太径の
斜出根によるもの

中・小径の多数
の斜出根によって
形成されるもの

斜出根型(根株から分岐する斜出根によって特徴づけられる型)

少数の太い水平根と中小径
の水平根によるもの

ひも状の水平根によって
形成されるもの

水平根型(水平根によって特徴づけられる型)

成木の根系の基本的な分布型

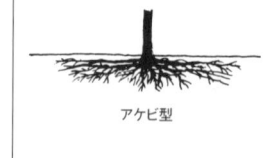

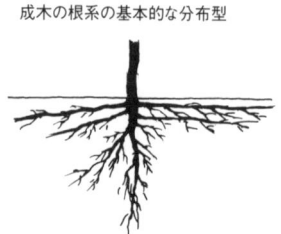

アケビ型

フジ型

キヅタ型

藤本(つる)植物の根系型

深根型：根系の分布が深い心土（堅密で通気不良，貧栄養）にも及ぶもの
中間型：深根型と浅根型の中間の型で，根系の分布が中庸の深さのもの
浅根型：大部分の根系分布が表層土壌にある型

〔根系〕

さ

さい[才] 一般的には石材の流通取引の際に用いられる単位の一種で，1尺（約30.3cm）×1尺×1尺，すなわち1立方尺の容積をいう。このほかに材木の容積を表す単位として用いられることがある。この場合の一才は，1寸×1寸×6尺（1間＝約1.82m）または1寸（約3.03cm）×1寸×12尺（2間）の容積をいう。→こく

さいえんどうがたいしどうろう[西円堂形石燈籠] 古社寺燈籠の六角形に属するもので，大和形式の名作。現在，奈良法隆寺五重塔の近くに立てられているが，以前当寺西院の西円堂前にあったところから命名されている。基礎は側面無地で，上面に薄い単弁の八葉反花（はんげ）を刻む。竿は長く優雅で，その上の中台（ちゅうだい）は側面のない蓮台式となり，大きな火袋も上品な装飾を見せる。笠は軒を厚い真反りとし蕨手（わらびて）の立上りも力強い。宝珠（ほうじゅ）は請花（うけばな）のない形で，小さめだがよい形を示している。明らかに古式であり，鎌倉時代中期の作と認められる。→いしどうろう（写真）

さいこつざい[細骨材] コンクリートやモルタルをつくるために用いる砂のことで，一般には10mm目のふるいを100％通り，5mmのふるいを90％以上通るものをいう。さらに，ふるい目を通る粒径により粗砂・中砂・細砂に分ける。普通は川砂を用いるが，最近では砕石砂，火山砂，人造砂などを用いる場合も少なくない。

さいしゃ[細砂] 砂の粒度を表す呼び名で，「細目砂（ほそめ）」ともいう。砂の中で比べても細かい砂で，一般的には0.6mmのふるい目を通過した粒径以下のもの。おもに左官の仕上げ塗り用のモルタルをつくるために使われるほか，庭園では通路などの敷石やレンガ敷きなどの仕上げ目地のモルタル用として使われる。

さいせき[砕石] 天然の岩石や大きな玉石を採取し，クラッシャー（砕石機）で破砕して人工的につくった砂利などの石材の総称。原石には玄武岩，安山岩，硬質砂岩，石英粗面岩，石灰岩などが用いられる。使用の目的により，各種あるふるい目の開き寸法の組合せや，通過した砕石の粒径の構成比などが異なる。おもなものに，砕石ダスト，クラッシャーラン，粒度調整砕石，単粒度砕石，コンクリート用砕石などがある。一般にコンクリート用の骨材，道路舗装材，工作物の基礎地業，あるいは割栗石の目つぶしなどに使用される。

さいせきじゃり[砕石砂利] 岩石を人工的に機械で砕石して作った砂利。

さいど[細土] 土中にある礫（れき）などの粗い粒を，ふるいにかけて取り除いた細かい土をいう。

さお[竿] 石造美術品の細部名称で基礎の上に立ち，その上部に中台（ちゅうだい）以上を乗せる。最も典型的なのは石燈籠のもので，円柱形の竿には上中下に節を表現するが，角柱では用いない。

そのほかに, 石幢(とう), 無縫塔にも竿が見られる。別に「棹石(さおいし)」ということもある。➡いしどうろう(図)

〔竿〕

さおいし［棹石］ ⇨さお

さかえだ［逆枝］ 一般に樹木の生長は幹の外側や上方に伸びるが, 反対に枝先から幹の方向や, 上方から下方へ向かって伸びる枝もある。これらの枝を逆枝という。

さかずきがたちょうずばち［盃形手水鉢］ 創作形手水鉢の一種で, 盃のように薄い形の平面円形の手水鉢。

さがりえだ［下がり枝］ 樹木の枝で, 極端に下方に向かって出ているもの。早めに切り取るようにする。

さがん［砂岩］ 砂が浅い海底などに堆積して固まった石。石英を主成分とするが, 長石を含むものもある。軟質であるが, その中でも硬度の高いものを硬質砂岩ともいい, 景石(けいせき)として使用されることもある。和泉砂岩, 多胡石(たこいし)などが代表的なもので, おもに切石として建築材とされる。「しゃが

ん」とも読む。

さく［柵］ 丸太や角材などを一定間隔に立て並べ, それに横木や貫を何段かに通した囲い。下は地面に生け込みとしたり, 土台となる地覆(じふく)を用いたりする。本来は木材であるが, これを他の素材で造る例も多く, 石柵, 竹柵, 鉄柵などと称する。『石組園生八重垣伝』には,「冊(さく)又馬行(ばぎょう)」として図が載せられている。

さくてい［作庭］ 庭をつくること。

さくていき［作庭記］ 平安時代後期に成立したと考えられる最古の作庭秘伝書で, 世界的にも古い作庭書として知られる。当時行われていた作庭法をまとめたもので, 編者は関白藤原頼通の子藤原俊綱と考えられる。古くは『前栽秘抄』といったことがわかっており, 江戸時代になってから『作庭記』といわれるようになった。その原本は発見されていないが, 鎌倉時代の最古の写本と思われるものが金沢市の谷村家に所蔵されており, 国の重要文化財に指定されている。内容は作庭の全般

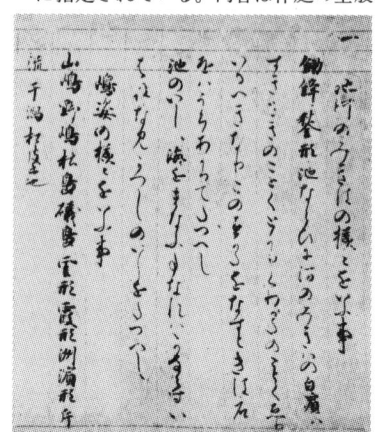

〔作庭記〕

について詳細に述べたものであるが、後世の秘伝書のように定型的な主張ではなく、作者の創意工夫を重視している点に大きな特色があるといってよい。

さくていひでんしょ［作庭秘伝書］ 日本庭園の作庭法を専門的に解説した書物で、その最古のものに平安時代後期成立の『作庭記』がある。古くはこの作庭法が秘伝とされ、限られた人によって写本として伝えられたので「秘伝書」といわれるようになったが、必ずしも秘伝とは限らず、江戸時代中期頃からは版本も多数刊行されるようになった。その代表例には『築山庭造伝前編』、『石組園生八重垣伝』、『築山庭造伝後編』などがある。

さくらがわすな［桜川砂］ 関東を代表する砂の一つで、茨城県の桜川中流域から産する。濃茶色の砂利で、化粧砂利としては非常に美しいので、敷砂として広く好まれていたが、今日では少量が産出するだけであり、筑波市酒寄の一社のみが販売している。

さくらみかげ［桜御影］ 花崗岩の一種で、石を切ったときに、その面が薄紅色に見える石の総称。これは長石が淡紅色をなすためで、別に「紅御影」ともいう。岡山県産の万成石（まんなりいし）の一種である龍王石はその代表的なもの。

さげぐさり［下げ鎖］ 雨樋の縦樋の代わりに鎖をたらし、雨水がこれを伝わって落ちるようにしたもの。玄関先などに飾りを兼ねて用いられる。これを染縄としたものもあり、これを「下げ縄」という。

さげなわ［下げ縄］ ⇨さげぐさり

ささがき［笹垣］ 笹を植え込んで生垣（いけがき）としたものの総称。

さざなみもん［漣紋］ 砂紋の種類で、水面に細かくさざなみが立っているような形式に描くもの。線の間隔をあまり広くとらないのが特色といえる。

〔さざなみ紋〕

さし［指し］ 物指し、または指し曲の略。特に曲尺（かねじゃく）を指す。

さしいし［差石］ 茶席の外壁の下、柱の礎石と礎石の間に後から差し込んで隙間をふさぐ目的の石で、原則として自然石が用いられる。素材は地方によっても異なるが、ごろた石を使う例が多い。この差石は、竹垣の下にも用いることがあり、この上に立子などを立てると竹が腐りにくくなる。これを平らに美しく据えるのには、かなりの経

〔差石〕

さしえだ［差枝］ 一方向に伸びた枝のことで，その樹木の特徴となるような美しい要素となる枝。マツ，マキなどに多く例をみる。

さしき［挿木］ 植物の繁殖方法の一つで，枝や茎，葉を土などに挿して根を出させる方法。母樹の性質をそのまま受け継いでくれるので，ある固体を増やすのに適している。樹種によって挿し穂のとり方，時期などさまざまで，用土などにも左右される。

さしつじょうど［砂質壌土］ ⇨さじょうど

さしつど［砂質土］ ⇨さど

さじょうど［砂壌土］ 土壌の土性による分類名の一つで，「砂質壌土」ともいう。日本農学会法の規準では，礫(れき)を除いた細土中の粘土含有量が12.5～25％のものをいう。

さすまた U字型の鉄製の金物に木の柄を取り付け，重量物を下から支えるための道具。木の植付けや剪定(せんてい)，幹巻きなどの作業の際に利用される。

さつ［檫］ 石造美術品などに用いられる相輪の細部名称で，九輪の間の軸にあたる部分をいう。別に「塔檫」ともいう。

さっきんざい［殺菌剤］ 病気をもたらす細菌などを殺す各種の薬剤。→びょうちゅうがいのぼうじょ

ざっそうしょりざい［雑草処理剤］ ⇨じょそうざい

さっちゅうざい［殺虫剤］ 害虫の駆除に用いる各種の薬剤。→びょうちゅうがいのぼうじょ

ざつわりいし［雑割石］ 花崗岩，安山岩，玄武岩，硬質砂岩などの原石を採取して，見付きの面を四角形につくり，控え部分の上下，二方を斜めに欠き落として仕上げた石材のこと。おおむね楔(くさび)形で，面の二稜辺の平均長さおよび対角線の長さが，控え長の2/3程度のもの。控え長の寸法により種類分けされ，控え長30cm以上のものは「30雑割」，同じく35cm以上のものは「35雑割」というように呼んでいる。比較的低い石積みや，通路と植栽地の見切りなどに使われる。

雑割石

呼び名	控え長(cm)	面(つら)の面積(cm²)
30雑割	30 以上	400 以上
35雑割	35 以上	540 以上
40雑割	40 以上	710 以上
45雑割	45 以上	990 以上
50雑割	50 以上	1,100 以上
55雑割	55 以上	1,340 以上

土木材料仕様書による（東京都建設局発行）

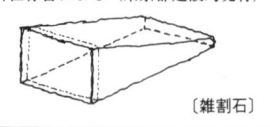

［雑割石］

さど［砂土］ 土壌の土性による分類名の一つ。「砂質土」ともいい，日本農学会法では，礫(れき)を除いた細土中の粘土含有量が12.5％未満のものをいう。

さどあかだまいし［佐渡赤玉石］ ⇨あかだまいし

さび［錆］ 石の場合は，表面に酸化などの作用により，独特の天然の色がのってくることをいう。

さびじゃり［錆砂利］ 茨城県の桜川中流域から産し，かつては下等品とされていたが，現在では細かい粒となったものを錆砂利といっているようである。特に細粒のものは左官用としても使われている。なお，現在では各地か

ら産する茶色の砂を，地名をつけて「〇〇錆砂利」と称することが多い。

さびたけ [錆竹] ①胡麻竹(ごまちく)のこと。②立枯れによって錆色に変色した竹のこと。

さびびょう [さび病] 菌類による病気で，葉の裏に赤みがかった斑点ができる。バラ，ナシなど多くの樹木に発生するが，カイヅカイブキが中間の寄生先として知られている。→巻末表(403頁)

さめがわいし [鮫川石] 変成岩の一種で，結晶片岩に属する。福島県いわき市の南部を流れる鮫川の上流部より産し，青石が多いので「鮫川青石」ともいわれる。天然に美しい目の通った石で，青石が濃く青黒といえるものもある。平天石(ひらてんせき)となるものが多いので，沓脱石(くつぬぎいし)や大飛石に適し，また景石(けいせき)としても使われている。た

だし，最近では天然ものは少なくなり人工的に山石の角を落としたものが主になっている。

さもん [砂紋] ⇒しゃもん

さらしがき [晒垣] ⇒さらしだけ

さらしだけ [晒竹] 垣根材料や建築の化粧材として，または旗竿などに使うために加工された竹の一種。おもにマダケやハチクの細竹（旗竿にはやや太いもの）を用いて，火であぶりながら表面にしみ出した脂分をふき取り，合わせて反りなどの歪みを直してまっすぐにしたもの。ほかに，関東ではハチクの稈(かん)を砂と籾殻(もみがら)とで水磨きしたものを晒竹と呼ぶ。いずれも，夜露にあたると光沢が失われ，耐久性も落ちるので，夜露や雨のかからないところに使うのが理想である。これを使った竹垣が晒垣であるが，御簾垣(みすがき)の組子としても多く用いられている。なお，素材としては茶席の天井などにもよく用いられる。庭園ではおもに竹垣用材料として，御簾垣や清水垣の組子に使われている。

さらっぱち ⇒さらばち

さらばち [皿鉢] 移植のため樹木を掘りあげたとき，その根土の状態が薄く，根巻きをすると皿のように見えるもの。現場用語では「さらっぱち」ともいう。

さる [猿] 引戸や片開き戸の戸締まり

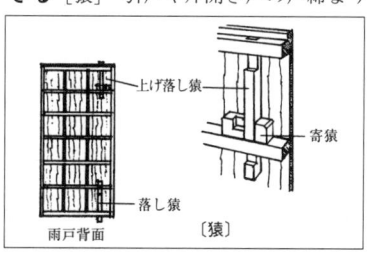

[鮫川石]

[猿]

として用いられる一種の鍵で、柱や敷居に柄穴（ほぞあな）を掘り、そこに滑らせて差し込んで止める。多くは木製で方形の断面を持つ。横に動かすものを横猿、上下に動かすものを縦猿ともいう。また、これを取り付けた簡素な門を猿戸という。→さるど

さるど［猿戸］侘（わ）びた形式の小門に用いられる戸の一種で、おもに露地の中門などによく使われる。その形態については時代によって諸説あるが、本来は框（かまち）などに取り付けた木製の戸締り装置を猿といい、これを用いた戸の総称を猿戸といった。この形式には柱に柄穴（ほぞあな）を掘り、それに横すべりさせて差し込むものが多い。金属製の掛け金を用いる戸との区別としていわれるようになったものと思われる。猿戸は角戸（つのど）とされる例が多く、『石組園生八重垣伝』には、横猿戸、立猿戸というものが図示されている。

さわいし［沢石］産出場所による石の大まかな分類名称で、川の上流域付近から産する石をいう。水によって適度に角が取れているが、川石ほど丸くはなっていない石で、景石（けいせき）として利用価値が高い。なお細い谷間の沢にあるような石を、別に「谷石」ということもある。

さわたりいし［沢渡石］飛石を水中に打って上を渡れるようにしたものをいう。古代から人の智恵として行われていたもので、飛石の源流とも考えられる。日本庭園中には桃山時代頃から用いられており、徳島城庭園（桃山・徳島市）などが古い実例であろう。別に「沢飛石」ともいい、形式的にやや異なるという説もあるが、その区別は困難である。石材としては自然石のほかに、切石が用いられることもある。

〔沢渡石〕

さわとびいし［沢飛石］⇒さわたりいし

さんかくどうろう［三角燈籠］庭燈籠のうちの立燈籠に属するもので、各部分が三角形となる珍しい作。京都清水寺の成就院にあるものがよく知られている。→いしどうろう（写真）

さんかくゆきみどうろう［三角雪見燈籠］庭燈籠のうちの脚付き燈籠に属する雪見燈籠の一種。京都桂離宮の笑意軒（しょういけん）に入る敷石道の近くにあり、脚、中台（ちゅうだい）、火袋、笠のすべてを平面三角形としている。当然脚は3本となっているが、火袋の火口三面は方形となる。笠は側面も三角形に造られており、宝珠（ほうじゅ）は用いない形式である。なお、これと似た形で脚の長い三角雪見の実例が、京都北村美術館の庭にある。→いしどうろう（写真）

さんがつどうがたいしどうろう［三月堂形石燈籠］古社寺燈籠の六角形

に属するもので，奈良東大寺法華堂の礼堂前にあり，大和形式の名品。基礎は自然石に彫り出された八葉の反花(かえりばな)形式で古い様式を示す。竿は長くエンタシスがあり，そこに建長六年(1254)等の銘を彫り，その作者までを記している。中台(ちゅうだい)は側面のある形で，二区に分けて格狭間(こうざま)を入れ，上部を二段としてそこに火袋を据える。火袋は古建築のように連子を彫った古式の作で，二面火口とする。笠は薄く優雅で蕨手(わらびて)を立てるが，風化と欠けが目立つのは惜しい。請花(うけばな)と宝珠(ほうじゅ)はよい形を示している。古くから名物燈籠として名高く，別名を「法華堂形」ともいう。→いしどうろう(写真)

さんかんしたて［三幹仕立て］ 根元から幹が3本立ち上がり，一つの樹冠に仕上がっている樹木。マツ，モミジなどがある。

さんきゃく［三脚］ 庭石や植木を移動する際にチェーンブロックを使うが，それを取り付ける3本の丸太で作られた道具。長い丸太の上部をワイヤーロープで結束し，足を三方に開いて使う。足元には柱が沈まないように厚板をあてる。「三又(さんまた)」ともいう。→にまた

さんきゃくしちゅう［三脚支柱］ ⇒やつがけ

サンクガーデン［sunk garden］ ⇒ちんしょうかだん

さんけいれんげ［三茎蓮華］ 装飾に用いられる蓮華文様の一つで，3本の茎を持つ蓮華を表現したもの。茎には，花，蕾，葉の三つが付くのが普通である。滋賀県の石造美術品に例が多く，近江文様の一つに数えられている。類例には，一茎蓮華，二茎蓮華，五茎蓮華がある。

さんこうどうろう［三光燈籠］ 置燈籠の一種で，京都桂離宮の笑意軒(しょういけん)下舟着に据えられている。長方形の火袋に簡素な屋根を掛けただけの作で，火袋に日，月，星の窓を開けているところから命名されている。→いしどうろう(写真)

さんしゅうみかげ［三州御影］ 花崗岩の一種で，愛知県岡崎市箱柳町，小呂町より産する。地元では，「牛岩石」「小呂石」と称しており，切石材としては特に良質である。一部が飛石，沓脱石(くつぬぎいし)として使われてはいるが，景石(けいせき)とすることは少ない。おもに加工用の石材といえる。

さんじゅうろじ［三重露地］ 全体が三つに区分された露地。通常露地には，外露地と内露地による二重露地が最も多いが，これに中露地を加えたものを三重露地といっている。この形式の場合，外露地は寄付(よりつき)付近とされ，腰掛待合などは中露地に設けられることになる。中門は中露地と内露地の間に作られることになり，その点では二重露地と変わらない。侘(わび)茶席に対する露地としては少々広い面積が必要となるため，その例は少ない。

さんしれん［三四連］ 飛石の打ち方の一種で，三連打と四連打を続けて打った形式。別に「四三連(しさんれん)」ともいう。→とびいし(図)

さんすい［山水］ 一般的には自然の景である山や海，川などを意味するが，これが転じて庭園の意としても用いられるようになった。古くは「せんずい」とも読まれている。

さんせいどじょう［酸性土壌］ 土壌を

蒸留水に溶かしたとき,水素イオン濃度(通称pH：ペーハー)が酸性,すなわち7.0(中性)より小さい値を示す土壌をいう。日本では,雨水によるアルカリ成分の溶脱により酸性土壌が多い。そのため必要養分の不足が生じ生育が悪くなるので,その改善のため石灰質を施用して中性化をはかり,有機質肥料(堆肥など)を混入施用するのが効果的である。

さんせきぐみ［三石組み］ 三石の石を組み合わせる造形の総称だが,通常は三尊石組(さんぞんいわぐみ)以外のものを指していう。→いわぐみ(図)

〔三石組〕

さんぞんいわぐみ［三尊石組］ 日本庭園に用いられる石組中で,その基本となる三石による石の組み方で,仏像の三尊の形を借りた命名。本尊が高く,その左右の脇侍(きょうじ)が低いという形式を石組に応用したもので,中央の高い石を中尊石,左右の添石を脇侍石という。仏像の弥陀三尊や不動三尊を表現したという説もあるが,形式名称であるから特に仏像と関係をもつと考えないほうがよい。『作庭記』では,立石(たていし)のものを「三尊仏の石」,低い山形のものを「品文字(ぼんもじ)の石」といっているが,今日では両者ともに三尊石組という。各時代によってさまざまな形式があり,時代判定の一つの目安ともなっている。→いわぐみ(図)

〔三尊石組〕

さんぞんぶつのいし［三尊仏の石］⇒さんぞんいわぐみ

さんだんがき［三段垣］ 竹垣の一種で竹穂垣,柴垣などを三段に造ったもの。今日ではあまり見られないが『石組園生八重垣伝』に図とともに解説がある。→かき

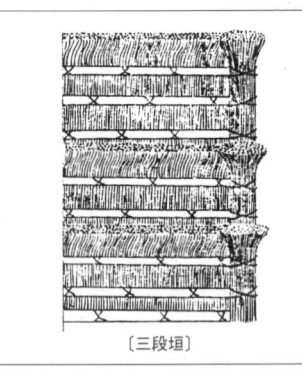

〔三段垣〕

サンドマットこうほう［―工法］ 含水量の多い軟弱地盤の造成に用いられるもので,地下の地盤表面に排水のための砂を一定の厚味で敷き込み,その上に盛土をする工法。

さんのいし［三の石］⇒のりいし

さんばいし［三波石］ 変成岩の一種で

結晶片岩に属する。群馬県多野郡鬼石町を流れる三波川から採石された石であったが、現在は天然記念物として川からの採石は禁止になっており、山間部の山石が主となっている。山石は地中にあるものを発破によって崩し、その原石の角をとったものが庭石として販売されている。青石が主体なので「三波青石」ともいわれるが、中には赤系、白系の石も混じっており、山によって石質は少々異なる。関東地方を代表する青石といってよい。

〔三波石〕

さんばんせき［三番石］ ⇒のりいし

さんぱんつきやましき［山畔築山式］ 池泉（ちせん）庭園の分類方法の一つで、山畔に対して土を盛り上げ、人工的な築山曲線を強調した庭園をいう。池泉は小さくなり、築山が主体となる様式といえる。おもに江戸時代に流行したもので、智積院庭園（江戸初・京都市）、青蓮院庭園（江戸初・京都市）、龍潭寺庭園（江戸初・静岡県）、富貴寺庭園（江戸初・新城市）など実例は多い。→さんぱんりようしき、じゅんへいちしき

さんぱんりようしき［山畔利用式］ 池泉（ちせん）庭園の分類方法の一つで、自然のままの山畔に多少の手を加えて石組などの造形を見せたもので、明確な築山（つきやま）を造らないのが特色といえる。天龍寺庭園（鎌倉・京都市）、東光寺庭園（鎌倉・甲府市）、旧亀石坊庭園（室町・福岡県）、朝倉氏諏訪館跡庭園（桃山・福井市）、永安寺庭園（江戸初・山梨市）など実例は多い。→さんぱんつきやましき、じゅんへいちしき

さんぼんしちゅう［三本支柱］ ⇒やつがけ

さんまた［三又］ ⇒さんきゃく

さんれんうち［三連打ち］ 飛石の打ち方の一種で、三石を続けて打つもの。別に「さんれんだ」とも読む。

さんわど［三和土］ たたきなどに用いられる漆喰の別称で、これを俗に「たたき」と読ませることも多い。

し

しあげめじ［仕上げ目地］ 石積み、石張り、レンガ積み、ブロック積みなどで、材料の継目、目地を美観上の配慮をして仕上げるもの。山目地、平目地、色目地などがある。

GH［ground height］ ⇒じばんだか

GL ①地盤線（ground line）の略。建築や造園で作成される図面のうち、立面図や断面図に示される、建物や工作物などを設置するための基準となる地

盤面の高さの線。②地盤面（ground level）の略。建物や工作物が，周囲の地面に接する部分の平均の高さの水平面，もしくは基準となる高さの水平面をいう。

じいんていえん［寺院庭園］　寺院に造られている庭園の総称。時代によって様々な様式があり，中世までの密教系寺院には大規模な池泉（ちせん）庭園が多かったが，禅宗の勢力が拡大してくると室町中期の応仁の乱以降，京都において枯山水庭園が発祥し，寺院庭園の一特色となった。しかし江戸時代以降は，露地の影響も濃くなり，むしろ書院庭園として発展した傾向が大きい。

じうえ［地植え］　植木鉢に植えるのを「鉢植え」と呼ぶのに対し，じかに地面に植えることをいう。鉢から移して地におろすことを「地植えにする」と称する。

ジェットバーナーしあげ［―仕上げ］　石の表面仕上げの種類の一つ。トーチランプなどを使って火焔を吹き付け，石の表面をはじけさせて凹凸模様に仕上げる方法で，おもに花崗岩の仕上げに施される。

しおいりしきていえん［汐入式庭園，潮入式庭園］　海水を直接園内の池へ引き込んだ庭園の総称で，海に面して造られるほか，川の河口近くにも多く造られた。水の便の悪い地に池を造る場合には最も適した構造であり，潮の干満があるために護岸の線に水位の上下による変化を見せることができる。桃山時代末期頃から実例があるが，かつての江戸の地には汐入式庭園が特に多かった。最近では海の汚染のために海水を止めている庭が多い。徳島城庭園（桃山・徳島市），旧芝離宮庭園（江戸初・東京都），旧浜離宮庭園（江戸初・東京都），養翠園庭園（江戸末・和歌山市）などはその代表作である。

しおがまのちょうずばち［鹽竈の手水鉢］　京都の渉成園縮遠亭の露地にある，袈裟形（けさがた）手水鉢の名称。鎌倉時代の宝塔塔身を用いた名品として知られる。

しおり［枝折り］　竹や樹木の枝などを大きく曲げ込むこと。これを用いた生垣（いけがき）に枝折垣があり，細割竹を用いたものでは枝折戸が名高い。また掘り上げた植木を運搬するに際し，枝を幹に向かってしぼり，束ねることもいう。

しおりがき［枝折垣］　竹の生垣（いけがき）の一種で，竹を列植して一定の高さの骨組を造り，それに竹を枝折って菱格子状に結びつけて垣とするもの。この形式では，細竹の類や笹類がおもに用いられるが，別に背後に植えた竹を弓なりに引きつけて枝折ったものもあり，桂離宮（江戸初・京都市）のハチクによる枝折垣が名高い。『石組園生八重垣伝』に図とともに解説されており，そこでは別名の「大裏垣」として記されているが，読み方は目次では「おおうらがき」，本文では「だいりがき」としている。別に，切った竹枝を地面に差して枝折る垣とする説もあるが，誤りであろう。

しおりど［枝折戸］　簡略化した侘（わ）びた形式の扉で，竹を幅1～1.5cmぐらいに細割りとし，皮を残して薄くそいだものを，細竹の枠にしたがって大きめの菱目に編んだもの。一本の竹を曲げながら編むところから，枝折りの名がある。この扉はおもに露地の中門に多用されており，そこから中門を枝折

戸というようにもなった。ただし，本来は扉自体の名称なので，揚簀戸(ぁげす)などに吊り込んだ形式としても使われている。

〔枝折戸〕

〔敷石六例〕布敷き(縦布敷き)／切石乱敷き(縁石あり)／切石乱敷き／自然石敷石(霰零し)／行の敷石／寄石敷き(行の敷石)

しかえんりん［私家園林］ ⇒ちゅうごくていえん

しきいし［敷石］ 石を用いて地面に敷き込み，歩行の便としたものの総称。切石敷き，自然石敷石，寄石(ﾖｾｲｼ)敷きに分類される。古くは，畳石，石段，石壇，石畳等の名称が用いられていた。なお，中国ではこれを「鋪地(ﾎｼﾞ)」という。

しきがわら［敷瓦］ 通路や広場，あるいは軒内(ﾉｷｳﾁ)や室内の土間床などに敷き並べる平らな瓦で，通常方形につくられている。寸法(mm)は150×150，180×180，300×300，および前記のものを対角線に1/2にした三角形のものなどがある。敷き方には，碁盤(ｺﾞﾊﾞﾝ)状に敷く方法と，四半(ｼﾊﾝ)敷きと呼ぶ45度に斜めに敷く方法があるが，おおかたは後者である。

しきすな［敷砂］ 庭にまくために使われる，砂や砂利の総称。

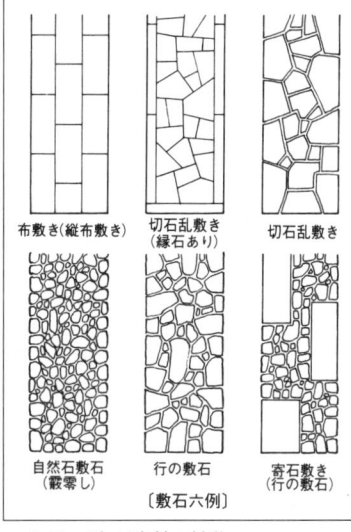

しきまつば［敷き松葉］ ⇒まつばしき

じぎょう［地業］ 石積みや塀の基礎工事は，素掘りをし，割栗石や砕石を敷いて突き固めた上にコンクリートを打つが，その下地工事を指す。「地ごしらえ」ともいう。

しきょそくりょう［支距測量］ ⇒オフセットそくりょう

しきりがき［仕切り垣］ 垣根を用法から分類した名称で，敷地の一部を仕切るように造るものをいう。おもに竹垣についていわれるが，特にその種類は問わない。囲い垣に対していう用語である。→かこいがき

しきわら［敷藁］ 樹木の根元まわりに稲わらを敷き詰めること。地表面の乾燥防止，地温の保温，地面の凍結防止などの効果がある。一般に移植樹木や植栽樹木，あるいは寒さに弱い樹木に行われる。→マルチング

じぐい［地杭］　縄張りの際に，地面に張る縄の要所に，縄を止めるために打つ細い木杭のこと。造園では，竹を割って作った竹串を用いることが多い。また鉄製のピンを用いることもある。

しぐれどうろう［時雨燈籠］　⇒せみまるがたいしどうろう

じごしらえ［地拵え］　⇒じぎょう

じごて［地鏝］　造園工事で地面を叩き締めるための道具。形は左官のこてに似ているが肉厚で重く，たたくのに適している。関西の真砂土（まさ）には適しているが，関東ロームの土ではこてに土がついてしまい，使いずらいのが難点。かき板，手ぼうきとともに仕上げ作業の道具であるが，またコケ張りやモルタル打ち，敷石作業にも広く使用される。

じこぶ［地瘤］　土地が盛り上がり，こぶ状に隆起したところ。土の造形としても利用する。

しこん［支根］　⇒そっこん

しさんれん［四三連］　⇒さんしれん

ししおどし［鹿おどし］　庭園内の添景物として時々用いられる構造物で，水を落として音を出す装置。長めの四節ほど節のあるマダケを使用し，軸を通し上下に動くようにしたもので，一方を斜めに切り落とし，そこに筧（かけひ）の水を落とすことによって水の重さで竹筒が動くようにしたもの。反対側の節止め部分の下に硬い石を置き，これに当たって音を出す仕掛けであり，この石を「叩き石」という。本来は，鹿や猪，猿などを追いはらうための設備として考案されたもので，別名を「添水（そうず）」「僧都」ともいう。

しじこん［支持根］　樹木が風などによって倒れないように支える役目をもった根のこと。通常，根系の中心より，おおむね垂直あるいは斜めに深く伸びている太い根をいう。「力根（ちから）」ともいう。→ちょっこん

しぜんけいしたて［自然形仕立て］　⇒しぜんじたて

しぜんじたて［自然仕立て］　樹木のもっている固有の自然樹形を尊重しながら，整枝・枝抜き，切詰めなど必要な手入れを行って仕立てる手法をいう。

しぜんじゅけい［自然樹形］　樹木のもっている固有の生育形によってできる樹形のこと。生育地の環境により変化することもあるが，だいたい一定の形を示している。「天然樹形」ともいう。→巻末図（363頁）

しぜんせきいしばし［自然石石橋］　大部分が天然の石で造られた石橋をいう。まったく自然のままのものと，一部分だけを加工したものとがあり，加工はおもに矢穴を入れて割ったものが多い。平らで厚味の少ない石が必要なので，よいものを見出すのはなかなか難しい。すでに平安時代頃から，流れに架けた例を絵巻物などで見るが，現存する最古の自然石石橋は天龍寺庭園（鎌倉・京都市）の滝前にある石橋と考えられている。以後次第に発達し，庭園の景として重要な存在となった。

〔自然石石橋〕

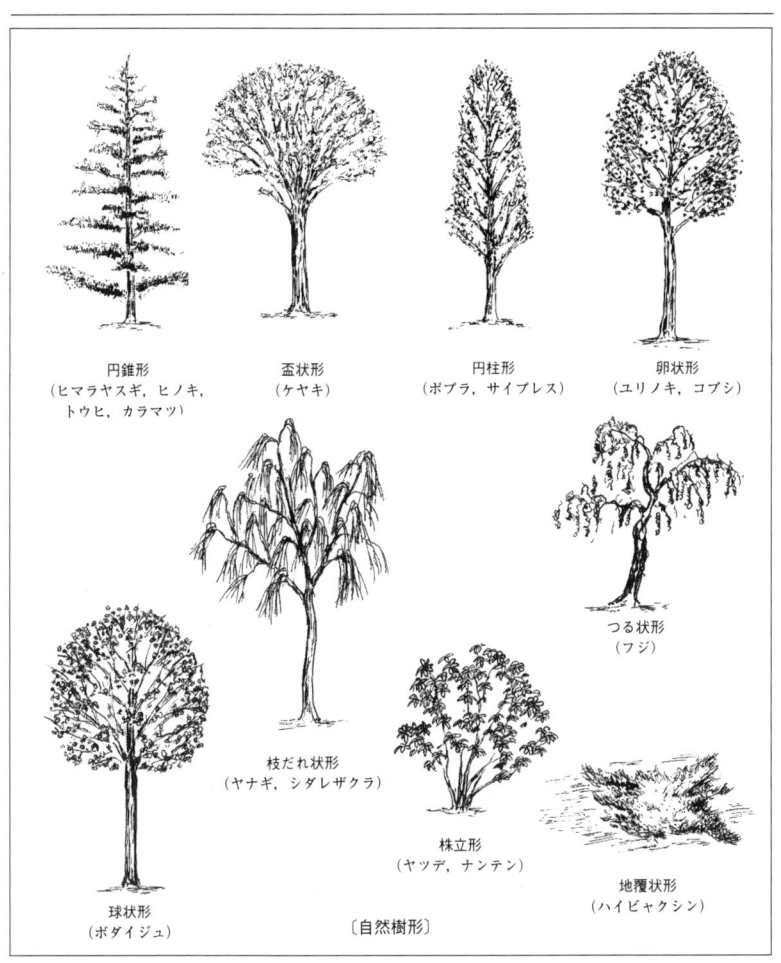

円錐形
(ヒマラヤスギ, ヒノキ, トウヒ, カラマツ)

盃状形
(ケヤキ)

円柱形
(ポプラ, サイプレス)

卵状形
(ユリノキ, コブシ)

つる状形
(フジ)

枝だれ状形
(ヤナギ, シダレザクラ)

株立形
(ヤツデ, ナンテン)

地覆状形
(ハイビャクシン)

球状形
(ボダイジュ)

〔自然樹形〕

しぜんせきいたび［自然石板碑］⇒いたび

しぜんせきしきいし［自然石敷石］敷石の大分類で, ほとんど加工しない天然のままの石を用いた敷石。切石敷きに対していう。→きりいしじき

しぜんせきちょうずばち［自然石手水鉢］手水鉢の分類名称で, 自然石の形を生かし, それに水穴を掘って手水鉢としたもの。中には水掘(みずぼり)形手水鉢のように, 水穴まで加工せずに自然のままのものを用いる場合もある。通常の自然石手水鉢では, その上部だけを平らに加工して水穴を掘ることも多い。主要なものに, 富士形, 一文字形, 誰袖(たがそで)形, 貝形, 水掘形, 鎌形,

舟形，化石形，立石形などがある。→ちょうずばち(写真)

しぜんふうけいしきていえん［自然風景式庭園］　自然の山川などの風景を参考として造られた不対照の庭園のことで，東洋の庭の中でも特に中国庭園と日本庭園はその傾向が大きい。これと対比されるのが整形式庭園である。→せいけいしきていえん

したいれや［下入れ屋］　植木を納入する業者に対し，苔や下草を供給する業者を指す。

したえだ［下枝］　樹木の下方にある枝のことで，おもに針葉樹に使う用語。樹高の伸長に応じ上方に移っていく力枝(ちからえだ)の下にある枝は，生育が衰えたものなので切り落とす。

したき［下木］　地面に近い低い位置に生育する灌木や株ものなどの総称。上木に対していう。→うわぎ

したくさ［下草］　植物の配植のしかたによる呼び名の一つ。庭園などにおいて，植栽の下層部（下木・低木の下）や景石(けいせき)，蹲踞(つくばい)などのあしらいとして用いられる草本類，小低木類を総称していう。これには園芸用の草花類は含まないが，ササ類やシダ類などを含めることもある。おもなものに，シャガ，ハラン，フッキソウ，ツワブキ，ヤブラン，キチジョウソウ，ギボウシ，ユキノシタなど，またササ類では，クマザサ，コクマザサ，オカメザサなど，シダ類ではヤブソテツ，クサソテツなど，小低木ではセンリョウ，マンリョウ，ヤブコウジなどがある。→巻末表(377〜380頁)

したてもの［仕立て物］　植栽の目的に合うように，樹木の樹冠や幹および枝葉を，人為的にその生長に合わせて剪定(せんてい)や刈込みなどを行いながら形づくったもの。これには大別して，自然樹形を生かした自然仕立てのものと，人工的な形に仕立てる整形仕立てがある。仕立てにあたっては，樹木の特性や枝葉の伸び方を見極め，樹木のもつ固有の樹形美を生かすことが大切である。→じんこうじゅけい(図)

したばらせっちん［下腹雪隠］　「かふくせっちん」とも読む。露地に設けられる便所の一種で，飾りとして作られる砂雪隠に対して，実際に使うことのできる便所をいう。普通は寄付(よりつき)に設置されるが，時には外露地の腰掛待合に接して作られる場合もある。あくまでも万一のためのものであり，昔は大きな瓶(かめ)を生けて上に踏板を渡したような簡素なものであった。→すなせっちん

しためじ［下目地］　仕上げ目地をする前の目地。目地ごてで押さえる程度のもの。

しだれもの［枝垂れ物］　庭木の中で自然にその枝が下向きに伸長し，下垂する性質をもったもの。シダレザクラ，シダレウメ，シダレヤナギなどが代表例である。これらは，幹枝の頂部から全体に垂れ下がるところから「本しだれ」と呼ぶ。ユーカリ，ギョリュウなどのように，上部は直立しているが，中ほどから下の枝のみ垂れているものは「半しだれ」と呼んでいる。なお，ユキヤナギなどのように，放射状に伸長展開した枝の先端が下垂するものはしだれとは呼ばない。

しちごさんいわぐみ［七五三石組］　石組造形の一種で，十五石を吉数とされる七五三に分けて配石したもの。おもに枯山水庭園に見られるもので，その

平面空間のとり方に独特の味わいがある。名高いものに龍安寺庭園（室町・京都市），真珠庵庭園（江戸初・京都市）などがある。

しちごさんうち［七五三打ち］ 飛石の打ち方の一種で，特殊な形式に属する。飛石を，七石，五石，三石と組んで打つもので，その実例はあまり多くない。

しちゅう［支柱］ 植栽あるいは移植した樹木や根回しを行った樹木などが，風によって倒れたり折れたりしないように支えるためのもの。普通丸太や竹を使い，樹幹に結び止める。その取付け方法には各種の型式がある。おもなものに，添柱型，鳥居型，八ツ掛け型，布掛け型などがある。この他に，柱ではないがワイヤーロープなどを使う場合も支柱の中に含めている。→かざよけしちゅう

じっぴ［実肥］ 植物の花・果実・種などを育てるのに必要な肥料で，おもにリン酸肥料をいう。

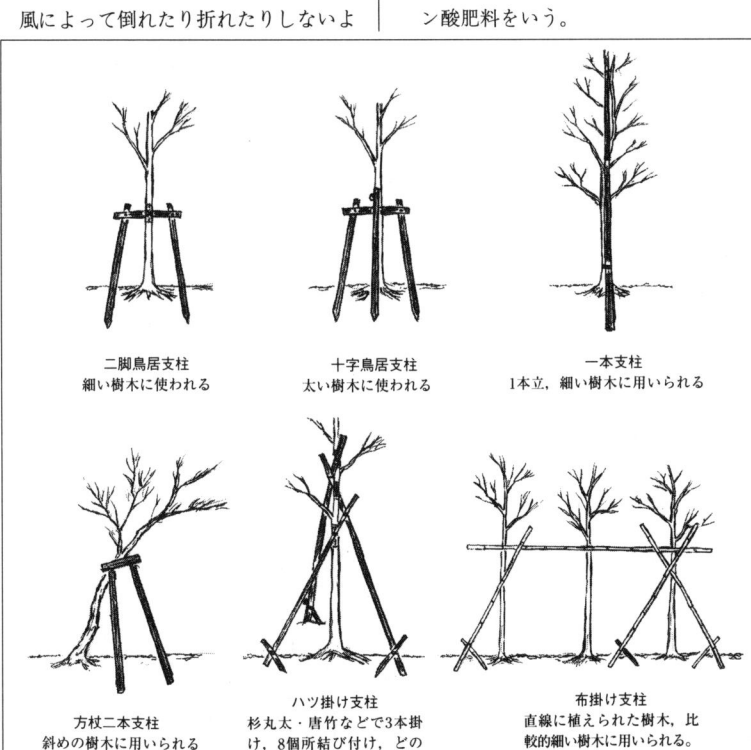

二脚鳥居支柱
細い樹木に使われる

十字鳥居支柱
太い樹木に使われる

一本支柱
1本立，細い樹木に用いられる

方杖二本支柱
斜めの樹木に用いられる

八ツ掛け支柱
杉丸太・唐竹などで3本掛け，8個所結び付け，どの方向から風がきてもぐらつかないように立てる。かける位置は樹木の高さの2/3くらいの位置。風よけ支柱では一番効き目がある。

布掛け支柱
直線に植えられた樹木，比較的細い樹木に用いられる。

〔支柱〕

しとみど［蔀戸］ 方形に格子を組んで裏から板を打ち付けた形式の戸。平安時代頃から，住宅建築に広く用いられた。これを棒で突き上げて開け，軒先から吊るした鍵に掛けて止めた。下をはめ込みとし，上側だけを突き上げるようにしたものが多く，これを半蔀（はじとみ）という。→はじとみ

しなもじのいし［品文字の石］ ⇒さんぞんいわぐみ

じなわ［地縄］ 工事に先立ち，建物や工作物，あるいは掘削などの位置や形を示すために張る縄のこと。または縄を張っていく作業のこと。→なわばり

じなわばり［地縄張り］ ⇒なわばり

しのがき［篠垣］ 竹垣の一種で，篠竹を主要な素材とした垣の総称であるが，加工せずにそのまま篠竹を立子や組子とした垣をいう。

しのだけ［篠竹］ 細く長いメダケ類の総称で，ヤダケ，ハコネダケ，メダケなどが代表的なものである。

しのび［忍び］ 竹垣の構造材の一つで通常マダケを1～1.5cmくらいの幅で細割りにしたものを用いる。これを横に渡して，立子の掻付けに用いたり，竹穂垣の穂入れ時の押えなどに使用する。本来は臨時に用いる材であり，垣の完成前に引き抜いてしまうことが多いが，最後まで取り付けておく場合もある。見えない所に使用するものなので忍びといい，また「忍びの竹」ともいわれる。

しのびのどうぶち［忍びの胴縁］ 竹垣の細部構造の一つ。胴縁の一種であるが，細割竹などを使い，本格的な胴縁ではなく，仮の胴縁といったような感覚で用いるもの。

しのぶがき［忍垣］ ⇒こまちがき

〔忍び〕

しばおんこうがたちょうずばち［司馬温公形手水鉢］ 自然石手水鉢の一種で，全体は瓶（かめ）のような形となり，その縁の部分が大きく欠けたような手水鉢。中国北宋時代の名臣であった司馬光が，幼い頃貴重な瓶の水中に落ちた子供を，その瓶を割って救ったという故事から命名されたもの。彼はその没後に温国公に追封されたところから司馬温公という。『築山庭造伝後編』にこの手水鉢の図がある。実例としては，京都等持院にあるものがよく知られているが，これは加工品の石鉢の縁が割れたものであろう。

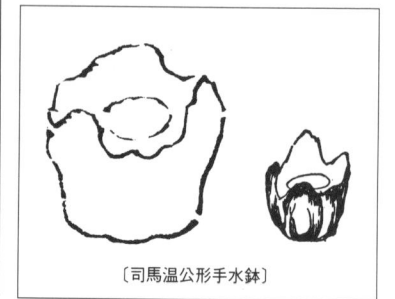

〔司馬温公形手水鉢〕

しばがき［柴垣］ 竹垣の一種で，雑木の枝などを立子とし，それを同じ枝を束ねたものや，割竹，丸竹などで押さえた垣をいう。中国や日本において，最も古い時代から用いられていた垣の形式で，竹垣の源流ともいうべき垣といえる。この柴垣の類には，用いられる枝の種類によって「黒文字垣」「萩垣」など別名で呼ばれるものがある。樹木の枝を使うが，それに竹の押縁(おしぶち)を掛けるところから，竹垣に加えるのが約束となっている。粗末な雑木の枝だけを集めて造ったものは，地方によっては「粗朶垣(そだ)」と呼ばれることもある。

しばかりき［芝刈機］ 芝を刈り込む機械。ロータリー刃が回転して刈るロータリー式と，固定刃と回転刃がすり合って短く刈るリール式がある。それぞれ手押し式と電動式のものがある。

しばかりばさみ［芝刈鋏］ 芝刈機で刈れない飛石のまわり，テラスの端など，刈り残した部分を刈るバリカン状の鋏。

しばくさのしゅるい［芝草の種類］ 一般にはイネ科の草本で，日本芝と西洋芝に大別される。①日本芝は，日本で古来より用いられてきた芝生の材料で，春から秋にかけて生育が旺盛な夏型の種類である。多年生で病虫害も比較的少なく，丈夫で，刈込みを行い管理することにより葉が密となるが，陽地を好み，陰地には向かない。おもなものに，ノシバ，コウライシバ，ヒメコウライシバ，ビロードシバがある。②西洋芝は，明治以降に芝生材料として欧米から取り入れられたもの。元来は牧草として用いられたものを転用していたが，芝生用に改良された品種もつくられ，今日では芝生のほかに法面(のり)の緑化など広く用いられている。おもに種子の播種(はしゅ)により造成し，生育は冬が中心で，常緑性・寒地型のものが多い。おもなものに，ベントグラス類，ブルーグラス類，フェスキュー類，ライグラス類などがある。生長が早く，繁殖は種子で容易にできるが，刈込みを怠ると病気が発生しやすくなる。→巻末表(382〜387頁)

しばたねまきつけき［芝種播付け機］ 西洋芝は芝種をまいて芝生をつくる。この種をまく機械。

しばつき［芝付き］ 木の地際の幅のこと。低木の寸法をいうときに，「芝付き回りいくら」と言ったが，今では「幅いくら」と表現するほうが多い。なおウメなどでは，幹回りは慣習上胸高ではなく，この芝付きの部分で計測している。

しばつぼ［芝坪］ 日本芝の売買単位の一つ。1坪は6尺四方（約$1.82×1.82$m）だが，芝の場合は5尺四方（約$1.51×1.51$m）を1坪としており，これを芝坪と呼んでいる。市販品は5尺四方の芝を40枚に切り分けて，20枚を1束にして2束としている。これらの芝を3cm程度の目地をあけて張り付けると，おおよそ1坪（6尺四方）になる。なお，6尺四方の芝を切り分けたものは「本坪」と呼ぶ。

しばにわ［芝庭］ 芝生の部分を比較的広くとり，植栽や石組，花壇やテラスなどの構成要素を配して景づくりされた庭園をいう。

しばはりそっこう［芝張り側溝］ 側溝を浅いくぼみ状に造り，水のよく浸透する土などで固め，そこに芝を張り込んだもの。排水量の少ない部分に適し

〔芝の切り方の例〕

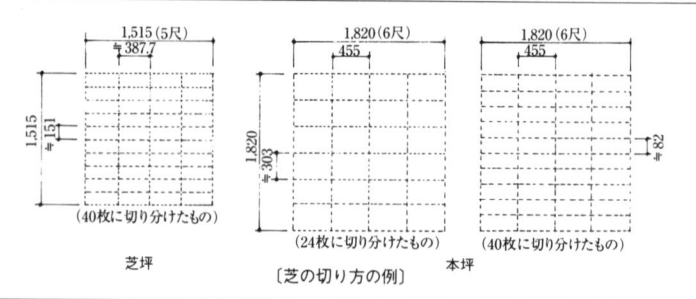

芝坪 1,515(5尺)×1,515 387.7 151 (40枚に切り分けたもの)

本坪 1,820(6尺)×1,820 455 303 (24枚に切り分けたもの)

1,820(6尺) 455 28 (40枚に切り分けたもの)

ている。

しばふ［芝生］ 芝草や芝種子により地表面上に造成されたじゅうたん状の外観の全体をいう。

しばやま［芝山］ 庭園内に造られる芝生を張った山の総称で、その築山(つきやま)の線が美しいものをいう。石組や植栽は少なく、なだらかな線を見せるのが特色で、おもに江戸時代前期の庭園に例が多い。特に大名庭園には好んで造られた。最も芝山が多く、また美しい庭として、水前寺成趣園庭園（江戸初・熊本市）がある。

〔芝山〕

じばん［地盤］ 広義では大地の表層をいうが、一般には人工的な建築物・工作物などが、長年にわたり安定・維持されるための基礎となる土地をいう。

しはんじき［四半敷き］ 敷石の一種で正方形に切った石を、斜め45度の角度に敷き込んでいくもの。禅宗寺院の土間や軒内(のきうち)に敷かれた瓦による四半敷きがその源であろう。

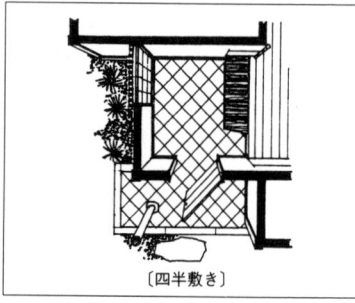

〔四半敷き〕

じばんだか［地盤高］ ①水準測量・工事測量で用いる、地表面上に設定した任意の点の標高（わが国では東京湾中等潮位を0として測定された地表面までの鉛直距離＝高さをいう）のこと。②建設や造園工事の際に、一区画あるいは一地域など局所的な範囲で示される、仮の基準面（基準点）から計画地盤面までの高さのこと。→ FH，GL

じびょうえんりん［寺廟園林］ ⇒ちゅうごくていえん

じふくいし［地覆石］ 石造基壇において、羽目石の下に地面に接して配置する長い切石をいう。地面に横たえるところからこの名があり、そのために土台石を意味する語としても使われるようになった。木材の場合は、単に地覆

とだけいう。
- **しぼう**［子房］ 石燈籠の基礎に用いられることのある蓮弁の一種で、竿の周囲に小さく立ち上がった形の弁。
- **しほうぶつ**［四方仏］ ⇒しほうぶつのちょうずばち
- **しほうぶつのちょうずばち**［四方仏の手水鉢］ 見立物手水鉢の一種で、石造の宝篋印塔（ほうきょう）、または層塔の塔身を利用して上部に水穴を掘ったもの。これらの塔身には、四方に如来像を彫るか、あるいはその仏を梵字（ぼん）で表現するので四方仏といい、また後者を「梵字四方仏」ともいう。露地においては最も好まれた手水鉢で、千利休もこれを愛したことが知られている。茶人は「し」の字を避けて「よほうぶつ」ということが多い。➡ちょうずばち（写真）
- **じぼりや**［地掘り屋］ 畑で植木の栽培をし、掘って根巻きをして売る商売をいう。最近は仕事の範囲、区分が錯そうしている。
- **しま**［島］ 池泉（ちせん）、枯山水を問わず池に造られる中島を総称する。この島の数によって、一島式、二島式、三島式、多島式などに分けることも多い。島の種類は大変多く、代表的なものには蓬萊島、鶴島、亀島などがある。石だけで造られる島は「岩島（がんとう）」という。平安時代の『作庭記』には、各種の島が解説されている。なお、古く奈良時代には、島という語が広く庭園を表す語として使われていた。
- **しみずがき**［清水垣］ 清水竹を用いた竹垣のことで、通常は建仁寺（けんにん）垣と同様に立子として用いられることが多い。清水竹は傷みやすいので、雨の掛からないような場所に使うのに適している。この垣の形式は、細丸竹をそのまま使うので、表裏の区別があまりない垣とすることができる。これとほとんど同じ形式の垣に、晒竹（さらし）を用いた晒垣がある。➡しみずだけ、さらしがき、かき（写真）
- **しみずだけ**［清水竹］ 竹材の製品名で篠竹の類を加工したものをいう。火であぶって曲がりを直し、油抜きを行って、砂みがきをかけたもの。ふつう長さ2.0m内外で、太さは何種類かに分けられている。これを用いた竹垣が清水垣であり、また素材としては茶席の天井などにもよく使用される。
- **しもよけ**［霜除け］ 寒風や寒気から苗木などの植物を護るために設けられる施設・工作物の総称。
- **しゃがん**［砂岩］ ⇒さがん
- **しゃくか**［杓架］ 柄杓（ひしゃく）を置くために手水鉢（ちょうずばち）上に乗せる一種の台で、多くは竹によって造られる。柄杓は手水鉢に直接置くことも多いが、その形によっては置きにくいものもあるので、この杓架を用いるとよい。また、貴人（きにん）を招く時には、手水鉢に直接柄杓を置くことを避ける意味もある。
- **シャコ** ⇒シャックル
- **しゃじがたちょうずばち**［社寺形手水鉢］ 手水鉢の分類名称で、石を方形に加工し、上部に大きな水穴を掘ったもの。おもに社寺に置かれ、参拝の際身心を清める目的で使われる。古く鎌倉時代から実例があり、その側面には手水鉢名称や年月日、寄進者等の銘文を入れる例が多い。江戸時代になると、大名庭園中にこの社寺形手水鉢が配される実例も増えてきた。➡ちょうずばち（写真）
- **しゃせき**［斜石］ 石の形をいったもの

で，立石(りっ)，横石を問わず，斜めに据えられる石の総称。立石としての斜石は，別に「斜立石(しゃりっせき)」という。

シャックル［shackle］ ワイヤーロープを結合するための金具。丸鋼をU字型に曲げて，両方の端をネジ込み式のボルトでつなげたもの。「シャコ」ともいう。

しゃっけい［借景］ 庭園に景を添える目的の一技法で，庭の敷地外にある山や建物などを意識的に取り入れたもの。本来は中国庭園において主張されたもので，明代後期の作庭書『園冶』(計成者)がその源である。同書において計成は，借景を，遠借，隣借，仰借，俯借などに分けており，日本庭園での考え方とは異なっているが，今日ではこの借景が拡大解釈され，日本庭園の本質的な技法のように思われている。しかし本来の日本庭園では借景という意識は少なく，山などは背景としての考え方が主であった。したがって，庭の背後に山さえ見えれば，どんな庭でも借景とするのは大きな誤りである。

しゃっけいていえん［借景庭園］ 借景を庭園造形の主体とした庭をいう。明治大正時代に京都東山周辺に造られた諸園などが代表的なもので，無鄰庵庭園(明治)はその典型といえる。→しゃっけい

しゃへいがき［遮蔽垣］ 竹垣の大分類で，向こう側を見通すことができない垣を総称している。透かし垣に対していうもので，たとえ低い垣であっても目隠しとなる構造であれば，遮蔽垣に分類される。建仁寺(けんにんじ)垣，竹穂垣，大津垣，桂垣などが代表的なもの。→すかしがき

じやま［地山］ 土を盛って造った盛土に対し，もともとできていた天然地盤をいう。

しゃもん［砂紋］「さもん」とも読み，敷砂の上に線を入れるその模様のことをいう。これを砂上に描くには，固い木や金属などに一定間隔のギザギザの歯をつけた砂紋掻きという道具を作って使用する。紋の種類には，漣(さざ)紋，紆行(うこう)紋，水紋，青海(せいがい)波紋，片男波(かたおなみ)紋，市松紋，荒波紋，立浪紋，その他があるが，特に決まりがあるわけではないので自由に描けばよい。

じゃり［砂利］ 岩石が，自然の風化作用や侵食作用によって崩れ，小粒状になったものの集まりをいう。採取場所によって山砂利，川砂利，海砂利などと呼ぶこともある。また，土砂の混じる程度により洗い砂利，並砂利，切込み砂利に種別する。しかし，今日では天然の砂利が不足し，人工的に岩石を割ってつくる砕石砂利が，コンクリート用の骨材や道路舗装用材などとして多く使われている。一般に，5 mm目のふるいに重量で85％以上留まる粒径のものをいう。庭園用では粒径1〜5 cm内外の円形〜楕円形の小石をいう。那智(なち)砂利，伊勢砂利，淡路砂利などがある。

しゃりっせき［斜立石］ 立石の一種で斜めに用いた立石の総称。

しゅうけいしょくさい［修景植栽］ 景色を整えるために植える樹木などの総称。

しゅうすいます［集水桝］ 地表面を流れる雨水をいったん集めたり，排水系統の途中に入れ，中継をするために屋外に設ける桝のこと。各桝は排水管で

[しゃ紋]

結び,最終桝からは公設桝に排水管を接続して排水をはかる。コンクリート製で蓋が付いている。丸形と角形があり,雨水では角形を使うことが多い。枯山水庭園の砂敷きの排水などの場合は,格子の蓋をかけ,砂が流れ出さないように目の細かいステンレスの金網を敷くようにする。底部は深さ15cm程度の泥溜め部を設け,定期的に点検し,清掃をすることが大切である。なお,最近では排水管を接続せず,かつ底部もふさがずに砂利をある程度の厚さに入れた浸透式の桝も設置されるようになった。

しゅうゆうしきていえん[舟遊式庭園] ⇒ちせんしゅうゆうしき

じゅうりょくようへき[重力擁壁] 擁壁の分類で,擁壁に使う材料の自重によって土圧を支える形式のもの。

しゅかん[主幹] 灌木などは通常,根元から多数の枝が出るが,そのうちでも幹と枝がはっきりと分かれているものがあり,その場合の幹をいう。

じゅかん[樹冠] 樹木の枝葉によって形づくられる外観の全体をいい,樹種によって生育環境による違いもみられるが,固有の形を呈する。基本となる樹冠例としては,①円柱状,②杯状,③広円錐状,④狭円錐状,⑤卵状,⑥球状,⑦広卵状(楕円状),⑦枝垂(しだれ)状,⑧半球状,⑨傘状,⑩流枝状,⑪不整形状などがある。

じゅかん[樹幹] 樹木の幹を総称するもので,用材などの用語として,枝と区別して用いられることが多い。

じゅかんほござい[樹幹保護材] 樹木の幹を保護するために巻き付ける各種材料。藁(わら),菰(こも),麻布,竹,薄板,

〔樹幹〕

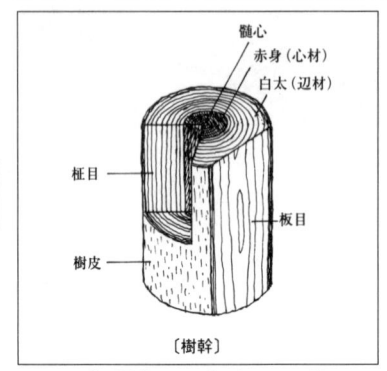

髄心
赤身（心材）
白太（辺材）
柾目
板目
樹皮

ロープ，緑化テープ，杉テープなど，様々なものがある。

しゅくけいていえん［縮景庭園］名高い名所の景色などを縮少して造った庭園をいうが，実際はそう例があるわけではなく，俗説的にいわれている場合が多い。水前寺成趣園庭園（江戸初・熊本市）が，東海道五十三次を縮景した庭といわれるような例がそれである。また自然の景色を縮めたもの，とする解釈もあるが，日本庭園の本質や精神からは離れるので，あまり適当な説とはいえない。

しゅけい［主景］庭園造形の内でも，おもに建物から見る観賞式庭園において，その庭の中心的な景色となる造形をいう。例えば，滝，島，築山（つきやま）などであるが，ときには三尊石組（さんぞんいわぐみ）等が主景となる場合もある。また広い回遊式庭園であっても，一地区に限定した景の中の，中心となる景を主景とする場合もある。

じゅけい［樹形］樹木の各部（根張り，幹，枝，葉など）によって形づくられる外観をいう。なお，一部樹冠と共通するところもある。樹形については，自然樹形と人工樹形とがあり，前者は樹種のもつ固有の形が基本であるが，環境（日当り，生育地，風など）によって変化し，また生長（幼年，壮年，生年，老年）によっても変化していく。後者は人の手を加えてつくられた樹形で，おもに刈込みによるものが多い。

じゅこう［樹高］樹木の規格・形状を示す尺度の一つ。地表面から，主幹あるいは樹冠の先端までの垂直高さをいう。なお徒長枝（とちょうし）などの部分は含めない。一般にアルファベットのH（Height の略）で表すことが多い。

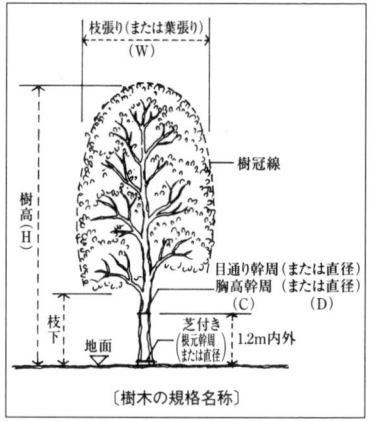

〔樹木の規格名称〕

枝張り（または葉張り）（W）
樹冠線
樹高（H）
目通り幹周（または直径）（C）
胸高幹周（または直径）（D）
枝下
地面
芝付き（根元幹周または直径）
1.2m内外

しゅごせき［守護石］秘伝書中に見られる石組名称で，庭中で最も中心的で目立つ重要な石に対していう。ときには三尊石組（さんぞんいわぐみ）の中尊石をいう場合もある。

しゅこん［主根］種子などの発芽によってはじめに伸びた，根系の中心となる根のこと。→こんけい

じゅせい［樹勢］樹木がその土地で育つときの生育の具合をいう。「樹勢が良い，悪い」というように使う。

しゅせき［主石］庭園全体に組まれる石組の中で，最も目立つ中心的な石，

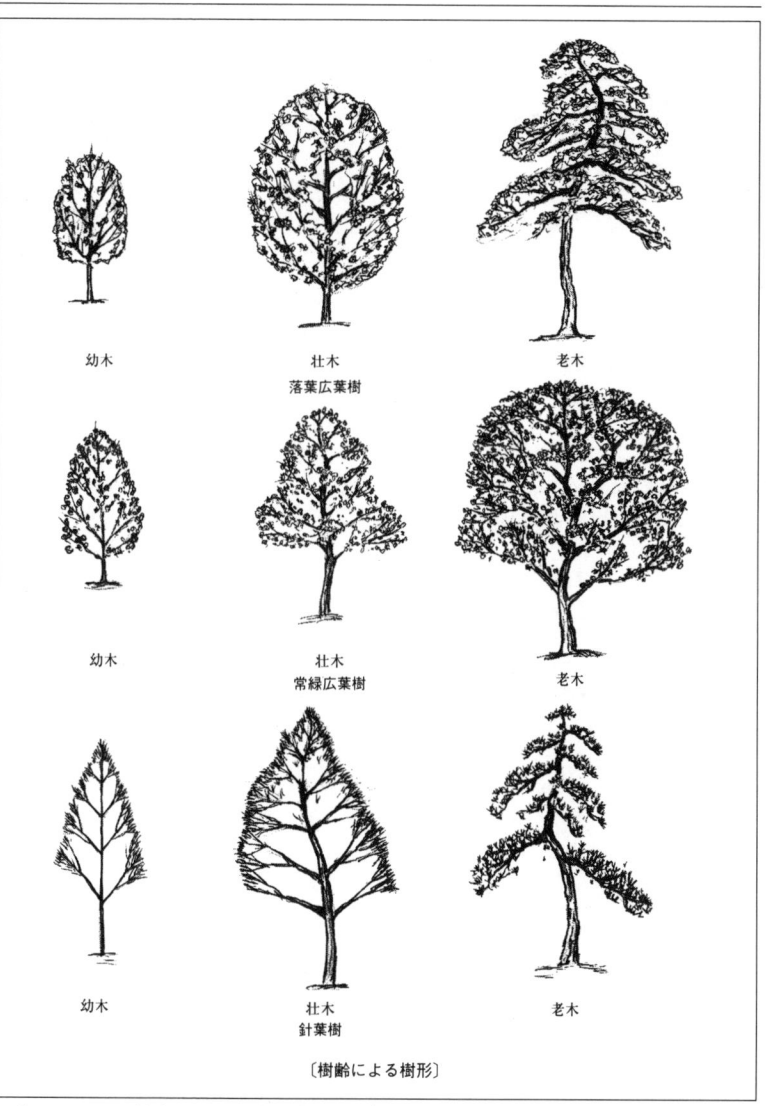

幼木	壮木	老木
	落葉広葉樹	
幼木	壮木	老木
	常緑広葉樹	
幼木	壮木	老木
	針葉樹	

〔樹齢による樹形〕

あるいは二石以上の石組の中で主となっている石をいう。三尊石組（さんぞんいわぐみ）の中尊石などはその好例。古くは「おもいし」とも読まれていた。→そえいし

しゅてい［主庭］ 建物に対して複数の庭園が造られている場合，最も主体と

〔主石〕

なる庭園をいう。大部分は建物の正面の庭（多くは南庭）をいうことが多い。主庭に対する用語としては、前庭、裏庭、側庭、中庭などがある。→ぜんてい

じゅひ［樹皮］⇒みきはだ

じゅひたいひ［樹皮堆肥］⇒バークたいひ

しゅぼく［主木］ 庭園などの構成において、その中心になっている樹木のこと。通常、仕立て物や、樹形がよく、品格のある常緑の広葉樹および針葉樹が用いられる。おもなものに、クロガネモチ、モチノキ、モッコク、ヤマモモ、クスノキ、イヌツゲ、ラカンマキ、イヌマキ、マツ類、コウヤマキ、チャボヒバ、イチイなどがある。なお、落葉樹では、株立ち状の樹姿の良いもの、紅（黄）葉の美しいもの、花木類などを主木にすることも多い。これには、ナツツバキ（シャラノキ）、コブシ、ハクモクレン、モミジ類、ハナミズキなどがある。

しゅみせんしきいわぐみ［須弥山式石組］ 仏教的名称の石組の一種で、仏説の須弥山を表現したといわれるもの。須弥山は一名を妙高山と呼ばれ、金輪の中央部に高くそびえ、その周囲を八つの山と八つの海が囲んでいるといわれ、この全体を「九山八海（くせんはちうみかい）」ともいう。この須弥山を中心として石を組んだと考えられる石組を須弥山式石組と称するが、石組名称としては昭和になって命名されたものである。

じゅもくしょくさいこうじしようしょ［樹木植栽工事仕様書］ 造園樹木の分類、枯れ補償、高木、低木、その他設計者の意図を施工者に伝えるための書類。

じゅもんたい［珠文帯］⇒れんじゅもん

しゅら［修羅］ 石や樹木を運搬するための木製の橇（そり）。ころの上に乗せ、人力で引く。

じゅれい［樹齢］ 樹木の年齢。

しゅろなわ［棕櫚縄］ シュロ（ヤシ科の植物）の幹を包む皮の繊維を集めて細く綯（な）った縄のこと。耐水性や耐久性に富むのが特徴である。二種類あり、素材の色（茶色）のままのもの（通称赤）と、黒く染めたもの（通称黒または染縄）とがある。おもに庭園用として、前者は風除け支柱の結束や幹巻き用などに、後者は竹垣の結束用や化粧結びなどに使われる。最近ではシュロの原材料が不足しているため、シュロを100％使用しているものは少なく、椰子（やし）の皮の繊維（パーム）を混ぜているものが多い。こちらは本シュロのものに比べて強度が落ちる。市販品は小束のもので、太さ3mm、長さ20mが標準であるが、これより太いものや長いものなど多種ある。→そめなわ

しゅろなわわりがけ［棕櫚縄割掛け］ 交差させた樹木の幹と支柱丸太、あるいは丸太と丸太を結びつけるとき、縄を切らず、それぞれを堅く結びつける

方法。

じゅんかんそうち［循環装置］池や流れの水を、流しっ放しにせずに、再度利用する装置。タンクなどに一度溜めた水を、一度外部に出し、ろ過装置を通して、滝口などから再び池に戻す方式が一般的である。

じゅんひらにわしきかれさんすい［準平庭式枯山水］枯山水庭園の分類用語で、平庭式の一部に低い築山(つきやま)などが付属する様式をいう。普賢寺庭園（桃山・光市）、大徳寺本坊方丈庭園（江戸初・京都市）、祥雲寺庭園（江戸初・堺市）、その他多くの実例が知られている。

じゅんへいちしき［準平地式］池泉(ちせん)庭園の分類方法の一つで、平地式の一部に土坡(どは)や築山(つきやま)を付属させたり、山畔(さんぱん)を取り入れた庭園をいう。山畔利用式や、山畔築山式に発展する前の段階の様式といえる。西芳寺庭園（鎌倉・京都市）、慈照寺庭園（室町・京都市）、常栄寺庭園（室町・山口市）、旧秀隣寺庭園（室町・滋賀県）その他、実例は多い。→へいちしき、さんぱんりようしき、さんぱんつきやましき

じゅんりんしょくさい［純林植栽］⇒ぐんしょく

しょいんしきちゃせき［書院式茶席］通常、四畳半以上の広間の茶席をいう。躙口(にじりぐち)などは設けず、外見上は一般の書院とほとんど変化はない。侘(わび)好みの草庵式茶席に対していう。

しょいんしきちゃにわ［書院式茶庭］露地の種類で、書院式茶席に付随するもの。草庵式茶庭のような侘(わび)本位のものとはせずに、やや格式を重んじた露地とされることが多い。→ろじ、ちゃにわ

しょいんしきていえん［書院式庭園］書院造りの建築に対して造られる庭園の総称で、おもに建物（書院）内から観賞する様式の庭園をいう。書院に面していても、庭自体が広い回遊式などの庭の場合は、書院式とはいわない。なお、造られる庭は池泉(ちせん)庭園も枯山水庭園もあり、特に一定の造形があるわけではない。

しょいんづくり［書院造り］室町後期から出現した住宅建築の様式。座敷は畳敷きとし、主座敷には、床、棚、付(つけ)書院などを設ける。建具としては、明り障子を用いるのも特色の一つである。一般的な和風座敷の様式として、現代においてもその影響は大きい。

しょうきゃくせき［正客石］⇒きにんせき

じょうげにだんしきていえん［上下二段式庭園］おもに池泉(ちせん)庭園における特殊な用語で、庭園が池泉部分と、上方の山畔(さんぱん)部分とのおよそ二段で構成されているような庭をいう。その双方に主要な造形のあることが原則となる。西芳寺庭園（鎌倉・京都市）、東光寺庭園（鎌倉・甲府市）など、多数の実例がある。

しょうこくじがき［相国寺垣］竹垣の一種で、昔京都の禅寺相国寺に造られていたもの。正確な構造は明らかでないが、竹穂垣の類と考えられる。一説には大徳寺垣に近いものともいう。

じょうさんぼうしざい［蒸散防止剤］成長期の葉が柔らかな時期に移植などを行う場合、しおれないように、前もって葉の表面を処理する薬剤。

じょうさんよくせいざい［蒸散抑制剤］樹木の移植や挿木を行う際に、乾燥

じょうさんりょく［蒸散力］ 樹木についている葉の全体が，どのくらいの水分を空気中に放出しているかという，その割合。移植した樹木などの場合は根の吸水能力が低下しているため，蒸散力とのバランスをとるため，枝葉の剪定(せんてい)を行うことが必要となる。

じょうしつさど［壌質砂土］ 国際土壌学会法による分類名称の一つ。→どせい

じょうしつしょくど［壌質埴土］ 国際土壌学会法による分類名称の一つ。→どせい

しようしょ［仕様書］ 複雑な設計を要する注文品や図を記した書類。設計図に表現しにくい材料，工法，仕上げ精度などについて，設計者の考えを施工技術者に伝えるためのもの。

しょうじょうせき［清浄石］ 縁先手水鉢(えんさきちょうずばち)に対して組まれる役石の一つで，背の高い手水鉢に対して，左右どちらかに立石(りっせき)，あるいは斜立石(しゃりつせき)として用いられる。景をとるための添石であり，江戸中期頃からこのような形が定まってきた。別名を「覗石(のぞきいし)」ともいう。

しょうしんぼく［正真木］ 江戸時代の作庭書『築山庭造伝後編』に記載されている役木(やくぼく)の一つ。同書に「木の一：此の印有る木を云，一庭の真木なり，此の木に随いて諸木見あわせて植ゆるなり，故に此の木の見はからい植木第一なり，よって正真木と云なり，松柏の二木(にぼく)を以って正とす，然し先ず松を上とす，一庭の草木の司たる木なれば随分大木をよしとすべし」。と述べられており，一庭の景趣の中心となる場所に配植される樹木をいう。今日では上記のほかに，常緑広葉樹のモッコク，ヤマモモ，クスノキ，クロガネモチなどが使われている。→しゅぼく

じょうそうぼく［上層木］⇒こうぼく

じょうど［壌土］ 日本農学会法による土性分類の名称の一つ。礫(れき)を除いた細土中の粘土含有量が25％以上～37.5％未満の土をいう。

しょうどしまいし［小豆島石］ 花崗岩の一種で，香川県の小豆島より産する。土庄町，内海町がおもな産出地で，大部分が建築土木用の加工石材とされるが，敷石，飛石，沓脱石(くつぬぎいし)用としても一部が使われている。

じょうどていえん［浄土庭園］ 庭園の仏教的な分類名称の一つ。平安時代後期から鎌倉時代にかけて盛んになった弥陀信仰に基づく庭園で，阿弥陀堂を建立し，その前に弥陀の極楽浄土にあるという弥陀宝池を意図する園池を掘ったものである。最も典型的な作では，阿弥陀堂が園池の西側に配置されている。実例としては，平等院鳳凰堂庭園（平安・宇治市），浄瑠璃寺庭園（平安・京都府），白水阿弥陀堂庭園（平安・いわき市），観自在王院庭園（平安・岩手県）などがある。また遺跡ではある

〔浄土庭園〕

が，源頼朝によって造られた永福寺庭園（鎌倉・鎌倉市）も典型的な浄土庭園であったことがわかっている。

しょうほせき［小舗石］ 通称「ピンコロ」ともいい，おもに花崗岩や安山岩を小さく割ってつくった，仕上げのされていないほぼ立方体の石材。寸法は，90×90×90mm が標準で，ほかに一辺80または 100mmのものがある。傾斜のある道路舗装や街路の歩道，遊歩道の舗装などに用いられる。組合せによって美しい模様ができるが，やや平坦性に欠けるところがある。

しょうようじゅりん［照葉樹林］ おもに常緑の広葉樹から構成されている樹林の名称で，葉の表面に光沢のある樹木が中心になっているところからこの名がある。日本では亜熱帯から暖・温帯に見られるもの。おもな樹林としては，タブ林，カシ林，シイ林などがあげられる。

じょうりょくこうようじゅ［常緑広葉樹］⇒じょうりょくじゅ

じょうりょくじゅ［常緑樹］ 年間を通じて緑色の葉を保っている樹木で，同義語に「常盤樹(ときわぎ)」がある。葉は一般に，萌芽展開後1～3年にわたり枝上にあって，古くなった葉は新しい葉の萌芽展開に伴って，直後に落ちるものや，しばらくして不定時に落ちるものなどがある。おもなものには，シイノキ，クスノキ，ヤマモモなどの広葉樹と，マツ，サワラ，ヒノキ，ヒマラヤスギなどの針葉樹，およびソテツやヤシ類などがある。➡巻末表

じょうりょくしんようじゅ［常緑針葉樹］⇒じょうりょくじゅ

じょうるりじがたいしどうろう［浄瑠璃寺形石燈籠］ 古社寺燈籠の六角形に属するもので，大和形式の実例。当寺には2基があり，阿弥陀堂前に南北朝時代の作が立つがバランスが悪い。立派なのは五重塔前の池畔(ちはん)にあるもので竿に南北朝時代貞治5年(1366)の銘がある。大和独特の美しい細部を持っているが，特に中台(ちゅうだい)上の火

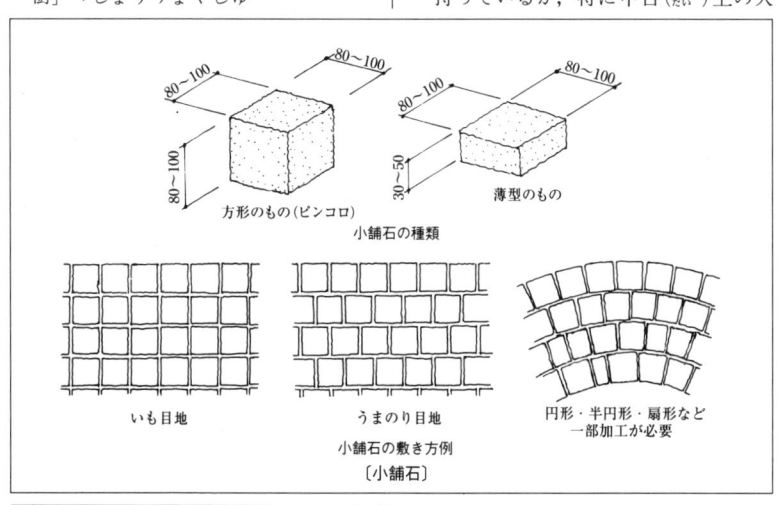

方形のもの(ピンコロ)　　薄型のもの

小舗石の種類

いも目地　　うまのり目地　　円形・半円形・扇形など一部加工が必要

小舗石の敷き方例

〔小舗石〕

袋受けとして彫られた反花(かえりばな)や、火袋にある一茎蓮華の円窓などの彫刻は見事である。→いしどうろう(写真)

しょくさい [植栽] 樹木や草花などの植物材料を目的(観賞・風致・修景・実用など)にかなうように、所定の空間の中に人為的に植え付けること、または植えられたもの。樹木の場合には、美的に配植することは当然であるが、その生長をある程度見越して植栽間隔や上下の関係などに留意して行うことが肝要である。

しょくさいかじゅう [植栽荷重] 建築物の上部に植栽を行う場合、その植栽の将来の生長も考慮した、総合的な荷重を計算するもの。この荷重は分散させて柱や梁で受けるようにする。

しょくさいじばん [植栽地盤] 樹木や草花などの植物が植栽される土地のこと。植栽地の土壌は、植物が健全に生長できることが要求されるので、それにふさわしい土壌の諸条件を整えることが重要である。したがって条件の悪い場所では、土壌改良剤等の混入、排水を良くする処置、および盛土や客土(きゃくど)を行う、または耕うんなど、適切な整備をあらかじめ実施することが大切である。特に宅地造成されたところ

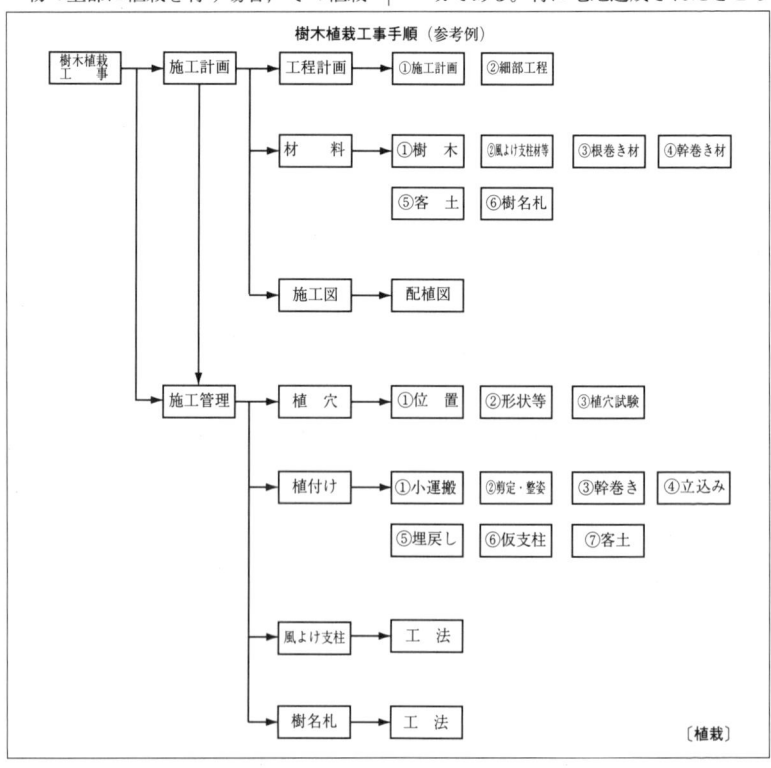

```
樹木植栽工事手順 (参考例)

樹木植栽工事 → 施工計画 → 工程計画 → ①施工計画  ②細部工程
                    → 材 料 → ①樹 木  ②風よけ支柱材等  ③根巻き材  ④幹巻き材
                              ⑤客 土  ⑥樹名札
                    → 施工図 → 配植図
            → 施工管理 → 植 穴 → ①位 置  ②形状等  ③植穴試験
                    → 植付け → ①小運搬  ②剪定・整姿  ③幹巻き  ④立込み
                              ⑤埋戻し  ⑥仮支柱  ⑦客土
                    → 風よけ支柱 → 工 法
                    → 樹名札 → 工 法
```
[植栽]

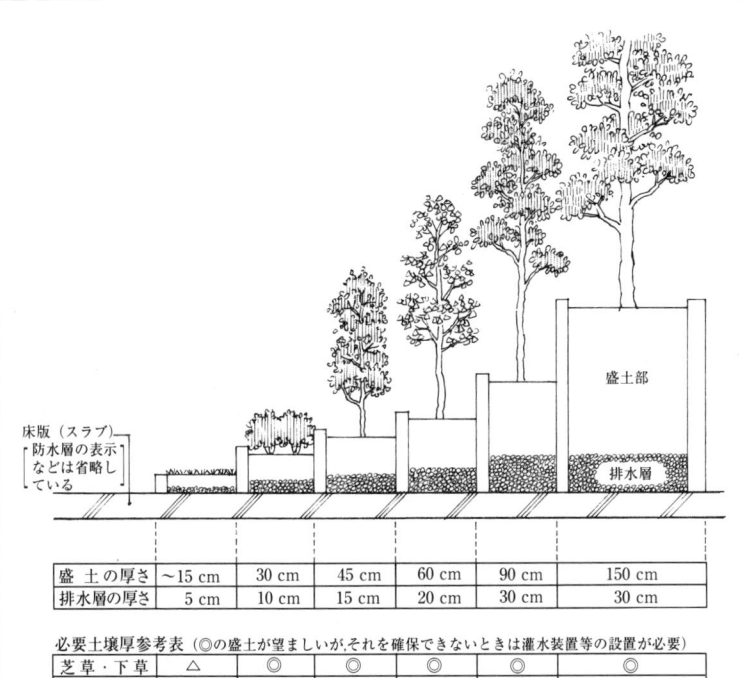

盛土の厚さ	～15 cm	30 cm	45 cm	60 cm	90 cm	150 cm
排水層の厚さ	5 cm	10 cm	15 cm	20 cm	30 cm	30 cm

必要土壌厚参考表（◎の盛土が望ましいが,それを確保できないときは灌水装置等の設置が必要）

芝草・下草	△	◎	◎	◎	◎	◎
小低木	×	△	◎	◎	◎	◎
大低木・中木	×	×	△	○	◎	◎
浅根性高木	×	×	△	○	◎	◎
深根性高木	×	×	×	△	◎	◎

×：植栽することが困難,生育は不可能 ○：若木を植栽して育成すれば可能
△：灌水を行って水分を補うことにより生育可能 ◎：通常の維持管理だけで十分生育可能

樹木の必要土壌厚さ　　　〔植栽地盤〕

では，土壌条件の悪い所が多いので注意する必要がある。なお最近では，ビルの屋上などに，人工的に植栽地盤を造成して植栽することが多くなっている。

しょくさいじばんぞうせい［植栽地盤造成］　樹木等を植栽しようとする土地の土壌を，将来にわたり健全な生育ができるように環境を整えること。植栽地を掘り起こして固まった土を細かく砕くことにより，水はけを良くしたり，混入している有害なものや，タケ，ササ，雑草の根などを除去したり，あるいは盛土，客土(きゃくど)，土壌改良剤の施用をするなどの一連の必要な作業をいう。

しょくさいます［植栽桝］⇒うえます
しょくさいみつど［植栽密度］　一定の面積の中に，または一定の長さに対して何本植栽するかという基準のこと。

密度の基準は，樹種や配植のしかたによって異なり一様ではない。個々の樹木の生長度や樹形，あるいは樹種の組合せ，植栽目的などに応じて適切な本数を定める必要がある。

しょくさいようど［植栽用土］　植栽に適した土の総称。通常は，植壌土，壌土，砂壌土が適する。

しょくしつじょうど［埴質壌土］　土性分類名の一つ。「埴壌土」ともいい，日本農学会法では，礫(※)を除いた細土中の粘土量の割合が，37.5％以上～50％未満の土壌をいう。

しょくじぼく［食餌木］　野鳥の餌となる果実などをつける樹木で，鳥類の生存保護のためにできるだけ植栽してほしいもの。主としてその果実が食べられるが，花や花の蜜を食する種類もみられる。エノキ，ウメモドキ，クロガネモチ，ヤマザクラ，ピラカンサス，アオキ，サンゴジュ，ナナカマド，ナンテンなど多数ある。

しょくじょうど［埴壌土］　⇒しょくしつじょうど

しょくせいマットこうほう［植生―工法］　種や肥料を一種のマットに接着させ，これを法面(％)に張り付けていく工法。おもに盛土の斜面に用いられる。

しょくど［埴土］　土性分類名の一つ。日本農学会法では，礫(※)を除いた細土中に含まれる粘土量の割合が50％以上の土壌をいう。

じょそう［除草］　草を取り除くこと。

じょそうざい［除草剤］　除草用の薬剤だが，形態や用途・効力で分類される。選択性除草剤は，特定の雑草に効くもの。非選択性除草剤は雑草の種題を選ばず，すべてに効くもの。土壌処理剤は土壌に散布して土壌中の雑草の種を殺すもので，雑草処理剤は雑草に直接散布し枯らせる。

ショベル　土砂を掘ったり，すくったりする道具。庭木の植付け，移植，掘り取り，石の据付けなどに使う。「シャベル」「スコップ」ともいう。剣スコ，角スコ，練りスコなどの種類がある。庭仕事などには先の尖っている剣スコを使う。「エンピ」は掘り取り専用のスコップ。

じょれん［鋤簾］　整地作業をするのに使う道具。長い柄に箕(ゐ)の形をした鉄製の刃を取り付け，土をかき取ったり，ならしたりするのに使う。トラックから砂などを荷下ろしするときにも使う。

じょろ［如露］　「じょうろ」と同じ。水を細い雨滴状にして散水するための道具。盆栽の水やりなどに使う。

しらかわいし［白川石］　花崗岩の一種で，京都市左京区北白川，修学院，一乗寺方面から産する。転石(ҡ́)としての玉状の石が主体であり，特に軟質の御影石に属する。採石は少量である。古くから石燈籠などに加工されていたが，風化が激しくその姿を留めぬものが多い。この石が風化により粒状となったものが白川砂である。

しらかわいし［白河石］　安山岩の一種で，福島県白河市より産する。白系の石もあるが，現在産出しているものは，地中深くにある灰色の石がほとんどで加工石材としての用途が主となっている。どちらかというと切石の表面は粗い感覚となる。

しらかわすな［白川砂］　最も代表的な白砂の一種で，京都市左京区北白川一帯から東山の山中方面にかけて産す

る。この地にある花崗岩の白川石が風化して粒状になったもので，1～2cm前後の砂利であり，平安時代から使われていたが，室町時代後期に成立した枯山水庭園の砂敷きとして重要な役割を果たしてきた。天然のものは次第に採掘禁止となり，白川石を機械で砕いたものが販売されていた。しかし最近これも環境問題などのためにほぼ中止となり，現在では茨城県などで生産された花崗岩の砕石が白川砂として使われている。

シラス 九州南部，鹿児島県，宮崎県の両県に広く分布する未凝結の火山礫（れき），火山灰砂，浮石などからなる灰白色の土壌の層をいう。そのままでは植物の生育には不適当で，改良が必要である。

しらた［白太］ 原木（樹幹）の赤味を帯びた樹心を囲んでいる，樹皮に近い白味を帯びた部分，またはそれを製材したものをいう。材は概して水分が比較的多く，軟らかいので，強度，耐久性に劣る。「辺材」ともいう。→あかみ，じゅかん（図）

しりだま［尻だま］ 植栽や移植の樹木を人肩運搬するときに，根鉢の底面（樹木を立てた形で運ぶとき），または側面（樹木を横にして運ぶとき）に行う縄かけのやり方のこと。なお，「たま」は麻でつくられた縄をいう。→なわがけ（図）

シルト［silt］ 砂よりも細かく，粘土に近い土壌。「微砂」「砂泥」などともいう。

しれんうち［四連打ち］ 飛石の打ち方の一種で，四石を続けて打つもの。別に「よれんだ」とも読む。

しろじゃり［白砂利］ 白色をなす砂利の総称。

しろなちいし［白那智石］ 栗石やごろた石の一種で，那智黒石に似るが白色のものに対して命名された製品名。日本産ではなく，台湾などからの輸入石である。

しろほ［白穂］ 竹垣素材として使用される竹穂の種類をいったもので，モウソウチクやハチクの枝のこと。クロチクの枝を黒穂というのに対して，色が白っぽいことからこう呼ぶ。→くろほ

しろみかげ［白御影］ ⇒あじいし

じわり［地割り］ 作庭を行うとき，設計図に基づいて池の線や築山（つきやま）の線を決定することや，さまざまなものの平面的な空間配置を決めること，または完成した庭の線や形状をいう。設計の段階でも，線や配置を描くことを「地割りを決める」という。

しん［心］ 樹木で幹の中心となるべき重要な枝，また将来主幹となる枝。何らかの理由で側枝（そくし）を心に立て替える場合があり，このことを「枝心（えだしん）」と呼ぶ。

しんくらま［新鞍馬］ ⇒こうしゅうくらまいし

じんこうしば［人工芝］ 植物の芝草ではなく，人工的に実物に似せてつくられた芝草状のものをいう。外観や肌触りなど，芝草と同じようにつくられたものから，いかにも人工的といったつくりのものまであり，また毛足の長さやその密度・形状など，メーカーにより製品に違いがあって多様である。利点としては，刈込みなどの管理がいらないこと，日当たりのない屋内などで使用できること。欠点としては平方メートル当たりの単価が高いこと，紫外線による老化および土ほこりなどがた

まることがあげられる。素材としてはナイロン製が一般的であるが，塩化ビニル製のものもある。また，透水性のものと遮水性のものとがあり，用途により使い分ける。

じんこうじばん［人工地盤］　土地の有効利用のために，その上空につくられた人工の地盤のこと。駐車場の上，駅前広場などに構築され，またビルなどの屋上，ベランダ部分も含まれる。植栽のためには，構造物の荷重に対する強度の確保，排水方法，防水方法などの必要な条件を考慮して造ることが重要である。植栽は地盤上に，樹木の生長に適した土壌（土壌としての諸条件を満たしている）を適切な厚さに盛土して行う。なお土壌については，構築地盤の許容荷重により，できるだけ軽量化することが要求される。樹種の選定にあたっては，耐風性・耐乾燥性のあるもので，維持管理が容易なものが好ましい。なお土壌の厚さが十分に確保できないときは，定期的に灌水されるような給水設備を設けることが必要である。最近では根の伸長によって床面などを傷めないように，防根シートが敷かれている。→巻末表（402頁）

じんこうじゅけい［人工樹形］　自然樹形に対する語で，人工的に手を入れて作り上げた樹形をいう。→しぜんじゅけい

じんこうどじょう［人工土壌］　新しい化学的な素材を用いて作られた土壌で，建物上などにも用いられる。

しんこまつ［新小松］　安山岩の一種で神奈川県足柄下郡真鶴町で採石される小松石に対して，その周辺に後年開かれた採石場から産出する石をいう。小松石よりは質・色ともに少々劣るものが多い。→こまついし

しんざい［心材］　⇒あかみ

しんしゅくめじ［伸縮目地］　①練積みをする場合，10〜20m間隔で1cm位の目地を設ける。コンクリート擁壁では気温の変化によって亀裂が生じるのに備えて設ける目地。②長い敷石を行う場合，一定の距離をおいて目地に伸び縮み可能な樹脂などを詰めたもの。夏冬の気温変化による石の伸び縮みをこの目地で調節し，ひび割れを防ぐ目的がある。おもに広い切石敷き等に用いられる例が多い。

しんしょう［新梢］　春に発芽して生長する先端部分をいう。

しんしん［心心］　さまざまな施工現場で使われる用語で，柱などの中心から中心までの距離をいう。「心心〇m」というように表現される。

しんせいがん［深成岩］　火成岩の一種で，マグマが地下深いところで冷えて固まり高圧を受けて硬い岩石となったもの。花崗岩，斑糲岩（はんれいがん）などがその代表。

しんせんしそう［神仙思想］　⇒ほうらいしんせんしそう

じんぞうせき［人造石］　天然の石に似せて，人工的につくられた石，あるいは石材のこと。セメントと水とを適切な割合で混ぜ合わせて練った中に，大理石，花崗岩などの砕粒石および着色用の顔料などを混ぜ入れて成型してつくる。または現場で塗り付けて仕上げる。プラスチックなどで形成したものもある。

しんぞり［真反り］　石造美術品の笠の細部造形をいうもので，厚みのある軒の反りが美しい曲線を描いて，同じ厚さで反っているものをいう。一部に直

[人工樹形]

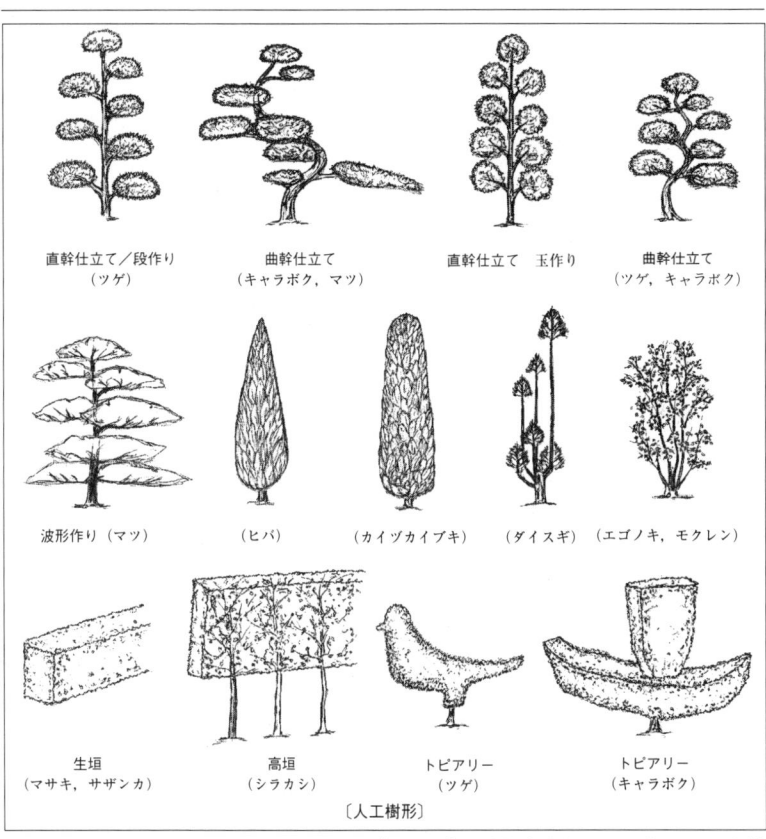

- 直幹仕立て／段作り（ツゲ）
- 曲幹仕立て（キャラボク，マツ）
- 直幹仕立て　玉作り
- 曲幹仕立て（ツゲ，キャラボク）
- 波形作り（マツ）
- （ヒバ）
- （カイヅカイブキ）
- （ダイスギ）
- （エゴノキ，モクレン）
- 生垣（マサキ，サザンカ）
- 高垣（シラカシ）
- トピアリー（ツゲ）
- トピアリー（キャラボク）

線のある軒は，真反りとはいえない。鎌倉中期から以前の作には，真反りが多く見られる。

しんでんづくり［寝殿造り］　平安時代後期に貴族の邸宅様式として出現したもので，主殿は板敷きとし，蔀戸（しとみど）を用いる。主殿と対屋（たいのや）を廊で結び，池泉（ちせん）に突き出すように釣殿（つりどの）を設けるのも特色の一つ。室町時代前半まで邸宅の様式として影響が大きかった。→しんでんづくりていえん

しんでんづくりていえん［寝殿造り庭園］　平安時代後期に，主として貴族階級の邸宅として建造された寝殿造りの前面に掘られた広い園池が寝殿造り庭園である。多くは南庭で主殿の前には「庭（てい）」と呼ばれる空間があり，その南の池中には中島を設け，橋を架けた。また，釣殿（つりどの）は池泉（ちせん）に突き出して造られる例が多く，ここから舟に乗って園池の舟遊を行うことも多かった。この様式は鎌倉時代まで影響を与えた。しかし現在では，その当時のものはまったく保存されておらず，

昔の絵巻物などからその様子を知るのみである。→ちせんしゅうゆうしき

しんぬき［芯抜き］ 手入れの方法で、新しく伸び出してくる先端を手で抜き取り、それ以上伸ばさないこと。ササ類（クマザサ、オカメザサ）などでよく行われる。

しんのけんにんじがき［真の建仁寺垣］⇒けんにんじがき

しんのしきいし［真の敷石］⇒きりいしじき

しんのとびいし［真の飛石］⇒とびいし

しんむすび［真結び］⇒こまむすび

しんようじゅ［針葉樹］ マツなどに代表される、細長く鋭い針状の葉をもった樹木、あるいはヒノキなどの一般に鱗（うろ）状と呼ばれる葉をもつ樹木の総称。植物分類学上は、裸子植物の中の球果植物に属する。なお、この中にマキ、ナギ、コウヤマキ、イチョウなどの針状や鱗状でない葉をもつものもあるが、分類上は針葉樹の仲間である。これらは常緑性のものが多いが、中にはカラマツ、ラクウショウ、メタセコイヤ、イチョウなどの落葉性のものもある。→こうようじゅ、巻末表

しんようじゅりん［針葉樹林］ 葉が針のように細く尖っているもの、鱗片状のものなど、いわゆる針葉樹と呼ばれる樹種を主体に構成されている林をいい、日本では温帯北部から亜寒帯に分布している。多くは常緑性で、アカマツ、ツガ、トウヒなどがある。

しんをたてる［心を立てる］ 樹木で将来中心となる枝を伸ばすこと。これは一本とし、複数は避けたほうがよい。

す

すいえん［水煙］ 石造美術品などに用いられる相輪の細部名称で、九輪の上部に四方に突き出たような形で彫られることが多い。木造の五重塔などの相輪に表現される水煙と同じもので、これを持った石造相輪はあまり多くない。

すいがい［透垣］ 平安時代頃に多く用いられていた垣の一種で、おもに板を隙間をつけて張り込んだような形式の垣。ただし、竹を編んだようなものもあったことが文献にある。檜垣（ひがき）に似た構造のものもあったが、それに隙間を設ければ透垣といったと考えられる。ある程度長く造ったものをいうのがふさわしい。

すいきんくつ［水琴窟］ おもに蹲踞（つくばい）の排水口下の地中に設けられる装置で水を捨てた時に、さわやかな水音を立てるもの。瓶（かめ）を伏せて入れ、その下

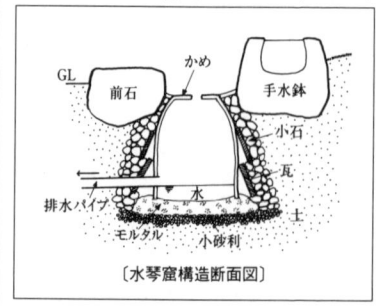

〔水琴窟構造断面図〕

に一定量の水がたまるようにして、上から水を落とすと妙音を発する。江戸末期頃から実例があり、明治以降、一時流行した。まれには、縁先手水鉢（えんさきちょうずばち）下の地下に造られることもある。洞水門と同一視する説もあるが誤りであろう。

すいこみ［吸込み］　蹲踞（つくばい）の排水設備、水門のこと。浸透式の排水も指す。

すいじゅんき［水準器］⇒すいへいき

すいじゅんそくりょう［水準測量］「高低測量」ともいい、レベルを用いて、地上に設定された諸点の標高、あるいは相互の高低差を求めていく測量のこと。または、各種工事の施工にあたって、目的の高さを設定するための測量をいう。→レベル

ずいしょうぼく［瑞祥木］　その木を植えると幸運を呼ぶとか、代々にわたって栄えるなどの言い伝えのある樹木。「吉祥木（きっしょうぼく）」ともいう。→えんぎぼく

瑞祥木

エンジュ	立身出世の望みがかなうとされる吉樹
モモ	邪鬼を払う力を備えているとされる吉樹
マツ	不老長寿が得られるという吉樹
ダイダイ	代々という語呂から子孫繁栄の吉樹

すいせいがん［水成岩］　岩の粒子や動植物の遺骸などが水中に堆積し、長い年月をかけて岩石化したもので、堆積岩とほぼ同意と考えてよい。石灰岩などはその代表的なもの。

すいせき［水石］　おもに室内などに置いて観賞する自然石で、一石が基本とされる。川や海で採れる石を愛することからその名が出た。

すいばん［水盤］　水を入れる器の総称。日本庭園では手水鉢（ちょうずばち）の別称としてもいう。洋式庭園では彫刻を見せた装飾性の強い作が多い。

すいへい［水平］　一般的に水平器、レベルを指す。

すいへいき［水平器］「水準器」ともいい、器械や物体などが水平かどうかを調べたり、またはそれらを水平に設定するために用いる器具のこと。普通は上面が一定の曲率をもったガラス管に注入された液体中に、気泡を封じ込めた形の気泡管を、直方体などにつくられた身部に埋め込んだ形のものが広く使われている。→レベル

すいぼくさんすいがしきていえん［水墨山水画式庭園］　墨絵で描かれた山水画のような形式の庭園をいう。中国の北宋山水画、南宋山水画の影響を多く受けた庭園形式といえる。

すいもん［水門］⇒ながし

すいもんせき［水門石］⇒みずかけいし

すえくち［末口］　丸太や竹の根と反対の先をいう。丸竹でも割竹でも、先端方向があり、必ず細くなっているものであって、これをうまく生かして竹垣造りを行う。これと反対が元口である。→もとくち

すががわいし［須賀川石］　安山岩の一種で、福島県須賀川市より産する。石質はほとんど白河石に近いが、地域によっては石質の細かい上等の石が採れこれを別に「江持石（えもちいし）」ともいっている。

すかしがき［透かし垣］　竹垣の大分類で垣を通して向こうが見通せる垣を総称

していう。遮蔽垣に対していうもので, 目隠しではなく, 仕切りや景のために造られる垣といってよい。矢来(やらい)垣, 光悦垣, 金閣寺垣, 龍安寺垣などが代表的なもの。→しゃへいがき, かき

すかしぼり［すかし掘り］ 土の堀り方の悪い例で, 壁面の土を掘るとき, 下側から先に掘っていくこと。こうすると上部の土が崩れてくるおそれが大きく, 非常に危険である。

すぎかわ［杉皮］ 伐採したスギの樹皮を剝いだもの。市販品の一枚の寸法は地方により異なり一定していないが, 原則として1把(束)は, 1坪分(約1.82×1.82 m)を葺けることを規準としている。おおよそ1枚の大きさは長さ1.9 m, 幅25〜36 cm, 厚さ6〜9 mm内外である。なお造園用としては, 1枚の大きさが75×30 cm内外, または72×40 cm内外のものなどがあり, ほかに独自の工夫がされているメーカーの製品もある。屋根葺材として知られるが, 庭園では庭門の屋根や垣根, 壁面張付けなどのほか, 植栽時の風除け支柱を取り付ける際に, 幹の保護のために巻き付けるのに用いる。

すぎかわがき［杉皮垣］ 竹垣の一種で親柱や間柱を立てた間に垂木を数段に渡し, そこに杉皮を張り込んだ垣。表面には横に細めの竹の押縁(おしぶち)を掛ける例が多い。侘(わ)びた感覚のなかにも上品な味があり, また保存の点でも有利な垣といえる。→かき(写真)

すぎかわぶき［杉皮葺き］ 杉の皮で葺いた屋根。庭門などに用例がある。

すぎテープ［杉―］ 樹木の植栽や移植に際し, 風によってそれが倒れないように支柱を設けるが, そのときに幹を保護するために杉皮の代わりに巻き付けるテープのこと。樹幹保護材として最近多く使われ始めている。寸法には幅10, 15, 20, 25, 30 cmの各種類があり, 長さは10 mである。

すきとり［鋤取り］ 整地作業のうちシャベルやじょれんで土を薄く削り, 平らにすること。

すきや［数寄屋］ 広い意味で茶の湯を行うための茶室や茶座敷を総称する。そこには, 本格的な書院建築と区別して, 天然木などを多用し, 侘(わ)の感覚を見せた建物を示す意味がある。数寄とは数寄者(すきしゃ)のことで, 茶事に通じた茶人をいい, この数寄者が好んだ建物を数寄屋といった。その後いろいろな説があり, 主屋と別棟になった茶室を数寄屋とすることもあるが, 必ずしもそのように特定することはできない。草庵風の感覚を多くもっている茶室と考えるのが最も妥当であろう。

スコップ［scoop］ ⇒ショベル

すじしば［筋芝］ 切土あるいは盛土造成の緩やかな斜面を芝草によって覆い, 表面を緑化するとともに, 土の流出を防ぐ目的で用いる方法。「筋芝工」ともいう。やり方は, ノシバを法尻(のりじり)(法面の下方)から切芝の長手側を法(のり)に平行に並べてゆき, 上に土(原則として粘性土)を盛って土羽打ちし法面を仕上げる。20〜30 cmごとに切芝を並べて順に土羽打ちして仕上げていく。急斜面および寒冷地には適さない。

すじしばこう［筋芝工］ ⇒すじしば

すすだけ［煤竹］ もともとの素材は民家などの小屋組の部材として使われている丸竹が, 長年にわたる囲炉裏(いろり)などの使用による煙や煤の影響により

断面　〔筋芝〕　正面

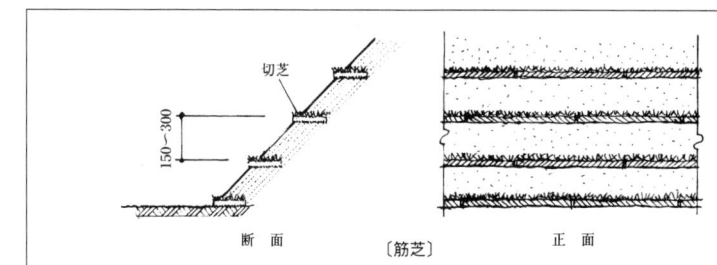

赤黒く色付いたものをいう。古い民家などの茅(かや)葺きや藁(わら)葺き屋根を解体したときに得られることが多く、茶室などの化粧材や工芸の材料として珍重されている。現在では、マダケやハチクを使い、人工的に燻(いぶ)し、薬品処理して、本来のものに似せたものがつくられ市販されている。

すすびょう［すす病］ ⇒巻末表(403頁)

すそがき［裾垣］ 生垣(いけがき)の用法による分類の一つで、建物や塀の下に低く長く用いられる生垣のこと。動物の接近を防いだり、水はねを防止したりする効果がある。切り詰めて低くおさえられる樹種がよく、またとげのある茨(いばら)垣とするのもよい。

スタッフ［staff］ ⇒ひょうしゃく

すだれがき［簾垣］ ⇒みすがき

すていし［捨石］ 庭石の用法の一つで無造作に、あたかも捨てたように庭中に配するもの。江戸時代後期以降にいわれ出したものと思われ、自然主義的な感覚の配石といえる。

すてコン［捨て—］ 割栗石や砕石を敷いた上に、墨を打ったり遣方(やりかた)を出したりの作業がしやすいように薄く打つコンクリート。

すど［簀戸］ 露地に用いられる戸の一種で、おもに細竹を間をあけて枠に打ち付けた簀子(すのこ)式の戸をいうが、今日では枝折戸(しおりど)の形式をもっぱら簀戸といっている。これを吊り下げた戸が揚簀戸(あげすど)である。

すな［砂］ 岩石が風化などの自然作用を受けてごく小さな粒状になったもので、通常5mmのふるいを重量で90%以上通過する粒径のものをいう。コンクリート用には洗ってゴミや不純物を取り除いたものを使う。庭園用には地面を覆う化粧用、あるいは枯山水の水の表現などの敷砂(まき砂)として利用する。粒径は、建材用とは異なり、一般に3～9mm程度のものをいうが、それより大きいものも砂と呼ぶことがある。おもなものに白川砂、寒水、桜川砂、那智(なち)黒砂、大磯砂、木津川砂などがある。

すなじき［砂敷き］ 地面の上に砂利などの細かい砂を敷き詰めることや、その状態をいう。おもに枯山水に多用されるが、池泉(ちせん)の護岸石組上方や通路などに敷かれることもある。別に、「敷砂」ともいわれる。

すなせっちん［砂雪隠］ 露地に設置される精神的な意味合いの強い便所で、実際には使わないので、別名を「荘(かざ)り雪隠」、「石雪隠」ともいう。下腹(したばら)雪隠が寄付(よりつき)や外露地に配されるのに対して、砂雪隠はおもに内露地に設けられ、客に清浄の心配りを見せる意

味があって，禅の心に通じるものがある。役石が定められており，左右に長い踏石を置き，その間の前方に小便返石(しょうべんがえし)，後方に裏返石(うらがえし)を配し，中には白砂を敷き詰める。隅には塵穴(ちりあな)を設けるのが約束となっている。客は必ずこれを拝見することが礼儀とされる。→したばらせっちん

〔砂雪隠〕

すなもり［砂盛り］ 枯山水の白砂中などの一部に，砂を山にしたもので，現在では一種の飾りとして用いられている。ただし，その源は神社等の砂盛りにあって，砂がけがれた時などに，これを崩して敷き詰めるという予備の役割があった。現在でも上賀茂神社（京都市）などで行われている。これを庭園の飾りとして大規模に用いた例が，慈照寺庭園（室町・京都市）中にある「銀沙灘(ぎんしゃだん)」と呼ばれる砂盛りであるが，これが造られたのは江戸時代のことであろう。

すなわ［素縄］ 稲藁(いなわら)を綯(な)ってつくった縄の総称。一般に，機械によって綯われた製品が市販されている。太さにいくつかの種類があり，庭園用には，7.5mm（2.5分）内外，または9mm（3分）内外のものが使われる。

すはま［洲浜］ 自然の海岸線などの入り組んだ線を象徴化して表現したもので，張りのある美しい曲線を見せる。平安時代頃にはこの線が特に尊重され，多く絵巻物などに描かれたが，特に池泉(ちせん)地割りには必ず応用された。現在のものでは毛越寺庭園（平安・岩手県）が名高い。また，この線は縁起ものとしても尊重されており，蓬萊(ほうらい)の飾りを乗せる台を「洲浜台」などとも称した。

スプリンクラー［sprinkler］ 自動散水器。芝生，苔，植栽地，畑，苗床に霧状に回転しながら散水する装置。用途によって先端のノズルの形状を変えれば，いろいろな角度に散水できる。回転式，埋込み式（ポップアップ）があり，防塵，農薬散布にも使う。建物の火災の際に自動的に水が出て消火する設備もさす。

スポットライト［spotlight］ 一点を集中して照らすライトで，庭園灯と組み合わせて使うと，さらに庭の夜の演出が可能となる。建物側から庭を照らしたり，樹木の根元から上に照らして樹形を浮かび上がらせるなど，効果的な使い方がある。

すぼり［素掘り］ 木を掘り取るが，根巻きをしないもの。地面を単に掘ったままの状態も指す。

すみいし［隅石，角石］ 石積みや敷石において，隅の部分に用いるやや大きめの石。角石は「かどいし」とも読む。

すりばちすいもん［摺鉢水門］ ⇒どう

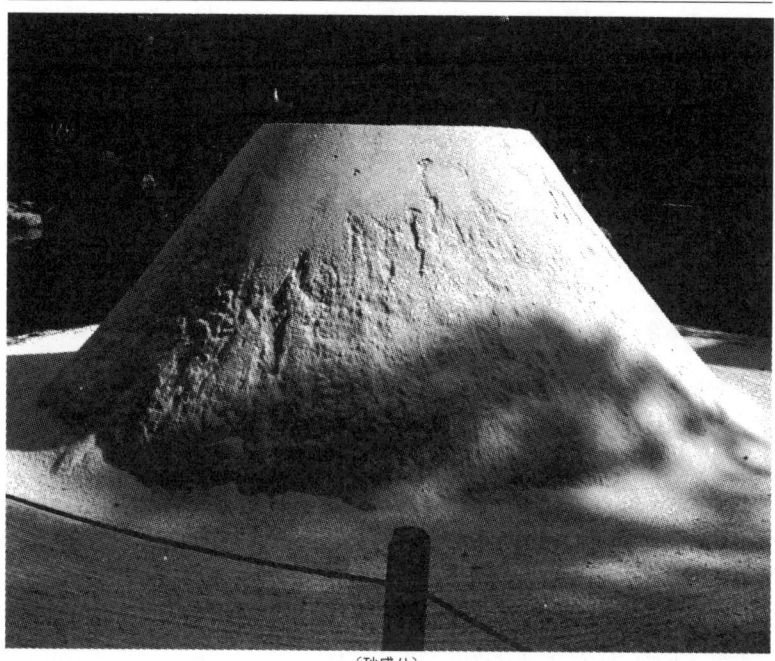

[砂盛り]

すいもん

すわてっぺい [諏訪鉄平] ⇒てっぺいせき

すわり [座り] 石や石造物など、据えたものを見たときに、安定感のあるなしを表現する。「座りが良い、悪い」などと言いまわす。

すんしょうあんがたおきどうろう [寸松庵形置燈籠] 庭燈籠のうちの置燈籠の一種で、本歌(ほんか)は不明。一石造り六角の小さな作であり、下に低い脚を造り出すのが特色となっている。火口は一面または二面で、他面に円形の火窓を設ける。笠は起(むく)り屋根になっているものが多く、上に薄い宝珠(ほうじゅ)を彫り出している。寸松庵とは江戸初期の武将で、茶人として名高かった佐久間真勝の号であるが、この燈籠との関係は明らかでない。➡いしどうろう(写真)

ズンドきり [―切り] 大木の樹形を整えるために幹を切ることをいう。幹を剪定(せんてい)することは通常行われないが、何らかの都合で行う場合は、細い枝を残しておき、将来主幹に代わるように一本立てることを枝心という。イチョウ、モチノキ、クロガネモチ、ヤマモモなどに施す。

せいかいはもん［青海波紋］ 砂紋の種類で，半円形を横並びに描き，その間に別の半円を描いていく繰り返し紋様。上から下へ向かって入れるのが特色といえる。

せいけいしき［整形敷き］ ⇒せいけいばり

せいけいしきていえん［整形式庭園］ 一定の整った幾何学的な平面造形をもった庭園をいい，これと対照となるのが自然風景式庭園である。生垣（いけがき）や花壇を中心とした左右対称の作が多く，西洋庭園の大きな特色とされる。日本を含めた東洋の庭にはほとんど例がなかったが，日本では明治以降の西洋館の流行とともに一部で造られたが発展はみていない。旧古河庭園（大正・東京都）のイギリス式庭園などはその代表作である。➡しぜんふうけいしきていえん

せいけいじたて［整形仕立て］ 樹木を人の好みに応じ，一定の形に整えて仕立てること。「自然仕立て」に対していう。➡したてもの

せいけいしょくさい［整形植栽］ 樹木を一定の規則に従って整然とした形に配置する植栽の手法。一般に同一樹種，あるいは同形・同大のものを等間隔に列植または格子状に配置することが多いが，同一もしくは2種類の樹木を大小交互に配植する形，樹形の異なる樹木を交互に配植する形など，組合せによって多様である。➡ひせいけいしょくさい

せいけいばり［整形張り］ 敷石や張石の造形をいう大分類で，石を一定の形式にそろえて張っていくものをいう。この反対が乱張りである。敷石の場合は「整形敷き」ともいう。➡らんばり

せいし［整姿］ 樹木の外観を整えること。美観を整え，生育促進・抑制，病害虫除去などの目的のために行う。剪定（せんてい）と刈込みによる方法がある。➡巻末表（401頁）

せいしせんてい［整枝剪定］ 樹木の形を整えるために行う剪定。

せいせんいわぐみ［井泉石組］ 井戸や泉を中心として石組を行ったもので，水を尊重すると同時に，神秘性や力強さをもたせた造形。鎌倉時代以前から例があり，一説には園城寺閼伽井（あか）屋庭園の石組が最古という。代表的な実例が，西芳寺庭園（鎌倉・京都市）や慈照寺庭園（室町・京都市）にある。

〔井泉石組〕

せいそうづみ［整層積み］ 目地を水平にそろえた石積みで，主として切石積

みのことをいう。→きりいしづみ

せいそうらんづみ［整層乱積み］ 切石積みの一つ。目地の線が水平になる整層積みに対し、目地線が不規則になるものを整層乱積みという。

せいち［整地］ ①土工事や庭造りで、仕上げを美しくするために土をならすこと。レーキ、じょれん、笄板（きいた）などの道具を使って不陸（ふろく）を調整し、美しく仕上げること。②芝張りの下地を作るのにならすこと。

せいようしば［西洋芝］ 日本芝に相対する呼び名で、欧米で栽植されていた芝生用植物のうち、明治に入って芝生用としてわが国に取り入れられたものの総称。もとは牧草としてその利用がなされていたものを、芝生材料としてそのまま、もしくは品種改良を加えて転用されるようになった。多くの種類は種子を播種（はしゅ）して造成するが、バーミューダグラス類は日本芝と同じ性状のため、栽培育成された苗（匍匐（ほふく）茎）を通常2～3本をまとめて一定の間隔（10cm程度）で植え付ける方法によって造成される。西洋芝は、バーミューダグラス類（冬に地上部が枯れる夏型芝）を除いて常緑性の冬型芝で、冷涼地でよく生育するが、暖地では夏の高温多湿あるいは乾燥に弱い。おもな種類には以下の表のものがある。→にほんしば、巻末表（384～387頁）

せきえいそめんがん［石英粗面岩］ 火山岩の一種で、石英、正長石（せいちょうせき）、斜長石（しゃちょうせき）などから成り、その生成状態によって硬質のものから軟質のものまで様々であり、硬いものは石造美術品に加工されている例もある。軟質の石の代表は、軽石として知られる抗火石である。この石の一つである流紋岩は、水石として愛好されることが多い。

せきぜんぼく［寂然木］ 江戸時代の作庭書『築山庭造伝後編』に示された「真之築山之全図」に記載された役木（やくぼく）の一つ。同書の説明に、「木ノ三：此の印有る処に植る樹をいふ。よくしげりて庭中の余り晃々（こうこう）せぬやうに見配りで植ゆべし。此の樹を植て一庭物しづかなる体に成るやうに植るをもって一名寂然園の寂然木といふなり、此の樹より段々奥々へ植続くやうに植て二方は囲うとしるべし。其の植込の植初る所の樹なり。」と述べら

西洋芝の種類

ベントグラス類 （ヌカボ属）	コロニアルベントグラス クリーピングベントグラス ベルベットベントグラス
ブルーグラス類 （イチゴツナギ属）	ケンタッキーブルーグラス カナダブルーグラス
フェスキュー類 （ウシノチグサ属）	クリーピングレッドフェスキュー チュウイングフェスキュー シープスフェスキュー トールフェスキュー メドウフェスキュー
ライグラス類 （ホソムギ属）	ペレニアルライグラス イタリアンライグラス
バーミューダグラス類 （ギョウギシバ属）	コモンバーミューダグラス アフリカンバーミューダグラス 改良バーミューダグラス ・ティフグリーン 　（ティフトン328） ・ティフウェイ 　（ティフトン419） ・ティフドワーフ

れている。図によれば庭に向かって左側の植栽群の主となる樹木で、常緑樹の枝葉の美しいものを選ぶ。「じゃくねんぼく」、「せきねんぼく」ともいう。

せきぞうびじゅつひん［石造美術品］石で造られた伝統的製品の総称であるが、おもに仏教美術品に対していわれる。その主体は石塔類で、奈良時代から出現する石仏や層塔が古い例。平安時代には宝塔や石燈籠も造られ、鎌倉時代にはその最盛期を迎えた。種類としては他に、五輪塔、笠塔婆（かさとば）、宝篋印塔（ほうきょういんとう）、無縫塔（むほうとう）、板碑、手水鉢（ちょうずばち）などがある。なかでも石燈籠は後世の桃山時代以降、露地から庭園内に導入され、庭と密接なつながりをもつようになった。また、その塔の一部分が見立物手水鉢に応用されることも多い。

せきてい［石庭］枯山水庭園中でも、石組を造形の中心とした庭をいう。当初は一木一草もない龍安寺庭園（室町・京都市）の別称として用いられたが、それが発展して使われるようになった。ただし、池泉（ちせん）では、いくら石組が多くても石庭とはいわないのが常識である。

〔石庭〕

せきとう［石塔］石で造られた塔婆（とうば）類の総称。層塔、宝塔、五輪塔、宝篋印塔（ほうきょういんとう）、無縫塔（むほうとう）、笠塔婆（かさとば）などがある。

せきどう［石幢］石造美術品の一種で中国で古くから造られていた経幢（きょうどう）を源とする。日本では鎌倉時代から例があるが、南北朝時代から室町時代にかけて、六角の六地蔵石幢が多く造立されている。石燈籠と同じような形で、中台（ちゅうだい）上に六地蔵を彫った塔身を置き、笠を乗せた例も多い。山梨県地方では、禅宗様式を取り入れた独特の石幢が多く造られている。竿のあるものでは、石燈籠のように節を付けないのが通例とされる。

せきぶつ［石仏］石で造られた仏類の総称で、線彫り、薄肉彫り、半肉彫り、厚肉彫り、丸彫りなどの種類があるが、大規模な磨崖仏（まがいぶつ）もこれに含まれる。石仏の小規模のものはよく庭園の添景として用いられている。

せきもりいし［関守石］⇒とめいし

せきもりだけ［関守竹］留石（とめいし）に代えて、飛石の分岐点に低く細竹を渡し通行止めを示したもの。

せきようぼく［夕陽木］江戸時代の作庭書『築山庭造伝後編』に示された「真之築山之全図」に記載される役木（やくぼく）の一つ。同書の解説に、「木ノ五：此の印の処をいふ、樹は楓又は梅桜花物か照葉紅葉物を植べし、夕陽たる名を考ふべし、図のごとく一景を離れて独り景をなす、依って夕陽と云うなり、故に花物紅葉物の類を以って植る、もし又緑りものなら花物紅葉物を植込みて愛ろふべし、一壺の一備えたる樹なり」と述べられている。座敷より庭園に向かって右手側に植えられる樹木でカエデ類、ウメ、サクラ類などの独立

せきり［石理］ 岩石を構成する結晶鉱物などの配列によってできる石の模様。変成岩のうち、片岩（秩父青石などの青石類）などは積層状の結晶粒の配列がはっきりとしている。

せこうかんり［施工管理］ 施工の受注者が、費用、施工期間、人員配分などを決めて管理すること。

せこうきめんだか［施工基面高］ formation level 建物や各種の工作物を築造する際の基準となる地盤面の高さ、あるいは造成工事などにおける仕上げ面の高さをいう。または、設計図などに指示された施工の基準となる高さや仕上げの高さをいい、一般にその数字の前に「FL」と略記して表される。→GL

せっかい［石階］⇒いしだん

せっかいがん［石灰岩］ 堆積岩の一種で、珊瑚(きん)、有孔虫などの海中生物にみられる炭酸カルシウムの骨格が、永年の間海底に堆積して固まった岩石。色は白色を主とするが、ほかにも様々な色がある。この石灰岩が結晶化したものが大理石であり、切石材として多用されている。庭石として使われる石灰岩は、日本では「龍岩(りゅうがん)」などといわれているが、あまりその用例は多くない。しかし、中国では太湖石として庭石の中心的な素材となっている。なお、粉末としたものがセメントの原料となることはよく知られている。

せっつみかげ［摂津御影］ 昔の摂津国（大阪府と兵庫県の一部）にあたる地方から産する良質の花崗岩をいう。

せっと［石頭］ 石切り作業に使われる丸みのあるハンマーの一種。柄には折れにくいウシゴロシの枝などを使う。

せつり［節理］ 岩石が形成される過程で、石にほぼ規則的な割れ目が形成されたものをいう。特にマグマが固まってできた火成岩に顕著で、板状になるものが多く、これを板状節理といい、柱状になるものを柱状節理という。

ぜにがたちょうずばち［銭形手水鉢］ 創作形手水鉢の一種で、古銭の形を取り入れたもの。周囲が円形で、水穴を正方形に掘ったものが大部分で、「水は方円の器にしたがう」という意味をもたせている。文字を入れる場合は陽刻とし、円形の周囲には必ず縁を付ける。京都の孤蓬庵(こほう)にある「布泉形(ふせん)手水鉢」や龍安寺にある「龍安寺形手水鉢」は特に名高い。→ちょうずばち(写真)

せひ［施肥］ 樹木に肥料を施すこと。移植した樹木には、あまり早く与えるのは害がある。腐熟していないものは避けるようにする。一般に梅雨期頃までとする。寒中に施すことを寒肥(かんごえ)といい、よく行われる。

せひせっけい［施肥設計］ 肥料を施す場合、将来の樹勢などを考え計画的に行うこと。

せみまるがたいしどうろう［蟬丸形石燈籠］ 古社寺燈籠の六角形に属するもので、近江形式の名品。大津市の関蟬丸神社にあり、基礎は側面無地の上部に単弁のやや厚みのある反花(かえりばな)を彫る。竿は太めで中節には連珠文を巻き、中台(ちゅうだい)は下に美しい請花(うけばな)を彫っている。特に優れているのは笠で、軒は真反りを示し、蕨手(わらびて)は強く立ち上がっており、その巻込みの中を貫通しない穴としている。笠上の請花、宝珠(ほうじゅ)は後補である。古くから

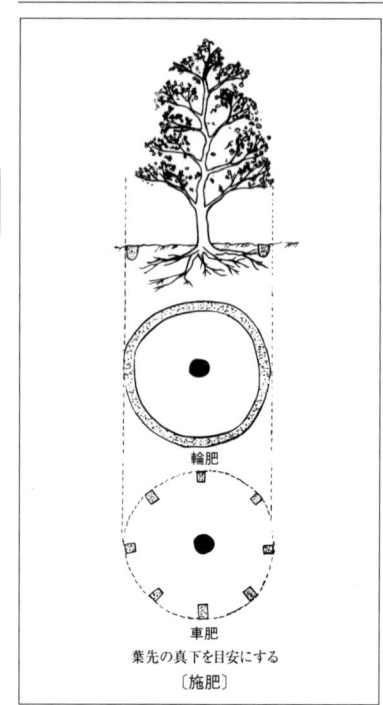

輪肥
車肥
葉先の真下を目安にする
〔施肥〕

「時雨(しぐれ)燈籠」として名物燈籠の一つに数えられていた。→いしどうろう

セメント［cement］ 広い意味でいうセメントには多種類あるが、工作物や庭園工事に使うセメントといえば、普通ポルトランドセメントのことである。原材料は、主成分としてシリカ（けい酸）、アルミナ、酸化鉄などを含む粘土および石灰石で、これらを適当な割合で混ぜ合わせて焼成し（これをクリンカーという）、さらに適量の石膏を加え、粉末状にしたもの。

せわりざい［背割り材］ 心持ちの丸太材や角材の表面に亀裂が入るのを防ぐために、樹心まであらかじめ鋸(のこぎり)で挽いてあるもの。

ぜんきしきかれさんすい［前期式枯山水］⇒こしきかれさんすい

せんざい［前栽］ 平安時代頃に壺庭などの狭い空間に、草花や小樹木などを植えたものをいうが、後にはそれが発展して庭園の意味にも用いられるようになった。平安時代に成立した作庭秘伝書を『前栽秘抄』（後の『作庭記』）といったのはその一例である。前栽の庭は、平安時代の物語本に頻繁に記載されている。

せんぞがえり［先祖返り］ 樹木のある種類から改良して作られた品種が、元の種類・性質に戻ってしまうこと。特に葉の形によく現れる。

せんだいいし［仙台石］⇒いないいし

せんたくせいじょそうざい［選択性除草剤］⇒じょそうざい

せんてい［剪定］ 樹木は、放任状態では枝葉が茂り、通風や日照を妨げ、内部の小枝や下草の生育に悪影響を及ぼしたり、また病気や害虫の発生が多くなり、大事な枝を枯らすことになりかねない。こうしたことを防ぐうえから枝葉を切り除き、庭木の健全な生育を促すとともに、美しい形を保つために欠かすことのできない作業。→巻末表（401頁）

ぜんてい［前庭］ 通常は主庭(しゅてい)に対する語としていわれるもので、門から玄関に達する間の通路を主体とした庭園をいう。今日ではアプローチと称されることが多いが、日本庭園では工夫を凝らした味わい深い作も多く、優れた庭園空間とされているので、アプローチと同一ではないだろう。なお、主庭の場合でも禅寺の方丈南にある庭園を「方丈前庭」などという場合もあるが、これは方丈の前という意味であ

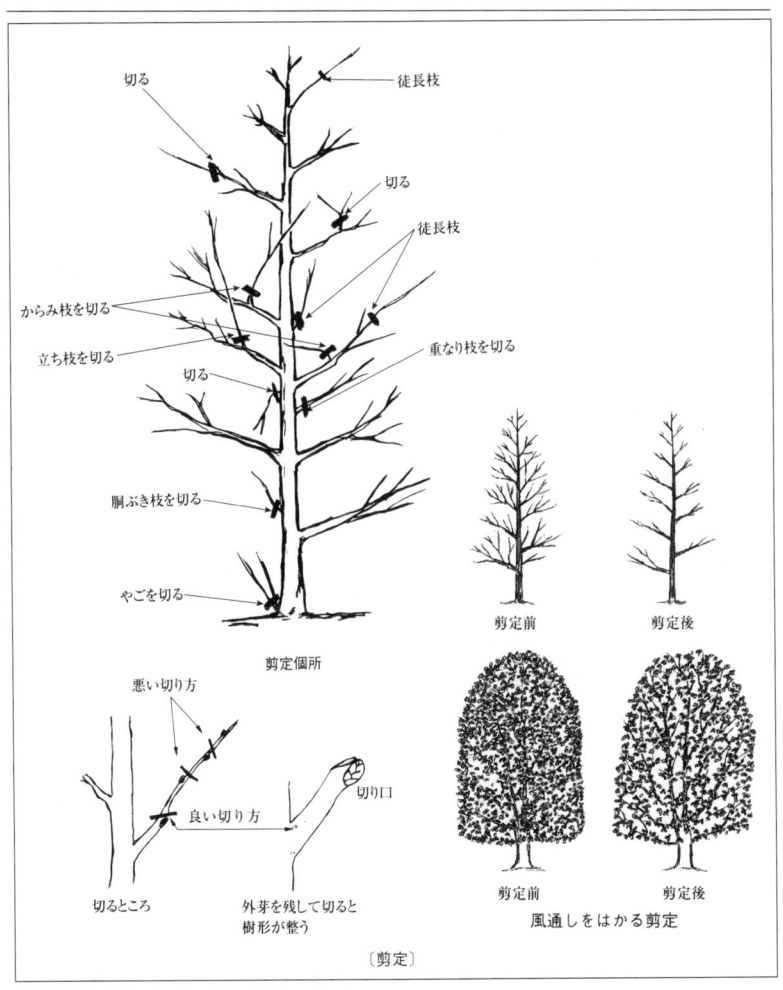

図中ラベル: 徒長枝／切る／からみ枝を切る／立ち枝を切る／重なり枝を切る／胴ぶき枝を切る／やごを切る／剪定個所／悪い切り方／良い切り方／切り口／切るところ／外芽を残して切ると樹形が整う／剪定前／剪定後／風通しをはかる剪定

〔剪定〕

り, 普通にいう前庭とは異なる。→しゅてい

せんていのこぎり［剪定鋸］ 木の幹や根, 枝を切るための鋸。目が詰まらないように刃が粗く付いている。片刃で歯が短いのが特徴。

せんていばさみ［剪定鋏］ 木鋏に比べて太い枝を切るのに適している。切り刃と受け刃が半円弧状になっており, ここにはさんで回すようにして切る。手入れの場合は, 木鋏のほうが細枝の剪定など, 細かい作業ができる。

ぜんどうじがたいしどうろう［善導寺形石燈籠］ 庭燈籠のうちの立燈籠に

属するが、また変形燈籠ともいえる。京都の善導寺にあって、全体的に肥大化した姿のものであり、火袋に茶碗、茶筌(せん)、五徳(ごとく)などの茶道具を厚く彫り出す。江戸時代後期の茶人好みで、退化した形といえる。

せんにゅうじがたゆきみどうろう
[泉涌寺形雪見燈籠] 雪見燈籠の一種で、京都泉涌寺客殿の庭に置かれているもの。大型の雪見形で、脚は力強く開いた四脚となるが、それ以上は八角で、中台(ちゅうだい)上の火袋は低く八角の各面を火口とする。笠は薄く大きな起(む)り屋根となっていて、上部が二段に膨らんでいるのが特色であり、その上に宝珠(ほうしゅ)を乗せる。堂々とした力強い作であるため、以前は桃山時代以前のもののようにいわれていたが、そんなに古くはなく、江戸時代中期頃の作と思われる。→いしどうろう(写真)

せんびん [船瓶] ⇒からふねがたちょうずばち

せんるい [蘚類] コケの大分類で、コケ類は学問的には蘚苔類(せんたい)といい、蘚類と苔類に分けられる。蘚類は地面から立ち上がった茎に葉をつけるものが多く、庭に使用するコケの代表であるスギゴケ類がそれに属する。これに対して苔類は、地面に張りつくように生育するものが多く、ゼニゴケなどがその代表である。→巻末表(380〜382頁)

そ

そうあん [草庵] 茶席の分類上、侘(わび)形式の狭い席の総称とされる。基本的には四畳半以下の小間(こま)の席を意味し、田舎屋風に草葺き屋根として造られる例が多かったために、草庵の名が出たものと考えられる。隠遁(いんとん)しての清らかな生活を象徴した茶席であり、やがて広間の席である書院式茶席と対照的に、草庵席という名称が多く使われるようになった。千利休らによって成立した侘茶(わびちゃ)の象徴といえる。

そうあんしきちゃにわ [草庵式茶庭] 露地の種類で、草庵茶席に付随する侘(わび)本位の茶庭。外露地、内露地に分けられるものが多い。書院式茶庭に対していう。→そうあん、ろじ、ちゃにわ

ぞうえん [造園] 広く庭づくり全般のことをいう。日本庭園、洋式庭園、公共庭園など、幅広い分野を含んだ語。

そえいし [添石] 主石に対して、添えて組む石の総称。主石よりは小さな石で、その形式には、ふところ添え、わき添え、まえ添え、うしろ添え、はなれ添えがある。二石組の場合は主石と添石の構成であり、三尊石組(さんぞんいしぐみ)の場合は主石の左右に二石の添石を組むことになる。別に「副石」と書くこともある。→しゅせき

ぞうえんぎのうし [造園技能士] 労働省の国家検定制度の技能検定に合格したものに「技能士」の称号が与えられる。この造園技能検定試験は、昭和48年から行われている。

ぞうえんじゅもく [造園樹木] 造園用として、修景植栽や実用植栽などに使

われる樹木および植物を総称していう。一般的には樹高および形態等から，高木・中木・低木・つる性植物・這性植物などや，針葉樹・広葉樹・竹類・特殊樹木（シュロ類，ソテツ，ヤシ類，ドラセナ類など）および常緑樹・落葉樹・半落葉樹などに分類されている。造園樹木として選択される要件のおもなものは，樹形や花などが美しいこと，比較的土壌条件を選ばず生育すること，移植性に強いこと，萌芽力があり剪定(せんてい)に耐えること，病虫害が少ないこと，維持管理が楽なことなどである。

ぞうえんせこうかんりぎし［造園施工管理技士］昭和50年度に，建設省が造園工事に携わる技術主任者級のものとして，造園施工管理技術検定制度を設け，合格したものに「造園施工管理技士」の称号を与えている。1級と2級があり，それぞれ学科試験（土木工学，施工管理法，法規）と実地試験（施工管理法）がある。

そうかん［双幹］おもに盆栽の分野で用いられる語。幹の根際が一つで，根元近くから2本に分岐して直立し，ほぼ同じ太さで生育している形のもの。仕立て方としては，大小の差をつけるのがよい。針葉樹に多く見られ，中国で双桧（ヒノキ），双柏（シンパク，ビャクシン）は縁起木(えんぎぎ)として喜ばれる。

そうかんしたて［双幹仕立て］樹木の幹が根元から2本に分かれて立つような樹形に仕立てること。マツの仕立てなどによく行われる。マツ，シャラノキ，イヌツゲなどに見られる。→あいおいつくり

ぞうき［雑木］雑木の呼称は，もとは林業で用いられていたもので，スギやヒノキなどの材木用の樹木を除いた，一般に材木として利用できないような広葉樹類をいう。庭園の植栽に使われる雑木類は，関東地方の近郊，いわゆる武蔵野に生育している，これまでは庭木として使われていなかった落葉広葉樹が中心になっている。近年，各種の樹木が育成され市場に供給されるようになり，庭木としての利用も多くなっている。木立の美，萌芽，枝葉展開，開花，紅（黄）葉，落葉など，四季折々の変化を楽しめることが好まれている理由の一つである。現在利用されているおもな樹種には，コナラ，シデ類（アカシデ，イヌシデなど），カエデ類（イロハカエデ，ヤマモミジなど），ナツツバキ（俗称シャラノキ），ヒメシャラノキ，ハクウンボク，エゴノキ，クヌギ，ナナカマド，ヤマボウシ，クロモジ，リョウブ，ガマズミなどがある。数本を寄植えすると風情が出て効果的である。→巻末表（389頁）

そうさくがき［創作垣］伝統的な形式の垣ではなく，現代的な新しい感覚の竹垣を総称していう。特に定まった形はないが，特色あるものとしては，文字をアレンジして表現した文字垣や，斜め押縁(おしぶち)で変化をつけた網干(あぼし)垣などがある。

そうさくがたちょうずばち［創作形手水鉢］手水鉢の分類名称で，桃山時代に露地が成立して以来，そこに用いる手水鉢として新たに創作されたものをいう。したがって最初に造られたものは本歌(ほんか)として尊重され，後世に多くの模作が造られるようになった。創作であるだけに，その種類は多種におよんでいるが，おもなものとしては

銭形，円柱形，露結形（ろけつ），銀閣寺形，枡形，方柱形，半月形，袖形，木瓜形（もっこう），その他がある。→ちょうずばち（写真）

そうず［添水，僧都］⇒ししおどし

そうとう［層塔］　石塔類の一種で，仏教伝来とともに日本に伝えられた塔婆（とうば）である三重塔や五重塔の形を石で造ったもの。現存最古の塔は，奈良時代の滋賀県石塔寺三重塔と思われ，鎌倉時代には多数のものが造立された。平面は正方形で，下から基礎，塔身，笠，相輪の順で重ねられるが，笠の数によって三重，五重，七重，九重，十三重の例がある。笠の間に別石で軸部を積むものは古式であり，後には笠の軸部を一石で表現したものが多くなった。塔身には，四方に如来像を彫ったものと，それを梵字（ぼん）で表現したものがあり，その廃物に水穴を掘ったものは四方仏の手水鉢（ちょうずばち）として尊重されている。

そうのけんにんじがき［草の建仁寺垣］⇒けんにんじがき

そうのしきいし［草の敷石］⇒しぜんせきしきいし

そうほん［草本］　木質部のない軟質の草をいう植物学的な名称。木を木本（もくほん）というのに対して草本という。

そうもくばい［草木灰］　草，木を燃やして作った灰。即効的でリン酸，カリ分の多い肥料。

そうりん［相輪］　仏塔の象徴として木造建築の塔や石塔類の最上部に立てられるもの。建築では鋳造とされるが，石塔では同じく石で彫るために，簡略化した表現となる。これを用いるのはおもに層塔，宝塔，宝篋印塔（ほうきょういんとう）であり，笠の上部にある露盤の上に柄（ほぞ）穴を掘り，そこに柄を差し込んで立てる。下から伏鉢，請花（うけばな），九輪，請花，宝珠（ほうじゅ）からなり，上部請花のすぐ下に水煙を彫り出すこともある。また九輪の間の軸部を擦（さつ）という。この石造相輪は，すべてが一石造りとされている。

そうわがき［宗和垣］　竹垣の一種で，立子には篠竹のような細竹を用いた遮蔽垣であるが，その上部だけを一定の高さで透かし，細竹の格子を見せた垣。

そえ［副，添］　樹木の植栽あるいは石組などを行うとき，その構成の真となる要素の近くに配置される別の要素をいう。なお副の考えには，真となる要素の欠点を補うようにするいき方と，真となる要素を強調するように働きかけるいき方とがある。いずれにして

［層塔］

そえいし［添石］石組の構造的名称の一つで，何かに添えて組んだ石をいう。最も普通にいわれるのは，石組のとき主石に添える形で組むもので，その造形には，ふところ添え，わき添え，まえ添え，うら添え，はなれ添えなどがある。

そえぎ［添木］①樹木を仕立てる際，幹や枝の曲がりを直したり，反対に曲がりをつけたりする目的で添えられる木。②樹木に鳥居型支柱を取り付けるときに，風による幹の揺れなどを防ぐために，幹に沿うように当ててしゅろ縄などで結び留める細い丸太（通称梢（ぎ）丸太）のこと。一般に細い幹の植栽木に適用される。

そえだけ［添竹］おもに樹高の低い1.5～1.8m以下の植栽あるいは移植の樹木に取り付けられる，風除け支柱法の一種。幹に沿うよう直立に立て，2～3個所を幹に杉皮等を巻き，しゅろ縄などで結び留める。一般に「竹一本支柱」などと称している。→そえばしら

そえばしら［添柱］用法は添竹と同様で，こちらは竹の代わりに細い丸太（梢（ぎ）丸太）を使ったもの。→そえだけ

そくが［側芽］枝の側面に分枝して発生する芽の総称。「益液芽（えきえきが）」ともいう。

そくかく［息角］⇒あんそくかく

そくせつ［測設］測量によって，設計や施工の目的に必要な点などを，現場に直接設定していく作業のこと。

そくてい［側庭］主庭（しゅてい）に対して，建物の側（脇）の部分に作られる庭の総称。多くは東庭，西庭とされており，通路と兼用の狭く長い庭となる例がほとんどである。

そくばん［測板］平板測量用につくられた，厚さ25～27mm，大きさ40×30cm（小測板），50×40cm（中測板）の中空・合板（ヒノキ材など）張りの平板（または図板）のこと。裏面に三脚に取り付けられた平板を固定し，回転させるためのネジを引っ掛ける特別な金具を有する。→へいばんそくりょう

そくりょうきかい［測量器械］測量に用いられる各種の機器の総称で，一般にその目的により専用のものを使っている。水準測量（レベル，ハンドレベル），角測量（トランシット測量＝トランシットコンパス）など。最近ではGPS（全地球測位システム）を使った器械や電磁波，光波を利用する精度の高い器械も開発されて使われている。

そくりょうきぐ［測量器具］各種測量に用いられる器械以外の用具のこと。巻尺類，ポール，標尺（スタッフ），アリダード，垂球（下げ振り），プラニメーターなどがある。

そせき［礎石］建物の柱下に用いられる石で，自然石と加工品とがある。

そせきがたちょうずばち［礎石形手水鉢］見立物手水鉢の一種で，古建築の柱下に用いる礎石の類に水穴を掘って手水鉢としたものの総称。これには禅宗様式の建物柱下にある礎盤を利用したものや，奈良時代に造られた，上部が円形で平らな天平礎石を用いた伽藍石の手水鉢などがある。→ちょうずばち（写真）

そだ［粗朶］　粗末な雑木の枝や薪などをいう。これで造った柴垣を粗朶垣ということもある。

そだがき［粗朶垣］　⇨しばがき

そっこう［側溝］　道路等の側面に設けられる排水のための溝。

そっこうせいひりょう［速効性肥料］　根，葉から速やかに吸収利用される肥料。硫安，尿素，硝安，硫酸カリ，塩化カリ，化成肥料などがある。→かんこうせいひりょう，ちこうせいひりょう

そっこん［側根］　樹木の根系のうち，垂直に地中に伸びる根（直根）から，横あるいは斜めに伸びる根のこと。別名「支根」，「枝根」などともいう。

そでがき［袖垣］　竹垣の形態から名付けられたもので，短く造った姿を着物の袖に見立てた名称。建物に付属して造られることが多く，一方のみに親柱を立て，そこから曲線を見せた玉縁（たまぶち）を造る構造のものが目立つ。目隠しとして構成されるほか，景としても好まれるので遮蔽垣を基本とするが，透かし垣とされる例もかなりある。長さが短いだけで，すべての垣の形式が取り入れられているが，江戸時代後期になると凝った形のものが多くなってくる。『石組園生八重垣伝』には，それらの作例が紹介されている。なお，袖垣という名称は，鎌倉時代にはすでに用いられていた。→かき

そでがたいしどうろう［袖形石燈籠］　庭燈籠のうちの変形燈籠に属するもので，その本歌（ほんか）は明確でないが，京都修学院離宮下御茶屋の庭にあるものがよく知られている。基礎は生込み式で薄く，その上に長方形の高い竿形の切石を立てるが，この石を大きくコの

〔袖垣〕

字に切り落として，そこを火袋としている。これは火袋とはいうものの，実際は上部に蛭釘（ひるくぎ）があり，ここに釣燈籠を掛けるようになっており，まったく特殊な形式としてよい。笠は長方形の大きなもので，上部が二段になった形となり，最上部は宝珠（ほうじゅ）を用いず，平らな棟のような形を彫り出している。江戸時代初期の作。→いしどうろう(写真)

そでがたちょうずばち［袖形手水鉢］　創作形手水鉢の一種で，平面長方形の方柱の側面を，大きくコの字形に切り取った形のもの。その姿を着物の袖に見立てた名称である。これに近いものに，誰袖形（たがそで）手水鉢がある。八幡市の松花堂書院にあるものなどが名高い。→ちょうずばち(写真)

そとこしかけ［外腰掛］→こしかけまち

あい

そとろじ［外露地］露地の全体構造をいったもので，二重露地の場合，茶席側の内露地に対して，その外側の露地をいう。外露地には腰掛待合が建てられ，入席する客がここで亭主の迎付(むかえつけ)を待つ。内露地とは通常，竹垣（おもに四つ目垣）で仕切り，その間に中門を設ける。中門の手前側には，迎付を受ける客のための役石である客石や延段(のべだん)が設けられる。→うちろじ，なかろじ

そまがく［杣角］杣夫（材木を伐採し加工する職人）が，丸太材を斧(おの)などで荒く削って仕上げた角材のこと。

そめじゅろ［染棕櫚］⇒そめなわ

そめなわ［染縄］竹垣の縄結びに使われる縄で，本来は茶色の縄である棕櫚(しゅろ)縄を灰墨などで黒く染めたもの。竹垣の飾り結び，仕上げ結びは，必ずこの染縄で結ぶのが常識となっている。別にこれを「染棕櫚(そめじゅろ)」ということもある。染縄は水にひたして，柔らかくしてから使う。→しゅろなわ

そり［橇］古くから使われている運搬道具。丸太を半割りにした木材を並べたそり道を作って，その上を滑らせて移動させたり，ころや捨てごろの上に乗せ，大勢の人が引いて移動させる。古代のものに「修羅(しゅら)」がある。

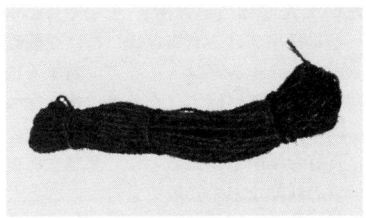

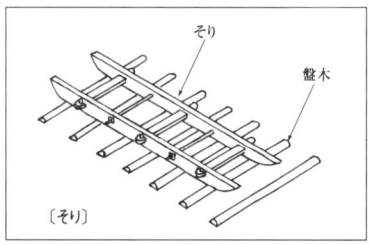

［染縄］

［そり］

そりばし［反橋］橋の大分類で，池にかかる太鼓橋など，アーチ型の橋の総称。直橋(きょうはし)に対していう。→ひらはし

ぞろ［揃］二つの平面の高さを同じにそろえること。「ぞろにする」と言う。「面一(つらいち)」も同じ。

た

ターンバックル［turnbuckle］ワイヤーロープ同士をつなぐ際に，間に入れてネジを締めることによりピンと引き締めることができる金具。ワイヤー支柱をするときなどに使う。

たいいんじゅ［耐陰樹］本来は日当たりの良い場所でよく生育するが，半日陰などの光線量のやや少ない場所でも生育や花着きが多少悪くなるが，耐えて生育できる性質をもった樹木。おもなものにアセビ，イスノキ，オガタマノキ，クチナシ，クロガネモチ，ジンチョウゲ，チャノキ，モチノキなどがある。→いんじゅ，巻末表(397頁)

たいえんじゅ［耐煙樹］ 工場や自動車から排出される有害な煙（特に亜硫酸ガス，オキシダント）などに対する抵抗性の大きい樹木。なお抵抗性を保つには，日当りや土壌などの生育環境の良好な場所を選ぶことや，施肥や病虫害の防除などの管理を怠らないことが肝要である。おもなものにイヌマキ，カイズカイブキ，カヤ，ヒノキ，ビャクシン，アラカシ，クス，シラカシ，タブ，タイサンボク，ツバキ，ヒイラギ，モチノキ，モッコク，ユズリハ，アオキ，キョウチクトウ，シャリンバイ，オオシマザクラ，コナラ，アジサイ，ムクゲ，シュロなどがある。→巻末表(400頁)

たいえんじゅ［耐塩樹］ 塩分を含んだ潮風に適応または耐えて生育している樹木。「耐潮樹」ともいう。おもに海岸沿いの潮風の影響を受ける土地の植栽では，それに耐えられる樹種を選ぶ必要がある。おもなものにイヌマキ，クロマツ，カイズカイブキ，ハイビャクシン，ソテツ，ヤシ類，ウバメガシ，ミカン類，サンゴジュ，タイサンボク，ツバキ，ヒメユズリハ，ヤマモモ，キョウチクトウ，トベラ，ハマヒサカキ，ザクロ，モモ，アジサイ，ハマナスなどがある。なお，樹木の植栽にあたっては，内陸で育ったものより海岸地方で育成されたものを調達して使うのがよい。→巻末表(398頁)

たいかじゅ［耐火樹］ 火災の際に炎や熱に対して耐え，燃焼までにある程度の時間を要することにより，隣家からの影響を緩和し，火の粉などの飛来を防ぐことの可能な樹木。たとえ枝葉や幹がある程度延焼しても再生力が強く，回復ができる。おもなものに，イチョウ，コウヤマキ，サンゴジュ，シラカシ，マテバシイ，モッコク，カエデ，クヌギなどがある。→巻末表(396頁)

たいかれんが［耐火煉瓦］ 1,580℃以上の高温に耐えるようにつくられたレンガのこと。原料には不純物を含まない良質の耐火粘土とその他の特殊材料を用いる。寸法は230×114×65 mmを標準とする（JIS R 2001）。種類には酸性耐火レンガ，中性耐火レンガ，塩基性耐火レンガなどがある。

たいかんそうじゅ［耐乾燥樹］ 土壌中の水分がある程度少なくなっても，耐えることのできる樹木。一般に耐乾性の大きい樹種とされるものは，アカマツ，クロマツ，イチョウ，トウヒ，ハイビャクシン，ウバメガシ，アセビ，アベリア，トベラ，ナンテン，ウメ，コナラ，サクラ類，ボケ，ヤナギ類，エニシダ，ユッカ，ドラセナ，ササ類，シバ類などがある。なお耐乾性の小さなものには，イヌマキ，スギ，サワラ，カルミア，ジンチョウゲ，コブシ，ナツツバキ，ハナミズキ，モミジ，アジサイなどがある。

たいこせき［太湖石］ 石灰岩の一種で中国江蘇省蘇州市の西にある広大な淡水湖「太湖」から産したもの。別に「湖石」ともいわれる。特に湖底にあって太古から水の浸食を受けたものは，石の軟質の部分が溶け出して硬い部分だけが残るため，穴のある変化に富む姿となり，奇岩怪石というにふさわしいものとなる。これを湖底から引き上げて庭石とし，その形に神仙世界を見たのであり，すでに唐代からその愛好が始まっている。以後中国庭園の中心的な石とされ，痩（そう）, 漏（ろう）, 透（とう）, 皺（しゅう）という四大特色を持つものが名石

とされた。

〔太湖石〕

たいこだま［太鼓玉］ 樹木の掘り取り後，人肩にて担ぎ出しおよび運搬などのために用いられる縄かけの方法。横にねかせた樹木の根鉢の側面下部を，円状にした縄の上に載せ，それより左右2本以上の吊り縄をかけて，それにかつぎ棒を通し，前後2人以上ずつ計4人以上で担って運ぶ。最近では機械（レッカー，クレーン，チェーンブロックなど）に頼ることが多くなり，担ぐことは少なくなっている。→なわがけ(図)

たいこばし［太鼓橋］ 構造的なアーチ橋の一種で，その反りが半円形で太鼓に似ている橋。石造，木造の例がある。稀には一石づくりの切石橋でも，これに近いものがある。

たいせいし［対生枝］ 幹の同じ高さの所から，相反する二方向に出ている枝のことで，樹形のバランスを考えどちらかを切り落とす。アオキ，キンモクセイなど。→ごせいし

たいせきそう［堆積層］ 土壌の分類名称で，地表部分から下の表土の部分。枯枝や落葉が堆積して，土としてまだ分解していない層。

たいちょうじゅ［耐潮樹］ ⇒たいえんじゅ

だいづけ［台付け］ 引っ張ったり，吊り上げるものに付けるワイヤーロープや，チェーンブロックを吊り下げるために三又（またの）に掛ける短いワイヤーロープのこと。

だいとくじがき［大徳寺垣］ 昔京都の禅寺大徳寺にあったといわれる竹穂垣で，骨組は建仁寺（けんにんじ）垣と同様であるが，立子または組子に小枝付きの太めの竹穂を使い，その小枝を美しく左右へそろえたり，裏側に枝折り入れて押さえていくのが特色である。表面は丸竹の半割り押縁（おしぶち）を数段に掛ける。『石組園生八重垣伝』に図とともに解説されている。→かき

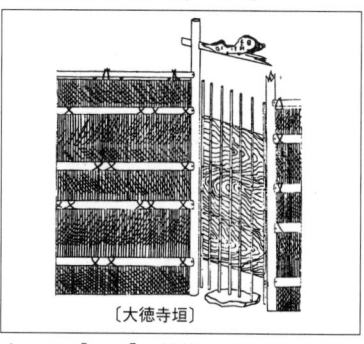

〔大徳寺垣〕

たいひ［堆肥］ 植物などを積み上げ，太陽熱や細菌，生物の作用などで自然

たいぼく［大木］特に大きく生長する種類の樹木で，幹も太く，枝葉を大きく広げているような樹をいう。スギ，イチョウ，クロマツ，ケヤキ，トチなどには大木が多い。

たいまつがき［松明垣］竹垣の一種で松明の形をした立子を用いた垣。この立子は必ず巻立子とし，素材には竹穂，ハギ，クロモジなどが使われる。このような巻立子を見せたものは，一応松明垣といえるが，構造からは他の垣，例えば鉄砲垣などと共通する場合が多く，この名称は形から見た別称と考えたほうが理解しやすい。

たいまでらがたいしどうろう［当麻寺形石燈籠］古社寺燈籠の八角形に属するもので，奈良県の当麻寺金堂近くに立てられている。凝灰岩製のために傷みが激しいが，それでも全体的に見るとかなり古式の作であり，奈良時代の造立と考えられている。形が残されているのは竿と中台(ちゅうだい)で，特に中台の大きな請花(うけばな)は見事だが，側面のある点に問題もある。火袋は失われて木製の四角いものになっている。一名を「穴虫形」ともいう。

だいみょうていえん［大名庭園］おもに江戸時代の大名が築造した大規模な池泉(ちせん)庭園をいう。その邸宅敷地とは別の地に造るのが特色で，隣地に設けたり，また別邸として造られた。池泉回遊式や舟遊式(しゅうゆうしき)を兼ねた広い園が多く，また園内に茶屋を配したのも特色といえる。江戸の地には，特にこの大名庭園が多かったが，今日でも後楽園（江戸初・東京都）の他，数庭が残存している。国元に造られた例には特に大規模の作が多く，栗林園（江戸初・高松市），岡山後楽園（江戸初・岡山市），兼六園（江戸中・金沢市）などは特に名高い。

〔大名庭園〕

だいりがき［大裏垣］⇒しおりがき

だいりせき［大理石］石灰岩が変成して結晶質をもつようになった岩石で，加工石として美しいことから，多くの用途がある。中国雲南省大理から多く産したのでその名が出たもの。

タイル［tile］壁面や床面などに貼りつけて飾るために使われる正方形，長方形，円形などにつくられた薄い板の総称。一般的には陶器質，磁器質のものをいう。使用場所により外装用，内装用，床用などの種類がある。また素地質により，陶器質，炻器(せっき)質，磁器質，半磁器質などに分ける。

たおしびき［倒し引(曳)き］樹木の移植を敷地内で行うときや，運搬のために所定の位置まで運ぶために，樹木を真横あるいはやや斜めに倒して台車・橇(そり)などに載せたり，そのままでチェーンブロックを使って少しずつ移動させるなどして行う方法。

たかいけがき［高生垣］高く生長する樹種を用いた，特別に高さのある生垣のことで，カシ類，サンゴジュ，ヒノキ，サワラ，スギなどがよく用いられ

ている。庭園の生垣以外に，地方によっては防風，防砂のために植えられていることも多い。

たかうえ［高植え］　植栽または移植の樹木を植え付けるとき，普通は根鉢の上面を元の植栽地の地盤面と同じか，少し隠れる程度の高さにするが，地下水の水位が高い場所などでは，根腐れなどの障害が発生しやすいので，地盤面を少し掘り下げる程度にして樹木を置き，周りに根鉢が隠れるように盛土して植え付ける場合がある。その植え方をいい，「浅植え」ともいう。→あさうえ，ふかうえ（図）

たかえだぎり［高枝切り］　高枝剪定鋏（せんていばさみ）。はしごや脚立を使わずに，高所の枝を切るときに使う。伸縮する長いパイプの先に剪定鋏を取り付けたもので，グリップ式の引き金になっているものが普及している。古い型はひもを引いて切るタイプのものがある。

たかえだのこ［高枝鋸］　長い竿やパイプの先に付けて，手の届かない高い枝を切るための鋸（のこぎり）。脚立やはしごを使わずに高い枝を切るときに使う。

たがそでがたちょうずばち［誰袖形手水鉢］　この手水鉢名称は，自然石手水鉢，創作形手水鉢ともにいわれているもので，自然石では，その側面の一部が天然の状態で大きくひだのようになっているものをいう。京都の清水寺成就院にあるものなどが名高い。また創作形では，袖形手水鉢の側面に円形の穴を掘ったような形式のものが知られており，岩国市の吉川家墓所などに実例がある。→そでがたちょうずばち，ちょうずばち（写真）

たかまきだし［高まきだし］　土盛りをするときは，土を薄く盛って何層にも分けて突き固めるのが基本であるが，土を一度に厚く入れて突く悪い工法をいう。

たかん［多幹］　一本の幹の根元あるいは根元に近いところから多数に分かれて立ち上がるもの。天然ものには少ないが，人工的に仕立てられたものに北山台杉などがある。

たき［滝］　⇒たきいわぐみ

だきいし［抱石］　一個の石を抱き込むように，周りをぐるりと囲んだ状態をいう。美観上好ましくない。

たきいわぐみ［滝石組］　風景的石組の一種で，自然の滝のように庭園内に水を落とす景色を造ったもの。単に水を落とすだけでなく，石を組んで造形美を強調するのが普通で，多くの場合庭園の中心的な景となっている。古く平安時代には，すでに多くの形式の滝が造られていたことが『作庭記』などの秘伝書によって明らかになっている。当初から水を落とさない目的で景として造ったものは「枯滝」といい，これに対して水を落とすものを「落水の滝」ともいう。別に略して「滝組」ということもある。→いわぐみ（図）

たきがこい［滝囲い］　滝石組の横または背後に，滝を囲うように植栽すること。江戸時代の作庭書『築山庭造伝後編』に載る真之築山之全図に示されており，その解説には「此の印の処に植る樹を云なり，図の如くの姿に植べし，ほかに子細なし。」との記述がある。

たきぐみ［滝組］　⇒たきいわぐみ

たきのやくいし［滝の役石］　滝石組に多く用いられている構造的な石組を，時に役石ということがある。最も重要なものは，水を落とす水落石であり，それに添えて組む滝添石も必ず用いら

れている。これに対して，景としての滝中心石，水分石，遠山石なども組まれるが，それがない滝もあるので，これを役石というかどうか問題がある。

たきみがたいしどうろう［滝見形石燈籠］ 庭燈籠のうちの立燈籠に属するものと考えられるが，今は基礎が埋まっているので生込み形にも見える。京都修学院離宮上御茶屋の庭にあり，滝を見るのによい位置に立っているためにその名が出た。全体は四角形に近いが，竿と中台(ちゅうだい)は角を内側にくぼめた入隅式としている。火袋はほとんど球形で，四方にまるく大きな火口を見せ，その上に大きな起(むく)り屋根形式の円形の笠を乗せ，頂上にはごく薄い宝珠(ほうじゅ)を彫り出している。すっきりしたバランスの燈籠であり，江戸時代初期の作としてよい。→いしどうろう（写真）

たけがき［竹垣］ 竹の幹や枝（竹穂）を用いて造った垣根の総称。雑木の枝などを使った柴垣の類もこれに加えていう。竹の産する国では古くから造られており，東南アジア諸国，中国，日本などで古い歴史をもっている。初期の竹垣は，柴垣，網代(あじろ)垣，矢来(やらい)垣の系統のものが多かったことが絵画等によってわかっている。造形的に最も発展を見たのは日本であり，多くの種類が造られている。大きく分けると遮蔽垣と仕切り垣があり，その名称は素材や形態から命名したり，寺院名，人名，地名から名付けられたりしており，統一はとれていない。今日では日本庭園の造形的特色の一つとなっている。

たけぐし［竹串］ 竹を長さ15〜20cmほどに切り，それを幅1〜2cm位に割ったもので，一方には必ず節を残す。斜面などの芝張りの時，芝に打ち込んで止めるのに使うほか，わら縄による地割り作業の時にも，曲線に合わせて打ち込んで用いる。

たけのかわ［竹の皮］ 竹垣では，竹の幹を割って使用することが多いが，その場合，表面側の青く硬い部分を皮という。その反対が竹の肉である。なお，これとは別に竹が生長するときに剥がれる鞘(さや)の部分を，竹の皮という場合もある。

たけのにく［竹の肉］ 竹垣では，竹の幹を割って使用することが多いが，その場合，内側の白く柔らかい部分を肉という。その反対が竹の皮である。

たけひきのこ［竹引き鋸］ 竹を切る専用の鋸(のこぎり)。竹の繊維は木材に比べて細いので，歯は細かく，切り口がまっすぐ切れるように鋸本体も小さく作られている。竹垣や箆(かけ)，支柱などの竹仕事に不可欠の道具。弓鋸(ゆみのこ)も竹引きというが，切り口が曲がりやすいのが難点である。

たけほ［竹穂］ 竹の稈(かん)より切り取った枝の部分をいい，市販品には太いものから細いものまで種類がある。一般にはクロチクの穂（黒穂）を使うことが多いが，竹垣によってはハチクの穂（白穂）を使うものもある。地方によりモウソウチクの穂も使われている。これを使った竹垣が竹穂垣である。単に「穂」という場合もある。

たけほがき［竹穂垣］ 竹穂を立子や組子として使った竹垣の総称で，多くの形式がある。またその構造によっては別名のある垣もあり，桂垣，蓑(みの)垣，茶筌(ちゃせん)垣，大徳寺垣などがそれである。通常の竹穂垣では，モウソウチク

やハチクの枝を用いた白穂の竹穂垣と，クロチクの枝を用いた黒穂の竹穂垣がある。一名を「穂垣」ともいう。

たけやらい［竹矢来］ 竹籜を用いて造った簡単な構造の柵や垣をいう。最も典型的なものは，斜めの菱格子に組んだ矢来垣であろう。→やらいがき

たけわり［竹割り］ 竹垣造りのための用具で，竹を割るための鉈(なた)の一種。刃は必ず楔(くさび)形の両刃とする。片刃では竹を正確に割ることができない。

たこ［蛸］ 土木工事で栗石，砕石，土を突き固めるための道具。棒状の持ち手がつく形が蛸を逆さにしたようなのでこの名がつく。2，3人で使うものを大だこ，1人用を小だこまたは単にたこと呼ぶ。

たこいし［多胡石］ 砂岩の一種で，群馬県多野郡吉井町の大沢川上流地区より産する。産出後はかなり軟質であるが，これを板石に加工して水分が抜けると固くなる性質がある。また切石の表面には，石中に含まれた鉄分により，美しい木目状の模様が入るのが特色で，建築石材として室内などに貼石とされることが多い。ただし，外部に用いると雨などにより鉄分が流れ出すことがある。

たたき［扣き］ 軒内などの仕上げ方で本来は土を上からたたき締めて造られたのでその名が出た。土は粘土分のあるよく締まる土が適しており，深草土(京都産)などが良材として名高い。この土に対して，石灰とニガリを加えて練ったため，これを三和土(たたき)ともいい，あて字で「たたき」とも読む。今日では，ニガリに代え白セメントを使うことも多い。最も重要なのは素材の配合割合と水加減である。なお最近では，洗い出しなどに対してもたたきの語が用いられることが多い。

たたきいし［叩き石］ ⇒ししおどし

たたみいし［畳石］ ⇒しきいし

たちあいがき［立合垣］ 竹垣の一種で骨組の正面に，上を少し開かせた松明(たいまつ)形のハギの巻立子を取り付け，一本おきに太竹を半割りにした立子を入れた垣。押縁(おしぶち)は用いず，染縄のからげ手法で胴縁に固定する。『石組園生八重垣伝』に，図とともに解説されている。→かき

たちえだ［立枝］ 垂直に上方に向かって伸びる枝で，樹形を乱すため切り落とす。忌み枝の一つ。→せんてい(図)

たちちょうずばち［立手水鉢］ 露地の中で立ったまま使えるように背の高い手水鉢を据え，それに前石や流しなどを配したものをいう。桃山時代に古田織部によって考案されたといわれ，江戸初期頃にはかなりの用例があった。手水鉢には自然石も使われるが，多くは見立物の橋杭形などが用いられている。かがんで使用する形式の蹲踞(つくばい)に対する用語といえる。

たちどうろう［立燈籠］ 庭燈籠の分類名称で，伝統的な古社寺燈籠の形式を取り入れて創作されたものをいう。基本的に，基礎，竿，中台(ちゅうだい)，火袋，笠，宝珠(ほうじゅ)を備えているが，その一部が古来のものとは大きく異なるのが特色となっている。

たちばなでらがたいしどうろう［橘寺形石燈籠］ 古社寺燈籠の六角形に属するもので，奈良県の橘寺本坊の庭に立てられているが，元は本堂前にあったもの。大和形式の代表作で，立派な方形基壇の上に立ち，基礎の側面に龍を彫っているのが珍しい。竿上の中台

(ちゅうだい)は，側面を二区に分けて走獅子(はしり)を入れ，上には火袋受けの小さな反花(なり)がある。火袋は四面に四天王立像を彫り，その上に円形の火窓を開けている。南北朝時代の作であるが，装飾の美しさで名高く，江戸時代から名物燈籠として作庭秘伝書にも記載されている。→いしどうろう(写真)

たつなみもん［立浪紋］砂紋の一種で水面に波の立つ有様を図案化した立浪を描くもの。ジグザグ模様を連続させ，それを上下に並べて表現する。

たっぱ［立端］木や建物の高さをいう。「たっぱがある，ない」と使う。

たていし［立石］⇒りっせき

たていれ［立入れ］樹木を植え付けたとき，その木がもつ樹形，特色が一番良く見えるように，左右，前後に調整して形を決めること。周囲や隣りの樹木と調和させるという観点から判断することも必要。

たてこ［立子］竹垣の細部名称で，その表面の主要素材である組子のうち，縦に用いるものを立子というが，幅の狭いものに限っていうのが原則となっている。最も多用されるのは建仁寺垣(けんにんじがき)などに使われる山割竹といってよい。そのほかにも各種の素材が使われているが，特色あるものとしては巻立子がある。→くみこ，まきたてこ

たてこみ［竪込み］木を植え付け，水ぎめ，土ぎめなどを行って，風除け支柱を取り付けるまでの一連の作業をいう。

たてじとみ［竪蔀］平安，鎌倉時代頃に多く造られていた垣の一種で，衝立(ついたて)のように短く造った目隠し垣。必要に応じて移動して用いたもので，おもにヒノキ板を網代(あじろ)編みとした形式が多かった。また，ときには細割竹や細竹を編んだものも造られており，柱を丸竹とした例もあった。檜垣(ひがき)とも網代垣ともいえるものである。

たてぬのじき［縦布敷き］一定幅の切石を連続して敷き詰める布敷きの一種で，切石を縦に連続して用いるもの。最も例の多い敷き方の一つ。

たてびき［立て引(曳)き］樹木の移植において，それを移動するための方法の一つ。樹木を横に倒さずに立てたまま，倒れないようにロープを四方に張って支えながら移動運搬していく。比較的大きな樹木で，敷地内のやや近い場所に移植する場合に採用される。なお，根鉢の底部には移動のための装置，ひらを構築して行う。→ひら

たてれんじ［縦連子］⇒れんじ

たな 石を積むときは一定の法線(のりせん)上に積むのが常識であるが，断面から見て上段の石が，下段の石よりも後に下がってしまうこと。避けたい石積みの一つ。

たにいし［谷石］⇒さわいし

たねんせい［多年生］冬になると地上部は枯れるが，根が生き続けて何年もの間連続して生き続ける植物のことで，おもに草の類に対していう。多年草も同じ意味である。

たねんそう［多年草］⇒たねんせい

ダブルスコップ 人力で穴を掘るために考案された一種のスコップで，細いスコップを対向して固定し，2本の柄の部分を引き寄せると土をつかむようにしたもの。これを強く地面に差し込んで土をつかみ，引き抜いて柄を離し土を除く。小さな穴を深く掘るのに適しており，竹垣の柱の立込みには便利である。

たほうとう［多宝塔］建築や石造美術品として造立される塔の一種。石造多宝塔は、形としては宝塔の笠下に裳階(ﾞｺ)を付けたものであるが、構造はかなり複雑となるため、その造立例は少ない。宝塔と異なる点は、下の塔身が角形になることである。

たまいし［玉石］石材の大きさによる分類名称の一つ。河川や海岸などより天然に産出する、水流や波などの作用により転がされたり、洗われたりして角が取れ、丸味をもった石。ごろたと同じく寸法には幅がみられるが、一般的には15〜30cm程度のものをいう。用途としては礎石、縁石(ｴﾝｾｷ)、石積み、敷石、延段(ﾉﾌﾞﾀﾞﾝ)などがある。

たまいしづみ［玉石積み］15〜30cm位の玉石と呼ばれる自然石を、モルタルを使って積み重ねる工法。

たまがき［玉垣］神社の周囲を囲う石や木の柵を総称していう。神域を囲うものであり、玉の文字には「清らか」といった意味がある。

たまがけ［玉掛け］樹木や工事用の資材等をクレーンやチェーンブロックなどを使って吊り上げて移動させたり、積み込みをする際に、吊り上げるものに対し、バランスを失わないように適正な位置にワイヤーロープを掛けること。この作業を行う者は法に定める資格が必要である。

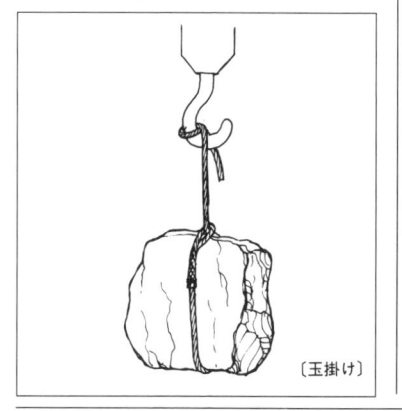

たまかりもの［玉刈もの］⇒たまもの

たまちらし［玉散らし］樹木を刈込みなどにより、一つの枝葉を小さい玉に刈り込んで楕円形にし、樹木全体でたくさんの小さな玉を散らしたような樹冠をいう。チャボヒバなどに見られる。

たまづくり［玉作り］樹木を刈り込み球形に仕立てたもの。また高さのある樹木の枝一本一本を球形または楕円形に刈り込み仕立てたもの。→かいづくり

たまぶち［玉縁］竹垣の細部名称で、垣の立子や組子の上部に掛けて雨よけと景とを兼ねたもの。割竹玉縁と巻玉縁の2種があり、割竹の場合は、最上部に用いた押縁(ｵｼﾌﾞﾁ)の上部に、太竹半割りの笠竹をかぶせ、染縄で飾り結びをかけたその全体を玉縁という。袖垣の場合は、巻玉縁が多く用いられている。なお、玉縁は必ず用いるというものではなく、例えば同じ建仁寺(ｹﾝﾆﾝｼﾞ)垣であっても、行の建仁寺垣、草の建仁寺垣では玉縁を用いない。→まきた

［玉掛け］

［玉縁］

まぶち

たまもの［玉物］仕立て方の一つ。一般に樹高の高くならない低木類を半球体～半楕円体状に刈り込んで仕立てたもの。「玉刈もの」、「丸刈もの」ともいう。仕立てられるおもな樹種に、イヌツゲ、マメツゲなどのツゲ類、キャラボク、イブキ、タマイブキ（品種名）、ウバメガシ、ドウダンツツジ、サツキツツジ、オオムラサキツツジなどがある。

たるまき［樽巻き］樹木を植栽または移植する際、運搬に当たって根鉢の土が落ちたり崩れたりしないように、あるいは根回しの際に周囲を掘り下げた根鉢の土を締めるために、根鉢の側面周囲にわら縄（通常2本使いとする）で横にほぼ水平に一定の間隔で、木づちなどを使って土を締め固めながら巻いていくこと。その様が酒樽の縄掛けに似ているところからこう呼ばれている。

だん［壇］ ⇨テラス

だんいし［段石］自然の状態で段のようになっている石の総称。通常は二段石となるものが最も多く、飛石中の役石としても尊重されている。

たんかん［単幹］樹形の呼び名の一つ。一般には「直幹」という。地際から一本の幹が梢(ずえ)まで直立して伸びている形姿のもの。おもにスギ、ヒノキ、ヒマラヤスギなどの針葉樹に多くみられる。

だんぎり［段切り］地山を切り崩して造成する際に、一度に長い斜面を切り崩さずに、上段から階段状に掘り、地盤を造ること。「ベンチカット」ともいう。

たんざくいし［短冊石］俳句や和歌を書く短冊に似た長方形の切石をいう。昔はこれを「延石(のべいし)」といったもので、多く花崗岩が用いられている。敷石中に配されるほか、飛石の間に配する例もある。

たんし［短枝］樹木の枝で、節間が伸びずに、短い枝となっているもの。

だんじょうづみ［壇上積み］石造基壇の構造をいうもので、下に地覆石、上に葛石(かづらいし)を用い、縦は束石(つかいし)を入れてその間を羽目石とする。この束石が、地覆石、葛石よりも少し奥へ入るのが特色である。このように組み立てたものではなく、石塔類の一石で彫った基礎にも、この壇上積み式を表現したものがある。滋賀県地方の石塔にはその例が多く見られる。

［壇上積み］

たんしょく［単植］植栽法の一つ。他の樹木との直接の関連性をもたせず、一本の樹木を独立させて要所に配植する手法。庭園では、常緑樹を背景にして手前に花木を配し、それを引き立たせる植栽や、芝生中に緑陰樹として、また車回しなどの中心木として単植されることが多い。

たんそびょう［炭素病］菌類による樹木の病気の一つ。葉や茎などに黒褐色の模様ができるもので、ツバキ、カキ、ナシその他、広葉樹系の多くの樹木に

だんづくり［段造り］樹木の主幹から出たそれぞれの枝に，上の枝葉との間隔を置き枝葉をまとめて刈り込む。刈り込んだ枝葉が上下に段々に見えるために名付けられた。

だんどり［段取り］現場や作業内容にそった材料，道具，機械，養生材などを取りそろえて準備をすること。

たんばいし［丹波石］安山岩の一種で兵庫県多紀郡から産する。長野県から産する鉄平石に似ているため，「丹波鉄平石」ともいうが，色が異なり白茶色となるのが特色といえる。用途はおもに敷石などの貼石用，あるいは小端積み用とされている。なお，京都府亀岡市より産する花崗岩の丹波鞍馬石を一名「丹波石」と称する場合があるので注意したい。

たんばくらまいし［丹波鞍馬石］花崗岩の一種で，京都府亀岡市千代川町付近の山から産する。鞍馬石に似ているところからこの名が出たが，石質はかなり異なっており，鞍馬石のような皮付き石は採れない。鉄分は多いが，明るめの濃茶色となり黒茶にはならないので，少々派手気味な錆色といえる。今日では産出量が少なくなり，板石状の割石に鉄錆を塗ったものが多くなっている。敷石，飛石，沓脱石（くつぬぎ）がおもな用途で，厚みがあるため豪華なものに仕上がる。一名を「丹波石」ともいう。→くらまいし

たんばてっぺいせき［丹波鉄平石］⇒たんばいし

たんぴ［単肥］同一の成分だけで作られた肥料。→むきしつひりょう

たんべん［単弁］⇒れんべん

たんりっせき［短立石］立石の中でも形によって，横幅より高さが低くても立石に見えるものがあり，これを短立石という。横幅を10としたとき，高さが8〜10程度の比率を示す石を基本とする。

たんりゅうこうぞう［単粒構造］土壌の粒子構造を表す名称の一つで，土壌を構成している各粒子が，結合せず単一粒子として存在し，集まっている構造をいう。砂質土のように粒子の大きいものでは空隙が大きく透水性や通気性は良いが，保水性に乏しくなる。また埴土（粘質土）では，粒子間の空隙が小さく，透水性や通気性が悪くなって良くない。植物の生育に適している土の構造は，団粒と呼ばれる粒子から成るもので，透水性があり，かつ保水性および保肥性などが高く，バランスがとれている。→だんりゅうこうぞう

だんりゅうこうぞう［団粒構造］土壌の粒子構造を表す名称の一つで，土壌の構成粒子（砂や粘土など）が，腐植や微生物等の関与により結合して，2次，時に3次以上の粒子（団粒）を作り，それらが集まってできる構造をいう。植物の生育には理想的な土壌環境で，団粒の空隙が大きいため，透水性・通気性が高められるとともに，団粒の内部には毛管孔隙が作られて水分を吸収・保持し，また肥料分の吸着も良い。→たんりゅうこうぞう

〔土壌の粒子構造〕

ち

チェーンソー［chain saw］ 木の伐採などに使う動力式の鋸(のこぎり)。発動機式と電動のものがある。鋸歯の付いたチェーンを鋼板の縁に沿ってベルト状に回転させることによって木を切る。

チェーンブロック［chain block］ 石，植木などを吊り上げ，移動する機械。鎖と滑車を組み合わせた本体を，台付けワイヤーで三脚，三又(またぎ)に吊り下げて使う。クレーンのような大型の機械が入らないような場所での重量物の移動に便利。→にまた

ちからえだ［力枝］ 樹木の中で最も生育の盛んな枝，樹勢の強い枝のこと。最も太く，長い枝を指す。

ちからだけ［力竹］ 何かを支えるために立てる丸竹の総称で，表面に見せて景を兼ねるものと，見えない場所に用いるものとがある。茶席などにも使われているが，竹垣の場合は唐竹胴縁の間隔をそろえるために，隠れた位置にこの力竹を立てることがある。

ちからね［力根］ ⇒しじこん

ちからばしら［力柱］⇒おやばしら

ちこうせいひりょう［遅効性肥料］ 緩効性肥料と同じ意味で使われることが多い。初期にはほとんど効果が現れずに，後半に効いてくるタイプの肥料。→そっこうせいひりょう，かんこうせいひりょう

ちせん［池泉］ 庭園内に造られる池の総称で，これを主体としたものを池泉庭園という。→ちせんていえん

ちせんかいゆうしき［池泉回遊式］ 池泉庭園の様式分類法の一つ。おもに庭園内をめぐり歩きながら観賞するもので，池泉舟遊(しゅうゆう)式と兼用されている例も多い。鎌倉時代頃から出現したが，その後庭園面積の縮小化とともに造られなくなった。しかし江戸時代の大名庭園において再び復活し，多くの作例がある。回遊式といっても，各所に配置された建物からの観賞も十分に意図していることは言うまでもない。西芳寺庭園（鎌倉・京都市），慈照寺庭園（室町・京都市）などはその古い実例といえる。→ちせんしゅうゆうしき

ちせんかんしょうしき［池泉観賞式］ 池泉庭園の様式分類法の一つ。おもに建物から観賞することを目的として造られた池泉で，なかでも床の間のある主室からの観賞が最も重視された。池泉が小規模となるにしたがって造られるようになり，鎌倉時代中頃から出現したと考えられる。優れた作では，主

〔力枝〕

室以外の位置から見ても十分に観賞に耐えうるように作庭されている。

ちせんしゅうゆうしき［池泉舟遊式］　池泉庭園の様式分類法の一つ。広い園池を掘り、その池中を舟でめぐりながら観賞し楽しむ様式をいう。奈良時代、平安時代の庭園はこの舟遊式が中心となり、寝殿造り庭園などはその典型的なものであった。舟にはもっぱら龍頭鷁首（りゅうとうげきしゅ）の舟が用いられており当時の絵巻物などにその舟遊の様子がよく描かれている。代表作としては、大沢池庭園（平安・京都市）、毛越寺庭園（平安・岩手県）、鹿苑寺庭園（鎌倉・京都市）があり、池泉回遊式と兼ねたものに西芳寺庭園（鎌倉・京都市）などがある。➡しんでんづくりていえん、ちせんかいゆうしき

ちせんていえん［池泉庭園］　池を主体とした庭園の総称で、枯山水庭園に対していわれる。大規模な園池から、観賞式の小池泉までの広範囲の庭を指している。通常は山水風景とされることが多く、築山（つきやま）や滝を造り、少々広い池では中島を設ける。枯山水発祥以前は、日本庭園は基本的にこの池泉庭園が主とされていた。➡かれさんすいていえん

ちそくのちょうずばち［知足の手水鉢］　⇒りょうあんじがたちょうずばち

ちちぶあおいし［秩父青石］　変成岩の一種の結晶片岩で、秩父、比企地区、小川町などから産する。三波石（さんばせき）と同系の青石でよく似たものが出たが今日では産量が少なくなった。この青石には薄い板状に割れる性質のものがあり、鎌倉時代から板碑の材料として多用されたことはよく知られている。この板石が製品化されて現在「秩父青鉄平石」という名で販売されており、敷石、飛石、小端（こば）積み用として使われている。

〔秩父青石〕

ちっかん［竹稈］　⇒かん

ちっそしつひりょう［窒素質肥料］　植物の茎・葉を育てる肥料で、大きく繁らせるのに効果的。おもな窒素質肥料には硫安、塩安、石灰窒素、尿素、硝安などがある。

ちどり［千鳥］　飛石などを左右交互に配してゆくこと。➡ちどりうち

ちどりうち［千鳥打ち］　飛石の打ち方の一種で、一石ずつ右左右左というように交互に打っていくもの。別に、「千鳥掛け」「千鳥形」ともいう。➡とびいし（図）

ちどりがけ［千鳥掛け］　⇒ちどりうち

ちひしょくぶつ［地被植物］　地表面を被覆する目的で選ばれた植物の総称。「グラウンドカバープランツ」とも呼ばれている。地表面を覆うことにより美的な効果はもとより、土壌の流出防止、浸食防止、飛砂防止などの役割を担う。一般的には常緑・多年性のつる植物や草本で、管理などの手間があまりかからず、丈夫で、繁殖力などが旺盛な種類が用いられている。おもなも

のに，シバ類，ササ類，アイビー・ヘデラ類，リュウノヒゲ，シバザクラ，フッキソウ，ダイコンドラ，ホワイトクローバー，ヤブラン，テイカカズラ，スギゴケなどのコケ類，シダ類，ヒペリカム類などがある。→巻末表(377頁)

ちゃかい［茶会］客を招待して茶の湯を楽しむ会を総称していう。最初は寺院において薬用としての茶を喫することから始まり，中世においては遊びとしての闘茶(とうちゃ)の会が多く催された。千利休らによって茶道が大成されると，侘(わび)の心を重視する精神的な意味合いが強い集まりとなっていった。江戸時代に入ると茶会の形式も多様化し，形式化されていったことも特色といえる。季節感も重視され，大福の茶会，春の茶会，風炉(ふろ)の茶会，名残りの茶会，口切りの茶会等が行われる。別に「茶事」ともいわれるが，茶事については区別して考える説もある。→ちゃじ

ちゃじ［茶事］茶会とほぼ同様の意味であるが，茶事といった場合は格式を重視した正式な茶会というニュアンスが強いという考え方もある。暁(あかつき)の茶事，朝の茶事，正午の茶事，夜咄(よばなし)の茶事，不時(ふじ)の茶事，菓子の茶事，跡見の茶事を茶事七式と称している。→ちゃかい

ちゃせんがき［茶筅垣］竹穂垣の一種で，上部に玉縁(たまぶち)を用いず，自然な形に穂先を開かせて水平に切りそろえた垣。その竹穂の開きが茶筅の形に似ているところから名付けられた。別に「茶筌垣」と書くこともある。『築山染指録』には「茶筌牆」の名称で記されている。→かき

ちゃにわ［茶庭］茶の湯を行うための設備のある専用空間で，茶席に対して造られた庭。この名称は新しいものであるが，従来の日本庭園などとは異なり，茶会をすみやかに行うことが目的の実用的な庭といえる。大別すれば，侘(わび)本位の草庵式茶庭と，書院茶を行うための書院式茶庭に分けることができる。その特色は，本来日本庭園にはなかった造形が導入されたことで，飛石，敷石が用いられ，特に手水鉢(ちょうずばち)を尊重し，また明かりとしての石燈籠を取り入れるなど，新しい要素が加えられた。これらは次第に一般の庭園中にも用いられるようになっていった。茶庭中でも草庵式茶庭は，露地と表現されることが多い。

ちゅうおうせき［中横石］横石のなかでも中間的な高さの石で，横幅を10としたとき，高さが4～6程度の比率の石を基本とする。

ちゅうごくていえん［中国庭園］中国において伝統的に造られてきた庭園の総称で，中国では「園林」といわれる。歴史的には，紀元前の秦始皇帝時代から作られていたことが実証されているが，今日保存されているものは，明代末期から清代にかけてのものが大部分である。大きく分けると，皇室関係の広い庭園である皇家園林，個人の邸宅に造られた私家園林，寺院や廊所に造られた寺廓園林などに分けられる。その特色は池泉(ちせん)を中心とした山水風景の園であり，築山(つきやま)には太湖石や黄石が多用される。また，建築が庭の景として重視されているのも特色である。最もよく名園が保存されているのは，蘇州市（江蘇省）である。

ちゅうじょうせつり［柱状節理］石の目が縦に柱状に割れるように入っている

もの。六方石はその典型である。

ちゅうしんぼく［中心木］ 一定の空間の中心に植えられる樹木。島などの中央に植えるマツなどが一例である。

ちゅうずな［中砂］ ⇒さいこつざい

ちゅうぞんせき［中尊石］ 三尊石組（さんぞんぐみ）において中央に据える主石で、脇侍石（きょうじ）より必ず高く用いられる。→さんぞんいわぐみ

ちゅうだい［中台］ 石造美術品の細部名称で、竿の上に乗っている台。この台上に塔身などを置く。石燈籠の中台は代表的なもので、そこに火袋を乗せる。ほかに石幢（せきどう）、無縫塔にも中台がある。側面のない蓮台形の中台は古式といえる。側面のあるものは、そこに格狭間（こうざま）を入れる例が多い。→いしどうろう（図）

〔中台〕

ちゅうぼく［中木］ ①植栽樹木を高さによって分けたときの呼称の一つ。おもに公共工事などにおいて用いられているもので、規定では大きくは成長しない1m以上3m未満のもの。②配植の上からは、上層木(高木)と下層木(低木)との中間の樹冠をうめるのに用いられる3～5mぐらいの樹木をいう。「亜高木」ともいわれる。ツバキ、サザンカ、モッコク、モクセイ類など。→巻末表(371頁)

ちゅうもん［中門］ 露地において、多くは外露地と内露地の間に設けられる門。二つの露地は通常、四つ目垣などの透かし垣で仕切られ、その間に丸太柱を門柱とした簡素な門が造られる。中門は枝折戸（しおりど）とされる例が最も多いので、両者を同じものと考える説もある。中門は茶会の時、亭主が迎付（むかえつけ）を行う重要な場所で、そのための役石を打たなければならない。それは亭主の立つ亭主石、客の立つ客石、それに扉の下や内露地側に打つ乗越石（のりこえいし）などである。この中門を入ると、客は本格的な茶の世界に至ることになる。亭主は扉を開いて入ることをすすめるが、客はいったん腰掛待合に戻り、亭主が茶席内に戻ってから順次中門を入ることになっている。

〔中門〕

ちゅうようじゅ［中庸樹］ 樹木の生育のために必要な光線量が、陽樹と陰樹との中間ぐらいの樹木をいう。おもなものに、ゴヨウマツ、ヒノキ、チャボ

ヒバ, サワラ, シイ, ウバメガシ, タイサンボク, クスノキ, クロガネモチ, キンモクセイ, サクラ類, モクレン類, ナナカマド, モミジ類, ヤマボウシ, ハナミズキ, ツゲ, ツツジ類, ヤマブキ, ユキヤナギ, ムラサキシキブ, ドラセナ, タケ類の一部(モウソウチク, カンチク, ナリヒラダケなど)がある。

ちゅうりっせき［中立石］ 立石の中でも低めのバランスを示す石で, 高さを10としたとき, 横幅が7〜10程度の比率を示す石を基本とする。

ちょうが［頂芽］ 一本の枝の最先端につく芽をいう。発芽は頂芽が一番早く, その後下方の芽が順次ひらいていく。

ちょうかいせき［鳥海石］ 安山岩の一種で, 山形県飽海郡より産する。表面に小さな穴や凹凸が多く, その形に変化があるので, 景石や石積材として多用されている。採石されるようになったのは昭和の大戦後であった。

ちょうずばち［手水鉢］水を入れて手や身心を清めるために用いられる器の総称。陶器製, 金属製, 木製の例もあるが, 大部分は石製と考えてよい。その源は, 社寺に参拝する時に清めのために使われる大きな角形の手水鉢で, これを社寺形手水鉢という。露地や庭園に用いられるものには, 自然石手水鉢, 見立物手水鉢, 創作形手水鉢の種類がある。手水鉢の別称として, 「水鉢」「石鉢」「手洗い鉢」「水船」「石舟」「手水石」などがある。なお, 手水鉢を蹲踞(つくばい)というのは誤りである。

ちょうせき［長石］ 火成岩の主成分の一つであるけい酸塩鉱物で, 花崗岩に多く含まれている。ガラス質の光沢が

〔手水鉢〕

あり各種の色がある。

ちょうば［丁場］ 石材関係では, 産地で石を切り出している現場や, その石の集散地をいう。別に, 建築や作庭の現場を指すこともある。

ちょうはり［丁張り］ 一般には, 土木工事の際に設けられる遣方(やりかた)のことをいう。盛土や切土作業の仕上げ面の高さ, あるいは法肩(のりかた)・法尻(のりじり)の位置や法面(のりめん)の勾配などを, 水糸,

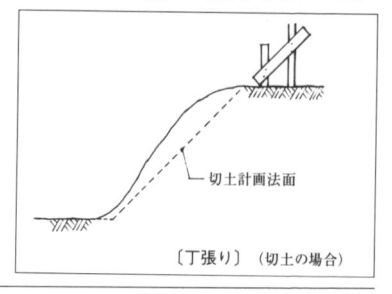

〔丁張り〕（切土の場合）

ちょうは

〔自然石手水鉢〕

〔見立物手水鉢〕

〔社寺形手水鉢〕

〔創作形手水鉢〕

一文字形手水鉢

貝形手水鉢

梅ケ枝手水鉢

〔手水鉢①〕

ちょうは

笠形手水鉢

化石形手水鉢

臬の手水鉢

伽藍石の手水鉢

鎌形手水鉢

基礎形手水鉢

銀閣寺形手水鉢

〔手水鉢②〕

ちょうは

四方仏の手水鉢

銭形手水鉢

礎石形手水鉢

誰袖形手水鉢（自然石形）

鉄鉢形手水鉢

二重枡形手水鉢

伯牙形手水鉢

檜垣の手水鉢

〔手水鉢③〕

ちょうは

釜山海の手水鉢

富士形手水鉢

木兎の手水鉢

布泉形手水鉢

蜜柑形手水鉢

水掘形手水鉢

蓮台形手水鉢

〔手水鉢④〕

ちょうは

石臼形手水鉢	袈裟形手水鉢	袖形手水鉢
誰袖形手水鉢（創作形）	棗形手水鉢	橋杭形手水鉢
龍安寺形手水鉢		露結形手水鉢

〔手水鉢⑤〕

細い杭（垂木材などを用いる），板材（小幅板＝貫用材を用いる）などを使って具体的に示す工作物（またはその作業）。なお遣方のことを丁張りと呼ぶ場合もある。→やりかた

ちょうふくじがき［長福寺垣］ 竹垣の一種で，昔京都の禅寺長福寺にあったといわれる垣。正確な構造は不明であるが，竹穂垣の類と考えられる。

ちょうりっせき［長立石］ 立石の中でもかなり高いバランスを示す石で，高さを10としたとき，横幅が3～7程度の比率を示す石を基本とする。

ちょくうち［直打ち］ 飛石の打ち方の一種で，ほぼ一直線上に長く打つもの。それだけに変化に乏しいので，石の大小の変化をつけることが大切である。→とびいし（図）

ちょくきょう［直橋］ 橋の大分類で，直線として水平に架けられた橋の総称。反橋に対していう。→そりばし

ちょくせつひりょう［直接肥料］ 植物の生育に必要不可欠な養分で，施すことにより，根などから吸収されて利用される肥料。植物の生育には，N（窒素），P（リン），K（カリウム）（以上肥料の三要素）のほか，Fe（鉄），Cu（銅），Mu（マンガン），Zn（亜鉛），Mo（モリブデン）など（以上微量要素）が必要である。

ちょっかん［直幹］ 樹幹がまっすぐで曲がりのないもの，あるいは目立つほどでないものをいう。→たんかん

ちょっこん［直根］ 樹木の根系のうちおおむね地面と直角に，地中に真直ぐ伸びて太くなった根のこと。→しじこん

ちらし 不規則ながら，また美観を重視して用いる意味で，竹垣に結びを掛けるとき，一定間隔とせずに，このちらし手法とすることがある。おもに木賊（とくさ）垣の縄結びに使われることが多い。

ちり 施工用語で，わずかの高さの段差をいう。どの程度までの高さをいうのかという規定はないが，ほぼ3 cm前後からそれ以下と考えてよい。

チルホール 石や大木などを引っ張る，手動式のウインチ。

ちんしょうかだん［沈床花壇］ 地表面より1 m以上掘り下げた低い位置に造られる花壇。「サンクガーデン」ともいわれる。

つ

ついじべい［築地塀］ 骨組を木材で造り，それに土を打ち込んで固め，表面を土壁とした塀。上には必ず屋根をかけるが，主として瓦屋根とする。土で築く意味から築地という語が出た。その構造から，「土塀」ともいわれる。ただし今日では中心にブロック等を用いて構造材とし，その上に塗りをかけるような形式のものが多いが，これも便宜的に築地塀といっている。築地塀にも各種あるが，練塀（ねりべい）などもその一種である。

ついたてがき［衝立垣］ 竹垣の分類名称で，衝立のように移動を可能とした

〔築地塀〕

垣の総称。古い時代に造られていた竪蔀(たてじとみ)がその源流であり、後には各種の垣がこの形式で造られるようになった。目隠しとするのが本来なので、遮蔽垣とされる例が多い。

〔衝立垣〕

ついひ［追肥］ 植付け前に施す基肥(もとごえ)に対して、生育途中に効果的に肥料を施すことで、速効的な効果を期待する。→もとごえ

つかいし［束石］ 短い垂直材である束の下に用いて、礎石とする石。縁束の下などによく使われる。自然石や切石とする例が多い。

つきあげど［突揚戸］ 戸を上から吊るして、長い角材や細竹で下から突き上げて開ける形式の戸。揚簀戸(あげすど)などは代表的なものといえる。

つぎき［接木］ 改良された樹木を実生(みしょう)にすると、先祖返りをすることが多い。といって挿木も困難なものに施す。様々な方法があるが、基本的な方法としては、切り接ぎ、割り接ぎ、合わせ接ぎ、鞍接ぎなどがある。

つきぎめ［突き極め］ ①樹木の植付けを行う際、植穴に樹木を立て込み、次いで根鉢の周囲に土を埋め戻すが、こ

のとき，土を突き棒と呼ぶ細い棒（梢（ぼう）丸太や太竹など）を使って，空隙ができないようによく突き入れて固めること。水を使って行う場合を「水極め」，水を使わずに行う場合を「土極め（空極め）」という。②石を据え付けるとき，竹垣をつくるときの柱の立込みなどで，その周囲（石では底部にも）を突き棒（植付けに使用するよりは太いもので，丸太材が普通である）で，土をよく突き入れて固めることをいう。

つきぼう［突き棒］ 庭木を植え付けて水ぎめ，土ぎめをする際に，よく突くために使ったり，石を据え付けたときに，下に土を入れよく突き固めて決めるのに使う手ごろな木の棒。竹垣の柱や支柱を掘って立てるときに，しっかりと固定するために柱のまわりを突くのにも使う。→つきぎめ

つきやま［築山］ 庭園の景として土を盛って造られた山の総称。古くは「仮山（かざん）」ともいった。すべてを人工的に造るものと，背後の山畔（さんぱん）を利用して手を加え山とする場合がある。日本庭園では，なだらかな曲線を見せた築山が主流となった。池泉（ちせん）庭園では，池を掘った土を利用して築山とする例が多かった。築山工事は作庭の基本でもあったために，後には「築山」の語が庭園を意味するようにもなり，江戸時代になると『築山庭造伝』のような秘伝書も刊行されている。

つきやませんすいてい［築山泉水庭］ 庭園様式の一表現方法で，築山と池泉（ちせん）のある庭園をいったもの。普遍的な用語ではない。

つくばい［蹲踞］ 手水鉢（ちょうずばち）の構成をいったもので，露地の中でかがんで使用するために，手水鉢を中心としてそれに役石を配置した全体の設備をいう。つくばった形で使用するのでその名があり，別に「そんきょ」と読むこともある。手水鉢の手前には必ず人が乗るための前石を据え，その間に流しを造る。江戸中期頃からは，さらに湯桶石（ゆおけいし），手燭石（てしょくいし）などの役石も用いられるようになった。蹲踞の形式としては，向鉢と中鉢の区別がある。

つくばいし［筑波石］ 花崗岩の一種で茨城県筑波郡の筑波山麓より産する。地中に転石として存在し，一部露出しているものは色・表面ともに味わい深い。石肌は粗面で凹凸があり，波のような細かい模様の出るものもある。景石，飛石，沓脱（くつぬぎ）石，石積み用などとして用いられるが，景石としては山形や平天（ひらてん）の石が多く，立石（たていし）となるものは少ない。奈良から出る生駒石（いこまいし）に似ているので好む人が多いが，最近は産量が減少している。小さなごろた石もあり，これを「筑波ごろた」という。

［筑波石］

つくばいちょうずばち［蹲踞手水鉢］ 蹲踞に用いられる低い手水鉢の総称。

つくばいぼり［蹲踞掘り］ ⇒みずあな

つくばごろた［筑波ごろた］ 花崗岩の

つくはこ

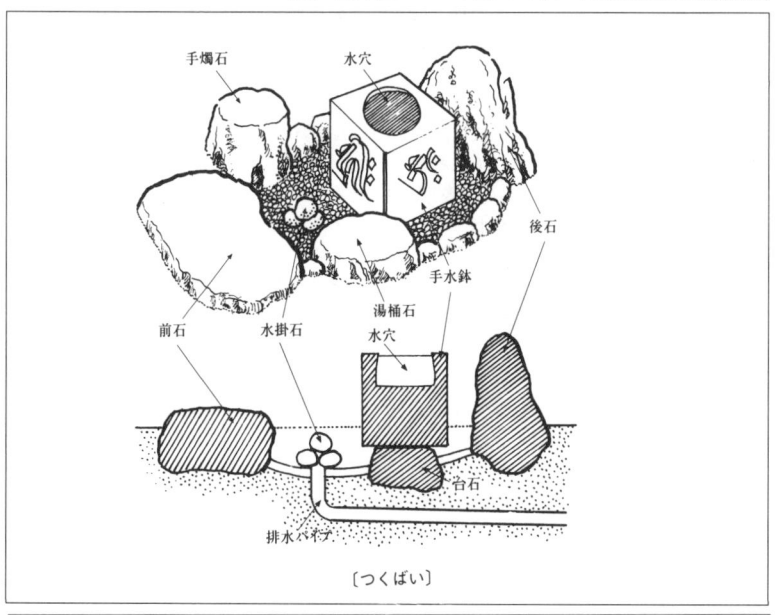

〔つくばい〕

ごろた石で，茨城県筑波山付近より産する筑波石のごろたである。→つくばいし

つじどうろう［辻燈籠］⇒みちしるべがたいしどうろう

つちぎめ［土極め］ 植栽あるいは移植する樹木を植え付ける際に，水を使わずに土だけで根鉢の周囲を突き固めていくやり方をいう。おもにマツの場合はこの方法が良いとされる。なお，水やりは必要で，植付け後に根鉢の地表面に行う。「空(から)極め」ともいう。

つちつきほう［土付き法］ 樹木の移植にあたって，掘り取りを行うときに根系を包む土を付けたままにする方法をいう。→ねまき

つちふるい［土篩］ 土，砂，砂利などの大，小を選別するための道具。モルタルに使う砂をふるったり，園芸用の土の選別によく使われる。網の目は用途によっていろいろなサイズを使い分ける。

つのがらど［角柄戸］ ⇒つのど

つのど［角戸］ 庭木戸の一形式で，片木などを横に打ち重ね，細材や細竹の押縁(おしぶち)で縦に止めたもので，その押縁が長めに上下に突き出した形となる戸。その突き出た部分を角に見立てて角戸というが，角柄(つのがら)戸の略であるともいわれる。この形式を一般には「猿戸」といっている。→さるど

つぼにわ［坪庭，壺庭］ 建物に囲まれた小面積の庭を意味する。壺庭の語は壺の中のような狭い場所を意味したものであろう。平安時代頃から特に重視され，ここに前栽などを植えて楽しむことも行われた。今日では中庭や小面積の庭を広く坪庭と表現している。

つぼのうち［坪の内］ 本来は坪庭，中

〔坪庭〕

庭を意味する語であったが，桃山時代に露地が成立すると，狭い露地の形式を坪の内と称するようにもなった。古い露地図などには，よくこの語が記されている。

つぼほり［壺掘り］ 長く掘る布掘りに対し，柱や束の下だけ部分的に掘る根切りの一種。→ぬのぼり

つめいし［詰石］ 石組工事のとき，石をしっかりと地中で固定するために，小石などを石の周囲全体に突き入れるもの。かませ石の周囲全体に突き入れるものだが，かませ石とは用法が異なる。→かませいし

つら［面］ 石の部分をいう現場用語で正面に向ける石の一面をいう。

つらいち［面一］ 面(つら)が同一の高さになること。二つの平面を段差がつかないように同一平面とすること。

つりしろ［吊代］ チェーンブロックやクレーンを使って物を吊るとき，どのくらいの高さまで吊り上げられるか，その高さをいう。「吊代がある，ない」

などと使う。

つりどうろう［釣燈籠］　軒先などから釣り下げて用いる燈籠の総称で，薄い金属製の板か，または鋳造によって造られるが，ときには木製の作もある。さまざまな形式が見られるが，通常のものは六角が多く，薄い台の下に八双脚という脚を付け，火袋は細かい透かしとして扉を設け，笠の上に烟抜きの穴を開け，上の宝珠(ほうじゅ)部分に釣環を取り付けた形式となる。石燈籠と異なり，鎌倉時代から桃山時代にかけて優れた作が見られるのが特色といえる。➡いしどうろう(写真)

つりなわ［吊縄］　雪吊りを行うとき，雪をよけるため上から放射状に垂らす縄のこと。➡ゆきつり

つるいわぐみ［鶴石組］　蓬萊様式の庭園に組まれる石組で，鶴の姿を象徴したもの。鶴島と異なり，石組だけで構成したものをいうのが原則で，鶴首石(かくしゅせき)や羽石(はねいし)を表現するほか，特に抽象的に組まれるものも多い。なお鶴島の石組を，鶴石組という場合もある。➡いわぐみ(図)

〔鶴石組〕

つるじま［鶴島］　庭園内の島で鶴を表現したもの。その特色は，長い首を表現した鶴首石(かくしゅせき)や，羽石(はねいし)を据えることであるが，かなり抽象化された作も多い。亀島とともに池泉(ちせん)庭園，枯山水庭園ともに造られているが，亀島より作例は少ない。名作としては，池泉では摩訶耶寺庭園（鎌倉・静岡県），深田氏庭園（伝鎌倉・米子市），旧秀隣寺庭園（室町・滋賀県），枯山水庭園では粉河寺庭園（桃山・和歌山県），金地院庭園（江戸初・京都市）などがある。➡かめじま

〔鶴島〕

つるせいしょくぶつ［蔓性植物］　細長い線状や棒状など，いわゆる蔓状に生長していくが，自力で直立できない植物の総称。生長に従い，地表面をはうか，直立・斜上などしながら他の樹木や工作物に絡まる，巻きつく，吸いつく，場合によっては垂れるなどして，蔓を保持していく。「藤本(とうほん)」ともいい，単に「蔓植物」と呼ぶことも多い。これらには草本と木本とがあるが，庭園用ではおおかたが木本である。おもなものに，アケビ，アメリカヅタ，オオイタビ，ムベ，カロライナジャスミン，ヘデラ（キヅタ）類，クレマチス，ツルウメモドキ，ツルバラ，テイカカズラ，ナツヅタ，ノウゼンカズラ，フジ類，ブドウ類などがある。➡巻末表(372～374頁)

て

DL [datum level] 高さを測るときに基準とする水準面のこと。測量の場合には，東京湾平均海水面を基準面（±0）としている。建築や造園の図面などでは，その断面図にDLと略記して，設計や計画の高さを指示する基準となる水準面（図では線になる）を表示するのに用いている。

ていえん [庭園] 古くからあった「庭」と「園」という文字を合体させた造語で，明治時代頃に英語のガーデンの訳語として成立したと考えられる。それより建物に付属する主要な庭空間を，広く庭園というようになった。

ていえんかぐ [庭園家具] ⇒ガーデンファニチュア

ていえんちょうこく [庭園彫刻] 実用的な庭園家具に対し，装飾的な要素が強く，彫像，壺，額などがあり，素材は大理石，青銅などが主である。テーマはギリシア神話から取ったものが多い。ガーデンファニチュアに対し，「ガーデンオーナメント」という。

ていえんとう [庭園灯] ⇒ガーデンライト

ていおうせき [低横石] 横石の中でも特に低い石で，横幅を10としたとき，高さが2～4程度の比率の石を基本とする。

ていきょう [亭橋] 池泉（ちせん）にかける橋で，中間に周囲の景を眺めるための亭を造った形式のもの。別名「屋形橋」。平安神宮，東福寺などにその例がある。

ていしゅせき [亭主石] 露地の中門の内露地側に打つ役石。通説では，中潜（なかくぐ）りの内側に据える乗越石（のりこし）の次に打つものといわれるが，中門の場合でも同様に用いられている。茶会で亭主が迎付（むかえつけ）を行う時，この役石まで出て中門や中潜りの戸を開け，客を迎え挨拶を交わす。大小の二石を打つ場合もある。

ていしょく [定植] 樹木や草花などをあらかじめ作成された植栽計画図や設計図に基づいて，所定の位置に植え付けること。➡かしょく

ていぼく [低木] 植栽樹木を高さによって分類したときの名称の一つ。高木の対語。公共工事などで用いられているもので，規定によれば，植栽時に高さ1.5m未満（地方により1.0mまたは1.2mとしているところもある）の樹木で，成木になってもある程度の高さにしか伸びず（普通3.0mを目安としている），どちらかといえば横に広がる樹木の種類をいう。➡こうぼく，巻末表(372頁)

ていれ [手入れ] 樹木などの樹形をよく整えることで，枝葉の剪定（せんてい）や刈込みをすること。

てきか [摘花] 庭木で花がつき過ぎて樹勢を弱めるおそれのある場合，蕾（つぼみ）のときに間引く作業。果樹などで，結実量の調節などのために開花期に花を間引くことで，薬剤を用いることもある。

てこ [挺子] ⇒きでこ

てしまいし［豊島石］ 凝灰岩の一種で香川県小豆島の西にある豊島より産する。黒灰石で軟質なので，石燈籠などの加工石材として江戸時代初期頃から好んで用いられており，京都の桂離宮庭園にも豊島石製品が多く使われている。ただし風化が進みやすいので屋外での長年月の保存には適さない。

てしょくいし［手燭石］ 蹲踞（ふみ）の役石の一つで，手水鉢（ちょうずばち）の左右どちらかの手前に据える，やや高めの平天石（へいてんせき）。通常は左手に用いる例が多く，夜の茶会の時，手に持つ明かりである手燭を乗せておくための石。湯桶石（ゆおけいし）よりは高く据えるのが約束とされている。→つくばい（図）

てっきんコンクリート［鉄筋—］ 鉄筋とコンクリートを組み合わせてつくった構造物用の材料。コンクリートは圧縮には強いが引張りに弱いため，その欠点を引張りに強い鉄筋で補うことにより，圧縮と引張りに強い材料にすることができる。骨材の種類によって，普通コンクリートと軽量コンクリートに分ける。

てっぱつがたちょうずばち［鉄鉢形手水鉢］ 見立物手水鉢の一種で，石造五輪塔の塔身を利用して上部に水穴を掘ったもの。この塔身は球形に近く別称を「水輪」といって水を意味しているので，手水鉢には最も適したものといえる。側面に梵字（ぼん）の「バ」字が入ったものも多く，また近世のものでは，「水」，「華」などの文字を入れたものも見られる。球形の曲線が美しい鎌倉時代頃のものは特に立派である。その形が僧侶が托鉢（たくはつ）に用いる鉄鉢に似ているところから命名されたものであろう。京都桂離宮にあるものなどが名高い。→ちょうずばち（写真）

てっぺいせき［鉄平石］ 安山岩の一種で，長野県諏訪市や佐久方面より産するため，別名を「諏訪鉄平」ともいう。薄い層のような板状節理をもち，その間に錆がのって濃茶色，濃緑色の素材として多用されているが，厚みのある大板鉄平石もあるので用途は広い。

〔鉄平石〕

てっぽうがき［鉄砲垣］ 竹垣の一種で親柱と親柱間に数段に胴縁を渡し，それに立子を鉄砲付けとした垣。この立子は表裏が接近するか，あるいは少々重なるくらいに取り付けるのが特色で，また何本かを合わせて結び止める例も多い。特に太い丸竹を立子とした大竹鉄砲垣や，立子を巻立子としたものもある。巻立子はおもに袖垣に用いられることが多い。この垣は，遮蔽垣としても透かし垣としても造られる特殊な竹垣といえよう。『石組園生八重垣伝』には，「鉄砲袖垣」が図ととも

に解説されている。→てっぽうづけ，かき（写真）

てっぽうづけ［鉄砲付け］ 竹垣の構造名称で，胴縁に対して，立子を表裏表裏というように交互に取り付けていく方法をいう。これを用いた代表的な垣が，四つ目垣と鉄砲垣である。

でふね［出船］ 庭園では神秘の世界である蓬莱神仙の島々に向かうために出発する舟の姿を表現したもので，古い時代の舟石にはこの形式が多い。希望をもって船出する尊い姿が好まれたものであろう。

〔出船〕

てぼうき［手箒］ 掃除道具。竹穂を使って作る30cm前後の小さな箒。仕上げ作業や植込みの中，砂利や杉苔の上のゴミや落葉など，細かいゴミを取るときに使う。竹垣を作ったときに残った竹穂などで作っておくもので，かき板とともに植木屋の必需品。

てまうけ［手間請］ 手間賃だけで仕事を請け負うこと。材料や機械類は発注側が用意し，労力だけを提供して仕事をすること。

てもと［手元］ 作業する職人の手伝い，下働きをする者。

テラコッタ［terracotta］イタリア語で焼き粘土のこと。焼き上がりが濃い茶色となり，飾り鉢などとして多く使われている。

テラス［terrace］ 英語読みではテレース。庭面より一段分高くし，石張り，タイル，テラコッタなどで仕上げたもので，「壇」と称する。建物に付属するものは「ハウステラス」，庭に造られたものは「ガーデンテラス」という。添景的構造物であるとともに，休息，集い，語らいの場として利用される。→テラスガーデン

テラスガーデン［terrace garden］ イタリア式庭園に多く見られる様式。傾斜面に幾段かの露段（テラス）を造り，それらを階段や坂路によって連絡する。花壇，石垣，植込み，刈込み，彫刻，噴泉などで装飾されたテラスを主軸線上にいかした建築的要素の強い整形式庭園の一形式である。

テラゾー［terrazzo］人造石材の一種。白色セメントに大理石を粒状にした砕石および顔料（着色剤）を混ぜて，水を加えながら練り上げたモルタルを所定の型に入れて平らに叩きしめ，硬化後いくつかの工程を経て，最終的に表面を磨いて仕上げたもの。またはそのように仕上げる仕様のこと。仕上げの種類には粗磨き，水磨き，本磨きがある。

てり［照り］ ⇒むくり

てん［天］ 石の部分をいう現場用語で広い意味で上部という表現として使われている。どんな形の石でも，上とする部分を天といい，また別に「天端（てんば）」「上端（うわば）」ということもある。

てんぐすびょう［天狗巣病］ 樹木の菌類による病気の一つで，枝先が箒状あるいは鳥の巣のような形に密生した状態になるもの。サクラ，タケなどに発生が多い。

てんけい［点景］ 庭園の中の一つのポイントとして用いられる造形で,比較的規模の小さい庭園に対して使われる技法である。石燈籠や手水鉢(ちょうず)などの石造美術品は,よくこの点景として配置されることがある。

てんけい［添景］ 何かに添える意で,主要な造形に添えた形式で用いられるものを総称する。江戸時代以降,庭園に役石や役木(やく)が主張されるようになると,この添景という考え方が発展し,燈籠に添える樹木や,門等に添えてマツなどを植えるようになった。これらは典型的な添景といえる。

てんせき［転石］ 自然の状態でひとかたまりの石塊として産出する岩石の総称。山中から産しても,昔谷川などの流れによって流された石が多い。

てんとまわり［天道回り］ ⇒とけいまわり

てんねんじゅけい［天然樹形］ ⇒しぜんじゅけい,巻末図(363頁)

てんねんひりょう［天然肥料］ 化学肥料ではなく,天然成分を用いた肥料の総称。堆肥(たい),鶏糞(ふん)などもこれに含まれる。

てんば［天端］ ⇒てん

と

とうあつ［踏圧］ 人が足で踏む圧力。庭園に芝生等を用いるときには,この踏圧の度合いを計算することも必要となってくる。

とうがい［凍害］ おもに冬季の低温により植物の細胞内の水分が凍結して,枯死したり,あるいは生理的な障害を起こすこと。植物の種類によって凍害を受ける温度は異なり,また同じ種類でも植えられている場所などによって変化し,一概にいえない。耐寒性の弱い植物では,冬季防寒を施す必要がある。

とうきせんてい［冬季剪定］ 樹木が休眠している冬季にする手入れ法。落葉樹の場合,葉がないので枝振りがよく見え,整枝しやすい時期である。常緑樹などは強い切り込みは寒さで木を傷めたり,切り口がなおりにくいので強い剪定は控えるべきである。枯枝,枯葉,古葉などの整理ぐらいにとどめるのが原則。→かきせんてい

どうくついわぐみ［洞窟石組］ 石を組んで洞窟を表現したもので,仙人などの住む神秘的な世界の表現でもある。その形式は大小様々で,中国庭園では実際に人が入れるものがほとんどだが日本庭園では象徴化した小規模の石組が多い。鎌倉時代から例があるが,桃

〔洞窟石組〕

山時代頃から好んで用いられるようになった。慧林寺庭園（鎌倉・塩山市），徳島城庭園（桃山・徳島市），国分寺庭園（桃山・徳島市），浄居寺庭園（桃山・山梨県），西本願寺庭園（桃山〜江戸初・京都市）などに好例が見られる。→いわぐみ（図）

どうこがたちょうずばち［銅壺形手水鉢］ 創作形手水鉢の一種で，方柱形手水鉢の角の部分を半月形に切り取った形のもの。その姿が昔よく用いられた湯沸かし器である銅壺に似ているところから命名された。『築山庭造伝後編』にその図が載せられている。

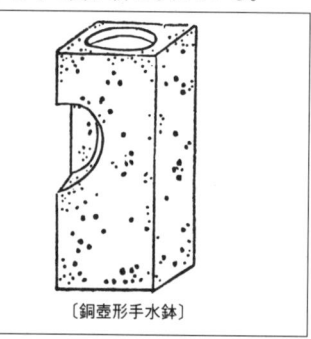

［銅壺形手水鉢］

どうごめ［胴込め］ 柱などを立て込むとき，その周囲に詰める小石などをいう。

とうさつ［塔擦］ ⇒さつ

とうしん［塔身］ 石造美術品の部分名称で，仏の居所として最も重要視される場所。多くは基礎の上に乗り，上部には笠（屋根）をかける。立方体の塔身としては，層塔や宝篋印塔（ほうきょういんとう）のものが代表で，四面に仏や梵字（ぼん）を入れるのが普通であり，これを四方仏と称している。そのほか，宝塔や五輪塔の塔身は平面円形とされる。ただ中には，無縫塔のように最上部に塔身が乗る例もある。

［塔身］

とうすいかん［透水管］ 地下水を排水する暗渠（あんきょ）排水に使う。地中に溝を掘り，有孔管や穴あき管の周囲に砂利を置き，地下水を集める管のこと。

とうすいけいすう［透水係数］ 土壌に水の浸透する早さを係数として表したもの。

どうすいもん［洞水門］ 小堀遠州が18歳の時に考案したという蹲踞（つくばい）等の排水設備で，水門を深く掘り，周囲を練土で固め，中に簀子（すのこ）を当て，その上に石をまき，上に松葉を撒いたもの。このように水門を深く掘って水が溜りにくくした構造を，師の古田織部が大変感心したという。別名を「摺鉢（すりばち）水門」ともいう。一部にこの洞水門を水琴窟（すいきんくつ）と同一のように考える説があるが，間違いであろう。

どうそしん［道祖神］ 道端に立てられる守り神で，地蔵尊と同様に村の境や峠などに祀られる。東日本に多い男女の夫婦道祖神は名高いが，石造品としては江戸時代のものが大半といえる。

とうどうろう［塔燈籠］ 庭燈籠の分類名称で，石塔の層塔と同じような形と

なるが、塔身や軸部に火袋を掘って燈籠としたもの。三重か五重のものが多い。江戸初期頃から多く造られるようになった。なお、この形式で下を基礎とせずに脚としたものも見られる。→いしどうろう（写真）

とうどほう［凍土法］　地下1m以上も凍結してしまう極寒地方において行われている樹木の移植法の一つ。凍結した根鉢を掘り取り、そのまま運搬して移植先に植え付ける。根巻きの必要がなく、運搬を橇(そり)などを使って行えるなど利点もあるが、凍結しているところの掘り取りや植付けの植穴掘り、および埋戻しの作業は大変である。

どうなわ［胴縄］　高木に登って、枝下ろしや剪定(せんてい)作業をするときに、落下防止のために身体と木を結び付けるロープのこと。命綱の一種。

とうはんしょくぶつ［登攀植物］　つる性植物のうち、吸着根や吸盤、巻ひげや巻つるなどにより、直立・斜上などして生長するものを特にこう呼んでいる。→巻末表（372～374頁）

どうぶき［胴吹き］　→みきぶき

どうぶち［胴縁］　竹垣の細部名称で、垣の骨組部分に渡される構造材であるが、これを見せるものもある。多くは親柱と親柱を結んで数段に渡すのであって、唐竹あるいは垂木が用いられる。透かし垣の場合は、四つ目垣のように唐竹胴縁が景としても生かされているが、垂木は遮蔽垣に限られるもので、それに立子などを釘止めとする。この胴縁の位置に押縁(おしぶち)を掛ける例が多いので、その間隔や本数は竹垣の意匠に大いに関連してくる。

とうふやまわし［豆腐屋回し］　大きめの木を植え穴に入れた後、鉢を回したいときに使う技法。幹にロープを結び、根鉢にロープを巻きつけて、丸太をてことしてロープの端に取り付け、数人で回す。豆腐屋が昔、豆を挽くときに石臼を回す方法に似ているところからこの呼び名がある。

とうほん［藤本］　⇒つるせいしょくぶつ

とうみょううけざ［燈明受座］　石燈籠の火袋内中央に設けられることのある燈明皿を安定させるための台。いろいろな形があり、またこれを用いない火袋も多い。

とうみょうじがたいしどうろう［燈明寺形石燈籠］　古社寺燈籠の六角形に属するもので、大和形式の名品。現在は京都の真如堂庭園内に立てられているが、以前は京都府南部の燈明寺にあったもの。基礎上に美しい複弁の反花(かえりばな)があり、竿はやや太めでエンタシスがある。中台(ちゅうだい)は側面を二区に分けて走獅子(はしり)を入れ、上部に火袋受けの小さな反花を彫る。火袋は二面を火口とし、他の二面に火窓を開け、もう二面には美しい牡丹と観音立像を薄肉彫りとしている。笠は軒反りや蕨手(わらびて)の立上りもよく立派だが、その上の請花(うけばな)と宝珠(ほうじゅ)は後補であろう。鎌倉時代末期の作で、江戸時代から名物燈籠として名高いものであった。→いしどうろう（写真）

とうようていえん［東洋庭園］　いわゆる極東地域に属する東南アジア諸国、朝鮮半島、中国、日本において造られている庭園の総称であるが、その地域には諸説があり、仏教文化圏の庭園という考え方もある。その中でも特に庭園が発達したのは、中国と日本であった。

どうろこうばい［道路勾配］　道路・通路・苑路などをつくる際に，排水および車，自転車，人などの通行に適した勾配にする必要があるが，その勾配をいう。これには縦断勾配と横断勾配とがあり，通常水平距離を100としたときの垂直距離の比率で表される。1：100は1％勾配，2：100は2％勾配である。

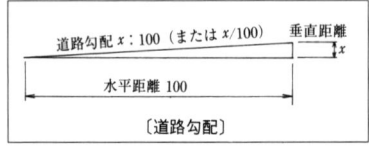

〔道路勾配〕

とおり［通り］　直線あるいは水平を意味する現場用語で，それを目で確かめることを「通りを見る」などという。また，まっすぐな竹を「通りのよい竹」と称することがある。

ときわぎ［常盤樹］⇒じょうりょくじゅ

ときん［兜巾］　柱の上部を鋸(のこ)で三角状に切り落とすことをいい，丸太柱にも角柱にも行われる技法である。雨水を切るためと，景とを兼ねて竹垣の親柱によく用いられるが，茶庭(ちゃてい)の中門の柱は多くこの兜巾とする。兜巾は「頭巾」とも書き，修験者のかぶる黒頭巾をいったものである。

とくさがき［木賊垣］　竹垣の一種で，親柱間に5～6段の胴縁を渡し，そこに丸竹半割りの立子を木賊張りとした形式の垣。胴縁を唐竹として，そこに染縄で立子をからげてゆくのが本式のもので，そのからげ手法の技法の美しさに特色がある。また，胴縁を垂木として，そこに立子を釘止めする方法もある。このように木賊垣は，胴縁の位置に押縁(おしぶち)を掛けない竹垣の代表例となっている。立子には6cm以上の太さのマダケを半割りにして使うのがよく，山割竹などではこの垣独自の味わいが出ない。なお，草のトクサを用いた垣と説明している著書もあるが，誤りである。→とくさばり，かき（写真）

とくさばり［木賊張り］　竹の幹を立子として隙間なく張った形態や，その作業をいう。その節をちらして張った姿が，草のトクサのようだというところから，木賊張りの名称が出た。したがって，細竹や山割竹を張ってもそういえるが，木賊垣の場合は太めの竹を半割りにしないと縄からげの美しさが出せない。また，袖垣などの細部にも木賊張りが用いられるが，その場合は細竹や山割竹を用いてよい。

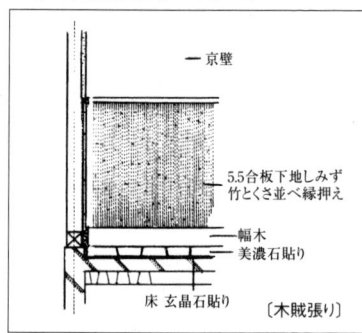

〔木賊張り〕

とくさべい［木賊塀］　塀に木賊張りを用いたもので，この場合は縄からげとせずに，釘止めとするのが原則になっている。

とくしゅじゅ［特殊樹］　造園材料の分類名の一つ。形態，管理，配植などが特別なものの類。おもなものに，シュロ，ソテツ，ヤシ類，ユッカ，コルジリネ（ドラセナ），タケ類などがある。

とくやまいし［徳山石］⇒とくやまみかげ

とくやまみかげ［徳山御影］　花崗岩の一種で，山口県徳山市の大津島，黒髪島より産する。粗目の花崗岩だが，鉄分が少なく硬度も高いので，切石としては良材といえる。特に黒髪島の石は国会議事堂に使用されてより広く知られるようになった。一名を「徳山石」ともいう。

どくりつぼく［独立木］　一本を配植して，単独で観賞するのにふさわしい樹形をもった樹木。

とけいまわり［時計回り］　石を据えたり木を植え付けるときに，左右に回転させるが，時計の針と同じ方向，右回りをこう呼ぶ。「天道（てんどう）回り」ともいう。左回りは「あべ」「逆天道（ぎゃくてんどう）」という。

としこうえんほう［都市公園法］　地方都市を含めた都市部における公園（公共施設）の設置，その管理等の基準を定めた法律。1956（昭和31年）に制定された。

としたいし［戸下石］　⇒とずりいし

どじょう［土壌］　単に「土」とも呼ばれ，地球の表層を覆っている，微細な物質からなるものの総称。土壌の生成は，その元になる岩石が物理的（雨や熱などの力）および化学的（溶解・分解）作用によって細かい粒子に変化してゆき，これに動物や植物の遺骸からなる腐植が加わったものである。植物の生育のための土台となる部分で，元になる岩石や遺骸となる動植物の種類，土地の気候や地形等の諸条件により，様々な土壌が形成される。日本での土壌型は，おおよそ寒地ではポドソル土壌，東北地方では灰褐色森林土壌，関東地方では褐色森林土壌，中部以西は赤色森林土壌からなり，また火山灰に由来する土壌は全国各地に分布している。

どじょうかいりょう［土壌改良］　植栽地の植物の生育を良好に保つために，あらかじめその土地の生育環境の不適当な部分について改善のため人為的に行う処置のこと。一般的には，排水性（透水性），通気性，固化した土地の膨軟化（土壌硬度の改善），保水性，保肥性，土壌養分の補給，酸度（pH）調整などの改良を目的に，各種改良剤の投入および排水桝の設置や透水管の埋設工事，あるいは盛土，土地の耕うんなどを行う。

どじょうかいりょうざい［土壌改良剤］　植栽地の土壌を，植物が健全な生育を継続的に保てるよう改善のために施用される材料のこと。これらは大きく，①無機質系土壌改良剤，②有機質系土壌改良剤，③高分子化合物系土壌改良剤の3つに分けられる。①はおもに多孔質で軽い製品が多く，土壌の通気性・保水性・透水などの改良をはかる目的で使用する。おもなものに，ベントナイト，バーミキュライト，ゼオライト，パーライト，ビーナスライトなどがある。②は土壌を膨軟にし，保肥力・保水力・通気性を高め，また土中の有益な微生物の活動の活発化をはかるなどの目的で使用する。おもなものにバーク堆肥，ピートモス，亜炭（スーパーフミンなど），泥炭（テンポロンなど），ワラ・パルプ製紙残渣（リグニン腐植など），海草粉末などがある。③は合成樹脂を主体とした土壌改良剤で，土壌粒子の団粒化をはかり，保水性や通気性などを高める目的で採用する。おもなものに樹脂ポリアニオン，ポリカチオンがある。➡巻末表(408頁)

- **どじょうこうぞう**［土壌構造］ 土壌の各種要素による組立てをいい、土地によって様々な変化がある。
- **どじょうこうど**［土壌硬度］ 土壌の団結度合い、緊密度合い、締め固まり度合いなどを示す単位のこと。植栽地の土壌硬度は、一般に「山中式硬度計」を用いて測定される。植物の根の伸長には、指標硬度で8mm以上17mm以下の土壌が望ましく、27mm以上では生長が著しく阻害される。それゆえ土壌硬度の高い土地では、耕うんを行い土を膨軟にし、かつ土壌改良剤の施用などによってその改善をはかることが必要である。
- **どじょうさんせいか**［土壌酸性化］ 酸性化の原因は種々あるが、最近ではおもに大気中にある工場の排煙、自動車の排気ガス等、化学物質の影響によって酸性雨が降り、それによって土壌の酸性化が促進されていることが多い。→さんせいどじょう
- **どじょうしょりざい**［土壌処理剤］ ⇒じょそうざい
- **どじょうすいぶん**［土壌水分］ 土壌中の孔隙あるいは粒子中に保持されている水分のこと。これらには、①重力水、②毛管水（土壌粒子の間に生ずる毛細管現象により、その孔隙に保持されている水）、③吸湿水、④結晶水、⑤水蒸気（土壌空気中に含まれる水分）があり、おもに植物が利用できるのは、②の毛管水の一部で、ゆえにこの毛管水を多く保持できる土壌づくりが必要である。
- **どじょうのぶんるい**［土壌の分類］ 土壌の分類は、目的や性質などによっていろいろであるが、おもなものは次の通りである。

土壌の分類

利用形態による	耕土（畑土）、森林土、水田土、草原土など
地形による	平原土、高原土、丘陵土など
母材堆積年代別による	沖積層土壌、洪積層土壌、古生層土壌など
化学成分による	鉱物質土壌、有機質土壌など
反応による	酸性土壌、アルカリ性土壌など
土性による	礫土、砂土、壌土、埴土など

粒径区分
国際土壌学会法による

名　称		粒径 (mm)
粘土（クレイ）		0.002 未満
微砂（シルト）		0.002〜0.02
砂	細砂	0.02〜0.2
	粗砂	0.2〜2.0
礫および角礫		2.0 以上

日本農学会法による

名　称		粒径 (mm)
粘土		0.01 未満
砂	微砂	0.01〜0.05
	細砂	0.05〜0.25
	粗砂	0.25〜2.0
礫および角礫		2.0 以上

- **どじょうペーハー**［土壌pH］ 土壌の酸性またはアルカリ性の反応する度合い（水素イオン濃度）を示す単位で、通常、ガラス電極法によるpH測定器で測定する。結果は7.0(中性)を基準に、値の小さいほう（1〜7）を酸性、大きいほう（7〜14）をアルカリ性とする。土壌のpHを測るには、①リトマス試験紙、②酸度指示薬、③測定器

(前出)の3つの方法があるが，造園では①の方法が簡単で一般的である。これは，土壌10gをガラスのコップに取り25mlの蒸留水を加え，よくかきまぜて2～3分間静置する。その上澄み液に，青色(または赤色)のリトマス紙を浸し，赤色(または青色)に変化する速さおよび度合い(指準紙と比較する)から，そのおおよそのpHを知る方法である。

としりょっかじゅもく［都市緑化樹木］都市部での生活空間の場(宅地，公園，各種広場など)の中に，新しく緑の部分を創り出すために，修景植栽，環境保全植栽，機能植栽などの目的によって選択され，採用されている樹木。植栽にあたっては，特に土壌条件(土質・水分など)を適正にして健全な生育が望めるようにし，かつ植栽後も十分な維持管理を継続して健全な生育を助けていくことが大切である。

とずりいし［戸摺石］木戸などの扉の下に据える大きめの平天石(ひらてんせき)をいう。この石は乗越石と兼用されることも多く，別に「戸下石（とした）」といわれる場合もある。

どせい［土性］土壌を構成する土壌粒子のうち，砂・シルト(微砂)・粘土の組成割合によって土壌を分類したもので，一般的には日本農学会法に定める砂土，砂壌土，壌土，埴壌土，埴土の分類呼称を採用している。なお，国際土壌学会ではさらに細かく分類している。

とちょうし［徒長枝］樹木の枝で，特に力強く一直線に伸び出す枝をいう。樹形を乱す要因となるので，全部または一部を付け根から切り落とすことが多い。「とび」「とび枝」ともいう。→せんてい(図)，とび

とっくりむすび［とっくり結び］徳利結びの意味で，一度簡単に縄を締めただけで緩みにくい縄掛けの方法。昔は徳利を結ぶのにこれが用いられたのでこの名がある。また鵜飼(うかい)を行うとき，鵜の首を結ぶのにも用いられたため，「鵜の首結び」ともいわれる。

どどめえんせき［土留め縁石］実用上あるいは造景上，地盤に明確な段差を設けるときに，土砂が崩れないように保護するためと，修景とを兼ねて設けられるもので，ごく低いものをいう。庭園では，自然石の小さいもの(玉石など)，割石，角石などを用いるが，公共造園などでは，コンクリート製の各種縁石などが多く用いられている。

どばうち［土羽打ち］堤や盛土の法面(のりめん)，斜面を締め固めて仕上げること。人力では土羽板を使い，機械ではユンボ，ブルを使って叩き締める。

どばし［土橋］庭中の景色を作るための橋。丸太を並べた上に土を盛り，芝を張るか，小砂利を敷いて仕上げた簡素なもの。

どばつち［土羽土］法面(のりめん)を仕上げるのに適している，粘り気をもった土の総称。またこの土を打つことを「土羽打ち」という。

とび［とび］⇒とちょうし

トピアリー［topiary work］ヨーロッパ庭園に見られる樹木の整枝法で，樹木の枝葉を刈り込み，人工的に様々な形に仕立てる技術。樹木本来の，樹形を尊重する一般の刈込みと違い，動物，人物，鳥や，円錐形や台形などの幾何学的で装飾本意の仕立てとする。ツゲ，イチイ，ゲッケイジュなどがよく

日本農学会法による土性区分

土壌の名称	細土(篩を除いた2mm以下の土)中の粘土の割合
砂 土	12.5%以下
砂 壌 土	12.5〜25.0%
壌 土	25.0〜37.5%
埴 壌 土	37.5〜50.0%
埴 土	50%以上

備考 (1) 細土中の砂の2/3以上が細砂と微砂のときは, 土性の前に「細」をつけて表す。
(2) 埴土および埴壌土が軽鬆 (例:火山灰土など) のときは, 土性の前に「軽」をつけて表す。
(3) 原土中の腐植の含有量が20%以上のときは, 「腐植土」と名づける。

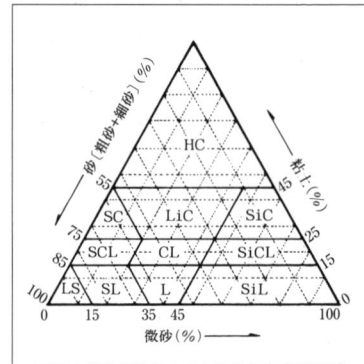

国際土壌学会法による土性の三角座標分類

土性名 (国際土壌学会)

(1)	粘土45%以上	
	HC	重粘土 (heavy clay)
(2)	粘土25〜45%	
	SC	砂埴土 (sandy clay)
	LiC	軽埴土 (light clay)
	SiC	シルク質埴土 (silty clay)
(3)	粘土15〜25%	
	SCL	砂質埴土壌 (sandy clay loam):微砂20%以下, 砂55%以上
	CL	植壌土 (clay loam):微砂45%以下
	SiCL	シルト質植壌土 (silty clay loam):微砂45%以上
(4)	粘土15%以下	
	LS	壌砂土 (loamy sand):(微砂+粘土) 10%以下, 砂85%以上
	SL	砂壌土 (sand loam):(微砂+粘土) 15〜35%, 砂65〜85%
	L	壌土 (loam):(微砂+粘土) 35%以上, 微砂45%以下
	SiL	シルト質壌土 (silty loam):微砂45%以上

用いられる。→じんこうじゅけい(図)

とびいし [飛石] 適当な大きさの平天石(へいせき)を地面にほぼ等間隔に生け込み, その上を歩行するようにした通路, あるいはその石自体をいう。桃山時代頃から露地に用いられるようになったと考えられ, 当初は自然石が主体であったが, 江戸初期頃からは一般庭園にも打たれ, また切石も用いられるようになった。切石の飛石は別に「真

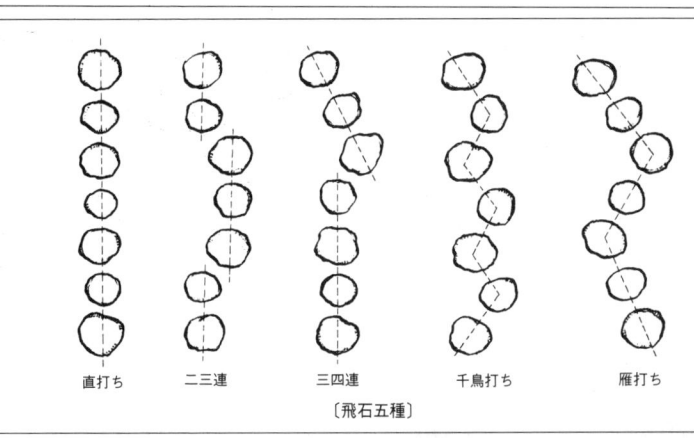

[飛石五種]　直打ち　二三連　三四連　千鳥打ち　雁打ち

(と)の飛石」ともいっている。その打ち方には，直(じか)打ち，二連打ち，三連打ち，四連打ち，二三連，三四連，千鳥打ち，雁(がん)打ち，大曲り，筏(いかだ)打ち，七五三打ちなどがある。この飛石を階段風に打ったものを「飛石段」ともいう。

とびいしだん［飛石段］⇒いしだん
とびえだ［とび枝］⇒とちょうし
どべい［土塀］⇒ついじべい
とめいし［留石］　複数の茶席がある広めの露地の場合，飛石の分岐点の一方に石を置いて通行止めを示すもの。留めるというよりも，道案内の石という意味合いが大きい。大きめのごろた石を蕨縄(わらびなわ)で十文字に結んで上に持ち手をつくり移動の便とする。しかし最近ではもっぱら染縄で代用されていることが多い。別名を「関守石(せきもりいし)」ともいう。
とめぐい［留杭］　樹木などに支柱をするとき，土質によって抜けやすいような場合，その根元に別の短い杭を交差させて打ち，双方を固定して抜けにくくするその杭をいう。別に「やらず」

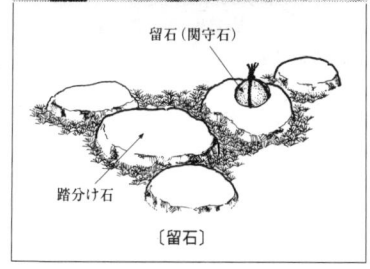

[留石]　留石(関守石)　踏分け石

「根杭」ともいう。
とめばしら［留柱］⇒おやばしら
ともづら［共面，友面］　間知石の細部名称で表面の面に対して，反対の奥にできる小さな面をいう。
どようえだ［土用枝］　樹木は春に発芽

して枝になるのがほとんどであるが，何らかの要因で，夏の土用のころに再び発芽して枝となったもの。土用枝は一部または全部切り落とすことが多い。

どようめ［土用芽］　夏の土用のころに発芽した芽のことをいう。

とらづな［虎綱］　「控え綱」ともいわれ，樹木の掘り上げ作業中や二又（にま）でチェーンブロックを使うときに，双方が倒れないように，近くの木の幹や石に取り付ける控えの綱をいう。「とらなわ」が一般的。綱を結びつけるのを「とらをとる」という。

とらなわ［虎縄］　⇒とらづな

トランシット［transit］　和訳語は転鏡儀といい，鉛直角および水平角を測定する測量器械の一つである。主要部は望遠鏡，水準器，水平および鉛直分度目盛盤などからなる。

トランシットそくりょう［―測量］　トランシットを使って行う測量で，おもに角度や方向を測ることによって，離れた2点間の距離や高低差を間接的に求めたり，基準点の設定，あるいは直線の延長などを行う。

とりい［鳥居］　⇒とりいがたしちゅう

とりいがたしちゅう［鳥居型支柱］　風除け支柱の型式の一つ。「鳥居」，「鳥居支柱」ともいう。樹木の植栽や移植をする際，それが風によって倒れないように，あるいは根鉢が動かされて新根が損傷しないように取り付けるもので，その形が神社の参道に設けられている鳥居に似るところからこの名がある。これには，二脚鳥居型，三脚鳥居型，十字鳥居型，二脚鳥居組合せがあり，それぞれ樹木に添木をするものとそうでないものとがある（表示例：二脚鳥居添木付き）。おもに街路樹や公園，マンションなどの植栽や移植に用いられているが，個人庭園では見栄えなどの点から，他の支柱ができない場合のみに限られており，用いられることは比較的少ない。

とりき［取り木］　樹木の繁殖法で，挿木のできない種類など，発根力の弱いものなどに応用される方法。盛土法，圧条などがある。

ドリップシステム　鉢物に自動的に灌水する設備。水滴がタイマーによってにじみ出る仕組みになっており，留守がちの人にとっては便利なシステムである。

トリマー［trimmer］　発動機や電動式による刈込み機。大量の生垣（いけがき）を刈り込むのに有効。刈込みばさみで作業するのに比較すれば楽である。最近のものは性能も向上し使い易くなった。

ドリルるい［―類］　木，鉄，コンクリートなどに穴をあける電動式の工具。充電式で，小型のものは竹垣工事などの釘打ちのための穴あけに重宝である。

トレリス［trellis］　木製垣根風の格子の総称。庭の見切りや塀に使うほか，アーチ，四阿（あずまや），門を造る素材として用いられ，多数のデザインができる。蔓（つる）物をまとわせて目隠しや緑陰をつくるとともに，花鉢，プランターなどをかけて，狭い場所でも美しい草花を楽しむ場をつくるのに用いる。

とろ　やわらかめのモルタル。石貼りの目地などに使う。「ノロ」ともいう。

どろまき［泥巻き］　マツ類などの針葉樹に行う作業で，樹皮内にいるキクイムシその他の害虫を窒息させ，外部からの産卵を防ぐために，樹皮に厚く荒

とろまき

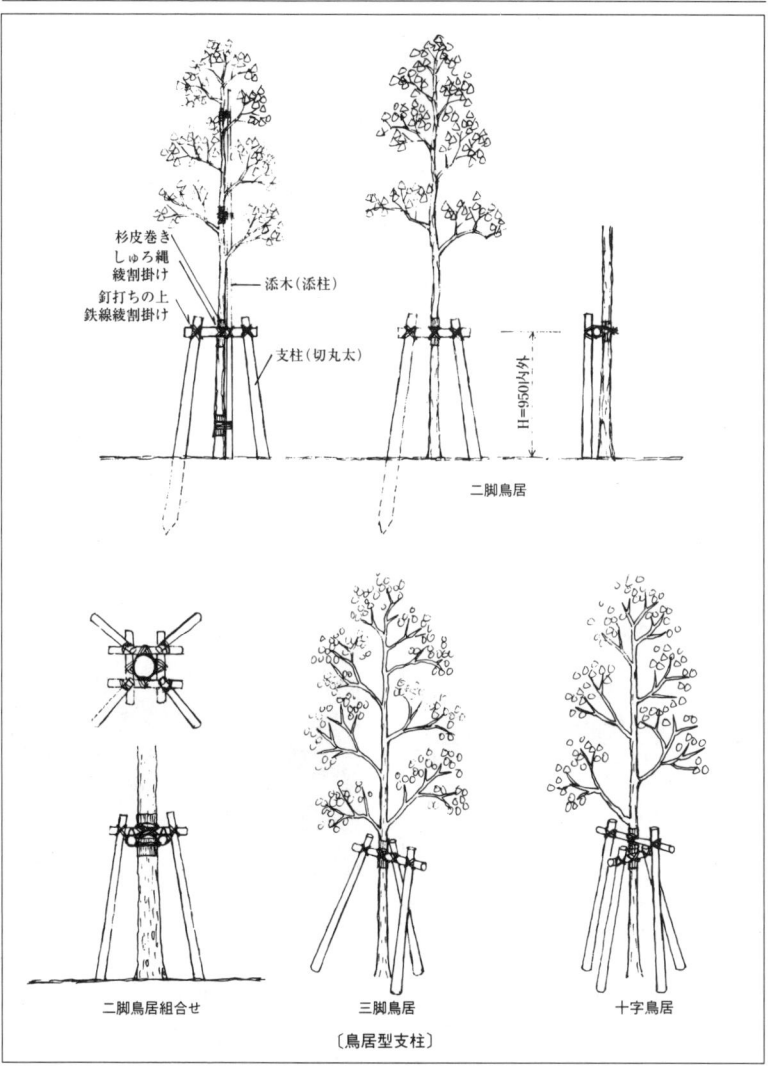

図ラベル:
- 杉皮巻き
- しゅろ縄綾割掛け
- 釘打ちの上鉄線綾割掛け
- 添木（添柱）
- 支柱（切丸太）
- H=950以外

〔鳥居型支柱〕
二脚鳥居
二脚鳥居組合せ
三脚鳥居
十字鳥居

木田などの泥を巻くこと。移植後の庭木や衰弱した庭木に行う。下地に荒縄を巻きつけ，その上に粘性土などをよく練り込んだものを塗り込んでいく。

なかくぐり［中潜り］ 露地の中門と同じ位置に用いられる衝立(ついたて)形式の切妻(きりづま)屋根をかけた潜り口をいう。草庵式茶席に設けられる躙口(にじりぐち)と同様の形式で、茶席が広間の書院式である場合、この中潜りによって侘(わび)の世界に入ることを強調する意味がある。その壁面には必ず下地窓を切って、腰掛待合の方向から亭主の所作が見えるように構成する。中門と同じように役石を配するが、乗越石(のりこしいし)は中潜りを入った内露地側に据えることになる。中潜りは桃山時代に古田織部が考案したものといわれている。

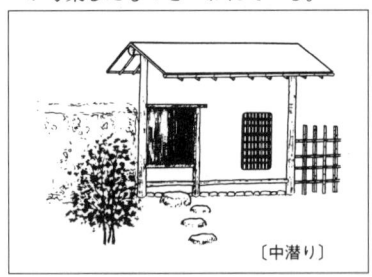

［中潜り］

ながし［流し］ 蹲踞(つくばい)の手前に造られる、水を捨てる部分をいい、その中央には排水のための穴を設け、そこに水掛石を置く。古くは「水門」といいまた別称を「海」ともいっている。ここには全体に小石などを敷き詰めることも多い。

なかじま［中島］ 池泉(ちせん)中に造られた島のことで、枯山水の枯池にも用いられる。この島の数によって、一島式、二島式、三島式、多島式などに分類する方法もある。中島には蓬萊神仙島の意味が大きく、蓬萊島、鶴島、亀島などとして造られる例が多い。また『作庭記』には、「島姿の様々をいふ事」の項があり、10種類ほどの島が解説されている。

なかにわ［中庭］ 建物に囲まれた内部に造られた庭を総称している。坪庭とも近いが、中庭といった場合は、面積の大小にかかわらず、かなり広い庭園もいう。

なかばち［中鉢］ 蹲踞(つくばい)の形式名称で、流しの内部に手水鉢(ちょうずばち)を配するものをいう。中に台石を据えて、そこに手水鉢を乗せる例が多い。蹲踞としては規模の大きなものになる。

［中鉢］

ながまるた［長丸太］ 木材の種類の一つ。伐木した製材前の原木で、通常は樹皮を剝ぎ取ったもの。これには小丸太（最小径14cm未満のもの）、中丸太（14cm以上30cm未満のもの）、大丸太（30cm以上のもの）がある。
→きりまるた

ながれいわぐみ［流れ石組］　流水の流れ，枯流れにかかわらず，流れに対して組まれる石組の総称。特に護岸石組の構成が流れの造形を決定づける。

なかろじ［中露地］　露地の全体構成をいったもので，三重露地の場合，内露地と外露地の中間に設けられる露地をいう。その役割は，二重露地の場合の外露地と同様と考えてよく，腰掛待合などはここに設けられることになる。→うちろじ，そとろじ

なぐりまるた［名栗丸太］　丸太をなぐり（釿(ちょうな)などではつって多角形にそぎ目をつける）仕上げにした製品名。仕上げには波状や竹節状の種類がある。材は普通クリを使用する。その点から「名栗丸太」と書かれたものが多い。

なげし［流枝］　基本形は斜上して生育した幹が，何らかの原因で途中で水平，または水平に近く曲がって伸びてゆき，そのままの状態を保つか，再び斜上して生育を続けている形のもの。またはそのような形に仕立てられたもの。天然のものは少なく，多くは後者による人工樹形である。樹種としては，「流枝松」と呼ばれるようにマツ類が代表的なものであるが，ほかにもマキ類，イチイ，ビャクシン，ハイビャクシンなどがある。おもに池泉(ちせん)の汀(みぎわ)沿いに水面上に張り出させるように配植する。

なげしじたて［流枝仕立て］　⇒なげし

なじみ［馴染］　2つの素材が見栄えよく，調子がよく調和している様子。「馴染がよい」というように表現する。

なた［鉈］　木を割ったり，杭を削ったり，植木の枝打ちなどに使う斧(おの)の一種。竹を割ったりするための鉈は特に「竹割」と呼ばれ，細く，長く作られている。

なちいし［那智石］　⇒なちぐろ

なちぐろ［那智黒］　粘板岩の一種で，和歌山県東牟婁郡の那智川周辺や，三重県熊野市神川町付近より産する。黒色が見事な硬質の石が那智石で，これが天然の状態で小石となったものを那智黒といい，栗石，ごろた石の名石として名高い。しかし，最近ではほとんど産出しておらず，那智石が少量採石されているのみである。別名を「那智真黒石」，「黒那智石」ともいい，細かいものを「那智砂利」という。現在では那智という名称が黒石の代名詞ともなっており，他県や海外産の黒石を，黒那智石として販売しているので注意が必要である。

なちくろすな［那智黒砂］　那智黒の細かい砂。⇒なちぐろ

なちじゃり［那智砂利］　⇒なちぐろ

なつめがたちょうずばち［棗形手水鉢］　創作形手水鉢の一種で，茶道具の茶入れの一つ，棗の形をとったもの。本歌(ほんか)はないが，江戸中期頃から多数の作例がある。『石組園生八重垣伝』『築山庭造伝後編』などに図がある。→ちょうずばち(写真)

ななこがき［魚子垣］　最も簡略化した形式の竹垣の一種で，割竹を一定の長さに切り，それをアーチ形に曲げて連続的に地面に差し込んだもの。その命名の由来には諸説あってはっきりしないが，その形を魚の鱗(うろこ)に見立てたところから出た可能性があり，一名を「鱗垣」とも称している。そのほかに，「斜子」「七子」「生子」などの文字が当てられることもある。→かき(写真)

ななめいし［斜石］　⇒しゃせき

なにわじがたちょうずばち［難波寺形手水鉢］ 創作形手水鉢の一種で、八角形に切った厚みのある石を立て、その上面に水穴を掘ったもの。『築山庭造伝後編』に図があり、それには側面に「難波寺」という文字が見えている。本歌(ほんか)は不明。→ちょうずばち

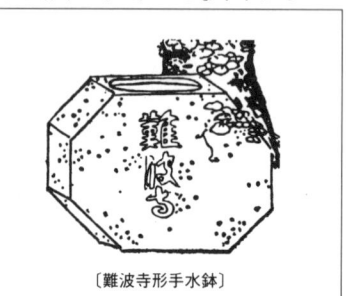

［難波寺形手水鉢］

なまがね ⇒かね

なまこかべ［海鼠壁］ 土蔵や築地塀(ついじべい)などの表面の仕上げ方法で、瓦を一定の間隔をあけて張り込み、その間の太めの目地に漆喰(しっくい)を盛り上げてかまぼこ形に仕上げたもの。この漆喰目地を海鼠に見立ててこの名が出た。瓦の張り方には、縦張り、四半(しはん)張り、亀甲(きっこう)張りなどの種類がある。おもに壁面の下半分に用いるもので、雨の掛かる部分の保護という役割がある。「生子壁」と書くこともある。

［なまこ壁］

なまコン［生―］ レディミクストコンクリートの別称。生コンクリートの略称。→コンクリート

なみき［並木］ 一般に同一種・同形・同大の樹木を等間隔に連続して列状に植栽しているものをいう。街路だけではなく、広場、庭園、公園に植栽されたものも同様に並木と呼ぶ。

なみじゃり［並砂利］ 天然に産する砂利のことで、特に洗ったりはしていない普通の砂利。

なみばち［並鉢］ 移植のため樹木を掘りあげたとき、その根土の状態が通常の平均的な厚さ・形態となるもの。

ならいし［奈良石］ 奈良市に属する笠置山系の大柳生地区から産する斑糲岩(はんれいがん)。ほとんど生駒石と同様の組成をもっている。加工しやすいので、古くから伽藍石(がらんせき)などとして使われてきた。→がらんせき

なわがけ［縄掛け］ 樹木の運搬方法の一つで、幹だま、尻だま、本だま、太鼓だまなどがある。

なわからげ［縄からげ］ ⇒からげしゅほう

なわばり［縄張り］ 建築や造園の工事の着工に際して、建物や工作物、あるいは池や植込み、または掘削や盛土などのおおよその位置や形を示すために地面に縄を張ること。設計図に従って縄（わら縄、染縄、ビニール縄など）を用いて要所を地杭で止めながら、所定の形に張りめぐらせていく。「地縄張り」ともいう。

なんしゅうじがたいしどうろう［南宗寺形石燈籠］ 庭燈籠のうちの立燈籠に属するもので、堺市の南宗寺にある茶席実相庵の露地に立つ。伝えによれば、千利休遺愛の「六地蔵の燈籠」と

幹だま　尻だま

本だま　太鼓だま　〔縄掛け〕

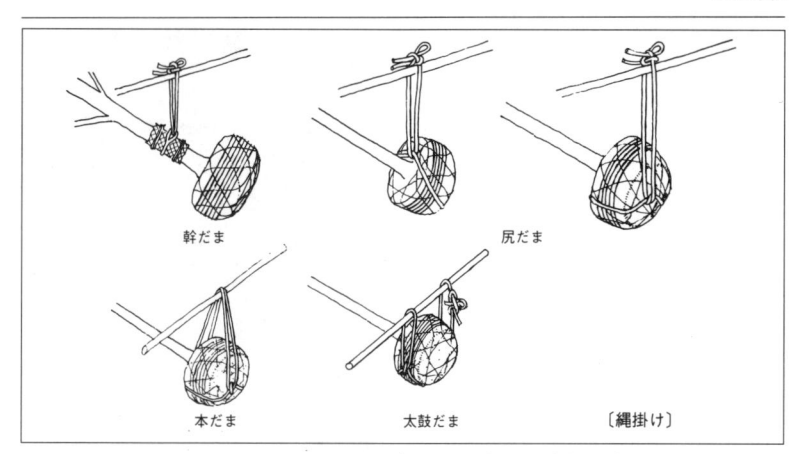

いわれ，室町時代の作ともいうが，江戸時代に入ってからの作であろう。基礎は後補で自然石となり，そこに太い節なしの円柱形の竿を差し込み，上に六角の中台(ちゅうだい)を乗せる。しかし，その上の火袋は八角で，火口と円窓の面以外の六面に六地蔵を彫る。笠は高く，蕨手(わらで)のある六角で，その上に大きな宝珠(ほうじゅ)を置く。石質は共通しているが，細部の組合せには疑問が残る。→いしどうろう

なんぜんじがき［南禅寺垣］　京都の禅寺南禅寺の本坊に造られている竹垣で本歌(ほんか)の垣としては新しい作と考えられる。親柱間に割竹の胴縁を三段に渡し，そこに割竹の立子を交互に編むように差し込んでゆくが，一定間隔でハギの立子を入れて変化をつけた垣である。また，略式のものでは，建仁寺(けんにんじ)垣の一部に竹穂を入れたような垣も，変形の南禅寺垣と称している。なお『築山染指録』に「南禅寺牆」という記載があるが，今日のものと同じかどうかは不明である。→かき（写真）

に

にげぐい［逃げ杭］　工事中に埋まってしまったり，抜かれたりして紛失した重要点（基準点，測点，中心点など）を，すみやかに復旧するために，数個所にあらかじめ設けられる補助杭のこと。→にげずみ

にげずみ［逃げ墨］　基準となる線（工作物などの設置の中心線や仕上げの位置の線）の墨出しを行うとき，障害物や工事に支障があるなど，直接必要な墨を出せない場合に，その線に平行に，適当な距離をおいて引かれる墨のこと。

にさんれん［二三連］　飛石の打ち方の一種で，二連打ちと三連打ちを続けて打った形式。→とびいし（図）

にじゅうますがたちょうずばち［二重枡形手水鉢］　創作形手水鉢の一種で，京都桂離宮庭園の外腰掛近くに据えられているものを本歌(ほんか)とする手水鉢。大きな枡形の上部を一段落として正方形に掘り入れ，その面にもう一つの正方形の水穴を45度の角度で掘ったもの。小堀遠州の作と伝えられ，「涼泓(りょうおう)」という銘をもっている。→ちょうずばち（写真）

にじゅうろじ［二重露地］　内露地と外露地の二つの空間で構成された露地のことで，最も例の多い様式である。中露地を設ける三重露地と区別した名称といえる。

にじりぐち［躙口］　草庵式茶席の出入口として設けられる狭い潜(くぐ)り口で，縦に板を張った戸を入れる。高さ2.2〜2.7尺，幅2〜2.2尺程度で，地上からは1.5〜1.7尺くらいとする。このような場所をくぐることによって，侘(わび)の世界に入ったことを強調する意味がある。千利休によって考案されたものといわれており，古くは「潜り口」，あるいは「躙上り(にじりあがり)」などと称した。すぐ下には，役石としての踏石を据える。

にせきぐみ［二石組］　石組の形式で，主石に対して添石を組んだ二石による石組の総称。最も基本的な組み方としてさまざまな形式が知られている。→いわぐみ（図）

にそくもの［二足もの］　飛石の大きさをいったもので，一石の飛石に対して一足ずつ歩くのではなく，二足で歩くことが原則となる大きめの飛石をいう。

にそんいんがき［二尊院垣］　京都の天台宗寺院二尊院の境内に造られている

〔にじり口〕

低い足下垣(あしもとがき)。金閣寺垣に似るが，その立子と立子の間に斜めの組子を入れた形式のもので，それほど古い作ではないが，理にかなった構造といえる。

ニッチ［niche］　西洋庭園に多く見られる構造物。壁面に変化をもたせるために凸入したアーチ型の部分をいう。彫刻，花瓶(かびん)などを置いたり，壁泉を設けるケースもある。多くは庭の主軸線，見透し線上に造られ，これを囲んで憩いの場とした。景色を強調した装飾が目的である。

になう［荷う，担う］　かつぐことをいう。石や植木を丸太とロープを使って肩にかついで運搬すること。

にのいし［二の石］⇒おとしいし

にばんせき［二番石］⇒おとしいし

にほんしば［日本芝］　西洋芝の対語として用いられるようになったもので，わが国で古くから庭園に栽植されてきた芝草の呼び名である。植物学的にはシバ属のものが主体で，匍富茎(ほふく)

によって繁殖する。現在一般的に用いられているのは，ノシバ，コウライシバ類，ビロウドシバである。アメリカより導入された同じような性状のギョウギシバ属のバーミューダグラス類は，西洋芝として分類している。性質は，乾燥や刈込みに強く，踏圧に耐え，潮風や排気ガスなどに対する抵抗性も大きいが，日照不足（少なくとも1日4時間以上必要）や過湿には弱い。夏型の芝で，春～秋にかけて活動し，冬は地上部が枯れて休眠状態になる。暖地型の芝で暑さには強いが寒さに弱いので，東北地方北部以北や高冷地では適さない。→せいようしば，巻末表（382～383頁）

にほんていえん［日本庭園］ 日本において奈良時代頃から造り続けられてきた伝統的庭園を総称していう。自然風景を母体とするが，そこに人の思想や精神，美意識等を加えて造られる空間で，人間の理想郷を創造するものであり，超自然主義の庭園といえる。様式的には，古来より幾多の変化をとげており，古くは皇室や貴族，権力者の広大な園池として作庭されたが，その後室町時代には象徴的作風の枯山水庭園を，桃山時代には露地（茶庭）等を生み出した。思想的には家の繁栄を祈る意味で，蓬莱神仙思想をテーマとしているものが多い。

にまた［二又］ 3本の丸太を使って作る三又（さんまた），三脚に対し，2本の丸太で作るのを二又という。傾斜地でチェーンブロックを使うときや，燈籠を建てるときに使う。とらわを併用して使うのが特徴。→さんきゃく，チェーンブロック

にりんしゃ［二輪車］ ⇒カート

にれんうち［二連打ち］ 飛石の打ち方の一種で，二石を続けて打つもの。別に「にれんだ」とも読む。

にわいし［庭石］ 庭園の石組に使用する自然石の総称。産出地により，山石，川石，沢石，海石などに分類され，また産出地名により，御影石，筑波石，紀州石などと呼ぶ。選定に当っては大きさ，色調，形，石の目（石理）などの諸点を吟味する。原則として加工せずにそのまま用いる。

庭石の産地

庭石名	岩石種類	色	産地
三波石	結晶片岩	青・紫	群馬県鬼石町
鮫川石	結晶片岩	黒青色	福島県いわき市
伊予青石	緑泥片岩	青	愛媛県西宇和郡
阿波青石	緑泥片岩	青	徳島県西部
紀州青石	緑泥片岩	青	和歌山県
鳥海石	安山岩	黒褐色	山形県飽海郡
伊豆石	輝石安山岩	灰色	静岡県韮山町付近
木曾石	花崗岩	褐色	岐阜県福岡町
筑波石	黒雲母花崗岩	鼠色	茨城県筑波
生駒石	斑糲岩	白色	奈良県生駒町
抗火石	石英粗面岩	灰色	新島

にわき［庭木］ 庭園に植えられた樹木の総称。配植形態により上木（うわぎ），中木（ちゅうぼく），下木，つるもの，生活形により常緑樹，半落葉樹，落葉樹に分ける。その他，用途，仕立て方，花色などいろいろな種別がある。

にわきど［庭木戸］ 庭園に入る場所に設けられる簡素な形式の木戸。庭門に

も通じる用語である。昔は冠木(かぶき)門の形のかなり大規模なものも木戸といっていたが、庭木戸といった場合は侘(わび)好みのものを意味している。枯木戸などがそれであり、露地の中門として用いられることも多い。→かれきど

にわし［庭師］ 庭づくりを業とする専門の職人で、一般的には植木屋と同一されているが、本来は作庭技術全般に幅広く優れた能力をもった技術者を指す。植木関係はもとより、石組、切石加工、左官大工仕事までもこなせるのが本当の庭師である。

にわどうろう［庭燈籠］ 石燈籠の大分類名称で、古くから造立されていた古社寺燈籠に対して、桃山時代以降に露地や庭園用として新たに創作された石燈籠をいう。庭燈籠はさらに、立燈籠、生込み燈籠、脚付き燈籠、塔燈籠、置燈籠、変形燈籠、寄燈籠、改造燈籠に分類される。生込み燈籠に属する織部燈籠や、脚付き燈籠に属する雪見燈籠などは名高い。ほかに茶人の名の付いた燈籠も多いが、ほとんどが後世の命名である。庭燈籠は、庭に合わせて小ぶりに造ったものが多い。→こしゃじどうろう

にわもん［庭門］ 建物に付属する正門に対して、庭園内に入るための専用の門をいう。当然正門よりは簡素な造りであり、素材も自然木や竹などを多用して侘(わ)びた風情とするものが多い。さらに簡単な木戸や枝折戸(しおりど)のようなものが用いられる例も少なくない。設置場所としては、正門から玄関に到る途中に道を分けて、この庭門を設ける例が最も多いようである。

〔庭門〕

にんく［人工］ 一つの作業にかかる延べの労務費、または人数をいう。「何人工かかる」と表現する。

〔庭燈籠〕

ぬ

ぬき［貫］板材の規格品の通称。おもに木構造において、柱を貫いて横に渡す部材に使用されているところからこのように呼ぶ。一般には「小幅板」と称し、幅9～10cm位、厚さ12～21mm位のものをいう。

ぬのいし［布石］一見して布のように見える長方形の切石の別称。

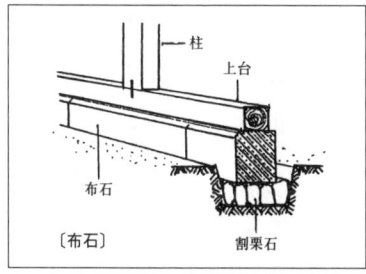

〔布石〕

（図：柱、上台、布石、割栗石）

ぬのいしじき［布石敷き］布石を敷き詰めた敷石の総称。単に「布敷き」ともいう。

ぬのがけ［布掛け］ ⇒ぬのがけしちゅう

ぬのがけしちゅう［布掛け支柱］樹木の風除け支柱の型式の一つ。群植や列植などで植栽間隔が比較的近い場合に、各樹木の幹に水平に丸太や竹を架け渡して結び止め、要所に控えの支柱を設けて全体がぐらつかないようにしっかりと固定した形のもの。取付けは樹高の1/2以上からほぼ2/3までの位置に行うのが効果的である。なお標準的には2/3位を採用している。施工に際しては、樹木と幹と接する部分は、幹に杉皮などの保護材を巻き、しゅろ縄でしっかりと結び止める。支柱材同士は鉄線でしっかりと結束する。生垣（いけがき）では樹種や樹高、および幹の太さにより2段に取り付ける場合もある。

ぬのづみ［布積み］石積み、レンガ積みの方法の一つで、水平目地が通るように積む。間知石（けんちいし）積み、割石積み、切石積みのように、同じサイズの石を積む。

ぬのぼり［布掘り］狭い幅で、長く掘ること。基礎のための根切り。「溝掘り」ともいう。➡つぼほり

ぬまづがき［沼津垣］竹垣としての網代垣（あじろがき）の一種で、シノダケの類であるハコネダケを用いて斜めに編んだ垣をいう。静岡県の沼津地方で多く造られたところから、その名が出た。『石組園生八重垣伝』に、図と解説が載せられている。

ぬめ ⇒むめいた

ぬめいた［―板］ ⇒むめいた

ぬれえん［濡れ縁］通常の縁の外側、多くは雨戸の外に設けられる縁で、常に雨で濡れるところからその名が出た。普通一段下げた落縁（おちえん）とされることが多い。木材、竹材ともに使われており、木材の場合は外に木口を見せた縦張りとされるのが普通で、腐りにくいクリ材などが好まれている。また間を少し開けて水切りをよくするのも常識とされている。竹材の場合は横張りとされる例が多い。

ね

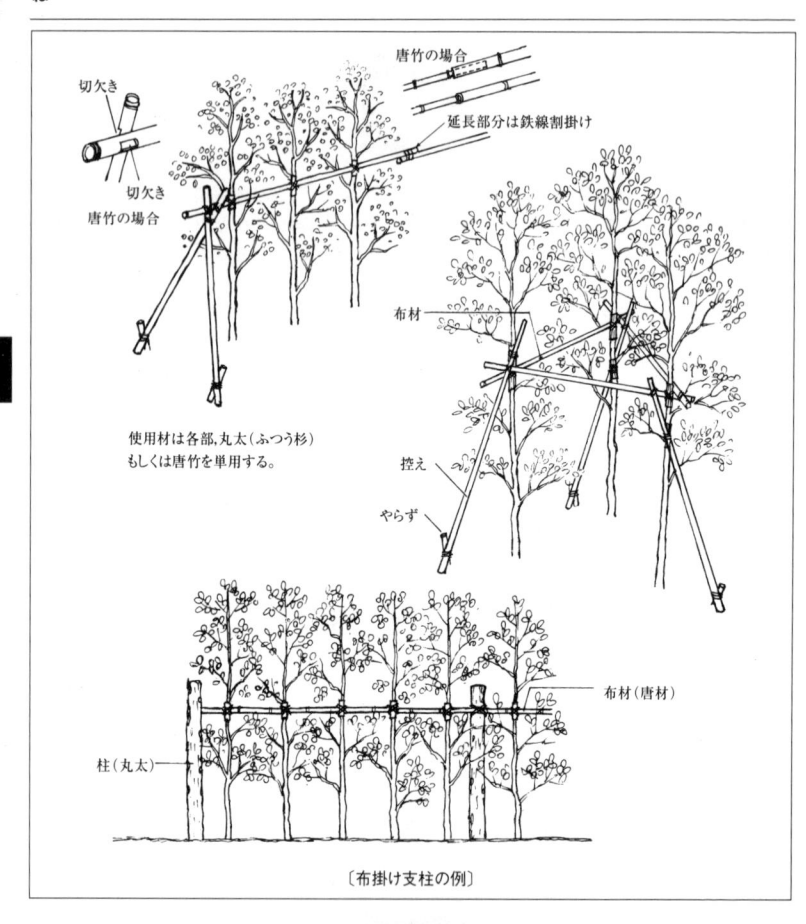

ね［根］ ①樹木，草木などの根。②石などの地中に入る部分。⇒いしのね

ねいれ［根入れ］ 石を据えたとき，地中に入る部分を指す言葉で，「根入れ○cm」というように使われる。

ねかせる［寝かせる］ 材料を仕入れても，売れずに在庫として置いてある状態をいう。

ねがらみ［根絡み］ 根が互いにからみ合っている状態のこと。

ねきり［根切り］①植木を掘り取る際に根を切るための道具。鉄製で先端がたがね状に平たく打たれたものに歯をつけ、根を叩き切る。②根を切る専門のはさみ。刈込みばさみのように長い柄が付き、刃は剪定(せんてい)ばさみに似た道具。

ねぎり［根切り］①基礎を造るために掘削すること。布掘りをすること。②掘り取って根巻きをする前に、あらかじめ根を切っておくこと。樹木を活性化するために根を切ることも指す。

ねぎれ［根切れ］石を据えたとき、根の一部が地面から浮いて切れてしまうことをいい、悪い据え方とされる。

ねぐい［根杭］⇒とめぐい

ねぐされ［根腐れ］植物の根が腐ってしまう現象で、地下水位の高いところに植えた樹木に発生することが多い。また雨水などの排水の悪い場所でも起こることがある。鉢植えなどでは過度の水やりも原因となる。

ねこ［寝子］⇒くみこ

ねこぐるま［猫車］⇒いちりんしゃ

ねじめ［根締め］樹木の配植にかかわる用語の一つ。庭園などの構成にあたって、植栽の主木や石組、蹲踞(つくばい)、燈籠など、あるいは竹垣その他工作物の根元や裾に添えて効果的に配される(または植栽された)小低木や下草類をいう。多くは樹下や日当りのよくない場所の植栽になるので、耐陰性のある種類を用いるのがよい。おもなものに、コクチナシ、ナンテン、ヒイラギナンテン、カンツバキ、センリョウ、マンリョウ、ヤブコウジ、ツワブキ、フッキソウ、シャガ、ヒメシャガ、エビネ、シュンランなどがある。

ねつけごえ［根つけ肥］根の出るのをより促進させる効果のある肥料。

ねったいしょくぶつ［熱帯植物］熱帯または亜熱帯に生育する植物の総称。一年を通しての平均気温が20〜28℃の間にあって、年間の温度差があまりない地域である。

ねつち［根土］樹木を掘り取って根巻きしたとき、根の張った部分全体を覆っている土。植物のためには最も重要な土といえる。→ねまき

ねばち［根鉢］樹木の移植にあたり、掘り取られる生育に必要な主要の根系を包んでいる土を含めた全体の形をいう。一般に樹種により、だいたいの鉢の形状は決められるが、生育の環境

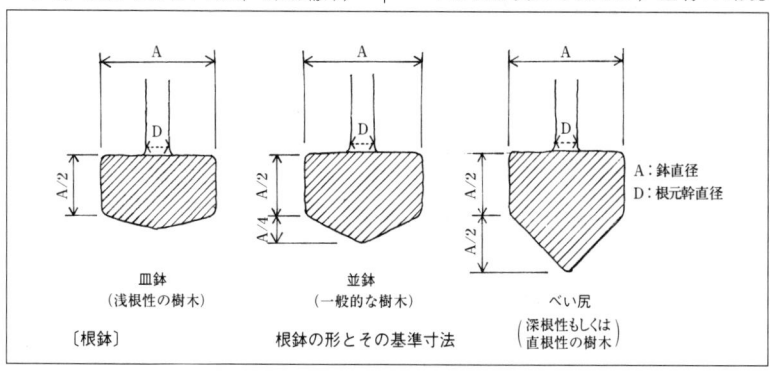

A：鉢直径
D：根元幹直径

皿鉢
(浅根性の樹木)

並鉢
(一般的な樹木)

べい尻
(深根性もしくは直根性の樹木)

［根鉢］　根鉢の形とその基準寸法

(特に土性や水分)による根の状態を考慮する場合もある。普通には単に「鉢」と呼ぶことが多い。→はち

ねばちつき [根鉢付き] ⇨はちつき

ねばり [根張り] 樹木が生長を続けて老壮木になると現れてくる根の独特の姿で、幹の根元から八方に広がる根の張り方が、地際部分で波状に隆起して目立ってくる様子をいう。樹種によりその年数が異なる。ケヤキで50年、マツで100年といわれる。

ねぶかわいし [根府川石] 安山岩の一種で、神奈川県小田原市根府川地区より産する。石質としては近くから産出する小松石に近いが、性質はかなり違い、板状の層となるのが最大の特色といえる。表面は茶褐色で味わい深く、その形を生かして碑石、飛石、敷石として使われ、また建築材としては小端(こば)積みとしてかなり用いられている。ときには景石として使われることもあり、江戸時代初期にはすでに広く愛好されていたことがわかる。

〔根府川石〕

ねまき [根巻き] ①樹木の運搬や移動などを行う際に、根の乾燥を防ぎ、かつ根鉢が崩れないように、1人で運べる小木では掘り上げてから、それ以上のものは掘り取りの過程で、その周囲をわら縄などで巻いて荷造りをすること。砂質土などの崩れやすいところのものでは、標準より小さめに掘り上げ、すぐに根が乾かないようこもなどでくるむようにする。「土付き法」ともいう。②根回しの際、根鉢の周囲をこもとわら縄などを使って締め固めながら巻いていくこと。→ねまわし、つちつきほう

〔根巻き〕

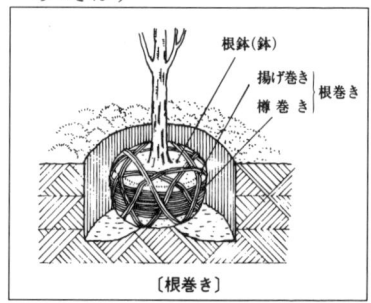

ねまわし [根回し] 建物の建替えや増築・住居の移転などに伴い、庭などに植栽して大きく生長し、長年の間そのままになっている樹木や、移植の難しい樹種のもの、老木などを移植する必要がでてきた場合、それらの活着率を高め、安全に移植するために、あらかじめ発根を促すための方法をいう。方法は、将来の掘り取り運搬を考慮して根鉢の大きさ(直径:標準は根元幹径の4〜6倍とされる)を決め、根鉢の掘り下げは、断根した部分からの新根発生を見越してやや小さめとする。なお断根に際し、樹木を支持している太根を3〜4本残しておく。場合によりその根の皮部を環状にはぎ取っておくとよい。次いで根鉢の周囲を鉢土を叩

〔根巻き〕

き締めながらわら縄などで粗く樽巻き・揚げ巻きを行っていく。このとき，必要があれば仮支柱を取り付ける。縄巻き後，根鉢の周囲に水を注ぎながら（マツなどは行わない）土を埋め戻し，根鉢と土が密着するようよく突き入れる。その後，枝葉の剪定（せんてい）および幹巻きなどを行い，最後に根鉢の外周に沿うように土盛りして，中に降雨や灌水の水がたまるように水鉢を設ける。老木や移植の難しい樹種では，2回（はじめ1/2行い，翌年残りを行う）に分ける場合もある。また，小さな樹木では，根鉢をとって掘り下げ，根巻きせずに埋め戻していくやり方と，さらに根鉢をとり，円形にスコップなどで側根を断根するだけの簡単なやり方もある。根回しの時期は，活動のサイクルに合わせるのがよく，一般的に春の芽出し前が最適で，以後遅くとも秋

10月初め頃までが適期である。根回し後の移植は，1年(翌年)～2年後の適期に行うのが望ましい。

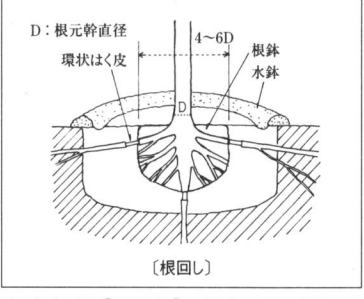

〔根回し〕

ねまわり［根回り］ 樹木の根が張っているおおよその範囲のこと。一般的に，自然木では枝葉の展開している範囲（枝張り）を地表に投影した部分がその範囲といわれている。

ねむり［眠り］ 竹垣の施工技術の一つで，山割竹などの曲がりを直す方法。

曲がっている外側の節か，そのすぐ下にV字形の挽目を入れ，まっすぐにするとそのV字の空間がふさがって目立たなくなる。これを目を閉じるのにたとえて眠りといい，正しい技術とされている。

ねむりめじ [眠り目地] 石積み，石張り，芝張りなどをする際に目地がない状態をいう。「盲(めくら)目地」と同じ。

ねもとしゅう [根元周] 樹木の根元部分の周長。

ねもとみきけい [根元幹径] 樹木の根元部分の直径。

ねりづみ [練積み] 裏込め，胴込めにコンクリートを使った石積み。玉石積み，間知石(けんち)積みに使う。水抜き穴を必ず設けることが必要。

ねりべい [練塀] 築地塀(ついじ)の一種で，土と瓦を交互に数段に積み上げた形式のもの。瓦は本来補強に入れるものだったが，後にはそれが飾りともなり，瓦の木口を表面に美しく見せるようになった。なかには軒平瓦や軒丸瓦を意匠的に入れたものもある。俗に「瓦土塀」，「瓦塀」ともいう。

ねんど [粘土] 土壌を構成する要素の一つで，土壌を粒子の大きさによって分類したときの一名称。日本農学会法の区分では，粒径0.01 mm未満のもの（国際土壌学会法では0.002 mm未満のもの）をいう。粘土は肥料分を貯える作用をもつが，その割合が多くなるにしたがい，排水性・通気性が悪くなるので，粘土分の多い土壌では改良剤を施用してその改良をはかる必要がある。

ねんばんがん [粘板岩] 泥が堆積して形成された岩石。おもに粘土が主成分であり，板状に剥がれやすい性質をもっている。軟質のものが多いが，稲井石のように硬質の石もある。

の

のいし [野石] ⇒あらいし

のきうち [軒内] 建物の軒下のことで雨落ち溝から縁までの空間をいう。ここは建物と庭を結ぶ重要な部分で，桃山時代以降露地の影響もあって特に発展した。通常たたきとしたり，敷石も用いたりすることが多く，縁先には沓脱石(くつぬぎ)や手水鉢(ちょうず)を据えることも広く行われている。沓脱石までは飛石が打たれるのが普通である。

のこぎりすかし [鋸透かし] ⇒えだおろし

のずかし [野透かし] 庭木の手入れ方法の一つで，樹木全体の形が崩れないように大まかに透かす技術のことをいう。おもに鋸(のこぎり)を使って大きな枝を切り落とす「鋸透かし」によることが多い。→あらすかし

のすじ [野筋] 池泉(ちせん)から離れた場所に低い築山(つきやま)を造り，そこに石を組んだり小灌木を植えたりして，野の風情を見せたもの。あくまでも自然の姿のように造られるのが特色である。平安・鎌倉時代の庭園にはよく用いられたらしく，『作庭記』などにその記載がみられる。

のぞきいし［覗石］ ①茶席の軒内(のきうち)に配する塵穴(ちりあな)の中に用いる石。景であるとともに塵箸(ちりばし)をもたせ、立てかけるためのものである。角形の塵穴の場合は、必ずその隅(角)に据えることになる。2/3ほどはたたきなどの中に埋め込むので、一部が覗いているように見えるためにこの名が出た。②縁先手水鉢(えんさきちょうずばち)に江戸時代中頃から用いられるようになった役石の中で、手水鉢に添えるように配する斜立石(しゃりゅうせき)、清浄石(しょうじょうせき)の別称。

のぞきがき［覗垣］ 竹垣のうちの袖垣の一種。骨組に対して、ヨシまたはハギを立子として取り付け、それに同じ素材の巻押縁(まきおしぶち)を掛けたものであるが、中央部に横長の窓を設けるのが特色で、覗窓(のぞきまど)があるところからその名が出た。『石組園生八重垣伝』に図とともに解説されている。→かき

［覗垣］

のぞきまど［覗窓］ 普通小窓のことをいい、竹垣でも主として袖垣などに用いる場合がある。

のづら［野面］ ⇒のづらいし

のづらいし［野面石］ 人手を加えていない天然のままの石をいい、その石肌を「野面」という。石積みにこれを用いたものを「野面積み」と称する。

のづらいしづみ［野面石積み］ 天然石、大石の積み方。石を加工しないで石の平らな面を生かして積む方法。石垣に多く使われる。

のづらづみ［野面積み］ ⇒のづらいしづみ

のべいし［延石］ ⇒たんざくいし

のべだん［延段］ 敷石の一種で、一定幅で長さのある敷石を総称する別名。長方形の切石を意味する「延石」と、敷石の古い呼称である「石段」が結合した可能性が大であり、延石形式の石段という意味の用語であろう。

のみ［鑿］ 竹垣の柱に柄(ほぞ)穴を彫ったり、溝を掘ったりするのに使う。竹垣や筧(かけ)、花入れを作るのに重宝である。

のみきり［鑿切り］ 石の仕上げ方法の一つ。こぶを落とした石面を両刃やのみを用いて凹凸を直し、やや細かく仕上げる方法。敷石の滑り止となる。

のめす 丸太の先を削って尖らせること。

のり［法］ 斜面、勾配を指す。法面、法芝などの言葉がある。

のりいし［乗石］ 茶席の躙口(にじりぐち)手前のたたき中に打たれる三石の役石のうち、最も外側に打たれる石。先の客が躙口より入席している時、次の客はこの石に立って待っているために乗石の名がある。多くはたたきの縁にかけて打たれ、他の飛石よりはやや高く用いることになっている。「三番石」、「三の石」などともいう。→きにんぐち(図)

のりかた［法肩］法面(のりめん)を造成するとき，その傾斜の上部角の部分をいう。

のりこうばい［法勾配］⇒のりめんこうばい

のりこえいし［乗越石］露地の中門や中潜(なかくぐ)りに構成される役石の一つで門に蹴放しがある場合は内露地側に，ない場合は門の中間に配する。本来は中潜りの潜口を入った位置に据える役石の名であったが，今日では中門下のものもこう称している。門の中間に用いる場合は，全体の2/3ほどが内露地側に入るように据えることになっている。この石をはさんで亭主と客が迎付(むかえつけ)の挨拶を交わすので，乗越石の外露地側に客石，内露地側に亭主石が配置される。

のりしば［法芝］傾斜面に張られる芝生の総称。

のりめんこうばい［法面勾配］土地の造成（切土や盛土）などによってつくられる傾斜面（法面）の傾斜度合いのこと。土地の土質やその他の条件を考慮して，その勾配が決定される。一般的には，高さ（垂直距離）を1とした場合の水平距離の比率で表される。わが国では，1割とか1割5分といった表示法をとる。造園工事の植栽では，低木では1：2，高中木では1：3までを可能な勾配としているが，できればそれより緩い勾配が好ましい。

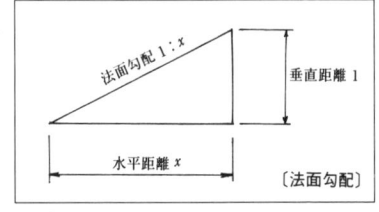

〔法面勾配〕法面勾配1：x，垂直距離1，水平距離x

のろ ⇒トロ

は

バークたいひ［―堆肥］樹木の皮を細かく砕き発酵させた堆肥。「樹皮堆肥」ともいう。

パーゴラ［pergola］蔓(つる)性植物をからませた日除け棚的な庭園建築の一つ。コンクリート，石材，レンガ，タイル，木材などを素材とし，棚にはフジ，バラ，ツタ，カズラ類をからませ緑陰を作る。棚の下は舗装し，ベンチなど休息施設を置く。一般家庭では木製の桁組だけのものも含めていう。アーチ型の例もある。

バードテーブル［bird table］小鳥のえさ場として庭中に作られる装飾的なテーブル。冬，えさの少ない時に供給する施設として必要であり，水浴するためのバードバスとともに作ることにより，小鳥が集まり，バードウォッチングが楽しめる。また害虫の駆除にもつながる。

バーナーしあげ［―仕上げ］⇒ジェットバーナーしあげ

バーニア［vernier］トランシットなどの角度を測る機器に付けられている「副尺」または「遊尺」と呼ぶ特別の目盛盤のこと。フランスのピエール・バーニアにより，1631秋（寛永8）年に考案されたもので，主尺の($n-1$)

藤棚の標準図

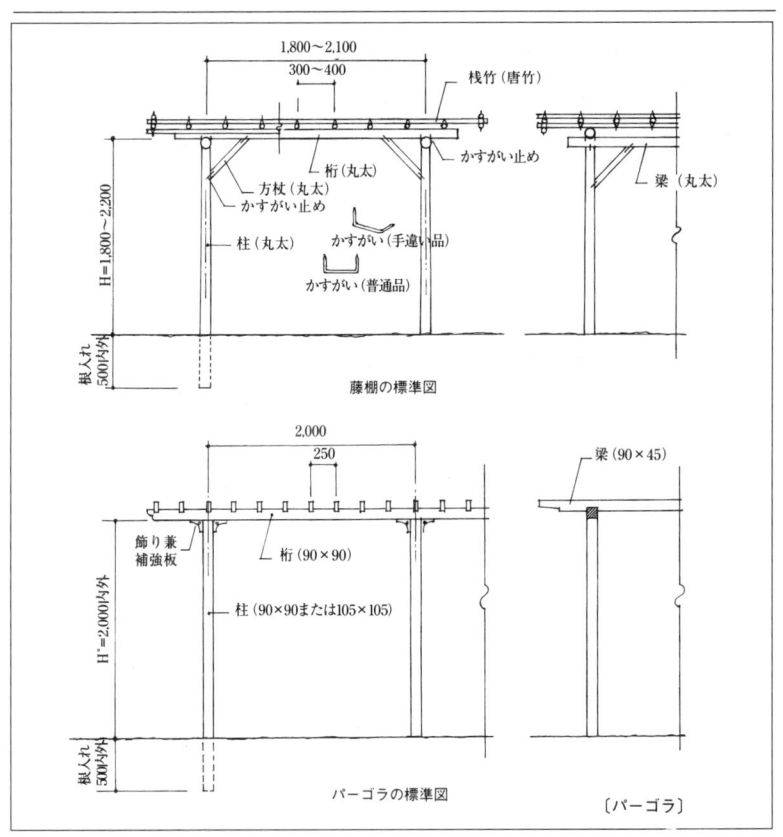

寸法: 1,800〜2,100 / 300〜400 / H=1,800〜2,200 / 根入れ 500以上

部材: 桟竹(唐竹), かすがい止め, 方杖(丸太), かすがい止め, 桁(丸太), 柱(丸太), かすがい(手違い品), かすがい(普通品), 梁(丸太)

パーゴラの標準図

寸法: 2,000 / 250 / H=2,000以上 / 根入れ 500以上

部材: 飾り兼補強板, 桁(90×90), 柱(90×90または105×105), 梁(90×45)

〔パーゴラ〕

目盛をn等分した副尺を相対させ，主尺と副尺の目盛が一致するところを読み取ることにより，主尺の1目盛（1度）以下の端数（1/nまで）の値が得られるように工夫したもの。

バール [bar] ⇒かなてこ

ばいけんもん [梅見門] 露地の中門に用いられる門の一種。角柱の上に切妻(きりづま)屋根をかけ，簀子(すの)形式の扉を設けたもので，屋根は檜皮(ひわ)葺き，藁(わら)葺き，杉皮葺きなどとされる例が多い。一説に梅の花の咲く位置に設ける門ともいわれ，表千家露地にあるものなどが名高い。

はいごうひりょう [配合肥料] 2種類以上の肥料を機械的に混ぜ合わせたもの。

はいしょく [配植] 植栽をしようとする場所に，各種の樹木を修景その他の目的にかなうように選択し，配置すること。樹種の選択にあたっては，地域の気象条件，敷地の形状・土質，樹形・花季・性質等，また他の樹木との調和などを念頭におくことが大切であ

図表部分

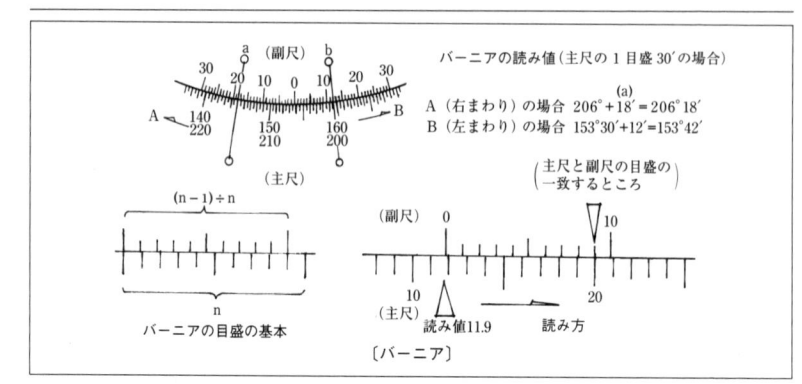

バーニアの読み値（主尺の1目盛30′の場合）
A（右まわり）の場合　206°+18′=206°18′
B（左まわり）の場合　153°30′+12′=153°42′

(n－1)÷n

バーニアの目盛の基本

（主尺と副尺の目盛の一致するところ）

（副尺）　（主尺）　読み値11.9　読み方

〔バーニア〕

る。配植の手法としては，非整形植栽（自然風または不規則的植栽）と整形植栽（人為的または規則的植栽）とがある。

はいすいこうばい［排水勾配］　水が溜まらずにすみやかに流れる勾配で，地盤の整地などでよくいわれる。敷石やたたき，また石造美術品などの施工でわずかな勾配をつける場合は，普通「水切り勾配」という。

はいすいます［排水枡］　パイプを使った排水の場合，その連結場所，あるいは折れ曲がる部分に用いる多くはコンクリート製の枡で，一定の深さとし，下部を泥溜めとするのが普通である。地方によっては「かいしょう」などともいう。

はいせき［拝石］　⇨らいはいせき

ばかぼう［馬鹿棒］　施工現場における職人の用語で，一定の高さや一定の長さのものを造る場合，いちいち寸法を計るのではなく，その高さや長さの棒を造り，それに合わせて印をつけたり，切りそろえたりする。今日では「規準棒」などと言い換えられているが，現場ではバカ棒のほうが多用されている。

はがり［葉刈り］　植込みの葉先やササ類の先端，芝草などの葉を刈り込むこと。また樹勢が盛んでよく伸びる葉を短くすること。

はぎがき［萩垣］　柴垣の一種で，マメ科の落葉灌木であるハギの枝を用いた垣の総称。立子として用いられる例が最も多いが，また巻立子としても多用されており，作例としては袖垣として造られるものがほとんどといえる。⇨しばがき

はくががたちょうずばち［伯牙形手水鉢］　創作形手水鉢の名作で，金沢兼六園の夕顔亭縁先に据えられている。正しくは「伯牙絶弦の手水鉢」というべきもので，高さのある円形手水鉢の一方に，刀の鍔（つば）のような形の水穴を掘り，その向こうに琴を枕に寝ている人物を陽刻する。中国春秋時代の琴の名手白牙が，親友の鐘子期の没後，弦を絶って二度と琴を弾かなかったという故事を表現したもの。これを邯鄲（かんたん）夢の枕と誤って，「邯鄲の手水鉢」という俗称もある。⇨ちょうずばち（写真）

はくがぜつげんのちょうずばち［白牙絶弦の手水鉢］　⇨はくががたちょ

うずばち

はけい［葉形］ ⇒巻末図(367頁)

ばけどうろう［化燈籠］ ⇒やまどうろう

はこじゃく［箱尺］ ⇒ひょうしゃく

はさみすかし［鋏透かし］　庭木の手入れ法の一つで，木鋏(きばさみ)を用いて小枝や葉・徒長枝(とちょうし)などを，きめ細かに透かす方法。

はしいし［橋石］　石橋として使われる石材の総称。青石に例が多く，切石としてはおもに花崗岩が用いられる。

はしいわぐみ［橋石組］　石橋に対して四隅に橋添石(はしぞえいし)を組んだその全体構成をいう。

はしぐいがたいしどうろう［橋杭形石燈籠］　庭燈籠のうちの改造燈籠に属するもので，石橋の橋脚である橋杭を利用してこれに火袋を掘り，石燈籠に仕立てたもの。

はしぐいがたちょうずばち［橋杭形手水鉢］　見立物手水鉢の一種で，昔河川に架けられた石造桁橋の，石の橋脚を利用した背の高い手水鉢。この橋脚を別に橋杭というところからその名が出ている。大部分が円柱であり，その側面に貫を入れる角穴のあるものが特に好まれている。『築山庭造伝後編』には，縁先手水鉢として用いた図と解説がある。→ちょうずばち(写真)

はしごどうぎ［梯子胴木］　軟弱な地盤の上に石垣や池を造るときに設ける基礎。マツの丸太を梯子状に組み，池の底部になる部分に敷き詰め，その上に栗石を敷いて鉄筋を組み，コンクリートを打つ。これによって不等沈下が避けられる。

はじとみ［半蔀］　格子を組んで裏から板を打ちつけた形式の蔀戸(しとみど)の一種で，これを上下半分に分け，下は柱にはめ込み式とし，上は吊るして外側に吊り上げて開けるようにしたもの。この形式に近いということで，露地に用いる揚簀戸(あげすど)などを半蔀という場合がある。

はしゅほう［播種法］　植物の繁殖や栽培，あるいは緑化や芝生（おもに西洋芝）の造成などのために，普通は人手（広い場合は器械）により種子をばらまいて薄く土をかける方法。芝種子などの播種では均一にまくことが難しいので，発芽の状態を見ながら密度の粗い部分に追いまきし，均一になるようにするのがよい。

はしりじし［走獅子］　石燈籠の細部模様で，おもに中台(ちゅうだい)の側面に彫られている。鎌倉時代末期頃から用いられ，それぞれの獅子の姿を違えて彫るのが特色となっている。

［走獅子］

はずしなわ［外し縄］　かつては大いに利用されたもので，稲藁(いなわら)でつくった米俵に巻かれている藁縄を外したもの。ふつうの藁縄より太く，丈夫であったため重宝されて，おもに根巻きなどに用いられた。米屋などから入手していたが，今日ではほとんど用いられていない。

ばたかく［端太角］　三～四寸角で，仮枠の押さえやばんこ，枕，養生材な

はたつち [畑土] 一般に、水田のように水をたたえずに、野菜や米などをつくるために手を加えられた耕地の土をいう。良い畑土の構成は、固体・液体・気体の三相のうち、空気（気体相）＋水（液体相）と、無機物＋有機物（腐植）の割合が50％ずつの状態が理想で、また空気と水との割合はその1/2ずつがよく、腐植については、5％より多めぐらいがよいとされる。→くろぼくど

はち [鉢] ①樹木の移植または根回しを行う際、その幹の太さや根張り（根系）、運搬の方法などに応じて、適切な大きさに根の広がった部分を掘り取るための土の部分全体をいう。または掘り取られた根土全体のこと。「根鉢」ともいい、その形状から、皿鉢、並鉢、べい尻に分けられる。樹種により、また掘り取られた根の状態により、どれを採用するかを判断する。→ねばち（図）②蹲踞(つくばい)や縁先手水鉢(えんさきちょうずばち)に用いる手水鉢のこと。③園芸で用いる各種の植木鉢のこと。

ばち ①樹木の幹枝が交差して、接近したりお互いにこすれあったりしている部分のこと。剪定(せんてい)の際は、どちらか一方を切り除く必要がある。②丸太や竹が交差している部分。

はちあかり [鉢明かり] 手水鉢(ちょうずばち)に対して、明かりとして設置される石燈籠のこと。縁先手水鉢、蹲踞(つくばい)を問わず用いられる。蹲踞では、置燈籠のような小さなものも好まれている。

はちうえ [鉢植え] 植木鉢で樹木や草木などを育てること。「地植え」に対していう。→じうえ

はちうけのき [鉢請けの木] 江戸時代の作庭書『築山庭造伝前編』に記載されている役木(やくぼく)の一つ。同書に「手水鉢の先へ樹を植て鉢の水入の上へ覗き、枝葉のさし出たるを吉とするなり、但し水面(水穴)より壱尺弐三寸斗(ばかり)も上に有たし、前へ枝葉の出たる処手水鉢前面限りにすべし。樹は阿設木(あせみ)或ハ錦木(にしきぎ)或ハ南天燭(なんてんしょく)或ハ樗(あおぎり)或ハ万年樹(まおき)等なり。此外何にても虫の嫌へる樹なれば何の樹にてもよし。是ハ水中に自然毒虫抔(など)居たりといふとも虫の嫌へる樹なれバ毒消になるといふの心得にて彼等の樹を撰びて植るにぞ有ける。又鉢前の景色は此鉢請の樹にあるべし、依て木振よき樹を見合せ植べし、蹲踞手水の鉢請も同断なりと心得べし。」とあって、手水鉢(ちょうずばち)（縁先手水鉢）付近の要所に鉢の上に差しかかるように配植して景趣をそえる樹木のこと。そして蹲踞(つくばい)の手水鉢も同様であると述べている。

はちくずれ [鉢崩れ] 樹木を移動するとき、根巻きが不完全で根と土が離れてしまうことをいう。

はちけい [鉢径] 掘り取った樹木の鉢の直径。

はちつき [鉢付き] 樹木を掘り取る場合、根の周辺を掘って、根に付いている土とともに掘ること。別に「根鉢付き」ともいう。

はちつち [鉢土] 樹木を移植するとき、あるいは根回しをするとき、所定の鉢径（一般に根元幹直径の4〜6倍）をとって掘り取ったり、掘り下げたりするが、その際の根張り（根系という）を包み込んでいる土をいう。通常はこの鉢の周囲をこもやわら縄などで巻いて締め固める。→はち、ねまき

はちまえ［鉢前］　手水鉢(ちょうずばち)の前の流しなどの構成をいったもので，例えば乱杭を用いたものを「乱杭留の鉢前」などといい，『築山庭造伝前編』『築山庭造伝後編』などにその名称が見える。それを誤って読み，近年鉢前を縁先手水鉢の別称として用いる者が多いが，誤った用法である。→えんさきちょうずばち

はちまき［鉢巻］　根鉢をわら縄などで締め固めながら巻くこと。→あげまき，たるまき，ねまき

パッキン［paking］　木，石，石造物などの材料を運搬するときに，傷つけないように材料同士，または接するものとの間にかませる養生材のこと。

はっこんそくしんざい［発根促進剤］　植物の発根を促進させるために使われる薬剤。挿木，取り木など，また移植の際，発根の悪い樹木・老木などの衰弱した樹木に用いられる。

はつる［斫る］　コンクリート，ブロック，レンガ，石など，不要な部分をタガネ，砕岩機で取り除くこと。

はどめ［歯止め］　ころ，台車で運搬しているときに，一時停止をするために，ころや車の前後，または間に狭んで動かないようにするための角材や丸太のこと。

はなつき［花着き］　花樹の枝から花芽が出てくることで，「花着きがよい，悪い」などという。

はなめ［花芽］　芽の中で，発達して将来は花となる芽。はじめはどちらの芽になるかわからない。発芽して生長し，ある時期になると，そのときの温度，日照時間，栄養状態などによって，葉芽の一部は花芽に変化する。花や実を鑑賞する庭木では，花芽分化期をよく考えて剪定(せんてい)することが大切である。→はめ

はなめぶんかき［花芽分化期］　枝から花芽が形成される時期。

はねいし［羽石］　鶴島や鶴石組において，鶴の羽を象徴して組まれる石で，多くは山形の石とされるが，平天石(ひらてんせき)を用いる例もある。

はねきど［桔木戸］　戸を上から吊るしそれを下からケヤキやタケなどではね上げて使用する木戸の総称。昔はかなり使われていたと思われるが，今では揚簀戸(あげすど)などにその形式を留めている。

はねだし［桔出し］　作業現場で，足場板がバランスの取れる中間点より先に突き出ていて，落下の危険があるところ。

はねばし［跳ね橋］　①城郭などに設けられた形式の橋で，不必要な時は綱で吊り上げられるようにしてあるもの。②川などで，船が通行する時に中央より上に跳ね上げ，航行を可能にしたもの。

はのしゅるい［葉の種類］　⇒巻末図（366頁）

はのつきかた［葉の着き方］　⇒巻末図（368頁）

はばり［葉張り］　⇒えだばり

はめ［葉芽］　庭木の中で最も生長が著しい部分の芽の中で，将来枝や葉をつくるものを葉芽と呼ぶ。→はなめ

はめいし［羽目石］　切石で基壇を作るとき，下の地覆石，左右の柱石，上の葛石(かずらいし)の内部空間を埋めるようにはめ込む板石。木造の場合の羽目板に当たる。

はやけ［葉焼け］　樹木の葉が強い日光を浴びて変色したり，枯葉となってし

まうこと。移植直後，あるいは室内にあった樹木を急に外に出して太陽に当てると起こることがある。

はらいどがたいしどうろう［祓戸形石燈籠］古社寺燈籠の六角形に属するもので，奈良市春日大社の末社である祓戸社の前に立てられている。大和形式の中では簡素で小さな作に数えられ，その点が露地などにも好まれた。基礎と中台(ちゅうだい)は側面を二区に分けて格狭間(こうざま)を彫る形式で，竿とともにおとなしい感覚を見せる。最も特色があるのは火袋であり，二面火口，二面火窓とし，その他の二面に牡鹿，牝鹿という当社の神鹿を彫っている。この点から「春日燈籠」という名称が起こったものであろう。笠は蕨手(わらびて)を3つ欠いているのが惜しい。室町時代初期の作で，江戸時代から名物燈籠として知られていた。→いしどうろう（写真）

ばらす 組んであるものを取り壊すこと。「足場をばらす」「仮枠をばらす」などと使う。

はらむ［孕む］石垣や石積みが，土圧により押されて膨らんでくること。水抜き穴が十分に設けられていなかったり，石の控え尻が短かったり，裏込めに手抜きがあると発生しやすい。

はり［針］竹垣造りに使用される針は幅が1～1.5cmほどの平らな金属製のもので，一方に縄を通す穴を開ける。これに染縄などを通して，竹垣の縄結びに使用するが，垣の裏側に助手がいる場合は直線の針を使い，一人で作業するときは大きく曲がった形の繰り針を使うことが多い。→くりばり

はりいし［張石，貼石］壁面や延段(のべだん)の化粧用，保護に用いる。大理石，大谷石，御影(みかげ)石，鉄平石，砂岩，丹波石など天然で薄く取れるもの，薄く切って加工したものなど，材料は様々である。

はりしば［張芝］普通に芝生を張ることや，その芝をいう。種から育てる「播芝」に対していわれる。→まきしば

はりだしもの［張り出し物］樹木の枝の形態をいったもので，一方に大きく張り出したような樹形。バランスが悪いので，通常はあまり好ましいものとはされないが，その姿を生かして植栽する場合もある。

［張り出し物］

バルコニー［balcony］建物に付随している屋根のない戸外の空間。テーブル，イス，鉢物などを置いて外部につながる部屋として利用するとともに，周囲の風景を眺める場でもある。→ベランダ

はんかこうせき［半加工石］自然石の一部分だけを加工した石。切石と自然石の中間に位置する。

ばんこ［版子］石などを仮置き・運搬するときに，下にかませる短い角材のこと。てこ棒を使うときの支点としても多く使う。→まくら

はんしだれ［半枝垂れ］⇒しだれもの
はんじょうりょくじゅ［半常緑樹］

もともとは常緑性であるが、まったくの常緑樹でもなく、植栽地の気候（気温など）やその年の気候によって、全部ではなく、ある程度の葉を落とす性質をもっている樹木。おもに本州関東地方以北の寒地にその傾向がみられる。例にイボタ、アベリア、ハクチョウゲなどがある。

ばんち［泮池］　神社や寺院において、門前や門内に造られている池泉（ちせん）で、中央に橋を架け参道とした形式をいう。自然式の池のほかに、方形の例もある。「泮」の文字は水を左右に分ける意味で、心を定めて一直線に神前や仏前に到るべきことが示されている。この泮池の源は、中国における孔子廟にあると考えられる。

はんてんびょう［斑点病］⇒巻末表（403頁）

はんにゃじがたいしどうろう［般若寺形石燈籠］　古社寺燈籠の六角形に属するもので、現在は東京の椿山荘庭園内に本歌（ほんか）があるが、昔は奈良般若寺の本堂前にあったものと思われる。今同所に立っているのは古い模刻であろう。本歌は大和形式の名作で、その彫刻の美しさは際立っている。基礎は側面に中心飾りのある格狭間（こうざま）を入れ、上部に装飾的な反花（かえりばな）と請花（うけばな）を彫って、竿との間には蓮の実を表す。竿上の中台（ちゅうだい）も側面に中心飾りのある格狭間を入れ、上の二段上に火袋を据える。火袋は特に見事で、二面火口とし、他の四面に孔雀、鳳凰、獅子、牡丹を薄肉彫りとする。笠上の宝珠（ほうじゅ）は蕾形に花弁をつけたもので請花も特殊である。名物燈籠として昔から特に知られた作で、鎌倉時代末期の作。➡いしどうろう

ハンマー［hammer］　杭を打ったり、ブロックを壊すなど、物をたたく大型の鉄槌（てっつい）。小型のものは「手ハンマー」という。

はんみのがき［半蓑垣］　竹垣のうちの蓑垣の一種。その下部を建仁寺（けんにんじ）垣、四つ目垣などとして、その境の蓑垣部分は直線に切ったもの。半といっても蓑垣のほうを2/3程度に造る例が多い。

はんれいがん［斑糲岩］　深成岩の一種で長石、輝石などからなり、花崗岩に類似する。

ひ

ひかえ［控え］　①ブロック塀や石塀などが道路側に倒れないように、内側に設ける袖壁のこと。門の支柱、控え綱、風除け支柱も指す。②石積みに用いる石の奥行の長さをいう。「控え尻」ということもある。

ひかえぎ［控え木］　風除け支柱のこと。なお、単に「控え」と呼ぶこともある。植栽や移植した樹木の根が伸びて、自力で倒れないように十分に張るまでの間、強風等によって傾倒しないように取り付けられる支えの柱（普通杉丸太または竹材）をいう。➡しちゅう

ひかえじり［控え尻］　⇒ひかえ②
ひかえづな［控え綱］　⇒とらづな

ひがき [檜垣] ⇒あじろがき

ひがきのちょうずばち [檜垣の手水鉢]
見立物手水鉢の一種で，垣根の一つである檜垣の形に似ているところから命名された。京都円徳院にあるものは，古い層塔の笠を横にして立て，上方を切り込んで左右に石柱を見せ，その間に水穴を掘った作。また同じ京都の鹿王院にあるものは，宝篋印塔（ほうきょういん）の細部を用いて加工したもので，形は円徳院のものとよく共通している。→ちょうずばち（写真）

ひきめ [挽目] 鋸（のこ）で挽いた部分のことをいうが，目といった場合は切り落とさずに一部分を挽いたものを意味する。竹垣の製作では，山割竹の曲がりを直すときなどに挽目を入れる。

ひぐち [火口] 石燈籠の火袋の細部名称で，火を入れることのできる大きな方形の口をいう。一面火口，二面火口，四面火口などの例があり，山城丹後形式の石燈籠では，八角火袋の四面が火口になったものが多い。なお，火口には障子を立てて使用する。→いしどうろう（図）

ひこばえ [蘖] 樹木の根元や地中から勢いよく発芽した枝のこと。そのままにしておくと樹勢を衰弱させるので，早く切り落とすこと。サクラ，イチョウ，ザクロ，サルスベリなどに多い。→やご

ひざわりのき [燈障りの木] 江戸時代の作庭書『築山庭造伝前編』に記載されている役木（やくぼく）の一つ。石燈籠の手前火袋付近に細い枝が差し掛かるように植え，奥行感を演出する役目の樹木である。今日でも十分応用のきく手法である。同書に，「燈障りとハ燈篭の前に樹を植て其木の枝葉にて燈篭のあかりありと見へざるやうに幽閑の様をつけ燈口の妨をするを燈障といふなり。夜分ハ燈篭の明り斗（ばか）にて庭前の景色迚（とて）も委（くわ）しく見えがたき故に役の木を植て夜分のながめとなしけるものなり。」とあり，夜間，燈を入れた時の風情を楽しむ役木としても大切であると述べている。これには一般に，落葉樹が選ばれている。

ひしがき [菱垣] 竹垣の形態をいったもので，垣の名というよりも，種類を示した名称である。垣の組子として斜め組みの菱格子を用いた透かし垣の総称であり，矢来（やらい）垣，光悦垣，高麗（こうらい）垣，竜安寺垣などがそれである。

ひしぎがき [拉ぎ垣] 竹垣の一種で，ひしぎ竹を張り，押縁（おしぶち）を掛けた垣。押縁を用いずに釘止めとする場合もある。塀にひしぎ竹を使ったものは「ひしぎ塀」という。→ひしぎだけ

ひしぎだけ [拉ぎ竹] ひしぐの意味は押しつぶす，ひしゃげる，といったことである。太い丸竹の節を抜いて一方に割れ目を入れ，全体をつぶして開いたものをひしぎ竹といい，竹垣や塀に張り込んで用いるほか，室内の壁面や天井にも使われることがある。

ひしぎべい [拉ぎ塀] ⇒ひしぎがき

ひしごうし [菱格子] 桟を左右から斜め使いとして組み合わせた格子で，空間が菱形になるところからいう。

ひしめ [菱目] 竹垣などで，組子を斜めの菱格子とした場合，そこにできる菱形の空間をいう。

ひしゃく [柄杓] ①釜や手水鉢（ちょうずばち）から水を汲む道具。ヒノキ，スギなどを材とする。茶道具の場合は，流儀や季節によって寸法が異なる。②金属性のものは水汲み，水まきに使う。

ひしやらい［菱矢来］ ⇨やらい

びしゃん 石材や石造物の表面を叩いて，平らに，滑らかに，見栄えよく仕上げるのに使われる鉄の槌(つち)。槌の端面には小さな突起が付いており，仕上げの工程が進むほど突起の多いものを使う。「びしゃん叩き」「びしゃん仕上げ」という呼び名もある。

ひせいけいしょくさい［非整形植栽］ 整形植栽の対語で，樹種や樹木の大小及び形状などを統一せず，また配置も全体のバランスを考えつつ不規則に行う植栽の手法。一般に，不等辺三角形の配植を基本とする。➡せいけいしょくさい

ひせき［碑石］ 石碑の用材として使われる石の総称。

ひせんざわりのき［飛泉障りの木］ 庭中につくられた滝付近に配植される役木(やくぼく)の一つ。江戸時代の作庭書『築山庭造伝前編』に記載されているもので，同書には「滝の口或ハ池の此方只滝の手前になる方に樹を植て飛泉の水のありありと見へぬやう奥深く木暗く悪き様に造るべし。木は何にてもよし，なれども冬木せぬ樹やしかるべし。」との説明がある。比較的落差のある滝前に，落水を遮るよう枝を差しのべることのできる，樹姿のよいものを選んで植え，滝水の一部を隠すことにより立体感を見せ，景趣を添える。樹種としては，常緑樹が好ましく，原則として落葉樹は用いない。

ひせんたくせいじょそうざい［非選択性除草剤］ ⇨じょそうざい

ひとあしぬき［一足抜き］ ⇨ひとあしもの

ひとあしもの［一足もの］ 飛石の大きさをいう現場用語で，足一つが乗る程度の小さめの飛石をいう。別に「一足抜き」ということもある。

ひぶくろ［火袋］ 石燈籠の細部名称で中台(ちゅうだい)の上にあり，火を入れる最も重要な部分。他の石塔では塔身にあたり，これを大きく造るのが古式である。通常は四角か六角か八角で，上中下の三区に分けられ，その中区に火口を設ける。他の面には，装飾模様を入れるものが多く，また火窓を開けるものもある。四角の火袋では一面の全体を火口とする例が多い。上区には連子(れんじ)，下区には格狭間(こうざま)を入れる作が普通である。➡いしどうろう(図)

〔火袋〕

ひまど［火窓］ 石燈籠の細部名称で，火袋の火口以外の面に設けられる一種の通気孔。普通には「窓」とだけいわ

〔火窓〕

れるが，火を灯すのに必要なものであり，火窓というのがふさわしい。円窓（まるまど）とされる例が多いが，三日月形や散蓮華形の火窓も知られている。→えんそう，いしどうろう（図）

ひやけ［肥焼け］　樹木に必要以上の肥料を与えると起こる現象で，枝の先端が枯れたり，根を傷めて水分を吸収しなくなること。

ひやけ［陽焼け］　幹の皮焼けのこと。シャラなどの陰を好む樹が，強い日差しを受ける場所に植えられると起こる現象。これを防ぐには，幹巻きをする。「幹焼け」ともいう。

びょうがい［病害］　病気による被害のこと。花葉，果実，新芽にでるもの，枝や幹に病状の出るものなど，様々な病害がある。→びょうちゅうがい，巻末表（403～404頁）

ひょうこう［標高］　任意に設けられた点の基準面からの高さ（鉛直距離）をいい，わが国では東京湾中等潮位を基準面と定めている。なお，建築や造園工事などの場合は，実際の標高で表すことは少なく，変動の少ない道路上のマンホールや，最も低い所にある境界杭の天端（てんば）などを仮の標高（±0または10.00などとする）と定め，それを基準にして高さの表示をすることが多い。→かりベンチマーク

ひょうしゃく［標尺］　おもに工事測量や高低（水準）測量で，地盤の高低差などを測るための器具の一つ。「スタッフ」または「箱尺」ともいう。木製，アルミ製などが一般的で，細長い箱型あるいは板状につくられ，5mmごとに塗り分けられた目盛が施されている。なお，正確を期すためには垂直に立てることが必要で，そのためには専用の気泡管を取り付けるとよい。2m，3m，5mなどがあり，使用しないときは短く収納できる。ほかに工事写真などに用いる短い標尺も各種ある。

ひょうじゅんのりめんこうばい［標準法面勾配］　切土法面の勾配を決定する時，地山の土質と切土高によって，勾配の率が決定する。

ひょうそう［表層］　土壌の分類名称で地表部分の堆積層のすぐ下にある層。枯枝や落葉が堆積して土として分解していく途中に位置する。樹木を植えるのには最も適した層といえる。

びょうちゅうがい［病虫害］　植物が受ける，病菌による害と，虫による害をいう。→びょうがい，巻末表（407頁）

びょうちゅうがいのぼうじょ［病虫害の防除］　病虫害の防除に使用される薬剤は，大別すると，殺虫剤と殺菌剤に分けられる。殺虫剤は殺す効力を持つ薬剤で，接触剤と消化毒剤とがある。殺菌剤は病菌などを殺す効力を持つ，巻末表（405～406頁）

びょうどういんがたいしどうろう［平等院形石燈籠］　古社寺燈籠の六角形に属するもので，宇治市の平等院鳳凰堂前に立っている。本歌（ほんか）燈籠の中では特殊な形式を示し，時代も三つの時代の作が混じっている。円形の基礎は平安時代で，金燈籠の台石を利用したものであり，側面の格狭間（こうざま）も，上の複弁反花（かえりばな）も素晴らしい。竿と中台（ちゅうだい）と笠は簡素な鎌倉末期頃の作。珍しいのは火袋で，2枚の板石を中台に差し込んだ変則の形となる。この加工と宝珠（ほうじゅ）は江戸初期頃のものであろう。江戸中期頃から名物燈籠として諸書にも記載されている。→いしどうろう（写真）

びょうぶがき［屏風垣］ 竹垣の分類名称で，屏風のように折りたたみを可能とした垣の総称。二つ折れとするのが普通であるが，三つ折れに造ることもある。目隠しに立てる遮蔽垣である点は，衝立垣（ついたてがき）とも共通する。袖垣の類であると考えてよい。

ひょうめんはいすい［表面排水］ 庭の排水をいかにするかが設計の大事な要点である。雨水が浸透するよりは，水勾配をつけ，排水桝に導いて，外部に流出させるほうが芝生の生育のためにもよい。庭に傾斜をつけ，排水を効率よくするのを表面排水という。

ひよけじゅ［日除け樹］ ⇒りょくいんじゅ

ひよけだな［日除け棚］ 軒先やベンチ上などに作られる日除けのための棚で，つる草やフジなどをからませる例が多い。

ひら クレーンやレッカーなどの機械力を使えない場所で，おもに大きな樹木の運搬をするために用いる装置のこと。地表面に道板を敷き，上にころを並べ，その上にこしたと台棒，かんざし，馬などから成るひらを置き，運搬する樹木を載せる。このひらを使った運搬法を，「ひら運搬」という。

ひらいし［平石］ 平天石（ひらてんせき）の一種で特に地面に低く据えられる石の総称。見た目が薄い平天石といった意味である。

ひらからもん［平唐門］ 唐破風（からはふ）を左右両側に見せ，軒の部分を正面とした形式の唐門。

ひらにわ［平庭］ 地面に起伏がなく，ほぼ平らな形式の庭の総称。

ひらにわしきかれさんすい［平庭式枯山水］ 枯山水庭園の分類名称で，ほとんど平らな敷地に造られたものをいう。龍安寺庭園（室町・京都市），雑華（ぞうげ）院庭園（江戸初・京都市），円通寺庭園（江戸初・京都市）などが代表作である。

ひらはし［平橋］ 反橋（そりはし）に対して，平坦な橋の総称。→そりはし

ひらめじ［平目地］ 化粧目地の中で，最もシンプルに平らに押さえる目地。素材と目地がほとんどぞろである。

ひりょう［肥料］ 土地の生産力を維持増進し，作物の生長を促進させるために，耕土に施す物質。窒素・リン酸・カリを三要素という。また成分，性質，形態などの違いから，有機質肥料・無機質肥料，直接肥料・間接肥料，速効性・遅効性，化学肥料・天然肥料，追肥（ついひ）・基肥（きひ）などに分けられる。

ひりょうのさんようそ［肥料の三要素］ 窒素，リン酸，カリを肥料の三要素といい，植物の養分中，特に重要な働きをする。窒素肥料は茎や葉を育てる肥料で「葉肥」，リン酸肥料は花や果実，種子を育てる肥料で「実肥」，カリ肥料は根を育てる肥料で「根肥」と，それぞれ呼ぶこともある。

びりょうようそふくごうひりょう［微量要素複合肥料］ 石灰（カルシウム）や苦土（マグネシウム）などの微量要素が混ぜ合わせてある肥料。

ひわだがき［檜皮垣］ 竹垣の一種で，親柱や間柱を立てた間に垂木を数段に渡し，そこにヒノキの皮である檜皮を張り込んだ垣。表面には細めの竹で横押縁（よこおしぶち）を数段に掛ける。材料が高価なので，現在では同類の垣である杉皮垣のほうが多く造られている。

ひわだぶき［檜皮葺き］ 檜の皮で葺いた屋根。社寺建築や御所などの屋根に

ふ

ふうけいしきていえん［風景式庭園］
⇒しぜんふうけいしきていえん

ふうけいてきいわぐみ［風景的石組］
自然風景を庭園内に再構成した石組の総称。滝石組，流れ石組などが代表的なもの。

フェンス［fence］ 仕切り垣や棚の総称。隣地境界を明確にしたり，プライバシーを守るために設ける。植物による生垣（いけがき）、壁としての石垣に対して，木製，金属製の垣根をフェンスと呼ぶ。装飾的な目的のものも多く作られている。

ふかうえ［深植え］ 植栽や移植の樹木を所定の位置に植え付ける際に，その幹と根鉢との境目を基準にして，普通はそれが地表面とほぼ同じか，やや下になるように深さを調節して植えるがそれよりももっと深く植えること。砂質土などでは排水がよく乾燥しやすいため，あえて深植えとする場合もあるが，一般的には深植えにすると，根系への空気の流通などが悪くなり，健全な生育が阻害され，時に枯死に至ることも少なくないので注意が必要である。→あさうえ，たかうえ

ピンコロ ⇒しょうほせき

ぶがかり［歩掛り］ 一人の作業人員が一日でどれだけの作業量をこなせるかという平均値。土掘りや芝生張り，石張りなどの場合は，その面積数で表されることが多い。

ふかくさ［深草］ 昔，深草の里と呼ばれた京都・伏見区に産出する深草土（たたきや洗い出しの材料）およびその仕上げのこと。茶室の軒内（のきうち）によく使われ，独特の味わいがある。

ふかしなおし［吹かし直し］ 伸びすぎて樹形が乱れた木の移植をするのに際し，枝葉を切り詰め剪定（せんてい）した後，そのまましばらく畑に植えておいて新たに枝葉を吹き出させ，新たに樹形を整えること。

ふきよせがき［吹寄せ垣］ ⇒こんしょくかりこみ

ふくごうひりょう［複合肥料］ いろいろな成分を混ぜ合わせて作られた肥料。
→むきしつひりょう

ふくばつ［伏鉢］ 相輪の最下部にある鉢を伏せたような部分。古い墓塔の形である土饅頭（どまんじゅう）形を残しており，本来は最も重要な部分であった。その上部には請花（うけばな）がある。

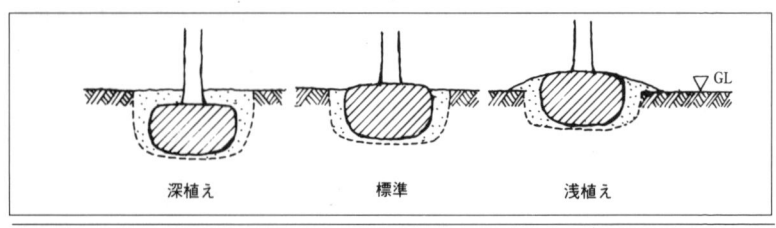

深植え　標準　浅植え

ふくべん［複弁］⇒れんべん

ふくろうのちょうずばち［梟の手水鉢］
手水鉢の一部に梟の形が彫られているもので、今日知られている作では、見立物手水鉢と創作形手水鉢の二つがある。見立物では、金沢市の尾山神社にあるものが名高く、これは鎌倉時代前期の貴重な宝篋印塔(ほうきょういん)の塔身を用いた四方仏(しほうぶつ)の手水鉢の一種で、かつて千利休が愛好したもの。四隅にある梟形は、正確には仏法の守護鳥である伽楼羅(かる)を表現したものである。創作形としての梟形は、鉢形手水鉢の一種で、四方に梟のような姿を彫っており、京都曼殊院の縁先に据えられている。→ちょうずばち(写真)

ふざんかいのちょうずばち［釜山海の手水鉢］　自然石手水鉢の一種で、今は犬山市の有楽苑にある如庵(じょあん)の露地に蹲踞(つくばい)として据えられているが、かつては京都の建仁寺(けんにんじ)正伝院にあったもの。すべて天然のままの水掘石(みずぼりいし)を手水鉢としたもので、加藤清正が朝鮮から持ち帰ったものと伝えられている。「釜山海」はその銘である。→ちょうずばち(写真)

ふし［節］　石燈籠の細部名称で、円柱形の竿の上中下に入れる線の間を少し盛り上げた部分。普通上下は2筋、中は3筋とされるが、ここが穏やかに膨らむものが古式の作といえる。膨らみが大きかったり、竹の節のようになるものは時代が下る。古い作には、ここに連珠文を入れるものもあり、別に「珠文帯(しゅもんたい)」ともいう。→いしどうろう(図)

ふじがたちょうずばち［富士形手水鉢］
自然石手水鉢の一種で、特に富士山の形に似ていなくても、山形をした手水

〔節〕

鉢の総称として用いられている名称。この形では上部を加工せずに直接水穴を掘ることになる。京都鹿苑寺（金閣寺）の夕佳亭(せっかてい)露地にあるものなどが名高い。→ちょうずばち(写真)

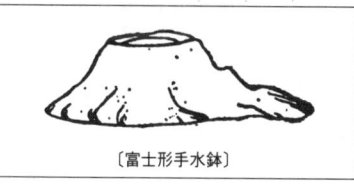

〔富士形手水鉢〕

ふじづる［藤蔓］　蔓生植物である藤の長く伸びる蔓をいい、昔は藤葛(ふじかずら)ともいった。この蔓の細いものを、竹垣の結びに用いることがあり、特に柴垣の種類の黒文字垣の袖垣で、同じ枝を束ねて押縁(おしぶち)とするような場合は、この藤蔓結びとするのが最良といわれた。侘(わび)好みの垣によく調和するものといえよう。

ふしどめ［節止め］　竹垣造りの技法の一つで、丸竹や割竹を切るとき、節を残してそのすぐ上の部分を切り落とすこと。四つ目垣などの立子では、必ず上部を節止めとする。こうすると雨が竹の内部に入らず、また姿も美しい。

割竹押縁（おしぶち）の場合でも、親柱に固定する一方は、節止めとするのが常識となっている。

〔節止め〕

ふしぬき［節抜き］　竹の節の内部にある薄い板状の部分を取り去って、竹の内側を空洞のパイプ状にすること。また割竹にもこれを行うことがある。竹は内節を除かぬほうが丈夫であるが、内に水を通す時や、竹垣の笠竹などでは、この節を抜くことが必要となる。

ふしびき［節挽き］　竹垣造りの技法の一つで、割竹の曲がりを直すときに鋸（のこ）で挽目を入れることがあるが、そのときに節の部分を挽くのが節挽きである。こうすると、その挽目を目立たなくすることができる。

ふじぼく［富士朴］　富士朴石のことで、富士山の溶岩が固まった火山岩。現在は採石が禁じられているために、入手はかなり困難である。→ぼくいし

ふしょく［腐植］　一般的には、土壌中に含まれる各種有機物の集まりをいう。これらは動・植物の生育や、その遺骸の分解などによって生成される。腐植は粘土とともに土中に適度に存在することにより、肥料分の吸着や水分の保持、微生物やミミズなどの有益な小動物の生育を助け、さらに粘土などの土粒子をつなぎあわせ団粒化をはかるなどして植物の生育に適した土をつくるための重要な役割を担っている。

ふすまがき［襖垣］　竹垣の一種で、立子として葭（よし）や篠竹などを使い、柱や押縁（おしぶち）や玉縁（たまぶち）にすべて加工した木材（角材）を用いるので、外見が襖のように見える垣をいう。『石組園生八重垣伝』には「襖垣之図」として図と解説があるが、その図では角材部分をすべて黒塗りとして、より襖に近い造形に描かれている。→かき

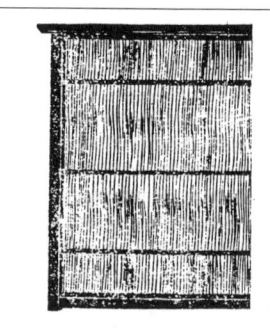

〔襖垣〕

ふせいし［伏石］　石の形をいう大分類で、地面に平らに伏しているような形の石をいう。横石よりもさらに低い石で、横幅を10としたとき、高さが2以下の比率を示す石を基本とする。

ふせんがたちょうずばち［布泉形手水鉢］　創作形手水鉢のうちの、銭形手水鉢の一種で、京都の孤篷庵（こほうあん）山雲床露地に本歌（ほんか）がある。この形は、中国の前漢末期に新を建国した王

〔伏石〕

莽が鋳造した銭である「布泉」を，そのまま手水鉢の意匠に応用したもので，正方形の水穴の右に「布」，左に「泉」の文字を陽刻している。孤篷庵を復興した松平不昧(ふまい)公の好みであると考えられる。→ちょうずばち(写真)

ふちょう［符牒］ 各種業界によって，品物や値段に対する独自の呼び方があるが，これを符牒という。素人(しろうと)と玄人(くろうと)とを区別したり，品物の判別や値段の交渉などに便利なので使われる業界独特の用語。

ふつうれんが［普通煉瓦］ 有機物や不純物を含む質の低い粘土に，砂，色調節材(石灰)を加え，練り合わせて規定の寸法に成型し，乾燥させた後，焼成したもの。粘土中に含まれる酸化鉄の影響で赤褐色に仕上がる。寸法は210×100×60 mmを標準とする。圧縮強度と吸水率により，2〜4種に分けられる。最近では外国産のものが多種輸入されているが，寸法についてはまちまちであり，形なども多様である。なお普通レンガのほかに，異形レンガ(寸法の異なるもの)や白色系のレンガもある。門や塀，植栽桝や花壇，園路などの舗装に用いられる。

フック［hook］ クレーンの先端にある玉掛けをしたワイヤーをかけて荷を吊り下げる部分。チェーンブロックは上下にフックがある。

ぶっさき［ぶっ裂き］ 竹垣の施工技術のうちで，あまり好ましくない方法の一つ。山割竹などの曲がりを直すとき，曲がっている竹の内側の節か，そのすぐ下に挽目を入れ，まっすぐにするとそこがV字に開くもの。簡単ではあるが，裂け目が目立つので，あまり用いられない。

ぶったくり 石などを移動するとき，所定の場所に直接引き寄せること。滑車などが必要なところも，てこなどを使って調整しながら運ぶ。

ふとうすいそう［不透水層］ 水は降雨などにより土壌中に浸透移動していくが，粘土分の多い土壌の層がある場合には，そこで水分の帯水が起こり，植物の生育に支障をきたす。この透水しにくい土壌の層をいう。一般に透水係数(土層の中を単位時間に流れる水の量)が $1 \times 10^{-6} \sim 1 \times 10^{-7}$ cm/s のもの。

ふところ［懐］ 樹の横枝と地面との間にできた空間。また，木の樹冠の内側も指す。

ふところえだ［懐枝］ 樹木の内部に出るもので，弱い枝が多く，これ以上生長する見込みもない枝。なくてもよいので切り落とすようにする。

ふところすかし［懐透かし］⇒えだすかし

ふとね［太根］ 樹木の根のうち，太い根をいう。これが多い樹木は移植など

〔懐枝〕

が困難である。細根に対していう。→ほそね

ぶどまり［歩止り］　工事において、計画や見積時の材料の数量と完成時の数量との割合をいう。「歩止りが良い、悪い」は、技術と材料の良し悪しによるところが大きい。

ふないし［舟石、船石］　池泉(ちせん)や枯池の中に配される舟形の石をいう。水墨画的、風景的な意味もあるが、むしろ蓬莱神仙世界に宝物を求めに行く宝舟の意図が大きい。入舟形式と出舟形式とがあって、古式の庭ではほとんどが出舟形式とされているのが特色といえよう。常栄寺庭園（室町・山口市）、大仙院庭園（室町・京都市）の舟石などは特に名高い。→いりふね、でふね

ふながたちょうずばち［船形手水鉢］　全体が船の形をした手水鉢の総称で、自然石が特に尊重されるが、加工したものもある。舟形手水鉢とも書く。

ふなつきいし［舟着石］　舟遊式の池泉(ちせん)において、舟に乗り降りするときの便のために池畔(ちはん)に配する平天石(いへんせき)で、自然石の例もあるが、多くは花崗岩の切石等が用いられている。江戸時代になると、舟遊を行わない小規模の観賞式の池泉においても、飾りとして象徴的に配することが広く行われた。

〔舟着石〕

ふね［舟］　モルタル工事などに使う練り舟。砂、セメントを練り混ぜる浅い箱をいう。

ふみいし［踏石］　草庵式茶席の躙口(にじりぐち)のすぐ下に据える石で、客はこの石上につくばって膝を躙口の敷居にかけ、ずり上がるようにして入席する。軒内(のきうち)の三石の役石の内では、最も高く打たれるもので、別に「一番石」「一の石」ともいう。→きにんぐち（図）

ふみづら［踏面］　⇒いしだん

ふみわけいし［踏分け石］　飛石の一種で、役石の一つ。飛石が二つに分かれる部分に打つ石で、他の飛石よりも大ぶりなものを用いるのが約束であり、またやや高く打つ。この石で方向を変

〔踏石〕

えるので、踏分けという名が出たもので、通常はこの石を中心に路は三方に分かれるが、時には四方に分かれることもある。→きにんぐち(図)

〔踏分け石〕

ふようど［腐葉土］ 落葉が堆積し、分解腐熟したもの。または人工的に広葉樹の落葉を堆積して腐熟させ、土壌化したもの。一般的にはクヌギ、コナラ、ブナ、ケヤキ、シイ、カシなどの落葉が使われる。施用することにより土の団粒化、保水性、通気性、保肥性等を良好にすることができる。庭の土に混入するほか、育苗用土や鉢花用土などに配合される。

プラニメーター［planimeter］ 図面上の図形の面積を求めるための測定器のこと。特に不整形な図上の面積を求めるのに便利で、一般的なものは、器械に設けられたポイントマークを図形の外周線上に一致させながらなぞっていき、一周させることによってその値が求められる。最近では計測の結果を直接表示するデジタル式のものが主流である。

フラワーポット［flowerpot］ 草花を植える鉢、かめ、壺、瓶などの総称。テラコッタ、陶器、木製、銅製のものがあり、デザインも多種多様で庭の装飾的な役割も大きい。ガーデンオーナメントの一つである。

プランター［planter］ 角型のコンテナの総称。木製、テラゾー、コンクリート、プラスチック製のものがある。高木を植える大型のものもある。

プラントボックス［plant box］ 「植桝（うえます）」のこと。植栽のために、床面や道路面より一段高く、石類、レンガ、コンクリート縁石（ふちいし）、化粧ブロックなどで縁取りや立上りを設けて区画した場所のこと。なお、移動が可能なようにつくられた既製品もあって、こちらもプラントボックス（通称プランター）と呼ばれている。→うえます

ふりく［不陸］ 土の表面が凹凸で、平坦でない状態をいう。「ふろく」ともいう。

ふりくなおし［不陸直し］ 土工事で、不陸といわれる土の凹凸を平らにすることをさす。

ふりょうどじょう［不良土壌］ 植物の

生育に適さない物理的(排水性など)，化学的(酸性度など)性質の不良の土壌をいう。一般に悪い土とは，①土壌粒子か微細で，透水性の悪いもの，②土壌が圧密していて硬いもの，③有害な物質を含むもの，などのいずれかに該当するもの。不良土壌は，その内容に従い，耕うんや改良剤の施用によって改良をはかる必要がある。→どじょうかいりょう

ふるい［振い］ 移植法の一種。落葉樹を最適期に移植する際にとられる方法で，根鉢を標準(根元幹径の4～6倍)より大きめにとり，周辺の土を1/2程度崩して落とし，根巻きせずに根をむきだしにしたまま(場外の場合にはこもなどでくるみ，根が乾かないようにして)運び，所定の場所に植えるやり方のこと。

ふるいね［ふるい根］ ⇒ふるいぼり

ふるいぼり［ふるい掘り］ 移植などにより樹木を掘り取るとき，根鉢を付けず根の土を落とした状態で掘ること。「ふるい根」ともいう。

ブルドーザー［bulldozer］ キャタピラーで走り，土砂を押す土工板を持つ土木工事に使う機械。整地，盛土，掘削など，広い用途に利用される。

ふれどめ［振れ止め］ 竹垣の細部名称で玉縁(たまぶち)を用いない遮蔽垣の場合，立子の上部に狂いが出て乱れやすいので細竹などを上部に近い位置の表裏に横に掛けて結び止めたもの。必ず下の押縁(おしぶち)よりも細い素材とするのが原則で，柴垣類では立子と同じ枝を用いる例も多い。また，造形的に垣のバランスをとる目的もある。

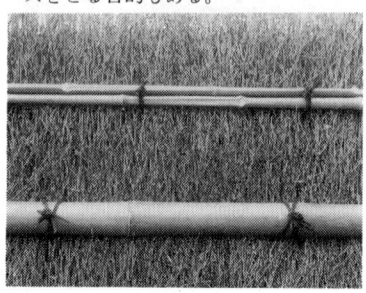

〔振れ止め〕

ふんしゃき［噴射機］ ①法面(のりめん)に芝種を吹き付けるときに使う機器。②植木畑で灌水する大型の水やり機。

ふんすい［噴水］ 水を落差によって自然に，または動力でノズルから水を噴き出させ，水の音，動き，涼味を楽しむもので，西洋庭園では古くから作られていたが，現代ではいろいろなノズルから発する水の型が，面白い水景を創り出す。

ふんどし［褌］ 品物を上から吊っておくロープの総称。

へ

へいこうし［平行枝］ 庭木ではほぼ同じ場所から上下に長さ，太さ，方向が同じように平行に伸びている枝。どちらかの枝は不要であり，樹形全体のバランスをみて切り落とす。

べいじり［貝尻］ 移植のため樹木を掘りあげたとき，その根土の状態が特に厚く，根巻きをすると鉢の直径と同じ

くらいになり，下が尖ったような形になるもの。この形を，昔子供が遊びに用いたコマである「べい独楽」に見立てた語で，主として関東方面で用いられている。

へいちしき［平地式］ 池泉(ちせん)庭園の分類方法の一つで，ほとんど平地に近い敷地に作庭を行っている様式をいう。多少の起伏があるくらいの庭は，これに加えている。古い時代の寺院庭園に例が多い。大沢池庭園（平安・京都市），勧修寺庭園（平安・京都市），毛越寺庭園（平安・岩手県），称名寺庭園（鎌倉・横浜市）などのほか，江戸時代の大名庭園にもこの平地式の例がある。→じゅんへいちしき

へいてんせき［平天石］ 石の形態をいうもので，立石(りっせき)，横石，伏石を問わず，上部が平らになっている石の総称。

〔平天石〕

へいばんそくりょう［平板測量］ 三脚に取り付けられた測板（平板）上に用紙を張り，アリダードを用いて測点や境界線，境界杭，建物の角々など，目的物の要所要所の方向を見，その距離を測定して一定の縮尺で直接紙面上に描いて図面を作成していく測量法。おもな器材は，平板，三脚，アリダード，磁針箱，求心器，下げ振りおよび自在金具，測量針，ポール，巻尺など。現場において，ただちに地形や建物の配置，あるいは既存樹木の位置などの作図ができることが大きな特色である。

へきせん［壁泉］ 洋式庭園の一技法で壁から落ちる水の構造物。

へきめんりょっかようしょくぶつ［壁面緑化用植物］ 塀，建物，石垣などの壁面をはうように広がる植物をいう。おもにツタ類がこれに当たる。→巻末表（402頁）

べた べた張り，べた基礎，べた植え，べた掘りなど，一般に「全体に」といった意味をもつ。

べにみかげ［紅御影］ ⇒さくらみかげ

へびぐち［蛇口］ ワイヤーロープの端の輪になっている部分。

ベランダ［veranda］ 洋風建築の外部に接して設けられた，屋根のある縁側的な部分をいう。建物と庭の接点となる。屋根がなくて2階にある同様な空間がバルコニーであり，玄関前のベランダ的な場所を「ポーチ」という。→バルコニー

べんがら［弁柄］ 各種の材料に混ぜて色付けを行う顔料の一種。主成分は第二酸化鉄で，天然でも産出するが，多くは人工で作られる。独特の味わいある赤色で，「鉄丹(てったん)」「紅柄(べにがら)」ともいう。

へんがん［片岩］ ⇒けっしょうへんがん

へんけいどうろう［変形燈籠］ 庭燈籠の分類名称で，他の分類に入らないような変わった形式の燈籠を総称している。勧修寺形(かじゅうじがた)石燈籠などは代表的なものといえる。

へんざい［辺材］ ⇒しらた

へんせいがん［変成岩］ 堆積岩や火成岩が，地殻変動や地中深くの高圧高温

などによって，その性質や組成を変えて形成された岩石。

ベンチカット［bench cut］⇒だんぎり

ベンチマーク［bench mark］ 水準点のこと。高低測量の基準になる点で，基準面から高さ（標高）が正確に求められている。一般に「BM」と略記して用いられる。なお工事測量などでは，一時的な水準点，または基準点（TBMと略記）を設けることが多い。→かりベンチマーク

ほ

ほ［穂］⇒たけほ

ぼうえんようじゅ［防煙用樹］ 広義には，大気汚染物質の除去や軽減などを目的とした植栽に用いられる樹木をいう。庭園などにおいては，おもに自動車からの排気ガスに含まれる煤煙などを防ぐために，道路沿いに生垣（いけがき）状あるいは植込み状に植栽される。おもな樹種に，ウバメガシ，カクレミノ，カナメモチ，クロガネモチ，クスノキ，ゲッケイジュ，サンゴジュ，サザンカ，ネズミモチ，トウネズミモチ，モッコク，マテバシイ，タイサンボク，ヤブツバキ，ヒイラギモクセイ，カヤ，イヌマキ，カイズカイブキ，ザクロ，ユッカ類，オオムラサキツツジ，アベリア，アセビ，トベラなどがある。→巻末表（399〜400頁）

ほうおんじがたいしどうろう［報恩寺形石燈籠］ 古社寺燈籠の八角形に属するもので，現在は京都北村美術館の庭に立っているが，昔は京都の報恩寺書院庭にあったもの。山城丹後形式の名作で，基礎は側面の枠取り中に格狭間（こうざま）を入れ，上には複弁反花（かえりばな）と子房を見せる。竿は中節に連珠文を彫り，中台（ちゅうだい）は大きな請花（うけばな）が美しく，側面は薄い二区枠取りとなる。火袋は特に立派で四面火口となり，他の大面取り部分は観音菩薩立像二面，地蔵菩薩立像二面としている。笠はこの様式としては低いほうで，蕨手（わらびて）も力強いが，その四つを欠いているのが惜しい。笠上には一石で請花を造り出し，そこに大きな張りのある宝珠（ほうじゅ）を差している。鎌倉時代後期の作であろう。→いしどうろう（写真）

ぼうおんようじゅ［防音用樹］ 住宅の周囲におけるさまざまな騒音を緩和するために用いられる樹木のこと。樹種としては，枝葉が密生し，枝下の低い常緑広葉樹が適する。トウネズミモチ，アオキ，ウバメガシ，アラカシ，ヤマモモ，クスノキ，シャリンバイ，ヒイラギナンテン，アオキなど。なお一般的には，樹木は間隙が多く，著しい効果は得られないとされる。したがって防音のためには目隠しタイプのフェンスや塀などを併用するとよい。

ぼうがし［棒樫］ 同一の株から幹を数本叢生させて仕立てたもの。市販品は高さ3〜4m。幹回り0.10〜0.15m，枝は短く切り詰め，幹より芽吹いたような形に仕立てられている。樹種としてはアラカシが一般的であるが，アカガシなども用いられている。

- **ぼうかようじゅ**［防火用樹］建物の近くに植えて防火に役立つ樹木の総称。大きくなり，葉が肉厚で水分を多く含み燃えにくいものがそれに当たる。イチョウ，サンゴジュなどはその代表的なもの。→巻末表(396頁)
- **ほうがりょく**［萌芽力］樹木を剪定(せんてい)したとき，そこから新たな芽を吹く力で，これが旺盛な樹木は刈込み樹木としてふさわしい。反対に萌芽力の弱い樹木は適度な剪定にとどめないと，枯死するおそれもある。
- **ほうきょういんとう**［宝篋印塔］かつて中国の阿育王寺（浙江省鄞県）にあった釈迦舎利塔の形が源で，それを模して五代に金塗塔(きんととう)が多数造られ，北宋時代になって日本より170年以上も早く石造宝篋印塔が成立した。日本へは鎌倉時代前期に伝えられ，日本化した作が多数造られた。基本的な形は基礎が方形で二段の段形があり，その上に正方体に近い塔身を乗せる。笠は下に二段があり，四隅には隅飾突起という飾りを設け，上方を四～六段とするものが多い。その上部には相輪を立てる。塔身には四面に如来坐像を彫るか，またはそれを梵字(ぼんじ)で表現している。その廃物に水穴を掘ったものは四方仏手水鉢(しほうぶつちょうずばち)として特に好まれている。供養塔として造立される例が最も多い。
- **ほうけいばり**［方形張り］正方形，矩形(くけい)のように四角に切った石を張る。これに対して乱張りがある。→らんばり
- **ほうこうかぼく**［芳香花木］咲いた花に良い香りをもっている樹種。強い香りを放ち，風に乗り離れているところでも香りを感じるものから，花の近くに行かないと感じないほど香りが弱いものもある。おもなものにロウバイ，ウメ，ジンチョウゲ，ライラック，モクレン類，バラ類，オガタマノキ，モクセイ類，クチナシ，ジャスミン，バイカウツギ，ボタン，柑橘類（ユズなど），テイカカズラなどがある。→巻末表(394頁)
- **ぼうさ**［防砂］海岸近くなどで，風による砂の飛来を防ぐこと。そのために作る林を防砂林という。
- **ほうじゅ**［宝珠］建築や石塔類の細部名称で，蓮の蕾形を表現しており，石塔等の最上部に用いられる。相輪や石燈籠，五輪塔，笠塔婆(かさとうば)，石幢(せきどう)などには必ず使われており，その形は時代性をよく表現している。特殊なものでは，宝珠の表面に連弁形を刻んだり，火炎を表現したものもある。別に

〔宝篋印塔〕

「擬宝珠(ぎぼ)」ともいう。→いしどうろう(図)

〔宝珠〕

ほうじょうていえん［方丈庭園］ 通常禅宗寺院の奥に設けられる建築である方丈の庭として作庭されている庭園の総称。建物正面の南庭として造られた庭園は方丈前庭ともいう。その他に、東庭、西庭、北庭として作庭される例もあり、多くは枯山水庭園とされている。

ぼうじんようじゅ［防塵用樹］ 風に乗って飛来する砂や土ぼこりを防ぐために用いられる樹木のこと。枝葉が密生する常緑樹が適する。おもなものとして、ウバメガシ、サザンカ、ツバキ、ヒメユズリハ、マキ、ヤマモモ、カシ類などがあげられる。

ぼうず 丸太を使った簡単なクレーンのこと。ただし、現在はあまり使われない。

ほうせいしゅくがたちょうずばち［方星宿形手水鉢］ 創作形手水鉢の一種で、方柱形手水鉢の側面に「星」の文字を彫ったもの。『築山庭造伝後編』に図があり、そこでは「ほうしょうしゅく」と読ませている。→ちょうずばち

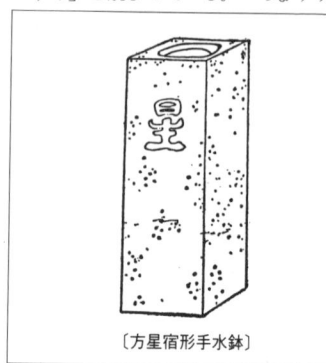

〔方星宿形手水鉢〕

ぼうせつ［防雪］ 雪害を防ぐこと。

ほうちゅうがたちょうずばち［方柱形手水鉢］ 全体が方柱形を成す手水鉢の総称。平面が正方形のもの、長方形のものがある。角には面取りを施すものも多い。

ほうづえ［方杖］ 支柱形式の一つ。斜めに傾いた幹がそれ以上傾かないようにするとき、ウメやマツなどにみられるように幹を傾かせて植えるとき、または真横に長く伸びた差枝(門かぶりのマツなどにみられる)が、枝の自重

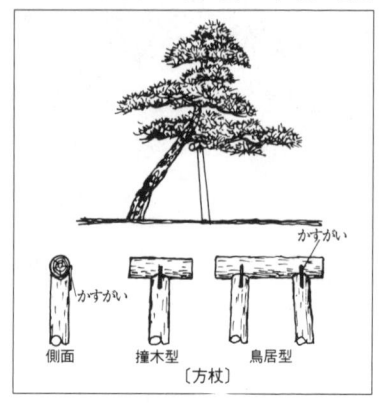

側面　撞木型　鳥居型　かすがい

〔方杖〕

や降雪の重みなどで下がらないようにするときなどに設けられる支えのことで，これにはいくつかの種類がある。幹の傾き度や支えを取り付けたときにかかる重量，植えられている場所および眺められる方向などから，ふさわしい支柱の形式や使用材料の太さなどを決める。素材としては，丸太が一般的であるが，場合によりスチールパイプなどを用いることもある。

ほうとう［宝塔］ 石塔類の一種で，平安時代後期から作例がある。全体としては方形の塔で，厚みのある基礎は上を平らにして，そこに塔身を据える。この塔身が円形筒形となり，上部が細くくびれるのが最大の特色といえる。この側面に扉形を彫るものも多いが，古式の例ではほとんど無地となっている。笠は大きくゆるやかに反り，上部に露盤を造り出し，そこに相輪を差し込む。鎌倉時代後期に名品が多く，特に滋賀県に集中している。地方色もあり，国東塔（くにとう）（大分県），赤碕塔（あかさきとう）（鳥取県）は名高い。塔身を利用して水穴を掘ったものは，袈裟形手水鉢（けさがたちょうずばち）として尊重されている。

ぼうふう［防風］ 風を防ぐこと。そのために作る林を防風林という。また地方によっては，屋敷などに風除けのための高生垣（たかいけがき）を作ることもある。

ぼうふうようじゅ［防風用樹］ 強い風の影響を減少させる目的で植栽される樹木のこと。昔から農家などの屋敷林として植栽され効果をあげている。適する樹種は，深根性で枝が強じん，かつ比較的葉の密生する常緑樹がよく，落葉樹では冬期に効果が減少する。おもな樹種に，イチイ，イブキ類，イヌマキ，カシ類，コナラ，サンゴジュ，タブノキ，ツバキ類，ネズミモチ，トウネズミモチ，マテバシイ，マツ類，ヤマモモ，タケ類，モチノキなどがある。

ぼうふざい［防腐剤］ 木材の腐れの進行を遅めたり，腐らないようにするために塗布または加圧注入する薬剤のこと。一般的にはクレオソート油が用いられている。別に樹木剪定後の切り口に塗る薬剤をいう。

ほうらいいわぐみ［蓬莱石組］ 古代中国で発祥した蓬莱神仙思想にちなんで，その世界を象徴した石組の総称。蓬莱連山石組，鶴石組，亀石組などが代表的なものであり，また洞窟石組も一部はこれに加えることができる。

ほうらいがんとう［蓬莱岩島］ ⇒がんとう

［宝塔］

ほうらいしんせんしそう［蓬萊神仙思想］　古く紀元前の中国，燕，斉地方で起こった土着信仰で，東方海上に蓬萊神仙世界があるとし，蓬萊，方丈，瀛洲（えいじゅう）の三島などが想定された。これらの島は神仙島ともいわれ，そこには宝物や不老不死の仙薬が蔵されていると説かれた。このような説は，方士という人々によって広められ，秦始皇帝などは多くの方士に仙薬を求めさせた。一説に，この蓬萊神仙世界は，日本であるともいう。以後中国においても日本においても，庭作りのテーマとして広く用いられた。

ほうらいせき［蓬萊石］　その庭園を象徴するように配される目立った山形石で，ときには立石（りっせき）としても表現される。これは蓬萊庭園では蓬萊山を意図していると考えられるところから，蓬萊石の名が出た。多くは山畔築山（さんぱんつきやま）に配置されているが，中島や池泉（ちせん）護岸石組中に組まれた例もある。また鶴島では，羽石と兼用表現されることも多い。毛越寺庭園（平安・岩手県），東光寺庭園（鎌倉・甲府市），南禅院庭園（鎌倉・京都市），旧秀隣寺庭園（室町・滋賀県），二条城庭園（桃山・京都市）などのほかに多数の例がある。

〔蓬萊石〕

ほうらいていえん［蓬萊庭園］　蓬萊神仙思想をテーマとした縁起のよい庭園の総称で，中島を蓬萊島や鶴島，亀島として表現し，蓬萊石などを据えた庭。日本庭園は大部分がこの蓬萊庭園であり，別に「蓬萊様式」ともいわれる。

ほうらいとう［蓬萊島］　蓬萊庭園において，中島として伝説の蓬萊山を象徴した島。伝承では，この蓬萊山は巨大な亀，鼇（ごう）の背に負われているといわれるため，蓬萊島はまた亀島と兼用されている例も少なくない。鹿苑寺庭園（鎌倉・京都市），二条城庭園（桃山・京都市）などのものは特に名高い。

〔蓬萊島〕

ほうらいようしき［蓬萊様式］　⇨ほうらいていえん

ポーチ［porch］　⇨ベランダ

ポール［pole］　おもに測量に使う用具の一つで，視準のとき測点や目標の位置をわかりやすくするために立てられる，赤白交互に塗装を施した細長い丸棒のこと。直径3cm前後に仕上げられた棒身に，20cm（あるいは30cm）ごとに赤白の塗料が塗られ，下端には尖った石突が取り付けられている。長さには2m，3m，4mなどがある。

ほがき［穂垣］　⇨たけほがき

ぼくいし［朴石］　火山岩の一種で，玄

武岩質安山岩。地表に流出した溶岩が、変化ある形で固まったもの。江戸時代後期頃から一部の庭師の間で尊重されるようになり、特に江戸の地で流行した。土留めなどには適するが、景石としては良石とはいえない。浅間朴石、富士朴石、伊豆朴石などがあるが今日では入手が困難になっている。別に「黒朴」ともいわれる。

ほくそうさんすいがしきていえん［北宋山水画式庭園］ 中国唐代の都で発祥した画風である北宋山水画の様式を取り入れた庭園形式で、力強く縦の線が強調された造形が特色とされる。

ほさき［穂先］ 竹穂の細い枝先のほうをいう。別に「ほきさき」と読むこともある。

ほすいせい［保水性］ 土壌が水分をその粒子の間隙などに貯える性質のこと。比較的長時間にわたり、多量に保持できる土壌を保水性が高いという。保水性は土壌粒子の種類や構造、間隙の大きさなどによって違いがあり、一般に砂分が多いと排水性は良くなるが保水性に乏しくなり、反対に粘土分が多くなると、保水性は良くなるが排水性が悪くなり、いずれもよくない。一般に植物の生育には保水性と水はけ（排水性）の良いことが大切な条件で、このような土壌にするには、砂分と粘土分が適度な割合（土性分類による壌土など）であることと、さらに堆肥や腐葉土などの有機質を混用して、団粒化をはかることが必要である。

ほそく［歩測］ 距離測量の精度を要しない簡略な方法で、測定者が普通に歩く歩幅で歩いた歩数に、測定者の平均歩幅を乗じて、その距離を求める測量方法。概略の距離を知るのに便利。歩数のカウントには、歩数計を用いるのがよい。

ほそね［細根］ 樹木の根のうち、細い根をいう。これが多い樹木は養分をよく吸収して勢いがよく、移植などが容易に行える。「さいこん」ともいう。→ふとね

ほそめずな［細目砂］ ⇒さいしゃ

ほっけどうがたいしどうろう［法華堂形石燈籠］ ⇒さんがつどうがたいしどうろう

ポットさいばい［－栽培］ 植物の栽培をする場合、小物や草花類をポットの中で育てること。持ち運びが便利。

ポドソルどじょう［―土壌］ おもに針葉樹林帯において、冬季は寒冷多湿、夏季は温暖な気候下で形成される土壌で、ツンドラ地帯の南部に広く分布する。日本では北海道北部、および中部地方以北の高山地帯に分布している。針葉樹の葉は低温のため分解されにくく、その結果、酸性の強い腐植ができて、その一部は下層土中に溶け、塩基（カルシウム、マグネシウム）や鉄などの溶解、溶脱作用が行われて、表層土は酸性が強く灰色を呈した土壌ができる。養分に乏しく、用土としてはよくない。

ほひせい［保肥性］ 土壌が植物に必須の栄養分を貯える性質のこと。保水性と同様、粘土や腐植の量が適度に混ざって団粒化している土壌は保肥性が高く、砂分が多く水はけの良い土壌では栄養分の流出が大きく、保肥性が低い。

ほりさげ［掘下げ］ 植木などを掘り取るために、地面を掘って行くこと。

ほりとり［掘り取り］ 植栽のため、あるいは支障のある樹木を他に移すため

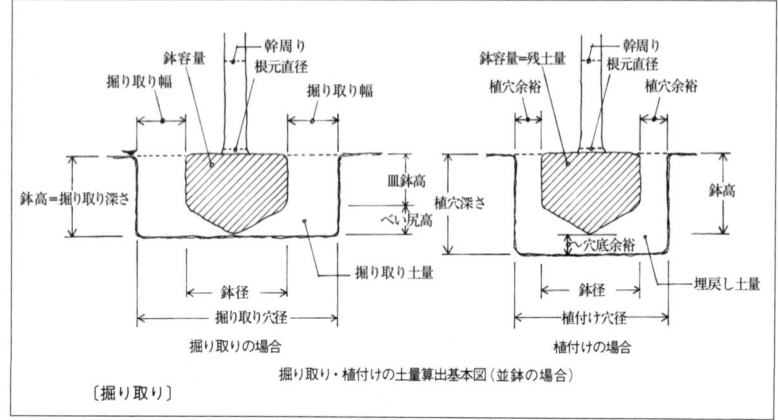

掘り取り・植付けの土量算出基本図（並鉢の場合）

〔掘り取り〕

に，樹木の根系を所定の大きさ・形状（樹種，樹齢，植栽年数により違いがある）に取り（これを根鉢という），その周囲および底部を掘っていくこと。掘り下げに伴い出現してくる細い根はシャベル（先端をやすり掛けして刃のようにしておく）で切断してよいが，太い根は，剪定鋏（せんていばさみ）や鋸（のこぎり）で切断し，シャベルで無理に切断しないようにすることが大切である。根系を土がつくように掘るやり方を「土付き法」または「根巻き」と称し，根系を普通よりは大きめにとり，縄巻きなどを行わずに掘り上げる方法を「ふるい」と呼ぶ。このほかに「追い掘り」がある。→ねまき，おいぼり，つちつきほう，ふるい

ほんうえ［本植え］「定植」ともいい樹木や草花などをあらかじめ決められた位置に植え付けること。

ほんか［本歌］石燈籠や手水鉢（ちょうずばち）などで，古来名高い作がある場合，その写しが多く造られるようになる。そんなとき，その元となった原物を本歌という。竹垣などの例では，古いものはそのまま保存されていないが，当初の形を伝えるものに対して本歌と称している。本来は和歌の世界での有名な歌を「本歌」といったもので，それが転じて多方面で用いられるようになった。

ほんかどうろう［本歌燈籠］古式の造形的にも優れた石燈籠で，その模作が多く造られている場合，その源となった実物を，本歌または本歌燈籠という。名品を原則とする。

ほんこまつ［本小松］⇒こまついし

ぼんさい［盆栽］本来は大きく生長する樹木を小さな鉢に入れ，特殊な剪定（せんてい）を行って小さく育て，観賞用としたもの。

ぼんじしほうぶつ［梵字四方仏］⇒しほうぶつのちょうずばち

ほんしだれ［本枝垂れ］⇒しだれもの

ほんつぼ［本坪］⇒しばつぼ

ほんだま［本だま］⇒なわがけ（図）

ほんやつ［本八ツ］樹木を植え付けた後，風によって傾いたり倒れたりしないように取り付けられた，長丸太，梢（うら）丸太，唐竹（からたけ）などを用いた支柱

のこと。直立した樹幹に対して斜めに通常3本（樹高等によりそれ以上のこともある）を取り付けるが、その形が八の字に見えるところから「やつ」と呼ばれるようになったようである。植付けの途中で倒れないように、一時的に取り付ける仮の支柱（取り外しのできるように仮結びとする）を「仮やつ」といい、それに対して正式に取り付けられた支柱のことを「本やつ」という。なお、地方によっては、正式に取り付けられた支柱全般（八ツ掛け、鳥居型、布掛けなど）のことをいう場合もあるようである。➡かりやつ、やつがけ

ま

まえいし［前石］ 蹲踞(つくばい)の役石の一つで、流しの手前に据えられる平天石(へいてんせき)をいう。ここに乗って手水(ちょうず)を使うための最も重要な石で、役石の中での必需品といえる。古くは「手水前の踏石」ともいった。なお、立手水鉢(たちちょうずばち)に対しても用いられている。➡つくばい（図）

〔前石〕

まかべみかげ［真壁御影］ 茨城県の真壁地方から産出する花崗岩。建築石材として用途が広い。

まきいし［巻石］ 柱などを土入れとしたいわゆる掘立柱に対して、その柱の土際を石で巻いて腐りにくくした構造をいう。

まきおしぶち［巻押縁］ 押縁の種類で、竹穂、ハギ、クロモジの枝などを束ねたものをいう。

まきしば［播芝］ 芝生を張るのではなく種を蒔いて栽培する方法。庭園の施工に多く使われる日本芝ではほとんど用いられることはなく、芝栽培の方法と考えてよい。ただし西洋芝の場合は、種から生育させるのが普通であり、公共造園において多く行われている。➡はりしば

まきじゃく［巻尺］ 距離を測るための道具の一つ。幅10〜13mm程度のテープ状の表面に、多くは1mm刻みの目盛を施したものを、容器の中心軸に巻き取って収納できるようにつくられている物差しのこと。テープの素材には鋼、ナイロン、エスロン、ガラス繊維などがあり、長さは10〜50mのものが多い。

まきすな［撒き砂］ 庭の表面に化粧として撒く各種の砂のこと。

まきたてこ［巻立子］ 胴縁に縦に取り付ける立子の一種で、細い素材を束ねて染縄などで巻いたものをいう。竹穂、クロモジ、ハギ、晒竹(さらしだけ)、清

水竹，篠竹などが使われており，これを用いた竹垣に鉄砲垣，立合垣などがある。→たてこ

まきたまぶち［巻玉縁］ 竹垣の上部にかぶせる玉縁を，各種の素材を巻いた形式としたもので，これには同じものを束ねて巻いたものと，芯と周囲を別素材としたものがある。例えば光悦垣では，芯に竹穂を使い，その上を細割竹で巻く。その他の素材は，ほとんど巻立子と変わらない。

まきばしら［巻柱］ 竹垣の柱を他の素材で巻いたもので，中心に細丸太を立

〔巻柱(割竹)〕

〔巻柱(竹穂)〕

て，それに竹穂，ハギ，クロモジ，清水竹など細い材を巻きつける。また，細割竹を巻く例も見られる。主として袖垣に多く使われているが，大規模なものでは光悦垣が代表的なものといえよう。

まくら［枕］ てこ棒を使うときに支点にする角材，ばんこ。石を置いたときにワイヤーが通せるように下にかませた角材も指す。→ばんこ

まぐろいし［真黒石］ 他色の混入していない黒石の上級品をいう。単に「真黒」とだけいうことが多く，栗石，ごろた石をおもにそう称している。那智黒，加茂川真黒は特に名高い。

まさつち［真砂土］ おもに中部地方や関西地方以西の瀬戸内海側に分布する花崗岩が風化作用によって崩れて形成されたもので，単に「真砂」ともいう。花崗岩をつくっているおもな鉱物

は，石英と長石と雲母で，そのうち石英は細粒にこわれ，長石と雲母は粘土化する。土性は一般に砂質土～砂質壌土で，通気性・透水性は高いが，肥料分に乏しい。それゆえに堆肥や腐葉土などを混入するとともに，油かすなどの有機質肥料を施用する。

まさめ［柾目］ 木目（年輪の作る模様）が，ほぼまっすぐに，平行に並んで見えるものをいう。製材する際に，年輪に対して直角または直角に近くなるように挽いたときに生じる。→いため，じゅかん（図）

ます［桝］ 排水のために使う，水を溜める製品。コンクリート製の四角いもの，塩ビ製の筒状のものがあり，いずれもどのような深さにも重ねて対応できる。排水管とともに使用する。

ませがき［真背垣，馬背垣，間瀬垣］ 竹垣の一種で，柴垣の類。本来は適当に雑木の枝を集めて押縁(おしぶち)を掛け，大ざっぱに造ったもので，敷地に合わせて曲げることも多い。背も低いものがあり，花壇などの仕切りにも用いられることがある。一説に「馬背垣」として，馬の胴のように膨らませて造るものともいう。『石組園生八重垣伝』には，「真背垣又間瀬垣」として図と解説があり，クロモジも用いることが記されている。

まぜがき［混ぜ垣］ 生垣(いけがき)の一種で各種の樹木を混じえて刈り込んだもの。これにも各種があり，同種のサツキ，ツツジ類を用いて，葉の色や花の色に変化を見せるもの，落葉樹と常緑樹を混ぜたもの，各種の花の咲く樹木を混ぜたものなどがそれである。「交垣」と書くこともある。

まだけ［真竹］ 暖地産。高さは6～20 m で，稈(かん)の太さは2 cm 位の細いものから13 cm に及ぶ太いものまである。また，一般的に節間が長いのが特徴。材は強じんで，割ることも容易なため，樹木の支柱や各種竹垣の材料に適している。丸竹のままか，割竹（2つ割り～6つ割り程度）にして用いる。はらった竹穂も竹垣などの材料に活用される。→がらだけ，巻末表（374頁）

まちあい［待合］ 広い意味では露地に設けられる腰掛待合を総称する。客が入席を待つ小建築であるが，これには外露地に配する外腰掛と，内露地に配する内腰掛とがある。ただ，本来待合というと外腰掛を指し，腰掛とだけいう場合は内腰掛を指す。内腰掛は，茶会の中立(なかだち)の時に，一時ここで休むための設備であり，待たせるのではないので，待合とはいわない。→こしかけまちあい

マツケムシ［松毛虫］ マツにつく害虫で，松葉を食害する。生長すると7 cm ほどにもなる。

まつばしき［松葉敷き］ 冬の景を演出するために敷かれるものだが，あわせて霜柱による地表面の荒れや，苔(こけ)などを寒さから守る目的をもつ。一般の庭では少ないが，茶庭(ちゃてい)では欠かせないものである。松葉はアカマツの葉で赤く色づいたものを使い，蹲踞(つくばい)付近など要所に適度な広さに敷き詰める。取除きは，立春頃から始めて，3月初旬頃までに終えるようにする。一般的には「敷き松葉」ということが多い。

まばしら［間柱］ 竹垣の細部名称で，親柱と親柱の中間に立てる柱。通常，垣は1間（1.80 m）を基準とするの

で，長さ2間の竹垣では中央に間柱が必要となる。親柱よりも細い柱とされることが多く，また建仁寺(けんにんじ)垣などの遮蔽垣では少々裏側にずらして立て，表側からは見えないようにするのが普通である。これに対して，透かし垣である四つ目垣などでは，間柱は見える場合が多く，また金閣寺垣のように親柱と同じ中心に間柱を立てる例もある。

まびき［間引き］ 列植した植木が育ってそれぞれの生育に支障があるとき，空間を作るために何本かおきに撤去すること。

まめじゃり［豆砂利］ 大豆(だいず)ぐらいの丸みのある砂利で，直径6〜10mm程度のものをいう。地方によって，「納豆(なっとう)砂利」と呼ぶこともある。

まるいし［丸石］ 天然の状態でかなり丸みをもっている石の総称で，普通あまり大きくない川石をいう。

まるがりもの［丸刈もの］⇒たまもの

まるきばし［丸木橋］ 丸太を数本，流れに対して渡し，橋としたもの。丸太の上部を削って平らな面を作ったものを数本並べた形もある。

まるた［丸太］ 木材の種類の一つ。スギ，ヒノキなどを伐木したままの製材されていない長く丸い材をいう。これには樹皮を剥ぎ取ったものと，皮付きのものとあるが，通常は前者である。伐木したときの長さのままのものを「長丸太」と呼び，一定の長さに切りそろえたものを「切丸太」という。造園用には，おもに風除け支柱や垣根用材として末口径6〜9cm，長さ0.6〜2.0mの切丸太，末口径2〜3cm，長さ3〜4mの梢(うら)丸太，中央径6〜9cm，長さ6.0〜9.0mの長丸太な

造園用丸太材の寸法例

	寸　法			おもな用途
	長さ(m)	末口径(cm)	中央径(cm)	
スギ（またはヒノキ）丸太	0.60	6.0	—	鳥居支柱用
	0.60	7.5	—	〃
	0.75	7.5	—	〃
	0.90	6.0	—	〃
	1.50	7.5	—	生垣・四つ目垣用
	1.80	6.0	—	鳥居支柱用
	1.80	7.5	—	〃
	1.80	9.0	—	生垣・四つ目垣用
	2.10	7.5	—	鳥居支柱用
	3.00	7.5	—	竹垣用
	3.00	9.0	—	〃
	6.30	—	6.0	鳥居支柱用
	7.20	—	7.5	〃
梢丸太	4.0	2.0〜3.0（元口径6.0）	—	八ツ掛け・布掛け支柱用 鳥居支柱添木用

どが使われている。

まるたやらい［丸太矢来］⇒やらい

マルチング［mulching］ 樹木の根元まわりに，稲わら，こも，バーク堆肥，腐葉土，落葉などを敷き詰めて地表面を覆うこと。地表面の乾燥や凍結の防止，地温調節などの効果が期待できる。→しきわら，まつばしき

まるのみ［丸鑿］ 木工用に使われる鑿の一種で，丸太柱などに円形の穴を掘るような場合に適している。先端が丸くなっており，通常の丸鑿と厚丸鑿とがある。

まるまど［円窓］⇒えんそう

まるもの［丸物］刈込みなどの剪定(せんてい)

で，樹形を半円形に仕立てた樹木を一般的にこう呼ぶ。

まわり［間割り］　構造物の細部間隔などを決めることや，その作業をいう。「間割りを行う」，「間割り作業」などといい，竹垣の場合は胴縁の段の間隔を割り付けることや，四つ目垣の立子位置を決めることなどを意味する。「割間」ともほとんど同様の用語であり，また「割付け」ともいう。

まんなりいし［万成石］　岡山市の万成地区の矢坂山から産出する硬質の花崗岩。淡い紅色を成すことから，桜御影の代表的な石とされる。この赤味の強いものを別に「龍王石」ともいう。

み

みがきまるた［磨き丸太］　樹皮を剥いだ丸太（おもにヒノキやスギ）を，砂をつけて水で磨いて仕上げたもの。太いものは床柱や桁などに，細いものは垂木，天井の竿縁（さおぶち）などに，いずれも見付きの部分に用いられる。なかでも北山杉の磨き丸太がよく知られており，太さが末口（すえくち）と元口（もとくち）とでそれほど違わないのが特色である。

みかげいし［御影石］　花崗岩の別称で神戸市御影町から良質の石が産出したためにこの名が出た。後に花崗岩の意として広く全国的に使われるようになったために，神戸産のものは「本御影」というようになり，これに対して各地の石はその地名をとって摂津御影，白川御影，伊勢御影，甲州御影，稲田御影，真壁御影などと呼ばれるようになった。→かこうがん

みかわしらかわすな［三河白川砂］　白砂の一種で，岐阜県土岐市の南方，愛知県境にある三国山付近より産する。この地は有数の花崗岩地帯であり，その風化した砂が大量に埋蔵されている。天然の白砂としては最も良質であり，白川砂と違うのは雲母（うんも）の黒点が茶味がかっているため，敷き詰めると全体的に薄い茶系の白色となる点である。それがかえって落ち着いた色調を生む。現在では土岐市土岐津町の一社がおもに販売している。

みかんがたちょうずばち［蜜柑形手水鉢］　創作形手水鉢の一種で，全体が皮をむいたミカンのような形をした手水鉢。→ちょうずばち（写真）

みきけい［幹径］　幹の直径。

みきしゅう［幹周］　幹まわりの太さ。

みきだか［幹高］　通常，樹木の根元から最上部までの総高をいう。

みきだま［幹だま］　⇒なわがけ（図）

みきはだ［幹肌］　樹木の幹の表面に生じる樹種特有の模様やきめ（肌理）のこと。一般に「樹皮」と呼ばれている。生長に伴っていろいろに変化していくが，一定の樹齢（樹種により違いがある）に達すると，幹の表面に特徴のある表皮（外樹皮）の割れ目や，自然にはがれ落ちることによってできる模様などが見られるようになってくる。これにより樹木の種類を特定することができる。

みきぶき［幹吹き］　樹木の幹から発生

する小枝のこと。その樹の衰弱が原因と考えられ，放置しておけば樹勢がますます衰弱するので，早めに切り落とすようにする。サクラ類によく見られる。「胴吹き」ともいう。

みきまき［幹巻き］ 樹木を植栽あるいは移植するときに，樹皮の保護のために樹幹や太枝に稲わらやこもを巻き，わら縄やしゅろ縄で巻き止めること。最近ではこれらに変わり，緑化テープなどを用いることが多くなった。幹巻きは，植栽に伴って行われる枝葉の剪定（せんてい）により，樹幹に直接風が吹きつけられ，また直射日光が当たるなどによって引き起こされる害（凍害・陽焼けなど）を防ぐために行う。

みきまわり［幹周り］ 樹木の規格を示す尺度の一つ。一般に地上高1.2m付近（規定では1.2mとしている）の位置で測った樹幹の周囲長をいう。なお幹の数が多い株立状のものでは，各幹周りの合計に0.7を乗じた値を採用する。また測定部分に枝分かれなどがあるときは，そのすぐ上の幹周りを測る。→きょうこうちょっけい，めどおり

みきやけ［幹焼け］ ⇨ひやけ

みきり［見切り］ 仕事を終わらせる場所，点をいう。広い場所などで「全部仕上げればきりがないが，どこで見切るか」などと使う。

みこし［見越し］ 配植法の一つ。主要植栽の背後に，前景が引き立つように配される植栽で，単植の場合と群植のものとがあり，一般に常緑樹が選ばれる。あるいは袖垣や塀，石燈籠などの背後に植えて，前景と一体をなすように配される樹木のこと。これにはウメ，モミジ，マツ，マキ，サルスベリなどが用いられる。『築山庭造伝後編』に木の六として記載されている。

みさきがたおきどうろう［岬形置燈籠］ 庭燈籠のうちの置燈籠の一種で，京都桂離宮庭園の池中に長く伸びた石浜の先端にある。水中に据えられた山形石上に置かれた円形の作で，皿形の中台（ちゅうだい）の上に丸みのある火袋を乗せ，二面火口として火窓を開けるが，一部に欠損がある。笠は下の平らな起（むく）り屋根式で，四個所に小さな蕨手（わらびて）を付けるが，これも2つを欠いている。その上には一石彫りの請花（うけばな）と宝珠（ほうじゅ）を乗せており，小規模な作ながらまことにバランスよく上品な作といえよう。「夜雨（やう）」という銘があることから，別名を「夜雨形」ともいっている。江戸初期の作としてよい。→いしどうろう（写真）

みしょう［実生］ 樹木の種を採取して発芽させたもの。多量の苗木を生産するのに適している。一般に長寿で，それぞれの特徴を発揮させることができる。→かぶわけ

みずあげいし［水揚石］ 縁先手水鉢（えんさきちょうずばち）に配される役石の一つで，縁から見て手水鉢の背後に半ば隠れるように据える平天石（ひらてんいし）。高い手水鉢に水を入れる時に乗る石で，高めの石とされ，飛石とつなげて打つのが約束となっている。

みずあな［水穴］ 手水鉢（ちょうずばち）の上部に掘る，水を入れるための穴の総称。円形のものが最も多いが，ほかに角形，六角形，八角形の例もあり，また各種の意匠を用いたものもある。自然石の場合は，その石の形に合わせたものも多い。掘り方は，内広に掘るのが基本で，これを「蹲踞（つくばい）掘り」ともいう。十分に水の入る深さが必要であり，ま

た内部は美しく叩き仕上げとする。古くは「水溜(ためね)」「水袋」とも称した。→つくばい(図)

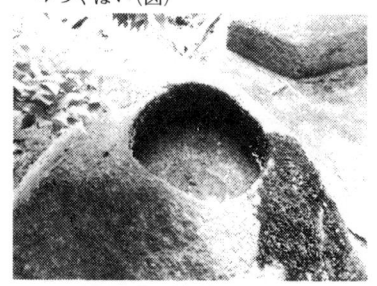

〔水穴〕

みずいと[水糸] 水とは水平の意味で水平に張られた糸や，それに用いられる専用の糸をいう。黄色などの目立つ色付けをしたナイロン糸が使用され，現在では蛍光塗料を塗ったものも発売されている。

みずおちいし[水落石] 滝石組の細部名称で，水を落とす部分に据える石。上部が平らか，やや窪んでいるような石を用いる。この石の用法によって，各種の落とし方がある。昔は滝を不動明王の姿と見て，水落石自体を「不動石」ともいった。なお，落水の滝だけでなく，枯滝にも用いられている。

みずかえしいし[水返し石]⇒かがみいし

みすがき[御簾垣] 竹垣の一種で，昔貴人が室内に下げて目隠しとした御簾に似ているところから命名された垣。太丸太を親柱とし，それに縦溝を掘って，そこに晒竹(さらしだけ)の組子を横入れとしていくもので，長い垣の場合は間柱部分でつなぐ。押縁(おしぶち)は縦に掛け丸竹半割りのものを表裏から組子を挟んで結び止める。柱際と間柱部分には必ず押縁を掛け，さらにその間を二等分か三等分して掛ける例が多い。また，押縁には細丸竹を合わせて用いることもある。別名を「簾垣(すだれがき)」ともいう。→かき(写真)

みずがき[水垣] 水をめぐらした垣の総称で，堀などがそれにあたる。

みずかけいし[水掛石] 蹲踞(つくばい)，縁先手水鉢(えんさきちょうずばち)，立手水鉢(たちちょうずばち)の流しに用いられる役石で，排水口を隠すように丸いごろた石などを置いたもの。これに柄杓(ひしゃく)の水を掛けると水がはねにくいために用いられる。石以外に，古瓦などを置くこともある。古くは「手水前の捨石」「水門石」「屈み石」とも称した。→つくばい(図)

みずぎめ[水極め] 樹木を植え付ける際に，水を使って行う方法のこと。植穴を掘り，樹木を立て込んだ後，根鉢の周囲に土を埋め戻していくが，はじめ1/2～2/3位入れたところで水を注ぎ込み，突き棒(細い丸太や竹などを用いる)で土をよく根鉢のまわりに突き込み，根鉢と密着するようにしていく。さらに土を9/10程度まで埋め戻し，同様に行う。適当なところで水を止め，水が引いたら残りの土を埋め戻し，地面と平らになるように整地して終了である。なお，樹種や植栽時期等によって水鉢(みずばち)を設ける場合もある。→つちぎめ，みずばち

みずくみいし[水汲石] 縁先手水鉢(えんさきちょうずばち)に配される役石の一つで，手水鉢の左右どちらか，清浄石(しょうじょうせき)と対する位置に据える平天石(ひらてんせき)。貴人(きにん)に対して，家臣などが手水鉢の水を汲んで差し出すために乗る石。

みずこうばい[水勾配] まいた水や雨水の排水をよくするためにつける傾斜のこと。犬走り，アプローチ，車庫，

テラス，階段などには勾配をつけて水が溜まらないように配慮する。

みずたまりいし［水溜石］⇨みずぼれいし

みずため［水溜］⇨みずあな

みずぬきあな［水抜き穴］　裏込めにコンクリートを使った練積みの石垣や鉄筋コンクリートの擁壁を造る場合，土中の水を排水するために，径5cmほどのパイプを3m²に一個所の割合で設ける。これを水抜き穴という。これを設けないと，水によって石垣や擁壁の足元がすくわれて崩壊する危険性がある。

みずばち［水鉢］　①樹木を植え付けた後に，おおむね植穴の外周に沿う位置に降雨や灌水の水が溜まるように，地面より高く盛り上げてつくったもの。②⇨ちょうずばち

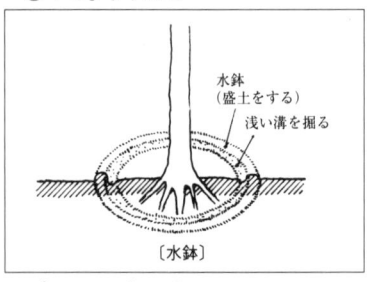

［水鉢］
水鉢（盛土をする）
浅い溝を掘る

みずぶくろ［水袋］⇨みずあな

みずぼたるがたいしどうろう［水螢形石燈籠］　庭燈籠のうちの生込み燈籠に属するもので，京都桂離宮庭園内の賞花亭（しょうかてい）に向かう飛石道近くに立っている。円柱形の竿に円形の中台（ちゅうだい）を乗せるが，その上の火袋は四角形で，二面を通し火口とし，他の二面に三角形の火窓を開ける。その意匠が変わっていて，小さな二等辺三角形を下向きに2つ重ねたものと，その上下のとがり部分を合わせた形となっている。笠は四角形で，現在上部は崩れたような形となるが，これは石材が軟質の凝灰岩豊島石（ぶしま）なので後に風化したものと思われる。「水螢」の銘があり，江戸中期頃の作であろう。→いしどうろう（写真）

みずぼれいし［水掘石］　石が海の波や川の流れによって，自然に大きく掘り取られたもので，その味わいが好まれ庭石に使われることがある。その多くは，飾り石や手水鉢（ちょうずばち）として用いられている。水掘れの穴がそのまま水を溜めるのに利用できる石を「水溜石（みずたまりいし）」ともいう。

みずぼれがたちょうずばち［水掘形手水鉢］　川の流れや海の波によって侵食された石を用いた自然石手水鉢の総称。その変化のおもしろいものを選んで，水穴も天然のままの穴を利用する場合と，上面だけを平らに加工して，そこに水穴を掘る例とがある。大きめとなるため縁先手水鉢として使われるものが多い。→ちょうずばち（写真）

みずみがき［水研き，水磨き］　敷石や墓石などを仕上げるとき，水につけ，砥石で少し粗めに研磨すること。

みずわけいし［水分石］　滝石組の一種の役石で，落水を二つに分けるように

［水分石］

用いられる石。滝の落口や，それよりやや離れた水落石の前方に一石組むのが普通である。滝石組のポイントとして，それをよく生かす効果がある。枯滝においても水景の表現として多く表現されている。古くは「みくまりいし」とも読んだ。

みぞほり［溝掘り］⇒ぬのぼり

みたてものちょうずばち［見立物手水鉢］手水鉢の分類名称で，鎌倉時代頃の古い石塔類の細部などを流用して，それに水穴を掘って手水鉢としたもの。使われる石塔としては，宝塔，五輪塔，宝篋印塔（ほうきょういんとう），層塔，石燈籠などがある。また石塔類のほかに，礎石，石臼，鳥居，石橋，石棺，石仏などの細部も使われている。最も尊重されたのは石塔類の塔身で，四方仏形，鉄鉢形，袈裟形（けさがた）がその代表といえる。そのほか，基礎や笠も多く用いられている。それらにどのように水穴を掘るかも見所の一つである。→ちょうずばち（写真）

みだれしゅほう［乱れ手法］一定の規則的な意匠に対して，不規則に変化をつけ，しかも美しく表現すること。竹垣の場合は，立子上部の高さに段差をつけた作例や，四つ目垣の立子を斜めの自由な形式の組子とした，乱れ四つ目垣などがある。単に「乱れ」ともいう。

みちいた［道板］ころを使って運搬するときに，ころが動きやすいように敷く細長い板。→こした（図）

みちしるべがたいしどうろう［道標形石燈籠］庭燈籠のうちの生込み燈籠に属するもので，街道などに立てられる道標を兼ねて文字の上部に火袋を掘ったもの。また単なる道標を利用して後で火袋を開け，石燈籠に仕立てたものもある。方柱形が普通であるが，自然石に火袋を掘った作もある。別名を「辻燈籠」ともいう。

みつ　⇒みつがけ

みつがけ［三ツ掛け］樹木を移植するために，根鉢を掘り取る際に行われる根巻きの工程のうち，樽巻きに次いで行う揚げ巻きの巻き方の一例。根鉢を上から見たときに，幹を中心にして三角形になるように縄掛けするやり方である。略して「みつ」と呼ぶ。→よつがけ

みつき［見付き］樹木や庭石などの対象を眺めるとき，観賞視点から正面に見える部分のことをいう。「見付け」ともいう。

みつけ［見付け］⇒みつき

みどり［緑］造園用語で，マツの若い芽をいう。前年枝の頂点から出る芽で，組織が柔らかく指で折れる頃の芽。→みどりつみ

みどりつみ［緑摘み］マツの木に行う手入れ法の一つで，マツの木の新芽である「みどり」を摘み取る方法。樹勢の調節・整枝を兼ね，一個所から多数伸び出したみどりを全部摘み取るほか，芽の長さの1/3を残すなど，ほかにも様々な方法がある。対象とする樹木の状態を考えて摘み取る。

みのがき［蓑垣］竹垣の竹穂垣の一種で，昔雨具として使われた蓑の形に似ているところから命名された垣。親柱間に数段に胴縁を渡し，そこに一握りの竹穂の束を下向きにして取り付けていくもので，下段から上段に順番に結び止める。上部には同じ竹穂を用いた巻玉縁（まきたまぶち）をかぶせることが多い。関東方面では黒穂を使った蓑垣が好ま

れている。なお、今日では竹穂垣とするのが普通であるが、以前は雑木の枝やハギなどを用いた蓑垣も見られ、その場合は柴垣の一種ということになる。この垣の類には半蓑垣、破れ蓑垣などがある。また類種に鎧垣(よろいがき)がある。→かき(写真)

みのさびじゃり［美濃錆砂利］ 錆砂利の一種で、岐阜県瑞浪市大川付近より産する。濃い茶色の砂で、その錆色が美しく、庭の敷砂として用途が広い。露地などに使っても地味な感覚でよくなじむ。現在は三河白川砂とともに、土岐市土岐津町の一社で販売されている。

みみづくのちょうずばち［木兎の手水鉢］ 創作形手水鉢の一種で、方柱形手水鉢の類であるが、正面に大きくミミヅクを陽刻したもの。岩国市の吉川家墓所にあり、上田宗箇が吉川広家に贈ったものと伝えられている。桃山時代の作。→ちょうずばち(写真)

みょうしんじがき［妙心寺垣］ 竹垣の一種で、その名称からして京都の禅寺妙心寺にあったものと思われる。しかし現在は見られないため、どのような構造であったかは不明。『築山染指録』には、「妙心寺墻」として記されているが、解説はない。

む

むきしつひりょう［無機質肥料］ 鉱物などを原料に、化学的に配合して工場で作られた肥料で、単肥と複合肥料がある。単肥は三要素を補うために作られた肥料、複合肥料は化成肥料と配合肥料があり、三要素を一緒に含んだ化学肥料で、便利なためによく使われる。→ひりょうのさんようそ、ゆうきしつひりょう

むきんコンクリート［無筋―］鉄筋などによって補強されていないコンクリートのこと。通路などのコンクリート打ちや、強度を必要としない簡易な構造物（植栽桝など）、あるいは縁石(えんせき)などの基礎のコンクリート打ちに用いられる。→てっきんコンクリート

むくり［起り］ 石燈籠の笠や和風建築の屋根に見られる、中央で盛り上がった曲線をいう。反対に、そり返った形を「照り」という。

むこうばち［向鉢］ 蹲踞(つくばい)の形式名称で、流しの内部ではなく、前石と対する位置に手水鉢(ちょうずばち)を配し、その間を流しとしたものをいう。自然石手水鉢の多くは下を生込みとするので、この向鉢とする例が多い。規模の小さな蹲踞とすることができる。

〔向鉢〕

むしゃだち［武者立ち］ 同一の根株か

ら叢生して数本の幹が立ち上がっている比較的樹高のあるもの。シモクレン，ボケ，エゴノキ，アラカシ（棒ガシ），マテバシイなど。→かぶだち

むしり　石の表面の仕上げ方法の一つ。のみで石の凹凸を少々粗めに平らにすること。

むしろ［蓆，莚］　藺草(いぐさ)，蒲(がま)，稲藁(いねわら)，細竹などの材料を編んでつくった敷物の総称。

むつまき［六つ巻き］　見た目に美しくなく，石積みの中でも避けたい積み方。一石を六石で囲むような形になるものをいう。→やつまき

むほうとう［無縫塔］　石塔類の一種で禅僧の墓塔として鎌倉時代前期に中国から伝えられた。八角または六角で，古式のものは基礎の上に竿を立て，それに中台(ちゅうだい)を乗せ，そこに上部に曲線をもたせた塔身を据える。これを重制無縫塔というが，日本では別に基礎の上に直接塔身を乗せた単制無縫塔が南北朝時代から造られた。塔身の形から「卵塔」という別称もある。

むめ［無目］　⇒むめいた

むめいた［無目板］　竹垣の細部名称で親柱の地面に近い位置に溝を掘り，そこに水平に差し込んで渡す板。この上に立子を立てると，竹が腐りにくいので，差石に代えてよく用いられる。建築用語では，建具をはめ込むような溝を切っていない，敷居などの板材を無目というところから，竹垣用語としても言われるようになった。造園関係では，これをなまって「ぬめ」「ぬめ板」という人も多いが，正しい名称ではない。

〔無目板〕

め

めいせき［名石］　①庭園に使われている庭石の中で特に有名な石で，多くは「○○石」と命名されているもの。②石組の素材として古来から知られた貴重な石に対していう総称。一つの石を指すのではなく，石の種類をいう。

めいぶつどうろう［名物燈籠］　本歌(ほんか)燈籠と共通している点もあるが，名物といった場合は古くからよく知られ，また愛好されてきた燈籠をいう。必ずしも名品とは限らない。

めくらあんきょ［盲暗渠］　まったくその存在がわからないように地中に設けられた排水路。→あんきょ

めくらます［盲桝］　地中に桝を設け，その上に砂利，芝生を張ってその存在をわからなくしたもの。雨水が一個所に集中するように勾配をつけ，その部分に設ける。

めくらめじ［盲目地］　⇒ねむりめじ

めじ［目地］⇒しあげめじ

めじごて［目地鏝］石敷き，石積み，石貼り，ブロックやレンガ積みの目地にモルタルを詰めたり，押さえたりして仕上げる細い棒状のこて。

めじばり［目地張り］ 主として日本芝の芝生造成の一方法で，最も一般的な張り方である。切芝を並べて張っていくときに，おのおのの間隔を3cm程度あけて施工する。普通，横目地（切芝あるいはロール状切芝の長手方向）を通して張る。

めつち［目土］ 新たに切芝を張り付ける場合に，並べた芝片の表面および芝片との隙間（目地という）の部分に施される土のこと。または，すでに張られている芝生上に，芝の芽出し前に施される土のこと。目土の厚さは，芝の葉先が少し見えるぐらいが適当である。使用する土は，雑草の種子等が混入していないもの，土を焼くなどして消毒したものが好ましい。→めつちがけ

めつちがけ［目土掛け］ 芝生の表面に目土を薄く施す作業のこと。これには①新たに張った芝に施す場合，②すでに張られ，生育を続けている芝に施す場合とがある。後者にあっては，その維持管理の面から芝生面を平らに調整するためと，芝草の根系の発根伸長を促し，生育を活発にするために大切な作業の一つであり，できれば毎年，もしくは1年おきに行うのがよい。なお目土を施す際，肥料（油かすや配合肥料など）を混ぜる場合もある。→めつち

めつぶしじゃり［目潰し砂利］ 基礎などに割栗石を敷いて突き込んだ場合，その隙間に小さな砂利を入れること。全体を平均化し，強度を増すために行われる。

めどおり［目通り］ 樹木の形状寸法を表す尺度の一つ。規定では地上1.2mの高さにおける樹幹の周長または直径をいい，それぞれ「目通り幹回り」，「目通り直径」と表す。一般的には，目通りといえば幹回りを指すことが多い。→みきまわり，きょうこうちょっけい

めどおりちょっけい［目通り直径］⇒きょうこうちょっけい

めぶき［芽吹き］ 植物の枝から新しい葉が伸び始める最初の段階をいう。

めべり［目減り］ 材料が，運搬やストックしている間に減ってしまうこと。

めわり［芽割り］ 竹垣の工作技術の一つで，丸竹を竹割りなどの道具で二つに割るとき，枝芽の出る部分に割れ目が入るように割る方法をいう。こうすると，割った竹の側面から見てまっすぐに見えるので，玉縁（たまぶち）用の割り方とされる。これと反対に割ると押縁（おしぶち）用の割り方となる。

めん［面］ 柱の角を削って，化粧としたもの。その形によって，大面（おおめん），糸面，丸面，几張面（きちょうめん），銀杏面（いちょうめん）などといわれる。「面取り」ともいう。

めんとり［面取り］⇒めん

も

もうせんかだん［毛氈花壇］ 各種の花を組み合わせ，毛氈のような幾何学模様を見せた花壇。

もうそうちく［孟宗竹］ 暖地産。高さは10～20mに達する。稈（かん）は太く，節間が短いのが特徴。材は肉厚で軟質のため，耐久性はマダケに比べて劣るが，細工用材として優れている。竹垣の材料としては使えないことはないがどちらかといえば不向きである。➡巻末表（374頁）

もくほん［木本］ 樹木のように，硬い幹を持つ植物の総称。草木に対していう。

もくめ［木目］樹木を製材したとき，年輪が表面に現れて模様を見せるもの。おもに柾目（まさ）と板目がある。

もくれんが［木煉瓦］ おもにアプローチや園路の舗装材として使われるもので，レンガ状につくられた木塊のこと。庭園用には防腐処理を施したものを使う。大きさは幅9cm，長さ9cm・15cm，厚さ6cm・9cmが一般的である。

もじがき［文字垣］ 竹垣のうちの創作垣の代表的なもので，立子を建仁寺垣のように張った面に，太めの押縁（おし）でなんらかの文字を抽象化して表現した垣。

もとくち［元口］ 竹の幹の根の方向をいう。丸竹でも割竹でも，根の側は必ず太くなっているものであって，その反対の細いほうが末口となる。立子でも胴縁でも，元口と末口は交互に用い

〔文字垣〕

るのが原則である。➡すえくち

もとごえ［基肥，元肥］ 植物を植える前に，植物が必要とする養分を土壌にすき込んでおくこと。遅効性の有機質肥料を整地の際に入れ，根つけ肥として化学肥料を入れておくと，少しずつ効き目が持続する。➡ついひ

ものみいし［物見石］ 内露地に打たれる役石の一つで，露地の景色や茶席の姿を眺めるのに最適な位置に，飛石から一歩離した位置に大きめの石を打ったもの。多くは額見石（がくみ）と兼用されているが，別に打たれる場合もある。客は必ずここからの景を楽しむように心掛ける。➡がくみいし

もみあげ［揉上げ］ おもにマツ類・ヒバ類に行う手入れ方法の一つで，新葉が10月に入り，古葉の緑が薄れて変色し始める時期から，1～2月にかけて行う。前年までの古葉や枯葉をむしり取り，新葉だけの美しさを生む。上方の枝葉数を少なくし，下方に至るほど多く残すことを心がける。

もや［母屋］ 和風建築の庇(ひさし)部分を除いた柱内の全体，建物の主要部。その柱を母屋柱ともいう。「身屋，身舎」と書くこともある。

もりつちほう［盛土法］ 取り木の一手法で，樹木の新しい枝を枝折って地面に導き，土を盛って固定し，そこから根を出させ芽吹かせる方法。→とりき

もりど［盛土］ 土を盛り上げて高台や斜面を作ること。

もりどこう［盛土工］ 築堤，道路づくり，造成に際し，土を盛ること。

もんかぶり［門冠り］ 江戸時代末期頃から行われるようになった役木(やくぼく)の一つで，門に添えて植えられる樹木をいう。おもにマツが主体で，特にやさしい感覚のアカマツが好まれた。そのために「門冠りの松」ともいわれる。そのほかでは，マキなどが使われている。

〔門かぶり〕

や

や［矢］ 大きな石を割るのに使う楔(くさび)。石の目に合わせ，一列に穴をあけ，楔を入れ，順次大ハンマーで叩いて石を割る。矢の跡の大きさで時代がわかる。

やいた［矢板］ 深く根切りにした際に，土が崩れないように打ち込む，互いがかみ合うように溝が作られた鉄製の長い板。

やえがき［八重垣］ 竹垣の一種であるが，特に一定の形があるわけではなく各種の垣を寄せて造ったような垣をいう。八重というのは，八種というのではなく，多種の垣という意味であろう。『石組園生八重垣伝』には，「八重垣之袖垣」の図と解説がある。

やかたばし［屋形橋］ ⇒ていきょう

やきすぎれんが［焼き過ぎ煉瓦］ 原材料はほぼ普通レンガと同じであるが，それより焼成温度を高くして赤褐色になるまで焼き上げたもの。吸水率が小さく，硬さ，耐摩耗性が大きい。庭園などにはアプローチ，テラスなどの床面舗装用として平面的に，あるいは花壇の縁取りや門袖(もんそで)，門柱など，積み上げて立体的に用いる。

やきまるた［焼丸太］ 丸太の表面を適度に火で焼き，全体に黒い墨色をつけ，その表面を磨いて美しく仕上げた柱をいう。竹垣の柱として主に用いられるもので，檜丸太が最も適している。表面の墨をそぎ落とすと，全体が平均して濃茶色になるものがよい。昔は焚火で焼いたが，今日ではバーナー等も用いられている。

やくいし［役石］ 露地に打たれる飛石

の一種，または特定の石で，茶会を行う時に必要な一定の役割をもった石。飛石系統の役石は，他の飛石よりも大きめのものをやや高く打つ例が多い。貴人石(きにん)，鐘聞(かねきき)石，客石，乗越(のりこし)石，亭主石，物見石，刀掛石，乗石，落(おと)石，踏石などがあり，また蹲踞(つくばい)の前石，湯桶石(ゆおけ)，手燭石(てしょく)などもそれである。

やくぎ［役木］⇒やくぼく

やくぼく［役木］樹木の配植において，造景上特別の役目を与えられる，または与えられた木の総称。江戸時代の作庭書『築山庭造伝』にその記述がみられ，これには正真木(しょうしん)，景養木(けいよう)，飛泉障(ひせん)りの木，灯障(ひざ)りの木，鉢請けの木などがあり，今日でもその配植法に従った例が少なくない。

やご 樹木の根元近くから発生する枝。ひこばえの俗称。→ひこばえ，せんてい(図)

やさめがたおきどうろう［夜雨形置燈籠］⇒みさきがたおきどうろう

やしきりん［屋敷林］広い面積を持つ個人の屋敷などに設けられている樹林のこと。地方によっては農家などの防風林として，一定の樹種を植え込んでいる例もある。

やつがけ［八ツ掛け］樹木の風除け支柱の取付け形式の一つ。竹(唐竹)または丸太を用いて，幹の上部(一般に樹高の2/3位の高さのところ)に，漢字の八の字のように3〜4本当てがいしゅろ縄等で結び止める形のもの。なお，支柱の接する部分の幹には，樹肌が傷つかないよう杉皮などを巻いて保護する。また支柱の根元は地中に埋め，風によって樹木が揺られたとき

に抜けないように，根元付近に留杭(「やらず」または「根杭」ともいう)を打ち，鉄線で結束(丸太のときは支柱と留杭とを釘止めしたうえで)する。一般に樹高2〜3m位までのものは竹を，3m以上で幹回り15cm以上のものは丸太を用いる。「三脚支柱」「三本支柱」ともいう。

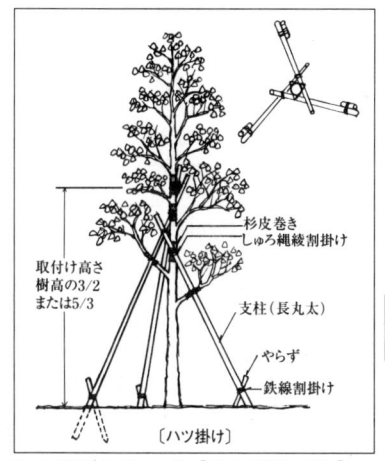

取付け高さ
樹高の3/2
または5/3

杉皮巻き
しゅろ縄綾割掛け

支柱(長丸太)

やらず

鉄線割掛け

〔ハツ掛け〕

やつがけしちゅう［八ツ掛け支柱］樹木に対する支柱の方法で，三本以上の支柱を寄せて樹木の幹を支える方法。八つとは，具体的な数ではなく，多いという意味である。

やつはし［八ツ橋］花菖蒲を観賞するために低く造られた板橋。庭の中の木橋としてよく知られ，欄杆(らんかん)はなく橋板をジグザクに曲げて造る。花菖蒲との取合せは『伊勢物語』を出典とする。

やつまき［八つ巻き］石積みの正面より見たとき，一石を八個くらいの石が囲んでいるような状態をいう。誤積みの一つ。このような石積み，石張りに生じる目地を「八つ巻き目地」とい

う。→むつまき

やつまきめじ［八つ巻き目地］⇨やつまき

やはずづみ［矢筈積み］⇨やばねづみ

やばねづみ［矢羽積み］石積み工法の一つ。玉石の小端(こば)を見せて、一段ごとに左右に傾きを変えながら積んでゆく。その形が矢羽のように見えるのでこう呼ばれる。「矢筈(やはず)積み」ともいう。

やぶれみのがき［破れ簑垣］竹垣のうちの簑垣の一種で、下部に建仁寺(けんにんじ)垣、あるいは四つ目垣などを造り、その境目を曲線や波形として、あたかも破れたような姿に見せるもの。

やぶれめじ［破れ目地］⇨うまのりめじ

やまいし［山石］産出場所による石の大まかな分類名称で、山中から採石される石をいう。角ばっていて力強く、古来庭石としては最も理想的なものとされている。ただし、山中に転石(てんせき)となっているものを基本としていうのであり、最近のように地中にある石を発破によって採石したものはこれに含めない。

やまがたいし［山形石］石の形状名称で、据えた全体の形が山の形になる石

〔山形石〕

の総称。富士山に代表されるような、なだらかな山形をいったもので、縦長の山に対してはこう言わないのが約束である。

やまじゃり［山砂利］山から産出する砂利の総称。

やまずな［山砂］河川以外の山地などから産出するものを採取した砂の総称。

やまっき［山木］山野に自生している樹木のうち、移植し、仕立てなどの手入れを行って、庭木として利用可能なもので、いまだ手を入れていないそのままのもの。

やまどうろう［山燈籠］自然石を不規則に重ね上げて燈籠形にしたもので、別に「化(ばけ)燈籠」ともいう。最も退化した形式の燈籠で、好ましいものとはいえない。

やまとばり［大和張り］一定の厚みの板を、表裏交互に打ち付ける技法。胴縁をはさんで同じように板を打ったものもいい、これを用いた板垣に、打合せ板垣がある。別に「大和打ち」ともいう。→うちあわせいたがき

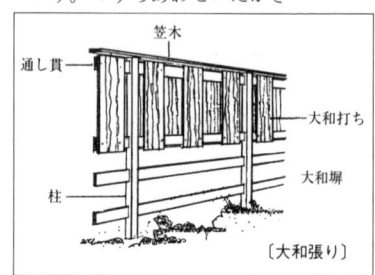

〔大和張り〕

やまとべい［大和塀］⇨うちあわせいたがき

やまどりもの［山採り物］山野に自生している樹木を、造園材料として利用する目的で掘り取ったもの。

やまめじ［山目地］　目地の入れ方の一つで，中央部を少々高くする方法。

やまわり［山割り］　⇒やまわりだけ

やまわりだけ［山割竹］　太いマダケを割って，幅3.5〜4cm，長さ1.80m強にそろえ，一間分を一束として売品としたものをいう。建仁寺（けんにんじ）垣の立子のほか，多くの竹垣に使われている。単に「山割り」ともいう。

やらい［矢来］　丸太，角材，竹などを縦横組みまたは斜め組みとした一種の柵の総称。矢来の語源は「遣い」であろう。その素材によって「丸太矢来」「角矢来」「竹矢来」などと称し，さらに形状から「菱矢来」などの名称もある。垣根の源流ともいえるもので，矢来といった場合はどちらかというと粗く，大ざっぱに造ったものを意味することが多い。竹垣としては矢来垣がよく知られている。『石組園生八重垣伝』には，「冊又馬行（さくまたまろぎょう）」の図と解説があり，馬行を「やらい」と読ませているが，俗称といえよう。別に「矢来柵」ともいう。➡やらいがき

やらいがき［矢来垣］　竹垣の一種で，透かし垣の代表例。親柱間に3〜5段の唐竹胴縁を渡し，そこに丸竹の半割り組子，あるいは唐竹の組子を斜めに結びつけ，全体を菱格子（ひしごうし）に組んだ作が多い。このほかに，関西方面で好まれている矢来垣があり，こちらは胴縁を用いず，太竹半割りの組子を大きく斜めに倒して組み，上下に同じ太さの割竹押縁（おしぶち）を掛けた形式である。矢来垣は竹矢来の一種であって，歴史も非常に古く，中国でも宋代以前から造られていたことがわかっている。江戸時代頃には最も作例の多い竹垣である。➡やらい，かき（写真）

やらいさく［矢来柵］　⇒やらい

やらず　⇒とめぐい

やりかた［遣方，遣形］　各種の工事施工にあたり，あらかじめその位置や形状，仕上げの高さ，壁や柱の通り心，水平位置や地盤高などを表示するために設けられる仮設の工作物のこと。通常，杭（垂木用の小割材を使用）と貫板（水貫ともいう。幅9〜12cm，厚さ10〜15mmの小幅板）および水糸などを使って設定を行う。工事に支障のない位置を選び，ぶつけたりしないよう大切に保存する。➡ちょうはり

やりみず［遣水］　遠方から水を導いて池泉（ちせん）に入れる細い流れで，庭の風情として平安時代から鎌倉時代にかけて盛んに用いられた。特に寝殿造り庭園ではなくてはならぬものとして尊重されている。東南西というように流すのがよいとされ，『作庭記』の「遣水事」の項に詳しく解説されている。また昔の絵巻物などにもその姿が描かれている。なお，この遣水を緩やかな流れとした場合，曲水宴を行う曲水の流れになることも多かったと推定される。

[遣方]

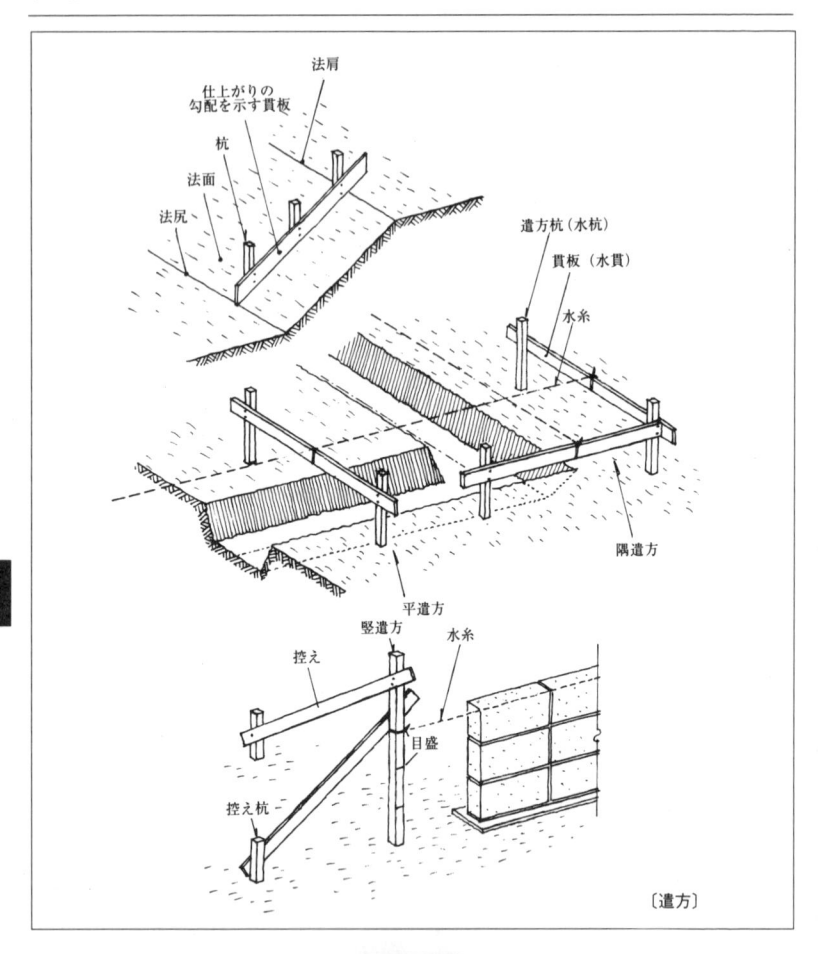

ゆいぼ ⇒いぼむすび
ゆう [囿]　囲いの中に禽獣などを飼う土地を意味し、やがて同じことを「苑（えん）」という文字で示すようになった。広い意味では庭園を示す語といえる。
→えん（苑）
ゆうきしつひりょう [有機質肥料]　油かす、魚かす、米ぬか、骨粉、堆肥な

どの天然物を使用した肥料で，昔から使われていた。効き目が遅いため，施す量に決まりがなく，誰にも失敗なく使いやすい肥料といえる。→むきしつひりょう

ゆおけいし［湯桶石］　蹲踞(ふ)の役石の一つで，手水鉢(ちょうず)の左右どちらかの手前に据える平天石(へいてんせき)。通常は右手に用いる例が多く，寒中の茶会の時，ここに湯の入った杉木地で造った湯桶を置くための石。反対側の手燭石(てしょく)よりは低く，前石よりは高く据えることになっている。「片口石」ともいう。→つくばい（図）

ゆきがこい［雪囲い］　中低木を枝折れなどから保護するために，積雪の多い地方で行われるもので，多くは竹や梢(ぼ)丸太などで樹木のまわりを傘状に囲い，頂部を結んだ形にする。樹種等によりこもなどを掛けることもある。

ゆきだな［雪棚］　積雪の多い地方において，樹木を枝折れなどから保護するために，厚い板や丸太を用いて組み上げ囲ったもの。垂直またはやや傾斜させて厚い板や丸太を立て，上部に横材を渡して組む形式のものと，斜めに傘状に合掌させて組む形式のものとがある。雪囲いよりも強固につくられる。

ゆきつり［雪吊り］　おもにマツに対して行われている，景観を考慮した防雪の技法で，水分が多く重量のある積雪による枝折れ等の害から保護するのを目的とする。標準的には，丸太を樹幹に沿うように垂直に，樹冠より上に突き出るように立て，幹に数個所，しゅろ縄などで結んで固定する。その頂部に吊り縄を必要本数強固に結束したうえで放射状に垂らし，下部の主要な枝先とを結び止め，最後に飾り結びを施して仕上げたもの。金沢市の兼六園，東京都の後楽園のものがよく知られている。

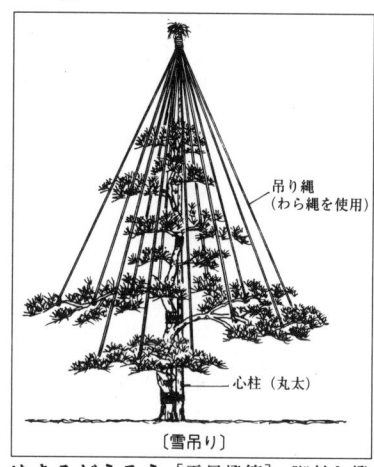

〔雪吊り〕（図：吊り縄（わら縄を使用）／心柱（丸太））

ゆきみどうろう［雪見燈籠］　脚付き燈籠の代表作で，庭燈籠として江戸時代初期頃に成立したが，本歌(ほんか)は明らかでない。現存の作では，京都桂離宮庭園や孤篷庵(こほう)庭園にあるものが古い作と思われる。形としては，八角，六角が普通で，他に円形，三角，まれに四角の例もある。脚は三脚か四脚が多く，その上に薄めの中台(ちゅうだい)を乗せ，そこに火袋を据える。火袋は角数に応じて全面火口とする例が多いが，円形火袋の場合は二面通し火口とし，日月の火窓を開けている。笠は薄く大きなものとされ，これに雪の積もった風情を愛し命名されたものであろう。宝珠(ほうじゅ)は平らにつぶれたような形となるのが通例。なお，脚を特別に高く造った「楼門(ろうもん)雪見」というものもある。→いしどうろう（写真）

ゆのきがたいしどうろう［柚ノ木形石燈籠］　古社寺燈籠の八角形に属する

もので、今は奈良春日大社宝物館入口に立てられている。かつて同社若宮近くの柚の木の下にあったところから命名されたもの。現存する石燈籠で、かなり保存のよい作としては最古と思われ、平安時代末期の造立であろう。残念ながら基礎を失い、他の六角燈籠の基礎に立てられているが、竿と中台(ちゅうだい)は当初のもので、竿が長くエンタシスのある点は古式である。中台も側面のない連台式で古い様式を示す。火袋は後補であるが、その上の大きく薄い笠は蕨手(わらびて)のない当初の作である。宝珠(ほうじゅ)は後補であるが、一般には現在の後補の姿が模刻されている。江戸時代から名物燈籠中で最も名高い作とされていた。→いしどうろう(写真)

よ

ようじゅ[陽樹] 十分な光量が得られないと生育ができない樹木の種類をいう。おもなものに、アカマツ、クロマツ、ヒマラヤスギ、ウメ、サクラ類、サルスベリ、シラカバ、ハナズオウ、コデマリ、ドウダンツツジ、ロウバイ、ボタン、ボケなどがある。なお多くの花木類では、日当りの良い場所に植えたほうが花着きがよくなる。→いんじゅ、巻末表(395頁)

ようじょう[養生] 育成中の樹木、あるいは移植、植栽直後から1〜2年位の樹木、根回しを施した樹木などに対して、その後の生育を良好にするためにとられる様々な処置のこと。これらには風除け支柱、幹巻き、灌水、日除け、除草、整枝剪定(せいしせんてい)、施肥、病虫害の予防と駆除、マルチング、防雪などがある。

ようじょうざい[養生材] 養生のために使用する各種材料の総称。→ようじょう

ようせき[陽石] ⇒いんようせき

ようはいせき[遥拝石] ⇒らいはいせき

ようひ[葉肥] 植物の茎や葉を育てるのに必要な肥料で、おもに窒素肥料をいう。

ようへき[擁壁] 斜面、崖などに、大きな規模で造られた土留めの壁。

ようめんさんぷひりょう[葉面散布肥料] 葉面に水で溶かした肥料を散布することで、花着きをよくしたり、花を長持ちさせる。濃度は低く、水がわりの散布ができる。

よこいし[横石] 石の形をいう大分類で、高さよりも横幅のほうが広く、しかもある程度の高さのある石をいう。「高横石(こうおうせき)」、「中横石(ちゅうおうせき)」、「低横石(ていおうせき)」に分けられる。

よこぬのじき[横布敷き] 一定幅の切石を連続して敷き詰める布敷きの一種で、切石を横使いとしていくもの。

よこれんじ[横連子] ⇒れんじ

よしず[葦簾, 葭簀] 遊水池や沼地などの湿地に自生する、イネ科の多年草であるヨシ(植物名ではアシという)の生長した茎を、秋から翌春の間に刈り取り、一定の長さ、幅に細い縄などで簾(すだれ)状に編んでつくったもの。お

おむね短期間または1シーズンの利用で、風除け、日除け、目隠し、囲いなどの目的に使われる。

よせいしじき［寄石敷き］敷石の大分類で、自然石と切石を混合するか、または寄せ合わせて敷くものをいう。→しきいし（図）

〔寄石敷き〕

よせうえ［寄植え］配植技法の一つ。同一樹種、あるいは樹種は異なるが樹形が似ている樹木を、数本バランスよく、お互いに枝葉がなじむように組み合わせ、一群の景色として見せるように植栽すること。主として雑木類（シデ類、コナラ、エゴノキ、クヌギ）やモミジ、アラカシなどに用いられる。または、低木類をお互いの葉と葉とが接する程度に寄せて植えること。植栽桝や、根締め、刈込みによる模様づくりなどに採用されている、ひとまとまりに見せる植栽法である。

よせうえかだん［寄植花壇］整形の花壇を造り、四方から観賞できるように配植したもの。

よせどうろう［寄燈籠］庭燈籠の分類名称で、他の石造美術品の細部を用いたり、それと石燈籠の細部を組み合わせたりして燈籠に仕立てた作の総称。様々な形式があるが、京都孤篷庵（こほうあん）の忘筌（ぼうせん）席前にあるものなどは名高い。→いしどうろう（写真）

よつがけ［四ツ掛け］樹木の移植などにあたり、根鉢の掘り取りの後、荷造りを行う際の縄掛け法の一種。根巻きの工程のうち、水平に巻く樽巻きの後、上下に縄を掛ける揚げ巻きを行うが、そのとき根鉢を上から見て幹を中心にして井桁状になるように縄を掛けていくやり方である。根鉢の大きさに従い、一度巻きでなく、二度巻き、三度巻きまたはそれ以上に巻いていくようにする。→みつがけ

よつだき［四つ抱き］一個の石を四石で囲んでいるような状態をいう。避けたい石積みの一つ。

よつめがき［四つ目垣］竹垣の一種で最も名高い透かし垣。唐竹を素材とし、主として4段に渡した胴縁に対して、立子を一定間隔に鉄砲付けとする。それぞれの交点は、立子の側からいぼ結びとするが、上から2段目と4段目は、からげ手法とすることも多い。変化をつけたものでは、胴縁を3段とし

〔四つ目垣〕

図中ラベル: 親柱／胴縁／立子／いぼ結び／からげ縄

①親柱を立て,胴縁を取り付ける。
②設計に応じて立子間隔を決め,立子を立て仮止めする。ここでは,一本と二本の立子を交互に用いる。
③上から一段目と三段目を染縄でいぼ結びとする。二段と四段は長い染縄で「からげ」とするのがよい。

〔四つ目垣〕

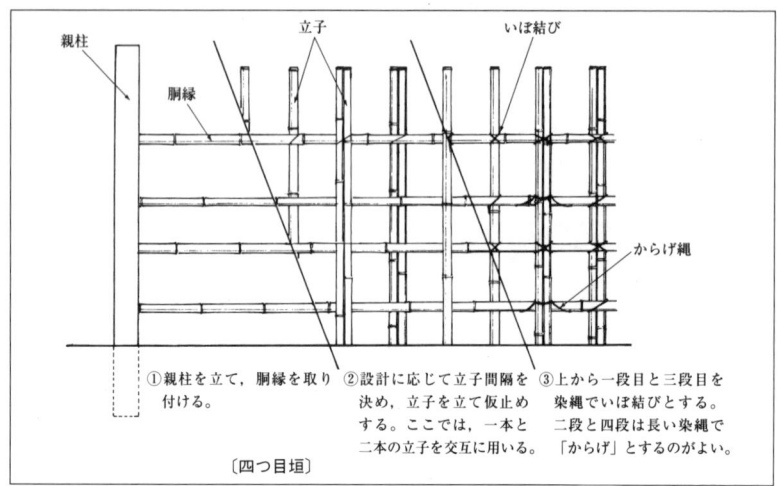

たり,立子を2本合せとしたものもある。露地の中門の左右には,必ずといってよいほどに,この四つ目垣が造られている。『石組園生八重垣伝』には,「真四つ目垣」,「結込四つ目垣」,「草の四ツ目垣」の図があり,それぞれに解説がある。なお,これを簡略化して造った竹垣に,小舞垣がある。➡かき

よつめからげ［四つ目からげ］ ⇨からげしゅほう

よつめじ［四つ目地］ 石積み,石張りの目地が,十字や×字のようになってしまう形で,忌み嫌うべきものとされる。

よつめのおとこむすび［四つ目の男結び］ ⇨いぼむすび

よつめぶせ［四つ目伏せ］ おもに庭門や四阿(あずまや)などの屋根に用いられる檜皮(ひわだ)や杉皮などの葺材を押さえるため,景趣を兼ねて竹を格子状(四つ目)に組んだもの。庭門などでは,葺材を使わず,四つ目伏せのみで屋根を構成した例もみられる。

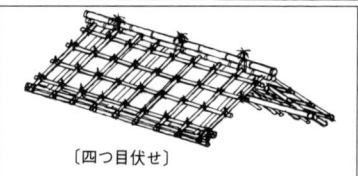

〔四つ目伏せ〕

よどまりいわぐみ［夜泊石組］ 舟石の一種ともいえるもので,蓬萊神仙(ほうらいしんせん)世界に宝物等を求めに行く舟が,島陰などに一列に碇泊している様子を表した石組。その特色は一石一石を特に舟形とはせずに,象徴的に表現することである。なかには二列にするものもある。積翠園庭園(平安・京都市),西芳寺庭園(鎌倉・京都市),天龍寺庭園(鎌倉・京都市),宗隣寺庭園(鎌倉・宇部市)などのものが名高いが,実例はそう多くない。別名を「合同船(ごうどうぶね)」ともいう。

よほうぶつ［四方仏］ ⇨しほうぶつのちょうずばち

よもり［余盛り］ 盛土をするとき土の圧縮や沈下を見込み,計画高以上に余分

〔夜泊石組〕

に盛土をすること。土の質によっても異なるが，計画量の5〜10％程度。

よりつき［寄付］　茶会に招かれた客が露地入の前に集まり，身仕度を整えて待つための建物。床や棚などを設けた小座敷とされるのが普通だが，独立した建物ではなく，すでにある座敷がこれに当てられることも多い。必ず下腹雪隠（したばらせっちん）を設けることも大切である。寄付の庭は，通常の二重露地では外露地の外とされるが，三重露地の場合は外露地に含まれる。

よれんだ［四連打］　⇒しれんうち

よろいがき［鎧垣］　竹垣のうちの竹穂垣の一種で，形式は蓑（みの）垣に近い。蓑垣が束ねた竹穂を全体に段差なく下向きに葺くのに対して，この鎧垣では数段に重ね合わせるように穂先を水平に切りそろえるのが特色で，その姿が鎧のように見えるものである。➡かき（写真）

らいはいせき［礼拝石］別名を「遙拝石(ようはいせき)」「拝石(はいせき)」とも称し、平天で大きめの石を庭中に据えたもの。おもに建物の前方や池泉(ちせん)の手前側に、飛石と結んで低く据える例が多く、この石上に立って神仏を拝するという役石である。ただし、ここから庭を眺めるという目的も大きかったようで、江戸初期頃から行われるようになり、江戸中期以降大いに流行した。自然石の平天石(へいてんせき)を主とするが、伽藍(がらん)石を用いている例もある。金地院庭園（江戸初・京都市）、楽々園庭園（江戸初・彦根市）、長昌寺庭園（江戸初・杵築市）、東海庵庭園（江戸末・京都市）など実例は多い。→がらんせき

〔礼拝石〕

ラウンディング［rounding］切土の法肩(のりかた)部は、雨などによって崩れやすい。崩壊を防止するために、この肩部に丸みをつけること。

らくすいのたき［落水の滝］滝石組中で実際に水を落とす滝をいう。以前は「生得の滝」などといったこともあったが、意味が通じにくいので、具体的に落水というようになった。これに対しては、水を落とさない枯滝(かれたき)がある。→かれたき

〔落水の滝〕

らくようこうようじゅ［落葉広葉樹］⇒らくようじゅ

らくようじゅ［落葉樹］樹木の種類により、その種にとって一年のうちで生育条件の悪い季節に、すべての葉を落とすものがある。それらの樹木を総称していう。一般的には、毎年晩秋〜冬期の気温の低い時期にいっせいに葉を落とし、幹枝がまる見えの樹姿になる。おもに広葉樹に多いが、針葉樹にも数種がある。なお熱帯地方では、雨期に葉を展開し、乾期に落葉するもの

が知られる。また，その年の気候などにより，すべてではなく一部残る種類もある。落葉樹は四季により，萌芽・新緑(春)，葉の展開(夏)，紅葉・黄葉(秋)，落葉(冬)，および開花・結実（樹種により異なる）と様々に変化しいろいろ楽しむことができるので，3～4割は配植したい。→巻末表

おもな落葉樹の種類

落葉広葉樹	ケヤキ，シラカバ，ウメ，エゴノキ，カイドウ，サクラ類，サルスベリ，ナツツバキ，ハナミズキ，モクレン類，ヤマボウシ，カエデ類，アジサイ，コデマリ，ドウダンツツジ，ボケ，ムクゲ，ユキヤナギ，レンギョウ，ムラサキシキブ，バラ
落葉針葉樹	イチョウ，カラマツ，メタセコイヤ，ラクウショウ

らくようしんようじゅ［落葉針葉樹］⇒らくようじゅ

らんぐい［乱杭］ 丸太や柱状の石材などを杭とし，上部をそろえず，乱れ手法として用いるもの。おもに池泉(ちせん)護岸や土留めとしての用例が多い。

らんぐいいし［乱杭石］ 丸太材に代えて柱状の石を用いた乱杭で，石材としてはほとんど六方石(ろっぽうせき)が使われている。→ろっぽうせき

らんじき［乱敷き］ 不定形の石を敷くこと。配石のリズム，目地の幅，深さなどが施工のポイントである。

らんそうづみ［乱層積み］ 切石積みの方法の一つで，目地の線が縦横不規則になる積み方をいう。

らんとう［卵塔］ ⇒むほうとう

らんばり［乱張り］ 敷石や張石の造形をいう大分類で，石を不規則に張っていくものをいう。この反対が整形張りである。敷石の場合は「乱敷き」ともいう。→せいけいばり，ほうけいばり

ランマー［rammer］ 地盤を締め固めるための機械。エンジンの爆発力によって跳ね上がった機械自体の重さが落下の衝撃で地面を締め固める。コンクリート打ちの下地，基礎工事などで砕石，栗石を突き固めるのに使う。

り

りきゅうがき［離宮垣］⇒かつらがき

りきゅうきど［利休木戸］ 枯木戸の一種で，皮付きの丸太を門柱として2本立て，上部に貫を渡してその下に枯木を取り付けたような侘(わび)本位の木戸。一説に，板戸や簀戸(すど)を吊り込んだ揚簀戸(あげすど)のような形ともいわれるが『石組園生八重垣伝』にある図ではそうなってはおらず，忍木戸(しのびきど)という別名が記されている。千利休との関係は明らかではない。→かれきど

りっせき［立石］ 石の形をいう大分類で，原則として横幅よりも高さのほうが高い石をいう。なお，見かけ上横幅のほうが広くても立石に見える石があり，このようなものは「短立石」といっている。そのほか，「中立石」「長立石」「極長立石」に分けられる。

リボンかだん［—花壇］ 境栽花壇と同様の場所に，リボンのようにさらに細長く造った花壇。

りゅうおういし［龍王石］⇒まんなりい

りゅうけい［粒径］ 粒の直径という意味で，砂などの小さな粒に対して用いられる。

りゅうすいかんしょうしき［流水観賞式］ 池泉(ちせん)庭園の分類名称の一つで，実際の池泉を造らず，全体を流れとした様式をいう。豊富な流水のある地域に限って行われたもので，滋賀県坂本地方の庭園などはその典型といえる。しかし，後で水源を断たれ，当初の景が見られなくなった庭も少なくない。

りゅうすいもん［流水紋］ 砂紋の種類で，全体を水の流れのように描いたものをいう。流れであるから線に勢いのあるものをいうのが原則。

りゅうどちょうせいさいせき［粒度調整砕石］ 砕石の種類。機械で岩石を砕き割った後，ふるいにかけて大きさを選別調整し，一定の大きさ以下（または以上）の砕石として出荷するもの。

りゅうもんがん［流紋岩］ 火山岩の一種で，石英粗面岩に属する。流水状の斑紋があるためにその名が出た。この岩よりできた土は，陶磁器の素材としても知られる。

りょうあんじがき［龍安寺垣］ 京都の禅寺龍安寺境内の参道に沿って造られているものを本歌(ほんか)とする竹垣。低い透かし垣であり，いわゆる足下垣の代表作の一つである。親柱と間柱の上部に唐竹胴縁を渡し，下に忍びの胴縁を渡して，その間に割竹 2 枚合せの組子を大きく倒して斜めに取り付け，低い菱格子(りょうじ)とする。上の玉縁(たまぶち)も，下の押縁(おしぶち)もあまり太くない半割竹を掛けるのが特色といってよい。組子の下側は，下押縁で止めるのがこの垣の味わいであろう。変形として，組子に唐竹や細丸竹を用いたような実例も見られる。→かき(写真)

りょうあんじがたちょうずばち［龍安寺形手水鉢］ 創作形手水鉢のうちの，銭形手水鉢の一種で，京都の龍安寺蔵六庵露地に本歌(ほんか)がある。大きな円形の中央に正方形の縁のある水穴を掘ったもので，その水穴の上に「五」，右に「隹」，下に「止」，左に「矢」の文字を陽刻する。これはすべて中央の水穴の四角と合わせて，「吾唯足知」と読ませるもので，この意匠は中国で古くから行われていた。「知足」ということは『老子』にある古い思想であり禅の精神にも通ずるものがある。別名を「知足の手水鉢」ともいう。→ちょうずばち(写真)

りょくいんじゅ［緑陰樹］ 夏季の日中あるいは夕方の西日などの日射しを遮ったり，減衰させたりする目的で植えられる（または植えられた）樹木のこと。「日除け樹」ともいう。庭園では，テラス，休息処，砂場などの遊び場の周辺や窓の前付近に用いられることが多い。樹種のおもな条件としては，樹冠が大きい，比較的生長が早い，枝葉が放射状に平均に出て，かつ密生する，病虫害が少ない，樹勢が強いなどがあげられる。普通は落葉性の樹種が用いられるが，暖地では常緑樹が用いられている。おもな樹種に，アオギリ，ケヤキ，トチノキ，ハナミズキ，コナラ，ソロ，モクレン類，エンジュ，カエデ類，ナナカマドなどがある。なお棚仕立てにされるフジ類，ムベ，ビナンカズラなどの蔓(つる)性の樹木も緑陰樹の仲間に入れる。

りょくでいへんがん［緑泥片岩］ 結晶

片岩の一種で，緑色の濃い緑泥石を多く含む石。青石といわれるもののうち最も美しく，庭石の代表的な石材とされる。阿波青石，伊予青石，紀州青石などが好例。

りょっかきじゅん［緑化基準］ 公園，道路，公共建物，工場，宅地造成地，マンション，規定面積以上の宅地などの緑化を推進するために，国や都府県または市区町村などの行政が定めている指導規準のこと。一般的には，敷地面積に対する緑化（あるいは植栽）すべき面積の割合，単位面積に対する樹木の規格（高・中・低木など）ごとの植栽数量および樹種などを規定している。

りょっかきょうてい［緑化協定］ 市街地の自然環境の保全，回復および育成に寄与し，緑環境の豊かな街づくりを推進することを目的に，特定地域の土地所有者等，全員の合意によって，緑化（植栽方法，樹種など）および関連の工作物（柵，垣など）の構造，そして協定の有効期間，違反に対しての措置など必要な事項についての取り決めを行い，その許可のため市区町村長と結び交す協定のこと。これにより，多くは一定の範囲内での助成金や樹木等の供与などを受けることができるなどの特典が得られる。

りょっかじゅ［緑化樹］ おもに公共空間やマンション，工場等の植栽に用いられる樹木を総称していう。「緑化樹木」「緑化木」などとも呼ぶ。→ぞうえんじゅもく

りょっかテープ［緑化—］ 樹木の幹巻きなどに使用される麻を編んだ幅の広いテープ。

リンさんしつひりょう［—酸質肥料］ 骨粉に硫酸を加えて作ったものが過リン酸石灰で，重過リン酸石灰，溶成リン肥，焼成リン肥などがあり，果樹，草花などに使われる。追肥(ついひ)などによく使われる。

りんせん［林泉］ 林と泉によって庭園の別称として用いられた語で，奈良時代から使用例がある。しかし，その後はあまり用いられなくなったが，江戸時代になって再び使われるようになり，『都林泉名勝図会』などのように，庭園を紹介した本の書名としても用例がある。

緑化基準

樹木の規格	高さ	目通り幹周	葉張り	樹種
高 木	3.0 m 以上	0.18 m 以上	0.8 m 以上	カシ，クスノキ，雑木類，ケヤキ，ハナミズキなど
中 木	1.2 m 以上 3.0 m 未満	—	0.3 m 以上	ツバキ，サザンカ類，サンゴジュ，キンモクセイなど
低 木	0.3 m 以上 1.2 m 未満	—	0.3 m 以上	ツツジ類，サツキ，レンギョウ，アベリア，アジサイなど

緑化面積＝敷地面積×緑化率
緑化内容（緑化面積 1 m² 当たり） 高木 0.02 本，中木 0.16 本，低木 0.48 本

れ

レーキ [rake] 熊手のように鉄製の短い爪の付いたもので、庭の整地や不陸(ふろく)調整、小石やゴミ集めなどに使う道具。芝張りの下地づくりなどによく使われる。

レッカー車 重量物を扱うための移動式クレーンの総称。

れっしょく [列植] 植栽技法の一種。同一の樹種または同じような樹形の樹木を、一定の間隔で列状に多数連続させて植栽していく配植法のこと。塀沿いに目隠しとして、前庭(ぜんてい)と主庭(しゅてい)との仕切り、アプローチに沿った配植のほか、街路や園路などの並木に採用されることが多い。

レディミクストコンクリート [ready mixed concrete] コンクリートを製造する専用工場あるいは施設などで、原材料に水を加えて混練りした、まだ固まっていない状態のコンクリートをいう。いわゆる「生コン」のことで、現場にはコンクリートミキサー車で、かくはんしながら配達する。混練り後1時間以内に到着して打込みを終えるように手配または製造する。セメントの種類、強度、骨材の最大寸法、混練りの固さなどにより規格が定められているので、発注には所要の品質のものを指定する。

レベル [level] ①高低測量(水準測量)を行うときに使用されるメインの測量機器で、和名は「水準儀」と呼ぶ。水平な視準線を用いて直接高低を測定できる。望遠鏡、気泡管およびそれを支える部分が整準(水平に調整すること)のための装置の上に取り付けられ、それを三脚に固定して用いる。整準は整準装置のネジを左右に回しながら調節して行う。②水平(または水準)のこと。③水平(または水準)を設定するための気泡管を備えた、比較的小型で簡便な測定用具のこと。一般には細長い直方体の中央に気泡管を埋め込んだ形のものが多い。→すいへいき

れんが [煉瓦] 粘土と砂、その他の材料を混ぜ合わせて練り上げ、直方体状に成型し、乾燥させた後、焼窯に入れて高温で焼き上げてつくられたものの総称。→ふつうれんが、たいかれんが

れんがのつみかた [煉瓦の積み方] レンガ積みには、その形式により小口積み、長手積み、イギリス積み、フランス積み、ガーデンウォール積みなどの方法がある。

れんきゃくせき [連客石] 腰掛待合に配置される役石の一種で、正客(しょうきゃく)の座す位置に打たれる貴人石(きじんせき)に次いで、次客以下数人のために打たれる石をいう。これには人数分の飛石をそれぞれに打つものと、長い敷石や一石の切石として用いられるものがある。→こしかけまちあい(図)

れんじ [連子] 窓に縦に取り付けた木材や竹のことで、通常は一定間隔で離して並べる。これを横にしたものを横連子というので、縦連子ともいうようになった。石造品の細部にも模様としてよく用いられており、特に石燈籠の

〔煉瓦の積み方〕

図中の名称：
- 目地
- 全形レンガ（おなま）　平（ひら）／長手（ながて）／小口（こぐち）
- 七五
- 半ます
- レンガの呼び名
- 二五分
- 羊かん
- 半羊かん
- アーチ用せり持ちレンガ
- イギリス積み
- フランス積み
- オランダ積み
- アメリカ積み
- 破れ目地（馬目地）
- 芋目地

寸法：210×100×60／210×100

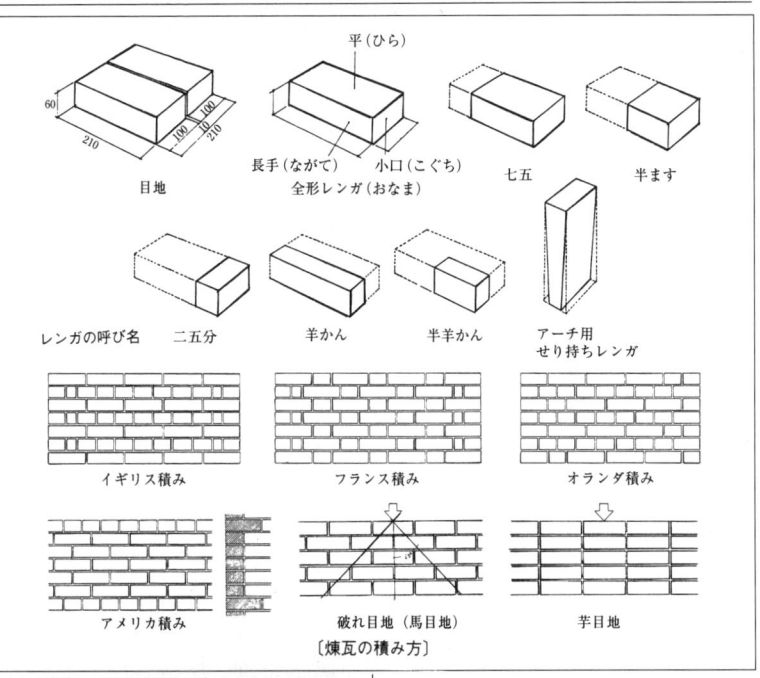

〔連子〕

火袋に多く見られる。この連子を取り付けた窓が，連子窓である。→いしどうろう（図）

れんじゅもん［連珠文］　数珠の玉のように円形の連なった模様で，「珠文帯（じゅもんたい）」ともいう。飾りとしてよく用いられるが，特に石燈籠の節に入れる例が多い。→いしどうろう（図）

れんだい［蓮台］　仏の座となっている蓮華座の別称。石造美術品ではこの名称を用いることが多い。

れんだいがたちょうずばち［蓮台形手水鉢］　見立物手水鉢の一種で，石仏などの蓮台（蓮華座）を利用して，その上面に水穴を掘ったもの。蓮弁の美しいものがふさわしい。→ちょうずばち（写真）

れんべん［蓮弁］蓮華の花弁を表した彫刻物で、石造美術品には、請花(うけばな)や反花(かえりばな)として細部装飾によく用いられている。この蓮弁にも、全体が一枚の弁になっている単弁と、中央の線によって二つの山となっている複弁とがある。蓮弁の形式には、よく時代性が表れており、時代判定の基準となっている。

ろ

ろうそうぼく［老壮木］若木ではなく実生、または庭木として植えられてから50年前後経過した樹木を俗に壮木といい、それよりも樹齢の高いものを老木という。しかし、これは樹種によって差があるので、特に明確な基準があるわけではない。

ろうぼく［老木］数百年単位で生長し幹肌などもいかにも長い年月を経てきたような風合いを持っている樹木。ただし、樹種によって老木になる年数は異なっており、百年以内に老木となる樹もある。

ろうもんゆきみ［楼門雪見］⇒ゆきみどうろう

ローラー［roller］ローラー（鉄車輪）の重さとその回転によって地固めをする道具。人力によって引くものは芝張りやテニスコートのならしに使う。大型のローラーで自走転圧をする機械は、道路工事などで路床、路盤を締め固めるのに使う。

ロールしば［—芝］芝をロール状に巻いたもので、広い面積に貼るのに適している。➡きりしば

ろかそうち［濾過装置］池の水は魚の糞やアオコなどで汚れてくるので、池の水を一度外部に出し、濾材を入れた幾層もの濾過槽を通すことによって浄化し、再び池に戻してやる設備。濾材口は花崗岩、ゼオライトなどがある。池の内部で濾過するシステムには限度がある。

ろく［陸］平らであること。水平。反対は不陸(ふろく)。

ろくじぞうのとうろう［六地蔵の燈籠］⇒なんしゅうじがたいしどうろう

ろけつがたちょうずばち［露結形手水鉢］創作形手水鉢の名品で、京都の孤篷庵忘筌(ぼうせん)席の前縁先に本歌(ほんか)がある。袈裟形(けさがた)手水鉢の形を基本とするが、その前面を大きく切り落として、そこに「露結」の二字を陰刻している。この文字は小堀遠州の直筆を彫ったもので、「露結」とは兎を意味している。遠州は席名の「忘筌」を『荘子』の「得魚而忘筌、得兎而忘蹄」からとっており、この句から手水鉢に兎を意味する語を選んだものであるが、また露の文字が手水鉢にふさわしいものともなっている。➡ちょうずばち(写真)

ろじ［露地］広い意味では茶席に付属する庭、すなわち茶庭(ちゃてい)の意として用いられているが、本来は侘(わび)好みの草庵茶席に対して造られる精神的、実用的空間をいった。通常は二重露地とされ、茶会に必要な設備、腰掛待

ろし

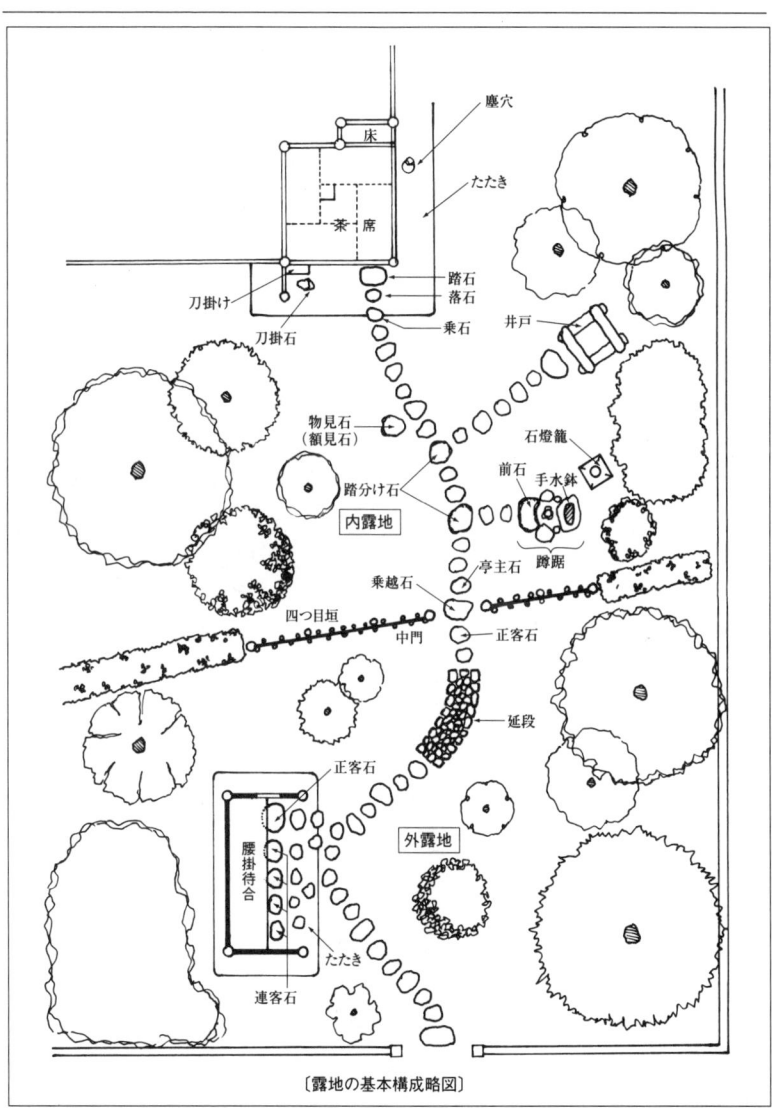

[露地の基本構成略図]

図中のラベル：床、塵穴、たたき、茶席、刀掛け、刀掛石、落石、踏石、乗石、井戸、物見石（額見石）、石燈籠、前石、手水鉢、踏分け石、蹲踞、内露地、亭主石、乗越石、四つ目垣、中門、正客石、延段、正客石、腰掛待合、たたき、連客石、外露地

合，中門，手水鉢(ちょうず)などが造られ，通路として飛石や敷石，また明かりとしての石燈籠などが配される。飛石には特別の目的をもった様々な役石も打たれる。古くは「路地」の文字が多く用いられており，そのほかに，「路次」

「露路」「露次」「廬路」「廬地」「爐路」等の文字も使われていた。やがてこの露地のいろいろな要素が一般庭園にも入り，石燈籠などが庭に用いられるようになった。

ろじあんどん［露地行燈］　夜の茶会の時に，明かりとして出される行燈で，石燈籠の明かりが届きにくいような所に，足元を照らすように適時配置するもの。木製の枠に和紙を張ったもので，その枠には塗りをかけたものもある。夜咄(なし)の茶会などでは風情の一つとして特に好まれた。

ろじもん［露地門］　露地の入口に設けられる門の総称で，その形式は問わないが，簡素な形式の門とされるのが普通である。ただし，露地間にある中門については，こういわないのが約束となっている。

ロックガーデン［rock garden］　花壇の一種で，自然風に岩石を多数配置し，その間に自然に自生している草花，高山植物を植え，自然景観を模したもの。

ロップ　⇒ロープ

ろっぽうせき［六方石］　玄武岩の一種で，石が柱状の節理をもち，六角形，五角形などの石柱となるためにその名が出た。少ないながら各地に見られるが，採石している所は限られており，山形県の山寺石が知られたほか，静岡県田方郡大仁町から伊豆六方石としてかなり多く産していたが，近年になって採石が中止されている。したがって現在では入手困難のために，類似の石が中国などから輸入されているが形は劣る。用途はおもに乱杭，土留め用であるが，石柵として使われている例もある。

〔六方石〕

ろばん［露盤］　建築や石塔類の細部名称で，石造品の場合は笠の最上部に笠と一石で造り出される。側面に格狭間(ごうざま)を入れる例も多い。この露盤に柄(ほぞ)穴を掘り，そこに相輪を差し込む。層塔，宝塔，宝篋印塔(ほうきょういんとう)などには露盤を設けるが，五輪塔では原則として用いない。なお露盤上を宝珠(ほうじゅ)とする塔もある。

わ

ワイヤークリップ［wire clip］　①長いワイヤーの途中に取り付け，その長さを自由に調節して吊り上げることのできる鉄製の道具。別名を「ワイヤーごろし」ともいう。②⇒ワイヤーどめ

ワイヤーしちゅう［－支柱］　樹木などを支える支柱の一種で，ワイヤーロープを張って支えるもの。→しちゅう

ワイヤーどめ［－留め］　クリップのこと。ワイヤーロープを輪金具に通した

り，ターンバックルにかけたりするとき，末端を重ねてとめるための締め金具。樹木のワイヤー支柱をしたときや丸太で三脚を作るときなど，おのおののワイヤーの末端を締めて抜けないようにするのに使う。

ワイヤーロープ［wire rope］ 細いワイヤーを数十本束ねてより込んだロープ。通常両端には「蛇口」と称する輪を設ける。おもに重量物の吊り上げに使用される。

わきえだ［側枝］ 樹木の心となる枝の近くにある枝のこと。⇒しん

わくたまがたちょうずばち［湧玉形手水鉢］ 創作形手水鉢の一種で，見立物手水鉢の鉄鉢形（てっぱつがた）に似た形を新たに造ったものをいう。なかには側面に「湧玉」の文字を彫ったものもある。『築山庭造伝後編』に図があり，それには仏のような像が描かれている。「涌玉形」と書くこともある。→ちょうずばち

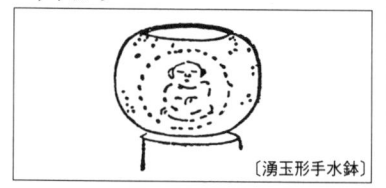

〔湧玉形手水鉢〕

わごや［和小屋］ 日本古来の伝統的な小屋組構造の総称。

わたり［渡り］ 飛石を打った場合，その歩き具合，歩きやすさをいう。『露地聴書』には，「飛石は利休はわたりを六分景気を四分に居申候由，…」とあり，渡りに対する見た目の美しさを「景気」という語で表現している。

わようせっちゅうていえん［和洋折衷庭園］ 日本庭園と西洋庭園を折衷して造られた庭園で，双方を交じえたものと，二つの庭園を隣接して造ったものとがある。正確には前者をいうのが正しい。

わらびて［蕨手］ 石燈籠などの細部名称で，八角や六角の笠の角の部分に，巻き上げるように立ち上がっている部分。蕨のように巻いているところから命名されている。鎌倉時代初期以前の燈籠にはなかったが，鎌倉前期から出現した。ただし四角形には原則として用いない。この蕨手の形によって年代の推定が可能である。→いしどうろう（図）

〔蕨手〕

わらびなわ［蕨縄］ ワラビの根茎を掘り上げて，木槌（きづち）などで軽く叩き，でん粉質をあらかた取り除いたものを縄状に綯（な）ったもの。しゅろ縄より耐久性があり，雨にも強いが，しゅろ縄のようにしなやかさがなく，結び目が大きくなるので，立子の太い竹垣に向いている。造園用として，竹垣，庭門の四ツ目伏せなどの結束用とする。売品購入時は乾燥しているので，十分に水に浸して柔らかくしてから使用する。乾くに従い締まってくる。最近で

- **わらぶき**［藁葺き］　稲藁で葺いた勾配のきつい屋根。昔は農家に多かったが現在では茶席，庭門，四阿（あずまや）などの屋根に用いられるくらいである。
- **わらぼっち**［藁ぼっち］　冬季，庭園の修景と寒さに弱い樹木の保護を兼ねて設けられるもの。センリョウ，マンリョウ，ボタンなどに施される。→いなむら

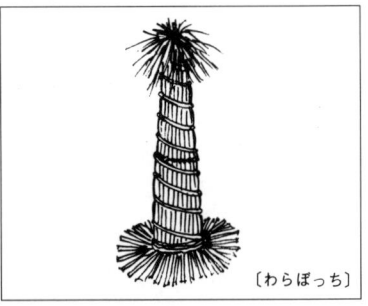

［わらぼっち］

- **わらまき**［藁巻き］　①一般にソテツの防寒のためにわらを使って巻いたもの。葉を切り落とすか，または上方にはね上げて束ねたうえで，わらでもって幹（葉を束ねたときはそれを含む）のまわりを覆い，しゅろ縄等で結び止め，頂部に傘状の飾りをつけて仕上げる。②わらを使って幹巻きを行うこと。③マツの幹に，マツカレハの幼虫駆除のためにわらを使って巻くこと，または巻いたもの。一般に地上1.5〜2m位の高さの位置に，40cm内外の幅でやや厚くわらを巻き，縄で結び止める。藁巻きは早春幼虫の活動前に取り外して焼却する。→こもまき
- **わりいし**［割石］　石を切るのではなくおおまかな形に割ったものをいう。製品となる数段階前の状態ということもできる。おもに花崗岩，安山岩を原石として採取し，見付けの面は基本的に方形に近い形に，控え部分は上下二方を斜めに欠き落とし，左右二面は面とほぼ直角に仕上げた形のもの。控えの長さは，面の最小辺長の1.2倍以上とし，寸法は通常その長さによって示され，控え長30cm以上のものは「30割石」などと呼ぶ。比較的低い土留め，植栽桝や苑路と植込み地の見切りなどに用いる。

割石（JISによる規格）

種 類	控え長(cm)	表面積(cm²)
30割石	30 以上	620 以上
35割石	35 以上	900 以上
40割石	40 以上	1,220 以上

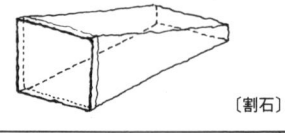

［割石］

- **わりぐりいし**［割栗石］　建物や工作物等をつくるとき，コンクリートの下地（基礎地業）としてあらかじめ床掘りした地盤上に敷き詰める石塊や割石の総称。岩石を打ち割ってつくった，直径20〜30cm程度の石材で，大きさは不ぞろいである。コンクリート打ち基礎の沈下防止などに効果がある。
- **わりぐりきそ**［割栗基礎］　割栗石を敷き並べて転圧し，目つぶし砂利を敷いた基礎。
- **わりだけ**［割竹］　丸竹（市販品では普通マダケであるが，一部にモウソウチクもある）を縦に割って，一定の長さに切りそろえたもの。おもに竹垣の材料として市販されている。建仁寺（けんにんじ）垣用の立子では，太さによっても違う

が，4～6枚(幅4～5cm程度)に割ったものを1.8mの長さに切り，幅1.8m(1間)または3.6m(2間)をつくるのに必要な枚数(1.8m当たり45枚内外)をそろえ，一束としている。

わりだけたまぶち［割竹玉縁］ 竹垣に用いる玉縁の種類で，丸竹を割って掛けるものの総称。二つ割りにするものが多い。→たまぶち

わりつぎ［割り接ぎ］ 植物の繁殖法の一つ「接木(つぎき)」の一方法。これは台木をふつう中央で切り割り，接穂をお互いの形成層が合うように差し入れ，ひもなどで固く巻いて固定する方法。養生としてビニール袋などをかぶせておく。→きりつぎ

わりつけ［割付け］ ⇒まわり

わりなわ［割縄］ 2本の竹や丸太を縛るときに，緩まないように，さらに2本の結びの間に縄を回して結ぶこと。「割をとる」と言う。

わりま［割間］ 間割りを行って決定されたその間隔をいい，「割間○cm」などというように表現される。→まわり

代表的な日本庭園

会津松平氏御薬園庭園(あいづまつだいらしおやくえんていえん)
江戸時代中期・会津若松市。会津松平氏の庭園で,寛文10年(1670)正経の代に薬園が設けられ,それを後に当地に移したことから「御薬園」の名が出ている。庭は元禄年間(1688〜1703),近江の人,目黒浄定の作といわれる。御茶屋御殿の東に広がる池泉回遊式の大名庭園で,中島の「楽寿亭」や男滝,女滝が見所となっている。

朝倉氏諏訪館跡庭園(あさくらしすわやかたあとていえん) 桃山時代・福井市。越前国の戦国大名朝倉義景によって,その本拠地一乗谷に営まれた庭園の一つ。永禄11年(1568)以降に,側室小少将局の邸に面して作庭された池泉観賞式庭園である。上下二段の構成で,中央に4mを越える巨石の滝添石を立てた滝石組を構成し,その左にも山形の巨大な蓬莱石を据える。石橋や池泉護岸石組,石橋などにも特に優れた造形を示している。日本庭園を代表する巨石の庭である。

朝倉氏御湯殿跡庭園(あさくらしおゆどのあとていえん) 桃山時代・福井市。越前国の戦国大名朝倉氏五代の義景によって,その本拠地一乗谷に営まれた庭園の一つで,永禄初年(1558〜)頃の作と考えられる。もとあった迎賓館としての御湯殿に東面した豪華な池泉観賞式庭園であり,また南側にも巨石の石組がある。高台の山腹の地形を生かして池泉を掘り,その護岸に巨石を用いた造形で,主景の滝は左寄りに組まれている。その前の折鶴形式の鶴島にも優れた感覚があり,遠山石や亀出島などの石組も特に傑出している。立体造形に卓越した感覚を見せる名園といえる。

朝倉氏館跡庭園(あさくらしやかたあとていえん) 桃山時代・福井市。朝倉義景が本邸として営んだ下部の館に東面する比較的規模の小さい池泉観賞式庭園。遺跡の発掘遺構から,おもに茶座敷に面した庭園であったと考えられる。主景として立石を組んだ滝石組があり,上部の高台からの急な斜面に,何度も左右に折りながら流れを導いている。池泉は石敷池底とされ,護岸石組にも優れた感覚がある。造形的に諏訪館跡庭園に近い作庭と考えられる。

有沢山荘露地(ありさわさんそうろじ) 江戸時代末期・松江市。ここは,松江藩家老職6代有沢弌善の時,寛政2年(1790)頃に完成したと思われる。当時の藩主は茶人として名高い松平不昧(治郷)であり,この山荘造営にあたっても,不昧の趣味が色濃く反映し,彼と弌善の合作であると考えられている。中心になるのが,東北部にある一畳台目の侘の席「菅田庵」であって,露地はその東の草庵式露地と,書院式茶席「向月亭」南と東の露地に分けられる。菅田庵露地は広めにたたきをとり,そこに手水鉢や刀掛石,軒内の三石を配した簡素なもので,また向月亭露地は南にある筏式敷石の縁に,太竹を配した洒落た造形で名高い。

阿波国分寺園(あわこくぶんじていえん) 桃山時代・徳島市。かつて奈良時代に建立された

阿波国分寺の遺跡で、江戸時代中期に曹洞宗に改宗した。本庭は今日文献を保存していないが、桃山時代頃に、当地方の豪族か武将の館になっていた時代に作庭されたと推定される池泉観賞兼回遊式の庭で、桃山前期の豪華な作風が随所に示されている。池泉は現在涸池となっているが、中央に大きな中島を造り、南部築山に遠山石、蓬莱石を組み、西部には洞窟を作ってその中に枯流れを導くなど、個性あふれる石組が見られる。当地方独特の板石の巨石を多用しているのが特色で、本堂の西には、4.30 mの立石を中心とした豪華極まりない石組がある。

安国寺庭園（あんこくじていえん）　桃山時代・福山市。当寺は備後国安国寺として、暦応2年（1339）に創立された臨済宗寺院で、天正初年（1572〜）に安国寺恵瓊によって中興されている。本庭は東向きに建てられていた旧本堂（大正9年焼失）の南に作庭された枯池式枯山水で、枯池中に大きく鶴島、亀島を造ってソテツを植え、背後の小規模な築山には枯滝を組み、また下を枯流れとするなど、立体的な石組造形を示す。

安養院庭園（あんよういんていえん）　桃山時代・神戸市。天台宗の古刹太山寺の塔頭で、その歴史は不明だが、庭園は旧書院に面して作庭されたもので、現在は再建された書院から観賞する様式となっている。地元の花崗岩を用いた石組の豪華な造形から、桃山時代の作と思われる特殊な枯山水庭園で、三個所に枯滝を組み、巨石の石橋を架け、洞窟を設け、亀石組を遠景としている。枯池に落ちた雨水が洞窟の奥から下に抜けるようにした構造は珍しい。縁先には自然石手水鉢の名品「仏手石の手水鉢」が配されている。

医光寺庭園（いこうじていえん）　江戸時代初期・益田市。当寺は臨済宗の一寺で貞治2年（1363）に崇観寺として創立された。室町時代の文明年間（1469〜87）に、益田兼堯が当地に雪舟を迎えたことから、本庭にも雪舟作庭説があるが、この崇観寺は後に焼失しており、明暦年間（1655〜58）その境内の東隅に創立されたのが現在の医光寺である。庭は本堂書院の裏庭として作庭された池泉観賞式庭園で、北の高い山畔を利用して左手に枯滝を組み、池泉中央には大きく亀島を構成している。風致豊かな庭としてよく特色を見せている。

石垣氏庭園（いしがきしていえん）　江戸時代末期・石垣市。石垣氏の先祖である大浜長演が文政2年（1819）に、首里の作庭家城間親雲上に依頼して作庭したものである。邸宅前の庭は、築山式枯山水の様式であり、左手築山を主峰とし、右の築山との間に反りの強い切石橋を架ける。石組はすべて穴の多い石灰岩の海石であり、左築山の立石手法などには、中国江南地方の庭園とのつながりが色濃く反映している。ただし庭内に自然石手水鉢を配しているあたりには、日本的な感覚も入っていることがわかり興味深い。

依水園庭園（いすいえんていえん）　明治時代・奈良市。奈良漂布の創始者関藤次郎が、明治30年（1897）頃より作庭に着手したものでここは東大寺塔頭の跡地であった。広い池泉庭園に白石による長い沢渡石を配して中心的な景とし、あちこちに奈良時代の古い礎石を用いている。また背後に若草山や東大寺南大門を借景として取り入れているのも大きな見所といえよう。

居初氏天然図画亭庭園(いぞめしてんねん ずえていていえん) 江戸時代初期・大津市。居初氏は当地の旧家で、室町時代からの格式を誇り琵琶湖の水運権を持ち、また庄屋としても実力を有していた。江戸初期になって堅田の地に本格的な書院と庭園、露地が完成するが、これには茶人藤村庸軒と、その弟子北村幽庵の力が大きかった。特に幽庵は作庭に長じており、妹が居初氏に嫁いだこともあって本庭を天和貞享年間(1681～86)に完成させた可能性が大きい。庭園は琵琶湖畔にあり、書院から東の湖方面を見るのが書院庭園で、同時に北側には立手水鉢を据え、露地の構成も見せている。敷石が特に美しい庭園といえる。

伊藤氏庭園(いとうしていえん) 江戸時代中期・福井県。当家は代々庄屋をつとめた旧家で、八代助左衛門の時、享保年間(1716～34)頃、当時の作庭秘伝書を参考にして作庭されたと伝えている。低い山畔の下に小池を掘った庭で、滝と小さな中島があり、左の石橋際に舟石を配しているのが珍しい。築山左には巨木のイチイがある。

内々神社庭園(うつつじんじゃていえん) 江戸時代初期・春日井市。当社は『延喜式』にも記載されている古社であるが、当初は今の奥の院の地にあったと思われる。その後の歴史には不明の部分が多いが、現在の社殿は江戸末期文化10年(1813)の再建である。今本殿の裏に保存されている庭園は、円形に近い池泉に中島を造り、池中に立石岩島を配し、山畔部に滝石組を組んだ江戸初期様式の池泉観賞式庭園である。しかし本殿裏から眺めるという庭は例がなく、それ以前の歴史を考慮すべき庭園となっている。

裏千家露地(うらせんけろじ) 江戸時代初期(江戸末期改修)・京都市。千利休の子少庵より千家を引き継いだ宗旦は、祖父利休以上に侘茶を主張したが、正保5年(1648)不審庵を三男の江岑宗左に譲り、その裏の地に隠居した。そしてここに茶席「今日庵」、そして後に「又隠」を建てている。今の茶席は天明8年(1788)の大火後の復元であるが、東へ延びる敷石先の中門を入ってから今日庵に向かう飛石付近や、又隠南部の敷石、そして多数打たれた宗旦好みの小ぶりの飛石(豆撒石という)あたりには、江戸初期の風格がよく遺されているとしてよい。

永安寺庭園(えいあんじていえん) 江戸時代初期・山梨市。当寺は室町時代に創立された臨済宗寺院であったが、江戸初期寛文6年(1666)に曹洞宗として中興され、このときから永安寺と称した。庭園は中興の時に造られたと思われる池泉観賞式庭園で、本堂裏の西北庭となっている。背後はかなり急な山畔だが、そこに多数の石組を見せており、特に立石の構成が見事で、典型的な水墨山水画式庭園といえよう。左手には枯滝もあるが、やや荒廃している。池泉は狭く、後に現在の本堂が乗り出しているのが惜しい。しかし石組には豪華さがあり、優れた一庭としてよい。

永源寺庭園(えいげんじていえん) 江戸時代中期・群馬県。当寺はかつて甲州の御嶽にあったが、室町時代に現地に移されたという。後に火災などによって古い伽藍を失っており、本庭も作庭年代を明らかにしないが、様式上江戸中期末頃の作と考えられる。現在本堂裏の西庭として保存されており、地元の三波青石を使用した初期の作庭であろう。石は小

さいが急な山畔の中央に激流形式の滝を造り，これを龍門瀑形式としている。池泉左手には中島があるが，その中央に甲州で好まれた独特の石組があることは特に注目される。

永福寺跡庭園（えいふくじあとていえん）　鎌倉時代・鎌倉市。当寺は源頼朝によって文治5年(1189)から建立着手されたもので，本堂を東面した二階堂とし，その北に並んで薬師堂，南に阿弥陀堂を建て，それを回廊で結んだ形式であった。庭園はこれら建物の東に広がる南北に長い園池で，中央には二階堂に向かう長い板橋が架けられていた。遺跡は長らく埋もれていたが，近年発掘調査が進み，北方から流れや多数の石組も発見されている。作庭には，京から名手といわれた静玄法師らが招かれ，頼朝自身も指導にあたったことが『吾妻鏡』に記されている。

永保寺庭園（えいほうじていえん）　鎌倉時代・多治見市。当寺は鎌倉末期の正和2年(1313)に，夢窓国師らが営んだ草庵を始めとする。後に元翁本元禅師によって本格的な禅寺となり，この時に本庭も作られたと考えられる。園池中央の「無際橋」を渡り，観音堂(国宝)に至る付近と，自然の岩山を取り入れた築山に特色がある。

江戸城二の丸庭園（えどじょうにのまるていえん）　江戸時代初期・東京都。現在の皇居東御苑庭園で，旧江戸城の二の丸御殿に面して作庭されたもの。寛永7年(1630)頃に着手され，その後正保2年(1645)に改築された記録がある。今の庭は明治以降の改造も多いが，池泉回遊式庭園となり，美しく水を落とす滝石組を中心に，石浜や雪見燈籠を配し豊かな景を見せている。

慧林寺庭園（えりんじていえん）　鎌倉時代（江戸中期改修)・甲州市。この地は鎌倉幕府の要人二階堂道薀の山荘であったが，元徳2年(1330)9月夢窓国師を迎えて禅寺とした。園はその山荘の庭園として完成していた可能性が高く，庭好きの国師は園を見る好位置に楼閣「円通閣」を建立している。本庭は池泉観賞式に回遊式を加味した作庭様式で，現在本堂北部となり，中島を設け，西北部の小高い築山から滝を落とす。下の西部には洞窟石組を造り，築山上部には五石を組み合わせた特殊な山形の須弥山式石組がある。この石組は後世当地方に広く流行し，甲州庭園の一つの特色となった。

円照寺庭園（えんしょうじていえん）　江戸時代初期・小浜市。もと真言宗で，文安元年(1444)現地に移され，臨済宗の寺院として再興された。本庭は池泉観賞式で，方丈の西から西南にかけて山畔を利用して作庭されている。池は小池だが中央を出島とし，池中に岩島を配する。西南部の上方にある枯滝石組付近が特に傑出している。

円成寺庭園（えんじょうじていえん）　平安時代・奈良市。当寺は平安時代万寿3年(1026)創立という古刹で，後仁平3年(1153)当寺復興の時に，伽藍の前に園池が掘られ，南門からその橋を渡って本堂に至る様式とされた。阿弥陀如来の宝池を表現した浄土庭園の一様式で，今も中島があり，また古式の岩島のような石組も保存されている。

円通寺庭園（えんつうじていえん）　江戸時代初期・京都市。当寺は京極忠高の室で，後に霊元天皇の乳母となった円光院文英尼が，延宝7年(1679)妙心寺の禿翁禅師を開山として創立した禅寺であった。

今の客殿はこの時東福門院御所の建物を賜わって移築したものである。しかしこの地は、後水尾上皇が営んだ幡枝御殿のあった所で、その後黄檗宗の寺とする計画が進められ、隠元禅師もここを訪ねているが、ついに実現しなかった。本庭は客殿の東庭としての平庭式枯山水で、横石主体の石組の中に、自然の岩盤なども取り入れた作である。その造形から江戸初期前半に活躍した作庭の名手妙蓮寺玉淵との関連が指摘されている。

円徳院庭園（えんとくいんていえん） 江戸時代初期・京都市。当院は北政所によって創立された高台寺の塔頭であるが、この地は元北政所の甥にあたる木下利房の屋敷であった。利房の室は奥屋敷として北に隣接する地に、伏見城内にあった北政所の化粧御殿を賜わり、ここに作庭されたのが本庭である。ここは後に永興院になったが、現在は円徳院に合併されている。庭園は書院の北と東に広がるもので、かつて菊渓川より水を引いた池泉観賞式庭園であったが、現在は涸池となっている。鶴亀の中島を造り、そこに石橋を架け、奥に滝を落とす構成は豪華で、桃山時代の風格を色濃く残している。

円満院庭園（えんまんいんていえん） 江戸時代初期・大津市。当院は園城寺の別格門跡寺院で、平安時代からの歴史をもつが、中世に一時衰退し、桃山末期から江戸初期にかけて復興した。本庭は現在、宸殿の南庭となっているが、この宸殿は明正天皇の旧殿を賜わって正保4年（1647）ここに移されたもので、庭園からすると建物が小規模であるため、本庭はそれよりも早く作庭されていたと考えられる。池泉は南と西の山畔下に東西に長く掘られており、西方かなり奥に滝を造り、そこから流れを池泉に落とす形式を見せる。池中には中央部に亀島、東部に鶴島を構成しており、鶴島から対岸に向かって高く切石橋を架けている。

大沢池庭園（おおさわいけていえん） 平安時代・京都市。ここは現在、大覚寺境内となっているが、平安時代初期の弘仁5年（814）頃までに完成した嵯峨天皇の離宮「嵯峨院」の園池遺構である。広い園池の北側には、西に天神島、東に菊島という大小の島が残され、近くの池中には「庭湖石」と称する岩島もある。園池の北方には、名高い「名古曽の滝」跡の石組も保存されており、見事な古式三尊石組が見られる。なお近年の発掘調査によって、滝跡から池泉まで、遣水風の流れのあったことが確認されている。

岡山後楽園庭園（おかやまこうらくえんていえん） 江戸時代初期・岡山市。岡山藩主池田綱政の代に、旭川の中州にあたる地に築造された大規模な池泉回遊式の大名庭園。作庭は藩士津田永忠で、元禄13年（1700）に全園の完成を見た。広い園池のほか流れ、石橋、築山の景が美しく、「延養亭」が園の中心となっている。「後楽園」の命名は明治4年のことで、その後日本初の公園に指定され、俗に三公園の一つに数えられている。

小川氏庭園（おがわしていえん） 伝室町時代・江津市。小川家はこの地の旧家で和気清麻呂の後裔と伝え、承久の乱の後で隠岐に流された後鳥羽上皇にしたがったことから、後にこの地と縁を結んだとされる。しかし信頼できる文献等は一切保存されていない。本庭は、推定で室町前期の作とされてきたもので、書院東の急な山畔を利用し、右手に多数の

石を組んで滝石組を表現し，全庭の主景とする。滝は一段に水落石を用いたもので，上部に三尊石組を見せる。平天石を多用した石組も特色としてよい。池泉は護岸石組が石垣風に改造されるなど，その形をかなり変えているように思われる。

尾崎氏庭園（おざきしていえん）　江戸時代中期・鳥取県。当地の旧家である尾崎氏邸は，今日でもなお江戸中期頃の建築を保存しており，庭園もほぼ建築と同時に作庭されたものと推定される。庭は書院の東から南にかけて展開している池泉観賞式庭園で，池は小規模ながら，東北部に枯滝を組み，池中北部に小島を配し，南部には岩島を見せる。書院角に近い部分の護岸中には，大きな自然石の手水鉢が飾りとして据えられているのも本庭の大きな特色である。全体的に横石が多いが，風致の美しい庭園として特筆される。また書院の切石による沓脱石も珍しい形式といえる。

表千家露地（おもてせんけろじ）　江戸時代末期・京都市。千家は利休の子少庵の代に現地に再興され，その子宗旦がここで侘茶を大成し，子の江岑宗左とともに侘の席「不審庵」を建てた。また書院式茶席の「残月亭」は少庵時代からの伝統を残すものであった。しかしこれらの茶席も天明大火により焼失し，さらに明治になって再び焼けたので，その配置なども当初の姿とは大きく変化している。今の露地はほぼ天明時代以後に改築されたものが基本になっており，残月亭露地，不審庵露地，点雪堂露地に自然に分かれた構成となる。残月亭の腰掛待合と中潜りは特に見事でありまた不審庵内露地もすべてが端正でよく整った作といえる。

海蔵寺庭園（かいぞうじていえん）　江戸時代初期・広島市。当寺は曹洞宗の一寺で，室町時代の創立であるが，元禄2年(1687)現地に移されて再建立された。庭園は様式上当地に建立と同時の作と思われる池泉観賞式庭園で，書院の裏庭として作庭されている。急な山畔下に池を掘り，土留めを兼ねて多数の石組を行っており，左手には渓谷風の滝石組を見せている。当地の花崗岩を多用した石組で石は大きくないが，平天石を生かして組んでいるところに特色がある。池に突き出すように用いた平石によって変化を出しているのも見所であろう。風致も美しく，原爆の被害を免れた貴重な古庭園といえる。

偕楽園庭園（かいらくえんていえん）　江戸時代末期・水戸市。水戸徳川家九代の徳川斉昭が営んだ梅園が初めで，天保12年(1840)頃には規模の大きな庭園として，大衆とともに楽しむという意から「偕楽園」と命名した。園の中心には三層の「好文亭」を建て，千波湖の景色を眺める風情が重視されている。明治になって日本初の公園の一つに指定され，常磐公園と命名された。

桂氏庭園（かつらしていえん）　江戸時代末期・防府市。当家は毛利氏七家のうちの右田毛利家の家老，桂運平忠晴に始まるという格式高い旧家である。一説に本庭は忠晴の代，正徳2年(1712)の作ともいうが，これには問題がある。書院に面した特色ある枯山水庭園で，石組には横石伏石が多く，石の台に乗せた形式の舟形石等が大変珍しい。

桂離宮庭園（かつらりきゅうていえん）　江戸時代初期・京都市。元和6年(1620)から八条宮家初代の智仁親王によって造営に着手された桂山荘の庭園で，明治時代に皇室

の所有になってより、桂離宮と称されるようになった。現在の建築と庭園の多くは2代八条宮智忠親王の正保3年(1646)までに完成したもの。大規模な池泉回遊式庭園だが、基本的には当時の茶趣味から広大な露地の形式を持ち、全庭に敷石・飛石を配し、石燈籠・手水鉢には名品が多い。庭内には、松琴亭、賞花亭、園林堂、笑意軒、月波楼等の建物がある。特に池泉北岸の石浜と、南の松琴亭との間にある「天橋立」といわれる中島の景は美しい。

願行寺庭園(がんぎょうじていえん)　桃山時代・奈良県。当寺は浄土真宗西本願寺に属する別格寺院で、「下市御坊」として知られている。かつては現地より東方の山中にあったが、室町時代に蓮如の力によって現地に再興され、娘の夫にあたる勝慧がここに入ってより発展したという。本庭は文献を保存していないが永禄10年(1567)前後の作庭と思われる書院南庭としての枯池式枯山水で、背後は本堂となり、東南部には蓮如堂が突き出しているため鍵形の地割りとなる。その奥に中心立石を立て、右を枯滝表現とし、栗石を敷き詰めた枯池中には、低い石を組んで変化に富んだ岩島風の蓬莱石組を見せている。

勧持院庭園(かんじじんていえん)　桃山時代・京都市。昭和になって山科に移転した日蓮宗の本山本法寺の塔頭で、今も当初の地にある。当院は加藤清正によって慶長8年(1603)に再興されており、その宿坊になっていた。その頃清正によって作庭されたのが本庭であると考えられる。築山平庭結合式の枯山水で、東南部に味わい深い枯滝を見せ、上に石橋を架ける。瀬戸内海の景色を写した庭園といわれている。

観自在王院跡庭園(かんじざいおういんあとていえん)　平安時代・岩手県。当院は毛越寺を建立した藤原基衡の妻が、その境内東部の地に創立した寺院である。西と東に並んだ形式の大小阿弥陀堂を建立し、その南部に広い園池を掘ったもので、典型的な浄土庭園の様式を示している。園池には南寄りに東西に長い中島を造り、西北部には美しい洲浜形の出島が構成されている。庭園西部には滝石組があって横石主体の石組を見せ、2段に落ちる形式を示している。昭和時代に発掘復元されたものだが、平安時代の貴重な庭園遺構としてその価値は高い。

観正寺庭園(かんしょうじていえん)　江戸時代末期・豊岡市。当寺は室町時代文明年間(1469～87)に開創された臨済禅の一寺で、現在の本堂は江戸末期の再建である。本庭は、再興時の文化4年(1807)に、江戸の庭師岩崎清光によって造られた明確な文献が残っており、まことに貴重である。山畔を利用して石組を行い、下は平庭式とした築山式枯山水で、急な斜面に土留め風に多数の石を組んでおり、中央部には枯滝がある。上部の遠山石や、左手にある板石の石組にも特色がある。平庭部は飛石を打っただけの簡素なものとなっている。

願勝寺庭園(がんしょうじていえん)　室町時代・徳島県。当寺は美馬町にある真言宗の古刹で、京都仁和寺に属している。作庭秘伝書の一つである『山水並野形図』奥書に「文安五年正月吉日　美馬入道淨喜」とあるところから、本庭との関連も指摘されており、鎌倉時代作庭説もあるが、造形的に見ると室町時代的な感覚が強い。庫裡書院に面した西庭で、かつては池泉観賞式であったと思うが、今池泉は縮小され小池(涸池)となる。

右手正面に保存されている滝石組が古式の造形で，青石の板石を組み込んだほぼ2段式の滝となり，龍門瀑の形式と考えられている。しかし上部には明治時代に弁天堂が建てられ，石組にも改造が多い。

観音院庭園（かんのんいんていえん）　江戸時代初期・鳥取市。当寺は天台宗の一院で，鳥取藩主池田光伸の再興であるが，現地に移転となったのは元禄末年のことであった。作庭もこの頃と思われ，書院東庭としての池泉観賞式庭園である。なだらかな山畔の下にかなり広い池を掘り滝，亀島，出島，岩島などを配している。

観音寺庭園（かんのんじていえん）　桃山時代・徳島市。当寺は阿波藩蜂須賀氏初代家政が，元和2年（1616），藩城の守護として観音像を安置し創立した真言宗の名刹である。本庭は記録こそないが，その様式手法から元和年間（1615～23）には完成したと考えられる池泉観賞式庭園で，当地独特の青石を使用した庭園の代表作といえる。青石岩盤の山畔下に小池を掘り，その奥南部に板石によるかなり大規模な3段の滝を組む（現在は涸滝）。ただ近年滝の一部が庭師の不注意により破損したのは残念であった。池泉中央東部にも枯滝があり，その前に石橋を架ける。現在の書院前庭園は，藩の庭師堤吉太夫の作と考えられる。

観音院庭園（かんのんいんていえん）　江戸時代初期・宝塚市。当院は真言宗の古刹中山寺内にある一院で，当初は宝泉坊といった。中山寺は山上にあったが，天正時代に兵火に罹って焼失し，慶長8年（1603）現地に移建されており，この時片桐且元が再建奉行を務めたので，彼の作庭と伝えるが，もう少し下った江戸初期の作庭様式を示している。本庭は書院南庭を主体とする典型的な枯池式枯山水で，南部の塀にそって低い築山を設け，多数の石組を見せる。築山は左右を出島としており，中央に豪華な感覚の枯滝を組む。その手前にある中島は亀島であろう。花崗岩の山石をよく扱いこなした力作である。

北畠氏館跡庭園（きたばたけしやかあとていえん）　室町時代・三重県。当地に君臨した豪族北畠氏の国司館庭園として，7代晴具の時に作庭されたと思われ，細川高国の好みといわれている。変化ある池泉の形は「米字池」の称があり，一種の曲水式池泉といえよう。池泉は幽邃で中島を配し力強い石組を見せるが，荒廃も多い。全庭の主木となる見事な杉の巨木と，東部にある傑出した渦巻式石組が見所となっている。現在は北畠神社の庭園とされている。

城福寺庭園（きふくじていえん）　江戸時代中期（昭和改修）・武生市。当寺は鎌倉時代からの歴史をもつ浄土真宗寺院で，平保盛が親鸞の弟子となって開創したと伝えている。ただし，現地に移されたのは11世浄祐の代寛永元年（1624）という。本庭は書院の南庭として作庭されている枯山水庭園で，枯池式の様式を示し，低い築山を背にして一面のスギゴケの中に鶴島，亀島，舟島等を配している。刈込みが多く本来の造形がわかりにくいが，石組や礼拝石などの手法からしても，江戸中期頃の作と見られよう。

旧円融寺庭園（きゅうえんゆうじていえん）　江戸時代初期・大村市。この地は，現在護国神社となっているが，かつて大村藩主大村純長が，承応元年（1652）に創立した天台宗寺院円融寺のあったところである。現

存の庭園は創立時に完成したもので, 50mにも及ぶ山畔を利用して築山を造り, そこに多数の石組を見せた築山式枯山水庭園である。上部に三尊形式の主石を配し, 枯滝を3個所に組んでいるが, その水落石にはすべて白色の石を用いて水を表現し, また枯流れには全体に白い小石を敷き詰めているのが珍しい。石組全体に三尊石組を多用しているのも本庭の大きな特色である。

旧大岡寺庭園（きゅうおおおかでらていえん）　桃山時代・兵庫県。近年までこの地にあった大岡寺は真言宗の古寺で, 奈良時代の創立と伝えていた。しかし中世に焼失して記録等を一切失い, 江戸初期天和3年(1683)になって本堂などが再建された。これらの建物も老朽化し, またこの地が大岡山の山頂に近い不便の地のため, 昭和末年寺が山下の地に移転し, 旧寺地には本庭のみが残された。庭は旧庫裏書院の東北部にあったもので, 山畔を利用して滝石組などの豪華な石組を行う。池泉には中央に出島形式の亀島を造り, その西北にも鶴石組と思われる造形がある。池泉護岸にも大きな立石を用いるなど, 構成に優れたものがある。

旧亀石坊庭園（きゅうかめいしぼうていえん）　室町時代・福岡県。英彦山神社のかつての一坊, 亀石坊の庭園であったが, 現在当初の建物は失われ, 長らく旅館の庭となっていた。雪舟が明から帰朝後, 英彦山に6年住んでいた時に作庭されたと伝承されるもので, 記録はないが, 様式上その可能性は高い。以前北部にあった書院から眺めた形式の池泉観賞式庭園で曲水式の美しい池泉に三尊形式の滝石組を組んで水を落とし, 護岸石組にも優れた感覚を見せている。東北部からも池泉に導水しており, 池水は特に美しい。さらに池泉空間を生かす岩島の造形など, 石組内容もまことに高度である。

旧久留島氏庭園（きゅうくるしまうじていえん）　江戸時代初期・大分県。ここは, 現在三島公園となっているが, 元は藩主久留島氏の邸宅のあった地で, 本庭は2代久留島道春の代に完成したと考えられる西庭としての池泉観賞式庭園である。高い山畔を利用して下部に池泉を掘り, そこに巨石を多用した作風は, 古庭園中でも群を抜いた豪華な庭といえよう。特に奥に組まれた高い迫力に満ちた枯滝は, 右手に高さ4mある巨石を組んでおり, これが全庭の主石ともなっている。さらに滝の手前にある築山にも, 優れた感覚で巨石が組まれている。池泉地割りも特に美しく, 華やかさのある見所の多い庭園といえよう。

旧玄成院庭園（きゅうげんじょういんていえん）　室町時代・勝山市。名高い白山神社の別当寺平泉寺の一院で, 明確な歴史は明らかでないが, 庭園は室町時代様式を示す。現在庭に面する書院を失っており, また池の水も失われているが, 背後の自然の山畔を利用した小規模の池泉観賞式庭園で, 滝石組や石橋を保存し, 正面上部に主木と典型的な渦巻式石組を見せている。

旧芝離宮庭園（きゅうしばりきゅうていえん）　江戸時代初期・東京都。下総佐倉藩主大久保忠朝によって, 延宝6年(1678)より作庭されたもので, その後忠朝が小田原藩に転封となってからも相模地方の石材を入れて作庭が続けられ, 完成後は「楽寿園」と命名された。元禄9年(1696)より東方に拡張され今日の姿となった。海水を取り入れた汐入式庭園の代

表作で，広い園池に中島を浮かべ，そこに中国式の西湖堤を設けた池泉回遊式の大名庭園である。現在の庭園名称は，明治9年にここが皇室の離宮になったために命名されたものである。

旧秀隣寺庭園（きゅうしゅうりんじていえん）　室町時代・滋賀県。現在，曹洞宗興聖寺の所有となっている庭園で，享禄元年(1528)京の地を追われた将軍足利義晴が，朽木稙綱を頼ってこの朽木の地に逃れ，居館を営んだ時に作庭されたものと考えられる。流れるような形の美しい曲水式池泉で，基本的には池泉観賞式の様式だが，今は建物を失っている。東北部から滝を落とし，池泉中には傑出した亀島(左)，鶴島(右)の二島を配し，その間の中央には薄い青石の石橋を架ける。池泉地割りが特に優れており，また立石や平天石を交えた護岸石組の変化ある構成がすばらしい。

旧浜離宮庭園（きゅうはまりきゅうていえん）　江戸時代初期（江戸末期改修）・東京郡。ここは徳川綱重がその別邸の地として将軍より賜わった地で，後綱重が甲府宰相となったので，甲府浜屋敷，海手屋敷といわれた。初期庭園の完成は，寛文9年(1669)であったが，後にたびたび改修され，今日の庭園は寛政年間(1789～1800)改修時の姿となっている。海中の埋立て地であるだけに，その利点を生かして海水を取り入れた広い汐入式池泉を特色とする。西南部に中心的な池を設け，中島に御茶屋（復元）を建てている。本庭のもう一つの特色は，園内の二個所にある鴨場で，かつてはここで鴨猟が行われていた。

京都小御所庭園（きょうとこごしょていえん）　江戸時代初期・京都市。御所内にある小御所は昭和33年の再建だが，本来は皇太子関係の儀式に用いられた建物で「御元服御殿」ともいった。現在保存されている御所建築の多くは，江戸末期安政3年(1856)の再建だが，小御所と学問所の東にある広い池泉庭園は古く，江戸初期には完成していたことが古図によってわかっている。庭は園池のほぼ南北に三島の中島を造り，橋を架けて回遊の便としたもので，池泉観賞兼回遊式の庭園だが，舟遊もできるような様式をもっている。東にある滝石組や建物側にある石浜の風情も美しい。

玉川寺庭園（ぎょくせんじていえん）　江戸時代初期・山形県。当寺は羽黒町にある曹洞宗の古刹で，鎌倉中期の開創という。庭は書院北庭としての池泉観賞式庭園で，低い山畔に滝石組を設けて落水の景を見せ，三島の中島を作る。手前の飛石は明治時代の改修と思われる。石組感覚に優れるが，石が植栽で隠されているのは惜しい。

玉泉園庭園（ぎょくせんえんていえん）　江戸時代初期・金沢市。この地は，朝鮮京城からの捕虜として日本へ帰化した金氏が，前田家に仕え，のち脇田直賢と称して邸地を賜わった所で，その子直能の代に，仙叟宗室の指導によって現在の池泉園が完成したという。しかし江戸中期作庭説もある。池泉は水字形といい，二個所に滝を見せる。各所に手水鉢の名品を保存しているのも特色といえる。現在は西田氏の所有となっている。

玉鳳院庭園（ぎょくほういんていえん）　江戸時代初期・京都市。妙心寺山内でも最も格式高い当院は，花園上皇の離宮のあった地と伝え，当寺発祥の地として知られている。現在の当院には，西に方丈，東に関山慧玄禅師の開山堂があるが，とも

に明暦2年(1656)の再建である。庭園はその間にあって、北にある祥雲院廟に至る前庭のような形式になっており南部は渡り廊下で仕切られている。準平庭式枯山水で、西北部に低い築山を造って山形の蓬莱石を組んでおり、東の開山堂側にもよい感覚の石組がある。庭内にある玉鳳院形手水鉢も名高い。

清澄園庭園(きよすみえんていえん)　明治時代・東京都。江戸時代中期の久世大和守の大名庭園跡に、明治11年(1878)三井財閥の創始者岩崎弥太郎が作庭の工を起こしたもので、明治24年の完成。当時は隅田川から水を引いた汐入式庭園であった。広い園池に複数の中島を配し、海運の力によって全国各地より集めた名石で石組を行った豪華な作であり、特に沢渡石の造形に優れている。

桂国寺庭園(けいこくじていえん)　江戸時代初期・阿南市。当寺は阿波国屈指の曹洞宗の古刹で、室町時代中期に山口の古刹闢雲寺より当地に入った全庵一蘭の開創。その後峰須賀氏の入国により保護を受け、江戸初期には家老賀島氏の保護を受けて発展した。庭は本堂・書院の裏庭として作庭された池泉観賞式庭園で、自然豊かな東南の山を背景としており、右手には天然の見事な硬砂岩の岩盤が露出している。本庭は山畔下に地割りの美しい池泉を掘り、岩盤を景として取り入れ、その左手に護岸石組や枯滝石組などを見せ、上部に山形の蓬莱石を組んだもので、江戸初期延宝時代頃までに作庭されたと考えられる様式を示している。

玄宮園庭園(げんきゅうえんていえん)　桃山時代～江戸初期・彦根市。大名庭園としては早い作の一つで、彦根藩主井伊家の名園。最初元和年間(1615～23)に彦根城北部の地に作庭が開始されたもので、後の延宝5年(1677)頃にも改築された。池泉回遊式の広い園は、南方に天守閣を望み、池泉のほぼ南北に大きな中島を配する。北の中島を「鶴鳴渚」といい、その南部池畔には巨大な立石がある。南の大島にはソテツを植え、東岸には大規模な板橋を渡して回遊路とする。東部にある枯滝や、池泉中央部にある岩島の景も秀逸。西部池畔には「臨池閣」が建てられている。

建長寺庭園(けんちょうじていえん)　江戸時代中期・鎌倉市。当寺は臨済宗建長寺派の大本山で、鎌倉時代中期の建長5年(1253)帰化僧蘭溪道隆禅師によって開創された名刹である。その当時すでに池泉が掘られていたことが指図によってわかっているが、現在の庭はその一部を利用して江戸中期に改修されたものである。かつては方丈「聴松軒」の裏庭として作庭されていたが、今は京都市から移建された「龍王殿」に面している。左右に長い変化ある池泉に対して、中央に土橋を架け、左右に中島を配し、左手奥には見事な山形の蓬莱石を見せている。

兼六園庭園(けんろくえんていえん)　江戸時代初期～末期・金沢市。5代藩主前田綱紀が延宝5年(1677)蓮池を掘ったが、江戸末期になって園が拡張され、天保元年(1830)13代斉泰の時、霞ヶ池が完成した。広大な回遊式の大名庭園で、園池の景のほか、滝、流れ、石橋、石燈籠、茶席などが散在し、松の緑とともにまことに風雅な景観が見られる。雪景色は特によく知られている。明治初年に日本初の公園の一つに指定され、俗にいう日本三公園に数えられた。

向嶽寺庭園(こうがくじていえん)　江戸時代初期・甲州市。当寺は臨済宗向嶽寺派の大本山で，南北朝時代の高僧抜隊得勝禅師が康暦2年(1380)に営んだ向嶽庵を前身とする。その後幾多の火災にあって多くの記録を失った。本庭は方丈北庭で，高く急な山畔を利用して下に細長い龍池形式の池を掘った池泉観賞式庭園である。主景は池泉西部奥にある滝石組で，その上部に上段池を造り，山畔二個所の滝石組から水を落とし，さらに中央の滝に落とすという構成を示していたが，現在は水源を失っている。滝の左手には豪華な感覚の洞窟石組もあり，特色を示している。山畔上には主石と遠山石を兼ねた見事な三尊石組が見られる。

康国寺庭園(こうこくじていえん)　江戸時代末期・平田市。鎌倉後期の元亨2年(1322)に開創された臨済宗寺院で，その後幾多の変遷があったが，江戸末期になって再興されている。本庭は書院の西庭として作庭された枯池式枯山水で，韜光和尚の代天保8年(1837)までに造られた記録が残されている。広い変則的な形の枯池の中に，飛石と敷石を配しただけの形式で，当地方に流行した玄丹流の好みと共通するものがある。ただし，本庭はその背後にある広い貯水池の景を借景としているところに，独特の美しいたたずまいが見られる。

光浄院庭園(こうじょういんていえん)　桃山時代・大津市。当院は園城寺中の名高い一院で，室町時代嘉吉年間(1441〜43)土地の豪族山岡資広によって創立された。光浄院は資広の法名である。現在の書院は，慶長6年(1601)に，その末孫で武将，茶人としても知られた山岡道阿弥景友によって再建された名建築で，庭園も彼の作といわれる。書院の南庭としての池泉観賞式庭園で，西南にある高い山畔下に枯滝や護岸石組を組み，下に池を掘る。東部には亀島と思われる島があり，また書院前には三石の平天石による岩島を配する。池泉が建物の縁下まで入っている点から考えても，広い池泉を改修して作庭した可能性が大きい。

興禅寺庭園(こうぜんじていえん)　江戸時代初期・鳥取市。当寺は元龍峰寺といい，寛永9年(1632)岡山より移された臨済宗の寺であった。しかし，万治2年(1659)黄檗宗に改宗している。本庭は改宗以前の作で，書院北庭としての池泉観賞式庭園。広い池泉の後方に小高い築山を作り，そこに枯滝等の石組を行った風雅な庭といえる。

光善寺庭園(こうぜんじていえん)　江戸時代末期・北海道。松前にある当寺は浄土宗の一寺で，江戸初期に現地に移されたが，後荒廃し，江戸末期の天保12年(1841)に忍海上人が入寺して以来復興された。本庭は当寺奥殿の庭園として忍海上人の代に作庭された記録があり，嘉永年間(1847〜53)頃の庭と推定される。現在本庭は，本堂と書院からかなり離れた北庭となり，かつての奥殿は失われている。高い山畔の下に池を掘った池泉観賞式庭園だが，今は水源を失い涸池となっている。池には左右に低い出島を造り，その奥の急な山畔にある3段の枯滝が本庭の主景であり，当代としてはまことに力強い造形を見せている。

光前寺本堂庭園(こうぜんじほんどうていえん)　鎌倉時代・駒ヶ根市。当寺は平安時代に創立されたと伝える天台宗の古刹で，参道にある巨木の杉並木の奥，高台の地に本堂

がある。三門と本堂のある高台との間，一段下にある汀池形式の池泉が本庭で，地割りは後世にかなり変化しているが，その池の西南部に今も水を落としている滝石組がすばらしい。この滝は，鯉が滝を登って龍と化すという，中国龍門瀑の伝説を造形したもので，特に斜立石による鯉魚石の組み方に独特の美しさがある。その他護岸石組の一部や，岸の上にも一部に古式石組が遺されている。

光前寺書院庭園(こうぜんじしょいんていえん)　江戸時代初期（江戸末期改修）・駒ヶ根市。光前寺の本坊にある庫裡書院と客殿に面する西庭として保存されている庭園。かつての客殿は，寛文2年(1662)の建立であって，庭も様式上からこのころの作庭と考えられる。高い山畔を利用して石組を行い，滝を落とし，下に南北に細長い池を掘った池泉観賞式庭園で今の建物は江戸末期に池方向に乗り出して建立され，この時池泉にも改造の手が入ったが，中央にある山形の岩島がよく生かされている。山畔上部にある石組は天然の岩石を利用して巨石を組んだ力強いものである。

高台寺庭園(こうだいじていえん)　江戸時代初期（昭和改修）・京都市。当寺は北政所によって曹洞宗寺院として開かれたが，元和元年(1618)に臨済宗に改宗されている。境内の建物としては，開山堂と，秀吉の霊屋が特に名高いが，本庭は開山堂の西下の地に作庭された池泉観賞式庭園で，かつて存在した小方丈から眺めることを主としたものであった。池泉中央には亀島が蓬莱島として大きく配されており，南にある渡り廊下（回廊）からの景も美しい。

光明寺庭園(こうみょうじていえん)　昭和・太宰府市。当寺は臨済宗東福寺派に属する禅寺で，鎌倉時代の文永10年(1273)鉄牛円心和尚が，渡唐天神の由来により開山。現存の二庭は作庭家重森三玲の作で，前庭「仏光庭」は，七五三石組を光という文字に配置した作，また主庭の「一滴海庭」は，石組と白砂と苔の美しい枯山水庭園となっている。

後楽園庭園(こうらくえんていえん)　江戸時代初期・東京都。水戸徳川家の祖頼房が，寛永6年(1629)に将軍家光よりこの地を賜わり，神田上水の水を導いて作庭した。その後寛文8年(1668)頃，徳川光圀が明の遺臣で日本に帰化した朱舜水の指導で中国趣味を入れ一部を改造して，「西湖堤（蘇堤)」や，「円月橋」等の景を造った。「後楽園」の命名もこの時からである。広い池泉回遊式の園は，園池部分，流れ部分，築山部分，松原など，さまざまな造形を見せる。「小盧山」付近の景は，京の清水付近の景を写したもので最も古い。現在の国指定では「小石川後楽園」といわれている。

粉河寺庭園(こかわでらていえん)　桃山時代・和歌山県。当寺は元天台宗の名刹で，創立は奈良時代という。庭園は，現在の本堂のある高台と，下の平地との間，本来ならば石垣とすべき場所に作られた特殊な枯山水庭園。名石紀州青石の巨石をふんだんに用いており，枯滝をはさんで右に巨石の羽石を中心とした鶴石組，左に亀石組を構成し，鶴首石と亀頭石を向かい合わせている。右手上部には蓬莱石を組み，さらにその右手方向には見事な立石による遠山石がある。またその下右にある亀頭石を強調した亀石組に，ソテツの植込みを配した造形など，実に豪華で，桃山時代の

好みが遺憾なく示されている。

孤篷庵庭園（こほうあんていえん）　江戸時代初期・京都市。当庵は、大茶人小堀遠州が晩年の寛永20年(1634)大徳寺山内に創立したもので、その隠退地としての性格をもっている。特に茶席「忘筌」は遠州の好みをよく伝える書院式茶席の名席といえる。この席は他の建築とともに惜しくも江戸末期寛政5年(1793)の火災で焼失したが、遠州を慕う松江藩主松平不昧公が古図によって再建した。このときに茶席「山雲床」が新たに建てられている。「忘筌」とその露地は、よく遠州時代の造形を今に伝え、遠州自身の設計になる露結手水鉢は特に名高い。

金剛輪寺庭園（こんごうりんじていえん）　江戸時代中期〜末期・滋賀県。湖東三山の一寺で、天平時代創建という古寺。池泉庭園が三個所にあり、桃山時代作庭説もあるが誤りである。現在の本坊は、安永5年(1776)に再建された明寿院で、ここに面して二庭、また少し離れて北庭がある。書院の南庭が最も豪華で、池泉に枯滝を見せ、三石の石橋を架ける。据えられた鎌倉時代末期頃の宝篋印塔も見所といえる。

金地院庭園（こんちいんていえん）　江戸時代初期・京都市。当院は南禅寺の塔頭で、黒衣の宰相といわれた金地院崇伝の院である。その方丈南庭は寛永6年(1629)頃より計画され、小堀遠州と庭師賢庭による作庭であった。崇伝の日記である『本光国師日記』には、各地の有力大名から庭石等の寄進を受けた詳しい記録がある。世に「鶴亀の庭」といわれるように、右に鶴島、左に亀島、中央に礼拝石を配した枯山水庭園で、徳川家の永遠の繁栄を祈った作庭であった。ただし崇伝は、幕府の政務のため長く江戸金地院に居り、そこで示寂されたので、本庭の完成は見られなかった。

西翁院露地（さいおういんろじ）　江戸時代初期・京都市。当院は浄土宗の本山金戒光明寺の塔頭で、桃山時代に呉服商藤村宗徳によって創建された。その子が友久であり、久田家からその養子に入ったのが、茶人藤村庸軒であった。彼は晩年の貞享3年(1686)頃当院に茶席を造った。それが後世「澱看席」と命名された三畳の茶席である。露地は方丈書院の西庭から始まり、西南部下の地にある腰掛待合から坂を上り、書院前の敷石に出て、それを北にとると席前（西）の内露地に達する。ここには袈裟形手水鉢を用いた蹲踞（つくばい）があり、そこから飛石を伝って躙口（にじりぐち）に至る。この席は床高であり、役石もすべて高めに打たれているのが特色といえよう。

柴屋寺庭園（さいおくじていえん）　江戸時代中期・静岡市。吐月峰として名高い当寺は、室町時代の永正元年(1504)連歌師宗長法師開山の禅寺である。後宗長は当寺に作庭を行ったが、その庭は後に大きく荒廃し、今の書院西庭となっている池泉「七星池」には、江戸中期の改造が多い。しかし、滝や護岸石組には見るべきものがある。

西福寺庭園（さいふくじていえん）　江戸時代中期・敦賀市。鎌倉末期の開創と伝える浄土宗の古寺で、裏山にある天然の巨石を弥陀三尊に見立てて一寺を開いたものという。庭園は池泉観賞式で、高い山畔に石組を行い、下には池泉を掘り、三島の中島を配して石橋を架けている。江戸中期に当寺が改修されたときの作

庭であろう。

西芳寺庭園(さいほうじていえん)　鎌倉時代・京都市。現在臨済宗の名刹として知られているが、元鎌倉初期に浄土宗寺院として開創された寺で、このとき寺を2つに分け、現在の池泉のある地は阿弥陀堂を中心として「西方寺」といい、その北方上部の地は「穢土寺」とされていた。鎌倉末期の暦応2年(1339)夢窓疎石が入って禅寺に改め「西芳寺」と改名したが、このとき庭園内に多数の建物を建てた。なかでも園池西北部池畔にあった舎利殿は名高かったが、応仁の乱で焼失している。池泉回遊式の園池には三島の中島があり、岩島の景も美しい。夜泊石組や上部庭園の枯滝石組にも特色がある。

西明寺庭園(さいみょうじていえん)　江戸時代中期・滋賀県。当寺は湖東三山の一寺で、平安時代承和3年(836)創立という古寺であり、古建築で名高い。本坊書院の南庭として残る池泉庭園は、様式上から江戸中期の作とされるが、後に水害、山崩れなどのために荒廃し改造が多い。小高い築山に多数の石を組み、滝も三個所にあり、池泉亀島には石橋を架ける。池泉の岩島は後補となっている。

酒井氏庭園(さかいしていえん)　江戸時代中期・鶴岡市。この地は、最上氏時代は武家屋敷跡で、庄内藩主として酒井氏が入った後、その御用屋敷となった。現在保存されているのは御隠殿北側に作られた池泉庭園で、小高い築山を造り西部には立石による優れた枯滝があり、東部の亀出島には石橋を架ける。今ここは致道博物館となっている。

佐多氏庭園(さたしていえん)　江戸時代末期・鹿児島県。近くにある佐多直忠氏庭園と共通する作風を見せた枯山水庭園。多数の石組を用いて、隅の部分に枯滝を設けており、主石として際立った立石を立てるなど、中国系の作庭法が示されている。このような傾向は、沖縄の庭園とも大きく共通する知覧庭園の特色といえる。

雑華院庭園(ざっけいんていえん)　江戸時代初期・京都市。当院は臨済禅の名刹妙心寺の塔頭で、天正11年(1583)の創立であり利休七哲の一人牧村利貞の法名からとって雑華院とされた。本庭は、方丈南庭としての平庭式枯山水であり、近くの龍安寺枯山水の影響を強く受けていることがうかがわれる。『都林泉名勝図会』によれば、本庭は日蓮宗の僧で小堀遠州配下にあって作庭の名手として名高かった妙蓮寺玉淵の作といい、十六羅漢を意図した作庭というが、その可能性を認めてもよいであろう。

三渓園庭園(さんけいえんていえん)　大正時代・横浜市。明治32年(1899)財閥原富太郎の山荘として着手され、明治41年頃に完成した池泉回遊式の大庭園。現在は内園と外園に分かれるが、特に内園には全国より優れた古建築(多くは国の重文指定)や石造美術の名品を多数集めているのが特色。中心となる紀州徳川家の御殿であった「臨春閣」付近のたたずまいはことに風雅である。また、外苑には南山城から移された燈明寺五重塔と本堂がある。

三光寺庭園(さんこうじていえん)　桃山時代・山梨県。当寺は浄土真宗の古刹でかつては密教寺院であったが、親鸞の教化を受けて改宗したといわれる。その後中世に現地に移され、桃山時代には国主浅野長政の保護を受けた。本庭はかつて豊富であったこの地の流水を取り入れた流

水観賞式庭園であったが，今日では涸流れとなっているのは惜しい。本堂の北庭で，東部の滝から流れを導き，また中央にも見事な滝石組を組んで主景としている。左手には亀出島を造り，西へ下る流れを一段落としており，小規模だが優れた石組が見られる。当初は西にあった書院からも眺める庭園であった。

三宝院庭園（さんぼういんていえん）　桃山時代・京都市。当院は真言宗の古刹醍醐寺の本坊で，かつては金剛輪院であり，本庭はその庭園として作庭されたもの。慶長3年（1598）2月に豊臣秀吉が来寺したとき座主の義演准后に作庭を指示し，細かい庭園造形なども述べたうえ，聚楽第から名石「藤戸石」を移すことなどを命じている。秀吉は同年4月に見分に来たが，病のため8月に没したので，その後は義演の意志によって工事が進行し，元和末年までに完成した。庭園は表書院と純浄観の南に展開する池泉観賞兼回遊式の作で，表書院前に大島としての亀島を造り，その右に鶴島を配し，池泉東南部には滝を落とすなど，華やかな作風を示している。

滋賀院庭園（じがいんていえん）　江戸時代初期・大津市。当院は天台宗延暦寺の別格寺院で，平安時代に京都北白川に創建された法勝寺の名跡を引き継いで元和元年（1615）坂本の地に創立された。明暦元年（1655）守澄法親王が座主として当院に入ったとき，後水尾天皇より滋賀院の院号を賜わり，親王が滋賀院門跡の初祖となった。本庭は当院が門跡寺院となったころに作庭されたと考えられる池泉観賞式庭園で宸殿の西庭である。山畔下に力強い滝を組んで水を落とし，南北に長い池泉には南部に中島を造り，その右に立石岩島を据える。池泉中央には手前から対岸の滝近くまで長い切石橋を架けているのが大きな特色である。

識名園庭園（しきなえんていえん）　江戸時代末期（昭和改修）・那覇市。首里城からやや離れた東南にある琉球王朝屈指の大庭園で，寛政12年（1800）頃の完成といわれる。かつては南苑ともいわれ王朝の離宮として，さらに接待施設として用いられたものである。しかし，太平洋戦争末期米軍の戦火によって大きく荒廃して見る影もない状態になったが，昭和末期になって復元された。広い池泉に中島二島を浮かべ，石灰岩の庭石を組み立てた中国形式のアーチ橋を架けるなど，やはり中国庭園との関連を思わせる造形である。

慈光院庭園（じこういんていえん）　江戸時代初期・大和郡山市。当寺は大和小泉藩主片桐貞昌が，菩提寺として寛文3年（1663）に創立した禅寺である。貞昌は片桐石州として知られた茶の達人であっただけに，各所に茶趣味が生かされている。庭は方丈書院の南から東にかけて作られた枯山水で，大刈込みを主とし，東は遠く奈良盆地の山々を望む構成である。

慈照寺庭園（じしょうじていえん）　室町時代・京都市。本庭は足利義政が，応仁文明の乱後の文明12年（1480）から造営に着手した東山殿の庭園として完成したものである。作庭には，当時の名手といわれた善阿弥らがあたり，西芳寺庭園を手本とした作庭が続けられた。乱で焼失するまで西芳寺にあって名高かった「舎利殿」を模した観音殿も庭の西部に建てられたが，後にこれは「銀閣」と俗称されるようになった。池泉回遊式の

広い庭園で, 現在は後世の改修も多いが, 特に「白鶴島」付近の護岸石組や石橋に古い造形を残している。「銀沙灘」「向月台」の砂盛りは後世のものである。

詩仙堂庭園(しせんどうていえん) 江戸時代初期(江戸末期改修)・京都市。ここは石川丈山が寛永13年(1636)から没年まで邸とし, また隠棲地ともしたところで, 唐宋の詩人と, 和歌の名手の画像を掲げた詩仙堂を中心としたために, その名が出ている。しかし現在の建物は寛延元年(1748)以降の再建という。庭園は書院等の南部に広がるもので, 一見刈込みを主体とした枯山水に見えるが, 建物に近い東北部の山畔下に滝石組を造り, そこから細い流れを西方, また南に導くという特殊な様式を見せる。庭内には, 太湖石, 塔燈籠, 手水鉢, 僧都などがある。

地蔵院庭園(じぞういんていえん) 江戸時代中期・三重県。当寺は関の地蔵として広く知られる真言宗御室派の寺院で, 古く行基によって交通の難所鈴鹿の関に創立されたと伝える。庭園は江戸中期の作で庫裡・書院に面し, 高い山畔築山を景とする池泉観賞式庭園。池泉護岸によいものがあるが, 総体的に植栽本位の庭となっている。

実蔵坊庭園(じつぞうぼうていえん) 江戸時代初期・大津市。本坊はかつて比叡山上にあって, 鎌倉以前からの古い歴史をもっていたが, 織田信長の焼打ちにあい, 江戸初期に実俊によって復興された。この実俊は天和2年(1682)麓坂本の地に里坊を営んで隠退したが, 現在の本坊はこの里坊としての実蔵坊である。ここに当地独特の豊富な水流を導き, 流水観賞式の庭園が造られたのは創立当初のことで, 現在は書院南庭として保存されている。流れは書院前でやや広くなり, 中央に中島を配し石橋を架ける。その西南奥には立派な滝石組を組み, 庭園背後は築山として中心石を据え, 下に横石を配するなど, 変化に富んだ景を見せる。

柴田氏庭園(しばたしていえん) 江戸時代初期・敦賀市。当地の旧家柴田氏は, 初代光有が寛文2年(1662)現地に移って屋敷を構えたことに始まる。本庭はその子清信が元禄初年に新たに邸を建て, 藩主の休息所とした時代に作庭されたらしい。甘棠館という書院の南から西にかけての池泉観賞式庭園で, 低い水面をもつ池泉と, 急な石浜の景色に特色がある。

清水園庭園(しみずえんていえん) 江戸時代初期(昭和改修)・新発田市。越後新発田藩主溝口氏3代宣直の時, 寛文6年(1665)頃現地に下屋敷清水谷御殿を完成し, この寛文年間に遠州流の茶人県宗智によって作庭されたという。広い池泉回遊式で, 各所に書院, 茶席, 石燈籠, 手水鉢などを配した大名庭園の好例である。昭和に改修され美しい姿を見せるようになった。

下時国家庭園(しもときくにけていえん) 江戸時代初期〜中期・輪島市。当家は鎌倉時代の平時忠より始まるという旧家で, 現在書院の東南の庭と, 北庭が保存されている。前者は江戸初期の様式で, 後者は江戸中期と考えられる。東南庭は低い山畔を利用して枯滝と遠山石を組み, 細長い池泉を掘るが, 手前の苔中に打たれた飛石が味わい深い。

酬恩庵庭園(しゅうおんなんていえん) 江戸時代初期・京都府。当庵は室町時代の康正2年(1456)に, 名僧一休宗純禅師が当地

にあった名刹妙勝寺を再興し，同時に創立した一庵で，一休の寿塔がある。後に荒廃したが，加賀藩主前田利常が慶安3年(1650)に再興し，この時建築とともに庭園も造られた。庭は枯山水で，方丈の北庭が主庭であり，豪華な枯滝や中島，塔燈籠などがある。東庭は十六羅漢石組などともいわれる。

修学院離宮庭園（しゅうがくいんりきゅうていえん）　江戸時代初期・京都市。後水尾上皇の離宮として明暦2年(1656)から造営にかかり万治2年(1659)に完成した。当初は「上の御茶屋」「下の御茶屋」から成り，前者の大規模な池泉と「隣雲亭」からの雄大な眺望がすばらしい。「中の御茶屋」は旧林丘寺で，明治になってから離宮に編入された。現在では各御茶屋を松並木が結んでいる。下の御茶屋の庭は，滝を落とした流れ式の庭園となり，庭燈籠の代表作である「袖形燈籠」など，石燈籠の名品が多い。

衆楽園庭園（しゅうらくえんていえん）　江戸時代初期・津山市。寛永11年(1634)に津山藩主となった森長継が，明暦年間(1655〜57)に津山城の北方に営んだ別邸の庭園。南北に長い，広い園池を持った池泉回遊式の大名庭園で，三島の中島を配し，橋を架けて回遊路とする。北方には滝石組や流れも保存されているが，後に荒廃したために当初の石組は少ない。

縮景園庭園（しゅくけいえんていえん）　桃山時代（江戸末期，昭和改修）・広島市。浅野長晟は元和5年(1619)広島の地に封ぜられ，翌年別邸の地に本庭の作庭を開始。それには老臣上田宗箇の力が大であったという。大規模な池泉回遊式の大名庭園で，中国西湖の景を意図したといい，中島を多数点在させた園池「濯纓池」には，江戸末期に中国式の堤にアーチ橋が架けられた。原爆の被害を受け壊滅的な状態となったが，その後現在のように美しく復元されている。池泉中島の配置が特に美しい庭園といえる。

聚光院庭園（じゅこういんていえん）　桃山時代・京都市。当院は臨済宗の名刹大徳寺の塔頭で，永禄9年(1566)笑嶺宗訢禅師によって創立された。禅師は千利休の参禅の師でもあり，ここは後に利休の墓所ともなっている。本庭は方丈南庭としての準平庭式枯山水で，南側の生垣に沿って左右に低い中島形式の石組を行い，東西を結んで庭の正面に低い石橋を架けている。東部の石組は，板石形式の立石を中心としたもので，豪華な感覚がある。当院創立当初の作庭と考えてよいであろう。

寿量院庭園（じゅりょういんていえん）　江戸時代末期・大津市。当院は，比叡山延暦寺東塔にあった寿量院が坂本の地に営んだ里坊で，その創立は江戸初期であったと考えられる。当初から作庭が行われていたかどうかは不明だが，当院13世覚宝の代に現在の庭園が造られた。それは江戸末期安政2年(1855)の明確な文献が保存されており，貴重な存在となっている。本庭は書院南庭として作庭された池泉観賞式庭園で，西南部の滝石組から当地の豊富な流れを落とし，池の中央に2枚つなぎの切石橋を架け左右に平天石の岩島を用いている。池の西部に屋形船をかたどった舟石を配しているのは特に珍しい。

常栄寺庭園（じょうえいじていえん）　室町時代・山口市。当寺の前身は康正元年(1455)に開創された曹洞宗妙喜寺であり，常栄寺の名は新しい。大内氏の援助によって明国

に渡り，水墨画の神随を学んで帰朝した雪舟が，文明16年(1484)山口に戻り，その後作庭を行ったのが本庭と考えられるが，明確な文献は保存されていない。本堂書院の北庭で，本質的には池泉回遊式庭園だが，観賞式の意図も持っている。書院前の芝生中にある後に成立した枯山水庭園のような配石の北に池泉が広がる。池中には鶴島，亀島，岩島，舟石などがある。奥の滝石組は龍門瀑形式を示し，瀑布の下に激流を連ねた石組造形は特に優れている。

浄居寺庭園（じょうこじていえん） 桃山時代・山梨県。当寺は夢窓国師に由来のある禅寺であったが，後に寺地が移転となり，元和年間(1615～24)に曹洞宗の寺として再興された。本庭は，その時に作庭されたと考えられる流水観賞式庭園であるが，残念ながら現在その水源を失い涸流れとなっている。本堂，書院の北庭で，低い山畔下に東から西への流れを造り，東部の低い築山上には，洞窟石組と兼用の亀石組を造っている。西部に上段池の形式を見せた，特色ある枯滝石組を組んでいるのも大きな見所といえる。また，当地に元からあった角のとれた自然石を，そのまま庭中に生かしているのも注目される。

成就院庭園（じょうじゅいんていえん） 江戸時代初期・京都市。当院は観音信仰で名高い清水寺の一院で，かつてはその宿坊でもあった。この地は中世に赤松氏の邸宅があったと伝えており，庭もその当寺のものを改修したものというが，様式手法から見ても江戸初期頃の作庭と考えられる。書院北庭としての池泉観賞式庭園だが，一部に回遊式の要素も取り入れている。池中には鶴亀二島があり，中央の亀島には，烏帽子石という珍石を据えて二橋を架け，東橋の東北部に滝石組を見せている。背景の東山の景観が特に豊かで美しい。なお本庭には，誰袖形手水鉢，手鞠燈籠，三角燈籠，蜻蛉燈籠等の珍品も保存されている。

聖衆来迎寺庭園（しょうじゅらいごうじていえん） 江戸時代初期・大津市。当寺は，伝教大師の開創という天台宗の名刹で，天正17年(1589)に中興されており，寺伝ではその時に浄土宗の僧千歳寺宗心が作庭したといい，また立華式の庭とも伝承される。だが宗心と立華との関係は疑問で，また当寺は寛永19年(1642)までに再建が行われているので，現在の庭は江戸初期になってからの作庭と考えられる。本庭は枯池式枯山水で，現在西にある書院から観賞する形式だが，本来は北側から見るのが正面であろう。東南部に枯滝を造り，西南の中島に石橋を架け，また東北にある中島にも石橋を架け，これらを飛石で結んでいる。

渉成園庭園（しょうせいえんていえん） 江戸時代初期・京都市。ここは東本願寺の別邸で，別称を「枳殻邸」といい，寛永18年(1641)徳川家光の命によって寺域が東部に拡張された直後から計画されたのが本庭である。本格的な作庭は承応2年(1653)頃と思われ，この時石川丈山もその構想を指導したことがあった。完成は明暦3年(1657)頃と思われる。庭園は京都では珍しい大名庭園形式の作で，広い池泉に大島二，小島二を配しており，平安風の復古的な様式が見られる。本庭の特色は，後の再建ながら園内のあちこちに配された茶席などの建築物で，また手水鉢などの石造美術品にも名品が多い。

浄土寺庭園(じょうどじ ていえん)　江戸時代末期・尾道市。真言宗の古刹として知られる当寺は、鎌倉時代の古建築で名高い。書院の裏庭として保存されている本庭は、文化3年(1806)に阿波の庭師長谷川千柳によって作庭された記録がある。山畔を利用して石組を行い、手前の平庭部に飛石を打った作で、上部の茶席露地もよい。

松濤園庭園(しょうとうえん ていえん)　明治時代・柳川市。柳川藩主立花氏4代鑑虎の代元禄10年(1697)に、この地に亭を建て「花畠」と称した地で、通称を「御花」ともいわれている。ここにあった庭園を明治末期に大々的に改修して作庭されたのが本庭で、広い池泉に横石主体の多数の中島と岩島を組んでいる。松の緑も特に美しい。

城南宮庭園(じょうなんぐう ていえん)　昭和時代・京都市。当社は、平安時代より鳥羽離宮の地にあった城南寺の鎮守が残されたもので、方除けの神である。ここに作庭が行われたのは昭和29年(1954)で、作庭家中根金作の作。室町形式という池泉庭園と、桃山形式という枯山水庭園が中心となる。後者には豪華な石組が見られる。

照福寺庭園(しょうふくじ ていえん)　江戸時代末期・綾部市。当寺は山家領主谷衛広が寛文2年(1662)に現地に移して中興した臨済宗寺院で、妙心寺派に属するだけに、本庭も伝統的な枯山式枯山水となっている。天保14年(1843)に、当寺長老の仙称和尚によって作庭された明確な文献が保存されており、まことに貴重な資料といえる。庭園は本堂北庭で、またその東北の書院からも観賞する意図をもっている。東西に枯滝を組み、東部滝前には石橋を架ける。主要部は西部で、ここには三尊石組や陰陽石がある。

称名寺庭園(しょうみょうじ ていえん)　鎌倉時代・横浜市。当寺は文応元年(1260)に金沢実時が別邸とそこにあった阿弥陀堂を寺に改め創立したもので、そのころすでに西の阿弥陀堂前に浄土庭園としての園池が造られていた。その後実時は真言律宗に帰依し、文永5年(1268)寺を同宗に改め審海を開山とした。それ以後北に金堂を建立して、境内も大改修され、園池も今日見られるような広いものとなり、中島には南に反橋(はし)、北に平橋が架けられ、南大門から金堂に向かう参道が完成したのであった。その当時の本庭を描いた元亨3年(1323)の絵図が名高い『称名寺結界図』として今日も金沢文庫に保存されている。

浄瑠璃寺庭園(じょうるりじ ていえん)　平安時代・京都府。当寺はかつて西小田原寺といい、永承2年(1047)の創立。その後、九体阿弥陀堂(国宝)も建立され、九体寺の別名も起こった。久安6年(1150)伊豆僧正が池を掘り、保元2年(1157)九体阿弥陀堂を現在のように園池の西に移している。典型的な弥陀浄土の表現で、中島には石敷きや荒磯石組が保存されている。三重塔下の池泉際にある石燈籠は、名品として名高い。

白水阿弥陀堂庭園(しらみずあみだどう ていえん)　平安時代・いわき市。平安時代後期の浄土庭園の様式を見せたもので、願成寺の園池。当寺は永暦元年(1160)頃、岩城則道の創立で、その室は藤原秀衡の妹徳姫であった。近年発掘整備された園池は、北にある阿弥陀堂を中心としたもので、中央に橋を架け、東の池には当代の優れた感覚の数石による岩島が保

庭園

存されている。

水前寺成趣園庭園（すいぜんじじょうじゅえんていえん）　江戸時代初期・熊本市。熊本藩3代藩主細川綱利が，かつてこの地にあった水前寺が廃寺となった後，寛文10年(1670)から作庭に着手した池泉回遊式の大名庭園。広大な地に当地の特色である豊富な湧水をたたえた園池が特にすばらしい。東海道五十三次を意図したといわれ，園の中心部にある富士形の築山に代表される築山の曲線美がよき景となっている。大正元年(1912)に京都長岡から移築された「古今伝授書院」からの眺望もまた秀逸である。

瑞峰院庭園（ずいほういんていえん）　昭和・京都市。当院は戦国大名大友宗麟の創立で，方丈は室町末期の建築である。この方丈の南・西・東に作庭された枯山水庭園は，昭和36年(1961)に現代の優れた作庭家重森三玲によって作られた。特に南の「独坐庭」は，主石に向かう石組の流れに斬新な感覚のあることで知られている。

瑞楽園庭園（ずいらくえんていえん）　明治時代（昭和改修）・弘前市。本庭は以前この地にあった旧家対馬邸庭園として完成したもので，当地独特の様式である武学流庭園の代表作。作者は武学流3代を名乗る高橋亭山で，明治23年(1890)春に着工され，同28年に完成した。その後昭和3年から11年の間に，亭山と弟子池田亭月によって増築が行われたのが現在の庭である。本庭は書院南庭としての枯池式枯山水だが，枯池は書院からかなり離しており，建物前は平庭形式として，そこに大ぶりの飛石を打ち，また枯沢石組や，手水石組を配置しているのはいかにも武学流らしい。枯池には奥に枯滝を造り，山燈籠などを配している。

青岸寺庭園（せいがんじていえん）　江戸時代初期・滋賀県。当寺は曹洞宗の名刹で，慶安3年(1650)に一度堂宇と庭園が作られたが，その直後に楽々園庭園築造のために石材が失われ，今の庭は延宝6年(1678)頃の作庭という。江戸初期を代表する枯池式枯山水で，現在は南部の書院から眺める北庭となっている。枯池には大きな中島を作り，奥に枯滝を見せており，石組も特に優秀。反りの強い切石橋の景にも特色がある。山畔部の景も美しく，風致の美しい庭園といえよう。

清見寺庭園（せいけんじていえん）　江戸時代中期・清水市。当寺は弘長2年(1262)臨済禅宗の寺として創立されたが，交通の要地を占めていたこともあって何度も戦火によって焼失している。本庭は高台にある当寺方丈の北庭として保存されている池泉観賞式庭園で，江戸初期以前の作とする説もあるが，現在の庭園は江戸中期頃の造形であり，また江戸末期の改造もある。庭園奥にある「九曲泉」と称する天然の瀑布を背景としてその手前に瓢箪形の池泉を掘り，くびれの部分に石橋を架けている。東池の北には小規模な滝石組もあるが表現は弱く，また池泉護岸にも改造が多い。

西江寺庭園（せいごうじていえん）　江戸時代初期・宇和島市。当寺は臨済宗で，宇和島藩初代の伊達秀宗公より，的堂和尚が寛永2年(1625)現地に寺地を賜わり中興した。本庭はこのころの作庭と見られる枯山水庭園で，書院に面して芝敷きの庭とされ，低い築山を造って枯滝を組み，中島を設け三橋の青石橋を架けた穏やかな感覚の庭。背景の自然が特に豊かである。

成巽閣露地（せいそんかくろじ）　江戸時代末期・金沢市。名高い兼六園の南部にある成巽閣は、江戸末期に加賀藩13代前田斉泰が母の隠居所として建立したもので、城の巽にあたるところから命名された。ここには書院に面した流れ式の庭園もあるが、最も特色を見せているのは、御殿の北角に附属する茶席「清香軒」とその露地である。広い土間庇をかけた軒下に展開する露地は、辰巳用水の流れを取り入れ、その北隅丸太柱の部分に、土間を欠いて流れを導くという洒落た構成を示す。冬場にはこの土間部分を締め切るが、内露地として流れの手水が使えるという工夫はまことにおもしろい。

清藤氏本邸庭園（せいとうしほんていえん）　明治時代・青森県。清藤氏は当地の旧家で、この地に本邸が建てられたのは明治20年（1887）以前のことと思われる。隠居所庭園としての「盛美園」と同じ敷地の南方にある、清藤氏本邸南庭として作庭された準平庭式枯山水で、武学流庭園としては初期の作庭に属す。作者は不明であるが、3代高橋亭山の作である可能性も高い。東側に軽い築山を造り、そこに豪華な枯滝石組を構成して全庭の主景としている。また中央部には大きな礼拝石を配し、右手に続けて大振りの飛石を打つなど、いかにも武学流らしい造形が見られる。

盛美園庭園（せいびえんていえん）　明治時代・青森県。この地の旧家清藤氏の邸内に明治時代に完成した池泉庭園で、津軽地方に伝えられた武学流の小幡亭樹らの手になる。隠居所として建てられた和洋折衷の特殊な建物の北庭で、池泉には石浜、石橋、燈籠が目立つ。また武学流独特の大振りの飛石や、枯沢石組、当地独特のオンコの大刈込みも見所となっている。現在は宗教法人となり盛美神社の庭園となっている。

仙巌園庭園（せんがんえんていえん）　江戸末期・鹿児島市。当地は薩摩藩2代の島津久光が万治年間（1658～61）に営んだ別邸の地だが、現在の景は天保年間（1830～44）に大改造されたもの。回遊式の大名庭園で別名を「磯庭園」ともいい、桜島と海景を借景としている。また園内に曲水をめぐらせ、モウソウチクの竹林を配するなど、中国趣味にあふれた造形が特色とされる。

仙洞御所庭園（せんとうごしょていえん）　江戸時代初期・京都市。後水尾上皇の仙洞として寛永4年（1627）より、北部にあった女院御所とともに着手され、初期の作庭には小堀遠州が関係している。江戸時代中期に女院御所との境がなくなり、現在では両者の池が合体している。南池にある広い石浜は、大きさのそろった玉石を用いた見事なもので、小田原一升石の浜といわれている。

早雲寺庭園（そううんじていえん）　江戸時代初期・神奈川県。当寺は臨済宗大徳寺派の名刹で、室町時代の大永元年（1521）、北条氏綱が北条早雲の菩提を弔う寺として以天宗清禅師を開山としたものである。その後北条氏の滅亡とともに寺も荒廃したが、徳川家光の保護を受け、慶安元年（1648）に再興された。本庭はこの時に本堂北庭として造られたと思われる枯池式枯山水で、小高い山畔を利用して下に東西に長い枯池を掘り、東寄りに石橋を架ける。その左手奥には枯滝があり、流れ式に枯池に落とす形式を見せる。その手前は出島形式の亀島とされており、護岸には三尊石組がある。当地方の根府川石を多用した

庭園。

曹源寺庭園(そうげんじていえん)　江戸時代初期・岡山県。当寺は臨済宗妙心寺派の名刹で，藩主池田綱政により，絶外和尚を開山として元禄11年(1698)に創建された。本庭はこの元禄時代に作庭されたもので，庫裡書院の東庭とされている。広い池泉を持った池泉観賞式庭園で，同時に回遊式も意図されている。作庭者は，岡山後楽園庭園と同じ津田永忠と伝承されており，これを信じてよい。池泉を「亀齢池」と称し，その東部正面に大きく出島を造って一見中島のように見せ，そこにある石組を主景としている。その上部には三段落の滝石組を構成しており，出島右手へ落としている。

宗隣寺庭園(そうりんじていえん)　伝鎌倉時代（昭和改修）・宇部市。当寺は中国からの帰化僧によって開かれたと伝える禅寺で，当初は普済寺といい，中世には廃絶した時期もあったが，江戸初期に再興され宗隣寺となり，寛文10年(1670)諸堂が完成している。本庭は今の方丈および庫裏の西北にある池泉観賞式庭園で高い山畔を利用して築山とし，その下に左右に長い池泉を掘る。池の地割りは平凡だが，手前側の地底を高く表現して一見干潟のように見せ，そこに2列になった夜泊風の石組を配している。このような造形は古式であるとし普済寺時代のものとする説も出たが，むしろ再興時の寛文10年頃の作ではないかと思われる。

大乗院跡庭園(だいじょういんあとていえん)　平安時代・奈良市。当院は元禅定院といい，元興寺の一院として永久2年(1114)権律師頼実によって創建された。本庭はこの禅定院園池として完成した庭園であり，後の治承4年(1180)に興福寺の東北にあった大乗院が火災によって焼失したため，その後禅定院と合併してここが大乗院とされたのである。しかし本庭は後世において大きく荒廃し，園池の地割りだけが保存されることとなったが，現在も北に板橋を架けた一島と，西南に一島の大島を造り，さらに東南部が三島の中島が配されている。なお，ここは現在奈良ホテルの管理地となっている。

大仙院庭園(だいせんいんていえん)　室町時代・京都市。当院は大徳寺の塔頭で永正10年(1513)古岳宗亘禅師によって創立された。庭園は禅師の好みから，2期にわたって作庭された枯流式枯山水で，完成は天文初年(1532～)頃と推定される。方丈の東庭として狭い空間に造られた庭園で，一幅の水墨山水画のような構成を見せる。上流には東北隅に小規模の枯滝を組み，その左に二石の立石を据え，その手前に低い石橋を架けている。中流には鶴島があり，堰を落ちたところから下流となる。ここには見事な舟石や蓬莱石が組まれている。現在庭園中央にある「透渡殿」は，当初からのものかどうか問題が多い。

大善寺庭園(だいぜんじていえん)　江戸時代初期・山梨県。当寺は新義真言宗の古刹で，奈良時代の創立と伝える。盛衰もあったが江戸時代初期には3000もの堂宇があったという。本庭は現在の客殿庫裏北庭としての池泉観賞式庭園で，史料を失っているが，様式上江戸初期の作と思われ，当寺を保護した旗本三枝氏関係の作庭であると推定される。池泉の中央右手対岸から大きく亀出島を造り，その西部池畔に鶴石組を構成し，さらにその西部に力強い蓬莱石組を見

せる。対岸奥には小規模な滝を組み，その左手前の池中に見事な立石の岩島を配しているのがすばらしい。東部にも優れた滝があるが，今は水源を失っているのが残念である。

退蔵院庭園（たいぞういんていえん）　室町時代・京都市。現在の当院は天文年間（1532〜54）に亀年禅愉禅師によって妙心寺塔頭として現地に再興されたもので，寺伝によれば庭もこのとき狩野元信によって完成したといわれる。方丈西庭として作庭されている枯池式枯山水で，右手に枯滝を組み，枯池の中央には大きな亀島を造って石橋を架けている。中央正面には大きな蓬莱石があって，全庭の中心石とされる。石組は全体的におとなしい表現で，狩野派の画風とも一脈通ずるものを持っている。

大池寺庭園（だいちじていえん）　江戸時代後期・滋賀県。当寺は奈良時代の開創といわれるが，鎌倉時代の元亨元年（1321）臨済宗に改宗されている。その後信長の兵火によって焼失し，江戸初期寛文7年（1667）になって再建され，この時大池寺と改名された。本庭は江戸後期に作庭された枯池式枯山水で，書院東部の庭となっている。枯池の背後に波形の刈込みを造り，その手前に大きく舟形の刈込みを見せた特色ある景観であって，すべてサツキの刈込みが用いられている。小堀遠州作庭説もあるが信じられない。

大通寺庭園（だいつうじていえん）　江戸中期・長浜市。当寺は真宗大谷派の長浜別院で，寛永16年（1639）の創立。寺には旧学問所，含山軒，蘭亭の三個所に枯山水庭園が保存されており，当寺5世直央上人の時，宝暦から安永（1751〜80）にかけての作庭である。含山軒庭園は伊吹山を借景としたもの。伝丸山応挙筆の襖絵「蘭亭曲水図」のある書院蘭亭に面した庭園は，水墨山水画式の中国風の作となっており，枯滝や太鼓橋形式の石橋に特色を見せている。

大徳寺本坊方丈庭園（だいとくじほんぼうほうじょうていえん）　江戸時代初期・京都市。大徳寺は鎌倉末期に名僧大燈国師によって開創された臨済禅宗の名刹であるが，現在の伽藍は江戸時代のものが多い。この本坊方丈も寛永13年（1636）に建立されており南と東に準平庭式の枯山水庭園が造られた。作庭者は大徳寺169世の天祐和尚である可能性が高い。南庭は広い白砂敷きを見せているが，その東部から南部にかけて低い土盛りを造り，石組を見せている。東南部には上部にツバキの刈込みを配し，その下に二立石を組んだ特殊な枯滝がある。東庭は，低い生垣にそって七五三形式の石組を見せている。

大麻山神社庭園（たいまさんじんじゃていえん）　江戸時代末期・島根県。大麻山は平安時代からの歴史をもっており，神社及び尊勝寺の伽藍が軒を連ね，古来西高野と称されていた。しかし中世の兵乱に焼失しまた江戸末期の天保7年（1836）大雨のために壊滅することなどがあった。今日山頂に近い旧尊勝寺庫裡跡に保存されている本庭は，天保15年（1844）この地に庫裏が移建された時に作庭されたもので，様式手法からも江戸末期の作庭と考えられる。現在社務所北部に広がる庭園は，なだらかな三尊形式の築山を重ねて造り，その中央部に巨石による枯滝を組んだ築山式枯山水であり，手前を平庭とし，大ぶりの飛石や横石による石組を配している。当初の建物はもっと庭園に接近していたと考

えられる。

当麻寺中之坊庭園(たいまでらなかのぼうていえん) 江戸時代初期・奈良県。当院は古刹当麻寺の塔頭寺院で、この中之坊には、後西院天皇行幸の間という書院が保存されている。寺伝によると、本庭は片桐石州の作庭と伝えるが可能性は低い。書院南庭の池泉庭園が中心で、池泉観賞式庭園といえる。池泉には出島を作って亀島の手法を見せており、また飛石の景も美しい。

多賀神社庭園(たがじんじゃていえん) 桃山時代・滋賀県。当社は『古事記』にも記載がある古社で、庭園は神仏習合時代に、不動院の庭園として作庭されたもの。当院は豊臣秀吉が北政所の病平癒を祈願しての創立であり、天正頃(1573～91)の作であろう。現在は社務所奥書院の庭園となっているが一段下の地となる。石橋や三尊石組に特色がある。

滝谷寺庭園(たきだんじていえん) 江戸時代中期・福井県。本堂と書院の裏庭として作庭された池泉庭園。年代は未詳だが、全体として江戸中期の様式を示す。天然の岩盤を利用して細長い池泉を掘った作で、出島には石橋を架け、山畔上にも三尊石組が保存されている。この寺には、桃山時代に作庭の秘伝書が伝えられた記録がある。

田淵氏庭園(たぶちしていえん) 江戸時代中期～末期・赤穂市。当家は、塩田開発等によって実績を残した旧家で、寛文9年(1669)現地に屋敷を構えている。江戸中期には大庄屋としても実力を示しており、宝暦年間(1751～61)頃には茶席「明遠楼」を建て露地を造った。江戸末期の寛政5年(1793)頃には書院庭園も完成している。書院の東南部にあるのが池泉観賞式の庭園で、岩盤を刳り抜いた池を掘り、左手には滝を落としている。そこから東南は奥深くなだらかに高い山畔となり、傾斜地を巧みに利用して茶席を配置し露地を造っている。最上部にあるのが明遠楼で、腰掛待合があり、敷石、飛石も美しい構成を見せる。

竹林院庭園(ちくりんいんていえん) 江戸時代初期・徳島市。古くは真言宗であった永明寺の一院で、延宝2年(1674)黄檗宗の名僧鉄崖道空禅師によって寺が中興され、同時に創立されたのが当院である。この鉄崖の詩文の中に、弟子で後に当院2世となった月津松仙禅師が、貞享元年(1684)秋に作庭したことが述べられている。庭は書院北側にある池泉観賞式庭園で、池泉正面を出島形式とし、西に中島、東にはまた出島を設けており、左右には阿波青石の見事な石橋が四橋架けられている。庭園奥にある十三重石塔は後に移されてきたものだが、鎌倉時代の名品として知られる。

智積院庭園(ちしゃくいんていえん) 江戸時代初期・京都市。当寺は新義真言宗の大本山で、庭園は延宝2年(1674)、当院中興の7世元春運敞の代に、前身である禅寺祥雲寺の旧池を利用して作庭されたものである。大書院の東庭で、南北に細長い池泉を設け、その北寄りを主景とする。急斜面の築山に対して、中央に滝を落とし、上部に切石橋を架ける。池泉右手にある青石橋の景も見所といえる。

長昌寺庭園(ちょうしょうじていえん) 江戸時代初期・杵築市。当寺は浄土宗の名刹で、正保2年(1645)杵築城に入城した松平英親が一無上人を開山として創立した。この時はまだ小寺であり、次の重栄の代元禄9年(1696)になって伽藍も整備さ

れ，この時庭園も完成したと思われる。本庭は書院西庭としてのかなり広い築山式枯山水で，南北に離して二つの築山を造り，その間に高く切石橋を架ける。手前は広い平庭として飛石を打つ。主景は右築山下にある枯滝で，山形石を中心とした優れた石組を見せ，その手前左には洞窟石組を据える。枯滝の右手前には亀出島，また全庭の左手奥には鶴石組も保存されている。

滴翠園庭園（てきすいえんていえん）　江戸時代初期（江戸中期改修）・京都市。西本願寺の境内東南部の一郭にある庭園で，寛永年間に秀吉の造営した聚楽第の遺構として名高い「飛雲閣」がここに移されてきた時，同時に作庭されたものとされるが，後明和7年（1770）までに大きく改修された。原則的には飛雲閣の北庭としての池泉観賞式庭園であるが，回遊式庭園と，露地としての要素も兼ね備えている。池泉を「滄浪池」と称し，その中央に巨大な切石橋を架けるが，この橋は様式上明らかに桃山時代の好みで，おそらくは伏見城庭園からここに移されてきたものであろう。庭園の西方は「青蓮榭」「滌花亭」などの露地となる。

天赦園庭園（てんしゃえんていえん）　江戸時代末期・宇和島市。宇和島藩7代藩主伊達宗紀の隠居所の庭として，文久3年（1862）から作庭にかかった池泉回遊式の大名園で，慶応2年（1866）に完成した。この時「天赦園」と命名されている。風致のよい広い園池に大規模な出島を造り，そこに陰陽石組を行うなど，よく時代性が示されている。園内にある自然石の「北石形手水鉢」も名品といえよう。

天徳院庭園（てんとくいんていえん）　桃山時代・和歌山県。高野山に加賀藩主前田家によって元和8年（1622）に開かれた塔頭で，前田利常夫人の菩提を弔うための創立。天徳院は夫人の法名である。本庭は創立直後の作庭で，書院に面した池泉観賞式庭園。南部山畔には雄大な大刈込みを配し，池泉には鶴亀両島を見せ，石橋を架ける。

伝法院庭園（でんぽういんていえん）　江戸時代初期～中期・東京都。浅草観音として名高い浅草寺の本坊で，元は観音院，次いで智楽院といったが，元禄元年（1688）に伝法院と改められた。庭園は寛永19年（1642）の大火後，慶安2年（1649）の復興時に作庭されたと考えられる池泉観賞式兼回遊式庭園で，その後江戸中期にも大きく改修されたと考えられる。客殿書院の西部に広がる池泉が主体となり，正面に大きく出島を構成し，西北部には枯滝を組み，その前を石浜としている。池泉の東北部に据えられている宝塔形石燈籠は珍しいもので，寛永3年（1626）の在銘品である。

天龍寺庭園（てんりゅうじていえん）　鎌倉時代・京都市。当寺の地には，かつて後嵯峨上皇の御所亀山殿があって，その頃すでに池泉が造られていた。その後，鎌倉末期になって，南北朝の対立から後醍醐天皇が吉野で崩じられると，暦応2年（1339）に足利尊氏，直義が天皇の菩提を弔う意味で，夢窓国師を開山に迎え禅寺としたが，伽藍や庭園の規模が整ったのは数年後のことであった。庭は亀山殿の旧池を利用したもので，正面に見事な滝石組「龍門瀑」を作り，前に石橋を架けるなど，水墨山水画形式の造形を見せ，さらに滝の手前右手の池中には数石による見事な岩島が組まれてい

る。

東海庵庭園(とうかいあんていえん)　江戸時代末期・京都市。当庵は，妙心寺山内に文明16年(1484)悟渓宗頓禅師によって創立された塔頭である。作庭は文化11年(1814)頃で，禅僧であり作庭家でもあった東睦和尚が，当時妙心寺に住して作ったのが，当庵書院西と南にある坪庭としての枯山水である。西庭は三尊石組を主景とし，各種の石名を付した石を配したもので，作者自身が刻んだ木版画が残されている。

等覚寺庭園(とうかくじていえん)　桃山時代・宇和島市。当寺は藩主伊達秀宗によって元和4年(1618)に創立された臨済宗の寺院で，最初龍泉寺といい，後に秀宗の法名からとって等覚寺と改称された。本庭は当寺創立と同時に作庭されたと考えられる池泉観賞式庭園で，池泉は現在水源を失い涸池となっている。小高い山畔を利用して左右に二つの枯滝を組んでいるのが特色で，その間を亀出島としている。左の滝石組は高く本庭の主景となり，上部に石橋を架け，その奥に遠山の三尊石組がある。右の枯滝は低いが，特殊な水落石を用いており，その前に石橋を架けて景とする。小規模だが見所の多い庭園といえよう。

東光寺庭園(とうこうじていえん)　鎌倉時代(江戸初期改修)・甲府市。当寺は最初真言宗であったが，鎌倉時代文永5年(1268)中国からの帰化僧蘭渓道隆禅師によって甲州初の臨済禅宗寺院として開創された。庭は当初の作庭と思われるが後に荒廃し，江戸初期末に藩主柳沢吉里によって修復された。本堂裏のなだらかな山畔を利用して多数の石組を行った特色ある作で，池を龍池の形に掘り，また上・中・下の三個所に池泉を見せるという珍しい様式を示す。上段池には最上部から龍門瀑形式の枯滝を落とし，ほかにも二個所に枯滝があった。山畔上には蓬萊石や連山石組がある。池中には舟石が配され，水墨山水画様式の作庭とされる。

等持院庭園(とうじいんていえん)　江戸時代中期・京都市。当寺は臨済宗天龍寺派の寺で，足利尊氏が暦応4年(1341)頃に夢窓国師を請じて開創し，以来足利氏の菩提寺となっている。しかし今の諸建築は江戸末期の再建で，庭園にもその頃の改修があるが，基本的には江戸中期頃の様式を示す。本庭は池泉観賞式に回遊式を加味したもので，方丈の北庭であり，また西の書院からも眺めることを意図している。楕円形に近い池泉に大きな中島を造り，その南北に石橋を架けたもので，東北部に枯滝を組んでいる。庭の北部高台の西寄りには，茶席「清漣亭」があり，その露地には名物の司馬温公形手水鉢が置かれている。

徳島城庭園(とくしまじょうていえん)　桃山時代・徳島市。徳島城内の屋敷曲輪に作られた蜂須賀氏の城郭庭園で，池泉観賞兼回遊式の庭と，枯山水庭園が隣接する珍しい様式をもつ。慶長5年(1600)直後の作庭と考えられるもので，かつての表御殿に面していた。阿波青石他の名石を多数組み込んだ豪華な庭となっている。池泉は汐入式で，特に中島石組と，多数の石を組んだ護岸石組が見事で，洞窟石組を多数用いている点にも特色がある。枯山水の枯池には，中央に大きな中島を配し，そこに巨大な自然石石橋と，日本庭園中でも最古最大と思われる切石橋が架けられている。

戸島氏庭園(とじまし ていえん)　江戸時代末期・柳川市。柳川藩立花氏に勘定方として仕え、また茶人でもあった吉田兼儔が、寛政9年(1797)この地に書院等を建立したもので、この時同時に作庭も行われたと考えられる。その後藩主立花氏に献上されたが、明治になって現在の戸島氏の所有となった。本庭は書院南庭としての池泉観賞式庭園で、小規模ながら汐入式池泉としているのがまことに珍しい。池泉正面は低い出島として、左に雪見燈籠を据える。手前岸にはかなり広い石浜を設け、書院から続く飛石を打ち、それが池を渡る沢渡石となっているのが特徴である。石組は少ないが明るい庭といえよう。

戸山荘庭園遺跡(とやまそうてい えんいせき)　江戸時代初期・東京都。本庭は今日保存されていない庭園であるが、江戸の地における最も大規模な庭園であった。現在の新宿区戸山の地にあったもので、尾張徳川家の光友が、寛文11年(1671)将軍家綱からこの地を拝領して下屋敷とした。以来、次々と作庭工事が進められ、元禄年間(1688～1703)にはほぼ完成している。広大な池泉の中央に南北に長い板橋を架け、北の山中には多くの堂や神社、御茶屋などがあった。また西側には小田原の街道をまねた町屋を造り、一時は36軒もの店が軒を連ねていた。明治維新後に失われたが、多くの記録が残されている。

中田氏庭園(なかだし ていえん)　江戸時代初期・松本市。当家は代々甲斐武田氏に仕えた武士であったが、武田滅亡後ここ出川郷に住したという。それより松本城に入城した大名数家に仕えたが、江戸中期からは庄屋として、また酒造業を営んで発展した。本庭は、当家の書院南庭として作庭されている池泉観賞式庭園で、一切の記録を保存していないが、建物との関係から江戸初期末頃の作と推定されている。小高い築山の下に東西に長い池泉を掘っており、東南部に滝石組（涸滝）を構成している。池の西には大島としての鶴島、東に亀島を造っており、鶴首石と亀頭石が向かい合うような造形を見せている。

名古屋城二の丸庭園(なごやじょうに のまるていえん)　桃山時代・名古屋市。城郭庭園の代表作で、初代藩主徳川義直のとき、二の丸御殿の庭園として、元和6年(1620)までに完成したものである。建物は失われたが、今北庭と南庭が保存されており、北部庭園は巨石を使った豪華な池泉庭園であったが現在水はない。特に高く組まれた枯滝上に石橋を架けた景や巨石による蓬萊石、護岸石組などが見所となっている。

那谷寺書院庭園(なたでらしょ いんていえん)　江戸時代初期・小松市。当寺は奈良時代の創立という北陸を代表する古刹であるが、天正の兵火のために焼失。江戸時代初期に前田利常によって再興された。現在庫裏書院に保存されている庭園は池泉庭園と、茶席「如是庵」の露地からなる。江戸初期の作と思われ、小堀遠州作庭説もあるが明確でない。

南宗寺庭園(なんしゅうじ ていえん)　江戸時代初期・堺市。当寺は名僧沢庵禅師によって再興された臨済禅の名刹である。庭は方丈南に作庭された枯山水庭園で、江戸初期寛文年間(1661～73)頃の作。平庭式枯山水と枯流式枯山水の結合した様式を示す珍しい作例である。特に南方上部に構成された枯滝と、その手前にある石橋付近の構成、さらに西北方向に流れる枯流れの景に特色が見られる。

中央部には横石による石組造形があり，見事な遠近法が示されている。

南禅院庭園（なんぜんいんていえん）　鎌倉時代・京都市。亀山法皇の離宮を寺に改めたのが南禅寺であるが，当院の地は離宮時代の上の宮であったという。本庭は現在の方丈の南から西にかけて造られた池泉観賞式庭園で，主体となる南庭には東西に長い蓬莱島があり，見事な蓬莱石を据えている。その西側には亀島があり，また東南奥には滝石組があって現在も水を落としている。記録によれば池は龍池として掘られ，滝が頭に当たっているという。

南禅寺本坊庭園（なんぜんじほんぼうていえん）　江戸時代初期・京都市。臨済禅宗の名刹南禅寺の本坊には，大方丈，小方丈という国宝の名建築があるが，前者は天正年間に造営された御所の清涼殿を賜わり，慶長16年(1611)に移築したものである。本庭は，その大方丈南庭として作庭された平庭式枯山水の代表作で，石組と植栽をすべて東南の塀近くに寄せており，残りを広い白砂空間とした江戸初期好みの作風を示している。石組は横石と伏石による構成であり，寺伝では小堀遠州の作というが，江戸初期末頃の作とすべきであろう。

南陽寺跡庭園（なんようじあとていえん）　桃山時代・福井市。朝倉氏館跡庭園の東北部に位置する台地にあり，朝倉氏の創立した南陽寺の庭園であったが，建物は失われている。当寺はかつて美景無双の名境とたたえられ，庭前の糸桜が特に有名であった。山畔に面した小規模の池庭であるが，その山畔を利用せずに低い築山を設け，そこに枯滝などの優れた石組を組んでいる。主石は枯滝右手に組まれた滝添石で，特別力強い斜立石造形を見せている。

西本願寺対面所庭園（にしほんがんじたいめんじょていえん）　桃山時代〜江戸初期・京都市。対面所の東庭として，2期にわたって作庭されたと考えられる庭園で，典型的な枯池式枯山水である。東北方の築山上に，三尊石組の連続手法による豪華な枯滝を組み，手前の枯池中には右に鶴島，左に亀島を配し，そこに二橋の切石橋と自然石石橋を架けた構成を示している。鶴島の羽石など，巨石による石組を要所に組んだ，立体感のある造形が見所で，島に植えられたソテツが豪華さを盛り上げている。奥には洞窟石組も見られる。

二条城二の丸庭園（にじょうじょうにのまるていえん）　桃山時代（江戸初期改修）・京都市。ここは慶長8年(1603)徳川家康上洛の際の京都屋敷として造営されたもので，その頃に庭園も完成した。東の大広間と北の黒書院から観賞するように作庭された池泉庭園で，水面を低く造り，滝を落とし，変化に富んだ地割りを見せる池泉護岸石組が特に優れている。池の中央には大きく蓬莱島を構成し，その北に亀島，南に鶴島を配している。寛永初年(1624〜)池泉南側に後水尾天皇の行幸御殿（今はない）が新たに造営され，この時小堀遠州によって，南部から観賞するように改修されたことがわかっている。

仁和寺庭園（にんなじていえん）　江戸時代初期（大正時代改修）・京都市。当寺は平安時代仁和年間に宇多天皇によって開創された真言宗の名刹で，以後代々皇族が入寺したので，御室御所といわれた門跡寺院である。しかし中世の兵乱などに焼かれ，今の諸堂は桃山から江戸初期のものが多い。本庭は，旧御室御所跡

に保存されているが、明治20年火災にかかり現在の建物は大正3年の再建である。宸殿の北に広がる池泉観賞式庭園であり、元禄3年(1690)に作庭された記録を残しているが、大正時代の再興時には池泉は大きく改修されており、宸殿正面北部に今も水を落とす滝石組がそのころの造形を留めている。

根来寺庭園(ねごろじていえん)　江戸時代初期・和歌山県。当寺は豊臣秀吉の根来攻めの後、和歌山藩主徳川頼宣によって復興された。本坊庭園は奥書院の北側から西にかけて作庭された池泉庭園で、北は高い山畔に面し、そこに規模の大きな滝を落としている。池には二島の中島を配して紀州青石の石橋を架け、また岩島を配するなど見所が多い。書院縁先には珍品梅ヶ枝手水鉢が復元されている。

能仁寺庭園(のうにんじていえん)　江戸時代初期・飯能市。当寺は室町時代に開創された曹洞宗寺院で、土地の豪族丹治氏の菩提寺である。その後盛衰もあったが、江戸初期末の宝永2年(1705)将軍綱吉から朱印状を賜わり諸堂の再建に着手された。本庭はその直後の作庭と考えられる池泉観賞式庭園で、かつて東部にあった方丈書院から眺める庭とされていた。急な山畔を利用して幾重にも築山を造り、中央に枯滝を組んで主景としたもので、滝口の右手には見事な洞窟石組がある。また、池左右には亀島を造り、その裏から築山方面に巨石の石橋を架けている。風致豊かな庭園として関東を代表する作といえる。

万象園庭園(ばんしょうえんていえん)　江戸初期(昭和改修)・丸亀市。中津万象園といい、貞享5年(1688)丸亀藩主の2代京極高豊のときに、別邸として作庭された池泉回遊式の大名庭園である。京極氏は近江出身のため、園池には近江八景を取り入れたといわれる。昭和時代に改修されてはいるが、松の植栽などが豊かで、茶席「観潮楼」の景は美しい。

兵主神社庭園(ひょうずじんじゃていえん)　鎌倉時代頃・滋賀県。作庭年代は明確でないが、中世の作庭であると考えられ、当地に居を構えた豪族の屋敷跡の庭園と推定されている。池泉回遊式を主とした池泉庭園で、石組に当初のものは少ないが、いかにも古式池泉の雰囲気をもっている。中島に架けられた切石橋は後補だが、珍しい形式を示す。

平等院庭園(びょうどういんていえん)　平安時代・宇治市。名高い宇治平等院は藤原道長の宇治殿のあった地で、その子頼通が受け継ぎ、永承7年(1052)ここを寺として平等院と名付けた。翌天喜元年(1053)には阿弥陀堂としての「鳳凰堂」が中島に建立されている。東面する堂は浄土庭園の典型であり、その前には弥陀宝池としての広い池泉が掘られたのであった。現在の園池は後世に狭くなっているが、本来の池はもっと大きく、たびたび舟遊が行れている文献がある。なお現在本庭は発掘調査が進められており、次々と新しい事実が明らかになっている。なお、鳳凰堂前にある石燈籠は、平等院形として知られる。

平山亮一氏庭園(ひらやまりょういちしていえん)　江戸時代末期・鹿児島県。知覧の武家屋敷の庭園中でも、最もシンプルな作として知られる。本庭は天明年間(1781～88)に作庭されたと伝えられる枯山水庭園で背後の石垣上にあるマキの波形大刈込みの手前に、サツキなどの大刈込みを見せたもの。刈込みの手前には植木鉢を乗せる切石が点々と配されている。

冨賀寺庭園(ふかじていえん)　江戸時代初期・新城市。当寺は真言宗の古刹で，平安時代には一大伽藍を誇っていたが，中世以後の戦火などでその規模は縮小された。本庭は江戸初期再興時の作庭と思われ，現在の客殿が元禄5年(1692)の再建で，庭にもそのころの改修があるため，それ以前には完成していたものと考えられる。客殿の西側にある南北に長い地割りを持った池泉観賞式庭園で，特に池の地割り曲線が美しい。最北部に美しい曲線を見せる築山を造り，そこに本庭の中心である力強い滝石組を構成する。池泉南部には小島によって亀島を表現し，その西側には三尊石組を主体とした感覚のよい枯滝が組まれている。

深田氏庭園(ふかだしていえん)　伝鎌倉時代・米子市。深田家は当地の旧家で，鎌倉時代末期に後醍醐天皇が立ち寄られた由緒をもつといい，本庭もそのころの作といわれるが明確ではない。今は失われている旧書院南庭としての小規模の池泉観賞式庭園で，池泉中央に写実的な鶴首石と羽石を組んだ大きな鶴島を構成し，その左に小島の亀島を作る。右手にある枯滝表現の立石三尊石組はとくに力強い。伯耆大山の火山系の石を用いた石組によく地方色が示されている。

福田寺庭園(ふくでんじていえん)　江戸時代初期・滋賀県。長沢御坊として知られる当寺は真宗東本願寺派の別院で鎌倉時代からの歴史を有し，延文4年(1359)に現地に移されたという。庭園は書院の西庭としての枯池式枯山水で，正面のやや高い築山に三尊石組を主体とした枯滝を組んで主景とし，そこから続けて左右ともに手前に低い築山を伸ばして立石手法の石組を見せる。左手の築山は出島として北部に突き出しており，この地割りによって象徴的枯池が表現され，深い奥行が感じられる。書院は寛永時代の建築と思われ，庭園も同時の作と推定できる。

普賢寺庭園(ふげんじていえん)　桃山時代・光市。当寺は景勝地として知られる峨眉山下にあり，海の菩薩として信仰を集める普賢菩薩で名高い。古くは天台宗であったが，後に臨済禅宗に改宗しており京都建仁寺に属している。庭園は，本坊方丈の南庭としての準平庭式枯山水で，かつては庭の西側にあった書院からも観賞したと考えられる。東南隅に見事な立石を中心とした三尊石組があり，全体を枯滝表現としている。また東部には巨石の横石を据えて枯滝との遠近法を見せ，南部にも山形石を主とした二石組がある。全体に空間構成の巧みな枯山水となっている。

普門院庭園(ふもんいんていえん)　江戸時代初期・和歌山県。高野山の一院普門院は，元禄年中(1688〜1704)にこの地に移っており，本庭もこのころの作庭と考えられる。庭は客殿の東庭で，東北に緑に覆われた山畔をひかえ，池泉に滝を導いている。池には大きな亀島と出島があり，規模は小さいが入り組んだ変化ある地割りを見せる。

普門院庭園(ふもんいんていえん)　江戸時代初期(昭和改修)・京都市。臨済禅宗の名刹東福寺の塔頭で，開山聖一国師の開山堂と，国師の住坊であった普門院からなる。本庭は普門院方丈の東庭であるが，また北にある開山堂前庭ともなっており，南北に敷石路が通って，庭を2つに分けたような形式になっている。方丈前は平庭式枯山水で，立石や

洞窟石組があり，東部には築山を背にして，石橋を架けた池泉庭園が広がっているが，ここは昭和にかなり改修されたようである。

普門寺庭園（ふもんじていえん）　江戸時代初期・高槻市。当寺は臨済禅宗で室町時代の創立。後龍渓和尚の代に現地に移され中興された。龍渓は当時来日した中国明の名僧隠元禅師を師とし，明暦元年（1655）当寺を妙心寺末寺から黄檗宗に改宗したが，このころ時の作庭の名手，妙蓮寺玉淵によって作庭された文献があるのはまことに貴重である。方丈の西方にあり枯池式枯山水の典型作で，平庭に近い地に軽く土盛りをして枯池を表現している。低く枯滝や石橋を組んだ風雅な石組造形は，他の玉淵作といわれる庭園とも大きく共通している。

平城京曲水庭（へいじょうきょうきょくすいてい）　奈良時代・奈良市。本庭は昭和50年に発掘され世に出た庭園で，正しくは平城京左京三条二坊六坪庭園というが，略して曲水庭と称している。和銅3年（710）の平城遷都直後に作庭されたものと思われ，奈良時代の庭園造形を最もよく伝える遺構としてその価値は特に高い。かつて存在した建物の東庭で，全体を流れ形式とし，来客や行事のある時だけ水を流したもので，曲水宴などの遊びも行われたと思われる。流れの形は全体を龍池とするが，これは青龍を意味する。流れは全面に石を敷き詰めた石敷地底としているのが大きな特色で，また護岸石組や岩島なども表現されている。

法源寺庭園（ほうげんじていえん）　江戸時代末期・北海道。当寺は松前にある曹洞宗の名刹で，元和5年（1619）までに現地に移転された。本庭は様式手法から見て江戸末期の作庭と思われ，現在は本堂の東北にかなり離れているが，かつては近くにあった書院から観賞したものであろう。背後の小高い山畔を利用した池泉観賞式で，現在は涸池となっているが左右から出島を造り，東北部の奥には2段落ちの枯滝が構成されている。築山の左手正面には全庭の中心石があり，また東部築山にもよい感覚の石組がある。当代の庭としては，小規模ながら味わい深い作といえよう。

保国寺庭園（ほうこくじていえん）　室町時代・西条市。当寺は，鎌倉時代後期に京都東福寺に属する臨済禅宗の寺として開創されたが，天正時代の兵火によってすべての記録を失っている。江戸初期になって再建され，また江戸中期の宝暦2年（1752）に現在の本堂が建てられた。庭園は本堂の西南部にある池泉観賞式庭園で，様式上数少ない室町前期の作庭と考えられる水墨山水画様式の名園である。石は小さいものの，多数の伊予青石を使っており，奥に組まれた二個所の枯滝と，その手前に大きく構成された亀島の石組が見事で，手前には岩島が景を添えている。

法金剛院庭園（ほうこんごういんていえん）　平安時代（昭和改修）・京都市。当院は平安初期からの歴史をもつが，大治5年（1130）になって鳥羽天皇中宮の待賢門院によって再興され，この時から法金剛院と称した。本庭はこのとき伽藍の東方に南北に長く造られたもので，当時としては小規模の園池であったが，その北部に造られた滝の美しさで名高いものであった。この滝は，琳賢法師によって組まれたが，待賢門院はこれが気に入らず，すぐ後に徳大寺法印静意によっ

庭園

て、5，6尺ほど高く組み直された記録がある。この滝は今日も保存されており、これを中心として往時の庭園が推定復元されている。

宝積院庭園(ほうしゃくいんていえん)　江戸時代中期・大津市。当院は元遺教院の里坊として坂本の地に建立されたもので、延享5年(1748)のことであった。現在の書院と庭園はこの時のものである。また、ここが宝積院と改名されたのは大正時代頃であった。本庭は書院の南庭としての池泉観賞式庭園で、背後の小高い山畔を利用して、蓬萊石組や滝石組を見せている。池泉は当代の書院庭園としては広いほうで、左に鶴出島を造り、右手池中には小島の亀島を配している。池泉西部にある三橋つなぎの石橋は特に見事であり、書院前の飛石や手水鉢にも見所が多い。

芳春院庭園(ほうしゅんいんていえん)　江戸時代末期(明治改修)・京都市。当院は大徳寺の塔頭で、慶長13年(1608)前田利家の室華岩夫人と、その子利長が玉室禅師を迎えて開創した一院である。しかし江戸末期寛政8年(1796)火災にかかり、2年後に再建された。本庭は客殿北庭としての池泉観賞式庭園で、旧池を利用し、その再建時に大改修されたもので、さらに明治時代にも手が入っている。池泉には中島を造り二橋を架けているが後の手法で、北部築山にある枯滝石組付近が最も古いようである。

本法寺庭園(ほんぽうじていえん)　桃山時代・京都市。当寺は日蓮宗で本阿弥家代々の菩提寺である。天正15年(1587)現地に移された後、慶長時代に本阿弥光悦の帰依を得、その時代に作庭されたのが方丈東の枯山水庭園である。作者は光悦自身であると考えられる。奥に枯滝を組み、石橋を架け、手前の平庭部分に、幡の形(八橋形ともいう)の蓮池と日輪といわれる切石を配しているのが大きな特色となっている。かつては3つの巴形の低い築山があったために「巴の庭」として知られた。

摩訶耶寺庭園(まかやじていえん)　鎌倉時代・浜松市。奥浜名三ケ日の地に平安時代に創立された当寺が、後に山上から現地に移り、鎌倉時代中期頃に本庭が作庭されたものと推定される。昭和に復興された客殿から見る東部の眺めを主とした池泉観賞式庭園で、規模は大きくないが、緩やかな築山を背景とし、石組には三尊石組などの造形に平安時代形式を留めている。蓬萊出島、護岸石組、鶴島石組、古式枯山水石組、岩島等に優れた造形を見せているが、特に鶴島の力強い石組と流れるような線の美しさは大きな見所といえよう。

松尾神社庭園(まつおじんじゃていえん)　桃山時代・八日市市。当社は古く東大寺に属する尊勝寺の地にあり、その鎮守社として室町時代寛正3年(1462)に勧請されたらしい。その後尊勝寺の衰退に伴い、この地が佐々木氏等の勢力者の邸地とされた時代があって、武家書院庭園として現在の本庭も完成したと考えられている。様式的には桃山前期の作と思われるもので、枯池式枯山水に属する。元あったと考えられる書院の西庭で、背後の山畔に枯滝や連山の豪華な石組を行い、その手前に南北二つの中島を造り、それを石橋で結んでいる。特に南島の石組は見事で、ここにも枯滝や亀石組が表現されている。

曼殊院庭園(まんじゅいんていえん)　江戸時代初期・京都市。天台宗の名刹である当院が、御所近くの地からここに移されたのは明

暦2年(1656)のことであった。その中興は桂離宮初期の造営者八条宮智仁親王の2子良尚法親王であり、趣味にも共通点が多い。本庭は諸建築と同時に創立当初作庭されたもので、大書院、小書院の南にあたる広い枯池式枯山水。南方には巧みに石橋を生かした枯滝が組まれており、その左右の築山によって奥深い景を演出している。築山西方にも低い石橋があり、橋添石が効果的に用いられている。庭中には織部燈籠に似た石燈籠があり、また縁先には名物の「梟の手水鉢」も保存されている。

万徳寺庭園(まんとくじていえん) 江戸時代初期・小浜市。当寺は元極楽寺といい、真言の古刹であったというが、江戸初期延宝5年(1677)頃に現地に移された。庭は本堂に面する西南の小高く広い山畔を利用して作庭されたもので、手前に細い流れがあるものの目立たず、基本的には枯山水としての様式を示す。築山上部にある巨石の蓬莱石が本庭の中心となっている。

政所坊跡庭園(まんどころぼうあとていえん) 桃山時代・福岡県。政所坊はその名のごとく英彦山中の多数の坊の中でもその政務を司る座主の坊として創立されたものであったが、現在は建物を失いその跡は広場となる。ここにはかつて御殿風の建築があり、その書院南庭として作庭されたのが本庭である。15世代主忠有の代慶長6年(1601)から元和9年(1623)までの間に作庭されたものと思われ、今も豪華な石組を遺している。低い山畔を背にした池泉観賞式庭園で、正面に滝石組を見せるが、主石が右手前に倒れているのは惜しい。滝に添えて池中には見事な斜立石の岩島が保存されている。護岸や蓬莱石も特に優秀である。

万福寺庭園(まんぷくじていえん) 伝室町時代(江戸初期改修)・益田市。当寺は、古くは安福寺といい天台宗であった。しかし、正和2年(1313)時宗に改宗したといわれ、現在の寺号は、明徳2年(1391)益田兼見の法名からとって改めたものである。寺伝によれば、本庭は文明年間(1469～86)に雪舟によって作庭されたと伝えるが、その可能性は低い。庭は書院北庭としての池泉観賞式で、低いなだらかな築山を造ってそこに中心的な石組を行い、その手前に変化に富んだ曲線の池を掘り、東北部に枯滝を組んでいる。古式の点も見受けられるが、今日の造形には江戸初期頃の改修が多い。

宮良殿内庭園(みやらどぅんちていえん) 江戸時代末期・石垣市。ここは八重山諸島を管轄する役職に就任した宮良当演が、文政2年(1819)に営んだ邸宅の庭園で、作者は石垣氏庭園と同じく作庭家城間親雲上であった。その構成はほとんど同様の築山式枯山水で、築山に反りの強い切石橋を架けている。石組はすべて太湖石と共通する石灰岩で、中国庭園と似た好みの石であるが、本庭は石垣氏庭園よりもややおとなしい感覚となっている。右の築山には洞窟が造られており、この点も中国庭園に近い。しかし、ここでも蹲踞などを配しており、日本から伝えられた秘伝書などの影響を思わせる。

妙経寺庭園(みょうきょうじていえん) 江戸時代中期・杵築市。当寺は桃山時代に京都日蓮宗本圀寺の末寺として創立されたが、その後正徳2年(1712)現地に移された。本庭は書院北庭としての築山式枯山水

で，築山平庭結合式の作である。中央の小高い築山はまた出島ともなり，中心石を立て蓬莱様式の石組がある。枯池中には陰石や低い三尊石組を配し，全庭の調和を見せている。左奥には枯滝があり，また右手には築山から東部に二石つなぎの切石橋が架けられている。この橋には裏側面に銘文があり，本庭が当寺13世日行の代，安永4年（1775）に，淡路島の庭師秦兼利によって作庭されたことがわかるのはまことに貴重である。

妙厳寺庭園（みょうごんじていえん）　江戸初期・豊川市。一般に豊川稲荷の名で知られている当寺は曹洞宗の名刹，嘉吉元年（1441）の開創。本庭は書院西庭となっている池泉観賞式庭園で，三山形式の優雅な感覚の芝山を造り，その間に枯滝を組み，手前を細長い池泉とした構成。遠江地方の特色をよく示した庭園として知られる。

妙心寺小方丈庭園（みょうしんじしょうほうじょうていえん）　江戸時代中期・京都市。延元2年（1337）関山慧玄禅師によって開創された臨済禅宗の名刹妙心寺の本坊にある庭園。ここにはともに重要文化財の大方丈とその東の小方丈があり，本庭は小方丈の南庭として作庭された準平庭式枯山水である。文献によって江戸中期の明和2年（1765）頃に造られたことがわかっており，正面の低い築山に三尊石組を組んで主景としている。手前の平庭部に伽藍石を据えているのは珍しい造形といえよう。

妙善寺庭園（みょうぜんじていえん）　江戸時代初期・山梨県。当寺は鎌倉時代末期に傑翁是英禅師の開いた一寺で，当初は鎌倉円覚寺に属したが，現在は妙心寺派となっている。寺名は武田の臣安倍加賀守勝宝の法名から取ったものである。本庭は本堂裏の西庭として作庭されたもので，かなり急な山畔を利用して石組を行い，下を平庭に近い2段の造形とした枯山水庭園で，甲州では数少ない様式といえる。当地の天然の安山岩を利用して，おもに横系本位の石組を見せているのが特色で，左手には陰陽石もあり，また平庭部には坐禅石を配している。

無鄰庵庭園（むりんなんていえん）　明治時代・京都市。明治・大正の元老として名高い山縣有朋が，明治38年（1895）に別邸として営んだもので，作庭は植治として知られる小川治兵衛であった。東山を借景として，そこから流れが続いているかのような自然式の風景庭園だが，実際は疏水の水を引いたものである。奥には規模の大きい滝石組がある。

毛越寺庭園（もうつうじていえん）　平安時代・岩手県。当寺は奥州藤原氏の基衡により久安年間（1145～50）に創立された古刹。広い園池もその時の作で，南大門と金堂円隆寺の間に掘られ，中島に板橋を渡していたが，建物と橋は現在失われている。園池の東部には優雅な洲浜があり，『作庭記』にある干潟様そのままの雄大な曲線が美しい。また荒磯石組や亀島なども見所となっている。近年東北部に規模の大きな当初の遣水が発掘され，曲水宴を行った遺跡であると推定されている。

毛利氏本邸庭園（もうりしほんていていえん）　明治時代・防府市。有力大名であった毛利氏が明治時代に防府に本邸を構え，ここに雄大な庭園を築造した。明治を代表する大庭園として特筆すべき存在である。起伏のある地に作庭されており，下部池泉に至る間には渓谷を思わせる数々

の石組がある。大雪見燈籠の景色なども特色といえる。

森氏庭園（もりしていえん）　江戸時代中期・鹿児島県。当地に残されている武家屋敷の庭園群を知覧麓庭園と称するが、その中では唯一の池泉観賞式庭園。本庭は寛保年間(1741～43)に邸宅とともに作庭されたもので、小池泉ではあるが滝を落とし、それに添えて塔燈籠を配し、池中に洞窟石組を設けるなど、知覧庭園の先駆的造形が見られる。

諸戸氏庭園（もろとしていえん）　明治時代・桑名市。当地の旧家で、豪商として名高い諸戸家の庭園で、明治時代に好みにまかせて作庭された、大名好み風の池泉回遊式庭園。カキツバタを栽培し、そこに板橋の八ッ橋を架けた八ッ橋庭と、書院の池泉庭園がある。後者は旧桑名城にあった庭園の古材を用いたものといわれる。

靖國神社庭園（やすくにじんじゃていえん）　明治時代・東京都。境内西北部にある池泉庭園で、明治維新後、東京の庭園としては最も早く作庭された。主景である豪華な滝石組等は明治5年から11年にかけて造られており、この滝には当時玉川上水が引かれていたことも明らかになった。その後明治37年の池泉改修によって中島二島が造られ今日見る姿になった。名石を多数用いた石組が見事で、獅子の築山等豊かな景がある。特に中島に架かる花崗岩の切橋は、直橋としては日本一の長さを誇っている。長らく荒廃していたが平成11年に修復が完了し、都内有数の美しい水景を見せる庭園として蘇った。

藪内家露地（やぶのうちけろじ）　江戸時代初期（江戸末期改修）・京都市。当家は千家を上流というのに対して、下流という茶道宗家であり、2代藪内紹智（眞翁）の時、寛永11年(1634)に西本願寺の希望で名席「燕庵」とともに現地に移された。しかし、元治元年(1864)の兵火によって焼失し、今の燕庵はその写しが摂津国から移建された。露地も改修されているが、古図によって復元され、江戸初期の姿をよく伝えている。東部から露地に入ると、伽藍石手水鉢が据えられており、そこから外露地に出ると、当家独特の腰掛待合や砂雪隠がある。中門を入った内露地の構成も、手水鉢等名品揃いで端正な美しさを誇っている。

養浩館庭園（ようこうかんていえん）　江戸時代初期・福井市。福井藩主松平吉品によって、宝永元年(1704)に営まれた下屋敷の庭園で、宝永7年(1710)までには完成しており、その作庭には山田宗徧も関係したといわれている。中心となる養浩館の西に展開する広い池泉回遊式の大名庭園で、別名を「御泉水屋敷」ともいった。池泉は多くの出島を見せた変化に富んだ構成で、西南部には江戸時代らしい滝石組や石橋も見られる。陰陽石を配しているのも、いかにも大名好みといえよう。福井地震などでかなり荒廃していたが、近年修理が完成して美しい姿を見せるようになった。

養翠園庭園（ようすいえんていえん）　江戸時代末期・和歌山市。紀州藩主徳川治宝が西浜御殿造営の直後に、近くの水軒御用地に作庭した池泉回遊式の大名庭園で、文政4年(1821)頃に完成した。南の土手外はすぐ大浦湾であり、その地の利を生かして海水を取り入れた汐入式庭園とされている。園は東西に長い池泉からなり、かつては西部に御殿があった。池泉中央部の東寄りにある中島には、

庭園

北岸から平面鍵形の堤が作られ，中島東部に達している。南北に長い堤の部分には三橋のアーチ橋が架けられ，中国杭州市西湖にある蘇堤の景が写されている。池泉には海水を保つため，雨水を排水する流れなどが造られている。

頼久寺庭園（らいきゅうじていえん）　江戸時代初期・高梁市。当寺は中世の戦乱後，毛利輝元によって復興された臨済禅の名刹。後松山城代官として当地に入ったのが小堀政次，政一（遠州）親子である。本庭はこの時小堀遠州によって作庭されたと伝承されているが，問題も多い。書院の南から東南方向に広がる枯池式枯山水で，南部にある渦巻状刈込みと立石を中心とした石組，さらに東部にあるサツキ等による波形の大刈込みが特に見事な景となっており，斬新な感覚の庭といえる。

頼光寺庭園（らいこうじていえん）　江戸時代中期・兵庫県。元和元年（1615）に曹洞宗として移建改宗された寺院で，江戸中期享保3年（1718）に再度現地に移された。本庭は，庫裏の南庭として作庭された池泉観賞式庭園で，宝暦年間（1751〜64）頃の作と考えられる。池泉の左手に大きく蓬莱島を造り，蓬莱石を据えたあたりの景がよく，池泉対岸背後にある石組との調和を見せている。なだらかな山畔奥の紅葉林も美しい。

楽々園庭園（らくらくえんていえん）　江戸時代初期・彦根市。玄宮園の西部に隣接して作庭された枯山水庭園。延宝4年（1676）より井伊直興によって当地に槻御殿が造営され，同時に庭園も完成したと考えられる。現在は西部にある書院からの眺めを主としており，築山枯池結合式の枯山水庭園となっている。枯池の南部に規模の大きな築山を設け，ここには石組優秀な力強い枯滝を組み，枯池に落とす形式を見せる。その上部には枯流れを設け，中央には石橋を架けている。石橋のすぐ右手にある三尊石組や，その下にある山形の蓬莱石などには優れた感覚がある。

六義園庭園（りくぎえんていえん）　江戸時代初期（明治改修）・東京都。川越藩主柳沢吉保が元禄8年（1695）将軍綱吉から駒込の地を賜わり，広大な池泉回遊式の大名庭園を営んだもの。同15年に吉保は自ら園内の名勝を撰して「六義園」と命名した。池泉中央には大きな中島を造り，西北部には高い築山「藤代峠」がある。また南部には滝を落としており，和歌の心に因んで「和歌浦」や「紀ノ川」の風景を取り入れ，八十八景の石柱を立てるなど，特色ある造形を見せる。ただ明治初年に岩崎氏の所有になってからかなり大きく改修されたようである。

栗林園庭園（りつりんえんていえん）　江戸時代初期〜中期・高松市。初代高松藩主松平頼重が，寛永19年（1642）入国してよりすぐに作庭にかかった大名庭園で，以来工事が続行され，5代頼恭の代延享2年（1745）に完成した。その後，各代にわたって六個所に園池が造られたが，中でも南部の「南湖」が最も古く書院「掬月亭」からの景色が特に美しい。また東部にある板橋の反橋「偃月橋」からは全体を俯瞰することができる。池中の岩島群，中島石組等見所が多く，また西部にある「涵翠池」北部のソテツ植込みも見事である。

龍安寺庭園（りょうあんじていえん）　室町時代・京都市。当寺は，徳大寺家の山荘跡に細川勝元によって創立された臨済宗の禅寺であ

るが，応仁の乱によって焼失し，その後，細川政元が特芳禅傑を中興として再建した。本庭はこの中興時，明応8年（1499）の方丈再建直後に作庭されたと推定される平庭式枯山水で，方丈南庭に作られた枯山水の古い作例と思われる。長方形の一面の白砂の中に，十五石によって全体を東部より七・五・三の配石とする。石は寄せ集めながら，その高度な石組感覚と空間処理は見事であり，枯山水初期の名作として広く世に知られている。

龍源院庭園（りょうげんいんていえん）　室町時代・京都市。当院は大徳寺の一院で，名僧東渓宗牧禅師の塔頭であり永正14年（1517）直後の創立という。名建築の方丈（国宝）北に作庭された「龍吟庭」は，創立当初の作と思われる平庭式枯山水庭園で，枯山水としては最古に近い。庭園正面にそそり立つ青石の石組を見せ，味わい深い空間を創造する。今は苔庭となっているが，かつては白砂敷きであったと考えられる。なお方丈東部にある「東滴壺」と命名された坪庭は，昭和の庭園研究家であった鍋島岳生の作である。

龍潭寺庭園（りょうたんじていえん）　江戸時代初期・静岡県。当寺は臨済禅宗の名刹で，彦根藩主井伊氏の菩提寺として名高い。本庭は本堂北庭で，小堀遠州作庭説などもあるが，現在の本堂が再建された延宝4年（1676）頃の作庭であろう。東西に長い築山を三山形式の芝山とし，その間に三つの枯滝を造っており，正面築山の中央には三尊石組がある。下の細長い池泉には亀出島や岩島等を見せている。現在サツキの刈込みが多く，石組を隠しているのは惜しい。

輪王寺逍遙園庭園（りんのうじしょうようえんていえん）　江戸時代初期・日光市。日光東照宮の元別当寺で，天台宗の輪王寺庭園。慶安元年（1648）直後の作庭と考えられる。男体山を望む地にあり，東西に長い池泉を掘り，東を流れ形式とした池泉回遊式の広い庭園である。改造もあるが，中島石組などには古い造形を保存しており，特に五重の塔燈籠は江戸初期の名品である。

霊雲院庭園（れいうんいんていえん）　室町時代・京都市。当院は臨済禅の名刹妙心寺の塔頭で，大永6年（1526）大休宗休禅師によって開創された。後に禅師は後奈良天皇の師となったため，天皇の当院行幸が決まり，天文12年（1543）に栂尾の地から建物を移築して方丈とし，同時に書院「行幸の間」を建立した。本庭はこの書院の南庭として建物とほぼ同時に作庭されたごく小規模の準平庭式枯山水で，文献によって相国寺の僧で作庭家でもあった子建寿寅の作であることがわかっている。東側の低い土盛りの上に青石を中心とした優れた感覚の石組を行い，さらにそこを小さな枯滝として表現した，まことに愛すべき作となっている。

霊鑑寺庭園（れいかんじていえん）　江戸時代初期・京都市。当寺は門跡尼院としての格式を誇る臨済禅宗の尼寺で，承応2年（1653）後水尾上皇の11皇女が出家し宗澄尼となって開創したものである。本庭は創立時に完成したと思われる池泉観賞式庭園であるが，現在は涸池となっている。客殿の南庭が見所で，左手奥に滝石組があり，右手に自然石の石橋を架けているあたりがよき景となっている。対岸に立てられている般若寺形石燈籠や，右手にある塔燈籠も特色といえる。

霊洞院庭園（れいとういんていえん）　江戸時代中期・京都市。当院は臨済禅宗の古刹建仁寺の塔頭で、現在は僧堂となっている。南北朝時代に開かれた由緒をもつが、江戸時代後期に再建された。庭園は方丈の東部に続く書院の庭として作庭された池泉観賞式庭園で、書院の南から東にかけて池が掘られており、東部の中央には亀島がある。南庭は正面に青石の板石を立てて中心石とし、その手前に三本つなぎの切石橋が架けられているが、ここにはかつて土橋が架けられていた。

蓮華寺庭園（れんげじていえん）　江戸時代初期（江戸末期改修）・京都市。当寺は天台宗寺院で、寛文2年（1662）実蔵坊実俊によって開かれた。その直後に作庭が行われたが、中島に碑を立てるという特殊な池泉形式であったらしい。後の江戸末期に西側に建てられた書院から見るように大きく池の形を変え、池泉を西に広げて亀島や舟石が池中に配置された。当初碑に対して立てられていた特殊な石燈籠は、現在本堂前に移されており、世に蓮華寺形石燈籠として知られている。

鹿苑寺庭園（ろくおんじていえん）　鎌倉時代（室町初期改修）・京都市。鎌倉時代に西園寺公経の別邸、北山第の庭として元仁元年（1224）頃から作庭に着手された池泉舟遊式庭園で、後応永4年（1397）足利義満がこの地を入手して北山山荘の造営にかかり、庭園も部分的な改造が行われた。広い園池には大小の島や岩島を多数配しているのが特色で、中央には見事な三尊形式の護岸を持つ蓬莱島がある。その北には義満が西芳寺の舎利殿を模して建立した「金閣」（再建）があり、元は中島に建てられていた。その南部池泉には九山八海石、亀島、鶴島などがある。庭園北方にある「龍門瀑」は、特に傑出した滝石組として知られている。

和歌山城紅葉渓庭園（わかやまじょうもみじだにていえん）　桃山時代～江戸時代初期・和歌山市。和歌山城西ノ丸御殿の庭として築かれたもので、元和5年（1619）紀州徳川家の初祖頼宣が入城した直後に作庭にかかったもの。東は内堀を利用した広い水面とし、西は渓谷式で、南の築山に滝を落とし、地元の名石紀州青石を用いた桃山風の豪華な築山石組などが見られる。

渡辺氏庭園（わたなべしていえん）　江戸時代中期・新潟県。当家は村上藩に仕えた武士であったが、寛文7年（1667）に帰農して土着し、酒造業、回船業などを営み大地主となった家である。本庭は明和6年（1769）頃の作庭と思われる池泉観賞式兼回遊式庭園で、書院等建物の西庭となり、正面奥に滝石組を造って、その手前出島となった左右に土橋を架ける。池泉東部からも出島を見せて先端部を石浜とし、そこに雪見燈籠を据える。主室は庭園の東南にある書院であり、その前にも入江を横断して欄干のある板橋が架けられている。庭石には遠く紀州や小豆島の石が用いられている。

著名な作庭家・庭園関係者

秋里籬島(あきさとりとう) ⇒ 籬島軒秋里(りとうけんあきさと)

浅野幸長(あさのよしなが) 天正4年(1576)～慶長18年(1613)。桃山時代の豊臣方有力大名で、後に徳川方に属し紀伊国を領した。学問や茶に深く通じ、また大の愛庭家でもあった。和歌山城西ノ丸に立派な庭を造らせたものが、今日もなお名残りを留めている。

足利義昭(あしかがよしあき) 天文6年(1537)～慶長2年(1597)。室町時代の15代将軍。織田信長に奉じられて入京したとき、義昭のために二条第が造営され、そこに見事な庭園が造られたことは名高いが、今日は保存されていない。

足利義晴(あしかがよしはる) 永正8年(1511)～天文19年(1550)。室町時代の12代将軍。享禄元年(1582)三好元長らに京を追われ、細川高国とともに近江に逃れて朽木谷の朽木稙綱を頼った。このとき、義晴館庭園として作られたのが、今日も名園として名高い旧秀隣寺庭園である。

足利義政(あしかがよしまさ) 永享8年(1436)～延徳2年(1490)。室町時代の8代将軍。政治的には無力であったが、文化面での功績は大きく、近くに同朋衆をおいて文物の保護に努め、東山文化を形成した。文明14年(1482)からは東山殿の造営と作庭に着手したが、この庭は現在慈照寺(銀閣)庭園として保存されている。

足利義満(あしかがよしみつ) 延文3年(1358)～応永15年(1408)。室町時代の3代将軍。愛庭家としても知られ、室町花の御所には広大な庭園を築いた。また応永4年(1397)には西園寺家北山山荘の地を譲り受け、同地にあった鎌倉時代の名園中に金閣などを建立した。これが今日の鹿苑寺(金閣)庭園である。

石川丈山(いしかわじょうざん) 天正11年(1583)～寛文12年(1672)。桃山時代から江戸初期にかけての武人で、また文化人。名を重之といったが、号丈山が名高い。寛永13年(1636)京比叡山麓に詩仙堂を建て、その庭を造った。また東本願寺別邸である渉成園の作庭にも努力している。

以心崇伝(いしんすうでん) 永禄12年(1569)～寛永10年(1632)。桃山時代から江戸初期にかけての臨済禅宗の僧。徳川家康の信任を受けて僧録司の位に上り、「黒衣の宰相」といわれた。寛永9年(1632)小堀遠州と配下の賢庭に依頼し、京南禅寺の自坊金地院に作庭を行ったものが、今も特色ある枯山水庭園としてよく保存されている。

植治(うえじ) ⇒ 小川治兵衛

上田宗箇(うえだそうこ) 永禄10年(1567)～慶安3年(1650)。武将であるが茶人としても名高く、千利休、古田織部に茶を学んだ。関ケ原役後は紀州浅野幸長に預けられ、同藩の家老となった。このとき和歌山城庭園の作庭に関係し、その後移藩となった広島では、今日の縮景園の初期作庭に努力したことが知られている。

小川治兵衛(おがわじへい) 萬延元年(1860)～昭和8年(1933)。明治から昭和初年に

かけて京都で活躍した庭師。明治の新風を取り入れた自然主義本位の作庭法を完成し、その屋号から植治流と称された。京都の無隣庵庭園、碧雲荘庭園、平安神宮庭園などが代表作として知られている。

義演准后（ぎえんじゅごう）　永禄元年(1558)～寛永3年(1626)。桃山時代の真言宗の僧。一時足利義昭の猶子となったが、後に京醍醐寺に入り、天正3年(1575)金剛輪院を再興した。慶長2年(1597)秀吉の命によって同院に作庭を開始したがこれが名園として名高い今日の三宝院庭園である。

木下利房（きのしたとしふさ）　天正元年(1573)～寛永14年(1637)。桃山から江戸初期の大名で、秀吉の室北政所の甥にあたる。大坂冬の陣では東軍に属し、備中足守藩を領した。寛永初年、京東山高台寺西下の地に邸を営み、奥屋敷の地に作庭を行った。これが今日もよく保存されている円徳院庭園である。

百済河成（くだらのかわなり）　延暦元年(782)～仁寿3年(853)。平安初期の武官で、また絵師でもあった。河成はまた作庭にも長じていたといわれ、『今昔物語』には嵯峨天皇が営んだ嵯峨院園池の滝殿に面して石を立てたことが記されている。同庭は今日、大沢池庭園として保存されている。

賢庭（けんてい）　生没年不詳。桃山時代から江戸初期にかけての作庭家で、庭師の指導者的な立場にあった。豊臣秀吉の命により京都三宝院庭園の作庭に努力した。江戸時代に入ってからは小堀遠州の配下となり、金地院庭園を作っている。特に石組の名手であったという。

古嶽宗亘（こがくそうごう）　寛正6年(1465)～天文17年(1548)。室町時代の臨済禅の僧。大徳寺の実伝宗真を師として、明応9年(1500)法を継いだ。永正6年(1509)には同寺内に塔頭大仙院を創立し、その方丈東庭を作庭指導した。この庭は今も水墨山水画式枯流式枯山水の名作としてよく保存されている。

巨勢金岡（こせのかなおか）　生没年不詳。平安時代初期の絵師で、巨勢派の祖。唐絵の名手であったといい、また作庭にも長じていたといわれる。現在の京都大沢池庭園の前身である嵯峨院園池に石を立てたという伝承がある。

小堀遠州（こぼりえんじゅう）　⇒小堀政一

小堀政一（こぼりまさかず）　天正7年(1579)～正保4年(1647)。桃山時代から江戸初期にかけての茶人で、小大名であったが、広く芸術一般に通じた。幕府の普請奉行、作事奉行として数々の作庭にもかかわったが、今日保存されているものは京都の二条城庭園、金地院庭園、孤篷庵庭園等である。世に伝遠州作の庭は多いが、そのほとんどは単なる伝承に過ぎない。

後水尾天皇（ごみずのおてんのう）　慶長元年(1596)～延宝8年(1680)。江戸初期の第108代天皇。慶長16年(1611)に即位してからは、江戸幕府と対立することが多かったが、文化面での業績は大きい。明暦2年(1656)からは、京洛北に修学院離宮の造営を開始しており、その庭は今も規模の大きな離宮庭園の代表作として広く知られている。

重森三玲（しげもりみれい）　明治29年(1896)～昭和50年(1975)。昭和に活躍した作庭家で、また日本庭園研究の先駆者の一人。昭和7年(1932)に京都林泉協会の創立に加わり、後には長く同会会長を務めた。庭園についての著書、作庭も多いが、『日本庭園史図鑑』の編纂は特に名

高い。代表作としては，京都の東福寺本坊庭園，大徳寺瑞峰院庭園などがある。

子建寿寅(しけんじゅいん)　文明18年(1486)～天正9年(1581)。室町時代から桃山時代にかけての臨済禅宗の僧。京相国寺に入って慈雲庵に住したが，声明，画技，作庭に優れていた。天文12年(1543)頃には京妙心寺霊雲院庭園を造ったことが証明されている。同庭は今も保存されており，小規模枯山水の名作として名高い。

島大臣(しまのおとど)　⇒蘇我馬子

朱舜水(しゅしゅんすい)　慶長5年(1600)～天和2年(1682)。中国明の儒者で，また一大文化人であった。明朝の再興を企てたが，寛文元年(1661)日本に亡命し，徳川光圀に迎えられてその師となった。水戸藩上屋敷の庭に中国的な景を取り入れ，「後楽園」と命名したことはよく知られている。

白河楽翁(しらかわらくおう)　⇒松平定信

雪舟等楊(せっしゅうとうよう)　応永27年(1420)～永正3年(1506)。室町時代の臨済禅の僧で，また名高い水墨画家。応仁元年(1467)山口の地より明国に渡った。翌々年帰朝後は，画技の他に作庭も行ったと考えられている。伝雪舟作の庭は多いが，信じられるものは旧亀石坊庭園（福岡県）と常栄寺庭園（山口市）である。

善阿彌(ぜんあみ)　生没年不詳。室町時代の作庭家で河原者の出身。将軍足利義政に仕えて同朋衆の一人となり，東山殿庭園の作庭には大いにその手腕を発揮した。諸文献に記されている年齢を総合して考えると矛盾があり，親子二代で善阿彌を名乗った可能性がきわめて大であると考えられる。

千宗易(せんのそうえき)　⇒千利休

千利休(せんのりきゅう)　大永2年(1522)～天正19年(1591)。桃山時代の大茶人で，宗易という。幼少より茶の道に入り，北向道陳，武野紹鴎に師事している。茶道を大成させ，露地を重視して，侘草庵の茶を主張した。大徳寺の古渓和尚より「利休」の号を得たが，秀吉との対立を生じ自刃を命じられたことはよく知られている。

蘇我馬子(そがのうまこ)　生年不詳～推古天皇34年(626)。飛鳥時代の豪族で一大勢力者。聖徳太子とともに仏教を保護し政治を行った。推古天皇28年(620)頃，飛鳥川のほとりの自邸に池庭を造ったが，その池中に小島があったことより，人は馬子を「島大臣(しまのおとど)」と称した。臣下の邸に園を造った最初の人物と考えられている。

橘俊綱(たちばなのとしつな)　⇒藤原俊綱

東睦和尚(とうぼくおしょう)　生年不詳～文政11年(1828)。江戸後期の臨済禅宗の僧。豊後杵築の人で，幼時に仏門に入り，同地養徳寺の弟子となったが，ここで作庭法を学び，秘伝書『築山染指録』をまとめた。後に京妙心寺に入り，自坊とした東海庵に枯山水を造った。また東睦自刻の「花園東海庵書院假山図」が今も保存されている。

徳川光圀(とくがわみつくに)　寛永5年(1627)～元禄13年(1700)。水戸徳川家2代藩主。幼時から聡明で文筆に優れたが，明国から亡命してきた朱舜水を師として儒学などを学び，その指導によって水戸藩江戸上屋敷の庭を大改修し，「後楽園」と命名した。晩年は常陸西山荘に隠居して黄門と称されたことは名高い。

徳大寺法印静意(とくだいじほういんせいい)　生没年不詳。

平安時代末期の真言宗の僧で、同時に有数の作庭家でもあった。山城徳大寺の開山となり、仁和寺にも入った。秘伝書『山水幷野形図』の系図中にもその名がある。今も保存されている京都法金剛院の滝は、静意が5、6尺ばかり高く改修したことが『長秋記』に述べられている。

八条宮智仁（はちじょうのみやとしひと）　天正7年(1575)～寛永6年(1629)。桃山時代から江戸初期の親王で、一時豊臣秀吉の養子となったが、後に八条宮が創立されその初代となった。元和3年(1617)頃から別邸としての桂山荘造営に着手し、その庭を造ったが、これが今に伝わる桂離宮の初期の造営であった。

八条宮智忠（はちじょうのみやのただひと）　元和5年(1619)～寛文2年(1662)。江戸初期の親王で八条宮家2代。寛永6年(1629)元服の年に父智仁親王が没し、その後桂山荘の第2次造営に力を尽した。父の代の建築、庭園を大改修しており、今日の桂離宮庭園の大部分はこの時に完成したものと考えられる。

蜂須賀家政（はちすかいえまさ）　永禄元年(1558)～寛永15年(1638)。戦国大名の一人で小六正勝の子。秀吉の配下として四国に出兵し、阿波国を領した。その本拠地徳島城に慶長5年(1600)以降表御殿を建立し、そこに豪華な庭園を造った。これが吉野川の水を取り入れた現在の徳島城庭園で、多数の庭石を用いた名園として知られる。

藤村庸軒（ふじむらようけん）　慶長18年(1613)～元禄12年(1699)。江戸初期の茶人。小堀遠州や千宗旦に師事して侘茶を学んだ。作庭にも長じており、その菩提寺である京黒谷西翁院に澱看席と露地を造っている。また、近江堅田の居初氏

天然図画亭の建立と作庭も指導したと考えられている。

藤原定家（ふじわらのさだいえ　ていか）　応保2年(1162)～仁治2年(1241)。鎌倉時代の公卿で一大文化人。特に和歌や書に深く通じていたが、また作庭にも造詣があった。その日記『明月記』には、中御門殿、高陽院などの庭造りに努力したことが記されているほか、多くの庭園の見学記がある。

藤原俊綱（ふじわらのとしつな）　長元元年(1028)～嘉保元年(1094)。平安時代後期の公家で一大文化人。伏見の地に自邸を営んだため、伏見俊綱ともいい、そこに名園を作庭していた。当時藤原氏の中に秘伝として伝えられてきた作庭法をまとめ、『前栽秘抄』として編纂したが、これが今日『作庭記』として名高い秘伝書である。

古田織部（ふるたおりべ）　天文12年(1543)～元和元年(1615)。桃山時代の大名で、また大茶人として名高い。織田信長、豊臣秀吉に仕え、茶は千利休に学んだ。師の侘茶に対して、大名好みの派手な茶を創立し、露地であっても飛石などに大石を用いている。後に内通の罪によって自刃を命じられたが、彼の茶は高弟の小堀政一に受け継がれた。

細川三斎（ほそかわさんさい）　⇒細川忠興

細川忠興（ほそかわただおき）　永禄6年(1563)～正保2年(1645)。桃山時代から江戸初期の大名で、また茶人としても知られる。織田、豊臣、徳川の3代に仕えたが、隠居後はもっぱら茶の湯にはげみ、三斎の号で名高く、師千利休の茶をよく実践した。利休より贈られた石燈籠を愛し、それを自らの墓標としたものが、高桐院形石燈籠である。

本阿弥光悦（ほんあみこうえつ）　永禄元年(1558)～

寛永14年(1637)。桃山時代から江戸初期にかけての工芸家で,最大の文化人。陶芸,蒔絵,書に優れ,茶は古田織部に学んでいる。代々の法華信徒で,その菩提寺である京都本法寺に,「巴の庭」と称される枯山水庭園を造ったことがあり,作庭にも深い見識を持っていたことがわかる。

松平定信(まつだいらさだのぶ) 宝暦8年(1758)～文政12年(1829)。江戸中期から末期の大名で,奥州白河藩主として老中にまで進んだ。また文化人としても広く知られ,隠居後は白河楽翁といわれた。彼の江戸屋敷は築地にあり,その庭は「洛恩園」という名園で,広大な園池に七島を浮べた見事な景であったが,今は失われている。

松平不昧(まつだいらふまい) 宝暦元年(1751)～文政元年(1818)。江戸中期から末期の大名で,松江藩主。名を治郷といい,文化人として,また茶人として広く知られた。致仕後に江戸品川御殿山に茶席と露地を造ったが,現存しない。不昧の好みを伝える茶席としては,松江有沢山荘内の菅田庵がある。小堀遠州創建の京都孤篷庵を再建したことでも名高い。

路子工(みちこのたくみ) 生没年不詳。飛鳥時代の人。推古天皇20年(612)に百済国から日本に渡った帰化人で,『日本書紀』によると,身体に白斑があったために海中の島に流されそうになった。しかし彼は自分に山岳の形を造る才があるといい,許されて南庭に須弥山の形と呉橋を造ったという。

水戸光圀(みとみつくに) ⇒徳川光圀

源融(みなもとのとおる) 弘仁13年(822)～寛平7年(895)。平安時代初期の公卿で,嵯峨天皇の12皇子。嵯峨源氏の長老として河原左大臣といわれた。貞観14年(873)頃に,宇治別業,棲霞観別業,河原院別業を営み,それぞれに見事な園池を造ったことはよく知られている。しかし,いずれの庭も現存していない。

夢窓疎石(むそうそせき) 建治元年(1275)～正平6年(1351)。鎌倉末期の臨済禅僧。甲斐で真言僧として出家したが,後に京に行き禅を修業。鎌倉で師の高峰より悟りを得,各地の景勝地に庵を営んだ。後半世は京の西芳寺,天龍寺等に入寺。大の愛庭家であったために,後世において作庭家との説も起こったが,伝承に過ぎない。

柳沢吉保(やなぎさわよしやす) 萬治元年(1658)～正徳4年(1714)。江戸初期の大名。将軍綱吉に仕えて信任厚く,側用人として幕府の実権を握った。後に甲斐甲府に封じられて15万余石を得た。元禄15年(1702)江戸駒込の地に大庭園を造り和歌の心をそのテーマとしたが,これが現存する六義園庭園である。

山県有朋(やまがたありとも) 天保9年(1838)～大正11年(1922)。長崎出身の軍人で政治家。幕末に活躍して明治政府では陸軍の育成にあたり,後に首相となった。明治の元老として長く力をもったが,特に作庭を好み,京の庭師・小川治兵衛を重用し,その邸宅,別邸を造らせた。京都の無隣庵庭園,東京の椿山荘庭園等が今も保存されている。

籬島軒秋里(りとうけんあきさと) 生没年不詳。江戸後期の名所図会編集者で,また作庭秘伝書の発行者としても知られる。彼の刊行した『都名所図会』『都林泉名勝図会』は,当時の京の庭を知る好史料である。また作庭法を詳記した『石組園生八重垣伝』『庭造伝』(後に『築山庭造伝後編』という)は,江戸後期の

作庭法をよく語っている。

良尚法親王(りょうしょうほうしんのう)　元和8年(1622)～元禄6年(1693)。江戸初期の法親王で，八条宮家初代智仁親王の子。2代智忠親王の弟にあたり，伯父良恕法親王の弟子となった。明暦2年(1656)，幕命によって京曼殊院を一乗寺の地に移し，その中興開山となったが，そこに造られた枯山水は今も名園としてよく知られている。

琳賢法師(りんけんほうし)　生没年不詳。平安末期の密教僧で，当時作庭にも活躍した石立僧の一人。高野山の僧ともいわれるが，疑問が多い。その事跡として明確なのは，京都法金剛院の滝石組を造ったことである。しかし，待賢門院はこの滝が気に入らず，後に徳大寺法印静意に命じて改造したことが『長秋記』に記されている。

主要樹木

アオキ［青木］ 別名アオキバ(青木葉)
科・属 ミズキ科アオキ属
原産地 本州(宮城県以南)～沖縄
植栽分布 北海道南部以南～沖縄
形態 広葉樹, 常緑低木, 雌雄異株
　［樹形］　不整形, 通常株立状
　［樹高］　自然形：2～4 m
　　　　　　植栽時：0.5～1.5 m
　［開花期］　4～5月
　［花］　4弁の極小花
　［葉］　対生, 長楕円形, 長さ8～10cm
　［果実］　12月頃雌木に赤熟して, 翌春まで着生している。
適地・性質 樹勢は比較的強く, 都市環境に対する抵抗性も大きい。日差しや風当たりの強いところでは, 葉色が変わることがある。
　［適地］　湿気のある肥沃地を好み, 比較的土質を選ばず生育する。
　［日照］　半日陰を好み, 耐陰性が強い。
　［水分］　耐湿性や耐乾性がある。
　［生長］　やや早い
植栽・移植
　［適期］　萌芽直前頃, 6～7月, 9～10月
　［移植性］　容易
　［根系］　浅根性
用途・配植 庭木(目隠し, 根締めなど), 公園樹に使用。耐陰性があるため, 建物の北側の植栽に利用されている代表的な樹木である。庭園には, 冬期の紅熟した実を賞するため雌株を植込み中などに配植する。
整姿・剪定・管理 萌芽力はあるが, あまり剪定を好まない。放任してもそれほど形は乱れずに生育していくので, 通常は行わなくてよい。一定の大きさを維持していく場合でも, 伸びすぎた枝の切替え, 間引き程度の剪定にとどめる。時期は萌芽期, 7～8月がよい。
病虫害 病害：炭そ病, 斑点病など　虫害：カイガラムシ

アカシデ［赤四手，赤幣］ 別名ソロ
科・属 カバノキ科クマシデ属
原産地 北海道中部以南～九州
植栽分布 北海道中部以南～九州
形態 広葉樹，落葉高木，雌雄同株
　［樹形］ 樹冠はほぼ円形，幹枝はやや振曲して伸びる。
　［樹高］ 自然形：10～15 m
　［開花期］ 4～5月
　［葉］ 互生，卵状楕円形，長さ4～9 cm
　［果実］ 10月成熟
適地・性質 樹勢はおおむね強健で，萌芽性も良く，剪定に耐える。
　［適地］ 適湿の深層土を好み，土質は比較的選ばない。
　［日照］ 陽樹～中庸樹
　［水分］ 耐乾性あり，低湿地は不向き
　［生長］ 早い
植栽・移植
　［適期］ 3～4月，10～11月
　［移植性］ 若木：容易，成木：普通
　［根系］ 浅根性
用途・配植 庭木，公園樹に使用。新芽，紅色の若葉，秋の紅葉を楽しむために植込み中に配するか，他の雑木（コナラ，イヌシデなど）と混植する。
整姿・剪定・管理 自然樹形を賞する樹木なので，剪定はそれを損なわないように留意して行う。おもに枝の切替え，および混んだ枝の間引き程度の剪定でよく，枝先の切詰めは原則行わないほうがよい。
病虫害 虫害：マイマイガ，カミキリムシ

アカマツ［赤松］ 別名メマツ（女松）
科・属 マツ科マツ属
原産地 北海道南部以南～九州の主として山地に自生，中国ほか
植栽分布 北海道南部以南～九州
形態 針葉樹，常緑高木，雌雄同株
　［樹形］ 不整形，直幹またはやや曲幹性
　［樹高］ 自然形：20～35m，仕立て形4～10 m
　　植栽時：野木，半仕立てもの3.0～6.0 m，仕立てもの2.0～4.0 m
　［開花期］ 4月
　［花色］ 雌花緑黄褐色，雌花紅紫色
　［葉］ 針状，長さ7～12 cm
　［果実］ 翌年10月成熟（マツカサ）
適地・性質 大気汚染等，都市環境に対する抵抗性はやや弱い。
　［適地］ 花崗岩風化土および火山灰風化土で生育がよいが，比較的土質を選ばない。
　［日照］ 極陽樹
　［水分］ 湿地を嫌う
　［生長］ やや早い
植栽・移植
　［適期］ 2～3月
　［移植性］ 容易～普通，根回し必要
　［根系］ 深根直根性
用途・配植 庭木(主木)，公園樹などに使用。庭園では，多く自然樹形を生かして仕立てたものを配植する。広い庭や公園などでは野木や半仕立てのものを群植して林風の景づくりとする。
整姿・剪定・管理 仕立てものでは，樹形を維持するため，毎年新葉（みどり）摘み，古葉引きなどの手入れが必要である。野木などでは，伸びすぎた枝の切詰め，混みすぎた枝の間引きなどを数年ごとに行う。時期はみどり摘みは5月頃，ほかは8～12月頃。
病虫害 虫害：マツカレハ，アブラムシ

樹木

アジサイ［紫陽花，綉球(中国名)］
科・属　ユキノシタ科アジサイ属
原産地　ガクアジサイの園芸品種
植栽分布　北海道～沖縄，寒地は要防寒
形態　広葉樹，落葉低木
　［樹形］　半球の株立状
　［樹高］　自然形：1～2m
　　　　　　植栽時：0.5～0.8m
　［開花期］　6～7月
　［花芽分化期］　8～10月頃
　［花色］　藍紫色(酸性)～淡紅色(アルカリ性)，土壌の酸性度により変化。
　［葉］　対生，倒卵形，長さ10～18cm
　［果実］　球状
適地・性質　樹勢は普通で，都市環境に対する抵抗性は中程度である。
　［適地］　湿り気の多い肥沃な壌土質を好むが，比較的土質を選ばない。
　［日照］　樹下の半日陰地を好むが，陽光下でも生育する。
　［水分］　乾燥するところはよくない。
　［生長］　早い
植栽・移植
　［適期］　2月下旬～3月，6月，11～12月（暖地）
　［移植性］　容易
　［根系］　浅根性
用途・配植　庭木(花木)，公園樹に使用。花を観賞するため配植される。庭園では高木下の植込みや前付けとして単植または群植するほか，建物やアプローチに沿う植栽に適する。
整姿・剪定・管理　花は今年生枝の先端に開く。樹形は手入れをしなくとも自然に半球状に生育するが，大きくなるのに伴い花の咲く位置が高くなるので，数年ごとに高く伸びすぎた古い幹枝は根元近くで切り取り，間引くとよい。時期は開花終了後早めに行う。
病虫害　病害：斑点病，輪斑病　虫害：アオバハゴロモ

アセビ［馬酔木］　別名アシビ，アセボ
科・属　ツツジ科アセビ属
原産地　本州(山形・宮城県以南)～九州
植栽分布　北海道中部以南～九州
形態　広葉樹，常緑低木～中木
　［樹形］　やや整形，倒卵状
　［樹高］　自然形：通常2～6mで，時にそれ以上のものもみられる。
　　　　　　植栽時：0.5～1.0m
　［開花期］　3～5月
　［花芽分化］　前年生枝の先端に6月頃分化
　［花色］　白，淡紅（品種もの）
　［葉］　互生，倒披針形，長さ3～8cm
　［果実］　扁球形
適地・性質　樹勢は強く，萌芽性もあるが，剪定は好まない。耐寒性はあるが，暖地のほうが生育が良い。
　［適地］　適湿の肥沃な砂質壌土が適するが，比較的選ばずに生育する。
　［日照］　陰樹で，樹下を好むが，陽地でも生育する。
　［水分］　耐乾，やや耐湿性あり。
　［生長］　遅い
植栽・移植
　［適期］　3～4月，6～7月，9～10月
　［移植性］　容易
　［根系］　浅根細根性
用途・配植　庭木(花木)，公園樹，寄植え，添景に使用。庭園では樹下の根締め植栽，景石に添えて，また蹲踞まわりのあしらいなどのほか，寄植えにしてまとまりの景をみせる配植とする。公園などにも広く植栽されている。
整姿・剪定・管理　放任してもそれほど樹形は乱れないので，伸びすぎて樹冠を乱す枝などを間引く程度でよい。花は先端部につくので，刈込みをすると花数が少なくなるので避ける。
病虫害　病害：モチ病，褐斑病　虫害：オオミズアオ

アメリカヤマボウシ［亜米利加山法師］
別名ハナミズキ（花水木）
科・属　ミズキ科ミズキ属
原産地　アメリカ北東部〜中東部
植栽分布　北海道南部以南〜九州
形態　広葉樹，落葉高木
　［樹形］　整斉で広楕円状，幹は普通直立し，横に多数の枝を伸ばす。
　［樹高］　自然形：5〜8 m
　　　　　植栽時：一般に 2.5〜4.0 m
　［開花期］　4〜5月
　［花芽分化］　新梢の先端に7月頃分化
　［花］　花弁に見えるのは総苞片で，白色，ピンク，赤がある。
　［葉］　対生，広楕円形
　［果実］　球状，10月紅熟
適地・性質　樹勢は普通，耐寒性は強い。萌芽性はあまり強くないので，強い剪定はできるだけ避ける。
　［適地］　適湿で肥沃な壌質土を好むが，比較的土質を選ばない。
　［日照］　陽樹〜中庸樹。やや耐陰性有。
　［水分］　耐湿性あり，乾燥に弱い。
　［生長］　普通
植栽・移植
　［適期］　11〜12月，春の萌芽前
　［移植性］　若木：容易，成木：やや困難。根回しが必要。
　［根系］　浅根性
用途・配植　庭木，公園樹に使用。おもに花を賞するために配植されるが，秋の紅葉，紅熟の実にも見どころがある。庭園の要所や2階の窓から見下ろせる所に植栽するのがよい。
整姿・剪定・管理　手入れをしなくとも比較的整った樹形を保ちつつ生育するが，一定に保つには，2〜3年ごとに切替えなど必要な剪定を行う。夏期乾燥時には，根元まわりに敷わらを施す。
病虫害　虫害：コウモリガ，アメリカシロヒトリ

アラカシ［粗樫，鉄櫧（中国名）］
科・属　ブナ科コナラ属
原産地　日本（東北地方南部以南），中国ほか
植栽分布　本州新潟・福島以南〜沖縄
形態　広葉樹，常緑高木，雌雄同株
　［樹形］　広卵形〜円形，幹は通直で，単幹および株立ちものがある。
　［樹高］　自然形：10〜15 m
　　　　　植栽時：自然形2.5〜3.5m，生垣 1.5〜2.0 m
　［開花期］　4〜5月
　［花］　雄花：黄褐色，雌花：上部の葉腋に着花
　［葉］　互生，広楕円形〜長楕円形
　［果実］　10月成熟
適地・性質　樹勢は強健，萌芽性が強く剪定・刈込みに耐える。耐風性があり，都市環境に対する抵抗性も大きい。
　［適地］　適湿の肥沃な深層土を好む。
　［日照］　中庸樹，耐陰性あり
　［水分］　耐湿・耐乾性あり
　［生長］　早い
植栽・移植
　［適期］　4〜5月，6〜7月
　［移植性］　やや困難。根回しが必要
　［根系］　浅根性
用途・配植　庭木，公園樹，生垣，目隠し，防音・防火樹に使用。庭園では主に背景用とし，また多く目隠し用の高垣として配される。株立ちものでは景の要所に植えられる。葉張りを狭くできるので，小庭にも植えられる。
整姿・剪定・管理　自然形のものでは通常は剪定などの手入れは必要ないが，2〜3年ごとまたは必要に応じ，枝抜き，長く伸びた枝の切詰めなど基本剪定を行うのがよい。生垣では6〜8月頃に刈込みを行い，形を整える。
病虫害　病害：ウドンコ病　虫害：マイマイガ，カミキリムシ（幼虫）

アンズ［杏，杏子］　別名カラモモ
科・属　バラ科サクラ属
原産地　中国北部
植栽分布　北海道～本州東北・中部地方
形態　広葉樹，落葉小高木
　［樹形］　盃形～楕円形
　［樹高］　自然形：5～10m
　　植栽時：苗木，または2.0～3.5m
　［開花期］　3～4月
　［花芽分化］　7月中旬～8月，前年枝の葉腋に分化
　［花色］　白，紅，ピンクの5弁花
　［葉］　互生，卵円形～広楕円形
　［果実］　6月に黄熟
適地・性質　耐寒性が強く，冷涼な土地を好む。
　［日照］　陽樹
　［生長］　普通
植栽・移植
　［適期］　落葉期，11月下旬～2月下旬
　［移植性］　容易
　［根系］　浅根性
用途・配植　庭木，家庭果樹，薬用(杏仁)に使用。庭木としてはウメと同様に花を楽しむのを主とし，日当たりのよい景趣のポイントに配植する。
整姿・剪定・管理　主幹を中心に四方に平均に枝が展開するように仕立てる。剪定は毎年行うのが理想で，徒長する強い枝は新枝の元または数cmを残し切り，重なり枝，混んだ枝などの不要な枝を樹形を考慮しながら行う。時期は落葉期がよい。
病虫害　病害：炭そ病，こうやく病　虫害：コスカシバ，アブラムシ，毛虫類

イスノキ［柞木，蚊母樹(中国名)］
　別名ユキノキ，ヒョンノキ
科・属　マンサク科イスノキ属
原産地　本州(伊豆以西)，四国，九州，沖縄の各地
植栽分布　本州関東地方以西～沖縄
形態　広葉樹，常緑小高木～高木
　［樹形］　直幹・卵形～楕円形で枝葉繁密する。
　［樹高］　自然形：10～20m
　　植栽時：3～4.0m
　［開花期］　3～5月
　［花色］　紅色小花
　［葉］　互生，長楕円形，革質
　［果実］　10月黄褐色に成熟
適地・性質　樹勢強健，萌芽力旺盛で，強い剪定，刈込みに耐える。耐潮風性があり，沿海地の植栽に利用できる。
　［適地］　適湿の壌質土を好むが，比較的土地を選ばず生育する。
　［日照］　陽樹，耐陰性あり
　［水分］　耐乾・耐湿性あり
　［生長］　やや遅い
植栽・移植
　［適期］　萌芽期4～5月，6～7月，9～10月
　［移植性］　容易
　［根系］　深根性で粗い
用途・配植　庭木，公園樹，工場緑化樹，生垣，目隠しなどに使用。配植はおもに背景としての植栽，植込み，植つぶしなどに広く用いられている。
整姿・剪定・管理　樹形は幹枝の乱れが少なく比較的整っているので，希望の高さに生育するまでは必要としない。以後は一定の樹形を維持するため数年ごとに伸びすぎた枝の切詰め，切替え，混んだ枝の間引きなど基本剪定を行う。時期は4～5月，7～9月がよい。
病虫害　虫害：イスノキアブラムシ(虫えいを形成)

イタビカズラ［崖石榴(中国名)］
科・属 クワ科イチジク属
原産地 日本（本州中南部以南），中国
植栽分布 本州関東地方以西〜沖縄
形態 広葉樹，常緑藤本，雌雄異株
　［樹形］ 不整
　［樹高］ 自然形：2〜5 m
　　　　　植栽時：0.3〜1.0 m
　［開花期］ 7〜8月
　［花］ 目立たない
　［葉］ 互生，長楕円状披針形，長さ7〜12 cm
　［果実］ 秋に紫黒色に成熟する。
適地・性質 樹勢は強健で，刈込みに耐える。耐寒性はあまり強くない。
　［適地］ 肥沃な砂質壌土を好むが，土質はあまり選ばない。
　［日照］ 半日陰地を好むが，陰地，陽地でも生育する。
　［水分］ 乾燥地では生育がよくない。
　［生長］ 早い
植栽・移植
　［適期］ 4月，6〜7月，9月
　［移植性］ 容易
　［根系］ 浅根性
用途・配植 壁面，塀，フェンスなどに這わせたりからませたりして用いる。耐潮風性があり，大気汚染にも耐えるので，広い利用ができる。
整姿・剪定・管理 幹枝はよく分岐して，吸着根により壁面に付着して生長していく。生長に従い枝が密になるので，混みすぎた枝や徒長枝，立ち上がった枝の切替えなど，数年ごとに必要な手入れをする。時期は4〜5月，7〜8月頃がよい。
病虫害 目立ったものはない。

イチイ［一位，東北紅豆杉(中国名)］
　別名アララギ，オンコ
科・属 イチイ科イチイ属
原産地 日本，朝鮮半島
植栽分布 北海道〜九州の各地
形態 針葉樹，常緑高木，雌雄異株
　［樹形］ 直幹，広卵形，長円錐形，仕立てものでは散らし玉など。
　［樹高］ 自然形：12〜20 m
　　　　　植栽時：1.0〜3.0 m
　［開花期］ 3〜5月
　［葉］ 輪生，線形，長さ1.5〜2.5cm
　［果実］ 9〜10月紅熟
適地・性質 樹勢は普通で，強い剪定は好まない。都市環境に対する抵抗性は中程度。
　［適地］ 適湿の深層土を好み，土質は比較的選ばない。
　［日照］ 日陰地を好む極陰樹。陽光地にも生育する。
　［生長］ 遅い
植栽・移植
　［適期］ 4〜5月，10〜11月
　［移植性］ 困難
　［根系］ 深根性
用途・配植 庭木に使用。仕立てものは庭園の主木として配植する。また自然形仕立てのものは防風用，生垣などとして利用されることが多い。
整姿・剪定・管理 生育が遅いので，剪定はそれほど必要としない。樹冠線からとび出た枝や，からみ枝の除去などの基本剪定程度でよい。なお，生垣などでは6〜7月または9月に刈込みを行う。
病虫害 虫害：ヒバノキクイムシ，ナガチャコガネ

イヌシデ［犬四手］別名ソロ
科・属　カバノキ科クマシデ属
原産地　日本（本州岩手県・新潟県以南の丘陵地），朝鮮半島，中国北部
植栽分布　東北地方中部以南の暖地
形態　広葉樹，落葉高木，雌雄同株
　［樹形］　樹冠は円形。幹は直立し捩れ曲がる。
　［樹高］　自然形：10～15 m
　　　　　植栽時：3.0～3.5 m
　［開花］　3～4月
　［葉］　互生，卵形，卵状楕円形
　［果実］　9～10月成熟
適地・性質　樹勢強く，萌芽力も旺盛で剪定に耐える。都市環境や潮風性には強くない。
　［適地］　適湿の埴質土を好む。
　［日照］　中庸樹～陽樹
　［水分］　過乾燥や過湿地はよくない。
　［生長］　早い
植栽・移植
　［適期］　2～3月，10～11月
　［移植性］　容易
　［根系］　浅根性
用途・配植　かつては薪炭材として植林もされた。今日では雑木林として丘陵地に見られる。配植もそれになぞらえて数株～多数を寄植えし，自然樹形を生かした雑木林風になされることが多い。
整姿・剪定・管理　比較的整った形に生育し，また自然樹形を生かした利用をするので，剪定は伸びすぎた枝の切替え，混みすぎた枝の間引きなどの基本剪定をする程度でよい。全体に枝先を切り詰める剪定は行わない。時期は落葉後から春萌芽頃まで。
病虫害　虫害：マイマイガ，カミキリムシの幼虫

イヌツゲ［犬黄楊，鈍歯冬青（中国名）］
科・属　モチノキ科モチノキ属
原産地　日本（北海道～九州の各地）
植栽分布　北海道～九州
形態　広葉樹，常緑小高木，雌雄異株
　［樹形］　樹冠卵形～釣鐘形，幹は直立性だが，やや曲折するものが多い。
　［樹高］　自然形：1.5～9 m
　　　　　植栽時：商品としては0.2～0.6 mのポット苗から，生垣用1.0～2 m，仕立てもの1.5～5 m
　［開花期］　5～7月
　［果実］　10～11月紫黒色に成熟
　［花色］　淡黄色小花
　［葉］　互生，長楕円形，長さ1～3 cm
適地・性質　樹勢強健で萌芽力があり，強い剪定・刈込みに耐える。都市環境に対する抵抗性は大である。
　［適地］　砂質壌土を好むが，土質は特に選ばない。
　［日照］　陰樹。半日陰を好むが，陽光に耐える。
　［水分］　耐湿，耐乾燥
　［生長］　遅い
植栽・移植
　［適期］　4～5月，7～10月
　［移植性］　容易
　［根系］　浅根性
用途・配植　庭木（主木），目隠し，生垣などとして広く利用されている。主木としては，多く玉散らし仕立てのものが使われる。また群植して大模様の刈込み（大刈込み）にすることもある。
整姿・剪定・管理　おもに刈込みによる人工樹形として仕立てる。円錐形，円筒形や玉散らし，段づくり，玉づくりなどのほか，動物の形など（トピアリー），自由につくることができる。剪定・刈込みは，毎年伸びた枝を一定の形を保つように刈り込む。
病虫害　虫害：ハマキムシ

イヌマキ［犬槇］
科・属　マキ科マキ属
原産地　日本（千葉県以南の本州・四国・九州），中国
植栽分布　本州東北南部以南，四国，九州，沖縄
形態　針葉樹，常緑高木，雌雄異株
　［樹形］　不整形，幹は普通直立し，枝は横に伸びる。
　［樹高］　自然形：10～25 m
　　　　　　植栽時：2.5～4.5 m
　［開花期］　5～6月
　［花色］　雌花は緑色，雄花は淡緑色
　［葉］　深緑色，互生でやや広い線形，長さ10～15 m
　［果実］　10～11月頃成熟
適地・性質　樹勢強健で萌芽力もあり，よく剪定に耐える。潮風に強く，沿海地の植栽に使える。耐寒性は弱い。
　［適地］　適湿の埴質壌土～壌土を好む。
　［日照］　好陽・耐陰
　［水分］　耐湿・耐乾
　［生長］　遅い
植栽・移植
　［適期］　6～7月，10月
　［移植性］　容易
用途・配植　庭木（主木），生垣，目隠し，公園樹（主木）に使用。仕立てものは，和風庭園の主木とする。自然ものは高生垣などに用いる。
整姿・剪定・管理　一般的には玉散らし（貝づくりともいう）などの仕立てものとすることが多い。仕立てものでは毎年，混みすぎた枝の間引き，徒長枝の切詰めなど基本剪定を行う。時期は3～9月の温暖な時に行い，冬季に向かう秋～冬季は避ける。
病虫害　虫害：カイガラムシ，アブラムシ
その他　類種にラカンマキがある。

イロハモミジ［伊呂波紅葉，鶏爪槭（中国名）］別名モミジ，イロハカエデ
科・属　カエデ科カエデ属
原産地　日本（本州関東以西・四国・九州）
植栽分布　北海道南部～沖縄の各地
形態　広葉樹，落葉高木，雌雄同株
　［樹形］　不整形で，ほとんど全幹は直上せず，中途で分岐する。
　［樹高］　自然形：10～15 m
　　　　　　植栽時：2.5～4.0 m
　［開花期］　4～5月
　［花色］　暗紅色
　［葉］　対生，長柄掌状，長さ4～10cm
　［果実］　翅果で10月に成熟
適地・性質　樹勢はあまり強くない。大気汚染には弱いほうである。萌芽力はあるが，剪定はあまり好まない。
　［適地］　湿り気のある深層壌質土を好むが，特に土質を選ばない。
　［日照］　陽樹～中庸樹であるが，やや耐陰性もある。
　［水分］　適応性があり，乾湿にある程度耐える。
　［生長］　早い
植栽・移植
　［適期］　落葉直後，萌芽前，梅雨期
　［移植性］　容易，大木の移植も可能
　［根系］　深根性
用途・配植　庭園（主木），公園樹，並木に使用。庭園では主木として見付きに配される。広い庭では数本を群植して紅葉などの観賞ポイントとする。
整姿・剪定・管理　自然樹形を賞するため，特別な手入れを要しないが，一定の樹形を保つため，適宜伸び過ぎた枝や樹形のバランスを乱す枝などは，枝分かれしているところで切替え剪定を行う。枝先は原則切り詰めない。
病虫害　虫害：カミキリムシ，アブラムシ

ウバメガシ ［姥芽樫］別名ウマメガシ
科・属　ブナ科コナラ属
原産地　日本（関東南部から四国，九州，沖縄）および中国
植栽分布　本州関東北部以西から沖縄，特に沿海地
形態　広葉樹，常緑低木〜小高木，雌雄同株
　［樹形］　不整形，多く直幹性である。
　［樹高］　自然形：5〜10 m
　　植栽時：0.6（ポット苗）〜3.0m内外
　［開花期］　4〜5月
　［花色］　淡黄色
　［葉］　互生，楕円形，光沢のある革質で，長さ3〜6 cmの小葉
　［果実］　卵状の堅果，翌秋に成熟
適地・性質　大気汚染や潮風に強い。樹勢は強健なほうで，都市環境の中でもよく生育する。
　［適地］　壌土質で適潤の土地を好むが，土地を選ばず生育する。
　［日照］　中庸樹〜陽樹
　［水分］　耐乾燥性　　［生長］　遅い
植栽・移植
　［適期］　4〜5月上旬，梅雨期9〜10月
　［移植性］　困難。必ず根巻きする。
　［根系］　浅根性
用途・配植　庭木（主木・生垣），公園樹に使用。有名な備長炭は本種が原料。枝葉が密生し，刈込みに強いので生垣には最適である。玉散らしに仕立てたものは主木として配植される。
整姿・剪定・管理　萌芽力が強く，強い刈込みに耐えるので，多く生垣や玉物，玉散らしなどの刈込み仕立てとする。刈込みは6月下旬〜7月，11〜12月。施肥は特に必要ないが，生育の悪い時は春に施す。
病虫害　病害：ウドンコ病　虫害：カイガラムシ

ウメ ［梅］
科・属　バラ科サクラ属
原産地　中国
植栽分布　北海道南部〜九州
形態　広葉樹，落葉高木〜小高木，雌雄同株
　［樹形］　円形，幹枝は直立せず分岐して拡展する。
　［樹高］　自然形：3〜10 m
　　植栽時：2〜4 m
　［開花期］　2〜3月
　［花芽分化期］　7月頃
　［花色］　白，紅，淡紅色等
　［葉］　互生，倒卵形〜楕円形
　［果実］　球状で黄緑色，6月に熟す。
適地・性質　樹勢強く，萌芽力もあり，剪定に耐える。大気汚染にはやや弱い。
　［適地］　適潤で肥沃なところがよく，土質は特に選ばない。
　［日照］　陽樹，やや陰地に耐えられるが，花つきは悪くなる。
　［水分］　普通，耐乾性はあるが，乾燥する土地では生育はよくない。
　［生長］　普通
植栽・移植
　［適期］　12〜2月，土が凍る寒地では解け始めの頃
　［移植性］　容易　［根系］　やや深根性
用途・配植　庭木（おもに主木）とされ，ほかに盆栽，生花，果実酒等の用途がある。庭園用花木としてよく知られ，庭園中に1本あるいは紅白対で2本を配植する例が多くみられる。広い庭では多数本群植して梅林構成とする。
整姿・剪定・管理　徒長枝がよく伸びるので，毎年手入れを行う。徒長枝は，元から切り取るか，枝の不足しているところでは1/2〜1/3残して切り詰める。また混みすぎた枝は適宜間引く。
病虫害　病害：炭そ病，こうやく病　虫害：コスカシバ，アブラムシ，毛虫類

樹木

ウメモドキ ［梅擬］

科・属　モチノキ科モチノキ属
原産地　日本（本州，四国，九州）
植栽分布　北海道南部～沖縄
形態　広葉樹，落葉低木，雌雄異株

- ［樹形］　株立状のものが多く，幹枝は細く，繁密に分岐する。
- ［樹高］　自然形：2～3 m
  　　　　植栽時：1.5～2.0 m
- ［開花期］　6月（分化に続いて開花）
- ［花芽分化期］　4月
- ［花色］　淡紫色
- ［葉］　互生，長楕円形～卵状披針形，長さ4～8 cm
- ［果実］　雌株に結実，球形で10月に紅熟する。

適地・性質　樹勢は普通で，大気汚染に対しても普通である。耐寒性は強い。

- ［適地］　適潤の肥沃地を好み，土質は砂壌土～埴壌土がよい。
- ［日照］　陽樹であるが，日陰にも耐える。
- ［水分］　普通
- ［生長］　遅い

植栽・移植

- ［適期］　2～3月，10～12月
- ［移植性］　容易，移植には根鉢をつける。
- ［根系］　浅根性で小根が多い。

用途・配植　庭木，公園樹に使用。庭木では雌株が使われ，冬季についている紅い実を賞するために要所に配する。

整姿・剪定・管理　萌芽性は強く剪定に耐えるが，通常特に手入れをせずに放任し，自然樹形を観賞する。ただ，一定の高さを維持する場合は切詰め剪定を行い，また混みすぎた枝は適宜間引く程度の手入れは必要である。

病虫害　病害：白渋病

ウンナンオウバイ ［雲南黄梅］

科・属　モクセイ科ソケイ属
原産地　中国雲南省
植栽分布　本州関東地方以西～沖縄
形態　広葉樹，常緑小低木

- ［樹形］　半球状で，枝先が弓状に曲がって下垂する。
- ［樹高］　自然形：2～3 m
  　　　　植栽時：0.5～1.0 m
- ［開花期］　2月（暖地）～4月
- ［花芽分化期］　7月頃
- ［花色］　黄色で，オウバイより大型。径4～5 cm
- ［葉］　対生，三出複葉
- ［果実］　みられない

適地・性質　樹勢は強健で，萌芽力があり，剪定・刈込みに耐える。耐寒性は劣る。都市環境に対する抵抗性は普通。

- ［適地］　適湿の壌質土がよいが，比較的適応性が大きい。
- ［日照］　陽樹，やや耐陰性あり
- ［水分］　低湿，乾燥地は不適
- ［生長］　早い

植栽・移植

- ［適期］　4～5月，9～10月
- ［移植性］　容易，大株は要根回し
- ［根系］　浅根性

用途・配植　庭木（花木），公園樹に使用。花を賞するために庭園の要所に配される。枝葉は横に大きく広がりをみせるので，生育空間を径2～3 mぐらいとることが必要。

整姿・剪定・管理　自然樹形を賞するので，できるだけ剪定などの手入れは控えるのがよい。一定の大きさを保つ必要があるものは，花後すぐに枝の切詰め，切替えを行い，混んだ枝は間引く。2月頃油かすや化成肥料を施すとよい。

病虫害　特になし

エゴノキ［売子木，斉墩果，野茉莉］
科・属 エゴノキ科エゴノキ属
原産地 日本（山地に自生する雑木類）
植栽分布 北海道南部～沖縄の各地
形態 広葉樹，落葉高木
　［樹形］　広楕円状でやや不整斉
　［樹高］　自然形：7～15 m
　　　　　植栽時：3～4 m
　［開花期］　5～6月
　［花芽分化］　前年生枝から伸長した新梢に分化し開花する。
　［花色］　乳白色で径2.5 cm内外
　［葉］　互生，長楕円形，長さ4.0～8.0 cm
　［果実］　灰白色，卵球形で9～10月に成熟。有毒なので注意が必要。
適地・性質 樹勢が強く，丈夫な樹木。萌芽性強く剪定に耐える。やや耐潮風性があるが，都市環境に強くない。
　［適地］　適湿な壌土質を好むが，比較的土質を選ばない。
　［日照］　陽樹であるが，やや耐陰性がある。
　［生長］　早い
植栽・移植
　［適期］　2～3月，10～11月
　［移植性］　容易
　［根系］　浅根性で細根密生
用途・配植 庭木，公園樹に使用。他の雑木類（コナラ，シデなど）と混植して林風の植栽とすることが多い。株立ちのものでは庭のポイント，アプローチの主木など，単植で配植すると見栄えがよい。また茶庭にも用いられる。
整姿・剪定・管理 自然樹形を賞するので，剪定は3～4年ごとに，伸びすぎた枝の切替え，混みすぎた枝の間引き，根元から発生するヒコバエの除去などの基本剪定を行って形を整える。時期は落葉期間中。
病虫害 目立つものはなし

エニシダ［金雀枝］
科・属 マメ科エニシダ属
原産地 ヨーロッパ南西部，江戸時代に渡来
植栽分布 北海道南部～九州
形態 広葉樹，落葉低木
　［樹形］　緑色の細小枝が多数分岐してほうき状になり，枝先は垂れ下がる。
　［樹高］　自然形：2～3 m
　　　　　植栽時：0.6～1.0 m
　［開花期］　5～6月
　［花芽分化］　9～10月，前年性の枝の葉腋
　［花色］　黄色。白やピンクもある。
　［葉］　3出複葉，小葉は長さ1～2 cmで倒卵形または倒披針形
　［果実］　豆果，7～8月黒褐色に成熟
適地・性質 水はけのよい砂地や，やせ地でもよく生育する。耐潮風性があるので沿海地の植栽が可能。大気汚染，都市環境に対する抵抗性は大きい。
　［適地］　石灰質土壌を好むが，比較的土地を選ばない。
　［日照］　陽樹，半陰地ではよくない。
　［水分］　耐乾燥性が強い。
　［生長］　早い
植栽・移植
　［適期］　11～12月
　［移植性］　困難
　［根系］　直根性
用途・配植 庭木（生垣，添景用），公園樹などに使用。花の観賞を主とし，庭中のポイントに単植または群植する。
整姿・剪定・管理 放任しても比較的整った形を保つので，通常の手入れは乱れたり伸びすぎた枝を切り詰める程度でよい。また2～数年ごとに混みすぎた部分の枝抜きを行う。時期は花後の5月頃。寒地では防寒，雪除けが必要。
病虫害 病害：立枯れ病　虫害：ハダニ，モンキチョウ

オウゴンシノブヒバ［黄金忍檜葉］
別名ニッコウヒバ（日光檜葉）
科・属　ヒノキ科ヒノキ属
原産地　サワラの園芸変種で，シノブヒバの新葉が黄金色になるもの
植栽分布　本州～九州の暖地
形態　針葉樹，常緑高木～小高木
　［樹形］　円錐形・狭円錐形，単幹状もしくは株立状
　［樹高］　自然形：5～10 m
　　　　　植栽時：1.5～2.0 m
　［葉］　鱗片状で細く尖る。
適地・性質　樹勢は強健で，萌芽力が大きく，よく剪定・刈込みに耐える。大気汚染や潮風にはやや弱い。
　［適地］　適潤の粘質壌土を好む。
　［日照］　耐陰性はあるが，陽地のほうがよい。
　［水分］　耐乾性および耐湿性ややあり
　［生長］　普通
植栽・移植
　［適期］　3月，梅雨期，9月
　［移植性］　若木：容易
　　　　　　大木：根回しが必要
　［根系］　浅根性
用途・配植　生垣，背景木，景観木に使用。配植としては生垣の利用が多い。また，群植して景観の構成用として使われる。
整姿・剪定・管理　生垣では新葉を浅く刈り込む程度とし，深刈りは避ける。景観木などで生育スペースの広いものでは，ある程度放任し，数年ごとに伸びすぎた枝先を切り詰め，枝抜きをして樹形を整える。庭園に植栽されたもので，一定の形を維持する必要があるものは，毎年の切詰め，切替え剪定などの手入れを行う。
病害虫　病害：赤枯れ病，テングス病
　虫害：カミキリムシの幼虫ほか

オウバイ［黄梅，迎春花］
科・属　モクセイ科ソケイ属
原産地　中国北部
植栽分布　北海道南部以南～九州
形態　広葉樹，落葉小低木
　［樹形］　不整，枝葉繁密し，枝はつる状に伸びて先は下垂する。幼枝は緑色で四稜角がある。
　［樹高］　自然形：1～2 m
　　　　　植栽時：0.5 m内外
　［開花期］　3～4月
　［花芽分化］　7月頃，春から伸びた枝に分化充実し翌年に開花
　［花］　葉に先だって枝の葉腋に開く。黄色で径2～2.5 cm
　［葉］　対生，3出複葉で小形，小葉は1.5～2 cm
適地・性質　樹勢は強健で，萌芽性も強く，強い剪定に耐える。
　［適地］　適潤～やや多湿の地を好み，土質は比較的選ばない。
　［日照］　陽樹，やや耐陰性がある。
　［水分］　耐乾燥性が大きい。
　［生長］　早い
植栽・移植
　［適期］　落葉期間中(春の萌芽前まで)
　［移植性］　普通　　［根系］　浅根性
用途・配植　庭木(花木)，公園樹に使用。早春に開く黄花を賞して庭園の要所に配植する。庭園では3～数株を寄植えすると見栄えがする。またロックガーデンなどで石と石の間に植栽される。
整姿・剪定・管理　剪定などの手入れは，さほど行わず自然の生育にまかせてよいが，花着きを考慮すると，2～3年ごとに伸びすぎた枝の切詰め，切替え，混んだ枝の間引きなど，基本の剪定は行うのがよい。時期は花後すぐの頃がよい。施肥は2月頃。
病虫害　虫害：ハマキムシ，ミノムシ，カイガラムシ

オオムラサキ［大紫］

別名オオムラサキツツジ（大紫躑躅）
科・属　ツツジ科ツツジ属
原産地　日本（園芸品種）
植栽分布　本州関東地方以西，四国，九州の温暖地
形態　広葉樹，常緑低木
　［樹形］　半球状～やや球状，地際より多く枝を分岐する。
　［樹高］　自然形：1～2 m
　　　　　植栽時：0.4～0.8 m
　［開花期］　5月頃
　［花芽分化］　新梢の先端に7月頃分化
　［花色］　やや大型で紫色
　［葉］　互生，狭長円形，長さ6～9 cm
適地・性質　樹勢は強健で，萌芽力があり，剪定・刈込みに耐える。
　［適地］　適湿で深層の砂質壌土～壌土を好む。
　［日照］　陽樹で半陰地に耐える。
　［水分］　やや耐乾性があるが，低湿地は不適。
　［生長］　早い
植栽・移植
　［適期］　厳寒期・盛夏を除き，周年可
　［移植性］　容易
　［根系］　浅根性で細根密生
用途・配植　庭木（花木ほか），公園樹等に使用。庭園では主に花を賞するために配植される。公園などでは，花はもとより，寄植えにして，まとまりのある修景植栽とすることが多い。
整姿・剪定・管理　低木の中では大きく生長するので，庭園に植栽する場合には，必要な高さになるまでは徒長枝を除く程度の手入れでよいが，それ以後は一定の形を維持するため，毎年の手入れが必要である。時期は落花後～6月中旬までがよい。
病虫害　虫害：グンバイムシ，アブラムシ，ハダニ

カイズカイブキ［貝塚伊吹］

科・属　ヒノキ科ビャクシン属
原産地　不詳。園芸種ビャクシン（イブキ）の変種といわれる。
植栽分布　本州・四国・九州
形態　針葉樹，常緑高木
　［樹形］　整形，円錐状，直幹で幹に沿い側枝がらせん状に立ち上がる。
　［樹高］　自然形：6～7 m
　　　　　植栽時：1.2～2.0 m（生垣用），1.5～3.0 m（単植または列植用）
　［葉］　鮮緑色，鱗状で密生する
適地・性質　樹勢は強健で，枝は密生する。萌芽力は強く，刈込みに耐え，耐潮風性があり，都市環境にも強い。
　［適地］　適湿な深層地を好み，土質はあまり選ばない。
　［日照］　陽樹。日陰地では生育が劣る。
　［水分］　やや乾燥に耐える。
　［生長］　普通
植栽・移植
　［適期］　3～4月，6～7月，9～10月
　［移植性］　容易，大木は根回しが必要
　［根系］　浅根性
用途・配植　庭木，公園樹，工場緑化樹に使用。葉色および密生する枝葉の特色を生かして，目隠し植栽や生垣などの仕切り植栽とする。玉散らしに仕立られたものは主木に，円柱状のものは列植などに用いる。
整姿・剪定・管理　放任してもある程度の整った形に生育する。枝葉は密にならないので，毎年または2年ごと位に新梢の芯を摘み取ってゆき，枝が間のびしないようにする。鋏で刈り込むと，葉先が赤く変色するので避ける。
病虫害　病害：さび病　虫害：イブキノチビキバガ
その他　ナシやリンゴなどの赤星病の媒介に関与するので，ナシ園などの周辺では植栽を避けること。

樹木

ガクアジサイ
科・属 ユキノシタ科アジサイ属
原産地 日本（本州中南部）
植栽分布 北海道南部～沖縄の各地
形態 広葉樹，落葉低木
　［樹形］　半球状，幹枝は叢生し，枝はよく分岐する。
　［樹高］　自然形：2～3m
　　　　　植栽時：0.6～1.0m
　［開花期］　5～6月
　［花芽分化］　10月頃新梢の先端に分化
　［花色］　紫紅色，紫青色
　［葉］　対生，広楕円形または倒卵形，長さ10～18cm
適地・性質 耐潮性があり，沿海地でも植栽できる。
　［適地］　湿り気のある壌土～粘質土
　［日照］　陽樹，耐陰性がある。
　［水分］　低湿地でも生育するが，乾燥地ではよくない。
　［生長］　早い
植栽・移植
　［適期］　落葉期間中。寒地では春の萌芽前に行う。
　［移植性］　容易。細根が多く活着が良い。
　［根系］　浅根性
用途・配植 庭木，公園樹に使用。大株では単植で配することもあるが，普通は数株を寄せてひとまとまりに見られるように植える。
整姿・剪定・管理 自然に株元から新梢を出して株立状に叢生する。ある程度の大きさまでは手入れをあまり必要としないが，樹高を一定の大きさに保つためには，伸びた幹枝を下方の充実した芽のあるところで切り詰める。また古くなった幹枝は地際から切り取る。時期は落葉期がよい。
病虫害 病害：モザイク病　虫害：アオバハゴロモ

カクレミノ
科・属 ウコギ科カクレミノ属
原産地 日本（本州関東地方以南～沖縄）
植栽分布 本州（宮城県・山形県以南）～沖縄の各地
形態 広葉樹，常緑小高木～高木
　［樹形］　幹は直立し，上方に展開する枝葉の樹冠は，広楕円形～円形
　［樹高］　自然形：10m
　　　　　植栽時：2.0～3.0m
　［開花期］　初夏～8月
　［花色］　黄緑色・小形
　［葉］　互生または輪生，上面に光沢
　［果実］　黒色，11月成熟
適地・性質 耐潮性・耐煙性があり，樹勢は強く，都市環境に対する適応性も大きい。
　［適地］　湿り気のある土地を好み，土質を選ばず生育する。
　［日照］　極陰性。陽光に耐える。
　［水分］　乾燥しすぎるところや多湿のところではよくない。
　［生長］　遅い
植栽・移植
　［適期］　6～7月，次いで9～10月および萌芽前
　［移植性］　普通～やや困難
　［根系］　深根性
用途・配植 庭木（植込み，目隠し），公園樹に使用。庭園では，建物の北側，茶庭での蹲踞まわり，また高木の樹下などの植栽に用いる。植栽には，単幹のものより数本の幹立ちがよい。
整姿・剪定・管理 生育空間の広い場所では放任して，数年に一度混みすぎた枝の間引きなど，基本の剪定を行う。生育空間が限られ，一定の樹形を保つ必要のある場合には，2～3年ごとに切詰め剪定を行う。時期は4～8月。
病虫害 病害：黄斑病，黒斑病　虫害：カメムシ，ルビロームシなど

カツラ［桂，連香樹(中国名)］
科・属 カツラ科カツラ属
原産地 日本
植栽分布 北海道南部以南～九州の温帯
形態 広葉樹，落葉高木，雌雄異株
　［樹形］　円錐形。通常幹は直立し，単幹が普通で，株立ちのものもある。
　［樹高］　自然形：15～30 m
　　　　　植栽時：3.0～4.0 m
　［開花期］　4～5月頃
　［花］　葉に先立ち開花，目立たない
　［葉］　対生または互生，広心形
適地・性質 樹勢は強く，萌芽力も旺盛であるが，潮害に弱く，また都市環境に対する抵抗性もやや弱い。
　［適地］　多湿の肥沃な砂質壌土を好むが，比較的土質は選ばない。
　［日照］　中庸樹～陽樹
　［水分］　やや耐乾性あり
　［生長］　早い
植栽・移植
　［適期］　落葉期
　［移植性］　普通。若木では容易
　［根系］　深根性
用途・配植 庭木，公園樹，街路樹などに使用。萌芽，樹形，秋の黄葉を賞する。大きく生育するので，眺めの上からは広い空間の中に独立または数本を林風に配植するのがよく，小庭には向かない。場所により株立ちのものを使うのがよい場合もある。
整姿・剪定・管理 生育空間に余裕があるときは自然の生育にまかせ，数年ごとに枝抜きや切替えなどの基本剪定を行い樹形を整える程度にする。樹形を所定の大きさ，幅に保つときは，2～3年ごとに長い枝を元から間引くか，中途の短い枝のあるところで切替え剪定を行い，枝先全体を切り詰める剪定は行わない。
病虫害 虫害：アメリカシロヒトリ

カナメモチ［光叶石楠(中国名)］
別名アカメモチ
科・属 バラ科カナメモチ属
原産地 日本(本州東海地方以西,四国,九州)，中国中部
植栽分布 本州(東北地方南部以南)，四国，九州，沖縄
形態 広葉樹，常緑小高木～高木
　［樹形］　円形
　［樹高］　自然形：5～10 m
　　　　　植栽時：1.5～2.0 m，生垣0.6～1.2 m
　［開花期］　5～6月
　［花色］　白色
　［葉］　互生，長楕円形～倒卵状長楕円形，長さ6～10 cm
　［果実］　小球状で，10～12月に赤熟
適地・性質 樹勢は強く，萌芽力も旺盛で，刈込みに耐える。
　［適地］　適湿で肥沃な壌質土を好むが，比較的土地を選ばない。
　［日照］　陽樹
　［水分］　やや耐乾性があるが，あまり乾燥するところは避ける。
　［生長］　早い
植栽・移植
　［適期］　春萌芽頃，梅雨期，9月
　［移植性］　やや困難，成木では根回しが必要。移植には根鉢をつける。
　［根系］　浅根性
用途・配植 庭木(主木,目隠し,生垣など)，公園樹等に使用。庭園では玉散らしに仕立てたものを主木として配植，円筒形に仕立てたものは背景や目隠しに，また刈り込んで生垣とする。
整姿・剪定・管理 萌芽力が強く，強い剪定に耐える。生垣などの刈込み仕立ては，5～6月または9月に行う。基本剪定は7～9月に行うのがよい。
病虫害 病害：褐斑病　虫害：アブラムシ，カイガラムシ類

樹木

カヤ

科・属 イチイ科カヤ属

原産地 日本(本州宮城県南部以南,四国,九州),朝鮮

植栽分布 本州,四国,九州

形態 針葉樹,常緑高木,雌雄異株

[樹形] 若木は整形,成木は卵状で不整形,幹は直立し,枝は横に出る。

[樹高] 自然形:25～30m
植栽時:3～4m

[開花期] 4～5月

[花色] 雌花:緑色,雄花:黄色

[葉] 線形扁平で平に二列に並ぶ

[果実] 楕円形で,翌秋10月頃成熟

適地・性質 樹勢は強健で,萌芽力が強く,強剪定に耐える。潮風には弱いが都市環境には強いほうである。

[適地] 適湿の粘質土を好むが,比較的土質を選ばず生育する。

[日照] 陰樹～極陰樹であるが,日当たりに耐える。

[水分] 適潤を好み,耐湿性もある。

[生長] はじめは遅いが,老木ではやや早くなる。

植栽・移植

[適期] 萌芽頃の4月,9～10月頃

[移植性] 容易。大木の移植も可能

[根系] 深根性

用途・配植 庭木(主木,背景植栽),公園樹に使用。庭園では要所に主木として配植する。また,背景植栽として主木の背後に配植され,茶庭にも多く用いられている。

整姿・剪定・管理 生長が遅いため,毎年の手入れは必要ない。数年ごとに枝先の切詰めや枝抜き,地際より出るヒコバエ,幹より出る直立性の枝などの切取りを行う程度でよい。また高さ,幅を一定に保つ必要がある場所のものでは2年ごとくらいに行う。

病虫害 目立つものはない

カリン [花梨,木瓜(中国名)]

別名アンランジュ,カラナシ

科・属 バラ科カリン属

原産地 中国

植栽分布 本州関東地方以西,四国,九州。寒地で可能だが,生育は劣る。

形態 広葉樹,落葉高木

[樹形] 柱状～狭円錐状,幹は直立し枝は上向き

[樹高] 自然形:6～8m
植栽時:2.5～3.0m

[開花期] 4～5月

[花芽分化期] 7月下旬～8月

[花色] 淡紅色

[葉] 互生,倒卵状楕円形

[果実] 10～11月に黄色に成熟

適地・性質 樹勢は強健で,都市環境に耐えて生育する。耐潮風性は弱いが,耐寒性は強い。

[適地] 適湿地を好み,土質は特に選ばず生育する。

[日照] 陽樹

[水分] 耐湿,耐乾性があり,適応性が大きい。

[生長] 早い

植栽・移植

[適期] 厳寒期を除く落葉期

[移植性] やや容易

[根系] 深根性

用途・配植 庭木(花木ほか),公園樹,街路樹,家庭果樹(実は果実酒などに利用)に使用。花および実,独特の幹肌を楽しむために単植～2,3本寄せて植込みの要所に配植する。

整姿・剪定・管理 一般には自然樹形のままを眺めるので,ある程度は放任して,自然に伸ばす。手入れとしては,樹形を乱す枝,混みすぎた枝などの剪定を数年ごとに行う程度でよい。

病虫害 病害:赤星病 虫害:グンバイムシ,アブラムシなど

カルミア

別名アメリカシャクナゲ

科・属 ツツジ科カルミア属

原産地 北アメリカ東部, 日本へ1915年に渡来

植栽分布 北海道〜九州の各地

形態 広葉樹, 常緑低木

[樹形] 地際からよく枝を分岐し, 広半球状になる。

[樹高] 自然形：2.5〜3m
植栽時：0.5〜1.0m

[開花期] 5〜6月

[花芽分化] 新梢の先端に8月頃分化

[花色] 淡桃色〜濃桃色

[葉] 互生, 長楕円形, 長さ7〜10cm

[果実] 7月成熟

適地・性質 樹勢はおおむね強健。

[適地] 適湿で肥沃な砂質壌土を好む。

[日照] 半日陰地を好むが, 陽地でも生育する。

[水分] 乾燥に弱い

[生長] 遅い

植栽・移植

[適期] 3〜4月, 7月, 9〜10月

[移植性] 困難

[根系] 浅根性

用途・配植 庭木(花木), 公園樹に使用。花木として樹下の根締め, 植込みの前付けなどに配植する。また苑路やアプローチに沿って列植または群植するのもよい。

整姿・剪定・管理 前年枝から伸びた新梢の先に花芽を分化し, 翌年に開花する。自然に樹形が整うので, ほとんど手入れを必要としない。夏の乾燥に弱いので, 根元まわりに敷わらなどを行うとよい。なお, 剪定する場合は5月下旬〜6月上旬がよい。

病虫害 虫害：テッポウムシ, ハダニ

カロライナジャスミン

別名イエロージャスミン

科・属 フジウツギ (マチン) 科ゲルセミウム属

原産地 北アメリカ南部, 中央アメリカ

植栽分布 本州関東地方以西〜沖縄

形態 広葉樹, 常緑つる性の木本

[樹形] 不整, つるは6m以上にも伸びる。

[樹高] 植栽時：ポット仕立て0.3m

[開花期] 4〜5月

[花芽分化期] 11月頃

[花色] 黄色の小花を多数みる

[葉] 対生, 狭披針形, 長さ5cmくらい

適地・性質 樹勢は強く萌芽性があり, よく剪定に耐える。寒さにはあまり強くない。耐潮性は弱い。

[適地] 適湿の肥沃地を好み, 土質は選ばない。

[日照] 陽樹, やや耐陰性がある。

[水分] 乾燥するところはよくない。

[生長] 早い

植栽・移植

[適期] 3〜4月, 10月

[移植性] 容易

[根系] 浅根性

用途・配植 一般に, フェンスなどにからませて, 目隠し垣や仕切り垣とする。またパーゴラ, アーチなどにからませる。

整姿・剪定・管理 原則として剪定をせず, 自然の生育にまかせるのがよいが, 上へ上へと伸びる性質が強いので, フェンスなどの全体に平均につるがゆきわたるよう誘引する。伸びすぎたつるは適当な長さに切り詰める。時期は開花を終えた直後がよい。

病虫害 目立つものはない

樹木

カンツバキ［寒椿］
別名シシガシラ（獅子頭）
科・属 ツバキ科ツバキ属
原産地 不詳。サザンカの近縁種
植栽分布 本州関東地方以西，四国，九州。東北地方でも植栽されているが，生育はよくないようである。
形態 広葉樹，常緑低木
　［樹形］ 整形・半球状
　［樹高］ 自然形：1.5～2m
　　　　　植栽時：0.3～0.8m
　［開花期］ 11～2月
　［花芽分化期］ 6～7月
　［花色］ 明紅色
　［葉］ 互生，長楕円形，やや革質で光沢がある。
　［果実］ 結実はまれである。
適地・性質 都市環境に対する抵抗性は大きい。樹勢は強健で萌芽力があり，刈込み・剪定に耐える。
　［適地］ 適湿の肥沃地を好み，比較的土質を選ばず生育する。
　［日照］ 陰樹，陽光に耐える。
　［水分］ 耐乾・耐湿性がある。
　［生長］ やや遅い
植栽・移植
　［適期］ 萌芽期，6～7月，9～10月
　［移植性］ 容易
　［根系］ 浅根性
用途・配植 庭木（花木），公園樹に使用。庭園では，樹下の根締め，建物の基礎隠しの腰植え，低い境栽用とする。
整姿・剪定・管理 樹形は放任してもあまり乱れないが，伸びすぎたり枝が混んでくるので，数年ごとに基本剪定（切詰め，枝抜きなど）を行う。
病虫害 病害：斑点病，炭そ病　虫害：アブラムシ，チャドクガ
＊本種には立性のものもあり，通称タチカンツバキ（立寒椿）と呼ぶ。高さは2～3mくらいである。

キヅタ［木蔦］　別名フユヅタ
科・属 ウコギ科キヅタ属
原産地 日本，中国
植栽分布 北海道南部以南～沖縄
形態 広葉樹，常緑つる性の木本
　［樹形］ 不整。枝から気根を出し，岩などに付着してよじのぼる。
　［樹長］ 植栽時：長さ0.5～1.0m
　［開花期］ 10～11月
　［花］ 黄緑色の五弁花，径4～5mm
　［葉］ 互生，卵状披針形，若枝では3～5裂する
　［果実］ 黒色球形，翌春に成熟
適地・性質 樹勢強健で萌芽力も大きく，剪定・刈込みに耐える。都市環境に対する抵抗性は大きい。
　［適地］ やや湿潤地を好み，土質はあまり選ばない。
　［日照］ 陰樹で半日陰地を好むが，陽光にも耐えて生育する。
　［水分］ 耐湿，やや耐乾性がある。
　［生長］ やや遅い
植栽・移植
　［適期］ 萌芽期，6～7月
　［移植性］ 容易
　［根系］ やや深根性
用途・配植 グラウンドカバー，壁面緑化に使用。地面の緑化用として，平面はもとより法面にも最適である。また，壁面やフェンスに這わせて，立面の緑化にも利用できる。
整姿・剪定・管理 剪定などの手入れは，通常は伸びすぎたつるを切り詰める程度で，さほど行わなくてもよいが，枝が密になり混みすぎた時は，適宜間引いて整枝する。つねに乾燥する所では灌水をしてやると伸びがよくなる。
病虫害 目立つものはない

キョウチクトウ［夾竹桃(中国名)］

科・属 キョウチクトウ科キョウチクトウ属
原産地 インド，ペルシャ
植栽分布 東北地方南部の沿海地方，関東地方以西，四国，九州，沖縄
形態 広葉樹，常緑低木
　［樹形］ 広半球形で，地際から多数の幹を直立する。
　［樹高］ 自然形：3～4m
　　　　　植栽時：0.6～1.5m
　［開花期］ 7～10月で長い
　［花芽分化］ 周年（四季咲性）
　［花色］ 通常はピンク，品種に白，赤，クリーム色などがある。
　［葉］ 輪生，線状披針形
適地・性質 樹勢は強健で，大気汚染に強く，耐潮風性がある。耐寒性は弱い。
　［適地］ やや乾燥する砂質壌土の地を好むが，土質は比較的選ばない。
　［日照］ 陽樹
　［水分］ 乾・湿両地に適応して生育
　［生長］ 早い
植栽・移植
　［適期］ 春の萌芽期または秋9月(暖地)
　［移植性］ 容易
　［根系］ 深根性
用途・配植 庭木(花木)，公園樹に使用。横に広い株立状になるので，庭園に植えるときは場所の選定に注意する。主に花を観賞するために配植するが，常緑で枝葉が比較的に密生するので，境栽用，遮蔽用の植栽にも利用される。
整姿・剪定・管理 放任しても一定の樹形を保つが，庭園のものでは1～2年ごとに枝の切詰め，古い幹枝の間引きなどを行い，樹姿を整える。
病虫害 病害：斑点病　虫害：アブラムシ，カイガラムシ
＊枝葉の切口から出る樹液は有毒なので，口にしないこと。

キリシマツツジ［霧島躑躅］
別名キリシマ

科・属 ツツジ科ツツジ属
原産地 園芸種（栽培は古く江戸時代からで，福岡県の久留米地方の作出）
植栽分布 本州，四国，九州
形態 広葉樹，常緑低木
　［樹形］ 半球状，地際から幹枝を分岐させ株立ち
　［樹高］ 自然形：0.5～1.5m
　　　　　植栽時：0.4～0.6m
　［開花期］ 4～5月
　［花芽分化期］ 6月下旬～7月
　［花色］ 紅色
　［葉］ 互生，楕円形の小葉で長さ1cmくらい
適地・性質 萌芽力は強く，強い刈込みができる。潮風には弱い。
　［適地］ 適湿で排水の良好な弱酸性壌質土を好む。
　［日照］ 陽樹
　［水分］ 浅根のため，乾燥に弱い。
　［生長］ 遅い
植栽・移植
　［適期］ 厳寒・炎暑期を除きいつでもよいが，寒地では冬期は避ける。
　［移植性］ 容易
　［根系］ 浅根性・細根密生
用途・配植 庭木(花木)，公園樹に使用。花を賞するため，日当たりのよい場所に寄植えにして配植することが多い。その他建物の基礎隠し，根締め，苑路などに沿う植栽にも使われる。
整姿・剪定・管理 目的上，樹形を維持する場合のほかは特別な手入れは必要としないが，数年ごとに，徒長枝や混みすぎた部分の間引きなどを行って樹形を整えるのがよい。時期は花後の5～6月に行い，6月以後は避ける。
病虫害 病害：葉枯れ病　虫害：アブラムシ，グンバイムシ

キンモクセイ［金木犀, 丹桂(中国名)］
科・属　モクセイ科モクセイ属
原産地　中国（園芸種）
植栽分布　本州東北地方南部以南〜九州
形態　広葉樹, 常緑小高木, 雌雄異株
　［樹形］　円柱状, 吊鐘状, 直幹性で幹枝はよく分岐し, 葉は繁る。
　［樹高］　自然形：通常 4〜6 m
　　　　　　植栽時：1.5〜2.5 m
　［開花期］　9〜10月
　［花芽分化］　今年伸びた枝に8月頃分化し, 引き続いて開花する。
　［花］　オレンジ色で芳香がある
　［葉］　対生, 広披針形〜長楕円形
　［果実］　大半が雄株で結実をみない
適地・性質　樹勢は強健で, 萌芽性が強く, 剪定・刈込みに耐える。大気汚染の強い場所では花つきが悪い。
　［適地］　適湿の深層壌質土を好むが, 土質は比較的選ばない。
　［日照］　陽樹, やや耐陰性があるが花つきはよくない。
　［水分］　耐乾, 耐湿
　［耐潮風性］　普通
　［生長］　やや遅い
植栽・移植
　［適期］　3月, 5〜6月, 10〜11月（暖地）
　［移植性］　普通　　［根系］　浅根性
用途・配植　庭木（花木）, 公園樹, 生垣に使用。おもに修景用として用いられる。庭園では, 多く境界沿いに背景や目隠し植栽として使われる。また, 刈り込んで生垣仕立てとする。
整姿・剪定・管理　剪定などの手入れをしなくとも, 比較的乱れずに生育する。したがって通常は樹冠から飛び出た枝を切り取る程度でよい。一定樹高や樹幅を保つ場合には, 開花後〜萌芽までの間に剪定・刈込みをして整える。
病虫害　虫害：カイガラムシ

クスノキ［楠木, 楠, 樟(中国名)］
科・属　クスノキ科クスノキ属
原産地　本州関東地方南部以西〜九州, 台湾, 中国ほか
植栽分布　本州関東地方以西〜沖縄
形態　広葉樹, 常緑高木
　［樹形］　幹は直立し, 樹冠は楕円形〜広楕円形
　［樹高］　自然形：15〜25 m
　　　　　　植栽時：3.5〜5.0 m
　［開花期］　5〜6月
　［花色］　淡黄色・小花
　［葉］　互生, 楕円形, 長さ10cm内外, 表面光沢がある。
　［果実］　紫黒色球形, 11〜12月成熟
適地・性質　樹勢は強健で, 寿命は長く巨木になる。都市環境に強く, また耐潮風性がある。
　［適地］　適湿の深層土を好み, 土質は比較的選ばない。
　［日照］　陽樹〜中庸樹
　［水分］　耐湿・耐乾性あり
　［生長］　早いほう
植栽・移植
　［適期］　萌芽期頃, 6〜7月, 9月
　［移植性］　成木：困難, 若木：普通, 根回しが必要
　［根系］　深根性
用途・配植　庭木, 公園樹, 街路樹に使用。萌芽時の葉色や, 風格のある樹姿を賞して配植される。樹高や枝幅が大きくなるので, 小庭園には向かない。主木のほか, 目隠し用としても利用。
整姿・剪定・管理　手入れは樹型を乱す徒長性の枝や, 混みすぎた枝の間引きなどの基本剪定を行う。樹高, 枝幅を一定に維持するには毎年切詰め, 切替え剪定を行う。時期は5月, 7〜8月がよいが, 関東地方では寒さに向かう秋季は避けるほうがよい。
病虫害　虫害：クリケムシ, ハモグリ

クチナシ，ヤエクチナシ［梔子（中国名），卮子］
科・属　アカネ科クチナシ属
原産地　日本（本州静岡県以西～沖縄），台湾，中国
植栽分布　本州青森県以南，四国，九州，沖縄
形態　広葉樹，常緑低木
　［樹形］　幹は地際より多数分岐し，球状卵形
　［樹高］　自然形：1.0～3.0 m
　　　　　植栽時：0.5～1.0 m
　［開花期］　6～7月
　［花芽分化期］　7～9月，新梢の先端に分化
　［花色］　白色～帯黄白色
　［葉］　対生，広披針形，長さ6～11cm
　［果実］　秋，六稜・長楕円形・紅黄色
適地・性質　樹勢強健で萌芽力が強く，刈込みに耐える。耐寒性は強くなく，関東地方以西の暖地に適する。
　［適地］　肥沃な粘質土（埴壌土）を好む
　［日照］　好半日陰地。陽光に耐える
　［水分］　乾燥地はよくない
　［生長］　やや遅い
植栽・移植
　［適期］　萌芽期，6～7月，9～10月
　［移植性］　普通　　［根系］　浅根性
用途・配植　庭木，公園樹に使用。花の観賞のため単植または寄植えにして，庭園の要所に配植される。公園なども同様。またアプローチ沿い，建物沿いの植栽や境栽用として使われる。
整姿・剪定・管理　枝の伸長が小さく，樹姿の乱れも少ないので，手入れはそれほど必要としない。樹高など一定の形を保つ必要のあるときは，1～2年ごとに切詰め，切替え剪定を行う。時期は開花して落花した直後がよい。
病虫害　病害：斑点病，さび病　虫害：オオスカシバ（葉を食べる）

クロガネモチ［黒鉄黐，鉄冬青(中国名)］
科・属　モチノキ科モチノキ属
原産地　日本（本州関東地方以西～沖縄），朝鮮半島，台湾，中国
植栽分布　本州（東北地方南部以西）～沖縄
形態　広葉樹，常緑高木，雌雄異株
　［樹形］　楕円形，幹は直立性で枝はよく分岐し密になる。
　［樹高］　自然形：10～18 m
　　　　　植栽時：2.0～4.0 m
　［開花期］　5～6月
　［花］　淡紫色・小花
　［葉］　互生で厚味がある。広楕円形で長さ5～8 cm
　［果実］　球形，10～11月に紅熟
適地・性質　強健で，大気汚染に強く，都市環境に対する適応性は大きい。耐潮風性がある。
　［適地］　適湿の砂質壌土を好むが，比較的土地を選ばず生育する。
　［日照］　陽樹
　［水分］　耐湿性はあるが，乾燥に弱い
　［生長］　やや遅い
植栽・移植
　［適期］　萌芽期，6～7月，9月
　［移植性］　容易，大木の移植が可能
　［根系］　浅根性～中庸性
用途・配植　庭木，公園樹，街路樹に使用。庭園では紅熟した実を賞するために多く配植されるが，主木として仕立てた樹形を賞する場合や，濃緑の葉色を生かし，背景や目隠しにも利用。
整姿・剪定・管理　萌芽力はあるが，強い剪定を嫌う。1～2年ごとに，枝葉の切詰め・切替え剪定，混みすぎた枝の間引き，徒長枝の切詰めなど，基本的な手入れを行うのがよい。時期は萌芽後または7月頃。
病虫害　病害：枝枯れ病　虫害：カイガラムシ，ハマキムシなど

クロマツ［黒松］ 別名オマツ（雄松）
科・属 マツ科マツ属
原産地 日本（本州，四国，九州）のおもに沿海地
植栽分布 北海道南部～九州屋久島
形態 針葉樹，常緑高木，雌雄同株
　［樹形］ 不整形
　［樹高］ 自然形：35～40 m
　　　植栽時：野木3.0～6.0 m，仕立てもの2.0～4.0 m
　［開花期］ 4～5月
　［葉］ 針状，長さ10～15 cm
　［果実］ 毬果（マツボックリ）は翌年の10月に成熟
適地・性質 強健で耐潮風性が大きい。剪定に対する耐性は強いほうである。都市環境にも比較的強い。
　［適地］ 適湿な深層の壌土質を好むが比較的土質を選ばず生育する。
　［日照］ 極陽樹
　［水分］ 乾燥に耐える。湿地には弱い
　［生長］ やや早い
植栽・移植
　［適期］ 2～3月，9～11月
　［移植性］ やや容易　［根系］ 深根性
用途・配植 庭木，公園樹，街路樹，防風植栽（地方による）に使用。庭園では，仕立てられたものを主木や門回りおよび池畔に流枝松などとして用いる。公園などでは自然樹形（野木）のものを樹林状に配植し，また海岸地方では防潮風植栽に利用される。
整姿・剪定・管理 自然樹形のものは，数年ごとに伸びすぎた枝の切替え剪定などを行う。仕立てものでは，一定の樹形の維持のため，5月頃に伸びた新芽（みどり）を1/2～2/3摘み取り，また勢いのよい芽は元から切り除く。
病虫害 病害：斑点病　虫害：アブラムシ，カイガラムシ，マツカレハ（葉を食べる）

ゲッケイジュ［月桂樹，月桂（中国名）］別名ローレル
科・属 クスノキ科ゲッケイジュ属
原産地 ヨーロッパ地中海沿岸，ギリシア，イタリアなど。渡来は明治末頃。
植栽分布 本州，四国，九州の暖地
形態 広葉樹，常緑小高木，雌雄異株（日本では雄木が多い）
　［樹形］ 長卵形で，幹は直幹性であるが，多く地際より株立状になる。
　［樹高］ 自然形：5～15 m
　　　植栽時：1.5～2.0 m
　［開花期］ 4～5月　［花色］ 黄色
　［葉］ 互生，狭長楕円形，長さ7～9 cm
　［果実］ 10月黒紫色に成熟
適地・性質 樹勢は強く，萌芽力があり，剪定・刈込みに耐える。潮風に耐えるが，大気汚染には強くない。
　［適地］ 肥沃な深層壌土を好むが，比較的土質を選ばない。
　［日照］ 陰樹
　［水分］ 乾燥を嫌う
　［生長］ やや早い
植栽・移植
　［適期］ 萌芽期，6～7月，9～10月
　［移植性］ やや困難
　［根系］ やや深根性
用途・配植 庭木，公園樹，記念樹（勝利の木）として用いる。庭園には仕立てたものを要所に配植する。また，料理用に葉を使うためにも植えられる。
整姿・剪定・管理 自然に放任しても，ある程度の整った樹形を保つので，手入れは基本剪定（徒長枝や混みすぎた枝の間引きなど）程度でよい。なお，仕立てものなどでは樹形を保つために適宜必要な手入れを行う。時期は4～5月，7～9月がよい。
病虫害 病害：すす病　虫害：カメノコロウムシ

コナラ ［小楢］

科・属 ブナ科コナラ属
原産地 日本各地，朝鮮半島
植栽分布 北海道～九州
形態 広葉樹，落葉高木，雌雄同株
　［樹形］　不整形広楕円状，幹は直立し単幹または株立状
　［樹高］　自然形：15～20 m
　　　　　　植栽時：2.0～3.5 m
　［開花期］　4～5月
　［花］　雄花は黄褐色，雌花は目立たない
　［葉］　互生，倒卵形，長さ7～14 cm
　［果実］　堅果（ドングリ），秋に成熟
適地・性質 強健で都市環境に耐える。耐寒性があり，潮風にもやや耐える。
　［適地］　適湿で肥沃な深層土を好む
　［日照］　陽樹
　［水分］　耐乾燥性あり
　［生長］　早い
植栽・移植
　［適期］　落葉期に行えるが，萌芽直前が最適期である。
　［移植性］　若木：やや容易
　　　　　　　成木：やや困難
　［根系］　深根性
用途・配植 庭木，公園樹に使用。庭園，公園とも，群植して雑木林風の配植とすることが多い。樹姿や萌芽期の新緑および秋季の紅葉などを賞する。
整姿・剪定・管理 一般には自然樹形を尊重するので，手入れはそれほど必要としないが，数年ごとに混みすぎた枝や，他の樹木とせり合っている枝の枝抜きを行う。また高さや幅をある程度維持する必要のあるときは，切替え剪定を行う。時期は落葉期がよい。
病虫害 病害：テングス病　虫害：カミキリムシの幼虫，マイマイガ

コブシ ［辛夷］

科・属 モクレン科モクレン属
原産地 日本
植栽分布 北海道中部以南～九州
形態 広葉樹，落葉高木
　［樹形］　広円錐形，幹は直立
　［樹高］　自然形：10～15 m
　　　　　　植栽時：2.5～3.5 m
　［開花期］　3～4月，葉に先立ち開花
　［花芽分化］　6月頃，枝の先端に分化
　［花］　白色でやや大形花，芳香がある
　［葉］　互生，倒卵形～広倒卵形，長さ5～15 cm
　［果実］　8月，実はにぎりこぶし状
適地・性質 樹勢は強健で，耐寒性が大きい。都市環境に対する抵抗性は中程度である。萌芽性はあるが，強い剪定は好まない。
　［適地］　適湿の深層土で壌土～砂質壌土を好む。
　［日照］　陽樹
　［水分］　やや耐乾性あり
　［生長］　やや早い
植栽・移植
　［適期］　厳寒期を除く落葉期間中
　［移植性］　やや困難，根回しが必要
　［根系］　深根性
用途・配植 庭木（花木），公園樹，街路樹に使用。花を賞するため，庭園や公園などの要所に配植する。また街路樹としても利用される。
整姿・剪定・管理 放任しておいてもほぼ一定の樹形を維持しながら生育していくので，剪定などの手入れは，一定の高さを保つ必要がある場合などを除き，あまり行わなくてもよい。一定の樹形の維持には，2～3年ごとに伸びすぎた枝の切替え，混みすぎた枝の間引きなど，基本剪定を行う。時期は11月～2月がよい。
病虫害 病害：ウドンコ病

コデマリ［小手毬，麻叶绣線菊（中国名）］別名テマリバナ
科・属　バラ科シモツケ属
原産地　中国
植栽分布　北海道南部以南～九州
形態　広葉樹，落葉低木
　［樹形］　半球状，幹枝は叢生し，枝先は垂れ下がる。
　［樹高］　自然形：1.0～2.0 m
　　　　　植栽時：0.6～1.0 m
　［開花期］　5月
　［花芽分化］　10月頃各枝の上方部分に多数分化
　［花色］　白色（小花が集まった毬状）
　［葉］　互生，菱状披針形
適地・性質　樹勢は強健で，萌芽力が強く，刈込みに耐える。耐寒・耐暑性があり，適応性が広い。
　［適地］　適湿で肥沃な深層土を好むが，比較的土質は選ばない。
　［日照］　陽樹で陽光を好むが，半陰地に耐える。
　［水分］　耐乾，耐湿性はあるが，乾きすぎるところはよくない。
　［生長］　早い
植栽・移植
　［適期］　落葉期11月～3月がよいが，寒地では萌芽前のほうが安全。
　［移植性］　容易　　［根系］　浅根性
用途・配植　庭木（花木・生垣），公園樹に使用。庭園では花を賞するため要所に植栽する。また樹下の根締めとして他の樹種との混植やアプローチの通路・苑路に沿う植栽に使われる。
整姿・剪定・管理　放任しても半球形の樹形を保つので，手入れとしては，数年ごとに古い枝の間引き，混みすぎた枝の間引き，樹姿を乱す伸びた枝の除去を行う。原則枝先の切詰めは行わない。時期は12～3月。
病虫害　虫害：アブラムシ

サクラ類［桜］
科・属　バラ科サクラ属
原産地　日本各地および園芸品種
植栽分布　北海道南部～九州
形態　広葉樹，落葉高木～小高木
　［樹形］　半球状～楕円状
　［樹高］　自然形：多様で品種により違いがある。植栽時：3～4 m
　［開花期］　3～5月
　［花芽分化期］　7～8月頃
　［花色］　品種により違いがあるが，一般的には濃紅～淡紅色，白色
　［葉］　互性，広楕円形，長楕円形
　［果実］　5～6月，黒紫色～紅色
適地・性質　樹勢は強く，一般に耐寒性がある。剪定は好まない。
　［適地］　水はけのよい肥沃な深層土を好み，比較的土質を選ばない。
　［日照］　陽樹
　［水分］　適湿地がよく，湿地を嫌う。
　［生長］　早い
植栽・移植
　［適期］　萌芽前2～3月，11～12月，寒地では春がよい。
　［移植性］　若木：容易，成木：やや困難，なるべく行わない。
　［根系］　やや浅根性
用途・配植　庭木（花木），公園樹，街路樹に使用。品種により大木に，また枝幅も広くなるので，庭園では十分な生育空間のとれる場所に植栽する。
整姿・剪定・管理　剪定を嫌うので，原則行わない。手入れが必要なときは，切口からの腐敗菌の侵入を防ぐため，特に太い枝や，やや太めの枝の切口に接蠟（ろう）やペンキなどを塗布すること。時期は落葉期がよく，自然樹形を尊重する剪定を心がける。
病虫害　病害：紋羽病，こうやく病，テングス病　虫害：アメリカシロヒトリ，カイガラムシ，アブラムシ

樹木

サザンカ　［山茶花］　別名ヒメツバキ
科・属　ツバキ科ツバキ属
原産地　日本（四国西南部～沖縄）
植栽分布　本州～沖縄の温暖地
形態　広葉樹，常緑小高木
　［樹形］　若木：長楕円形，成木：卵形
　［樹高］　自然形：3～15 m
　　　　　植栽時：1.2～3.0 m
　［開花期］　10～12月
　［花芽分化］　6～7月，各枝の先端に分化
　［花色］　白，ピンク，淡紅など
　［葉］　互生，長楕円形，長さ3.5～4.5 cm
　［果実］　球形で翌年秋に熟す。
適地・性質　樹勢は普通で，やや耐寒性は劣る。萌芽性は強いほうで，刈込みに耐える。耐潮風性があり，都市環境に対する抵抗性は強いほうである。
　［適地］　適湿の肥沃地を好み，土質は比較的選ばず生育する。
　［日照］　半陰樹，耐陰性あり
　［水分］　好適湿，耐乾性あり
　［生長］　遅い
植栽・移植
　［適期］　萌芽頃，6～7月，9～10月，寒地では春がよい。
　［移植性］　やや容易
　［根系］　深根性
用途・配植　庭木，公園樹に使用。庭園では花を賞するために配されるほか，葉が密生するので，生垣などや目隠し植栽として利用される。
整姿・剪定・管理　庭木として一定の大きさを保つ場合は，毎年枝抜き，切替えなどの基本剪定を行う。生垣なども同様に刈込みをする。時期は萌芽期の4月頃，または7～9月がよい。
病虫害　病害：すす病　虫害：チャドクガ

サツキツツジ　［皐月（五月）躑躅］
　別名サツキ
科・属　ツツジ科ツツジ属
原産地　日本（関東地方以西～九州）
植栽分布　北海道南部以南～九州
形態　広葉樹，常緑低木
　［樹形］　半球状，地際より多く枝を出し，細かく分岐する
　［樹高］　自然形：0.3～1.0 m
　　　　　植栽時：0.3～0.4 m
　［開花期］　6～7月
　［花芽分化］　枝の先端に7月に分化
　［花色］　多く赤紫色
　［葉］　互生，輪生，楕円形，披針形
適地・性質　樹勢は概して強健で，萌芽力が強く，強い刈込みに耐える。都市環境に対する抵抗性は大きい。
　［適地］　適湿の壌質土を好むが，比較的土質を選ばない。
　［日照］　陽樹，やや耐陰性
　［水分］　やや耐乾性あり
　［生長］　遅い～普通
植栽・移植
　［適期］　厳寒，盛夏を除き周年可
　［移植性］　容易
　［根系］　浅根性で細根密生
用途・配植　庭木，公園樹に使用。多く寄植えして地被（グラウンドカバー）として利用。庭園・公園とも，中高木植栽の根締めや前付け，見切りや縁取りなど帯状の植栽に，また刈り込んで半球状に仕立てたものを列植して用いる。
整姿・剪定・管理　放任してもあまり樹形が乱れないので，徒長枝など伸びすぎた枝を除去する程度でよい。人工的な樹姿を形成維持するには，毎年の刈込みが必要。時期は花後から花芽形成の前5～6月頃に行うのがよい。
病虫害　虫害：グンバイムシ，アブラムシ，ハダニなど

サネカズラ ［実葛］
　別名ビナンカズラ（美男葛）
科・属　モクレン科サネカズラ属
原産地　日本(関東地方以西)，中国ほか
植栽分布　本州関東地方以西～沖縄
形態　広葉樹，常緑藤本（つる性植物），雌雄異株
　［樹形］　不整
　［樹高］　仕立て長：3～5 m
　　　　　　植栽時：長さ1.0 m内外
　［開花期］　8月
　［花芽分化］　前年生枝に分化
　［花］　淡黄白色，葉腋に垂れ下がって咲く。
　［葉］　互生，長楕円形，長さ5～12cm
　［果実］　球形，10月成熟
適地・性質　樹勢は強い。萌芽性がよく強い刈込み・剪定に耐える。また都市環境に対する適応性がある。
　［適地］　適湿の肥沃な壌質土を好む。
　［日照］　陰樹，半日陰地でよく生育
　［水分］　耐乾性あり
　［生長］　早い
植栽・移植
　［適期］　萌芽期，梅雨期（6～7月），9月
　［移植性］　普通～やや容易
　［根系］　浅根性
用途・配植　主として，工作物（四つ目垣，トレリス，メッシュフェンス）などにそれをからませて利用する。濃緑の葉のほか，紅熟した実を賞する。
整姿・剪定・管理　混みすぎた部分のつるを間引き，長く伸びたつるを切り詰めるなどの基本剪定を2～3年ごとに行う。時期は萌芽期がよい。夏に晴天が続いて乾燥しすぎる時は，十分に灌水を施す。
病虫害　虫害：ルミロウムシ

サルスベリ ［猿滑り，紫薇(中国名)］
　別名ヒャクジツコウ（百日紅）
科・属　ミソハギ科サルスベリ属
原産地　中国中部～南部
植栽分布　北海道南部以南，本州～沖縄
形態　広葉樹，落葉高木
　［樹形］　不整形，主幹は直立せず屈曲するものが多い。
　［樹高］　自然形：2～7 m
　　　　　　植栽時：2～4 m
　［開花期］　7月から秋まで咲き続ける
　［花芽分化期］　6～7月
　［花色］　紅，淡紅，白
　［葉］　対生～互生で一定してない。楕円形～倒卵形，長さ4～10 cm
　［果実］　小さい球形，10月成熟
適地・性質　樹勢は強健で，萌芽性強く，よく剪定に耐える。都市環境に対する適応性は大きい。
　［適地］　排水のよい肥沃地がよく，土質は特に選ばず生育する。
　［日照］　陽樹
　［水分］　乾き過ぎるところはよくない
　［生長］　早い
植栽・移植
　［適期］　春の萌芽期4～5月頃
　［移植性］　やや容易。大木の移植も可
　［根系］　やや深根性
用途・配植　庭木(花木)，公園樹，街路樹に使用。花の比較的少ない夏期を色どる代表的な花木で，庭園では景の要所に配植し，花とその樹姿を賞する。
整姿・剪定・管理　花は今年春から伸びた勢いのよい枝の先端に分化し，次いで開花するので，毎年前年生の太めの枝を春の萌芽前に元から10 cm程度残して剪定し，枝を出させる。地際から出る新梢(ヒコバエ)は切り取る。放任の場合基本剪定を数年ごとに行う。
病虫害　病害：ウドンコ病　虫害：アブラムシ，カイガラムシ

サンゴジュ ［珊瑚樹］
科・属 スイカズラ科ガマズミ属
原産地 日本（本州中南部以西～沖縄）
植栽分布 本州東北地方南部以南～沖縄
形態 広葉樹，常緑小高木
　［樹形］　楕円形，多幹で枝葉は繁密
　［樹高］　自然形：5～10m
　　　　　植栽時：生垣0.9～1.8m，庭木1.5
　　　　　～2.5m
　［開花期］　6～7月
　［花色］　頂生の円錐花序で白色
　［葉］　対生，長楕円形，長さ10～20cm，光沢のある大型葉
　［果実］　9～10月紅熟，径7～8mm
適地・性質　樹勢は強く，萌芽力も大きく，刈込みに耐える。耐炎性があり，防火樹として利用できる。都市環境に対する抵抗性も大きく，広く利用できる。耐潮風性は大きい。
　［適地］　湿り気の多い肥沃地を好むが，土質を比較的選ばず生育する。
　［日照］　陰樹，陽光に耐える
　［水分］　乾燥しすぎる場所はよくない
　［生長］　早い
植栽・移植
　［適期］　4月，6～7月，9～10月
　［移植性］　容易　　［根系］　浅根性
用途・配植　庭木，公園樹，防風樹，防火樹，生垣に使用。庭園では，白色の花と紅い実を楽しむために配栽するが，一般には背景植栽，目隠し植栽，境界沿いの植栽などの利用が多い。
整姿・剪定・管理　生長がよいので，剪定などの手入れは毎年行う。伸びすぎた枝を所定の樹冠線より少し内側で，または懐の小枝のあるすぐ上で切り詰め，さらに混みすぎた枝は間引くようにする。時期は4～5月頃および7月～8月上旬がよい。生垣仕立てのものは4～5月頃に刈込みを行う。
病虫害　虫害：サンゴジュハムシ

シラカシ ［白樫，青樫(中国名)］
別名ホソバガシ（細葉樫）
科・属 ブナ科コナラ属
原産地 日本（本州福島以南～九州），中国中南部
植栽分布 青森県以南～九州
形態 広葉樹，常緑高木，雌雄同株
　［樹形］　自然樹形は広楕円形
　［樹高］　自然形：15～20m
　　　　　植栽時：2.0～4.0m
　［開花期］　4～5月
　［花色］　黄褐色（雄花）
　［葉］　互生，長披針形，長さ4～12cm
　［果実］　球形～楕円形，10月成熟
適地・性質　樹勢は強健で，萌芽力も強く，よく刈込みに耐える。耐寒性，耐潮風性がある。都市環境に対する抵抗性は普通である。
　［適地］　適湿で肥沃な深層土を好む
　［日照］　若木：中庸～陰樹，成木：陽光を好む
　［水分］　やや耐乾燥性。耐湿性あり
　［生長］　やや早い
植栽・移植
　［適期］　萌芽期，6～7月，9～10月上旬
　［移植性］　やや困難であるが，大木でも可能
　［根系］　やや浅根性
用途・配植　庭木，公園樹，公共用樹，また防風・防火などの実用木としての利用もある。庭園ではおもに敷地外周沿いの背景や高生垣，目隠し垣とする。
整姿・剪定・管理　生育空間の十分なところではある程度放任して育てる。手入れとしては数年ごとに基本剪定をして，不要な枝などを整理除去する。生垣などでは，毎年5～9月の間に刈込みを行い，冬に向かう時期は避ける。
病虫害　病害：ウドンコ病　虫害：アブラムシ，テッポウムシ

樹木

ジンチョウゲ［沈丁花，沈丁香，瑞香（中国名）］
科・属　ジンチョウゲ科ジンチョウゲ属
原産地　中国大陸南部，台湾
植栽分布　北海道西南部〜九州
形態　広葉樹，常緑低木，雌雄異株
　［樹形］　半球状，枝は細かく分岐
　［樹高］　自然形：1〜1.5m
　　　　　　植栽時：0.4〜0.6m
　［開花期］　3〜4月
　［花芽分化期］　7月上旬
　［花］　花弁のようにみえるのは萼片で内側は白，外側は紅紫色
　［葉］　互生，革質，倒披針形
　［果実］　日本には雄株が多く，結実するものは少ない。
適地・性質　樹勢はそれほど強くない。萌芽力はあるが，刈込みは好まない。都市環境に対する抵抗性はややある。
　［適地］　適湿の肥沃な砂質壌土
　［日照］　半日陰地。陽光に耐える。
　［水分］　適湿を好み，乾燥や過湿を嫌う。
　［生長］　やや遅い
植栽・移植
　［適期］　4〜5月，10月(暖地)
　［移植性］　若木：容易，成木：困難
　［根系］　やや深根性で細根が少ない
用途・配植　庭木(花木)，公園樹に使用。花を賞するほか，香りが強いので庭園に多く栽植されている。建物の腰隠し，窓下の植栽，寄植えして庭園の要所などに配植する。
整姿・剪定・管理　自然に整った半球形の樹冠になるので，剪定はあまり必要ないが，3年位ごとに混みすぎた枝の切り透かし，樹冠を乱す徒長枝などの除去程度の手入れは行うのがよい。時期は落花後の4〜5月頃が適期。
病虫害　病害：白紋羽病　虫害：アオカメムシ

スギ［杉］
科・属　スギ科スギ属
原産地　日本（本州〜屋久島）
植栽分布　北海道南部以南〜沖縄
形態　針葉樹，常緑高木，雌雄同株
　［樹形］　円錐形，直幹性
　［樹高］　自然形：30〜40m
　　　　　　植栽時：2〜4m
　［開花期］　3〜4月
　［花］　雌花：緑色球状，雄花：淡黄色穂状
　［葉］　鎌状針形
適地・性質　樹勢はおおむね強く，萌芽性もあり，剪定に耐える。耐寒性は強いが，都市環境に対する抵抗性はやや弱い。
　［適地］　湿潤の排水性のよい肥沃深層土を好むが，比較的適応性がある。
　［日照］　陽樹
　［水分］　耐潮風性は弱い
　［生長］　早い
植栽・移植
　［適期］　3〜4月，9〜10月
　［移植性］　若木：容易
　　　　　　成木：やや困難
　［根系］　深根性
用途・配植　庭木，公園樹に使用。庭木としては，アシオスギ（芦生杉，一般には北山杉と呼ばれている）の幹の中途から数本の幹を立ち上がらせたいわゆる台杉仕立てのものや，ヨシノスギが使われ，前者では数株を点植させ，後者では数本を林風に寄植えする。
整姿・剪定・管理
通常は剪定を必要としないが，枝が伸びすぎたり，混んできたりなどしたときは，適宜剪定を行う。時期は4月頃がよい。
病虫害　病害：ペスタロチア，灰色カビ病　虫害：キクイムシ，カミキリムシ，ハムシ

セイヨウキヅタ［西洋木蔦］
別名ヘデラヘリックス，イングリッシュアイビー
科・属　ウコギ科キヅタ属
原産地　ヨーロッパ，西アジア，北アフリカ
植栽分布　本州〜沖縄，品種により北海道南部まで可
形態　広葉樹，常緑つる性の木本
　［樹形］　不整
　［樹長］　植栽時：ポット仕立て長さ0.3〜1m
　［開花期］　10〜11月
　［花］　頂生で，黄緑色の五弁花
　［葉］　葉は掌状で，通常3〜5に浅裂し，上面は濃緑色
適地・性質　樹勢は強く，生育旺盛，萌芽力も強く，剪定・刈込みに耐える。
　［適地］　適湿の肥沃地を好み，土質を選ばず生育する。
　［日照］　陰地で半日陰地を好むが，陽光にも耐えて生育する。
　［水分］　耐湿・耐乾性大
　［生長］　早い
植栽・移植
　［適期］　春4月中旬〜秋10月中旬
　［移植性］　容易　［根系］　やや深根性
用途・配植　グランドカバー（地被），壁面緑化に用いられ，多品種がある。一般に植付けの間隔は30cm前後。
整姿・剪定・管理　植付け後，一面の広がりを見るまでは放任し，フェンスなどにからませたものは全体に枝葉がゆきわたるよう枝を誘引し整えるのがよい。以後は伸びすぎたつるの切詰め，混みすぎた枝の間引きなど，毎年か2年ごとに行う。時期は春か7〜9月頃が適する。
病虫害　目立つものはない
その他　類種にカナリーキヅタ，コルシカキヅタがある。

セイヨウシャクナゲ［西洋石楠花］
科・属　ツツジ科ツツジ属
原産地　園芸品種（欧米で改良されたもの）
植栽分布　北海道〜九州の温暖地
形態　広葉樹，常緑低木
　［樹形］　広楕円形，幹枝は根元から株立状
　［樹高］　自然形：1〜6m
　　　　　植栽時：1〜2m
　［開花期］　4〜6月（品種により違いがある）
　［花芽分化］　6月下旬〜7月，新梢の先端に分化
　［花色］　紅，白，黄など多様
　［葉］　互生，長楕円形〜楕円形
適地・性質　おおむね樹勢は強健であるが，夏の高温に弱い品種もある。
　［適地］　排水のよい適湿の壌土を好む。
　［日照］　西日の当たらない樹下の明るい日陰地がよい。
　［水分］　過湿・乾燥には弱い。
　［生長］　遅い
植栽・移植
　［適期］　3〜4月
　［移植性］　やや困難
　［根系］　浅根性
用途・配植　庭木(花木)，公園樹に使用。花の観賞のため，庭園の要所に配される。単植より数株を寄植えにすることが多い。
整姿・剪定・管理　剪定を好まないので，ほとんど手入れは行わなくともよい。ただ樹形を一定に維持する場合には切替え剪定など基本の手入れをする。植付け後の乾燥には注意し，天候により灌水を行い，根元まわりには敷わらなどを施こす。
病虫害　病害：炭そ病，根腐れ病

センリョウ［千両，草珊瑚(中国名)］
科・属 センリョウ科センリョウ属
原産地 日本（本州中部以南の暖地），台湾，中国
植栽分布 関東地方南部以西の暖地
形態 広葉樹，常緑小低木
　［樹形］　樹幹細く，多数地際より束状に直上する。
　［樹高］　自然形：0.4～0.8 m
　　　　　植栽時：0.2～0.3 m
　［開花期］　6～7月
　［花色］　黄緑色
　［葉］　対生，卵状長楕円形～披針状，長楕円形
　［果実］　球形で冬に成熟，一般に赤色，品種に黄色などがある。
適地・性質 樹勢は普通で，耐寒性，耐潮性は弱い。
　［適地］　湿り気のある肥沃な粘質壌土を好む。
　［日照］　半陰樹（好半陰地）
　［水分］　乾燥に弱い
　［生長］　遅い
植栽・移植
　［適期］　4～6月，9月
　［移植性］　容易
　［根系］　浅根性
用途・配植 庭木に使用。一般に高中木の樹下の根締めや，袖垣や蹲踞などのあしらい，茶庭の要所に配植される。
整姿・剪定・管理 通常は放任して剪定を行わないが，一定の樹形の維持が要求される場合には，枝分かれしたところで長いほうを切る切替え剪定や，新しい幹枝を生かし古めの幹枝を間引く剪定などの手入れをする。また，乾燥を嫌うので，夏の乾燥時は時々灌水を行うのがよい。
病虫害 虫害：アブラムシ，ハダニ，カイガラムシ

ソテツ［蘇鉄，鉄樹(中国名)］
科・属 ソテツ科ソテツ属
原産地 日本（沖縄・九州南部），中国南部，台湾
植栽分布 本州（関東地方南部以西），四国，九州，沖縄
形態 特殊樹，常緑低木～小高木，雌雄異株
　［樹形］　幹は円柱状，単生か叢生し，幹頂に羽状の葉を放射状に展開。
　［樹高］　自然形：1～4 m
　　　　　植栽時：1.0～2.0 m
　［開花期］　6～8月
　［花色］　黄褐色
　［葉］　羽状複葉，長さ0.5～1.5 m，小葉は線形
　［果実］　雌株に10月朱赤色に成熟
適地・性質 おおむね強健で，耐潮性があり，都市環境にも耐えて生育する。
　［適地］　適湿で排水のよい砂壌土～壌土質を好む。
　［日照］　陽樹で，やや耐陰性がある。
　［水分］　乾燥を好み，湿地や水はけの悪いところでは盛土をし植栽する。
　［生長］　遅い
植栽・移植
　［適期］　5～7月
　［移植性］　容易
　［根系］　浅根疎生型
用途・配植 庭木，公園樹(暖地)に使用。桃山時代以後の日本庭園に用いられ，その独特の樹形を賞する。多くは数本立ちの株を2～3株寄植えにするか，数株以上を群植させて要所に配置する。
整姿・剪定・管理 毎年新葉の展開後，6～9月頃に古い葉をつけ根から切り取る。東京付近では，冬期の防寒が必要で，頂部の芽を保護するため稲わらなどでおおいを施す。
病虫害 病害：斑点病，炭そ病，赤葉枯れ病　虫害：カイガラムシ

ソヨゴ [冬青，戦]
科・属　モチノキ科モチノキ属
原産地　日本（関東地方以西の落葉樹林中に自生），中国
植栽分布　本州東北地方南部以南～九州
形態　広葉樹，常緑高木，雌雄異株
　[樹形]　卵形，枝は粗く，単幹ものと株立ちものがある。
　[樹高]　自然形：5～15 cm
　　　　　植栽時：3 m 内外
　[開花期]　6月
　[花色]　白色（雌花・雄花とも）
　[葉]　互生，卵形～楕円形，長さ5～8 cm
　[果実]　10～11月に紅熟，径6～8 mm
適地・性質　樹勢は強く萌芽力があり，よく剪定・刈込みに耐える。潮風に強く，都市環境に対する抵抗性も大きい。
　[適地]　適湿の肥沃地を好み，土質は選ばない。
　[日照]　中庸
　[生長]　やや早い～普通
植栽・移植
　[適期]　6～7月または3～4月
　[移植性]　容易
用途・配植　庭木，公園樹に使用。おもに自然樹形を生かした仕立てのものを要所に配植する。また株立ち性のものは，雑木などと混植させるとよい。洋風・和風いずれにも使える。
整姿・剪定・管理　自然形のものは枝が粗いが，適切な剪定を行うと小枝が増し繁密する。どちらかといえば自然樹形を生かした剪定とするのがよい。時期は3月上旬～4月上旬がよい。
病虫害　病害：すす病（カイガラムシの発生に伴う）　虫害：カイガラムシ

タイサンボク [泰山木，荷花玉蘭（中国名）] 別名ハクレンボク
科・属　モクレン科モクレン属
原産地　北アメリカ，渡来明治初期
植栽分布　本州～沖縄の温暖地
形態　広葉樹，常緑高木
　[樹形]　広円錐形～楕円形，幹は通直で枝は直上し，葉は密生
　[樹高]　自然形：10～25 m
　　　　　植栽時：2.5～3.0 m
　[開花期]　5～7月
　[花芽分化]　新梢の先端に8月以後分化
　[花]　乳白色，大型盃状
　[葉]　互生，広楕円形，光沢ある革質
　[果実]　9～10月成熟
適地・性質　樹勢は強健で，耐潮風性がある。都市環境にも強い。萌芽力は弱く，剪定をあまり好まない。
　[適地]　適湿で肥沃な砂質壌土を好む。
　[日照]　陽樹，耐陰性がある。
　[水分]　過湿地，乾燥地ではよくない。
　[生長]　普通～やや遅い
植栽・移植
　[適期]　萌芽の直前（3～4月），10月
　[移植性]　若木：やや困難，成木：困難
　[根系]　深根性
用途・配植　庭木（花木），公園樹，記念樹に使用。主に花を賞するために配植される。大きく生長するので広い生育空間の確保ができる庭園に適し，また公園などの公共植栽での利用が多い。
整姿・剪定・管理　放任しても樹形は整うので，通常は剪定の必要がない。形を一定に保つ場合は，数年ごとに切替え剪定を行い，あわせて混みすぎた枝の間引きなどを行う。時期は落花直後がよい。
病虫害　虫害：アブラムシ，ハダニ

樹木

タブノキ［椨木］

別名イヌグス（犬樟）

科・属　クスノキ科タブノキ属
原産地　日本（東北地方以南～沖縄），台湾，中国ほか
植栽分布　本州～沖縄の温暖地
形態　広葉樹，常緑高木
　［樹形］　広球状，枝条密生
　［樹高］　自然形：10～20 m
　　　　　植栽時：3～5 m
　［開花期］　3～5月
　［花］　黄緑色の小花を多数つける。
　［葉］　互生，大型の葉，倒卵形～広披針形，長さ8～15 cm
　［果実］　球形黒紫色，8～9月に成熟
適地・性質　樹勢強健，潮風に耐え，耐風性も強い。火に対する抵抗性は大きく，防火用樹に適する。萌芽力があり，剪定に耐える。
　［適地］　適湿で肥沃な深層の砂壌土～埴壌土を好む。
　［日照］　中庸樹，やや耐陰性がある。
　［生長］　早い
植栽・移植
　［適期］　4～5月，梅雨期，9月
　［移植性］　やや困難
　［根系］　深根性
用途・配植　庭木，公園樹，防潮風樹，防火樹に使用。沿海地の庭園に使える樹種で，主木よりは背景の植栽に用いられることが多い。自然樹形での観賞には，生育空間に余裕のとれるやや広めの庭園に配植する。
整姿・剪定・管理　生育に余裕のある場所では，手入れはほとんど行わなくてもよいが，数年ごとに枝抜き，切替え，徒長枝の除去などの基本剪定だけは行いたい。なお，一定の樹形を保つ必要のあるものは，1～2年ごとに切詰め，枝抜きなどの剪定を行う。
病虫害　特にない

ドウダンツツジ［満天星，灯台躑躅］

科・属　ツツジ科ドウダンツツジ属
原産地　日本（四国）
植栽分布　北海道南部～九州の温暖地
形態　広葉樹，落葉低木
　［樹形］　整姿，幹は直立または枝分かれし，小枝は細く輪生する。
　［樹高］　自然形：2～6 m
　　　　　植栽時：0.4～1.0 m
　［開花期］　4～5月
　［花芽分化期］　6月下旬
　［花色］　白，紅色その他
　［葉］　互生，倒卵形，長さ2～4 cm
適地・性質　樹勢は強く，萌芽力があり剪定や刈込みに耐える。
　［適地］　湿り気のある肥沃な深層土を好み，比較的土質を選ばない。
　［日照］　中庸樹，半陰地を好み，陽光に耐える。
　［水分］　耐湿・耐乾性あり
　［生長］　遅い
植栽・移植
　［適期］　2～4月，6月，10～12月
　［移植性］　容易
　[根系]　浅根性
用途・配植　庭木，公園樹，生垣に使用。自然樹形を生かした仕立てのもの，または自然樹形のもの（野木）は，庭園の要所に独立して配植されるが，多くは玉刈り仕立てや寄植刈込み，生垣仕立てなどにして広く用いられている。
整姿・剪定・管理　自然樹形を賞するものでは，数年ごとに樹形を乱す徒長枝を切り取る程度でよい。刈込みなどで一定の樹形を保つ必要のあるものには毎年行う。時期は6～7月，9～10月がよい。夏季，晴天が続いた時は灌水を行う。
病虫害　虫害：ドウダンツツジシロカイガラムシ

トベラ ［海桐花，海桐(中国名)］
別名トビラギ(扉木)
科・属　トベラ科トベラ属
原産地　日本(本州関東地方以西〜沖縄)
形態　広葉樹，常緑低木〜小高木，雌雄異株
　［樹形］　球状，幹は多く株立状で，よく枝を分岐する。
　［樹高］　自然形：2〜3 m
　　　　　植栽時：0.4〜0.6 m
　［開花期］　4〜6月
　［花色］　はじめ白，のち黄色に変わる
　［葉］　互生，長楕円形，革質，長さ5〜10 cm
　［果実］　球形，径1 cm内外，10〜11月成熟
適地・性質　樹勢は強健。萌芽力が強く刈込みに耐える。耐潮風性は強い。都市環境に対する抵抗性も大きい。
　［適地］　適湿の肥沃な砂質壌土を好むが，砂地でも可能。
　［日照］　陽樹〜半陰樹
　［水分］　乾燥に耐える
　［生長］　やや早い
植栽・移植
　［適期］　萌芽しはじめの頃，6〜7月，9〜10月
　［移植性］　普通，大木は根回しを行う。
　［根系］　浅根性
用途・配植　庭木，公園樹に使用。多数株寄植えし，刈り込んで一定の形づくりをした例が多い。潮風に強く，沿海地の緑化に使用できる。
整姿・剪定・管理　自然に整った形に生育していくので，自然樹形を賞する場合は徒長枝や混みすぎた枝の除去などの基本剪定を行う程度でよい。刈込み仕立てのものでは毎年の刈込みが必要である。時期は4〜5月頃がよい。
病虫害　病害：斑点病　虫害：カイガラムシ，アブラムシなど

ナツツバキ ［夏椿］　別名シャラノキ
科・属　ツバキ科ナツツバキ属
原産地　日本(本州東北地方南部以南〜九州)
植栽分布　北海道西南部以南〜九州
形態　広葉樹，落葉高木
　［樹形］　長楕円状，幹は多く2〜3本立ちで，枝は上向きに立ち上がる。
　［樹高］　自然形：10〜15 m
　　　　　植栽時：2.5〜3.5 m
　［開花期］　分化に続き6〜7月開花
　［花芽分化］　新梢の葉腋に5〜6月頃
　［花］　白色で径5〜6 cm
　［葉］　互生，楕円形〜長楕円形
　［果実］　10月結実
適地・性質　樹勢は強いほうではなく，萌芽力もあまりないので強い剪定は避ける。耐寒性はややあり，都市環境に対する抵抗性は中程度である。
　［適地］　湿り気のある肥沃な壌土を好むが，比較的土質を選ばない。
　［日照］　陽樹，やや耐陰性あり
　［水分］　乾燥に弱い
植栽・移植
　［適期］　2〜3月，11〜12月
　［移植性］　中程度
　［根系］　浅根性〜やや深根性
用途・配植　庭木(花木)，公園樹に使用。樹形，幹肌，花と見どころも多く，一年を通じ楽しめる。庭園では要所に独立して，または他の樹木と混植する。
整姿・剪定・管理　自然に放任しておいても樹形は整うので，手入れはあまり必要としないが，混みすぎた枝や樹姿を乱す枝の除去など，基本の剪定程度は2〜3年ごとに行うのがよい。時期は落葉期の12〜3月頃。夏，日照りが続いたときは灌水を行う。
病虫害　虫害：チャドクガ(7月頃および9〜10月頃の2回発生)，テッポウムシ(カミキリムシ類の幼虫)

ナンテン［南天, 南天蜀, 南天竹（中国名）］

科・属　メギ科ナンテン属
原産地　日本（本州中部地方以西～九州）
植栽分布　本州～九州の温暖地, 寒い地方では防寒が必要
形態　広葉樹, 常緑低木
　[樹形]　円柱形。地際から多数細い幹を直立させ, 叢生する。
　[樹高]　自然形：2～3 m
　　　　　植栽時：0.6～1.0 m
　[開花期]　5～6月
　[花色]　白色（多数の小花）
　[葉]　幹の上方につき, 三回羽状複葉の大型葉
　[果実]　球状, 10～1月紅熟
適地・性質　樹勢は強健であるが, 寒さや暑さを嫌う。耐潮風性があり, 都市環境にも適応する。
　[適地]　日当たりのよい適湿の埴質土を好むが, 比較的土質を選ばない。
　[日照]　中庸樹～陰樹
　[水分]　乾燥には弱い
　[生長]　遅い～普通
植栽・移植
　[適期]　3月下旬～4月, 9月
　[移植性]　普通　[根系]　やや浅根性
用途・配植　庭木に使用。「難を転ずる」の語呂から, 縁起木として古くから庭園に植栽され, 蹲踞まわりのあしらい, 玄関脇など, 紅い実を賞するために要所に配植される。
整姿・剪定・管理　放任しても樹形は自然に整うので, 手入れはほとんど必要ない。花芽は今年の充実した枝先に形成され翌年開花する。高く伸びすぎた枝は中途から切り詰めても, そこから枝の発生をみる。剪定の時期は2～3月がよい。
病虫害　病害：紅斑病　虫害：ハマキガ, カイガラムシ

ニオイシュロラン
別名ドラセナ

科・属　リュウゼツラン科センネンボク属
原産地　ニュージーランド
植栽分布　本州関東地方南部以西～沖縄
形態　特殊樹, 常緑小高木
　[樹形]　幹は通直で分岐は少ない。葉は頂生し多数叢生。
　[樹高]　自然形：5～10 m
　　　　　植栽時：1.5～3.0 m
　[開花期]　5～6月
　[花色]　白
　[葉]　長剣状鋭尖, 長さ40～80 cm
　[果実]　10月成熟, 球形径4 mm
適地・性質　樹勢は普通で, 耐寒性はややある。都市環境には適応して生育。
　[適地]　土質を選ばず生育する。
　[日照]　陽樹
　[生長]　やや遅い
植栽・移植
　[適期]　5～6月が最もよい。暖地では7～9月も可。
　[移植性]　容易で発根性に富む
　[根系]　深根性
用途・配植　庭木, 公園樹, 街路樹（暖地）に使用。独特な樹姿を賞するために, 庭園（おもに洋風）に配植される。その他, 公園や公共建物の車回し・中庭, 工場緑化などの景観樹として利用される。配植は, 数本～10数本を群植するほうが見栄えがよい。
整姿・剪定・管理　単植の場合は枝の分岐の多いものを使う。特別な手入れは必要ない。一般的な手入れとしては, 古くなって垂れ下がった下葉の枯れたものを付け根から切り取り, また, 花がらも同様に切り取る。
病虫害　病害：炭そ病, すす病

ニシキギ［錦木，衛矛(中国名)］
科・属　ニシキギ科ニシキギ属
原産地　日本，中国ほか
植栽分布　北海道〜九州の各地
形態　広葉樹，落葉低木，枝にコルク質の平たい翼をもっている。雌雄異株
　［樹形］　整形，多く株立状で球状〜半球状
　［樹高］　自然形：2〜3m
　　　　　植栽時：0.8〜1.2m
　［開花期］　5〜6月
　［花芽分化期］　8月頃
　［花色］　淡黄緑色
　［葉］　対生，倒卵形，長さ2〜7cm
　［果実］　秋10〜11月暗紅色に熟す
適地・性質　樹勢は強健で，萌芽性が強く，剪定に耐える。
　［適地］　湿り気のある有機質土を好むが，土質をあまり選ばない。
　［日照］　中庸樹，陽光を好む。
　［水分］　耐湿性はあるが，乾燥に弱い。
　［生長］　やや早い
植栽・移植
　［適期］　落葉期（10〜3月，厳寒期を除く）
　［移植性］　容易
　［根系］　浅根性，細根が多い
用途・配植　庭木，公園樹に使用。秋の紅葉と赤い実を賞するため，庭園に配植される。多く群植して利用，また刈り込んで生垣などとする。
整姿・剪定・管理　生垣などの一定の形を維持する必要のあるものを除いて，自然樹形を生かした手入れを行う。これには，枝先を切り詰めるのではなく，枝分かれしたところで徒長した長い枝を切り除き，短い枝と切り替えるようにし，また混みすぎた枝などを間引く。時期は落葉期〜萌芽期。
病虫害　虫害：アブラムシ，カイガラムシ

ネズミモチ［鼠黐（女貞はトウネズミモチの中国名)］
科・属　モクセイ科イボタノキ属
原産地　日本（本州関東地方南部〜沖縄），朝鮮半島南部
植栽分布　本州〜沖縄
形態　広葉樹，常緑小高木
　［樹形］　長楕円形〜広楕円形，幹は直立し，枝も多い。
　［樹高］　自然形：2〜5m
　　　　　植栽時：1.0〜2.0m
　［開花期］　6月
　［花色］　白
　［葉］　対生，楕円形，長さ3〜7cm
　［果実］　11月，黒紫色に成熟
適地・性質　樹勢は強健で，萌芽性が強く，強い剪定・刈込みに耐える。都市環境に対する抵抗性は大きい。
　［適地］　湿潤な地を好み，土質を比較的選ばず生育する。
　［日照］　陰樹，陽光地でも生育がよい。
　［水分］　耐乾性，耐湿性がある。
　［生長］　早い
植栽・移植
　［適期］　4月，9月
　［移植性］　容易
　［根系］　浅根性で細根の発生は多い。
用途・配植　庭木，公園樹，生垣ほかに使用。庭園では，境界沿いなどに目隠しし，背景づくりの植栽として用いられる。また，小鳥のための食餌木の一つでもある。
整姿・剪定・管理　生長が早く，枝の伸長が良いので，1〜2年ごとに樹形を整える基本剪定を行う。上部の萌芽伸長性が強いので，上部は強く，下部を弱く切るのがよい。刈込み仕立てのものでは毎年行う。時期は萌芽期，6〜7月，9〜10月。
病虫害　目立ったものは特になし

ノウゼンカズラ [凌霄花(中国名)]

科・属 ノウゼンカズラ科ノウゼンカズラ属
原産地 中国中南部
植栽分布 本州(東北地方南部以南)~九州
形態 広葉樹,落葉つる性の木本
　[樹形] 不整,つるから出る吸着根により,壁面などを這い上がる。
　[樹長] 植栽時:1~2m
　[開花期] 7~8月
　[花芽分化] 6月頃新梢の先端に分化し続いて開花
　[花色] オレンジ色のやや大型花
　[葉] 対生,奇数羽状複葉(5~9の小葉)
　[果実] 結実しにくい
適地・性質 樹勢は大変強く,萌芽力も旺盛で,強い剪定に耐える。耐寒性があり東北地方南部まで植栽できる。
　[適地] 湿り気のある砂質の土壌を好むが,比較的土質を選ばない。
　[日照] 陽樹,日陰地では花が着きにくい。
　[生長] 早い
植栽・移植
　[適期] 春,萌芽直前頃がよい
　[移植性] 容易。老木でも可能
　[根系] 浅根性
用途・配植 庭木(花木),壁面やフェンスなどの柵の緑化,日除け棚・パーゴラへの植栽。庭園などでおもに花を賞するために配植する。独立して生育できないので,フェンスや丸太などの生育を補助する施設が必要である。
整姿・剪定・管理 剪定などの手入れは,毎年落葉期に一年枝を10~15cm,または2~3節残して,先を切る。花は前年枝から春に伸びたつるの先端部に着くので,萌芽前に行うのがよい
病虫害 目立つものはない

ノムラカエデ

科・属 カエデ科カエデ属
原産地 オオモミジの園芸品種
植栽分布 北海道南部~九州
形態 広落樹,落葉高木
　[樹形] 不整な円蓋形
　[開花期] 4~5月
　[葉] 対生,大型掌状,長さ・幅7~11cm
　[果実] 翅果は10月成熟
適地・性質 萌芽力があり,刈込みに耐えるが,強い剪定は避ける。潮風や都市環境に対する抵抗性は弱い。
　[適地] やや湿気のある深層の壌土質を好む。
　[日照] 陽樹~中庸樹,やや耐陰性がある。
　[生長] 早い
植栽・移植
　[適期] 落葉期間中,寒地では春芽出し前に行う。
　[移植性] 普通
　[根系] やや浅根性
用途・配植 庭園(主木),公園樹,並木に使用。庭園では主木として見付きに配される。広い庭では数本を群植して紅葉などの観賞ポイントとする。
整姿・剪定・管理 自然樹形を賞するため,特別手入れをしなくともよいが,一定の樹高を保つため,あるいは伸びすぎた枝や樹形のバランスを乱す枝などは,枝分かれしているところで切替え剪定を行う。枝先は切り詰めず,混みすぎた枝の不要枝は元から切り除く。
病虫害 虫害:テッポウムシ,カイガラムシ

ハイビャクシン [這柏槇]

科・属 ヒノキ科ビャクシン属
原産地 日本
植栽分布 北海道南部以南～沖縄
形態 針葉樹，常緑低木，雌雄同株
　[樹形] 地面を広く這う形
　[樹高] 自然形：1～1.5m
　　　　　植栽時：0.3～0.4m
　[葉] 針状のものと鱗片状のものとがある。
適地・性質 樹勢は強健で，耐潮性がある。萌芽力はあるが，刈込みをするとスギ葉が出やすい。
　[適地] 排水のよい肥沃な砂質壌土を好むが，比較的土質を選ばない。
　[日照] 陽樹，日陰地ではよくない。
　[水分] 耐乾・耐湿性がある。
　[生長] やや早い
植栽・移植
　[適期] 3～6月，9～11月
　[移植性] 難しい。根回しが必要
　[根系] 浅根性
用途・配植 庭木，公園樹，地被材に使用。池の汀(みぎわ)近くに，庭石に添えて，苑路に沿ってなどの配植が多い。
整姿・剪定・管理 枝が地面を這うように水平状に伸びていき，葉は密生する。自然に樹姿が整うので，手入れはほとんど行わなくともよい。あえて行うときは新梢の芯を適当な長さに手摘みするのがよく，ハサミは用いない。
病虫害 病害：さび病，ハダニ

ハクモクレン [白木蓮，玉蘭(中国名)]

科・属 モクレン科モクレン属
原産地 中国中部
植栽分布 本州～九州の温暖地
形態 広葉樹，落葉高木
　[樹形] 半球状～広円状，幹はおおむね直立し，枝は横に広がる。
　[樹高] 自然形：10～15m
　　　　　植栽時：2.0～3.5m
　[開花期] 早春3～4月
　[花芽分化] 短枝の先端に5～6月頃分化
　[花] 大型，白色で香りがある
　[葉] 互性，倒卵形，大形で革質，長さ10～15cm
　[果実] 秋に結実
適地・性質 樹勢は普通，萌芽性はあるが，剪定は好まない。都市環境に対する抵抗性はやや弱い。
　[適地] 適湿で肥沃な深層壌質土を好む。
　[日照] 中庸樹，多少の日陰に耐える
　[水分] やや耐湿性あり，乾燥に弱い
　[生長] 普通
植栽・移植
　[適期] 2～3月，11～12月
　[移植性] 困難
　[根系] 浅根性
用途・配植 庭木，公園樹，緑陰樹，街路樹に使用。景観木として春季の花を賞するために，庭園その他に配植される。大きく生長し，移植が難しいので植える場所に注意したい。
整姿・剪定・管理 若木の植付け後は，徒長枝など樹形を乱す枝を除去する程度で，目的の樹高になるまで手入れを控えて育生する。その後は樹形を維持するための基本剪定を2～3年ごとに行う。時期は11～12月，4～5月。
病虫害 病害：ウドンコ病　虫害：ゾウムシ，アブラムシ，カイガラムシ

ハナカイドウ [花海棠, 垂絲海棠（中国名）] 別名カイドウ
科・属 バラ科リンゴ属
原産地 中国中部
植栽分布 北海道南部以南，本州～九州
形態 広葉樹，落葉小高木
　[樹形] 円形
　[樹高] 自然形：2～6 m
　　　　植栽時：1.0～2.0 m
　[開花期] 4～5月
　[花芽分化] 新梢の短枝に7～8月
　[花] 紅色～淡紅色，径3～3.5 cm
　[葉] 互生，長楕円形
　[果実] 10月成熟
適地・性質 樹勢は強く，萌芽力があり剪定に耐える。耐潮風性は弱い。
　[適地] 排水良好な適湿の壌土質を好むが，比較的土質を選ばない。
　[日照] 陽樹。陰地では生育が悪い。
　[水分] 耐湿，乾燥に弱い。
　[生長] 普通
植栽・移植
　[適期] 11～12月，2～3月
　[移植性] 普通　[根系] やや深根性
用途・配植 庭木(花木)，公園樹に使用。花を賞するために庭園に配植される。単植でもよいが，2～数株を寄せて植えるのがよい。また，苑路沿いなどに生垣状に列植するのもよい。
整姿・剪定・管理 放任すると，徒長枝が伸びて樹姿が乱れ，また花着きも悪くなるので，毎年の剪定が必要である。花は短枝につくので，長く伸びた枝を上から1/3～1/2程度切り詰めて短枝の生長を促すようにする。あわせて，混みすぎた枝の除去などを行う。時期は落花直後の5～6月上旬までとする。剪定は落葉期にも行えるが，徒長枝の切詰め程度にとどめる。
病虫害 病害：赤星病　虫害：アブラムシ，カイガラムシ

ハナゾノツクバネウツギ [花園衝羽根空木] 別名アベリア
科・属 スイカズラ科ツクバネウツギ属
原産地 園芸種，親株は中国産
植栽分布 本州東北地方南部以南～九州
形態 広葉樹，常緑～半落葉低木
　[樹形] 不整，幹は地際から叢生する。
　[樹高] 自然形：1～2.0 m
　　　　植栽時：0.6～1.0 m
　[開花期] 5～11月の長期間
　[花芽分化] 今年枝に5～10月分化
　[花] 白色鐘形
　[葉] 対生，卵形，長さ2～5 cm
適地・性質 樹勢はきわめて強く，萌芽力旺盛で，強い刈込みに耐える。耐寒性は弱いが，都市環境に対する抵抗性は大きい。
　[適地] 適湿の壌質土～砂質壌土を好むが，比較的土質を選ばない。
　[日照] 陽樹，耐陰性あり
　[水分] やや耐乾燥性あり
　[生長] 早い
植栽・移植
　[適期] 萌芽前後（3月中旬～4月），9月下旬～11月上旬
　[移植性] 容易　[根系] 浅根性
用途・配植 庭木，公園樹，生垣に使用。庭園では，景のポイントに単植または数株を寄植えにし，半球状の刈込み仕立てとする。公園などでは群植や帯状に植栽し，多くは刈り込んで，大模様な生垣状に仕立てる。
整姿・剪定・管理 花は春以後に伸びた新梢の先端のほうに開花するので，剪定・刈込みは11月以後から春の芽出前の間に行う。開花は長期にわたり，新梢を伸ばしては花芽を形成し開花するということを繰り返すので，開花期間中でも浅い刈込みができる。
病虫害 病害：ウドンコ病　虫害：アオバハゴロモ

ハナミズキ［花水木］

別名アメリカヤマボウシ
科・属　ミズキ科ミズキ属
原産地　アメリカ北東部
植栽分布　北海道南部以南〜九州
形態　広葉樹，落葉高木
　［樹形］　比較的整形，直幹性で枝は横に広がる。
　［樹高］　自然形：5〜12m
　　　　　植栽時：3.0〜4.5m
　［開花期］　4〜5月
　［花芽分化］　新梢の先端に7月頃分化
　［花］　花弁に見えるのは総苞で，白，紅，ピンクをしている。
　［葉］　対生，広楕円形〜卵形
　［果実］　9〜10月紅く熟す。
適地・性質　樹勢は中程度。萌芽性はあるが強くないので，強い剪定は避ける。
　［適地］　適湿で肥沃な砂質壌土を好むが，比較的土質を選ばず生育する。
　［日照］　陽樹〜中庸樹
　［水分］　乾燥するところはよくない
　［生長］　普通〜やや遅い
植栽・移植
　［適期］　3〜4月，11〜12月上旬
　［移植性］　普通　　［根系］　浅根性
用途・配植　庭園(花木)，公園樹，並木樹，シンボルツリーに用いる。花および紅葉，紅熟した実を賞し，門まわり，アプローチの要所，主庭の要所，2階から見下せるところなどに配植する。枝が横に張るので，場所の選定には注意が必要である。
整姿・剪定・管理　樹姿はそれほど乱れないので，数年ごとに伸びすぎた枝の切詰め・切替えや，混んだ枝，重なり枝，からみ枝などを除去する程度でよい。花芽は秋になると明瞭になるので，それらを切らないようにする。
病虫害　病害：斑点病　虫害：コウモリガ，アメリカシロヒトリ

ハマヒサカキ［浜姫榊,濱柃(中国名)］

科・属　ツバキ科ヒサカキ属
原産地　日本(本州関東地方以西〜沖縄)，中国
植栽分布　本州（東北地方の日本海側を除く)〜沖縄
形態　広葉樹，常緑低木〜小高木
　［樹形］　半球状
　［樹高］　自然形：1.5〜5.0m，利用形0.6〜3.0m，植栽時：中木1.0〜2.0m 低木0.3〜0.6m
　［開花期］　3〜4月
　［花色］　淡緑色，径5mm内外
　［葉］　互生，長倒卵形，長さ2〜4cm
適地・性質　樹勢は強く萌芽性があり，刈込みに耐える。耐潮性が強く，沿海地の植栽に利用できる。都市環境に対する抵抗性は大きいほうである。
　［適地］　適湿の砂質壌土を好むが，比較的土質を選ばずよく生育する。
　［日照］　陽樹だが，耐陰性が強い。
　［水分］　やや耐湿性・耐乾性がある。
　［生長］　やや遅い
植栽・移植
　［適期］　萌芽頃，6〜7月，9月
　［移植性］　容易　　［根系］　浅根性
用途・配植　庭木，公園樹，緑化樹ほかに使用。庭園では樹下の根締めなどに配植される。その他ビル周り，工場や街路，屋上庭園などの植栽では，群植し，刈込み仕立てとすることが多い。
整姿・剪定・管理　自然形仕立てのものでは，放任してもよく形を保つが，それでも3年位ごとに徒長枝の切詰め，切替えなどや枝抜きなどの基本剪定は必要である。時期は萌芽頃および7〜8月。また，刈込み仕立てのものでは毎年の手入れが必要である。時期は6〜7月に1回，9〜10月に再度軽く行うと，美しい形を維持できる。
病虫害　目立つものは特にない

ヒイラギ ［柊］

科・属 モクセイ科モクセイ属
原産地 日本（福島県以南～沖縄），台湾
植栽分布 北海道南部以南～沖縄
形態 広葉樹，常緑小高木～高木，雌雄異株

[樹形] 広卵形～円蓋形
[樹高] 自然形：5～10m，植栽時：低木0.5m内外，中木1.0～2.0m，仕立てもの2.0～3.0m
[開花期] 分化に続き10～11月開花
[花芽分化] 当年枝に8～9月に分化
[花] 白色小花，径5mm内外
[葉] 対生，卵形～楕円形，革質で葉縁に刺状の鋸歯がある。
[果実] 楕円形，翌年6～7月に成熟

適地・性質 樹勢は強い。萌芽力が大きく，剪定・刈込みに耐える。耐潮性があり，都市環境に対する抵抗性は大。

[適地] 適湿で排水のよい粘質壌土を好むが，土質はあまり選ばない。
[日照] 陰樹，半日陰地を好む
[水分] やや耐湿性，耐乾性あり
[生長] やや遅い

植栽・移植

[適期] 盛夏を除く4月中旬～10月
[移植性] 容易，大木の移植も可能
[根系] 浅根性

用途・配植 庭木（花木ほか），公園樹，縁起木（節分に枝葉を門口におき，邪鬼の進入を防ぐ風習に利用）として用いる。庭園では，目隠し用，下木，また刺を有するので人止め植栽などに用いる。玉散らしなどの仕立てものは主木または副えとして配植される。

整姿・剪定・管理 手入れは，徒長枝や混みすぎた枝の間引き，切詰め，切替え，刈込みなど，基本剪定を行う程度でよい。時期は5～6月，9～10月。

病虫害 病害：さび病　虫害：カイガラムシ

ヒイラギナンテン ［柊南天］

別名トウナンテン（唐南天）
科・属 メギ科ヒイラギナンテン属
原産地 ヒマラヤ，中国，台湾
植栽分布 本州（東北地方南部以南）～九州の暖地
形態 広葉樹，常緑低木

[樹形] 主幹がなく叢生状で不整形
[樹高] 自然形：1.0～2.0m
　　　植栽時：0.5m内外
[開花期] 3～4月
[花] 総状花序，黄色
[葉] 幹頂部近くにつく，奇数羽状複葉
[果実] 9～10月紫黒色に成熟

適地・性質 樹勢は強いが，剪定を嫌う。耐潮風性は普通。都市環境に対する抵抗性は大きい。

[適地] 湿潤で肥沃な粘質壌土を好むが，土質は比較的選ばない。
[日照] 半陰樹～陰樹。陽光に耐える。
[水分] やや耐乾性あり
[生長] 普通～やや遅い

植栽・移植

[適期] 6～7月，9～10月
[移植性] 容易
[根系] やや浅根性

用途・配植 庭木，公園樹に使用。庭園では，主に和風の景づくりに配植される。蹲踞まわり，袖垣，景石の添えなどに使われている。また，葉に鋭い鋸歯があり，触ると痛いので，群植して人止め用の植栽などに利用される。

整姿・剪定・管理 幹の中途で剪定しても萌芽するので，剪定はできるが，通常は行わない。樹高の調節は伸長した長い幹を元から間引き，地際より発生して伸長した新生幹と交代させるようにする。時期は6～8月がよい。

病虫害 病害：炭そ病　虫害：カイガラムシ

ヒマラヤスギ［雪松(中国名)］

科・属　マツ科ヒマラヤスギ属
原産地　ヒマラヤ北西部〜アフガニスタン東部
植栽分布　北海道南部以南〜沖縄
形態　針葉樹，常緑高木，雌雄同株
　［樹形］　円錐形，幹は直立し，枝はほぼ水平に伸び，先端は垂れ下がる。
　［樹高］　自然形：20〜45m
　　　　　　植栽時：2.0〜6.0m
　［開花期］　10〜11月
　［花色］　雄花：黄色，雌花：淡紫緑色
　［葉］　短枝に束生，長枝に互生，針状
　［果実］　楕円状，翌年10〜11月成熟
適地・性質　樹勢は強健で，萌芽性強く，刈込み・剪定に耐える。耐潮風性は弱い。都市環境に対する抵抗性は中程度。
　［適地］　適潤の肥沃地を好み，比較的土質は選ばない。
　［日照］　陽樹
　［生長］　やや早い
　［水分］　湿地にはやや弱い
植栽・移植
　［適期］　萌芽期前が最適
　［移植性］　容易，大木でも可能
　［根系］　深根性
用途・配植　庭木，公園樹，景観木，並木に使用。自然樹形を賞するには広い生育空間が必要になるので，庭園での利用は限られる。庭園では普通，刈り込んだり，枝の切詰めをしての利用で，多く目隠し用とされる。洋風の庭に向く樹種の一つにあげられる。
整姿・剪定・管理　自然樹形はあまり乱れず円錐形を保つので，手入れは伸びすぎた枝の切替えや枝抜きなど基本剪定を数年ごとに行う程度でよい。生垣や人工樹形のものは，1〜2年ごとに枝先を切り詰める。時期は4月がよい。
病虫害　虫害：マツカレハ，チャミノガ，チャハマキ

ヒメシャラ［姫沙羅］

科・属　ツバキ科ナツツバキ属
原産地　本州（神奈川県以西）〜九州の太平洋側
植栽分布　本州関東地方以西〜九州
形態　広葉樹，落葉高木
　［樹形］　広楕円状，幹は単幹〜双幹〜株立状で枝は斜上する。
　［樹高］　自然形：15m
　　　　　　植栽時：2.5m〜3.5m
　［開花期］　6〜7月
　［花芽分化］　当年枝の先端近くの葉腋に5月頃分化し，続いて開花する。
　［花］　白色で径2cm内外
　［葉］　互生，長卵形
　［果実］　9〜10月成熟
適地・性質　樹勢はやや弱い。萌芽性はあるが，あまり剪定を好まない。都市環境に対する抵抗性は中程度である。
　［適地］　適湿の肥沃地を好み，土質は選ばない。
　［日照］　陽樹〜中庸樹
　［水分］　乾燥に弱く，多湿地も不向き
　［生長］　やや早い
植栽・移植
　［適期］　萌芽期前の3月，11月
　［移植性］　普通　　［根系］　浅根性
用途・配植　庭木，公園樹に使用。おもに花を賞するために庭園などに配植されるが，幹肌（平滑で淡赤褐色）も美しく，見るべきものがある。植栽には単幹のものより多幹のものを用い，数株寄植えにすると見栄えがよい。
整姿・剪定・管理　放任してもそれほど樹形は乱れないので，手入れはそれほど必要としない。とはいえ，数年ごとに混みすぎた枝の間引き，伸びた枝の切替えなどの基本剪定を行うことが望ましい。
病虫害　虫害：カミキリムシの幼虫（幹に食い入る）

ビヨウヤナギ［美容柳，金糸桃（中国名）］　別名ビジョヤナギ（美女柳）
科・属　オトギリソウ科オトギリソウ属
原産地　中国中南部
植栽分布　北海道南部以南〜九州
形態　広葉樹，常緑（または地方により半落葉）低木
　［樹形］　半球状，株立状に叢生し，枝はよく分岐する。
　［樹高］　自然形：0.5〜1.0 m
　　　　　植栽時：0.3〜0.6 m
　［開花期］　6〜7 月
　［花芽分化］　5 月頃分化，続いて開花
　［花］　黄色の 5 弁花で，径 4〜5 cm
　［葉］　対生，長楕円状披針形
　［果実］　円錐形で 10 月頃成熟
適地・性質　樹勢は強く，萌芽性もあるが，強い剪定・刈込みは好まない。都市環境に対する抵抗性は普通。
　［適地］　適湿の肥沃地を好み，土質は選ばない。
　［日照］　陽樹で，耐陰性がある。
　［水分］　乾燥しすぎるところや多湿のところはよくない。
　［生長］　早い
植栽・移植
　［適期］　萌芽期 4 月頃，活着まで乾燥に注意する。
　［移植性］　容易　　［根系］　浅根性
用途・配植　庭木（花木），公園樹，寄植え群植，グラウンドカバーに使用。庭園では花を賞するため要所に配するほか，高木の根締め植栽，景石や蹲踞などの添えの植栽に用いる。
整姿・剪定・管理　植付け後は，希望の大きさに生育するまでは放任してよい。以後は一定の大きさを保つため 2〜数年ごとに基本の剪定を行う。株立ちの幹枝が混んできたときは，古いものから切り取り，更新をはかる。
病虫害　ほとんどない

フジ［藤，多花紫藤（中国名）］
科・属　マメ科フジ属
原産地　日本（本州〜九州）
植栽分布　北海道〜九州
形態　広葉樹，落葉つる性の木本
　［樹形］　不整，他の木などに巻きついて生長・生育する。
　［樹高］　植栽時：棚仕立て用のものは幹長 2.5〜3 m
　［開花期］　4〜6 月
　［花芽分化］　7 月頃
　［花］　通常は紫，品種に白花がある
　［葉］　互生，羽状複葉（小葉は 11〜19），長さ 20〜30 cm
　［果実］　莢果で 9〜10 月成熟
適地・性質　樹勢は強く，萌芽力旺盛で剪定に耐える。都市環境に対する抵抗性は大きい。耐潮風性がある。
　［適地］　湿り気の多い深層土を好み，土質は選ばない。
　［日照］　陽樹
　［水分］　耐乾燥，耐湿
　［生長］　早い
植栽・移植
　［適期］　落葉中（12〜3 月）
　［移植性］　容易（根はできるだけ長く掘り取る）
　［根系］　浅根性で四方に長く伸びる。
用途・配植　庭木（花木），公園樹に使用。多く緑陰用，または花を楽しむため，棚，パーゴラなどに添えて植栽し，棚仕立てとする。庭園用には，庭木仕立てのものを用いる。
整姿・剪定・管理　花後，早めに花穂を切り取る。花後に伸びたつるは，1.5〜2 m 程度残して先を切る。真夏頃，混みすぎた枝を間引いて透かす。落葉後に今年枝の基部近くに花芽が目立つようになるので，短枝はそのまま，長枝は 10 cm 程度残して先を切る。
病虫害　虫害：マイマイガ

ボケ［木瓜，貼梗木瓜(中国名)］
科・属　バラ科ボケ属
原産地　中国
植栽分布　本州〜九州の温暖地
形態　広葉樹，落葉低木，雌雄同株
　［樹形］　株立状で不整形，小枝に針状の刺がある。
　［樹高］　自然形：1.0〜3.0 m
　　　　　　植栽時：0.6 m 内外
　［開花期］　3〜4月
　［花芽分化］　前年性枝に9月頃分化
　［花］　短枝に数花つく。色は淡紅，緋紅，白が主である。
　［葉］　互生，長楕円形〜楕円形
　［果実］　やや卵球状，10月成熟
適地・性質　丈夫で，萌芽性よく，剪定に耐える。都市環境に対する抵抗性は中程度である。
　［適地］　排水のよい適潤な砂質壌土を好むが，比較的土質は選ばない。
　［日照］　陽樹。陽光を好む。
　［生長］　やや早い
植栽・移植
　［適期］　厳寒期を除く落葉期
　［移植性］　普通〜やや容易
　［根系］　深根性
用途・配植　庭木，公園樹に使用。花を賞する目的で配植される。単植するより，3〜数株を寄植えすると見栄えがする。刺を有するので人止めが必要な場所の植栽にも使用できる。その他群植して刈り込み，法面などの植栽などに利用されることが多い。
整姿・剪定・管理　放任すると，枝が混んで風通しが悪くなり，また樹姿も乱れてくるので，枝の間引きや切詰めなどの基本剪定を行う。時期は落花直後がよい。刈込みのものは，2〜4月，8〜9月に行う。
病虫害　病害：赤星病　虫害：グンバイムシ，アブラムシ

マテバシイ［馬刀葉椎］
科・属　ブナ科マテバシイ属
原産地　日本（本州関東地方南部以西の太平洋側〜九州，沖縄）
植栽分布　本州（東北地方南部以南，北陸地方以南）〜沖縄
形態　広葉樹，常緑高木，雌雄同株
　［樹形］　やや半球状で，枝は横に広く拡張し，雄大である。
　［樹高］　自然形：10〜20 m
　［開花期］　6月
　［花色］　雄花は黄褐色
　［葉］　互生，大形，長楕円形で革質
　［果実］　長楕円形で長さ2〜3 m，翌年秋に成熟する。
適地・性質　樹勢は強健，萌芽性が強く剪定に耐える。耐潮風性があり，また都市環境に対する抵抗性も大きい。
　［適地］　適潤で肥沃な深層の壌質土
　［日照］　陽樹
　［水分］　耐乾性あり
　［生長］　やや早い
　［風］　深根で耐風性が強い
植栽・移植
　［適期］　萌芽期，6〜7月，9月
　［移植性］　やや困難なほうであるが，大木でも可能
　［根系］　深根性
用途・配植　庭木，公園樹，防火樹，街路樹に使用。庭園では，目隠しや防風，防火用などの実用植栽としての利用が多い。公園などでも同様である。
整姿・剪定・管理　樹形は放任してもそれほど乱れないので，生育空間に余裕のあるところでは，剪定などの手入れは数年ごとに徒長枝の切詰めや切替え，間引き，混みすぎた枝の除去などを行えばよい。なお，一定の樹形を保つ必要のあるところでは，2〜3年ごとに基本剪定を実施する。
病虫害　虫害：カイガラムシ

マンサク [万(満)作, 金楼梅]

科・属 マンサク科マンサク属
原産地 日本(本州太平洋側)〜九州
植栽分布 北海道南部〜九州
形態 広葉樹, 落葉低木〜小高木
- [樹形] 不整, 多く株立状で, 盃形
- [樹高] 自然形:5〜6m
   植栽時:1.5m
- [開花期] 2〜3月
- [花芽分化] 6月頃短枝に分化
- [花] 花弁は線状で, 黄色が普通。品種に紅色その他がある。
- [葉] 互生, 菱円形〜倒卵形, 長さ5〜10cm

適地・性質 樹勢はおおむね強く, 都市環境に対する抵抗性も大きい。
- [適地] 湿り気の多い肥沃深層土を好む。
- [日照] 中庸樹, 樹下の明るい日陰
- [水分] 夏の乾燥に注意
- [生長] やや早い

植栽・移植
- [適期] 早春(2〜3月), 晩秋(11〜12月)
- [移植性] 容易
- [根系] 浅根性

用途・配植 庭木(花木), 公園樹に使用。早春の花を賞するために, 庭園の要所に配植する。

整姿・剪定・管理 樹形はさほど乱れないので, 剪定などの手入れはさほど必要なく, 徒長枝の切詰め程度でよい。施肥は春に固形肥料や堆肥などを与える。

病虫害 病害:ウドンコ病

マンリョウ [万両]

科・属 ヤブコウジ科ヤブコウジ属
原産地 本州(関東地方以西)〜九州, 東南アジア
植栽分布 本州東北地方南部以南〜沖縄
形態 広葉樹, 常緑低木
- [樹形] 幹は直立し, 樹形は不整
- [樹高] 自然形:0.3〜0.6m
   植栽時:0.2〜0.3m
- [開花期] 7月
- [花芽分化期] 9月頃
- [花] 白色5弁小花
- [葉] 互生, 長楕円形, 長さ7〜12cm
- [果実] 球形, 6〜8mm, 11月赤熟

適地・性質 萌芽性強く, 都市環境に対する抵抗性は大きい。
- [適地] 適湿で排水の良い砂質壌土を好む。
- [日照] 明るい半日陰を好み, 陽光地ではよくない。
- [水分] 多湿地を嫌う
- [生長] 遅い

植栽・移植
- [適期] 3〜5月中旬, 9〜10月
- [移植性] 成木の移植はやや困難

用途・配植 庭木に使用。樹下などや, 蹲踞まわり, 苔庭の中などに数株配植する。通常は紅熟した実を賞するために植えられることが多い。耐陰性があるので, 日陰地の庭に使用できる材料として貴重である。

整姿・剪定・管理 通常は行わなくともよいが, 年々伸長して高くなるので, 剪定などの手入れは, 適宜切戻しをするか, 叢生している高い幹を間引くようにする。

病虫害 虫害:カイガラムシ, アブラムシ

ミツバツツジ ［三葉躑躅］

科・属 ツツジ科ツツジ属
原産地 日本（本州）
植栽分布 北海道南部～九州
形態 広葉樹，落葉低木
- ［樹形］ 球形，株立状
- ［樹高］ 自然形：1～2m
- ［開花期］ 4月，葉に先立ち開く
- ［花芽分化］ 6月以後各枝の先端に分化
- ［花色］ 淡紫～紅紫色
- ［葉］ 枝先に3枚輪生，広菱形，広卵菱形で長さ4～7cm

適地・性質
- ［適地］ 適湿の腐植質に富む地を好み，土質は比較的選ばない。
- ［日照］ 陽樹～半陰樹で，明るい樹林下が適する。
- ［水分］ やや耐乾性があるが，乾燥しすぎるところはよくない。
- ［生長］ 早い

植栽・移植
- ［適期］ 2～4月，10～11月
- ［移植性］ 普通～やや容易
- ［根系］ 浅根性

用途・配植 庭木（花木）に使用。庭園では，植込み中の観賞の要所に，花を賞するため1～3株を配植する。多くは山採りの自然樹形のものである。

整姿・剪定・管理 一般に地際近くから枝分かれして株立状になる。枝数は少なく粗いので，剪定などは行わず，放任してよい。夏期，根元まわりに乾燥を防ぐため稲わらなどを敷くとよい。

病虫害 虫害：グンバイムシ，アブラムシ，ハダニ

ミヤギノハギ ［宮城野萩］

科・属 マメ科ハギ属
原産地 日本（東北・北陸・中国地方）
植栽分布 北海道～九州の各地
形態 広葉樹，落葉低木
- ［樹形］ 不整，幹は株立状で叢生し，枝はしなやかで，湾曲し下垂する。
- ［樹高］ 自然形：2m
- ［開花期］ 6～9月
- ［花芽分化］ 今年伸びた新梢の先端に分化
- ［花色］ 紅紫，品種に白花他あり
- ［葉］ 互生，三出掌状複葉
- ［果実］ 莢状で10～11月熟す

適地・性質 樹勢は強く，萌芽力旺盛で，剪定に耐える。耐潮風性は強い。都市環境に対する抵抗性は中程度である。
- ［適地］ 排水のよい砂質壌土を好むが，比較的土質を選ばない。
- ［日照］ 陽樹，日当たりが悪いと花着きがよくない。
- ［水分］ 耐湿，耐乾燥性
- ［生長］ 早い

植栽・移植
- ［適期］ 1月下旬～3月中旬
- ［移植性］ 若木：容易
  大株：やや困難
- ［根系］ 深根性

用途・配植 庭木（花木），公園樹に使用。花木を賞するため，古くより庭園に植栽されている。庭園では数株を点植するか，寄植えにして要所に配植する。その他公共用として，斜面緑化，道路緑化など広く利用されている。

整姿・剪定・管理 放任して生育させると大株になる。一般には，毎年落葉後～萌芽前の間に地際より5～10cmぐらい残して上部を剪定し，毎年枝を出させるようにするのがよい。

病虫害 病害：さび病　虫害：アブラムシ，モンキチョウ

ムクゲ ［木槿(中国名)］
別名ハチス
科・属 アオイ科フヨウ属
原産地 中国, アルメリア
植栽分布 北海道中部以南～九州
形態 広葉樹, 落葉小高木
　［樹形］ 楕円状, 幹枝はよく分岐し, 主幹枝には直立性がある。
　［樹高］ 自然形：3～4 m
　　　　　植栽時：1.2～2.0 m
　［開花期］ 分化に続き7～10月に開花
　［花芽分化］ 今年伸びた新梢に分化
　［花色］ 白, 紫紅, 紅, 淡紫紅色
　［葉］ 互生, 束生, 菱卵形で3裂する。長さ4～10 cm
　［果実］ 卵球形10月成熟
適地・性質 樹勢は強健で, 萌芽性強く剪定・刈込みに耐える。都市環境に対する抵抗性は大きいほうである。
　［適地］ 適湿の肥沃深層土を好み, 土質はあまり選ばず生育する。
　［日照］ 陽樹, 耐陰性あり
　［生長］ やや早い
植栽・移植
　［適期］ 厳寒期を除く落葉期, 寒地では萌芽直前がよい。
　［移植性］ 容易　　［根系］ 深根性
用途・配植 庭木(花木), 公園樹, 生垣樹に使用。花木の少ない, 夏に楽しめる一種である。単植または数本を寄植えにして要所に配植するか, 苑路などに沿って列植状に植える。
整姿・剪定・管理 生長が早いので, 希望の高さに生育させた後は, 一定の樹形を保つよう, 1～2年ごとに切詰め, 切替え, 間引きなどの基本剪定を行う。花芽は今年伸びた枝に分化し, 続いて開花するので, 剪定は落葉期～萌芽前に行う。
病虫害 虫害：アブラムシ, カミキリムシ（幼虫）

ムベ ［郁子, 茛子］
別名トキワアケビ（常緑木通）
科・属 アケビ科ムベ属
原産地 日本
植栽分布 本州東北地方中部以南～沖縄
形態 広葉樹, 常緑藤本, 雌雄同株
　［樹形］ 不整
　［樹長］ 自然形：15 mに及ぶ
　　　　　植栽時：0.6～1.0 m
　［開花期］ 4～5月
　［花芽分化］ 前年性の短枝に分化
　［花色］ 淡黄白色
　［葉］ 互生, 掌状複葉
　［果実］ 大形卵球状で10月成熟
適地・性質 耐潮性が強く, 生育旺盛で枝葉繁茂し, 剪定に耐える。
　［適地］ やや多湿の壌質土がよいが, 比較的土質は選ばない。
　［日照］ 陽樹～中庸樹
　［水分］ やや耐乾性あり
　［生長］ 普通
植栽・移植
　［適期］ 4～5月, 9月
　［移植性］ やや困難
　［根系］ 浅根性
用途・配植 庭木, 公園樹, 沿道植栽, 生垣に使用。庭園では, パーゴラなどの棚仕立ておよびメッシュフェンスやトレリス, 四つ目垣などにからませて生垣仕立てとする。また, 道路のグリーンベルトなどに, やはりフェンスなどにからませて用いる。
整姿・剪定・管理 剪定などの手入れは, 仕立て方に応じて行う。伸びすぎた枝の切詰め, 混んだ枝の間引きなどの基本剪定を数年ごとに実施する。生垣の仕立てでは, 全体にすき間のないようにつるを誘導して整えるとよい。時期は4月頃。
病虫害 病害：さび病

ムラサキシキブ［紫式部］

科・属 クマツヅラ科ムラサキシキブ属
原産地 日本（本州～九州）
植栽分布 北海道～沖縄
形態 広葉樹，落葉低木
　［樹形］　やや不整形
　［樹高］　自然形：2～3m
　　　　　植栽時：0.5m
　［開花期］　6～8月
　［花芽分化］　新梢の葉腋に5月頃分化し，続いて開花
　［花色］　淡紫色
　［葉］　対生，楕円形で長さ6～13cm
　［果実］　10～11月紫色に成熟
適地・性質　樹勢は強く，萌芽性もあり剪定に耐える。
　［適地］　樹下などの木もれ日の入るところで，適湿の排水のよい腐植質に富む土地を好む。
　［日照］　陽樹～半陰樹
　［水分］　耐湿性があり，またやや乾燥に耐える。
　［生長］　普通
植栽・移植
　［適期］　2～3月
　［移植性］　普通
用途・配植　庭木，野鳥の給餌木，公園樹に使用。美しい実を賞するために配植する。景の要所に数株を寄植えするのがよい。なお庭園用には，コムラサキ（コシキブ）のほうが向いている。
整姿・剪定・管理　樹形は大きくは乱れずに生育していくので，剪定は通常行なわなくともよいが，大きくなりすぎたり，また一定の形を保つようにする場合には，切詰め，切替えなどの必要な手入れを行う。時期は落葉期の11～3月がよい。
病虫害　特になし

ムラサキハシドイ［紫丁香］

別名リラ，ライラック
科・属　モクセイ科ハシドイ属
原産地　ヨーロッパ，東南部～西アジア
植栽分布　北海道～九州
形態　広葉樹，落葉小高木～低木
　［樹形］　広円形，多く地際より幹が多数立ち上がり，枝を分岐する。
　［樹高］　自然形：2～4m
　　　　　植栽時：1～1.5m
　［開花期］　4～5月
　［花芽分化期］　8月頃
　［花］　枝の先端に開花，通常淡紫色
　［葉］　対生，広卵形，長さ5～12cm
　［果実］　秋に成熟
適地・性質　樹勢は概して強いが，耐暑性がやや弱いので，関東地方より北の地方のほうが生育がよい。
　［適地］　適湿で，排水のよい土壌を好み，土質はあまり選ばない。
　［日照］　陽樹，やや耐陰性があるが，花つきは悪くなる。
　［水分］　耐乾・耐湿性あり
　［生長］　やや早い
植栽・移植
　［適期］　3～4月，10～11月（暖地）
　［移植性］　やや容易～中位
　［根系］　浅根性
用途・配植　庭木，公園樹に使用。おもに花を賞するために庭園の要所に配する。
整姿・剪定・管理　剪定を行わずに，ある程度放任して自然の樹形を観賞する。伸びすぎた枝の剪定は，枝分かれしたところで短い枝を残して切る，切替えにて行う。また適宜混んだ枝の間引き，古くなった枝の除去などを行う。時期は落花直後がよい。
病虫害　病害：ウドンコ病　虫害：マエアカスカシノメイガ，ワタムシ

モクレン［木蓮］

別名シモクレン（紫木蓮）
科・属 モクレン科モクレン属
原産地 中国
植栽分布 北海道南部以南〜九州
形態 広葉樹，落葉低木〜小高木
　［樹形］　やや不整，多く地際より束状の株立ち形。直幹のものもある。
　［樹高］　自然形：3〜6m
　　　　　植栽時：1.8〜2.0m
　［開花期］　4〜5月
　［花芽分化期］　7〜8月頃
　［花］　濃赤紫色6弁花
　［葉］　互生，倒卵形
　［果実］　卵状長楕円形
適地・性質 樹勢は概して強健で，都市環境に対する抵抗性もある。耐潮性はやや弱い。萌芽性は強くないので，強い剪定は好ましくない。
　［適地］　適湿の壌質土を好むが，比較的土質を選ばず生育する。
　［日照］　陽樹，やや耐陰性がある。
　［水分］　耐湿，乾燥しすぎるところはよくない。
　［生長］　遅い
植栽・移植
　［適期］　落葉期間中だが，萌芽直前頃が最適
　［移植性］　やや困難
　［根系］　やや浅根性
用途・配植 庭木（花木），公園樹に使用。花を賞するため，庭園や公園の要所に配植する。
整姿・剪定・管理 希望の大きさに生育するまでは乱れた枝を除く程度で，放任してもよい。以後は数年ごとに混みすぎた幹枝の間引き，長く伸びた枝の切替え剪定などを行う。時期は開花を終えた直後がよい。
病虫害 虫害：ルビロウムシ，オオワタカイガラムシ

モチノキ［黐木］

科・属 モチノキ科モチノキ属
原産地 日本(本州〜沖縄)，台湾，中国
植栽分布 本州山形，宮城県以南〜沖縄
形態 広葉樹，常緑高木，雌雄異株
　［樹形］　楕円形〜円筒形。主幹は直立し，枝はよく分岐する。
　［樹高］　自然形：3〜15m
　　　　　植栽時：2.5〜4.5m
　［開花期］　4月
　［花］　淡黄緑色小花
　［葉］　互生，楕円形〜倒卵形，長さ5〜8cm
　［果実］　10〜11月紅熟，球状で径1〜1.5cm
適地・性質 樹勢は強健，萌芽力が旺盛で，強い剪定，刈込みに耐える。耐潮性があり，また都市環境に対する抵抗性も大きい。
　［適地］　適湿で肥沃な壌質土を好むが，比較的土質は選ばない。
　［日照］　陰樹，陽光に耐える。
　［水分］　耐湿性はあるが乾燥に弱い。
　［生長］　やや遅い
植栽・移植
　［適期］　6〜7月，9〜10月
　［移植性］　容易。大木でも可能
　［根系］　浅根性
用途・配植 庭木(主木ほか)，公園樹，防火樹として用いる。庭園では，主木として要所に配されるほか，葉が密生するので目隠し用に，また耐陰性があるので，建物北側の植栽にも使える。
整姿・剪定・管理 庭園に植栽されたものは，1〜2年ごとに樹形を維持するための基本剪定を行う。公園などでは，ある程度放任して生育させ，数年ごとに伸びすぎた枝の切詰め，混んだ枝の間引きなどを行い樹形を整える。
病虫害 病害：すす病　虫害：ルビロウムシ，カイガラムシ，ハマキムシ

モッコク［木斛，厚皮香(中国名)］
科・属　ツバキ科モッコク属
原産地　日本（本州関東地方以西），中国南部，東南アジア
植栽分布　本州関東地方以西～沖縄
形態　広葉樹，常緑高木～小高木
　［樹形］　やや広楕円状の整形
　［樹高］　自然形：7～10 m
　　　　　植栽時：2.0～3.5 m
　［開花期］　6～7月
　［花］　葉腋に黄白色の小花をつける
　［葉］　互生，狭倒卵形で革質
　［果実］　球状で，10～11月に紅熟
適地・性質　樹勢は概して強い。萌芽性はあるが，強い剪定は好まない。耐火性が強く，防火樹に適する。都市環境に対する抵抗性は大きい。耐寒性は弱い。
　［適地］　適湿の肥沃地を好み，土壌は比較的選ばず生育する。
　［日照］　陰樹，陽光に耐える。
　［水分］　耐湿性及びやや耐乾性あり
　［生長］　やや遅い
植栽・移植
　［適期］　萌芽頃，6～7月，9～10月
　［移植性］　普通
　［根系］　浅根性～中間性
用途・配植　庭園(主木)，公園樹に使用。庭園の主木として，品格のある樹姿が好まれて用いられてきた代表的な樹種の一つである。また枝葉が密に繁るため，実用樹として遮蔽，防音，防火用などにも多く利用されている。
整姿・剪定・管理　比較的整った形で生育していくので，それほど剪定などの手入れを必要としない。ある程度の樹形を保つ必要のある場所のものでは，毎年か，2年ごとに基本剪定を行う。時期は萌芽期または7～8月がよい。
病虫害　虫害：ハマキムシ，カイガラムシ

ヤブコウジ［藪柑子，紫金牛(中国名)］別名ジュウリョウ（十両）
科・属　ヤブコウジ科ヤブコウジ属
原産地　日本，朝鮮半島，台湾，中国
植栽分布　北海道南部以南～沖縄
形態　広葉樹，常緑小低木
　［樹形］　樹高低く，地際より多数茎が叢生する。
　［樹高］　自然形：0.1～0.3 m
　　　　　植栽時：0.1 m（ポット仕立て）
　［開花期］　7～8月
　［花］　白色小花で目立たない
　［葉］　茎の上部に輪生，長楕円形，長さ4～10 cm
　［果実］　10～12月，球状で，径5～7 mmくらいの赤い実をつける。
適地・性質　樹勢は強く，耐潮性，耐寒性がある。
　［適地］　湿潤の肥沃地を好み，土質は選ばない。
　［日照］　陰樹，半日陰地がよい。
　［水分］　乾燥するところはよくない。
　［生長］　遅い
植栽・移植
　［適期］　4月，9～10月
　［移植性］　容易
　［根系］　浅根性
用途・配植　庭木，グランドカバーに用いる。おもに地面を覆う（グランドカバー）目的で利用されるが，庭園では蹲踞まわりのあしらいなどに数株を寄せて植える。
整姿・剪定・管理　ほとんど手入れは必要ない。
病虫害　目立つものはないが，アブラムシがつくことがある。

ヤブツバキ［藪椿，山茶（中国名）］
別名ツバキ，ヤマツバキ（椿，山椿）
科・属　ツバキ科ツバキ属
原産地　日本（本州以西の沿海地方）
植栽分布　本州〜沖縄の温暖地
形態　広葉樹，常緑高木
　［樹形］　不整形〜楕円形
　［樹高］　自然形：通常 5〜6 m，大きくなるものは 10〜18 m
　　　　　植栽時：1.5〜3.0 m
　［開花期］　2〜4 月，枝の先端に開花
　［花芽分化期］　6 月下旬〜8 月上旬
　［花］　原種は赤色，園芸種は多様
　［葉］　互生，長楕円形，革質
　［果実］　球形，9〜11 月成熟
適地・性質　樹勢強健で，萌芽力が強く剪定・刈込みに耐える。耐潮風性は大きいが，寒風には弱い。都市環境に対する抵抗性は大きい。
　［適地］　適湿で排水のよい肥沃地を好み，土質は比較的選ばない。
　［日照］　極陰樹で，日陰地に耐える。
　［水分］　耐乾，耐湿性あり
　［生長］　遅い
植栽・移植
　［適期］　6 月，10 月（暖地）
　［移植性］　普通〜やや困難
　［根系］　深根性で細根少なくまばら
用途・配植　庭木（花木），公園樹，工場緑化樹に使用。枝葉密生し，耐陰性もあるので，建物北側の生垣，高木樹下の植栽のほか，庭園では主木としての配植など，用途は広い。
整姿・剪定・管理　手入れをしなくともある程度整った形に生育するが，3〜数年ごとに混みすぎた枝の間引き，伸び過ぎた枝の切替えなどの基本剪定を行うのがよい。時期は 3〜4 月，または 11 月が適期である。
病虫害　病害：すす病，炭そ病，斑点病
　　　　　虫害：チャドクガ

ヤマボウシ［山法師］
科・属　ミズキ科ミズキ属
原産地　日本（本州〜九州）
植栽分布　北海道南部以南〜沖縄
形態　広葉樹，落葉小高木〜高木
　［樹形］　広楕円形，幹は直立性で多くは分岐して生育。
　［樹高］　自然形：5〜15 m
　　　　　植栽時：2.5〜4.0 m
　［開花期］　6〜7 月
　［花芽分化期］　7 月頃
　［花］　緑色小花の集合花で，花びらに見えるのは苞で白色
　［葉］　対生，卵円形〜卵状楕円形，長さ 4〜12 cm
　［果実］　球状で，9〜10 月赤熟する
適地・性質　樹勢強健で，剪定に耐える。
　［適地］　適湿の肥沃地を好み，土質は選ばない。
　［日照］　陽樹〜中庸樹，やや耐陰性有
　［水分］　乾燥しすぎる所はよくない。
　［生長］　やや早い〜中位
植栽・移植
　［適期］　2〜3 月，11〜12 月，厳寒期は避ける。
　［移植性］　普通〜やや容易
　［根系］　浅根性，細根多し
用途・配植　庭木（花木），公園樹，街路樹に使用。庭園では花を賞するため，景の要所に単植または 2〜数本を寄せて配植する。なお秋の紅葉にも見どころがある。
整姿・剪定・管理　生育空間に余裕があれば，放任して自然樹形を賞するのがよい。樹形はそれほど乱れないが，徒長枝などが出たときは適宜切り詰める。一定の樹形を維持するには，自然樹形を生かしながら長く伸びた枝の切替え剪定を行い，また混んだ枝の間引きなど基本剪定をする。時期は落葉期中がよい。

樹木

ヤマモモ ［山桃, 楊梅(中国名)］
科・属　ヤマモモ科ヤマモモ属
原産地　日本（関東地方西南部～九州），中国, 台湾
植栽分布　本州関東地方以西～沖縄
形態　広葉樹，常緑高木，雌雄異株
　［樹形］　円形～広楕円形で整斉，幹は多く直立せず中途で枝分かれする。
　［樹高］　自然形：6～25 m
　　　　　　植栽時：3.0～4.0 m
　［開花期］　3～4 月
　［花］　小花で目立たない
　［葉］　互生，輪生状，倒披針形～広倒披針形，長さ 6～12 cm
　［果実］　雌株に 6～7 月赤熟，球状で径 1～1.5 cm。食用になる。
適地・性質　樹勢は強健で，萌芽性強く剪定に耐える。耐潮性があり，都市環境に対する抵抗性は比較的強い。
　［適地］　適湿の肥沃な砂質壌土を好むが，土質を選ばず生育する。
　［日照］　中庸～陽樹，若木は耐陰性有
　［水分］　やや耐乾性有
　［生長］　遅い
植栽・移植
　［適期］　4～5, 7, 9～10 月(暖地)
　［移植性］　容易　　［根系］　深根性
用途・配植　庭木(主木)，公園樹，街路樹に使用。庭園では主木として要所に配植するほか，枝葉が繁密し，高木になるので，目隠し植栽にも使われる。公園などでは，修景用とされるほか沿海地の植栽にも適し，広く利用されている。実を楽しむには雌木を植える。
整姿・剪定・管理　生長が遅く，樹形も比較的乱れず生育していくが，風通しなどを考慮すると，2～3 年ごとに枝抜きなどの基本剪定を行う。適期は 4～5 月，8～9 月がよい。
病虫害　虫害：ハマキムシ，カミキリムシ（幼虫が幹を食害）

ユキヤナギ ［雪柳, 珍珠綉線菊(中国名)］
科・属　バラ科シモツケ属
原産地　日本（本州関東地方以西）～九州, 中国
植栽分布　北海道南部以南～九州
形態　広葉樹，落葉低木
　［樹形］　半球状，枝は叢生して四方に広がり，先端は下垂する。
　［開花期］　4 月
　［花］　5 弁の白色小花を多数つける
　［葉］　互生，狭披針形で，長さ 2～3 cm
　［果実］　9～10 月結実
適地・性質　樹勢は強健で，萌芽力が大きい。耐暑性，耐寒性がある。都市環境に対する抵抗性は大きい。
　［適地］　適湿地がよく，土質を選ばず生育する。
　［日照］　陽樹で，やや耐陰性あり
　［水分］　耐乾性あり
　［生長］　早い
植栽・移植
　［適期］　落葉期間中(厳寒期を除く)
　［移植性］　容易
　［根系］　浅根性
用途・配植　庭木(花木)，公園樹に使用。庭園では，植込みの前付け，アプローチなどに沿って配植する。おもに花を賞するために植えられ，多くは寄植えにして利用する。
整姿・剪定・管理　樹形は比較的整って生育していくので，剪定などの手入れは，開花後に樹冠を整える程度の軽剪定でよい。公園などでは放任して育て必要に応じて切詰め，切替え等の手入れを行い，高さなどの調節をする。
病虫害　病害：褐斑病，ウドンコ病　虫害：ユキヤナギアブラムシ

ユズリハ [譲葉, 交譲木(中国名)]
科・属 トウダイグサ科ユズリハ属
原産地 日本（本州福島県以南～沖縄），中国
植栽分布 本州東北地方南部以南～沖縄
形態 広葉樹，常緑高木，雌雄異株
　[樹形] 円蓋形，幹は直立し，単幹時に株立状
　[樹高] 自然形：5～12 m
　　　　植栽時：2.5～3.5 m
　[開花期] 5～6月
　[花] 目立たない小花
　[葉] 枝先に集まってつく。革質の狭長楕円形で，長さ15～20 cm
　[果実] 秋10月に黒熟，径約8 mm
適地・性質 樹勢は強健で，耐潮風性，耐火性が強く，また，都市環境に対する抵抗性も大きい。
　[適地] やや多湿の深層壊質上を好むが，概して土質は選ばない。
　[日照] 陰樹で半日陰地がよい
　[水分] 乾燥地ではよくない
　[生長] やや遅い
植栽・移植
　[適期] 4月，9月
　[移植性] やや困難　[根系] 浅根性
用途・配植 庭木，公園樹の他，沿海地の工場緑化樹，防火，防風などの実用樹に用いる。新葉が展開した後に入れ替わるように古い葉が落ちるところから，子に代を譲るというめでたい縁起になぞらえて，庭園に植えられることが多い。
整姿・剪定・管理 生長は遅く，樹冠も乱れずに育っていくので，剪定などの手入れは通常必要としない。萌芽性も弱く，剪定は好まないので，剪定を行う場合は最小にとどめる。時期は萌芽しはじめの頃か7～8月頃。
病虫害 虫害：ユズリハカミキリムシの幼虫，イモムシ

リョウブ [令法]
科・属 リョウブ科リョウブ属
原産地 日本（北海道南部～九州），朝鮮半島，中国
植栽分布 北海道南部以南～九州の各地
形態 広葉樹，落葉小高木
　[樹形] 円錐形，幹は直立し，粗く枝分かれする。
　[樹高] 自然形：3～7 m
　　　　植栽時：3～3.5 m
　[開花期] 7～8月
　[花芽分化] 前年生枝の枝先に7～8月頃分化
　[花] 白色5弁の小花を多数つける
　[葉] 互生で枝先に集まる。長楕円形～広倒披針形，長さ9～15 cm
　[果実] 球形，10月成熟
適地・性質 樹勢は強く，また耐寒性が強い。萌芽力があり，剪定に耐える。
　[適地] 適湿の肥沃地を好み，土質はあまり選ばない。
　[日照] 陽樹，やや耐陰性あり
　[水分] やや耐乾性あり
　[生長] やや早い
植栽・移植
　[適期] 2～3月，11～12月(暖地)
　[移植性] やや困難，根回しが必要
用途・配植 庭木に使用。雑木類に入る一樹種で，コナラ，シデ類などと混植することが多い。幹が滑らかで美しいので，株立ちのものを要所に単植してもよい。
整姿・剪定・管理 自然の樹形を賞し，また放任してもそれほど乱れないが，剪定が必要な時は，伸びすぎた枝の切詰めは，短い枝のあるところでの切替え剪定とし，その他は枝抜き主体の剪定により樹形を整える。時期は12～2月に行うのがよい。
病虫害 虫害：カイガラムシ，アブラムシ，カミキリムシの幼虫

レンギョウ［連翹］

科・属 モクセイ科レンギョウ属
原産地 中国 類種：シナレンギョウ（中国），チョウセンレンギョウ（朝鮮半島）
植栽分布 北海道南部以南〜沖縄
形態 広葉樹，落葉低木（半つる性）
　［樹形］ 不整，株立状に地際より多数の幹枝を出して叢生する。
　［樹高］ 自然形：2〜3m
　　　　　植栽時：0.5〜1.0m
　［開花期］ 3〜4月
　［花芽分化］ 春から伸びた新梢に8月頃から分化
　［花］ 葉に先立ち，黄色花を多数開く
　［葉］ 対生，卵形，長さ4〜8cm
適地・性質 非常に丈夫で，萌芽性も強く，よく剪定・刈込みに耐える。耐寒・耐暑性があり，また都市環境に対する抵抗性も大きい。
　［適地］ 適湿の肥沃地で，土質は比較的選ばない。
　［日照］ 陽樹，やや耐陰性があるが花着きは悪くなる。
　［水分］ 耐湿・耐乾性あり
　［生長］ 早い
植栽・移植
　［適期］ 落葉期10〜3月
　［移植性］ 容易
　［根系］ 浅根性
用途・配植 庭木(花木)，公園樹，生垣，境栽に使用。庭園では日当たりのよいところに数株を寄植えすると見栄えがする。おもに花を賞するために配植。
整姿・剪定・管理 毎年，伸びた枝を所定の大きさに剪定・刈込みをする。その他，混んだ枝の間引き，からんだ枝の除去など基本の剪定を行う。時期は落葉直後が適する。多く半球状仕立て，または生垣仕立てとする。
病虫害 虫害：カイガラムシ

ロウバイ［蠟梅］

科・属 ロウバイ科ロウバイ属
原産地 中国中部
植栽分布 本州東北地方南部まで可能であるが，一般的には関東地方以西〜九州の暖地がよい。
形態 広葉樹，落葉低木
　［樹形］ 不整，幹は粗生で叢生し，枝は株立状に分岐して直上する。
　［樹高］ 自然形：2〜3m
　　　　　植栽時：1.0m
　［開花期］ 1〜2月
　［花芽分化］ 新梢の葉腋に6月頃
　［花］ 黄色小花を葉に先立って開く
　［葉］ 対生，卵形，卵状楕円形，長さ5〜15cm
　［果実］ 9月成熟，長卵形
適地・性質 樹勢は強健で，萌芽力もあり，剪定に耐えるが，強い剪定は好まない。都市環境に対する抵抗性は普通である。
　［適地］ 適湿の腐植に富む肥沃地を好み，土質はあまり選ばない。
　［日照］ 陽樹〜中庸樹
　［水分］ 乾燥しすぎる所はよくない
　［生長］ 普通
植栽・移植
　［適期］ 11〜2月，2〜3月
　［移植性］ 普通。好まないが可能
　［根系］ やや浅根性
用途・配植 庭木(花木)，公園樹に使用。おもに花を賞するために配植する。花の少ない冬期にあって貴重である。冬の寒風を嫌うので，風の当たらない日当たりのよい場所を選んで植える。
整姿・剪定・管理 ある程度放任して育てても樹形は整っていくので，通常は長く伸びた枝の切詰め，切替え剪定程度で，あまり必要としない。時期は，花が咲き終えた直後がよい。
病虫害 目立つものはない

樹木

その他の樹木(抄)

ここでは主要樹木で取り上げた樹木以外で,庭園植栽に用いられる樹木を抄録した。
各項目の略記は以下の通り。

形態
針 :針葉樹
常 :常緑樹
落 :落葉樹
半常:半常緑樹

日照
○:陽地
◐:半日陰地(耐陰性中程度)
●:日陰地(耐陰性大)
○〜●:陽地から陰地

移植
○:容易　　　若:幼木〜若木
△:中くらい　成:成木〜老木
×:困難
※移植困難な樹木については事前(半年〜2年前)に根回しを行う。

植栽分布
北:北海道
本:本州
四:四国
九:九州
沖:沖縄
北(西南):北海道西南部以南
北(南):北海道南部以南
本(東北南部):本州東北地方南部以南
本(東北中部):本州東北地方中部以南
本(関東南部):本州関東地方南部以西
本(関東):本州関東地方以西

樹木名	科名／属名	形態	樹高(植栽時)	植栽分布	日照	移植
アオギリ	アオギリ科／アオギリ属	広　落　高木	3.0〜4.5m	北(南部),本,四,九,沖	○	○
アスナロ	ヒノキ科／ヒノキ属	針　常　高木又は低木	0.3〜0.8m	北(西南),本,四,九	●	若△成×
イタヤカエデ	カエデ科／カエデ属	広　落　高木	1.0〜2.0m	北,本,四,九	○	△
イブキ(ビャクシン)	ヒノキ科／ビャクシン属	針　常　高木	1.0〜3.0m	北(西南),本,四,九,沖	○	×
エノキ	ニレ科／エノキ属	広　落　高木	3.0〜4.0m	北(西南部),本,四,九	○ ◐	○

樹木名	科名 / 属名	形態	樹高（植栽時）	植栽分布	日照	移植
エメラウド（エメラルド）	ヒノキ科 クロベ属	針	1.5～2.0m	北	○	○
	ニオイヒバの品種	常 小高木				
エレガンテシマ	ヒノキ科コノテガシワ属	針	1.0～2.0m	北(南部), 本, 四, 九	○	○
	コノテガシワの品種	常 小高木				
エンジュ	マメ科	広	2.5～4.0m	北, 本, 四, 九	○	○
	クララ属	落 高木				
オオシマザクラ	バラ科	広	2.5～4.0m	北(西南部), 本, 四, 九	○	若△ 成×
	サクラ属	落 高木				
カキ	カキノキ科	広	1.0～3.0m	北(西南), 本, 四, 九	○	若△ 成×
	カキ属	落 高木				
カシワ	ブナ科	広	2.5～3.5m	北, 本, 四, 九	○	やや×
	コナラ属	落 高木				
カラタチ	ミカン科	広	1.0～2.0m	北, 本, 四, 九	○	△
	カラタチ属	半常 低木				
カラタネオガタマ	モクレン科	広	1.0～1.8m	本(関東), 四, 九, 沖	○	若△ 成×
	オガタマノキ属	常 小高木				
キャラボク	イチイ科	針	0.3～0.6m	北(西南部), 本, 四, 九	○	×
	イチイ属	常 低木				
ギョリュウ	ギョリュウ科	広	1.0～3.0m	北, 本, 四, 九	○	○
	ギョリュウ属	落 小高木				
キンシバイ	オトギリソウ科	広	0.4～0.6m	本, 四, 九, 沖	◐	○
	オトギリソウ属	半常 低木				
ギンモクセイ	モクセイ科	広	1.2～2.5m	本(東北中部), 四, 九	○ ◐	○
	モクセイ属	常 小高木				
クサツゲ	ツゲ科	広	0.2～0.6m	北(南部), 本, 四, 九	◐ ○	○
	ツゲ属	常 低木				

樹木

樹木名	科名 / 属名		形態	樹高(植栽時)	植栽分布	日照	移植
クヌギ	ブナ科	広		1.5〜4.0m	本(平地),四,九	○	やや×
	コナラ属	落	高木				
クリ	ブナ科	広		苗木	北,本,四,九	○	×
	コナラ属	落	高木				
クレマチス	キンポウゲ科	広		ポット苗	北,本,四,九	○	△
	センニンソウ属	落	ツル植物				
クロベ(ネズコ)	ヒノキ科	針		1.5〜3.0m	北,本,四,九	●	若△ 成×
	クロベ属	常	高木				
コウヤマキ	スギ科	針		1.0〜3.0m	本,四,九(中・北)	●	△
	コウヤマキ属	常	高木				
ゴールドクレスト	ヒノキ科	針		0.5〜2.0m	本(関東〜中部)	○ ◐	△
	イトスギ属	常	小高木				
コトネアスター	バラ科	広		0.3m	北(南部)本,四,九	○ ◐	やや×
	コトネアスター属	半常	低木				
コノテガシワ	ヒノキ科	針		0.5〜1.5m	北(南部),本,四,九	○ ◐	やや×
	コノテガシワ属	常	小高木				
ゴヨウマツ	マツ科	針		仕立物 2.0〜3.5m	北(南部),本,四,九	○ ◐	やや×
	マツ属	常	高				
サカキ	ツバキ科	広		1.0〜3.0m	本(関東南部),四,九,沖	●	△
	サカキ属	常	小高木,高木				
ザクロ	ザクロ科	広		1.5〜3.5m	本(東北南部),四,九	○	○
	ザクロ属	落	小高木				
サトザクラ(含ヤエザクラ)	バラ科	広		2.5〜4.0m	北(西南部),本,四,九	○	若△ 成×
	サクラ属	落	高木				
サワラ	ヒノキ科	針		1.2〜3.5m	北(南部),本,四,九	○ ◐	○
	ヒノキ属	常	高木				

樹木

樹木名	科名 / 属名	形態	樹高(植栽時)	植栽分布	日照	移植
サンザシ	バラ科 / サンザシ属	広 / 落　低木	1.0〜2.0 m	北,本,四,九	○	△
サンショウ	ミカン科 / サンショウ属	広 / 落　低木	0.3〜1.5 m	北,本,四,九	◐	△
シイ (スダジイ)	ブナ科 / シイノキ属	広 / 常　高木	2.0〜5.0 m	本(東北南部),四,九,沖	◐	○
シダレザクラ	バラ科 / サクラ属	広 / 落　小高木	3.0〜3.5 m	北(南部),本,四,九	○	若△ 成×
シダレヤナギ	ヤナギ科 / ヤナギ属	広 / 落　高木	2.5〜4.0 m	北,本,四,九,沖	○	○
シデコブシ (ヒメコブシ)	モクレン科 / モクレン属	広 / 落　小高木	1.5〜3.5 m	本,四,九	○	×
シモツケ	バラ科 / シモツケ属	広 / 落　低木	0.4〜0.8 m	北,本,四,九	○ ◐	○
シャリンバイ	バラ科 / シャリンバイ属	広 / 常　低〜高木	0.3〜0.6 m	本(関東),四,九,沖	●	△
シラカンバ (シラカバ)	カバノキ科	広葉樹 / 落　高木	2.5〜4.5 m	北,本,四,九	○	若△ 成×
スカイロケット	ヒノキ科 / ビャクシン属	針 / 常　小高木	1.0〜2.0 m	北,本,四,九,沖	○ ◐	△
スギ	スギ科 / スギ属	針 / 常　高木	2.5〜4.0 m	北,本,四,九,沖	○	○
スモモ	バラ科 / サクラ属	広 / 常　高木	1.5〜3.0 m	北,本,四,九	○	△
ソメイヨシノ	バラ科 / サクラ属	広 / 落　高木	2.5〜4.0 m	北,本,四,九	○	若△ 成×
タギョウショウ	マツ科 / マツ属	針 / 常　低木	1.5〜3.0 m	北(中),本,四,九	○	△

樹木名	科名	形態	樹高(植栽時)	植栽分布	日照	移植
	属名					
タチカンツバキ	ツバキ科	広	1.2～2.5m	本(東北南部),四,九	○～●	○
	ツバキ属	常 小高木				
タマイブキ	ヒノキ科	針	0.3～1.0m	本,四,九	○	△
	ビャクシン属	常 低木				
タラヨウ	モチノキ科	広	2.5～3.5m	本(東北南部),四,九	●	○
	モチノキ属	常 高木				
チャノキ	ツバキ科	広	0.3m	本,四,九	○ ◐	△
	ツバキ属	常 低木				
チャボヒバ(カマクラヒバ)	ヒノキ科	針	1.2～2.5m	本(東北南),四,九	○ ◐	△
	ヒノキ属	常 小高木				
ツゲ(ホンツゲ)	ツゲ科	広	0.4m	本,四,九,沖	◐ ●	×
	ツゲ属	常 低木				
ツゲ(イヌツゲ)	モチノキ科	広	0.3～1.5m,仕立物 0.2～3.0m	北,本,四,九	○～●	○
	モチノキ属	常 小高木				
デイゴ(アメリカデイコ)	マメ科	広	1.0～2.0m	本(関東南部),四,九,沖	○	○
	デイゴ属	落 小高木				
ドイツトウヒ	マツ科	針	1.5～3.5m	北,本,四,九	○ ◐	やや×
	トウヒ属	常 高木				
トウネズミモチ	モクセイ科	広	1.0～2.5m	本,四,九	●	○
	イボタノキ属	常 高木				
トキワギョリュウ	モクマオウ科	広葉樹	1.0m	本(関東南部),四,九	○	×
	モクマオウ属	常 高木				
トサミズキ	マンサク科	広	0.5～1.0m	北(南部),四,九	○	○
	トサミズキ属	常 低木				
ナギ	マキ科	針	2.0～3.5m	本(関東南部),四,九,沖	●	○
	マキ属	常 高木				

樹木

樹木名	科名 / 属名	形態	樹高(植栽時)	植栽分布	日照	移植
ナギイカダ	ユリ科 / ナギイカダ属	広 / 常 低木	0.3 m	本(関東),四,九	○〜●	△
ナシ	バラ科 / ナシ属	広 / 常 高木	苗木	本(東北南部),四,九	○	×
ナツハゼ	ツツジ科 / スノキ属	広 / 落 低木	1.0〜2.0 m	北(南部),本,四,九	○	△
ナナカマド	バラ科 / ナナカマド属	広 / 落 高木	1.0〜3.0 m	北,本,四,九	○ ◐	やや×
ナワシログミ	グミ科 / グミ属	広 / 常 低木	0.3〜1.0 m	北(南部),本,四,九	○ ◐	△
ニオイヒバ	ヒノキ科 / クロベ属	針 / 常 高木	1.0〜3.0 m	北,本,四,九	○	やや×
ネムノキ	マメ科 / ネムノキ属	広 / 落 高木	1.0〜2.5 m	本(東北),四,九	○	×
ハギ(ヤマハギ)	マメ属 / ハギ属	広 / 落 低木	ポット苗	北,本,四,九	○ ◐	○
ハクウンボク	エゴノキ科 / エゴノキ属	広 / 落 高木	2.5〜3.0 m	北,本,四,九	◐ ●	やや○
ハクチョウゲ	アカネ科 / ハクチョウゲ属	広 / 半常 低木	0.3〜0.5 m	本,四,九,沖	○〜●	○
ハナズホウ(ハナズオウ)	マメ科 / ハナズホウ属	広 / 落 低木	0.5〜1.5 m	北(南部),本,四,九	○	△
バラ類	バラ科 / バラ属	広 / 落 低木	0.4〜0.6 m	北(西南部),本,四,九	○	△
ヒイラギモクセイ	モクセイ科 / モクセイ属	広 / 常 小高木	0.6〜2.5 m	本(東北中部),四,九	○ ◐	△
ヒガンザクラ	バラ科 / サクラ属	広 / 落 高木	1.8〜3.5 m	本,四,九	○	若△ 成×

樹木名	科名 / 属名	形態	樹高(植栽時)	植栽分布	日照	移植
ヒサカキ	ツバキ科 / ヒサカキ属	広 / 常 低~小高木	0.45~2.0 m	本,四,九,沖	●	○
ヒノキ	ヒノキ科 / ヒノキ属	針 / 常 高木	1.0~3.0 m	北(西南),本,四,九,沖	●	×
ヒムロスギ(ヒムロ)	ヒノキ科 / ヒノキ属	針 / 常 小高木	3.0~5.0 m	本,四,九	○	若○成△
ヒメリンゴ	バラ科 / リンゴ属	広 / 落 小高木	1.0~2.0 m	北,本,四,九	○	△
ヒヨクヒバ(イトヒバ)	ヒノキ科 / ヒノキ属	針 / 常 小高木	1.5~3.5 m	本,四,九	○	○
フィリフェラオーレア	ヒノキ科 / ヒノキ属	針 / 常 低木	0.3~0.8 m	北,本,四,九	○	やや×
フサアカシア	マメ科 / アカシア属	広 / 常 高木	2.0~3.5 m	本(関東南部),四,九,沖	○	若△成×
ブドウ	ブドウ科 / ブドウ属	広 / 落 つる	苗木	北,本,四,九	○	×
フヨウ	アオイ科 / フヨウ属	広 / 落 低木	ポット苗	北(南部),本,四,九,沖	○	×
ブラシノキ	フトモモ科 / ブラシノキ属	広 / 常 低~小高木	1.0~2.0 m	本(関東南部),四,九,沖	○	若△成×
ブルーベリー	ツツジ科 / スノキ属	広 / 落 低木	0.5~2.0 m	北,本	○	△
ホーリー(セイヨウヒイラギ)	モチノキ科 / モチノキ属	広 / 常 低~小高木	1.0~2.5 m	北,本(関東以北)	○ ◐	○
ボタン	ボタン科 / ボタン属	広 / 落 低木	0.6~1.0 m	北,本,四,九	○	若○成×
ボックスウッド(セイヨウツゲ)	ツゲ科 / ツゲ属	広 / 常 低木	0.3~0.6 m	本(関東南部),四,九	○	△

樹木

樹木名	科名 / 属名		形態		樹高(植栽時)	植栽分布	日照	移植
ホルトノキ	ホルトノキ科		広		2.5〜3.5m	本(関東南部),四,九,沖	◐ ●	○
	ホルトノキ属		常	高木				
マサキ	ニシキギ科		広		0.5〜1.8m	北(南部),本,四,九,沖	●	○
	ニシキギ属		常	低木				
マユミ	ニシキギ科		広		0.5〜1.2m	北,本,四,九	○ ◐	○
	ニシキギ属		常	小高木				
ムクノキ	ニレ科		広		3.0〜5.0m	本(東北南部),四,九,沖	○ ◐	○
	ムクノキ属		落	高木				
モミ	マツ科		針葉樹		2.0〜3.5m	本,四,九	●	×
	モミ属		常	高木				
モモ	バラ科		広		苗木 1.0〜2.0m	本(東北南部),四,九	○	△
	サクラ属		落	小高木				
ヤツデ	ウコギ科		広		0.6〜1.2m	本,四,九,沖	●	○
	ヤツデ属		常	低木				
ヤマザクラ	バラ科		広		2.5〜4.0m	北(西南部),本,四,九	○	若△ 成×
	サクラ属		落	高木				
ヤマブキ	バラ科		広		0.4〜1.0m	北,本,四,九	○ ◐	○
	ヤマブキ属		落	低木				
ヤマモミジ	カエデ科		広		2.0〜3.0m	本(東北地方),四,九	◐	△
	カエデ属		落	小高木〜高木				
ラカンマキ	マキ科		針		2.0〜4.0m	本(関東南部),四,九	○ ◐	○
	マキ属		常	高木				
ラズベリー	バラ科		広		1.0〜2.0m	北(南),本,四,九	○	△
	キイチゴ属		落	低木				

樹木

巻末図表

おもな花木の開花期

(関東近辺)

種名	樹木名	1	2	3	4	5	6	7	8	9	10	11	12	備考
常緑高中木	ツバキ			─	─									紅
	タイサンボク					─	─							白
	キンモクセイ									─				黄
	サザンカ										─	─	─	紅, 白
	タチカンツバキ	─											─	紅
落葉高中木	マンサク		─	─										淡黄
	ウメ		─	─										白, 紅
	サンシュユ			─										黄
	モモ			─	─									紅
	トサミズキ			─	─									黄
	コブシ			─	─									白
	ハクモクレン			─	─									白
	シモクレン				─									紫
	ハナズオウ				─									紅
	サクラ類			─	─									白, 淡紅, 紅
	カイドウ				─									紅
	ハナミズキ				─	─								白, 淡紅
	ライラック				─	─								紫, 淡紫, 白
	ヤマボウシ					─	─							白
	エゴノキ					─	─							白
	アメリカデイコ						─	─						紅
	ザクロ						─	─						紅
	ネムノキ						─	─						紅
	ナツツバキ						─	─						白
	サルスベリ							─	─	─				紅, 白, 長い開花
常緑低木	ジンチョウゲ			─										白紫
	アセビ			─	─									白
	シャクナゲ				─	─								紅
	ツツジ類				─	─								紅, 白
	ハクチョウゲ						─							白
	サツキ					─	─							紅, 白
	クチナシ						─	─						白
	キョウチクトウ							─	─	─				紅, 白, 黄
	アベリア						─	─	─	─	─			淡白紫, 長い開花
	カンツバキ	─										─	─	紅
落葉低木	ロウバイ	─	─											淡黄
	ボケ			─	─									紅, 白
	ヒュウガミズキ			─	─									黄
	レンギョウ			─	─									黄

種名	樹木名 \ 月	1	2	3	4	5	6	7	8	9	10	11	12	備考
落葉低木	ユキヤナギ				▬									白
	ニワウメ				▬									淡紅
	ユスラウメ				▬									白
	ヤマブキ				▬									黄
	ドウダンツツジ				▬	▬								白
	レンゲツツジ					▬								朱紅
	ミツバツツジ				▬									紅紫
	エニシダ				▬	▬								黄
	ボタン					▬								白, 紅
	コデマリ					▬								白
	オオデマリ					▬								白
	ニワフジ					▬								淡紅紫
	ウツギ類					▬▬								白, 紅
	ハマナス					▬	▬							紅
	シモツケ						▬▬▬							淡紅
	アジサイ						▬▬							紫, 青
	ムクゲ							▬	▬▬					白, 紅紫
	フヨウ								▬	▬				紅, 白
	ヤマハギ								▬	▬				紫
ツタ植物	フジ				▬									紫
	ツルバラ					▬▬								紅
	ツキヌキニンドウ					▬▬	▬▬	▬						紅
	ノウゼンカズラ							▬	▬					黄紅

＊開花時期は九州南部では1カ月前後早く,北海道では1カ月前後遅い。

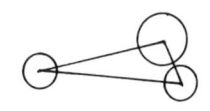

配植の基本パターン

基本型は不等辺三角形。
平面では大・中・小を組み合わせる。

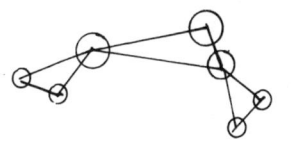

大きな庭の組合せはこの三角形を回転させてゆけばよい。石組の理屈も同じ。

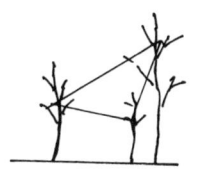

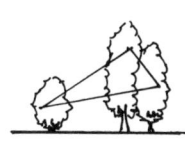

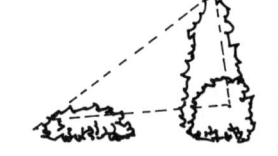

立体的にも高低の不等辺三角形になる。

庭のゾーニングと樹種

前庭
- 常緑高木　イヌマキ, アカマツ, ヤマモモ, モッコク, ウバメガシ, ダイスギ
- 落葉高木　シャラ, ソロ, モミジ, コブシ, サルスベリ, コナラ, アオハダ, エゴ
- 落葉低木　ドウダンツツジ, ウメモドキ, ニシキギ
- 常緑低木　アセビ, カンツバキ, サツキ, ツツジ

主庭
- 落葉高木　ヤマボウシ, ヤマモミジ, リョウブ, コナラ, ウメ, シャラ, ソロ, シラカバ, ハナミズキ, サルスベリ
- 常緑高木　マツ, ウバメガシ, モチ, モッコク, ヤマモモ, カイズカイブキ
- 常緑中木　キンモクセイ, カナメモチ
- 落葉低木　ウメモドキ, ニシキギ, シモツケ, ヤマブキ, ドウダンツツジ, ユキヤナギ, コデマリ,
- 常緑低木　ツツジ, サツキ, ジンチョウゲ

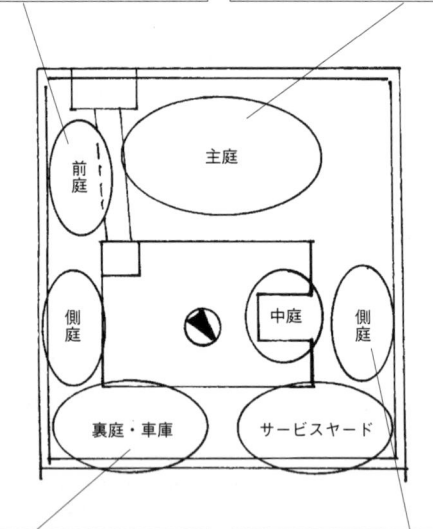

裏庭・車庫
- 常緑高木　イチイ, コウヤマキ, ラカンマキ, サカキ, サンゴジュ, ネズミモチ
- 落葉低木　アジサイ, ガマズミ
- 常緑低木　アオキ, アセビ, カクレミノ, ハマヒサカキ, ヤツデ

側庭
- 常緑低木　アセビ, アオキ, カンツバキ, ナンテン

＊中庭, 側庭, 裏庭は同じ

自然樹形

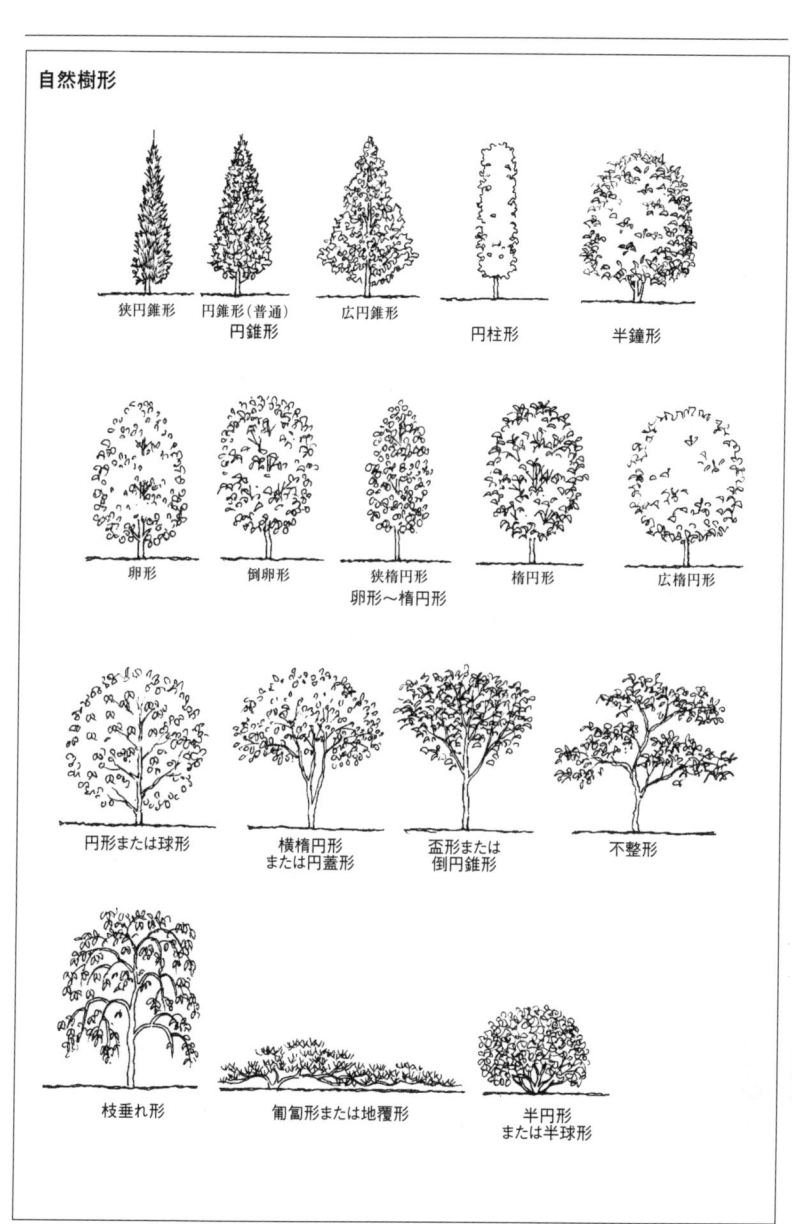

狭円錐形	円錐形（普通）円錐形	広円錐形	円柱形	半鐘形
卵形	倒卵形	狭楕円形 卵形〜楕円形	楕円形	広楕円形
円形または球形	横楕円形または円蓋形	盃形または倒円錐形	不整形	
枝垂れ形	匍匐形または地覆形	半円形または半球形		

樹木の表示記号例①

針葉樹	
常緑樹	
落葉樹	
特殊樹	ソテツ・ヤシ　シュロ　ドラセナ類
芝張り	
その他	笹類　下草類　タマリュウなど
生垣	

常緑樹

落葉樹

同じ表示で常緑樹と落葉樹を区別する場合

株もの類寄植

樹木の表示記号例②

境界	塀など / フェンスなど / レンガ積みなど / 縁石(自然石) / 竹垣 1(四つ目垣) / 竹垣 2(建仁寺垣) / 竹垣 3(御簾垣)	沓脱石・飛石	沓脱石 / 飛石
日除け棚	藤棚 / パーゴラ	敷石	
木戸・扉		石組	
庭門		燈籠	
		池	

葉の種類

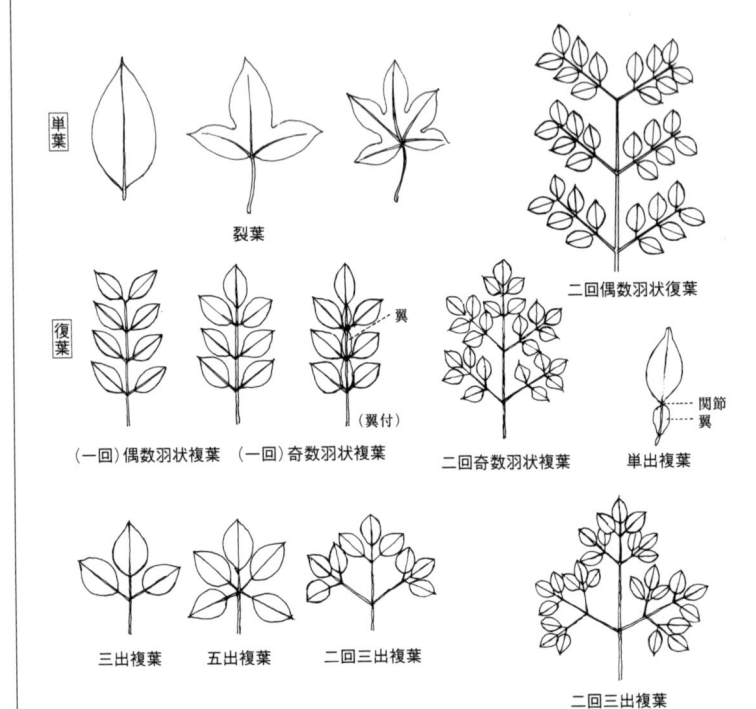

単葉

裂葉

複葉

(一回)偶数羽状複葉　(一回)奇数羽状複葉　(翼付)　翼

二回偶数羽状複葉

二回奇数羽状複葉　単出複葉　関節　翼

三出複葉　五出複葉　二回三出複葉

二回三出複葉

葉の標準のつくり

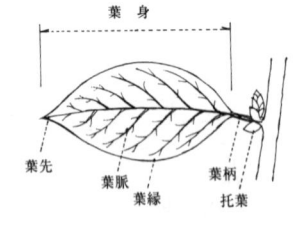

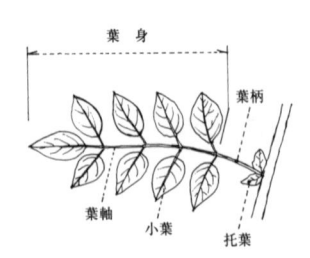

葉身

葉先　葉脈　葉縁　葉柄　托葉

葉身

葉軸　小葉　葉柄　托葉

葉形

| 線形 | 広線形 | 線状披針形 | 狭披針形 | 披針形 | 倒披針形 | 楕円形 | 線状楕円形 |

| 針形 | 卵形 | 倒卵形 | 広卵形 | 長楕円形 | 楕円状披針形 |

| うろこ(鱗)形 | 菱形 | 倒菱形 | 心臓形 | 扇形 |

| 腎臓形 | 三角形 | 円形 | 掌状形 | 長楕円形で先がしっぽ状 |

葉の着き方

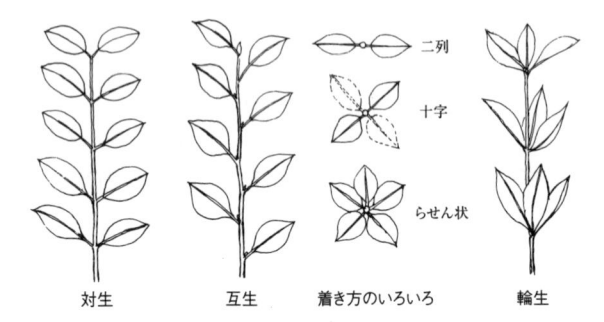

対生　互生　着き方のいろいろ（二列／十字／らせん状）　輪生

葉縁の形

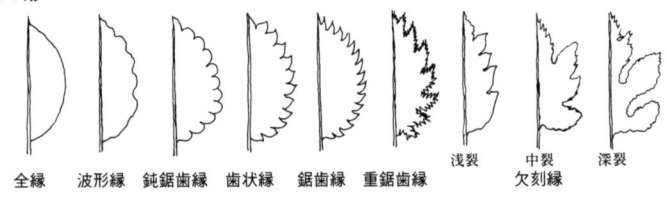

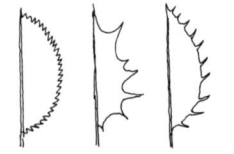

全縁　波形縁　鈍鋸歯縁　歯状縁　鋸歯縁　重鋸歯縁　浅裂　欠刻縁　中裂　深裂

細鋸歯縁　刺牙縁　のぎ（かたい毛）状縁

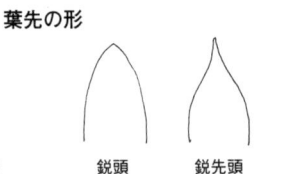

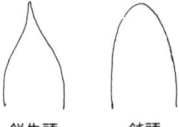

葉先の形

鋭頭　鋭先頭　鈍頭

せつ（截）形　円形　微突形　突形　小凹形　凹形　尾形　のぎ（芒）形

葉基の形

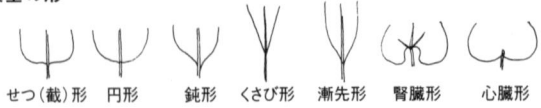

せつ（截）形　円形　鈍形　くさび形　漸先形　腎臓形　心臓形

花序の種類

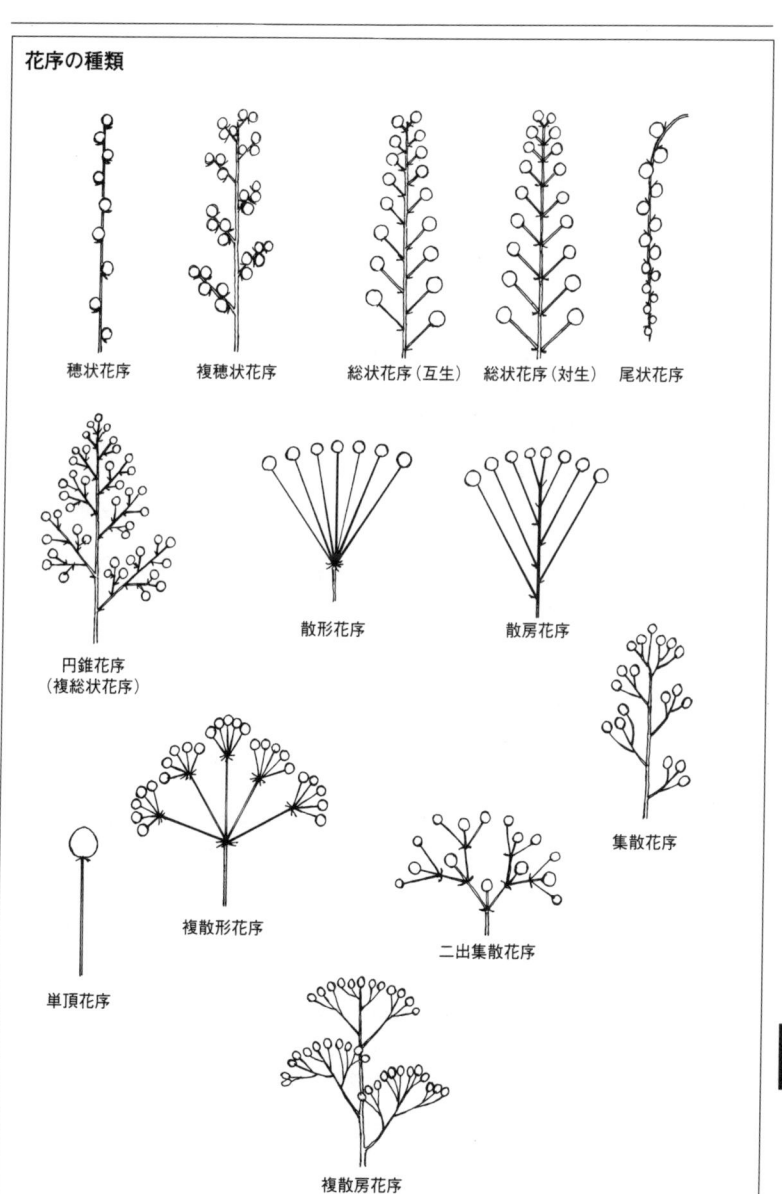

穂状花序　　複穂状花序　　総状花序（互生）　　総状花序（対生）　　尾状花序

円錐花序
（複総状花序）

散形花序　　散房花序

集散花序

単頂花序　　複散形花序　　二出集散花序

複散房花序

植物の分類

分類			特徴
形態による分類	①	常緑樹	別名，常磐木（ときわぎ）ともいい，1年を通じて葉を常につけ，緑を保っている樹木である。春に萌芽して展開した葉が，冬になっても落葉せずに，ふつう2～3年残る。新葉の展開をみて徐々に，あるいは集中して葉を落としてゆくので，葉の交代するのが目立たない。
		落葉樹	春に萌芽して，展開した葉を，秋から冬にかけ，すべて落としてしまう樹木である。葉が1シーズンで落ちてしまい，葉の交代がはっきりとしている。
		半常緑樹	自生地では，常緑性を保っているが，自生地の環境とは違う場所に植えられた場合や気温の変化によって，ある程度の葉を落としてしまう性質をもつ。
	②	針葉樹	葉の形が針状（マツなど）あるいは鱗状（ヒノキ，ヒバなど）のものをいう。また，マキやイチョウのように葉幅が広いが平行脈をもつものも針葉樹に含める。
		広葉樹	網状の葉脈から構成され，葉に幅があるところから広葉樹と呼ばれている。
		その他	シュロ，ソテツなど特殊な形態をしているものは，植物学的には樹木ではない。しかし，造園上では樹木として扱い，「その他」に区分される。
	③	高木（＊1）	喬木（きょうぼく）ともいい，幹と枝の区別がはっきりしていて，おおむね直立して高く伸長してゆく樹木である。
		小高木	形態的には高木に属する種類。2～3m程度の樹高の低いものを，特に分けて小高木もしくは中木と称することがある。
		低木	灌木（かんぼく）ともいい，地際より多数枝分かれして生長し，幹枝の区別がはっきりせず，比較的樹高の低い形の樹木である。分類的には高木に入るが，仕立て方により低木として扱うものもある。
性質による分類	陽樹		日当たりのよい所でなければ良好な生育が得られない樹木である。
	陰樹		比較的少ない太陽光下でも生育が可能な樹木である。言い換えれば，日陰に耐える樹木である。
	中庸樹		陽樹と陰樹の中間的な性質をもつ樹木で，土地の性質や気候などにより，ある程度の適応性がみられる。
つる植物（＊2）			藤本（とうほん）ともいい，直立した幹がなく，つる状となり，他のものに巻きついたり，付着したり，地面をはうなどして生育，伸長していく植物である。
タケ・ササ			もとはイネ科のタケ亜科に分類されていたが，現在ではタケ科として分類される。年輪がなく，稈（かん）と呼ぶ幹状のものから成る。

分類	特徴
下草類	丈のごく低い小低木，あるいは特定の草本（いわゆるパンジーなどの園芸用草花ではなく）を総称して，造園材料上，下草と呼んでいる。
シダ類	半日陰地を好む。イワヒダ，オオタニワタリ，ベニシダ，タマシダ，クサソテツ，ヤブソテツなど。
苔類	半日陰地を好み，特に乾燥には弱いので管理には注意が必要である。オオスギゴケ，コスギゴケが代表種である。
芝類	イネ科に属する多年生植物で，わが国では古くから地面を覆うのに適したものが選ばれ利用されてきた。代表的なものはノシバ，コウライシバ，ビロードシバなどで，一般的にはコウライシバが多く用いられる。

* 1 公共工事の規格では，一般に 3 m 以上の樹木を高木，2～3 m のものを中木，1 m 未満のものを低木としている。

* 2 最近では，小低木類，草本類（以上下草），つる植物類，ササ類，シダ類，芝類などを総称して，「グラウンドカバープランツ（地被植物）」と呼んでいる。

樹高による分類（庭木・公共用樹木としての利用別による）

高木 通常4～5 m以上に大きく生長し，その高さで利用されるもの。植栽時は2.5 m～3.0 m以上。	針葉樹	常緑	イヌマキ，クロマツ，コウヤマキ，サワラ，イチイ，カヤ，ドイツトウヒ，スギ，ダイスギ，ニオイヒバ，カイズカイブキ，ツガ
		落葉	メタセコイヤ，カラマツ
	広葉樹	常緑	カシ類（アラカシ，シラカシ，アカガシ），クスノキ，クロガネモチ，ゲッケイジュ，シロダモ，サンゴジュ，シイノキ，タイサンボク，タブノキ，タラヨウ，モチノキ，モッコク，ヤブツバキ，ヤマモモ，ユズリハ，ヤブニッケイ，ナツツバキ（シャラ），ギンヨウアカシア，ホルトノキ，マテバシイ
		落葉	アキニレ，ウメ，エゴノキ，カツラ，クヌギ，ケヤキ，コナラ，コブシ，サクラ類，トウカエデ，トチノキ，ネムノキ，ハクウンボク，ハナミズキ，カキ，モミジ（カエデ）類，シデ類（アカシデ，イヌシデ，クマシデ），ザクロ，カリン，ヒメシャラ，ヤマボウシ，ハクモクレン
小高木または中木 一般に1.5 mないし4～5 m位の高さでの利用が多いもの。植栽時は1.5 m以上。	針葉樹	常緑	イチイ，コニファー類，カイズカイブキ，ラカンマキ，スイリュウヒバ，チャボヒバ，ニオイヒバ，ヒムロスギ
		落葉	ギョリュウ
	広葉樹	常緑	キョウチクトウ，ソヨゴ，ツバキ，トウネズミモチ，ピラカンサス，ミカン類（ミカン，ユズなど），キンモクセイ，カシ類，オオカナメモチ，セイヨウカナメモチ（レッドロビン），モッコク，ク

樹種には一部高木も含まれる	広葉樹	常緑	ロガネモチ, ネズミモチ, ヤツデ, ウバメガシ, ゲッケイジュ, ヒメユズリハ, イヌツゲ, ヒイラギ, ナンテン, カナメモチ, マテバシイ, サザンカ, カクレミノ, サンゴジュ, ヒサカキ, ヒイラギモクセイ, ワビスケ, アオキ, オリーブ
		落葉	ハナミズキ, ヤマボウシ, コブシ, ザイフリボク, ナナカマド, リョウブ, エゴノキ, ムクゲ, サラサドウダン, シデ類, ガマズミ, モクレン (シモクレン), ウメ, モミジ (カエデ) 類, サルスベリ, ナツツバキ (シャラ), シラカンバ, ロウバイ, ニシキギ, ウメモドキ, ユスラウメ, ハナカイドウ, クロモジ, スモモ, フヨウ, ボケ, マユミ
低木 一般に1.5m以下で利用の多いもの。	針葉樹	常緑	キャラボク, アスナロ, タマイブキ, ハイビャクシン, コニファー類
	広葉樹	常緑	トベラ, ハマヒサカキ, マサキ, マルバシャリンバイ, アベリア, アセビ, ハマヒサカキ, ヒサカキ, ナンテン, ヒイラギナンテン, クチナシ, ハクチョウゲ, ナワシログミ, コクチナシ, ジンチョウゲ, センリョウ, マンリョウ, クサツゲ, キンシバイ, カルミア, ツツジ類, ビョウヤナギ, シャリンバイ, アオキ, セイヨウシャクナゲ
		落葉	クサボケ, ボタン, ハマナシ, サラサドウダン, ユキヤナギ, レンギョウ, ドウダンツツジ, ニシキギ, アジサイ, ガクアジサイ, エニシダ, ハギ類, トサミズキ, オウバイ, ヤマブキ, コデマリ, ウンナンオウバイ, ボケ, ミツバツツジ

代表的なつる植物

常緑性	カロライナジャスミン	フジウツギ科。原産はアメリカ中部。他物にからみ, 登はんする。5〜6月に多花性黄色の小花を開く。陽光地を好むが, 半日陰地にも耐える。腐植に富む。適湿地を好む。おもにフェンスや壁面の緑化用。
	サネカズラ (ビナンカズラ)	モクレン科。原産日本 (本州中南部〜沖縄)。枝を他物に巻きつかせて登はんする。7〜8月に淡黄色の花を開く。半日陰地を好むが, 陽光地・陰地でも可能。土質は選ばないが, 排水の良い土地を好む。フェンスやパーゴラなどの工作物にからませて利用する。
	オオイタビ	クワ科。原産は日本 (本州中部以南〜沖縄), 中国。つるから気根を出し, 他物に吸着し, 登はんする。陽光地を好み半日陰地に耐える。排水性の良い肥よくな土壌を好む。吸着性が強く, コンクリート壁面, 石垣など, 登はん補助材なしで利用ができ, 多方面に使用可能である。

常緑性	ツルニチニチソウ（ビンカ・マジョール）		キョウチクトウ科。原産はフランスほか。匍匐性で、長くつるを伸ばす。5～7月の淡紫色の花を開く。陽地～半日陰地によく生育、土質はあまり選ばない。おもに地被（グラウンドカバー）として利用。
	ツルマサキ		ニシキギ科。原産は日本ほか。マサキに似た葉で、枝から付着根を出し、他物に付着して登はん。6～7月に緑白色の小花を多数開く。陽樹だが半日陰地に耐える。土質はあまり選ばない。一般に地被および擁壁などの壁面緑化用。
	ムベ（別名トキワアケビ）		アケビ科。原産は日本（本州関東以南～九州）。つるによって他物にからみ、登はんする。5～6月に白色花を開く。半日陰地を好むが、陽地、陰地に耐える。湿潤地を好む。フェンス、垣根などにからませての利用が多い。
	ヘデラ類（別名フユヅタ、セイヨウキヅタ、アイビー、キヅタ）		ウコギ科。原産は世界の各地で、多数の品種がある。気根により他物に吸着して登はんする。半日陰地を好むが、陽地、陰地でも生育する。湿潤地を好むが、やや耐乾性もある。土質はあまり選ばない。利用は広く、地被として、平面、法面に利用するほか、フェンスなどにからませたり、壁面緑化に使用。
常緑・半常緑性	テイカカズラ		キョウチクトウ科。原産は日本（本州～九州）。付着根により他物に吸着、またはつるをからませて登はん。5～6月に芳香のある白色花をつける。陽地、半日陰地いずれもよく生育。適湿を好み、土質はあまり選ばない。おもにフェンスにからませたり、壁面の緑化に使用。
	ツキヌキニンドウ		スイカズラ科。原産は北アメリカ。つるによって他物にからみ登はんする。5～6月に外面帯赤色、内面橙黄色の花を多数集めて開く。陽光地を好み、土質はあまり選ばない。垣根やパーゴラにからませて利用また壁面緑化に使用。
落葉性	アケビ		アケビ科。原産は日本（本州～九州）。つるにより他物にからみ登はん。4月に淡紫色の花をつける。半日陰地を好み、土質は選ばない。工作物にからませての利用が多い。
	クレマチス類		キンポウゲ科。原産は日本（本州～九州）、中国。つるを他物にからませて登はん。5～6月または9～10月に紫、ピンクなどの花を開く。陽光地を好む。一般にフェンスやトレリスにからませて利用。
	ツタ（ナツヅタ）		ブドウ科。原産は日本ほか。吸盤のある巻ひげにより他物に吸着。6～7月に黄緑色の小花を開く。陽地を好むが、半日陰地にも耐える。土質はあまり選ばない。おもに擁壁などの壁面緑化用。

落葉性	ノウゼンカズラ	ノウゼンカズラ科。原産は中国。吸着根により他物に吸着，またはつるにより他物にからみ登はんする。7～8月にオレンジ色の花を開く。陽地，半日陰地いずれも生育可能で，土質はあまり選ばない。フェンスにからませたり，壁面緑化に使用。
	フジ（ノダフジ）	マメ科。原産日本（本州～九州）。つるにより他物にからみ登はん。4月に紫色の蝶形花を多数つけた花房を垂れ下げる。陽地を好み，土質は選ばない。一般には棚仕立てにして利用。

注）壁面緑化では，種類により直接登はんさせることも可能であるが，一般にはメッシュフェンスなどの登はん補助材を取り付けて，それにからませるようにして登はんさせる。

代表的なタケ類

種　類	稈の高さ	栽　培	特徴・性質	用　　途
モウソウチク 孟宗竹 （マダケ属）	10～25m 庭植え 5～8m	北海道南部 本州 四国 九州 沖縄	稈は最も太くなり，節の環は一重。葉は小形。竹の皮は，生長後に落ちる。稈の先端は弓状に曲がる。適地は腐植に富む肥えな土壌がよい。陽光地を好むが耐陰性もある。移植・植付けは2月中旬～3月中旬に行う。変種にキッコウチク，品種にキンメイモウソウチクがある。	広い庭，竹林（群植），坪庭，列植，背景，防風。 3～5本の寄植え，または数10本を群植する。
マダケ 真竹 （マダケ属）	6～21m 庭植え 5～8m	本州（青森県以南） 四国 九州	稈は太くなり，節の環が二重になるのが特徴。葉は大形。陽光地を好む。移植・植付けは3月頃。品種にオウゴンチク，キンメイチク，ギンメイチクなどがある。	広い庭，背景，防風竹林。
ハチク 淡竹 （マダケ属）	4～18m	本州 四国 九州	稈の節の出っぱりが小さく，太さは下から上までそれほど変化しない。稈は美しく，枝は短く，細かく分岐する。適地等はクロチクに準じる。移植は3月下旬がよい。	広い庭，中庭，坪庭。
ナリヒラダケ 業平竹	3～8m	本州（中部，	稈の節から出る枝の数は3本，節間は短い，竹の皮は生長後落ちる。陽光地を好み，適潤で腐植質の多い土壌がよい。耐陰性	

種　類	稈の高さ	栽　培	特徴・性質	用　途
別名ダイミョクチク （ナリヒラダケ属）	3～8m	関東地方南部以西） 四国 九州	は大きいが，耐寒性・乾燥にはやや弱い。移植・植付けは2～3月頃。6～7月に剪定して小枝の発生をうながし，葉にまとまりのあるように仕立てることが多い。変種にアオナリヒラダケがある。	中庭，玄関前，列植，群植。
クロチク 黒竹 （マダケ属）	1～7m 庭植え 2m内外	北海道南部 本州 四国 九州 沖縄	ハチクの変種。若竹の稈が，秋頃に黒色に変化する。枝葉は細く密生して美しい。半陰地で砂質壌土を好む。移植・植付けは4月上旬～下旬がよい。品種にゴマダケ，ウンモンチク（タンバハチク）などがある。	前庭，玄関前，坪庭・中庭，列植，群植。
シホウチク 四方竹 （シホウチク属）	4～10m	本州（岩手県以南） 四国 九州	稈は四角形，節ごとの枝は2～4本。葉は細長い。日当たりのよい，適湿で肥よくな土壌がよく，土質は選ばない。移植・植栽は2～5月頃に行う。	中庭，玄関前，坪庭，列植。
ヤダケ 矢竹 別名シノダケ （ヤダケ属）	2～5m	本州（岩手県以南） 四国 九州	稈は真直ぐで，節ごとの枝は1本。葉は細長く，たれ下がる。竹の皮は長くついている。	中庭，生垣。

代表的なササ類

種　類	稈の高さ	栽　培	特徴・性質	利　用
クマザサ	50～100cm	北海道 本州 四国 九州の各地	日本原産。新葉では隅取りは見られないが，秋から冬にかけては，白色の縁取りが見られるようになるところからこの名がある。半日陰地を好み，土壌は選ばないが，施肥をすると美しさを増す。 移植・植付けは3月上旬頃がよい。根は乾かさないようにすみやかに植えること。	和風庭園（中庭など）。 庭石やつくばい回りのあしらいなどに利用。 樹下の地被，法面の緑化 植付け本数 25 P/m²
コクマザサ	30cm内外	北海道中南部	クマザサと同様であるが，葉は	同上

種類	稈の高さ	栽培	特徴・性質	利用
コクマザサ	30 cm 内外	本州 四国 九州	小型、稈丈も低い。 性質等はクマザサに準じる。	
オカメザサ (一名ブンゴザサ)	50〜150 cm	北海道中南部 本州 四国 九州	植物学上はタケに入る。通常は低く刈り込んで用いるので、造園上ササに分類している。日本原産。葉は長さ10 cm 内外で緑色。 耐寒性、耐暑性が強い。やや湿潤の半日陰地を好むが、陽光地にも耐える。強い刈込みに耐え、春季に刈り込むと、美しさを長く保つことができる。 移植・植付けは3月下旬。	同上 植付け本数 25 P/m²
チゴザサ (一名シマザサ)	20〜50 cm	北海道中南部 本州 四国 九州	日本原産。葉の長さは6 cm 前後で、緑色に白色の細い条(すじ)が入るのが特徴。半日陰地で、肥よくな湿潤地を好む。 耐寒性・耐暑性は強い。 移植・植付けは3月下旬。管理は伸びすぎた稈を刈る程度で、さほど必要ない。	同上 植付け本数 25 P/m²
オロシマチク	10〜30 cm	本州 四国 九州	葉は小型で、4 cm 内外の披針形。ササ中で最も小型の種類。刈込みにも強く、低い丈(5 cm位)に保つことが可能である。どちらかといえば陽光を好み、適潤地がよく、過乾燥や過湿をきらう。 移植・植付けは3〜4月。	同上 10〜25 P/m² 小面積の地被に向いている。
カンチク (カンチク属)	3〜5 m 庭植え 50〜100 cm	本州（東北地方中部以南） 四国 九州 沖縄	稈は暗紫色を帯びる緑色。各節から3〜5本の枝を水平に伸ばす。葉は小形で、細く柔らかい。日当たりのよい適潤地を好む。 耐陰性がある。	前庭、中庭・坪庭。庭石や燈籠まわりなどに、やや離して寄植えするのがよい。

P：ポット（ビニールポット仕立ての苗）を表す。

代表的な下草類・地被類

	種類	特徴・性質	植栽数量
小低木	クサツゲ	ツゲ科の常緑樹。高さ15～30cm，葉は小さく，明るい緑色をしている。耐乾性があり，萌芽力旺盛でよく刈込みに耐える。適地は陽地～半日陰地。植栽は北海道南部～沖縄。	16～25 P/m²
	コクチナシ	アカネ科の常緑樹。高さ20～40cm，葉はクチナシより小さく，多数枝分かれして横に広がる。芳香のある白色の花を6月頃開く。萌芽力があり刈込みに耐える。適地は陽地～半日陰地。土壌はあまり選ばない。植栽は関東地方以西～九州。	16～25 P/m²
	セイヨウイワナンテン	ツツジ科の常緑樹。高さ20～80cm，性質は強健で，萌芽力があり，強い刈込みに耐える。おもに斑入りのものが使われる。適地は半日陰地で，陽地または日陰地でも生育。腐植に富む多湿地を好む。植栽は本州北関東地方以西～九州。	16～25 P/m²
	ヒペリカムカリシナム	オトギリソウ科の常緑樹。高さ20～30cm，黄色の花を5～6月頃開く。適地は陽地～半日陰地であるが，花つきは日陰地では悪くなる。乾燥に弱い。植栽は北海道南部～沖縄。	9～25 P/m²
	フッキソウ	ツゲ科の常緑樹。高さ20～30cm，葉は厚く，光沢がある。4～5月に淡黄緑色の小花をつける。適地は半日陰地～日陰地。排水がよく，湿り気のある所を好む。耐寒性が強い。つくばい回りや樹林下の地被に利用。植栽は北海道中南部～沖縄。	25～36 P/m²
	クサボケ	バラ科の落葉樹。高さ20～60cm，花は4～5月葉に先立って開く。色は朱，紅，白など。適地は陽地～半日陰地。砂質壌土を好むが，あまり選ばない。植栽は本州～九州。	16～36 P/m²
	ヤブコウジ	ヤブコウジ科の常緑樹。高さ15～20cm，晩秋から冬にかけて，赤熟した実をつける。剪定はほとんど不要。適地は半日陰地～日陰地，陽光地でも生育。土壌は選ばないが，腐植の多い湿潤地がよい。和風庭園向き。植栽は北海道南部～沖縄。	25～36 P/m²
草本類	アジュガ	シソ科の常緑樹多年草。高さ10cm内外。匍匐茎を伸ばし増殖。春に紫色の穂状花を開く。適地は半日陰地～陽地で，樹下や苑路沿いに植えられる。植栽は北海道中部～九州の各地。	25～36 P/m²
	エビネ	ラン科の常緑多年草。草丈20～30cm，5月頃葉の	25～36 P/m²

	種　類	特徴・性質	植栽数量
草本類	エビネ	伸長に先立ち花茎を出し，小花をつける。適地は半陰地〜陰地で，湿り気の多い土地を好む。樹下の地被として最適な一種である。植栽は本州関東地方以西〜九州。	
	オモト	ユリ科の常緑多年草。草丈は15〜30cm，半日陰地を好むが，陽地に耐える。排水のよい土壌がよい。耐暑性は強い。小面積のグラウンドカバーに利用。植栽は東北地方以南〜九州。	9〜36 P/m²
	カンアオイ	ウマノスズクサ科の常緑多年草。適地は半日陰地〜日陰地で，腐植に富む排水性のよい土壌がよい。強い日光下や乾燥するところはよくない。植栽は北海道中南部〜九州で，和風庭園に多く用いられている。	25〜44 P/m²
	キチジョウソウ	ユリ科の常緑多年草。草丈は20〜30cm。茎は地表をはって伸び，所々で根を張り増殖する。生育は旺盛，秋10月頃，淡紫色の小花を開く。半陰地を好むが日陰地に耐える。湿り気のある樹下に適する。植栽は本州東北地方中部以南〜九州。	16〜25 P/m²
	シャガ	アヤメ科の常緑多年草。草丈は50〜60cm，草丈の低いヒメシャガは20〜30cm。地下茎により増殖する。適地は排水のよい半日陰地を好むが，日陰地にも耐える。5〜6月に淡紫色の花を開く。竹林や樹下の地被におもに利用。植栽は北関東地方以西〜九州。	25〜44 P/m²
	シュンラン	ラン科の常緑多年草。草丈は10〜25cm。3〜4月に淡黄緑色の花をつける。適地は半日陰地で，明るい樹林下がよい。性質は強く，寒さに耐える。排水性のよい，腐植に富む土壌を好む。耐寒性があり，植栽は北海道中南部〜九州。つくばいのあしらいなどに用いる。	25〜36 P/m²
	セキショウ	サトイモ科の常緑多年草。草丈は20〜30cm。適地は，多湿の半日陰地がよく，湿った場所では陽光地でも植えられる。根系は浅いので深植えは厳禁。和風の流れ，つくばいのあしらいなどに利用。植栽は関東地方以西。	25〜44 P/m²
	ツワブキ	キク科の常緑多年草。日本原産。草丈は30〜50cm。10〜11月花茎を伸ばし，黄色の花をつける。適	9〜36 P/m²

	種 類	特徴・性質	植栽数量
草本類	ツワブキ	は半日陰地～日陰地を好むが、陽光に耐える。排水の良い腐植に富む土壌がよい。景石やつくばいのあしらい、樹下の地被に用いる。植栽は関東地方以西～沖縄。	
	ハラン	ユリ科の常緑多年草。草丈は50～80cm。適地は半日陰地～日陰地で、腐植に富む土壌を好む。根系は浅く、地中に広がり株を増殖。おもに、つくばいのあしらい、樹下の根じめなどに用いる。乾燥には強くない。植栽は関東地方以西～沖縄。	16～25 P/m²
	マツバギク	ザクロソウ科の常緑多年草。草丈は5～10cm。適地は日当たりが良く、排水性のよい砂質土を好む。葉は多肉質で線状、5～7月頃多くはピンク色の花を多数開く。石垣の天端、すき間、ロックガーデンなどに利用。植栽は本州（関東地方以西）～沖縄。	25～44 P/m² 5～10 P/m当たり
	ヤブラン	ユリ科の常緑多年草。8～9月に花茎を伸ばし、淡紫色の小花をたくさんつける。適地は、半日陰地を好むが、陽光に耐える。適湿地を好み、土壌は選ばない。耐寒・耐潮性がある。樹下の地被、建物の裾植え、広い面積の地被などに利用。植栽は本州東北地方中部以南～沖縄。	25～36 P/m²
	ユキノシタ	ユキノシタ科の常緑多年草。匍匐茎は細い糸状で地表面をはって伸び、先に仔苗をつけて増殖する。5～7月に白色の花を多数つける。適地は半日陰～日陰の多湿地を好み、乾燥地はよくない。植栽は本州（関東地方以西）～沖縄。	25～44 P/m²
	リュウノヒゲ	ユリ科の常緑多年草。草丈は15cm位。葉は濃緑色で細く、長さは10～15cmくらい。根茎が地下をはい繁殖する。耐寒・耐暑性があり、半日陰地を好み、陽光地や日陰地にも耐える。土壌はあまり選ばない。古くから平地・傾斜地、和風・洋風など様々な条件のもとに多用されてきた地被である。植栽は北海道～沖縄まで可能である。	通常25～44 P/m² 密植49～64 P/m²
	チャボリュウノヒゲ（通称タマリュウ）	リュウノヒゲの矮性種。草丈は5cm内外、葉の長さは5～10cmくらい。根茎の生長はリュウノヒゲより遅いが、低く、ち密な地被にできる。性質その他はリュウノヒゲに順じる。	44～100 P/m²

	種 類	特徴・性質	植栽数量
草本類	シバザクラ（ハナツメクサ、モスフロックス）	ハナシノブ科の常緑多年草で、草丈は5～10cmくらい。葉は針状で細い。4～5月頃にふつうピンク色の小花を一面に開き見事である。日当たりのよい所を好み、土壌は選ばないが、排水のよいやや乾燥する所がよい。耐寒性が強いが、耐陰性、耐潮性は劣る。植栽は北海道～九州の各地で利用できる。	36～64 P/m² 36～64 P/m²
	ホワイトクローバー（通称クローバー）和名白ツメクサ	マメ科の常緑多年草。草丈は5～10cmくらい。葉は濃緑色。繁殖は匍匐茎が地上をはって行われる。5月頃白色の径1cmくらいの花をつける。やせ地に耐える。おもに法面の保護に用いる。冷涼な所を好み、高温・乾燥地を好まない。適地は陽地で土壌は選ばない。利用は日本各地で可能であるが、関東地方より西の暖地では、3～数年で枯れるものが多いようである。	造成は播種による。 5～10 g/m²
	ディコンドラ（ダイコンドラ）	ヒルガオ科の半常緑～常緑の多年草（暖地では常緑性）。北アメリカ原産。草丈は2～5cm。地上茎で繁殖、生長は早い。葉は小型、やや湿り気の多い陽地～半日陰地を好む。土壌はあまり選ばないが、乾燥するところはよくない。刈込みの必要がなく、管理が容易である。植栽は本州（関東地方以西）～九州。	造成は播種による。 3～6 g/m²

P：ポットを表す。

代表的なコケ類

分布	コケの種類	特　徴	備　考
北海道〜九州	スギゴケ類 ・コスギゴケ ・オオスギゴケ ・ウマスギゴケ （スギゴケ科）	・葉は針状で、スギの葉に似る。コスギゴケは高さ1～3cm、オオスギゴケは3～10cmで直立して生える。 ・半日陰地を好み、腐植土上や流れの近くの湿り気のある土の上などに生える。 ・空気中の湿度割合が低いところでは育ちにくい。	・全国で植栽可能である。 ・大きくなりすぎて密生状態になると、下部がむれてよくないので、間引きしたり、茎の先端のほうを刈り込むとよい。 ・オオスギゴケは関東では栽培がむずかしい。

分布	コケの種類	特　徴	備　考
北海道 〜 九州	タチゴケ類 ・ナミガタチゴケ タチゴケ類 ・ナミガタチゴケ	・葉は細長く，長さ8mm程度で直立して生える。高さは1〜2cmくらい。 ・おもに山地の半日陰地，郊外の住宅地の生垣下などに生えている。 ・直射日光の当たる所には不向きである。 ・広く利用されているコケの一つである。	
本州中部地方以南 〜 九州	シラガゴケ類 ・ホソバシラガゴケ （別名ヤマゴケ） ・ホソバオキナゴケ （シラガゴケ科）	・植物体は淡緑色〜黄緑色で，直立〜斜めに生え，高さ2〜3cm内外。普通10数本がひとかたまりとなって生えている。 ・樹下の根元まわりなどに生え，湿り気のある半日陰地を好む。 ・酸性の土を好む。 ・スギゴケとの混用。	・京都西芳寺（苔寺）のコケの大部分がこれである。 ・植木鉢の保水用として広く使われている。
北海道 〜 九州	シッポゴケ （シッポゴケ科）	・細長い葉（長さ1cm内外）が動物のシッポ（尾）に似た形をしている。色は，緑色〜黄褐色を帯びる。植物体は5〜6cmで，直立〜斜めに生え，半日陰地を好む。 ・山地のやや湿気の多い，腐植に富んだ半日陰の所に生えている。ふつう多数が集まって，大きなかたまり状をなしている。	・採取は，大きなかたまりのまま採る。
北海道 〜 九州	シノブゴケ類 ・トヤマシノブゴケ ・ヒメシノブゴケ ・オオシノブゴケ ・アオシノブゴケ （シノブゴケ科）	・植物体は黄緑色〜緑色で，茎は横にはって生える。長さは5〜10cm。枝は規則正しく出て，細かく枝分かれする。 ・山地の半日陰地〜日陰地で，湿った砂壌土質の腐植土上に生えている。 ・コケ庭のほか，盆景，観賞用として，鉢植えに利用される。	
本州 〜 九州	ヒノキゴケ （ヒノキゴケ科）	・植物体は濃緑色で，茎はほぼ直立して生える。葉は細長い針状。 ・山地の半日陰地で，腐植上に生えている。直射日光をきらい，空中	・密生すると，生育が悪くなるので，茎の先を少し刈ってやるのがよい。

分布	コケの種類	特徴	備考
本州 〜 九州	ヒノキゴケ (ヒノキゴケ科)	湿度の高い環境を好む。 ・用土には腐葉土を多めにし，排水性をよくする。 ・地方により，冬季にはやや変色し，枯れたように見える。 ・コケ庭や盆景に使われる。	

[コケ庭づくりの条件]
・コケは生育に必要な水分は，土の表面から立ち昇って空気中に広がった水蒸気を体表面から吸収しているので，空中湿度の高い所が適している。
・普通には直射日光の当たらない明るい半日陰地を好むので，樹下などで木もれ日が入る環境がよい。
・風通しの良い所は乾燥しやすいので，風通しの良くない，どちらかと言えばムッとするような所が最適。
・排水が良く，湿り気を保てる土壌がよく，多湿で水が滞水するような所は不向きである。
・酸性度は，弱酸性〜中性がよい。
・関東地方の土は一般に乾きやすく，コケには適さないので，土づくりが必要である。
・寒地では防寒が必要である。
・日常のおもな管理としては，地方および季節により，回数には違いがあるが，灌水が不可欠である。
・灌水は葉にかかるように行うこと。通常の目安としては，次の通りである。
　春・秋季　朝1日1回
　夏季　　　朝夕1回，計2回
　冬季　　　防寒を施したところでは必要ないが，そうでないところでは，コケの状態を見ながら適宜行う。
・施肥は特に必要としない。
・夏の高温，冬の寒さには弱いので，管理には注意を要する。

代表的なシバ類

			草種名	植栽可能地	特徴	管理等のポイント
夏シバ (夏緑型・暖地型)	日本芝	イネ科シバ属	ノシバ 葉幅 4mm以上	北海道中・南部，本州，四国，九州，沖縄の各地	性質は強く，環境に対する適応力が大きい。陽地を好むが，半日陰地にも生育する。耐寒・耐乾性が強い。水はけのよい砂壌土がよい。茎葉は粗くかたい。葉幅は広く，節間も長い。生育は春から秋で，冬季，葉は枯れる。	管理は比較的容易で，病虫害にも強い。刈込みの回数も比較的少なくてよい。美しい芝生の維持には，施肥，刈込み，目土掛け，除草などの管理が必要である。

			草種名	植栽可能地	特徴	管理等のポイント
夏シバ（夏緑型・暖地型）	日本芝	イネ科 シバ属	ノシバ 葉幅 4mm以上	北海道中・南部，本州，四国，九州，沖縄の各地	踏圧に強く丈夫な芝で，刈込みにも耐える。 グラウンド，野球場の芝生広場，ゴルフ場のラフ，法面の保護・緑化など，広く利用できる。 造成は，おもに苗（切芝）の張付けによる。	
			コウライシバ 葉幅 1～4mm 葉幅により次のように呼ぶ場合もある。 広いほうから順に， ・ヒロハコウライシバ （3.5～4.0） ・チュウバコウライシバ （3.0～3.5） ・ホソバコウライシバ （2.5～3.0） ・ヒメコウライシバ（1.0～2.5）	高冷地，東北地方北部を除く本州，四国，九州，沖縄の各地	環境に対する適応性は普通である。 葉が細く，小形になるほど暖地性で，時に常緑となる所もある。陽光地で，水はけのよい砂壌土を好む。耐乾性が強く，また踏圧に対する抵抗性も強く，刈込みによく耐える。 古くから庭園，公園，ゴルフ場のフェアウェイ，各種グラウンドなど広く利用されてきた。家庭向きの芝である。 造成は，おもに苗（切芝）の張付けによる。	管理は容易なほうであるが，美しい芝生を保つには，施肥，刈込み，目土掛け，除草，時に水やりなど，所定の管理が必要である。 ホソバ，ヒメコウライでは，生長が早いので，美しく保つには頻繁な刈込みが必要。
			ビロードシバ 葉幅 1mm以下	九州南部，沖縄などに自生する。本州（関東地方以西），四国，九州，沖縄で可能。	葉は最も小形で，長さ2cmくらい。節間も短く，ち密な芝生をつくる。生長はきわめて遅い。 寒さにはやや弱い。陽光地で，水はけのよい砂壌土質を好む。 踏圧にはやや弱いため，おもに観賞用で，小庭園に適する。 造成は，おもに苗（切芝）の張付けによる。	管理はさほど必要としないが，数年を経ると，所々盛り上がってくる傾向があるので，適宜，刈込みとローラー掛けを行い，平面性を整えるとよい。

			草種名	植栽可能地	特　　徴	管理等のポイント
夏シバ（夏緑型・暖地型）	西洋芝	イネ科　ギョウギシバ属	コモンバーミューダグラス	本州, 四国, 九州, 沖縄	日本芝に近い生育のしかたをする。 性質は強健で，高温，乾燥に強く，耐湿性・耐潮性に優れるが，日陰地には弱い。生長はきわめて早く，踏圧や刈込みに対する抵抗性は強い。砂質土〜砂壌土を好むが，比較的土質は選ばない。造成は播種による。 校庭，広場，グラウンド，海浜の緑化，ゴルフ場などに利用。 ハイブリッド種 ・ティフトン328：葉が最も細かく，ち密。 ・ティフトン419：葉が328よりはやや粗いが，やはりち密な芝をつくる。 ・ティフトン57：茎が太めで密生するが，やや堅い。	施肥，刈込み，除草，病虫害防駆除等の基本的な管理は日本芝と同様である。ただ，施肥量，刈込みの回数は多い。刈込みを怠ると，むれて葉が変色してよくない。
冬シバ	西洋芝	イネ科　ヌカボ属	ベントグラス類 葉幅 0.8〜15 mm	北海道および本州，四国，九州の冷涼地	西洋芝の基本種にあげられる多年草で，品種が多く，最も良質な芝である。 葉質は柔らかく，ち密な芝生になる。刈込みに強く，短い刈込みができる。陽光地で，やや湿り気のある所がよいが，日陰地に対する抵抗性もある。 おもにゴルフ場のグリーン，公園，庭園，グラウンドなどに利用される。 造成は，播種または芝（切芝）の張付けによる。 〔品種〕 コロニアル系：匍匐茎がなく，株状になる。葉は柔らかく鮮やかな緑色。 ・アストリア	施肥，刈込み，目土掛け，病虫害の防除，除草等の管理を行う。年間の刈込み回数は多く春と秋には，月6回くらい必要なため，家庭での管理はむずかしい。特に長く伸ばしてからの刈込みは生育に悪い影響があるので，定期的に刈込みを実施して，長くしないことが大切である。

			草種名	植栽可能地	特　徴	管理等のポイント
冬シバ（冬季緑の常緑型・寒地型）生育適温15〜20℃	西洋芝	イネ科　ヌカボ属	ベントグラス類 葉幅 0.8〜15 mm	北海道および本州、四国、九州の冷涼地	・ハイランド クリーピング系：匍匐茎により繁殖する。葉は細長くち密な芝生ができる。 ・シーサイド ・ペンクロス レッドトップ：丈夫な匍匐茎を出して増殖、生長する。発芽や生長が早く、荒地やせ地など悪条件の所でもよく生育し、耐暑性も強いが、短く刈り込むと生育が悪くなる。 一般には法面の保護に使われるが、基本種の芝と混合して播種する混播用として利用される。耐乾性があり、多湿に耐える。法面保護用として重要。	
		イネ科　イチゴツナギ属	ブルーグラス類 葉幅 1.0〜2.0 mm	北海道、本州、四国、九州	ベントグラスより葉幅は広く、環境条件に対する抵抗性は大きい。 湿潤な埴壌土を好む。 日光、水、肥料に対する要求度は高いが、生長はさほど早くない。耐寒性は強いが、耐暑性はやや弱い。本種には、株立ちで繁殖するものと、匍匐茎で繁殖するものとある。造成は播種による。 株立ち種 ・ケンタッキーブルーグラス：最も一般的な品種 匍匐茎種 ・カナダブルーグラス：地下匍匐茎をよく出し、丈夫な芝生を形成。 ・メドウグラス：地上匍匐茎を盛んに出し増殖す	上記に準ずる。ただし、短く刈り込むと、株が弱るので、刈込み高は3 cm 程度以上にとどめるのがよい。

			草種名	植栽可能地	特　　徴	管理等のポイント
冬シバ（冬季緑の常緑型・寒地型）生育適温15〜20℃	西洋芝	（ウシノケグサ属）			る。	
			フェスキュー類 細葉フェスキュー ・レッドフェスキュー（オオウシノケグサ） 葉幅は細く1.0〜2.0 mm	北海道，東北北部，関東の冷涼地 北海道，東北北部，関東の冷涼地	暖地には向かない。草丈15〜100cm。 環境に対する適応力は大変強く，悪い条件のもとでも生育する。また日陰地にも利用が可能。耐暑性があり耐乾性も強く，砂質土での利用もできる。 おもに公園，グラウンド，ゴルフ場（ラフ，フェアウェイ）などに使用のほか，法面の緑化などに広く利用されている。造成は播種による。通常は他の芝と混合しての利用が多い。 〔品種〕 細葉フェスキュー類：匍匐茎をもち，葉は細く針状で，生長は遅い。 ・クリーピングレッドフェスキュー 　匍匐茎をもち，葉は細く針状，ち密な芝生をつくる。生長は遅い。公園，グラウンド，ゴルフ場のフェアウェイ，ラフなどに利用。 ・チューイングレッドフェスキュー 　非匍匐茎で矮性。性質は強健，踏圧に強い。葉は細く，刈込みに耐え，よい芝生を形成できる。公園，グラウンド，ゴルフ場のラフなどに利用。	葉質は比較的硬いが，密で美しい芝生の造成が可能。生長が比較的遅いので，刈込みの回数は，他種よりは少なくすむが，美しく保つには頻繁の刈込みが必要。法面の保護・緑化などでは，特に管理は必要としない。
			広葉フェスキュー 葉幅 4.0 mm 内外	北海道〜九州	草丈40cm〜150cm。ノシバに似て，粗剛な葉でかたいので，芝生には向かない。深根性で寿命は長い。乾燥	管理は特に必要ない。

			草種名	植栽可能地	特徴	管理等のポイント
冬シバ（冬季緑の常緑型・寒地型）生育適温15〜20℃	西洋芝	（ウシノケグサ属）	広葉フェスキュー 葉幅 4.0 mm 内外	北海道〜九州	に強く，やせ地や陰地など悪条件にも強い。土質を選ばず，よく生育する，造成は播種による。 〔品種〕 ・トルーフェスキュー：耐乾・湿性，耐寒・暑性いずれも強く，土地を選ばず生育する。おもに法面緑化用。（特にケンタッキー31は有名）	
		イネ科 ホソムギ属	ライグラス類 葉幅 1.0〜2.0 mm ペレニアルライグラス 草丈 60 cm 内外	北海道〜九州の冷涼地	常緑性の短年草（2〜3年）で，匍匐茎はなく，高温時は休眠する。 初期生長が早いため，基本種（おもにケンタッキーブルーグラス）の生長をみるまでのつなぎ用として，混ぜての利用が多い。細葉で踏圧に強い。耐暑性は弱いので，暖地では夏季に消失することが多い。造成は播種（秋まき）による。 ・ペレニアル種は公園，グラウンド，ゴルフ場などに利用。 ・イタリアン種は，ゴルフ場などでは，オーバーシード（夏緑型の芝生地に冬緑型の芝種子を播いて緑にする手法）に利用。	初期生長が早いので，刈込みも早めに行うことが必要である。 その他の管理項目は，ベンドグラスに準じる。
			イタリアンライグラス 草丈 60〜100 cm	本州，東北地方〜四国，九州まで広く栽植		

住宅によく使われる樹木

高中木	常緑樹	[針葉樹] イチイ, カヤ, コノテガシワ, イヌマキ, カイヅカイブキ, ダイスギ, チャボヒバ, ヒヨクヒバ, ラカンマキ [広葉樹] ヤマモモ, モッコク, サザンカ, ヤブツバキ, イヌツゲ, キンモクセイ, カクレミノ, ユズリハ, クロガネモチ, ゲッケイジュ, タイサンボク, レッドロビン, カナメモチ
	落葉樹	[広葉樹] ナツツバキ, ハナミズキ, カキノキ, シモクレン, コブシ, サルスベリ, モミジ類, カイドウ, ハナズオウ, ウメ, シラカンバ, ヤマボウシ, シデ類, シダレザクラ, ヒメシャラ, コナラ, エゴノキ, リョウブ, ムクゲ
低木	常緑樹	[針葉樹] ハイビャクシン [広葉樹] サツキ, ツツジ類, ジンチョウゲ, クチナシ, コクチナシ, タマイブキ, キャラボク, クサツゲ, ナンテン, アセビ, トベラ, カルミア, ヒイラギナンテン, ビョウヤナギ
	落葉樹	[広葉樹] アジサイ, ユスラウメ, ニワウメ, コデマリ, ヤマハギ, バラ, レンギョウ, ムクゲ, フヨウ, ドウダンツツジ, サンショウ, ニシキギ, ユキヤナギ
特殊樹木	常緑樹	シュロ類, ニオイシュロラン (ドラセナ)

生垣に向く樹木

高い生垣（3m以上）に適する	針葉樹	イチイ, サワラ, ヒノキ, スギ, マキ, ヒムロスギ, カラマツ
	広葉樹	アラカシ, シラカシ, アカガシ, ウラジロガシ, シイノキ, マテバシイ, ツバキ, クロガネモチ, モチノキ, ヤマモモ, イスノキ, サンゴジュ, ヒイラギモクセイ, モッコク, トウカエデ
	タケ類	モウソウチク, マダケ
普通の生垣（2～2.5m）に適する	針葉樹	イヌガヤ, カヤ, コウヤマキ, ツガ, アスナロ, イチイ, コノテガシワ, サワラ, シノブヒバ, スギ, ニオイヒバ, ヒノキ, カマクラヒバ, チャボヒバ, クジャクヒバ, オウゴンヒバ, ニッコウヒバ, カイズカイブキ, マキ, イチョウ, カラマツ
	広葉樹	イヌツゲ, アラカシ, シラカシ, アカガシ, ウバメガシ, ウラジロガシ, シイノキ, ツゲ, トウネズミモチ, ネズミモチ, ヒイラギ, オガタマ, キンモクセイ, ギンモクセイ, サザンカ, シキミ, ツバキ, クロガネモチ, セイヨウヒイラギ, チャイニーズ・ホリー, モチノキ, ヤマモモ, イスノキ, オオカナメモチ, カナメモチ, レッドロビン, ゲッケイジュ, サカキ, サンゴジュ, ヒイラギモクセイ, モッコク, ヤブニッケイ, アセビ, アベリア, キョウチクトウ, トベラ, ピラカンサ, ヒサカキ, ナナカマド, トウカエデ, ギョリュウ, イボタノキ

	タケ類	クロチク, ホテイチク, ナリヒラダケ, トウチク, ヤダケ, ホウライチク
	家庭果樹	グミ
低い生垣（1.8m以下）に適する	針葉樹	アスナロ, キャラボク, コノテガシワ, シノブヒバ, チャボヒバ, クジャクヒバ, ニッコウヒバ, ビャクシン
	広葉樹	ツゲ, ヒイラギ, カラタネオガタマ, キンモクセイ, ギンモクセイ, サザンカ, シキミ, ツバキ, ハクチョウゲ, チャイニーズ・ホリー, セイヨウヒイラギ, カナメモチ, サカキ, ヒイラギモクセイ, アセビ, アベリア, ギンバイカ, クチナシ, シャリンバイ, キリシマツツジ, ヒラドツツジ, ヤマツツジ, ブラッシノキ, アオキ, ナンテン, ピラカンサ, ハマヒサカキ, ヒイラギナンテン, ヒサカキ, マサキ, アジサイ類, ウツギ, ウチワノキ, エニシダ, ガマズミ, オオデマリ, チョウジガマズミ, コデマリ, シジミバナ, シモツケ, タニウツギ, ドウダンツツジ, トサミズキ, ニワウメ, バイカウツギ, ハコネウツギ, ハギの仲間, ハマナス, バラ類, ヒュウガミズキ, ボケ, ホザキナナカマド, ムクゲ, ヤマブキ, ユキヤナギ, ライラック, リキュウバイ, レンギョウ, ウメモドキ, カラタチ, コムラサキシキブ, ユスラウメ, イボタノキ, ニシキギ
	タケ・ササ類	カンチク, オカメザサ, クマザサ

雑木の庭によく使用される樹木

高中木	常緑樹	［針葉樹］ ヨシノスギ ［広葉樹］ シラカシ, サザンカ, ヤブツバキ, ソヨゴ, アラカシ, モクセイ	背景となるもの
	落葉樹	［広葉樹］ クヌギ, コナラ, シデ類（イヌシデ, アカシデなど）, ケヤキ, エゴノキ, モミジ類, コブシ, ヤマボウシ, リョウブ, ナナカマド, ナツツバキ, ヒメシャラ, シデザクラ, シラカンバ, クロモジ, ハルニレ	主体となるもの
低木	常緑樹	［広葉樹］ サツキ, ツツジ類, アベリア, カンツバキ, コクチナシ, センリョウ, マンリョウ	根じめ, 前付け用
	落葉樹	［広葉樹］ アジサイ, ヤマハギ, ドウダンツツジ, ムラサキシキブ, ガマズミ, マユミ, ニシキギ, ミツバツツジ, キブシ, ノリウツギ	
地被・下草類		タマリュウ, リュウノヒゲ, フッキソウ, コクマザサ, オカメザサ, シュンラン, シャガ, ツワブキ, オモト, マンリョウ, ヤブコウジ, ハラン, キキョウ, シラン, ギボウシ, セキショウ, トク	地被用（地面を覆う植物）

| 地被・下草類 | サ, エビネ, クサソテツ, クサボケ, ヤブラン, キチジョウソウ | |

和風庭園の利用別樹木

庭の中心部に植栽される木 （正真木）	クロマツ, カヤ, マキ, コウヤマキ, モチノキ, モッコク, モクセイ類	
主木と対比して植栽される木 （景養木）	マツ, モッコク, イヌツゲ	
庭の奥行をつける木 （寂然木）	マキ, モミ, モッコク, カシ類, スギ	
寂然木に相対して植栽される木 （夕陽木）	ウメ, サクラ, カエデ	
滝や池の要所に植栽される木 （滝囲い, 流枝松）	（滝）	マツ, イチイ, ヒメコマツ, カヤ, モミジ, ニシキギ
	（池）	マツ, ハイビャクシン, キャラボク
手水鉢の周囲に植栽される木	アセビ, アオキ, ニシキギ, ナンテン, ヒイラギナンテン, ウメ, ウメモドキ, カンツバキ, ヤブコウジ	
燈籠の周囲に植栽される木	カエデ, ウメモドキ, ニシキギ, マツ, マキ, モチノキ, モッコク, イヌツゲ	
垣根に添えて植栽される木	ウメ, マキ, モッコク, イヌツゲ, モクレン, ウメモドキ, ニシキギ	
茶庭に適する木	常緑	マツ, カヤ, サクラ, モミ, ダイスギ, イヌツゲ, サカキ, ヒサカキ, チャノキ, ツバキ（白花）
	落葉	モミジ, コナラ, シデ類, ナツツバキ, ヒメシャラ, ゴンズイ, ヤシャブシ, ネムノキ, ウメ（白花）

生長の早い樹木・遅い樹木

生長が早い	高中木	常緑樹	［針葉樹］ クロマツ, サワラ, ニオイヒバ, スギ, ドイトウヒ, ヒマラヤスギ ［広葉樹］ トウネズミモチ, ゲッケイジュ, サザンカ, アラカシ, スダジイ, シラカシ, サンゴジュ, カナメモチ, タイサンボク, サカキ, モクセイ, キョウチクトウ, トキワギョリュウ, ギンヨウアカシア, タブノキ, ニッケイ, クスノキ, フサアカシア, バクチノキ
		落葉樹	［広葉樹］ アオギリ, ハナミズキ, ケヤキ, ソメイヨシノ, ヤ

生長が早い	高中木	落葉樹	マザクラ, アカシデ, イヌシデ, イロハモミジ, エゴノキ, ムクゲ, マユミ, ヤマボウシ, ヤマモミジ, トチノキ, クロモジ, ネムノキ, ナナカマド, イタヤカエデ, カツラ, コブシ, スモモ, ライラック, オオシマザクラ, ガマズミ, クリ, クヌギ, ザクロ, リョウブ, ハクウンボク, ヒメシャラ
	低木	常緑樹	[広葉樹] ピラカンサ, ジンチョウゲ, アベリア (半常緑), ヒイラギナンテン, オオムラサキツツジ, ヤツデ, アオキ, トベラ, ビョウヤナギ
		落葉樹	[広葉樹] エニシダ, ガクアジサイ, シモツケ, フヨウ, シナレンギョウ, ユキヤナギ, ミヤギノハギ, ヤマハギ, コデマリ, ハコネウツギ, ウンナンオウバイ, ニシキギ, ボケ, ムラサキシキブ, ロウバイ
	つる植物	落葉樹	ナツヅタ, フジ
	特殊樹木	常緑性	ナリヒラダケ
生長が遅い	高木	常緑樹	[針葉樹] イチイ, イヌマキ, ラカンマキ, コウヤマキ, ゴヨウマツ, モミ, アスナロ, カイズカイブキ, チャボヒバ [広葉樹] ユズリハ, ウバメガシ, オガタマノキ, モチノキ, クロガネモチ, イヌツゲ, ヤブツバキ, ダイダイ, モッコク, キンモクセイ, カクレミノ, ヒイラギ, イスノキ, カラタネオガタマ, カルミア, カンツバキ, サザンカ, ソヨゴ, タラヨウ, ヤマモモ, ユズ, ユズリハ
		落葉樹	[広葉樹] シモクレン, カリン, ナナカマド, ウメ, ウメモドキ, アキニレ, サトザクラ, サルスベリ, シデコブシ
	低木	常緑樹	[針葉樹] キャラボク [広葉樹] ミヤマキリシマ, ナンテン, シャリンバイ, チャノキ, ハマヒサカキ, キリシマツツジ, リュウキュウツツジ, アセビ, マンリョウ, ミヤマシキミ, イトラン, ジンチョウゲ
		落葉樹	[広葉樹] ドウダンツツジ, オオデマリ
	特殊樹木		ソテツ, シュロ類, リュウゼツラン

目隠し・背景に適する常緑樹

常緑高中木	[植栽空間にやや余裕がある所] [針葉樹] イチイ, コウヤマキ, イヌマキ, アスナロ, ヒマラヤスギ, カイズカイブキ, ヒバ類 (サワラ, ヒノキ, ヒムロなど) [広葉樹] シラカシ, アラカシ, スダジイ, モチノキ, ネズミモチ, クロガネモチ, モッコク, ヤブツバキ, イヌツゲ, ヒサカキ, ハマヒサカキ, サンゴジュ, ヒイラギ, カナメモチ, サザンカ, ヤマモモ, クスノキ, マテバシイ, タブ, マサキ, アオキ
	[植栽空間に余裕がない所] タケ類 (ナリヒラダケ, トウチク, クロチク, カンチクなど)

花の目立つ樹木

高木	常緑樹	タイサンボク
	落葉樹	コブシ, サクラ類, サルスベリ, サンシュユ, ハクモクレン, ハナミズキ, モモ, ユリノキ, シデコブシ, シモクレン
低木	常緑樹	エリカ類, カルミア, シャクナゲ類, ジンチョウゲ, ツバキ, ブッソウゲ, サザンカ
	半常緑樹	アベリア, エニシダ, キンシバイ, ビヨウヤナギ
	落葉樹	アジサイ類, ウツギ類, ウメ, エニシダ, オオデマリ, コデマリ類, タニウツギ, ツツジ類, ドウダンツツジ, トサミズキ, ニワウメ, ニワザクラ, ハナズオウ, バラ類, ヒュウガミズキ, フヨウ, ボタン, ミツマタ, ユキヤナギ, レンギョウ

新緑の美しい樹木

葉色	常緑樹	落葉樹
赤	ウバメガシ, オオカナメモチ, カナメモチ, ベニカナメモチ (アカメ), セイヨウカナメモチ (レッドロビン), ナンテン, モッコク	アメリカヤナギ, ヤマザクラ, アカメガシワ, カエデ類 (ベニシダレ, ノムラ)
淡紅	アセビ	
ピンク		サルスベリ, チャンチン
黄	アラカシ, ツバキ	ウコン, サンゴカク, シギタツサワ, トゲナシサイカチ, イタヤカエデ
黄緑	クスノキ, モクセイ, モチノキ	イヌエンジュ, カエデ類 (アオシダレ, イロハカエデ=タカオモミジ, サンゴカク, シメノウチ, チシオ), カキノキ, カツラ, シメノウチ, タカオ, チシオ, ウンリュウヤナギ, ヤマザクラ, ケヤキ

淡緑		ギョリュウ, ケヤキ
紫		クロメヤナギ
紅紫		ベニスモモ

紅葉・黄葉の美しい樹木

紅葉	高中木	カキノキ, サクラ類, ナナカマド, ナンキンハゼ, ハゼノキ, ハナミズキ, フウ, ホルトノキ, メグスリノキ, モミジバフウ, ヤマハゼ, ヤマボウシ, カエデ類（トウカエデ, ハウチワカエデ, ヤマモミジ）
	低木	ガマズミ, コマユミ, ドウダンツツジ, ナンテン, ニシキギ, ヌルデ, ヒイラギナンテン, マンサク, メギ, マユミ
	つる植物	テイカカズラ, ナツヅタ, サネカズラ
黄葉	高中木	イチョウ, サクラ類, ユリノキ, カツラ, ポプラ, クロモジ, シラカンバ, ハルニレ, カエデ類（イタヤカエデ, ハウチワカエデ）
	低木	シナマンサク, ウメモドキ

果実を楽しむ樹木

高木	常緑樹	［針葉樹］イチイ（赤）, ラカンマキ（赤）, マキ（赤）, イヌマキ（赤） ［広葉樹］オガタマノキ（赤）, クロガネモチ（赤）, シロダモ（赤）, タラヨウ（赤）
	落葉樹	［広葉樹］アオハダ（赤）, イイギリ（赤）, カキノキ（オレンジ）, カリン（黄）, コブシ（赤）, サクランボ（赤）, ナナカマド（赤）, ハナミズキ（赤）, ホオノキ（オレンジ）, ヤマボウシ（赤）, アンズ・ウメ（黄）, クリ（茶）, ザクロ（淡紅・紅）
低木	常緑樹	［広葉樹］アオキ（赤）, クチナシ（オレンジ）, ゴモジュ（赤）, サンゴジュ（赤）, シナヒイラギ（赤）, センリョウ（赤, 白, 黄）, ソヨゴ（赤）, ダイダイ（オレンジ）, トベラ（赤）, ナツダイダイ（黄）, ナンテン（赤, 白）, ハクサンボク（赤）, ピラカンサ（赤, 黄, オレンジ）, ビワ（黄）, ホリー類（赤, 黄）, マサキ（赤）, マンリョウ（赤, 白, 黄）, モッコク（赤）, ヤブコウジ（赤）, オリーブ（緑・紫黒）
	落葉樹	［広葉樹］ウグイスカグラ（赤）, ウメモドキ（赤）, ガマズミ（赤）, カラタチ（黄）, クコ（赤）, グミ類（赤）, コトネアスター類（半常葉）（赤, 黄, オレンジ）, コバノガマズミ（赤）, ゴンズイ（赤）, ザクロ（赤）, サワフタギ（白, 青）, スモモ・ベニスモモ（赤, 黄）, ツリバナ（赤）, ニシキギ（赤）, ニワトコ（赤）, ハマナス（赤）, ヒメリンゴ（赤）, ヒョウタンボク（赤）, マユミ（赤）, ムラサキシキブ（白, 紫）, メギ（赤）, ユスラウメ（赤）

つる植物	サルトリイバラ（赤），ツルウメモドキ（オレンジ），ビナンカズラ＝サネカズラ（赤），アケビ（淡紫）

香りのよい樹木

花に芳香があるもの	高木	常緑樹	オガタマノキ，キンモクセイ，タイサンボク，カラタネオガタマ，シイノキ，オリーブ，サザンカ
		落葉樹	ウメ，エンジュ，コブシ，ニオイザクラ，ニセアカシア，ホウノキ，ハクモクレン，シデコブシ，ソメイヨシノ，サトザクラ，シモクレン，ハクウンボク，カリン
	低木	常緑樹	クチナシ，ジンチョウゲ，ミヤマシキミ，コクチナシ，キョウチクトウ
		落葉樹	セイヨウバイカウツギ，ライラック，トサミズキ，バラ類
	つる植物		スイカズラ，テイカカズラ
実に芳香があるもの	高木	常緑樹	ミカン，ユズ，ダイダイ
		落葉樹	カリン
葉や枝などに芳香があるもの	高木	常緑樹	クスノキ，ゲッケイジュ，ニオイヒバ，ニッケイ，ミカン，ユーカリ
		落葉樹	サンショウ

悪条件の土地でも育つ樹木

やせ地	高木	常緑樹	［針葉樹］ マツ類（アカマツ，クロマツなど），ビャクシン，イヌマキ，コウヤマキ ［広葉樹］ イスノキ，トキワギョリュウ，ヤマモモ，フサアカシア
		落葉樹	［広葉樹］ アオハダ，イヌシデ，エンジュ，サイカチ，シラカンバ，ニセアカシア，ネムノキ，ハンノキ，アカメガシワ，エゴノキ，ザクロ，ナツメ，ヤシャブシ類，ギョリュウ，ヤナギ類
	特殊樹木		シュロ類
	低木	常緑樹	［針葉樹］ ハイネズ，ハイビャクシン ［広葉樹］ アセビ，アベリア(半常緑)，キョウチクトウ，ネズミモチ，マサキ，ヤマツツジ，ピラカンサ，ナワシログミ
		落葉樹	ウツギ，エニシダ，グミ類，ニワトコ，ハギ類，ハナズオウ，ムクゲ，ニワフジ
	特殊樹木		ソテツ，リュウゼツラン類

やせ地	つる植物	フジ
砂地	常緑樹	[針葉樹] クロマツ [広葉樹] ウバメガシ, サザンカ, サンゴジュ, ナワシログミ, ネズミモチ, マサキ
酸性土壌	常緑樹	[針葉樹] アカマツ [広葉樹] シラカシ
	落葉樹	[広葉樹] アジサイ, ケヤキ, ドウダンツツジ
乾燥地	常緑樹	[針葉樹] アカマツ, カイヅカイブキ, クロマツ, ドイツトウヒ, ハイビャクシン [広葉樹] アセビ, キョウチクトウ, ナワシログミ, ビョウヤナギ, リュウキュウツツジ
	落葉樹	[広葉樹] サルスベリ, シラカンバ
	特殊樹木	ソテツ
	タケ・ササ類	クマザサ, モウソウチク, ヤダケ
湿地	常緑樹	[針葉樹] アスナロ, イヌマキ, コノテガシワ, スギ [広葉樹] カクレミノ, サンゴジュ, ジンチョウゲ, ナンテン, ヒイラギナンテン, ヒイラギモクセイ, マンリョウ, ユズリハ
	落葉樹	[広葉樹] ウツギ, ガクアジサイ, コデマリ, コブシ, シラカンバ, マユミ, ムクゲ, ヤマブキ, ヤマボウシ, ロウバイ

日向がよい樹木（陽樹）

高中木	常緑樹	[針葉樹] ヒマラヤスギ, アカマツ, クロマツ, スギ, カイズカイブキ, ヒムロ, コノテガシワ, ビャクシン [広葉樹] マテバシイ, タイサンボク, ユズリハ, キョウチクトウ,
	落葉樹	[広葉樹] シラカンバ, ケヤキ, シモクレン, ウメ, モモ, サクラ類（ヤマザクラ, サトザクラ, ソメイヨシノなど）, デイゴ類, マユミ, ナツメ, アオギリ, ギョリュウ, サルスベリ, ライラック, カキ, クリ, ヤナギ類, コナラ, ハクウンボク, カリン, トウカエデ, フヨウ, ムクゲ
低木	常緑樹	[針葉樹] ハイビャクシン [広葉樹] ツツジ類（キリシマツツジ, オオムラサキツツジなど）, タチバナモドキ, シャリンバイ, ピラカンサ
	落葉樹	[広葉樹] ウツギ, ボケ, ハギ類（ミヤギノハギ, ヤマハギ）, ウメモドキ, レンギョウ, キブシ, ドウダンツツジ, ハコネウツギ, タニウツギ, バラ, ボタン, エニシダ, ハナカイドウ, オウバイ
特殊樹木		マダケ, モウソウチク

防火性の強い樹木・弱い樹木

強い	高中木	[針葉樹] アスナロ, イヌマキ, ラカンマキ, コウヤマキ, ナギ [広葉樹] カシ類, ユズリハ, ヒメユズリハ, タブノキ, サンゴジュ, マサキ, ネズミモチ, トウネズミモチ, ヒイラギ, クロガネモチ, サクラ類, サザンカ, シキミ, イヌツゲ, カナメモチ
	低木	[広葉樹] アオキ, キョウチクトウ, トベラ, ヤツデ, シャリンバイ
中くらい	高中木	[針葉樹] カヤ, ヒノキ, イチイ, イチョウ [広葉樹] ケヤキ, クスノキ, マテバシイ, モッコク, モチノキ, サカキ, シイ, ツバキ, ヒサカキ, ウバメガシ
	低木	[広葉樹] クチナシ
弱い	高中木	[針葉樹] クロマツ, アカマツ, サワラ, モミ, スギ, ヒマラヤスギ [広葉樹] ケヤキ, サルスベリ, イヌツゲ, キンモクセイ

防火性:樹木が火災に対して,枝葉の耐えることのできる程度で,引火に時間がかかり,着火後も炎を出さず(無炎着火)燃えるものが効果が高い。

耐火性の強い樹木・弱い樹木

強い	常緑樹	アオキ, アカガシ, アスナロ, カナメモチ, キョウチクトウ, クロガネモチ, ジンチョウゲ, ソテツ, チャノキ, ヒメユズリハ, ビワ, シュロ, マテバシイ, サンゴジュ, モッコク, タラヨウ
	落葉樹	イチョウ, エノキ, カラタチ, クヌギ, ハクモクレン, ボケ, ムラサキシキブ, シダレヤナギ, アオギリ, トネリコ
弱い	常緑樹	スギ, カキノキ, モミ, ヒマラヤスギ, タブノキ, ヤツデ, ヒイラギ, キョウチクトウ, タイサンボク
	落葉樹	サルスベリ

耐火性:樹木が火災にあい,枝や幹が燃えて一部が炭火しても再生する力のあるもの。

日陰地に耐える樹木

		耐陰性が強い樹木	耐陰性がやや強い樹木
高中木	常緑樹	［針葉樹］イチイ, カヤ, イヌガヤ ［広葉樹］ヤブツバキ, トウツバキ, サカキ, ヒサカキ, カクレミノ, ヒイラギ, ヒイラギモクセイ, ソヨゴ, タラヨウ	［針葉樹］コウヤマキ, イヌマキ, ラカンマキ, チャボヒバ ［広葉樹］アカガシ, シラカシ, アラカシ, ヤブニッケイ, ゲッケイジュ, カエデ類, モチノキ, イヌツゲ, サザンカ, モッコク, マサキ, ヤマモモ, ユズリハ, ネズミモチ, トウネズミモチ, サンゴジュ, ヒメユズリハ
	落葉樹		［広葉樹］トチノキ, ナツツバキ, ヒメシャラ, エゴノキ
低木	常緑樹	［針葉樹］アスナロ（高木であるが造園では低木として使用）, ヒメアスナロ ［広葉樹］ヒイラギナンテン, ハマヒサカキ, ヒサカキ, ヤツデ, アオキ, ナギイカダ	［針葉樹］キャラボク ［広葉樹］センリョウ, ナンテン, トベラ, シャリンバイ, イヌツゲ, カンツバキ, ユキツバキ, ジンチョウゲ, ナワシログミ, シャクナゲ, アセビ, クチナシ, コクチナシ, サツキ, マンリョウ, アベリア（半常緑樹）
	落葉樹		［広葉樹］ガクアジサイ, アジサイ, ノリウツギ, ニシキギ, ドウダンツツジ
地被・つる植物		リュウノヒゲ, タマリュウ, フッキソウ, ヘデラ類（カナリーキヅタ, セイヨウキヅタ, キヅタ, コルシカキヅタ）, ギボウシ, シャガ, ツワブキ, ハラン, ヤブコウジ, ヤブラン, ムベ, オモト	ディコンドラ, アジュガ, コトネアスター, セキショウ, ポティンティラ, シロバナサキゴケ, ビンカ・ミノール, ハイゴケ, スイカズラ, ビナンカズラ, テイカカズラ, ツルニチニチソウ, クサソテツ, ヒマラヤユキノシタ, セキシュウ, シラン
特殊樹木その他			シュロチク, クロチク, クマザサ, コクマザサ, オカメザサ

潮風に耐える樹木

きわめて強い	高中木	常緑樹	[針葉樹] クロマツ [広葉樹] ウバメガシ
	低木	常緑樹	[針葉樹] ハイビャクシン, ハイネズ [広葉樹] トベラ, ハマヒサカキ, キョウチクトウ, ナワシログミ, マルバグミ, マサキ, シャリンバイ
	特殊樹木		ユッカラン, アオノリュウゼツラン, カナリーヤシ, ソテツ, ナツメヤシ, ビロウ, フェニックス, ワシントンヤシ
	地被・つる植物		ノシバ, バーミューダグラス, ペレニアルライグラス
強い	高中木	常緑樹	[針葉樹] イヌマキ, ラカンマキ, カイヅカイブキ [広葉樹] クスノキ, タブノキ, モチノキ, クロガネモチ, ヤマモモ, イスノキ, ヤブツバキ, モッコク, サンゴジュ, ネズミモチ, トウネズミモチ, ビワ, フサアカシア, ユズリハ, タイサンボク, オリーブ, カンキツ類, ユーカリノキ, モクマオウ（トキワギョリュウ）, スダジイ
		落葉樹	[広葉樹] シダレヤナギ, エノキ, イチジク, ニセアカシヤ類, エンジュ, アメリカデイゴ, ネムノキ
	低木	落葉樹	[広葉樹] ハマナス, イヌビワ
やや強い	高中木	常緑樹	[針葉樹] カヤ [広葉樹] アラカシ, シロダモ, サザンカ, サカキ, ヒサカキ, ヒイラギ, ヒイラギモクセイ
		落葉樹	[広葉樹] カロリナポプラ, クリ, カシワ, ハルニレ, アキニレ, サルスベリ, モミジバフウ, ウメ, プラタナス, オオシマザクラ, ナンキンハゼ, モモ, ハゼノキ, トチノキ, アオギリ, カキ, ザクロ, エゴノキ, イボタノキ, キリ
	低木	常緑樹	[針葉樹] チャボヒバ, タマイブキ [広葉樹] ツゲ, ヤツデ, ボックスウッド, イヌツゲ, チャノキ, ナギイカダ, アオキ, アセビ, クチナシ, コクチナシ, アベリア, カンツバキ
		落葉樹	[広葉樹] アジサイ, エニシダ, ガクアジサイ, ノリウツギ, ウツギ, ニワフジ, ムクゲ, フヨウ, タニウツギ
	特殊樹木		ヤダケ, トウチク, モウソウチク, ネザサ類, クマザサ, コクマザサ
	地被・つる植物		イタビカズラ, キヅタ, サネカズラ, ツルマサキ, ツルウメモドキ, テイカカズラ, ナツヅタ, ムベ

潮風に弱い樹木

高中木	常緑樹	[針葉樹] アカマツ, ニッコウヒバ, カヤ, スギ, ヒマラヤスギ, チャボヒバ, ニオイヒバ, ヒムロ, ヒノキ [広葉樹] モクセイ
	落葉樹	[針葉樹] ラクウショウ [広葉樹] イタヤカエデ, ウメモドキ, ハナカイドウ, カツラ, エゴノキ, コナラ, ソメイヨシノ, シデ類, トウカエデ, ナナカマド, ハクレン, ハナミズキ, イロハカエデ, シラカンバ, ヤマザクラ
低木	常緑樹	[広葉樹] クチナシ, サツキ, ハクチョウゲ, ピラカンサ, リュウキュウツツジ
	落葉樹	[広葉樹] レンギョウ, ドウダンツツジ, ニシキギ, ハギ, ボタン, ユキヤナギ, マンサク

排気ガスに強い樹木・弱い樹木

	高中木	常緑樹	[針葉樹] イヌマキ, ラカンマキ, カイヅカイブキ, カヤ, ヒノキ, イチイ, カヤ, コウヤマキ [広葉樹] ウバメガシ, クスノキ, タブノキ, マテバシイ, ヤマモモ, モチノキ, クロガネモチ, モッコク, ユズリハ, ヤブツバキ, サザンカ, ゲッケイジュ, サンゴジュ, シロダモ, ヒイラギ, ヒイラギモクセイ, タイサンボク, トウネズミモチ, ネズミモチ
排気ガスに耐える		落葉樹	[針葉樹] イチョウ [広葉樹] アオギリ, アキニレ, ザクロ, オオシマザクラ, サトザクラ, シダレヤナギ, プラタナス, トウカエデ, ケヤキ, コナラ, トチノキ, ポプラ, ムクゲ
	低木	常緑樹	[針葉樹] ハイビャクシン [広葉樹] アオキ, アセビ, アベリア (半常緑), イヌツゲ, クサツゲ, トベラ, オオムラサキ, シャリンバイ, ジンチョウゲ, キョウチクトウ, ヒイラギナンテン, サツキ, ビョウヤナギ
	特殊樹木		シュロ, ユッカラン
排気ガスに弱い	高中木	常緑樹	[針葉樹] アカマツ, ダイスギ, モミ, スギ [広葉樹] スダジイ, シラカシ, キンモクセイ, カナメモチ
		落葉樹	[広葉樹] ヤマモミジ, ソメイヨシノ, シラカバ, ウメ, モモ, ヤマザクラ
	低木	常緑樹	[広葉樹] サツキ
		落葉樹	[広葉樹] アジサイ, ガクアジサイ, ドウダンツツジ, ニシキギ, ライラック, ユキヤナギ, ミヤギノハギ, チョウセンレンギョウ
	特殊樹木, その他		タケ類, ササ類, ユッカ

煙害に耐える樹木

高中木	常緑樹	[針葉樹] カイヅカイブキ, コウヤマキ, ヒノキ, イチイ, カヤ, イヌマキ, チャボヒバ, ビャクシン [広葉樹] スダジイ, マテバシイ, アカガシ, クスノキ, シラカシ, アラカシ, モチノキ, クロガネモチ, サンゴジュ, ウバメガシ, タイサンボク, ヤブニッケイ, ゲッケイジュ, ビワ, イヌツゲ, ヤブツバキ, サザンカ, モッコク, サカキ, マサキ, ヒサカキ, カクレミノ, ヤマモモ, ユズリハ, タブノキ, ネズミモチ, トウネズミモチ, タブ, ヒイラギ, ヒイラギモクセイ, カナメモチ, レッドロビン, キョウチクトウ, シロダモ
	落葉樹	[広葉樹] プラタナス, ニセアカシア, エンジュ, トゲナシニセアカシア, フウ, モミジバフウ, ネムノキ, オオシマザクラ, トウカエデ, トチノキ, アオギリ, キリ, ザクロ, ミズキ, イボタノキ, トネリコ, アキニレ, ギョリュウ, ナナカマド, フヨウ
低木	常緑樹	[針葉樹] タマイブキ, ハイビャクシン, ハイネズ, キャラボク [広葉樹] シャリンバイ, マルバシャリンバイ, ヒイラギナンテン, トベラ, ピラカンサ, クサツゲ, ツゲ, イヌツゲ, ボックスウッド, ヤツデ, アオキ, ハマヒサカキ, ジンチョウゲ, ツツジ類 (サツキ, ツツジ, オオムラサキ), アセビ, クチナシ, コクチナシ, アベリア, ナワシログミ, ヤブコウジ
	落葉樹	[広葉樹] アジサイ, ヒュウガミズキ, マンサク, タニウツギ, エニシダ, ユキヤナギ
つる植物	常緑樹	キヅタ, サネカヅラ, テイカカヅラ
	落葉樹	ナツヅタ
特殊樹木その他		シュロ類, ユッカ類, ソテツ

成木の移植が難しい樹木

高木	常緑樹	[針葉樹] マツ類 (アカマツ, クロマツ, ゴヨウマツ), イチイ, コウヤマキ, スギ, ダイオウショウ, トウヒ類 (ドイットウヒ), モミ, コノテガシワ [広葉樹] オガタマノキ, ゲッケイジュ, タイサンボク, バクチノキ, ホルトノキ, マテバシイ, トキワギョリュウ, ヤブツバキ, ヤブニッケイ, ユーカリノキ, ユズリハ, ツバキ, サザンカ, ウバメガシ, シラカシ, クスノキ, タブ, アカシア類, カシ類, サザンカ
	落葉樹	[広葉樹] クヌギ, コブシ, サイカチ, サクラ類, シラカンバ (成木), カキノキ, ネムノキ, フウ, モクレン類, ユリノキ, ザクロ, トチノキ, ヒメシャラ, クリ
低木	常緑樹	[針葉樹] キャラボク

低木	常緑樹	［広葉樹］ シャクナゲ，ジンチョウゲ，ブラシノキ類，ピラカンサ，シャリンバイ
	落葉樹	［広葉樹］ ロウバイ，エニシダ
つる植物		フジ

整枝剪定を最小にとどめたい樹木

樹体生理上剪らないほうがよいもの	［針葉樹］ マツ，モミ，トウヒ，コウヤマキ ［広葉樹］ サクラ類，クリ，モミジ，シラカンバ，モッコク，モクセイ
樹形特有の美しさを失うので剪りたくないもの	［針葉樹］ モミ，トウヒ，カイズカイブキ，ヒマラヤスギ，アスナロ，ビャクシン ［広葉樹］ ジンチョウゲ，カクレミノ，シラカンバ，ケヤキ，タイサンボク，ユズリハ，ハクレン

狭い住宅庭園に向かない樹木

高木	常緑樹	［針葉樹］ カヤ，ダイオウショウ，ドイツトウヒ，ヒノキ，ヒマラヤスギ，サワラ，モミ ［広葉樹］ クスノキ，シイ類，タイサンボク，タブノキ，マテバシイ，ヤマモモ，アカシア類，シラカシ，アカガシ，トウネズミモチ
	落葉樹	［針葉樹］ メタセコイヤ，ラクウショウ，イチョウ ［広葉樹］ アオギリ，キリ，ケヤキ，コブシ，サイカチ，シダレヤナギ，シデ類，シンジュ，トウカエデ，トチノキ，ニセアカシア，フウ，プラタナス，ポプラ類，ムクノキ，モクレン類，ユリノキ，サクラ類

手間のかからない樹木

高木	常緑樹	［針葉樹］ イヌマキ，カイヅカイブキ，サワラ，ニオイヒバ，ヒヨクヒバ ［広葉樹］ クロガネモチ，シラカシ，タイサンボク，モッコク，ヤマモモ，ユズリハ
	落葉樹	［広葉樹］ イロハモミジ，コナラ，コブシ，サルスベリ，ナツツバキ，ハナミズキ
小高木	常緑樹	［広葉樹］ イヌツゲ，ウバメガシ，カクレミノ，カナメモチ，サザンカ類，サンゴジュ，トベラ，ネズミモチ
	落葉樹	［広葉樹］ エゴノキ，リョウブ
低木	常緑樹	［針葉樹］ タマイブキ ［広葉樹］ アオキ，アセビ，アベリア，クチナシ，ジンチョウゲ，タマイブキ，ヒイラギナンテン，ビョウヤナギ

低木	落葉樹	[広葉樹] コデマリ, トサミズキ, ドウダンツツジ, ニシキギ, ムクゲ, ユキヤナギ, レンギョウ
特殊樹木		ニオイシュロラン

人工地盤（屋上）の緑化に利用できる樹木

高中木	常緑樹	[針葉樹] イヌマキ, イチイ, カイズカイブキ, コニファー類 [広葉樹] カシ類（シラカシ, アラカシ, ウバメガシ）カクレミノ, ヤマモモ, キンモクセイ, クロガネモチ, モッコク, ユズリハ, サザンカ類, ツバキ類
	落葉樹	[広葉樹] ウメ, エゴ, コナラ, コブシ, シデ類, ハクレン, ハナミズキ, ヤマボウシ, ヤマモミジ, ネムノキ
低木	常緑樹	[針葉樹] アスナロ, ハイビャクシン, キャラボク [広葉樹] アオキ, アセビ, アベリア（半常緑）, エニシダ, カルミア, サツキ, シャリンバイ, トベラ, イヌツゲ, ハクチョウゲ, ハマヒサカキ, ヒイラギナンテン, ビヨウヤナギ, オオムラサキ
	落葉樹	[広葉樹] アジサイ, カイドウ, コデマリ, ドウダンツツジ, ニシキギ, ボケ, マンサク, ユキヤナギ, ライラック, レンギョウ, ロウバイ, ハギ類
特殊樹木		ソテツ, タケ類, ササ類, ヤシ類
グランドカバー	常緑樹	キチジョウソウ, コトネアスター類, シバザクラ, セダム類, リュウノヒゲ類

壁面緑化に向いている植物

常緑樹	オオイタビ, カロライナジャスミン, サネカズラ, ツキヌキニンドウ, テイカカズラ, ムベ, ヘデラ（フユヅタ）類
落葉樹	アケビ, キウイ, クレマチス, ツルウメモドキ, ツルバラ, ナツヅタ, ノウゼンカズラ, フジ類

樹木のおもな病気とその防除

	病　名	症　状	防　除　法
葉に現れる病気	ウドンコ病	新葉や若枝，つぼみなどに白い粉が付着する病気で，多くの種類に同様な症状が見られる。	水和硫黄剤，ベンレート水和剤などを散布する。
	斑点病	葉に黒斑，褐斑などの病斑が現れ，病斑がひどくなると落葉する。	ダイセン水和剤，ダイファー水和剤，銅水和剤などを散布する。
	すす病	葉や枝が煤状の黒い粉で覆われる病気で，アブラムシやカイガラムシが寄生したため，その分泌物に菌が付いた状態になる。植物体にあまり被害はないが，見栄えが悪くなる。	アブラムシ，カイガラムシの防除をする。
	炭そ病	葉や茎に黒褐色の大きな病斑が現れ，病斑の中に赤い菌のかたまりができる。ボタン，ツバキ，モチ，ヒイラギナンテンなどに多い。	ダイセン水和剤を散布する。
	黒星病	バラの葉に現れる。新葉がかたまった梅雨以後，9，10月まで発病する。	サプロール乳剤が特効的に効果がある。
	さび病，赤星病	秋から早春にはビャクシンに寄生し，春に雨が降ると大量の胞子が飛び散って，ナシ，ボケ，カリン，カイドウなどの葉に移り，赤褐色の病斑をつくって赤星病と呼ばれる。	ナシなど赤星病が発生する種類の近くに，カイズカイブキなどビャクシン類を植え込まないほうがよい。もし植え込んである場合は，3月末から4月中旬の，雨のあった直後または雨中に，石灰硫黄合剤30倍，またはアクチジオン水和剤1,000倍を散布する。ナシは開花期から落花直後まで，ダイセン水和剤500倍液を散布する。
	菌核病	ツバキの葉や花に発生する。褐色の斑点ができ，病斑上に白いカビが発生する。	開花の前にマンネブダイセン水和剤を散布する。
	せん孔性細菌病	サクラ，ウメ，モモなどの葉に丸い穴があく病気で，風によって伝染する。	アグレプト水和剤1,000倍液を散布する。

	病　名	症　　状	防　除　法
花に現れる病気	縮葉病	早春から葉に異常にふくれたところとしぼんだところが現れる病気で，モモ，ウメなどに多い。	ダイセン水和剤を散布する。
	灰色カビ病，ボトリチス病	花びらが褐変し，またはつぼみごと褐色となって開花せずに落花する。ボタン，ツツジ類などに発生。	開花前にジマンダイセン水和剤などをつぼみや葉にかける。発病して落ちたつぼみ，花などは庭に放置しないで焼くことが必要。
幹や枝が枯れる病気	胴枯病	冬の間，乾燥しすぎると発生し枝が下に枯れ込む。	冬に石灰硫黄合剤15～100倍を散布する。
根に発生する病気	紫紋羽病	庭木のほとんどの種類をひどくいためる病気で，根の皮に紫色をした糸状のカビがからまりついて枯死させ，樹体を急激に衰弱させる。	発病したら手当てのしようがない。切り取って，土壌はクロールピクリンで消毒し，6年ぐらい樹木は植えない。
	白紋羽病	根が枯死し，被害部に白いカビがからまりつく。	
	根頭がんしゅ病	サクラ，モモ，ウメ，バラ，ボタン，ボケなど多くの種類に発生する。根部または地際の幹に異常に肥大した癌腫状のこぶができ，このため地上部が衰弱する。	被害個体は焼却し，土壌は焼土して消毒する。ヒトマイシンやアグレプトを被害部に塗り，治癒した例も見られる。
	白絹病	ボタン，バラ，ハギなどが被害を受ける。根と枝の地際の部分が白い細菌に包まれ，地上部は葉が黄化するなど衰弱が目立つ。	被害株は治癒できないので抜き取って焼却し，土壌はクロールピクリンで消毒する。

おもな害虫とその防除

	虫　名	防　除　法
吸収性昆虫	アブラムシ類	ウメアブラムシのように葉が縮葉状となって大きな生育障害を起こさせるような種類もあり，早春，葉が展開するとすぐに発生する。ダイシストン粒剤，エカチンTD粒剤，オルトラン粒剤などを樹木の根元にまいて，根から有効成分を吸収させる。
	アブラムシ類	虫が発生したら虫体にマラソン乳剤，スミチオン乳剤などを散布する。
	カイガラムシ類	虫体にろう質の貝殻をかぶらない前の幼虫の防除は，アブラムシ類と同様困難なことはない。しかし貝殻をかぶった成虫になると防除は困難になる。5月下旬から6月にかけて白い粉状の幼虫が発生したら，スプラサイド乳剤，エストックス乳剤，カルホス乳剤などを虫体にかける。この時期の幼虫を予期して，根際にエカチンTD粒剤，ダイシストン粒剤など，根から成分が体内に移行する薬剤を用いると有効である。しかしカイガラムシ類に気づくのは，貝殻をかぶって樹体についてからの場合が多い。少量ならブラシでこすり落とせばよい。大量に発生した落葉樹では，落葉後11月頃に機械油乳剤を散布して防除する。
	ハダニ類	高温下で空気が乾燥する状態になると多発する。発生初期には防除しやすいが，あらかじめ土壌にダイシストン粒剤，エカチンTD粒剤をやや高濃度に散布しておくと有効である。また，アカール乳剤，ケルセン乳剤，テデオン乳剤など数種の殺ダニ剤を交互に散布して防除する。同じ農薬を用いると，すぐ抵抗性ができて薬が効かなくなる。
	グンバイムシ	ツツジ類，サクラ，ボケなどの葉の裏面に寄生して汁液を吸い，被害を及ぼす。6月から8月に発生するので，発生したらマラソン乳剤，カルホス乳剤を散布するか，土壌にダイシストン粒剤，エカチンTD粒剤，オルトラン粒剤を施してもよい。
葉を食害する害虫	ケムシ類	多くの種類に発生する。最もよいのは，卵から発生した幼虫がまだ葉にかたまっている時期に見つけて，手で捕殺する。虫が樹体全体に散ってから発見した場合は，デプテレックス乳剤，カルホス乳剤を散布する。
	ハマキムシ類	葉を巻いて虫巣をつくり，葉を食害する種類で，モッコクハマキやイヌツゲにつくクロネハイイロハマキなどをはじめ，その種類は多い。カルホス乳剤，デナポン乳剤，デプテレックス乳剤の散布が有効。
	コガネムシ類	成虫は葉を食害し，幼虫は土中で根を食害する。成虫にはスミチオン乳剤，デプテレックス乳剤を散布し，幼虫には土壌にダイアジノン微粒剤を散布する。

	虫　名	防　除　法
	ミノガの幼虫（ミノムシ）	樹体にぶら下がる幼虫を捕殺するが，発生の多いときはカルホス乳剤を散布しておく。
	エカキムシ エカキムシ	葉の表皮下にもぐり込んで葉肉を食い，食害の後は線形に残るのでわかる。イヌツゲ，ミカン，モッコク，モモなどに被害が現れる。スミチオン乳剤，DDVP乳剤などを散布する。
幹や枝先に入り食害する害虫	シンクイムシ	マツ類，ツツジ類のアオリンガなどの被害が知られている。成虫の発生期，幼虫の発生期にスミチオン乳剤，カルホス乳剤を散布する。ツツジ，サツキの仲間は8月上旬から9月中旬に防除を徹底して行う。
	イブキチビキバガ	イブキの芽先に侵入して食害する。被害が最も大きい。6月中旬を中心にその前後，カルホス乳剤，スミチオン乳剤を散布する。
	カミキリムシの幼虫，ボクトウガの幼虫	幹に穿入して材を食害する。虫糞の出ている穴を見つけたら，マラソン乳剤，スミチオン乳剤の高濃度薬液（30〜80倍液）を注射器で注入し，穴の口を土でふさいでおく。
根に発生する害虫	ネコブセンチュウ	苗について入ってくるので注意する。被害がひどい場合は殺センチュウ剤を用いて土壌処理を行う。家庭では粒剤となったネマゴン，ネマナックなどを用いる。庭に十分腐熟した堆肥を多用するのも，ネコブセンチュウの被害を軽くする方法である。また，庭にマリーゴールドを直播し，1シーズン栽培すると有害センチュウを忌避できる。

病気にかかりやすい樹木

樹木名	病　名
アジサイ類	ウドンコ病，斑点病
アセビ	斑点病
アベリア	斑点病
ウバメガシ	ウドンコ病，斑点病
ウメ	ウドンコ病，縮葉病
カイドウ	赤星病
カエデ類	ウドンコ病，すす病
サクラ類	ウドンコ病，テングス病，縮葉病
サザンカ	すす病

樹木名	病　　　名
ツバキ類	モザイク病，すす病，炭そ病
バラ類	モザイク病，ウドンコ病，赤星病，斑点病，炭そ病
マサキ	モザイク病，ウドンコ病，炭そ病
マツ類	すす病
モモ	縮葉病

虫害を受けやすい樹木

樹木名	害虫名	発生期（月）
アジサイ類	ハダニ	10〜2（卵・幼ダニ越冬），3〜9
ウメ	ウメケムシ（オビカレハの幼虫）	8〜3（卵），4〜7
	アブラムシ類	12〜2（越冬），3〜11
クチナシ	オオスカシバ（幼虫：別名イモムシ）	5（年3回）
クワ	アメリカシロヒトリ（幼虫）	9〜4（越冬），5〜9
サクラ類	ウメケムシ（オビカレハの幼虫）	8〜3（卵），4〜7
	クワカイガラムシ類	4〜5（年3回）
サザンカ	チャドクガ（幼虫）	9〜3（卵越冬），4〜5，7〜8
サンゴジュ	サンゴジュハムシ（幼虫）	4（幼虫），5〜12（成虫）
ツツジ類	ツツジグンバイムシ	11〜3（越冬），12〜3？
	チュウレンジバチ（幼虫）	5，7，9（年3回）
ツバキ類	チャドクガ（幼虫）	9〜3（卵越冬），4〜5，7〜8
プラタナス	アメリカシロヒトリ（幼虫）	9〜4（さなぎ越冬），5〜9
マツ類	マツノマダラカミキリ	10〜3（成虫越冬），6〜8（幼虫）
	マツカレハ（幼虫：別名マツケムシ）	11〜2（幼虫越冬），3〜6，9〜10（幼虫）
モモ	アブラムシ類	12〜2（越冬），3〜11
	クワカイガラムシ類	4〜5（年3回）

土壌改良剤一覧

1. 高分子系土壌改良剤

物質名	原料	製品名	効果	用途
樹脂 (ポリアニオン)	ポリビニルアルコール (ポリ酢酸ビニル添加物)	ダンリウム・コンセノール・ソイラック・ポバール	イオン結合力を主体とする。土壌団粒化剤団粒形成の促進,保水性の増大	壌土,植壌土向き
	メラミン (メラミン系樹脂)	ドロゲン		
	ポリエチレン	クリリウム	通気,透水の改良	
	尿素系 (尿素樹脂の発泡体)	ハイグロムル		
ポリカチオン	オレフィン系 (アクリルアミド)	Eba	ポリアニオンより強力な土壌団粒化剤	重粘土向き
	エチレン系 (エチレンオキサイド)	ハイドロゲル		

2. 有機質系土壌改良剤

物質名	原料	製品名	効果	用途
泥炭系 (高位泥炭,その他を乾燥粉砕したもの)	泥炭	テンボロン	土壌の保水性を増し団粒化を促進する。養分保持力(塩基置換容量)を高め,pHに対しての緩衝力を強める。	火山灰土 20 kg/m³ (ピート,ピートモス) 3〜5 kg/m³ (テンボロン) 砂質土 10〜15 kg/m³ (ピートモス)
	草炭	ピートセブン・フラワーポーラス・ヒドマッシュ		
	ミズゴケ炭	ピートモス・ポーラス1号		
フミン酸系 (若年炭,亜炭,褐炭等を硝酸または硫酸で分解したもの)	亜炭	スパーフミン・テルナイト		
バーク系 (樹皮,パルプを鶏ふん,尿素などで発酵堆積したもの)	パルプ (樹皮)	ホクライト・トヨリボス・トヨタイヒ・リグニン腐植・キノックス	団粒化の効果がよい 重粘土向き	火山灰土 3〜5 kg/m³ (ホクライト) 10 kg/m³ (キノックス)
動植物かす	海藻粉末	アルギット	たん白質が主体で,土壌微生物活動を高め,窒素を増やす。	やせ地に適する
	魚粉	ネオユーキ		
	酵素かす	ベルファー		
	細菌	ユーゲン・アビコン	やせ地向き	
	鶏ふん	乾燥鶏ふん	土壌中で2次分解する。 直接根が触れぬように施用すること。紋羽病・白絹病に注意	
	汚泥	下水汚泥 し尿 〃		

3. 無機質土壌改良剤

	物質名	原料	製品名	効果	用途
岩石鉱物系	ゼオライト	(北海道, 東北, 北関東産) フッ石粉末	イタヤゼオラ・オーヤダイト・サンゼオライト・スノーゼオライト・ゼオラビオライト・ピリカゼオライト・ピリカフッ石・モリデンゼオ・ゼオリン・リグニカル	良質の粘土, 養分保持力(塩基置換容量)大きく, 珪酸, 鉄, 微量要素などに富む。	膨張性が少ないので重粘土の改良に適する。火山灰土, 10 kg/m³(ゼオライト)有機質改良剤と併用する。
	ベントナイト	(北海道, 群馬産)粘土	モンモリロナイト・ベントナイト	ゼオライトと同様の良質の粘土 膨潤性があるので, 保水性に富む。	砂質土改良に適する。
	バーミキュライト	ひる石粉末 (高温焼成)	バクミライト・チラライト・バーミキュライト・ミクライト・コロイケル	多孔質で土壌の透水通気性を向上させる。	重粘土, 砂質土にも向く。
	パーライト	真珠岩粉末 (高温処理)	ネニサンソ・パーライト・フミンパール	バーミキュライトと同様である。	
	その他	温泉沈泥	コロナS コロナース	微量要素, 硫黄を含む。	酸性土壌用改良剤
		鉱石粉末	白竜ミネラル・宝素・ミネラック	微量要素を供給する。	
		硫黄鉱かす	トーゲン・HSC1号, 2号	微量要素, 硫黄, 珪酸含む。	

川本昭雄他『道路緑化の設計・施工』山海堂, 1997 より

●監修者略歴
吉河　功（よしかわいさお）
　1941年　東京都に生まれる
　1963年　芝浦工業大学建築学科卒業
　現　在　日本庭園研究会会長
　　　　　吉河功庭園研究室代表

●執筆者略歴
小菅新一（こすげしんいち）
　1952年　茨城県に生まれる
　1970年　茨城県立取手第一高等学校園芸科卒業
　現　在　日本庭園研究会理事

髙橋一郎（たかはしいちろう）
　1948年　東京都に生まれる
　1970年　東京農業大学造園学科卒業
　現　在　日本庭園研究会理事長
　　　　　髙橋造園設計代表

三橋一夫（みつはしかずお）
　1941年　千葉県に生まれる
　1964年　明治大学卒業
　現　在　日本庭園研究会理事
　　　　　株式会社三橋庭園設計事務所代表
　　　　　日本庭園協会理事

日本庭園研究会
1963年，日本庭園の専門研究団体として創立。伝統的庭園の調査研究や，一般への啓蒙活動を続行。現在，神奈川県，千葉県，山梨県，徳島県に支部があり，日本庭園の愛好者を広く受け入れている。最近の実績としては，靖國神社庭園(明治)の整備がある。
　所在地　東京都世田谷区赤堤2-30-4　TEL・FAX 03-3322-7407

庭園・植栽用語辞典

2000年10月25日　第1版第1刷発行
2019年1月30日　第1版第5刷発行

監　修　吉河　功
編　者　日本庭園研究会©
発行者　石川泰章
発行所　株式会社井上書院
　　　　東京都文京区湯島2-17-15　斉藤ビル
　　　　電話 (03)5689-5481　FAX (03)5689-5483
　　　　http://www.inoueshoin.co.jp/
　　　　振替 00110-2-100535
印刷所　株式会社ディグ
製本所　誠製本株式会社
装　幀　川畑博昭

・本書の複製権・翻訳権・上映権・譲渡権・公衆送信権（送信可能化権を含む）は株式会社井上書院が保有します。
・JCOPY〈(一社)出版者著作権管理機構　委託出版物〉
本書の無断複写は著作権法上での例外を除き禁じられています。複写される場合は，そのつど事前に，(一社)出版者著作権管理機構（電話 03-3513-6969, FAX 03-3513-6979, e-mail: info@jcopy.or.jp）の許諾を得てください。

ISBN 978-4-7530-0087-6　C3552　Printed in Japan

建築現場実用語辞典［改訂版］　建築慣用語研究会編

慣用語を中心に，建築実務の広がりにあわせて関連する諸分野の用語約5200語と理解に役立つカラー図版640点を収録。A5変・346頁・オールカラー　**本体3400円**

伝統木造建築事典　高橋昌巳・小林一元・宮越喜彦

木造建築を受け継ぐ伝統の技と言葉を余すところなく網羅した本格的事典。現場の流れに沿って4300語，図版2500点を収録。A5・552頁・オールカラー　**本体4500円**

木造建築用語辞典　小林一元・高橋昌己・宮越喜彦・宮坂公啓編

木造住宅の現場で実際に使われている用語約4000語と図・写真300余点を収録。関連図を1頁にまとめ，用語相互の理解に役立つよう配慮した。B6・486頁　**本体3500円**

木材・樹木用語辞典　木材・樹木用語研究会編

建築材料としての木材のすべてがわかるよう，基本用語200余語と図表・写真を，材質，製材・加工，施工など7つのカテゴリー別に収録。B6・334頁　**本体3200円**

環境デザイン用語辞典　土肥博至監修，環境デザイン研究会編著

建築，土木，造園，都市計画など環境デザインの広がりをカバーする2700余語と，作品事例中心の写真・図890点を収録。A5変・364頁・オールカラー　**本体3600円**

土木現場実用語辞典　藤田圭一監修

土木現場における慣用語を中心に最新5300余語と写真・図版約500点を収録し，現場の専業化に対応して用語を現場別25テーマに分類。B6・500頁　**本体3600円**

住宅現場携帯ブック　植える［樹木編］　北澤周平・鈴木庸夫

住宅現場でよく使われる造園樹木249樹種を写真で示し，性質・特性および適正な植栽や管理のポイントを簡潔に解説。B6変・136頁・オールカラー　**本体1840円**

住宅現場携帯ブック　植える［作庭編］　北澤周平

庭園工事における作庭のポイントを，石積み・垣，軒内，石組・景石，園路，石造品，植栽など庭園を構成する要素ごとに図解。B6変・96頁・二色刷　**本体1600円**

上記の本体価格に，別途消費税が加算されます。